봉암사 비명

봉암사비명

鳳巖寺碑銘

조병활 역주

조병활趙炳活

* 북경대학 철학과에서 북송 선학禪學사상 연구로 철학박사 학위취득.
* 중국 중앙민족대학 티베트학연구원에서 티베트불교 연구로 박사학위 취득.
* 『바세 연구』[어의운하. 2024], 『조론연구』[장경각. 2023], 『불교미술기행』[이가서. 2005],
  『다르마로드』[상 · 하. 랜덤하우스중앙(주). 2005] 등의 저서를 출간했으며 『조론오가해』
  [전5권. 장경각. 2023], 『조론』[장경각. 2023] 등을 우리말로 옮기고 펴냈다. 「『바세』 5종 필사
  본에 보이는 '김 하샹 기록' 비교 연구」, 「「조론서」 연구」, 「「물불천론」 연구」 등 우리말·
  중국어·티베트어로 쓴 다수의 논문이 있다.
* 제3회 퇴옹학술상(2021년), 제20회 불교출판문화상 붓다북학술상(2023년), 불교평론
  뇌허불교학술상(2023년) 등을 수상했다.

초판 1쇄 인쇄 2024년 12월 10일
초판 1쇄 발행 2024년 12월 20일

역 주 조병활

펴낸이 진범 스님
발행인 김윤희
사 진 조병활
디자인 방혜영 · 김지영
펴낸곳 맑은소리맑은나라
주 소 부산광역시 수영구 좌수영로 125번길 14-3 올리브센터 2층
전 화 051-255-0263 팩스 051-255-0953
이메일 puremind-ms@hanmail.net
등 록 2000년 7월 10일 제 02-01-295 호

ⓒ2024, 맑은소리맑은나라
ISBN 979-11-93385-10-4(03220)
값 25,000원

차 례

    인도에서 발원한 '진리의 감로수'가 동쪽으로 흘러와 대지를 적시자 '깨달음의 바다'를 왕래하며 '지혜의 거울'로 삼계를 비추는 선지식들이 서서히 나타났다. 문자에 집착하고 교묘한 말을 일삼는 무리가 간혹 '진여의 물'을 흐리려 했으나 이치에 맞게 말하고 이치에 맞게 행동하며, 진리와 같이 하고 덕에 종사하는 사람들이 큰 흐름을 형성하자 그들은 햇살에 이슬이 사라지듯 없어졌다. '있음' '없음' 나아가 '가운데'에도 집착하지 않는 올바른 견해를 가진 사람들이 차츰 '근역 강산'을 채웠고 '맑고 밝은 지혜'가 삼천리 강토에 아름다운 빛살을 수놓았다. 지혜의 문이 넓어지며 모습과 현상에 탐닉하는 어리석음은 반대로 줄어들었다.

    '진리'라고 누구나 믿는 것도 아니고 진리라고 누구나 따르는 것도 아니다. 진리만큼 믿기 힘든 것도 없고 진리만큼 행하기 어려운 것도 없다. 말로 표현할 수 없고 문자로 표기할 수 없는 것이 '깨달음'이며, 앞에서 보아도 보이지 않고 뒤따라가도 종적을 잡을 수 없으며 들어도 들리지 않는 것이 바로 '지극한 이치'이다. "부처님이 언어를 빌려 하루 종일 말씀하셨어도 실은 한마디도 하지 않으셨다."라고 말하는 까닭이 여기에 있다. '조계曹溪의 물'이 해동으로 흘러온 뒤 무수한 선사禪師들이 '비어 있음'의 극치에 이르고 '고요함'의 궁극에 도달했다. 그분들이 체험한 경지 역시 말로 설명하기 힘들고 문자로 기술하기 어렵다.

다만, 진리는 사람이 퍼뜨리고 가르침은 글로 드러나기에 한량없는 '비어 있음'과 막힘없는 '고요함'도 '사람'과 '문자'에 의지하지 않으면 널리 알리기 힘들다. 의미를 체득했으면 '말'을 잊고 토끼와 물고기를 잡고 나면 '올무'와 '통발'을 놓아두며 피안에 이른 뒤엔 '뗏목'을 버리지만 목적지에 이르기 위해서는 '방편'이 필요하다.

'희양산문'의 발상지이자 '조계종 종립특별선원'인 봉암사에 현존하는 '지증 대사 적조 탑비', '정진 대사 원오 탑비', '상봉당 대사 정원 탑비' 등 3기의 비碑 역

시 '통발'이자 '뗏목'이다. 단순한 통발이나 뗏목이
아닌 역사적인 통발이자 뗏목이다. 존재 자체만으로
자부심과 자신감을 불러일으키는 귀중한 유적이다. 3기
의 비가 아니면 지증 대사, 정진 대사, 상봉 대사가 증
험한 경지를 어떻게 알 수 있겠는가? 3기의 비가 없다
면 당시의 불교, 당시의 불교계, 당시의 동아시아 불교
상황, 당시의 역사 등을 어떻게 파악하겠는가? 봉암사
를 거쳐 간 훌륭한 선지식들의 발자취도 알 수 없었으
리라!

　박쥐가 밤중에 아무리 울부짖어도 아침에 태양이 떠
오르고 물새들이 돌을 날라 바다를 메우려 애써도 푸
른 바다가 모습을 조금도 잃지 않듯 3기의 비가 있기에
봉암사는 봉암사답고 희양산문은 영원히 존재한다. 이
렇듯 소중한 비명碑銘을 역주한 조병활 박사의 노고에
찬사를 보내며 「정진 대사 원오 탑비명」과 「상봉당 대
사 정원 탑비명」에 있는 게송 몇 구절을 빌려 『봉암사
비명鳳巖寺碑銘』 출간을 진심으로 찬탄한다.

月影難掬, 　달그림자는 움켜잡기 어렵고

露珠莫穿. 　(풀잎에 맺힌) 진주 같은 이슬을 꿰뚫을 수 없네.

信衣爰授, 　깨달음의 징표인 옷을 전하니

智炬迺燃. 　지혜의 불이 이에 타오르네.

屹彼曦陽, 　우뚝 솟은 저 희양산

山骨是斲, 　도끼로 산의 뼈를 깎고

龜毛有筆, 　거북의 털로 만든 붓을 활용해

鏡像載躅. 　거울에 비친 모습과 자취를 (산에) 써 놓았네.

불기 2568[2024]년 5월 15일 부처님오신날

봉암사 주지 진범眞梵 합장

일러두기

1. 본서에 사용된 주요 약어는 다음과 같다.
   * 『韓國佛敎全書』- H.
   * 『嘉興大藏經』- J [대만 신문풍출판공사新文豊出版公司 1986년 영인본].
   * 『卍續藏經』- X [대만 신문풍출판공사新文豊出版公司 1993년 영인본].
   * 『大藏新纂卍續藏經』- WX [중국 하북성불교협회河北省佛敎協會 2006년 영인본].
   * 『大正新脩大藏經』- T.
   * a - 상단. b - 중단. c - 하단.
   * T27, 510b23-c23. →『대정신수대장경』제27책 510페이지 중단 제23번째 줄부터 하단
     제23번째 줄까지.
   * T30, 1c24-2a1. →『대정신수대장경』제30책 1페이지 하단 제24번째 줄부터 2페이지
     상단 첫 번째 줄까지.

2. 인명人名의 경우 다음과 같이 표기했다.
   * 일반인: 지증 도헌(824-882) 선사, 양수(楊脩, 175-219).
   * 왕·황제: 광종(光宗, 925-949-975). 태어난 해-즉위한 해-타계한 해 순서로 표시했다.

3. 비명 원문과 역주문譯注文에 있는 [1], [2], ①, ② 등은 내용 구분을 위해 역주자가 편의상
   붙인 번호이다.

4. 연도는 BCE[Before Common Era, 공통기원전]와 CE[Common Era, 공통기원]로 표기했
   다. BCE가 없으면 '공통기원'을 의미한다.

5. 이해를 돕기 위해 앞에 나온 각주를 뒤에 되풀이한 것도 있다.

6. 우리말은 우리말 표기법(표점·부호 등)을 따랐고, 한문[중국어]은 중국어 표기법(표
   점·부호 등)을 따랐다.
   * 우리말 :『』- 도서, 「」- 짧은 글이나 논문 등.
   * 한문:《》- 도서, 「」- 짧은 글이나 논문 등.

7. 중국어 발음은 다음과 같이 표기했다.
   * 예) 火[huo3] - 발음은[huo], 성조聲調는 3성.

8. 역주문에 보이는 [ ] 속의 글은 바로 앞 구절과 의미가 같은 것이며 ( ) 속의 글은 원문에
   는 없으나 역주자가 첨가한 것이다.
   * 예) "… 이것은 하늘이 서쪽 인도를 돌아보는 것을 드러낸 것이다[불교를 돈독하게 믿
   게 되었다]. (그리하여) 동쪽으로 흘러온 부처님의 가르침은 ….

9. 한글과 음音이 같은 한자는 바로 옆에, 한글과 음이 다른 한자는 [ ] 안에 표기했다.
   * 예) "그리하여 (이분들의) 가르침의 은택恩澤은 갠지스강의 모래처럼 많은 중생에게
   미쳤고 (이분들의) 자취는 비석에 새겨졌으며 아름다운 '진리의 형제들[法兄弟]' 이 나
   타났고 '진리의 후손들[法孫]' 이 이어졌다."

10. '주석이 있는 역주문[주석본注釋本]' 과 '주석이 없는 역주문' 등 두 종류가 있다. 주석
    을 읽고 싶은 독자는 '주석이 있는 역주문' 을, 주석을 볼 필요가 없다고 생각하는 독자
    는 '주석이 없는 역주문' 을 읽으면 된다.

11. 「지증 대사 적조 탑비명 역주문」은 봉암사가 발행하는 월간 『희양산문』 2023년 9월
    호[통권 제27호]부터 2024년 5월호[통권 제35호]까지에, 「정진 대사 원오 탑비명 역주
    문」은 『희양산문』 2024년 7월호[통권 제37호]부터 2024년 10월호[통권 제40호]까지
    에, 「상봉당 대사 정원 탑비명 역주문」은 『희양산문』 2024년 6월호[통권 제36호]에 각각
    연재됐던 내용을 수정·보완한 것이다. 부록으로 실린 「사바교주 석가세존 금골 사리
    부도비문 역주문」은 통도사 사보寺報인 『축산보림』 2024년 7월호[통권 제512호]부터
    10월호[통권 제515호]까지에, 「사바 교주 석가여래 영골 사리 부도비문 역주문」은 『축
    산보림』 2024년 1월호[통권 제506호]부터 2024년 6월호[통권 제511호]까지에, 「양주 통
    도사 석가여래 사리지기」는 『축산보림』 2024년 11월호[통권 제516호]부터 12월호[통권
    제517호]까지에 각각 실렸던 원고를 수정한 것이다. 『희양산문』·『축산보림』에 수록됐
    던 「역주문」과 이 책의 그것이 다를 경우 후자를 기준으로 삼아주었으면 좋겠다.

지증 대사 적조 탑비명

智證大師寂照塔碑銘

최치원崔致遠 찬술撰述
석전石顚 스님 주해註解
신라 경명왕 8년[924] 건립

* 「지증 대사 적조 탑비명」은 석전 정호(石顚 鼎鎬, 1870-1948) 스님이 1931년 음력 7월
부터 주해注解하기 시작해 1935년에 완성한『정주사산비명精註四山碑銘』수록본을
저본으로 삼아 역주譯注했다. 『정주사산비명』의 협주夾注·두주頭注·각주脚注 등은
'각주脚注'로, 역주자의 주*를 붙인 번호는 '미주[尾注, 역주자의 주석]'로 각각 처리
했다. 『정주사산비명』의 협주·두주·각주 앞에 각각 '협주'·'두주'·'각주'라는 말들을
붙였고 큰따옴표[" "]로 글의 시작과 끝을 표시했으며, '협주'·'두주'·'각주'를 우리말
로 옮긴 문장 앞에는 '역주'라고 표기해 놓았다. '역주문'에 있는 '역주자의 보충 해
설'은 이해를 돕기 위해 역주자가 첨가한 것이다. 『정주사산비명』원본은 현재 통도
사 성보박물관에 보관되어 있다.

봉암사 지증 대사 적조탑비.

봉암사 지증 대사 적조탑.

지증 대사 적조 탑비명

지증 대사 적조 탑비명
智證大師寂照塔碑銘

[1] ① 有唐1)*新羅國, 故曦陽山鳳巖寺, 教諡2)*智證大師, 寂照3)*之塔, 碑銘, 并4)*序5)*.

[1] ① 유당 신라국 고 희양산 봉암사 교시 지증 대사 적조지탑 비명 병서[당나라 신라국의 희양산 봉암사에 주석하시다 원적에 드셨고 '지증(824 - 882) 선사'라는 시호와 '적조'라는 탑 이름을 왕으로부터 받은 대사의 탑비인 적조 탑비의 비명과 비문].

[2] ① 入朝6)*賀正7)*, 兼延奉8)*皇華9)*等使, 朝請大夫10)*, 前守11)*兵部侍郎、元瑞書院學士, 賜紫金袋12)*, 臣崔致遠13)*, 奉教14)*撰.1)

[2] ① 입조하정 겸 연봉황화등사 조청대부 전 수병부시랑 원서서원 학사 사자금대 신 최치원 봉교찬[신년을 축하하는 하정사 賀正使로 당나라에 갔었고 겸하여 중국에서 오는 사신 등을 맞이했으며, 조청대부이자 이전에 수병부시랑과 원서서원의 학사를 역임했고, 자포와 황금어대를 하사받은 신하 최치원이 왕명을 받들어 지음].

---

1) 협주: "依《海東金石苑》補一行." 역주: "『해동금석원』에 따라 한 줄을 보충했다." [역주자의 보충 해설] *유연정劉燕庭 저著(1976), 『해동금석원』(상), 서울: 아세아문화사, p.151.

[3] ① 序曰: 五常分位[2], 配動方[3]者曰仁; 三教[4]立名, 現淨域者曰佛. 仁心卽佛, 佛目能仁[15]*則也. 導郁夷[5]柔順性源, 達迦衛[6]慈悲教海, 寔猶石投水[7], 雨聚沙然[8]. ② 矧東諸侯之外守者, 莫我大也, 而地靈旣好生爲本, 風俗亦交讓爲先[9]. 熙熙[10]太平之春, 隱隱[11]上古之化.[12] ③ 加以性參釋種, 遍頭居寐錦之尊[13], 語襲梵音[14], 彈舌足多羅之字[15], 寔乃天彰西顧[16]. 海印東流[17], 宜君子之鄕[18], 染法王之道, 日日深又日深矣.[16]* ④ 且自《魯記》隕星, 漢徵佩日[19], 像跡則百川含月, 法音則萬竅[20]號風[21],

---

2) 협주: "以仁、義、禮、智、信, 配東、西、南、北、中." 역주: "인·의·예·지·신을 동쪽·서쪽·남쪽·북쪽·가운데와 각각 짝을 지었다."

3) 협주: "東主生物, 故云動方." 역주: "동쪽은 만물을 소생시키는 것을 주요한 일로 하기에 '동방動方'이라 한다."

4) 협주: "佛、老、儒." 역주: "불교·도교·유교의 가르침을 말한다."

5) 협주: "指東國." 역주: "동국, 즉 우리나라를 가리킨다."

6) 협주: "佛生國名, 此云赤澤." 역주: "부처님이 태어나신 나라로 이곳 말로 적택이라 한다." [역주자의 보충 해설] *'적택국赤澤國'은 『반니원경般泥洹經』 권하卷下에 나온다. "赤澤國諸釋氏, 亦嚴四兵, 來到報言: '聞佛衆祐止此滅度, 是釋聖雄出自我親, 實我諸父, 敬慕之心, 來請骨分, 還立塔廟.'[적택국의 여러 석 씨도 네 군사를 거느리고 와 말했다. '부처님께서 이곳에서 열반하셨다 들었습니다. 그분은 석가족의 성스러운 영웅입니다. 석가족의 친척이고 실로 우리의 어버이입니다. 공경하고 사모하는 마음으로 요청하오니 유골을 나누어 주십시오. 가지고 돌아가 탑을 세워 봉안하고자 합니다']" *'중우衆祐'는 부처님을 부르는 열 가지 칭호[如來十號] 가운데 하나이다. 산스크리트어 bhagavat를 의역意譯한 단어로 세존과 같은 의미이다. 서진(西晉, 265-316) 이후 '세존'으로 번역됐다. *'가위迦衛'는 산스크리트어 kapilavastu를 음역한 말로 당나라 원강元康 스님이 찬술한 『조론소肇論疏』 권중에 "迦夷是中天竺國名, 此云赤澤國也[가이는 중 인도에 있는 나라 이름으로 이곳 말로 '적택국'이라 한다]."라는 구절이 있으며 수나라(隋, 581-618)의 길장(吉藏, 549-623) 스님이 찬술한 「백론서소百論序疏」에 "迦夷羅者, 云赤澤國也[가이라를 적택국이라 한

或緝懿纁絅, 或鑴華琬琰22). 故濫觴洛17)＊宅23), 懸鏡18)＊秦宮之
事蹟24), 昭昭焉如揭合璧25). 苟非19)＊三尺喙26)五色毫27), 焉能
措辭其間駕20)＊于後28)?

[3]　① 서술한다: 인・의・예・지・신 다섯 가지를 방향과 짝지을
　　　　때 동쪽은 '인仁'에 해당하며 불교・유교・도교가 이름을
　　　　확립할 때 '번뇌에서 벗어난 세계[淨域=淨土]'를 드러낸 분이
　　　　부처님이시다. '어진 마음仁心'이 바로 '깨달음'이기에 부처
　　　　님을 '능인'이라 부른다. 동쪽 나라 사람들의 온순하고 공손
　　　　한 본성을 인도해 인도에서 발원한 자비로운 가르침의 바다
　　　　에 이르게 한 것은 물에 돌을 던져도 그 흐름이 막히지 않는
　　　　것과 같고 빗물이 어렵지 않게 모래를 모으는 것처럼 자연스
　　　　럽다.

다]."라고 나온다. 『반니원경般泥洹經』, 『조론소肇論疏』, 「백론서소百論序疏」 등에
따르면 적택국은 카필라바스투를 가리킨다. '가이迦夷'나 '가이라迦夷羅' 역시
'가유라위迦維羅衛'처럼 kapilavastu를 음역한 단어로 부처님이 태어난 나라를 가리
키며 지금의 네팔 룸비니 부근에 있었다. 후진(後秦, 384-417)의 승조 (僧肇, 384-
414) 스님이 지은 「반야무지론般若無知論」 앞부분에도 '가이迦夷'라는 단어가
있다.

7) 두주頭注: "補石投水出處. 白公問於孔子曰: '人皆微言乎?' 子不應. 公曰: '若以石
投水何若?' 子曰: '沒人能取之.' 公曰: '以水投石亥若?' 子曰: '淄澠之水, 易牙能辨
之.'" 역주: "'석투수石投水'의 출처에 대해 보충한다. 백공이 공자에게 '사람들이
모두 비밀스럽게 말합니까?'라고 물었다. 공자가 답변하지 않았다. 백공이 '돌을
물에 던지면 어떻게 됩니까?'라고 물었다. 공자가 '잠수부라면 그것을 꺼낼 수 있
을 것입니다'라고 말했다. 백공이 '물을 돌에 부으면 어떻게 됩니까?'라고 물었다.
공자가 '치수淄水와 면수澠水의 물을 섞어도 역아와 같은 맛 구별의 대가라면 알

아낼 것입니다'라고 답했다." [역주자의 보충 해설] *몰인沒人은 선물자善沒者, 즉 잠수부를 말한다. *두주頭注는『열자列子』「설부說符」편에 나오는 내용이다. 인용 문은 원문과 다르다.『열자』의 원문은 다음과 같다. "白公問孔子曰: '人可與微言 乎?' 孔子不應. 白公曰: '若以石投水何如?' 孔子曰: '吳之善沒者能取之.' 曰: '若 以水投石何如?' 孔子曰: '淄澠之合, 易牙嘗而知之.'" *백공白公은 춘추시대(BCE 770-BCE 476) 초楚 나라의 대부로 초 평왕平王의 손자이다. *제齊 환공桓公의 신 하로 음식 조리에 뛰어났던 '역아易牙'는 환공이 사람 고기를 먹어보지 못했다고 하자 자기 아들을 죽여 요리해 바쳤다고 한다. *'澠' 자의 원음은 '승'이나 지명으 로 사용될 경우에는 '면·민[mian3]'으로 읽는다. '이석투수以石投水'는 '상호 의 기가 투합돼 걸림이 없다'라는 의미이고 '이수투석以水投石'은 '서로 의견이 맞지 않아 통하지 않는다'라는 뜻으로도 쓰인다.

8) 협주: "石投, 云以石投水, 無碍直下也. 大雨暴流, 不勞而聚沙, 皆言易也. 有云: '法 語云, 與善人語, 爲聚沙而雨之; 與惡人語, 爲聚聾而鼓之.' 釋曰: 前解 '大雨下沙, 不 勞聚沙之意.' 後解 '大雨降沙頭, 洋然流沙之意.' 聚與散雖殊, 爲易之意, 同也. 案: '石投云云, 以此東人之堅石信心, 投諸西方之教, 海水無碍透底, 以彼西佛之法, 雨注 於東方之沙衆, 亦無餘浹髓, 即反復相投, 無碍互入之意.'" 역주: "'석투石投'는 돌을 물에 던져도 물의 흐름이 방해받지 않고 곧바로 흘러가는 것을 말한다. 큰비가 내려 물이 많이 흐르면 힘들이지 않아도 모래가 많이 모인다. 이것은 모두 '쉬움 [易]'을 말한 것이다. 어떤 사람은 '마음이 선량한 사람에게 말하면 모래가 쌓인 곳에 내린 비가 쉽게 흐르듯 순조롭고, 마음이 나쁜 사람에게 말하면 귀가 들리지 않는 사람에게 북을 쳐도 알지 못하듯 통하지 않는다고 법어法語에 나온다'라고 말했다. (앞의 이 구절을) 해석해 말한다. 앞 구절은 '큰비가 모래에 내리면 모래 가 어렵지 않게 모인다'라는 의미이다. 뒤 구절은 '큰비가 모래톱[沙頭=沙灘]에 떨어지면 모래가 자연스레 흩어진다[流沙]'라는 뜻이다. 모이고 흩어지는 것은 다 르나 모두 쉽게 이뤄진다는 의미는 같다. 석전 스님의 생각[案]: '석투石投라고 말 한 의미는 다음과 같다. 돌처럼 견고한 동쪽 나라 사람들의 믿음을 서방에서 온 불교의 가르침에 던지면 바닷물이 걸림 없이 밑바닥에 이르듯 불교의 가르침이 동방의 무수한 중생에게 남김없이 주입되어 골수에 스며든다. 즉 서방의 불교와 동방의 중생의 마음이 반복적으로 투합돼 걸림 없이 서로에 흡입된다는 뜻이다.'" [역주자의 보충 해설] *'석투수石投水'라는 말은 삼국시대(220-280) 위나라(魏, 220-265)의 문학가이자 정치가였던 이소원李蕭遠이 지은「운명론運命論」에도 나 온다. 원문은 다음과 같다. "張良受黃石之符, 誦三略之說, 以游于群雄, 其言也, 如 以水投石, 莫之受也; 及其遭漢祖, 其言也, 如以石投水, 莫之逆也[장량은 황석공의

② 하물며 동쪽의 제후로 방어하는 역할을 다함에 우리[신라]보다 더 잘하는 나라는 없고 신령스러운 이 땅은 본래 '생명을 사랑하는 덕성[好生]'을 근본으로 삼았으며 '서로 사양하는 미덕[交讓]'을 최고의 '전통[風俗]'으로 여겼다. 화목함과 즐거움은 태평한 시절의 봄바람처럼 (이 땅에) 가득하고 양보를 최고로 여기는 문화는 옛날의 그것과 흡사하다.

③ 더구나 (백성의) 본성[性]은 부처님의 종성[種姓]에 스며들어 융합되었고, 삭발한 분이 군왕[寐錦]의 자리에 앉기도 했으며, 말[語]은 부처님이 태어나신 인도의 소리를 따르고, 말한 것은 경전[多羅]의 문자가 되기에 충분하니 이것은 하늘이 서쪽 인도를 돌아보는 것을 드러낸 것이다[불교를 돈독하게 믿게 되었다]. (그리하여) 동쪽으로 흘러온 부처님 가르침은 당연히 군자의 고향을 깊고 깊게 물들였다.

병서兵書를 받고 삼략三略의 전술이 기록된 서적을 읽은 뒤 군웅들에게 유세했으나 그가 한 말은 마치 물을 돌에 뿌린 것처럼 누구에게도 받아들여지지 않았다. 장량이 한 고조를 만났을 때 그의 말은 마치 돌을 물에 던진 것처럼 받아들여지지 않은 적이 없었다]." *이소원李蕭遠의 이름은 강康, 자자가 소원이다. 중산[中山. 하북성 정현定縣] 사람으로 성격이 고결해 세속과 잘 어울리지 않았다. 일찍이 「유산구음游山九吟」이라는 시를 지었는데 삼국시대 위나라 명제(明帝, 205-226-239)가 이를 보고 칭찬한 뒤 그에게 '심양장潯陽長'이라는 벼슬을 내렸다. 『수서隋書』 「경적지經籍志」에 그의 문집 2권이 있다고 기록되어 있으나 지금 전하지 않는다. 남북조시대(439-589) 남조 양나라(梁, 502-557) 무제武帝 소연(蕭衍, 464-502-549)의 맏아들이었던 소명 태자昭明太子 소통(蕭統, 501-531)이 527-529년 편찬한 『문선文選』 권53에 「운명론」이 실려 있다. *"與善人語, 爲聚沙而雨之; 與惡人語, 爲聚礱而鼓之."는 전한(前漢, BCE 206-CE 25)의 학자 유향(劉向, BCE 77-BCE 6)이 편찬한 『설원說苑』 「잡언雜言」편에 나오는 구절이다.

④ 게다가 하늘에서 별이 떨어졌다는 사실이 노나라 역사를 기록한 『춘추』에 기재되고 한나라 명제가 목덜미에 빛나는 둥근 해를 두른 금빛 나는 사람이 궁전으로 날아오는 꿈을 꾼 이래 부처님의 자취가 모든 강물에 달이 비치듯 나타나고, 진리의 말씀이 바람에 생기는 자연의 소리처럼 울려 퍼지고, 부처님의 원만한 덕성은 간혹 책에 기록되고, 부처님 가르침은 간혹 비석에 새겨졌다. 주나라 소왕 시절 낙양의 우물물과 강물들이 넘쳐흘렀고 진시황 당시 거울처럼 빛나는 1장 6척의 몸을 가진 사람이 나타난 일들이 해와 달을 함께 걸어 놓은 것처럼 매우 분명한 것도 이 때문이다. 만약 뛰어난 말솜씨와 탁월한 글재주가 아니었다면 이런 사실들이 어떻게 능히 후세에 전해질 수 있었겠는가?

---

9) 협주: "地靈,「滕王閣序」云: '人傑地靈.' 好生,《易》云: '天地之大德曰生.'《書》云: '好生之德, 洽于民心.' 交讓, 堯舜禹相傳, 天下之風也. 新羅王之朴昔金, 三姓互相交讓." 역주: "'땅이 신령스럽다[地靈]'는 단어와 관련해 왕발의 「등왕각서」에 '여기서 태어난 인물은 걸출하고 이 땅은 신령스럽다'라는 표현이 있다. '호생好生'과 관련해 『주역』「계사전(하)」에 '천지의 큰 덕은 만물을 살리는 것이다'라는 구절이 있으며, 『서경』「우서虞書 · 대우모大禹謨」에 '백성의 생명을 사랑하는 덕행은 민심과 부합되어 그들의 마음을 얻는다'라는 문장이 있다. 교양交讓은 요堯가 순舜에게, 순舜이 우禹에게 서로 제왕의 자리를 전하는 것으로 천하의 풍속을 말한다. (이처럼) 신라 왕의 세 성姓인 박, 석, 김 씨들이 왕위를 서로 사양하고 양보하는 것을 가리킨다." [역주자의 보충 해설] * 「등왕각서滕王閣序」'는 당나라 왕발(王勃, 650-676)이 지은 「등왕각서滕王閣序」를 말한다. 원문은 다음과 같다. "物華天寶, 龍光射斗牛之墟; 人傑地靈, 徐孺下陳蕃之榻[(홍주洪州의) 산물이 뛰어나 하늘의 보물과 같기에 용천검龍泉劍의 광채로 북두칠성과 견우성을 비췄다. 여기서

태어난 인물은 걸출하고 이 땅은 신령스럽기에 태수 진번은 좋은 의자를 내어 (후한後漢의) 서유를 영접했다." *"天地之大德曰生."이라는 표현은 이소원李蕭遠의 「운명론運命論」에도 나온다. 원문은 다음과 같다. "天地之大德曰生; 圣人之大寶曰位. 何以守位曰仁; 何以正人曰義[천지의 큰 덕은 만물을 살리는 것이고 성인의 크나큰 보배는 자리를 지키는 것이다. 무엇으로 자리를 지키는가? 인仁으로 지킨다. 무엇으로 사람을 바르게 하는가? 의義로 바르게 한다]."

10) 협주: "和樂皃." 역주: "(희희熙熙는) 화평하고 즐거운 모습을 표현한 말이다." '모皃'자는 '모貌'자의 이체자이다. [역주자의 보충 해설] *현행본『노자』제20장에 "衆人熙熙, 如享太牢, 如春登臺[여러 사람이 기뻐하는 것이 성대한 잔치를 누리듯 하고 봄날 누대에 올라 즐기는 것과 같다]."라고 나온다.

11) 협주: "彷佛皃." 역주: "(은은隱隱은) 비슷하거나 유사한 모습을 표현한 말이다."

12) 협주: "案: '上句應好生, 下句應交讓.'" 역주: "석전 스님의 생각[案]: '앞 구절[太平之春]은 마땅히 호생好生을 해석한 문장이고 뒤 구절[上古之化]은 당연히 교양交讓을 설명한 구절이다.'"

13) 협주: "遍與徧同. 言將剃頭以絲辮髮也. 蓮老云: '佛寐錦榻上, 故云寐錦尊.'" 역주: "'편遍'자와 '편徧'자는 같은 글자이다. 말하자면 머리카락을 자르고 (그것으로) 땋은 것이다. 연로蓮老는 '부처님은 매금의 의자 위에 앉아 계시기에 매금존寐錦尊이라 한다'라고 말했다." 두주: "補寐錦尊, 有云: '暗指新羅君后出家, 變錦柀淄, 故云指君后而寐錦之尊.' 勝於本註, 然何必變錦乎? 然幷爲未詳." 역주: "매금존에 대한 설명을 보충한다. 어떤 사람이 '신라의 군주가 출가해 비단과 삼나무 껍질로 만든 검은색 옷으로 바꿔 입었기에 군주를 매금존이라 부른다'라고 설명했다. 본래 주석보다는 뛰어나다. 그런데 군이 비단과 삼나무로 만든 옷으로 바꿔 입을 필요가 있을까? 그렇지만 (어떤 사람이 제기한 이 설명이) 결코 상세한 것은 아니다." [역주자의 보충 해설] *협주에 보이는 "故云指君后而寐錦之尊."이라는 구절은 본래 "故云多羅指脩多羅教法也指君后而寐錦之尊."으로 되어 있다. 앞뒤 문장과 맥이 통하지 않는다. 특히 "多羅指脩多羅教法也."라는 구절은 여기에 적합하지 않고 각주 15번과 의미가 닿기에 그곳으로 옮겼다. *'매금寐錦'은 신라 왕을 부르는 칭호의 하나이다. 이 구절과 관련되는 왕이 진흥왕(眞興王, 534-540-576)이다. "진흥왕은 불교를 신봉해 말년에 머리를 깎고 승복을 입었으며 스스로 (법명을) '법운法雲'이라 불렀고 (그렇게) 생애를 마쳤다. 왕비 역시 출가해 영흥사에서 수행하다 입적하자 나라 사람들이 예를 갖추어 장사 지냈다[王幼年即位, 一心奉佛, 至末年祝髮被僧衣, 自號法雲, 以終其身. 王妃亦之, 爲尼住永興寺, 及其薨也, 國人以禮葬之]."라는 기록이『삼국사기』권 제4「신라본기 제4·진흥왕」조에

있다. *한편『조선불교통사』(상)「인명강목人名綱目・조선」편 '연담유일'조에 "蓮老大蓮也."라는 구절이 있다. 이것에 따르면 '연로蓮老'는 연담 유일(蓮潭有一, 1720-1799) 스님을 가리키는 것으로 보인다. 이능화(2002),『조선불교통사』(상・중), 서울: 민속원, p.581. 한편, 연담 유일 스님의 문집인『임하록林下錄』권 3에「사산비명서四山碑銘序」가 수록되어 있다.

14) 협주: "梵音見上註." 역주: "범음梵音에 대해서는 앞의 주석을 보라." [역주자의 보충 해설] *『정주사산비명』은「쌍계사 진감 선사 대공령 탑비명」,「성주사 대랑혜 화상 백월보광 탑비명」,「봉암사 지증 대사 적조 탑비명」,「초월산 대숭복사 비명」 순으로 되어 있다. '범음梵音'에 대해서는「쌍계사 진감 선사 대공령 탑비명」 단락[9]의 ①에서 해설했다는 뜻이다.

15) 협주: "多羅具云'貝多羅.'此飜岸, 形如此方梭栟, 花如黃米子.《西域記》云: '建陀 羅國, 北有多羅林, 三十里餘, 其葉長廣, 其光潤. 諸國書寫, 莫不採用.' 彈, 動也." 역주: "다라多羅를 갖추어 말하면 '패다라貝多羅'이다. 이것은 언덕을 번역한 것 으로 패다라 (잎의) 모양은 '베 짜는 기계에 사용되는 북[梭]'이나 '처마 끝의 서까 래를 받치기 위해 가로로 놓은 나무인 평고대[栟]'와 같고 그 꽃은 기장[黃米子] 꽃과 비슷하다.『서역기』에 '건타라국 북쪽에 다라 나무숲이 삼십여 리에 걸쳐 있다. 그 잎은 길고 넓으며, 잎의 빛깔은 광택이 난다. 글씨를 쓸 때 그 잎을 사용 하지 않는 나라가 없다'라고 나온다. 탄은 '움직이다[動]'라는 의미이다." 두주: "多羅, 指脩多羅, 敎法也." 역주: "다라는 수다라, 즉 계경契經으로 부처님의 가르 침을 가리킨다." [역주자의 보충 해설] *한자 '다라多羅'에는 몇 가지 뜻이 있다. ①산스크리트어 pātra의 음역어인 '발다라鉢多羅'의 준말이다. '발다라'는 은이나 백동白銅으로 만든 그릇을 가리킨다. ②산스크리트어 tāla의 음역어이다. 나무 이 름으로 다라수多羅樹를 가리킨다. ③산스크리트어 tāra의 음역어이다. tāra는 눈동 자라는 뜻이다. 관세음보살의 눈에서 생긴 '다라多羅 보살'의 다라는 tāra를 음역 한 말이다. ④산스크리트어 sūtra의 음역어인 '수다라脩多羅'의 준말이다. sūtra는 계경契經이라는 뜻이다. ⑤산스크리트어 pattra의 음역어이다. '패다라엽貝多羅 葉'이라고도 하며 줄여 '패엽貝葉'이라 한다. 'pattra'는 잎이라는 의미이다. 협주 夾注에는 ⑤의 의미로 설명되어 있고 두주頭注에는 ④의 의미로 해설되어 있다. 협주에 나오는『서역기』는 당나라 현장(玄奘, 600?-664?) 스님의『대당서역기大唐 西域記』로 이 책 권 제11「도건나보라국茶建那補羅國」조에 "城北不遠, 有多羅樹 林, 周三十餘里, 其葉長廣, 其色光潤, 諸國書寫, 莫不採用."라는 구절이 있다. *협 주의 인용문 가운데 '此飜岸'의 의미가 명확하지 않다.

16) 협주: "天彰,《書》云: '天道福善禍淫, 降災于夏, 以彰厥罪.' 西顧,「大雅」云: '上帝

者之, 增其式廓, 乃眷西顧, 此維與宅.'《註》云: '苟上帝所欲致者, 則增大其彊竟之規模, 乃眷然顧之西土, 以此岐周之地, 與大王爲居宅也.'案: '天彰西顧, 天道無私, 福善如響, 則彰著佛法, 眷顧西國, 乃是常理. 又靈山當時, 諸天皆顧護法, 則海印東流, 實天意也.'" 역주: "'천창天彰'과 관련해 『서경書經』「탕고湯誥」편에 '하늘의 이치는 선을 행하는 사람에게는 복을 내리고 삿되고 음란한 행위를 하는 사람에게는 재난을 내린다. 하나라에 재난이 내려진 것은 바로 하늘이 걸왕桀王의 죄를 드러내 보인 것이다'라는 구절이 있다. '서고西顧'와 관련해 『시경詩經』「대아大雅·황의皇矣」에 '하늘의 뜻은 기산 부근에 있는 주나라에 있어 그 나라의 영토가 넓어지는 것에 관심을 가진다. (하늘이) 고개를 돌려 서쪽을 보고 기산에 머무르며 주나라 왕을 도와준다'라고 나온다. 남송(南宋, 1127-1279)의 주희(朱熹, 1130-1200)가 편찬한 『시경집전詩經集傳』권 제6에 '만약 하고자 하는 하늘의 마음이 (어떤 곳에) 이르면 (그곳의) 영토의 규모가 커지고 넓어진다. (하늘이) 마음을 갖고 서쪽 주나라의 땅을 돌아보며 기산 주변의 땅이 대왕의 처소가 되도록 도와준 것이다'라고 해설되어 있다. 석전 스님의 생각[案]: '하늘이 (선·악을) 드러내고 서쪽을 돌아보며, 하늘의 이치는 친소親疏에 따라 사사로이 행해지지 않고, 선을 행하는 사람에게 메아리처럼 응해 복을 내린다는 것은 바로 부처님 가르침을 밝혀 드러낸 것이다. (하늘이) 마음을 갖고 서쪽 나라를 돌아보는 것은 변함없는 이치이다. 게다가 부처님이 영취산에서 가르침을 펼 때 하늘의 여러 신들이 모두 가르침을 돌보고 보호했다. (따라서) 불교의 진리가 동쪽으로 전파된 것은 참으로 하늘의 뜻이다.'"

17) 협주: "指敎海東注." 역주: "부처님 가르침[敎海]이 동쪽으로 흘러온 것을 가리킨다."

18) 협주: "《三國史》云: '唐太宗聞, 金春秋言稱君子國.'" 역주: "『삼국사』에 '김춘추가 (신라는) 군자의 나라라고 말하는 것을 당 태종이 들었다'라고 나온다. [역주자의 보충 해설] *『산해경山海經』(「해외동경海外東經」)에 "君子國在其北, 衣冠帶劍、食獸, 使二大虎在旁, 其人好讓不爭[군자국은 그 나라의 북쪽에 있다. 옷에 칼을 차고 가축[동물]을 잡아먹으며 두 마리 호랑이를 곁에 둔다. 그 사람들은 양보하는 것을 좋아하고 서로 다투지 않는다]."이라는 구절이 있다 *'군자지향君子之鄕'은 신라를 가리킨다.

19) 협주夾注: "《春秋》云: '魯莊公七年, 歲次甲寅四月辛卯夜, 恒星不現, 星隕如雨, 即周莊王十年也. 莊王遂《易》筮云, 西域銅色人出也. 所以夜明, 非中華之災也.' 漢徵云, 見下'洛宅'注. 案: 《魯紀》云云至琬琰, 原佛現跡. 濫觴云云至駕說, 讚經廣布. 以國云云至南行, 較國僧來.'" 역주: "『춘추』에 '노나라 장공 7년 갑인년 4월 신묘

일 밤에 항성이 보이지[나타나지] 않고 별들이 비 오듯 떨어졌다. 바로 주나라 장왕 10년에 있었던 일이다. 장왕이 곧 『주역』에 근거해 점을 쳐보고 "서역에 구릿빛을 가진 사람이 태어났다[나타났다]. 그래서 밤이 밝은 것이다. 중국의 재난이 아니로다."라고 말했다'라는 기록이 있다. 한징漢徵 운운한 것에 대해서는 아래 '낙택'의 해설[각주 23번]을 보라. 석전 스님의 생각[案]: '노기 운운에서 완엽까지는 원래 부처님이 자취를 드러낸 것을 묘사한 것이다. 남상 운운에서 가설까지는 경전이 널리 유포된 것을 찬탄한 것이다. 이국 운운에서 남행까지는 (여러) 나라에 스님들이 온 것을 비교한 것이다.'" 두주頭注: "補. 據《魯記》隕星說, 世尊誕辰, 寔爲周莊王時, 合于《衆聖點記》年代耳." 역주: "보충한다. 『노기魯記』운성隕星'의 설명에 따르면 부처님이 태어나신 것은 참으로 주나라 장왕 때이다. (이는) 『중성점기』의 연대와도 부합된다." [역주자의 보충 해설] *'노기魯記'는 공자가 편찬한 『춘추』를 말한다. *『춘추』'장공 7년'조條에 "夏四月辛卯夜, 恒星不現. 夜中, 星隕如雨[음력 2월 신묘일 밤에 항성이 보이지 않았다. 밤중에 별이 비 오듯 떨어졌다]."라는 기록은 있지만 "即周莊王十年也. 莊王遂《易》筮云, 西域銅色人出也. 所以夜明, 非中華之災也."라는 내용은 없다. 반면 『역대삼보기歷代三寶紀』권 제11과 『광홍명집』권 제8「교지통국教旨通局 제11」등에 "《春秋左傳》曰: '魯莊公七年歲次甲午四月辛卯夜, 恒星不見, 星殞如雨. 即周莊王十年也.' 《莊王別傳》曰: '遂尋易筮之云, 西域銅色人出世, 所以夜明, 非中夏之災也.'"라는 기록이 있다. *『위서魏書』권114「석로지釋老志」에는 『춘추』의 이 기록이 부처님 탄생의 전조로 해석되어 있다. "釋迦生時, 當周莊王九年. 《春秋》'魯莊公七年夏四月, 恒星不現, 夜明.' 是也[부처님이 태어난 시기는 바로 주나라 장왕 9년이다. 『춘추』에 '노나라 장공 7년 음력 2월에 항성이 보이지 않고 밤이 밝았다'라고 나오는 기록이 바로 이것이다]." *'하사월夏四月'은 주나라 역법曆法에 따른 표현으로 현재의 역법에 따르면 음력 2월경이다. *한편 부처님이 열반에 든 뒤, 우파리 존자가 율장 결집을 마무리한 그해, 그해의 안거를 마친 음력 7월 15일 율장에 향을 사르는 공양을 올리고 율장 끝에 '점點' 하나를 찍었다. 승가발타라僧伽跋陀羅 스님이 제나라 영명永明 7년[489] 중국 광동성 광주廣州 죽림사竹林寺에서 『선견율비바사善見律毗婆沙』 한역漢譯을 마무리하고, 또 그해 안거를 마친 뒤 앞 시대 스님들의 예에 따라 점 하나를 찍었다. 우파리 존자가 찍은 점을 기점으로 헤아리면 점의 숫자는 모두 975개였다. 이를 『중성점기衆聖點記』라 한다. 이 점의 숫자에 따르면 부처님은 BCE 565년에 태어나 BCE 485년 열반에 들었다. 『역대삼보기』권 제1과 『개원석교록開元釋教錄』권 제6 등에 『중성점기』에 대한 자세한 설명이 있다.

20) 두주: "纇." 역주: "'뉴纇'자는 '뇌纇'자의 의미이다."

21) 협주: "百川, 比東照之百千祥光. 含月, 比光中廣現佛跡, 如《法華》所載. 萬竅, 比大木之衆竅, 比東人萬口之同傳佛之眞風也." 역주: "백천百川은 동쪽을 비추는 수많은 상서로운 빛을 비유적으로 표현한 것이다. 함월含月은 빛 가운데 뚜렷하게 부처님의 자취가 나타나는 것을 비유적으로 말한 것이다. 부처님의 자취[佛跡]는 『묘법연화경』에 실려 있는 대로이다. 만뢰萬竅는 큰 나무에 있는 수많은 구멍으로, 우리나라 백성이 함께 부처님의 법음[眞風]을 전하는 것을 비유적으로 설명한 표현이다. [역주자의 보충 해설] *'만뢰'와 비슷한 말이 『장자』 「제물론」 편에 있다. "自綦曰: '夫大塊噫氣, 其名爲風. 是爲無作, 作則萬竅怒呺. … .' 子游曰: '地籟則衆竅是已, 人籟比竹是已, 敢問天籟?' … . [자기가 '대지가 숨을 내쉬는 것을 일러 바람이라 한다. 일어나지 않으면 그만이지만 일어나면 온갖 구멍이 요란하게 울린다. … '라고 말했다. 자유가 '지뢰는 온갖 구멍의 울림이 바로 그것이고, 인뢰는 비죽比竹 같은 악기에서 나는 소리가 그것이겠습니다만 천뢰가 무엇인지 감히 묻습니다'라고 말했다. …]"

22) 협주: "縑緗, 淡黃帛也. 琬琰, 玉石也. 懿縑緗, 德; 華琬琰, 言也." 역주: "겸상은 담황색[누런색]의 비단이다. 완염은 옥돌이다. '의겸상'은 덕성을 표현한 것이고 '화완염'은 글[말]을 상징한다." [역주자의 보충 해설] *'겸상縑緗'은 누런색의 얇은 비단으로 책을 묶을 때 많이 쓰인다. 여기서는 책이나 경전을 상징한다. '완염琬琰'은 옥돌의 한 가지로 여기서는 비석을 의미한다.

23) 협주: "濫觴, 見上註. 洛宅, 《東漢記》云, 漢明帝永平四年辛酉, 夢金人身長丈餘, 項佩日輪, 飛至殿庭. 朝集群臣, 令占所夢. 通事舍人傳毅奏曰: '臣按《周書異記》云, 昭王二十六年甲寅四月八日旦, 江河泉池, 忽然汎漲, 宮殿大地, 悉皆震動. 夜有五色光氣, 入貫太微, 盡作靑紅. 王問太史蘇由, 對曰: "有大聖出於西方." 王於此, "天下何如?" 由曰: "此時無他, 后千年聲敎被于土." 王使鐫石記之, 埋在南郊天祠前. 以年計之, 至今辛酉, 一千十八年也. 陛下之夢, 無乃應於當時乎?' 帝遣中郎將蔡愔、博士王遵等十八人, 西求其道. 行至月氏國, 果遇迦葉摩騰、竺法蘭二三藏, 以白馬馱《四十二章經》等, 及優塡王第四造白氎釋迦像, 奉迎而歸, 卽十一年也. 帝大喜, 以釋迦像奉安淸涼臺顯節陵而供養, 造白馬寺, 使騰蘭二師居之." 역주: "남상濫觴에 대해서는 앞의 설명[각주 19번]을 보라. 낙택洛宅과 관련해 『동한기』에 다음과 같은 기록이 있다. '한나라 명제 영평 4년 신유년[61], 목덜미에 해와 같은 둥근 바퀴를 달고 신장이 1장 정도 되는 금빛 나는 사람이 날아와 궁전의 정원에 내리는 꿈을 황제가 꾸었다. 아침 회의에 신하들을 모아 꿈 내용을 점쳐보라는 명령을 내렸다. 통사사인 부의가 다음과 같이 아뢰었다. "『주서이기』에 따르면 주나라 소왕 26년

갑인년 4월 8일 강과 하천의 물이 솟구쳐 갑자기 범람하고 궁전과 대지가 모두 진동했습니다. 밤에 다섯 가지 빛의 기운이 태미원太微垣을 꿰뚫고 모두 청홍색으로 변했습니다. 왕이 태사 소유에게 묻자 소유가 '서방에서 성인 태어나셨습니다'라고 대답했습니다. 이에 대해 왕이 '천하는 어떻게 되는가?'라고 물었습니다. 소유가 '지금은 다른 그 무엇도 일어나지 않습니다. 천 년 뒤 그분의 가르침이 땅을 뒤덮을 것입니다'라고 아뢰었습니다. 왕이 이런 내용을 돌에 새겨 남쪽 교외 부근 하늘에 제사 지내는 곳 앞에 묻으라고 명령했습니다. 해의 숫자를 헤아려 보니 지금 신유년에 이르기까지 1천18년입니다. 폐하께서 꾸신 꿈은 아마『주서이기』당시의 기록에 부응하는 것 아니겠습니까?" 명제가 중랑장 채음과 박사 왕준 등 18명에게 명해 서쪽으로 그 가르침을 구하러 보냈다. 월지국에 이르러 과연 가섭마등 스님과 축법란 스님 등 두 명의 삼장 대사三藏大師를 만났다.『사십이장경』등과 우전왕이 네 번째로 조성한 석가상 등을 백마에 싣고 두 대사를 맞이해 돌아왔다. 이때가 바로 명제 11년[68]이다. 명제가 크게 기뻐하며 석가상을 청량대 현절릉에 모시고 공경·예배했다. 백마사를 창건해 가섭마등 스님과 축법란 스님을 머무르게 했다." [역주자의 보충 해설] *「남상濫觴」과 관련된 기록이『법원주림』권 제19「감응록感應錄·주서기불생시周書記佛生時」에 나온다. 원문은 다음과 같다. "案《周書異記》云:'周昭王卽位二十四年, 甲寅歲四月八日, 江河泉池忽然汎漲, 井水溢出山川振動. 有五色光入貫太微, 遍於西方盡作靑紅色. 太史蘇由曰:"有大聖人生於西方, 一千年外聲敎及此." 昭王卽勅鐫石記之, 埋於南郊天祠前. 此卽佛生之時也.'"『광홍명집』권 제11「상주왕론계上秦王論啟」,『북산록北山錄』권 제1 등에도 비슷한 내용의 기록이 있다. *'낙택洛宅'을 설명한 협주와 유사한 내용이『후한서後漢書』권88「서역전西域傳·천축天竺」,『역대삼보기』권 제4,『위서』권114「석로지」,『불조역대통재佛祖歷代通載』권 제4 등에도 있다.

24) 협주:《西京記》云:'西國有秦鏡, 其光世所希, 照人見肝膽, 鑑物窮幽微.'《晉書》云:'秦王符堅時, 太史奏, 星見外國分野, 必有大智人, 入輔中國. 堅遣呂光, 率師伐龜, 玆獲鳩摩羅什而還, 符秦敗而堅卒. 秦王姚興, 代據關中, 迎羅什三藏, 待以國師禮, 於逍遙園, 譯出西域衆經, 講經于草堂寺. 興群臣沙門, 肅容觀聽.'《統載》云:'秦始皇時, 有外國沙門, 悉利防等十八人. 齎持佛經, 來化始皇. 始皇不從. 因囚防等, 夜有丈六金人, 破獄出之. 始皇驚懼謝焉.'" 역주:"『서경기』에 '서쪽 나라에 진경이라는 물건이 있는데 거울의 빛이 세상에 매우 희귀하다. 사람을 비추면 간과 쓸개까지 볼 수 있고 사물을 비추면 그윽해 알기 힘든 부분까지 모두 드러난다'라고 나온다.『진서』에 '전진의 부견符堅 왕 때, 태사가 "외국의 분야에 별이 보입니다. 반드시 매우 지혜로운 인물이 있으며, 나라의 일을 보필하도록 (전진에) 들

어오게 해야 합니다."라고 왕에게 아뢰었다. 부견 왕이 군사를 이끌고 구자국을 정벌하도록 여광 장군을 파견했다. 구자국을 정복하고 구마라집 스님을 얻어 돌아왔으나 전진은 (동진과의) 전쟁에 패하고 부견 왕은 (후진을 세운 요장에게) 살해됐다. 부견 왕을 대신해 관중 지방을 거점으로 삼은 후진의 요흥 왕이 예를 갖춰 구마라집 삼장을 맞이해 국가의 스승으로 모셨다. 서역에서 갖고 온 경전들을 소요원에서 번역하고 초당사에서 경전을 강의하도록 했다. 요흥 왕과 신하들 그리고 스님들은 엄숙한 표정으로 구마라집 스님의 강의를 보고 들었다'라고 기록되어 있다. 『통재』에 '진시황 때 외국에 한 스님이 있었는데 실리방 스님 등 18인이 그들이다. 스님들은 경전을 갖고 시황제를 교화하러 왔다. 시황제가 따르지 않고 실리방 스님 등을 감옥에 가두었기에 밤에 금으로 된 1장 6척의 사람이 나타나 감옥을 부수고 스님들을 밖으로 나오게 했다. 진시황이 놀라 사죄했다'라는 기록이 있다. [역주자의 보충 해설] *『서경기』는 북위(北魏, 386-534)의 설치薛寘가 편찬한 전 3권의 책으로 현존하지 않는다. *명나라 도패(道霈, 1615-1702) 스님이 찬술한『화엄경소론찬요華嚴經疏論纂要』권 제117에는 후량(後梁, 907-923)의 마지막 황제인 주황(朱鍠, 888-913-923)이 "西國有秦鏡, 其光世所希, 照人見肝膽, 鑑物窮幽微."를 지은 것으로 나온다. *한편, 『진서』의 인용문과 유사한 내용이 『진서』권117「재기載記 제17·요흥姚興 상上」에 있다. 『고승전』권 제2「구마라집전」에도 비슷한 내용의 기록이 있다. *『불조역대통재』에는 협주와 비슷한 내용이 없다. 협주와 유사한 내용이 수나라 비장방費長房 거사가 편찬한『역대삼보기』권 제1에 있다. 원문은 다음과 같다. "又始皇時, 有諸沙門釋利防等十八賢者, 齎經來化, 始皇弗從, 遂禁利防等. 夜有金剛丈六人來, 破獄出之, 始皇驚怖稽首謝焉." 당나라 도선(道宣, 596-667) 스님이 찬술한『광홍명집廣弘明集』권 제11, 당나라 도세道世 스님이 668년 편찬한『법원주림法苑珠林』권 제12 등에도 유사한 기록이 있다. *悉利防과 釋利防은 같은 인물로 산스크리트어를 음역한 말들이다. '悉[xi1]'자와 '釋[shi4]'자의 중국어 발음은 비슷하다.

25) 협주: "《漢書》云: '日月如合璧, 五星如聯珠.'「註」云: '應候不差.'案: '夢日占星, 皆符太史之懸記. 合璧聯珠, 不差曆數之推測. 法喻巧合, 故文中引用也.'又云: '周王洛宅, 佛迹徵兆; 漢帝洛宅, 佛法始通; 嬴秦宮中, 悉利影現; 姚秦關中, 佛教大興. 以洛符洛, 以秦應秦, 有類乎合璧, 故云昭揭.'" 역주: 『한서』권21「율력지律曆志(상上)」에 '해와 달이 포개져 하나인 듯하고 다섯 개의 별이 포개져 하나인 것 같다'라고 나온다. 안사고(顏師古, 581-645)는 「주注」에서 '절기節氣[징후]에 응하는 것이 어긋나지 않는다'라고 풀이했다. 석전 스님의 생각[案]: '꿈에서 말한 대로 별자리를 보고 예측한 것 모두가 태사太史의 예언과 부합된다. 옥을 합치고 구슬

을 연결한 것이 역법의 추측과 어긋나지 않는다. 비유로 가르침을 드러낸 것이 교묘하게 일치하므로 글에서 인용했다.' 또한 '주나라 소왕 때 낙양의 물이 넘치는 것은 부처님이 나타나심을 미리 보인 것이며, 한나라 명제 때 금인金人이 꿈에 나타난 것은 부처님 가르침이 비로소 중국에 들어온 것이며, 진시황 때 서역에서 온 실리방悉利防 스님의 그림자가 나타났으며, 후진이 관중을 통치하던 때 부처님 가르침이 크게 흥성했다. 낙양과 낙양이 부합되고 진나라와 진나라가 서로 응하는 것이 구슬을 합한 것과 비슷하므로 "소게昭揭"라고 말했다.' [역주자의 보충 해설] *'日月如合璧, 五星如聯珠'는 국가에 상서로운 징조가 나타날 것임을 표현한 문장이다. 해와 달이 포개져 하나인 것처럼 보이고 다섯 개의 별이 포개져 하나인 것 같은 경우는 매우 드문 일이기 때문이다. *'소게昭揭'는 "故濫觴雒宅, 懸鏡秦宮之事蹟, 昭昭焉如揭合璧."이라는 비명의 구절을 가리킨다.

26) 협주: "《莊子》云: '市南宜僚弄丸, 而兩家之難解, 孫叔敖甘寢秉羽, 而郢人投兵. 丘願有三尺喙. 彼之謂不道之道, 此之謂不言之辯.'" 역주: "『장자』「서무귀」편에 '시남의료는 구슬을 가지고 노는 모습을 보여 (백공白公과 자서子西 두 집안의) 재난을 해결했고, 손숙오는 마음 편히 잠을 자거나 새의 깃으로 만든 부채를 잡고 (무위無爲를 실천해) 초나라 서울 영郢 땅의 사람들이 무기를 던지고 평화를 즐기도록 했습니다. 제[공자]는 길이가 세척이나 되는 긴 이야기[부리·입]를 하고자 합니다. 시남의료의 행동은 "도라고 말하지 않는 도"라 할 수 있고, 손숙오의 행동은 "말하지 않는 말"이라 할 수 있습니다'라고 나온다." [역주자의 보충 해설] *현행본『장자』「서무귀」편에는 "市南宜僚弄丸, 而兩家之難解, 孫叔敖甘寢秉羽, 而郢人投兵. 丘願有喙三尺. 彼之謂不道之道, 此之謂不言之辯"으로 되어 있다.

27) 협주: "《南史》云: '江淹夢人授五色之筆. 自此文藻日進.'" 역주: "『남사』권59「강엄전」에 '강엄(444-505)은 꿈에 어떤 사람이 주는 다섯 가지 색으로 된 붓을 받았다. 이로부터 글재주가 날로 발전했다'라고 나온다." [역주자의 보충 해설] *원문은 다음과 같다. "淹嘗宿於冶亭, 夢一丈夫, 自稱郭璞謂淹曰: '吾有笔, 在卿處多年, 可以見還.' 淹乃探懷中, 得五色笔一以授之. 爾後爲詩, 絕無美句, 時人謂之才盡[강엄이 일찍이 야정에서 묵었다. 꿈속에 자칭 곽박이라는 장부가 한 명 나타나 강엄에게 '나의 붓이 오랫동안 그대에게 있었다. 돌려다오'라고 말했다. 강엄이 품속을 뒤져 다섯 가지 색으로 된 붓 하나를 찾아 주었다. 그 후 강엄이 시를 지어도 아름다운 구절이 절대 떠오르지 않았다. 당시 사람들은 '(강엄의) 글 짓는 재주가 다했다'라고 말했다]." '문학적인 재주가 모두 사라졌다'라는 의미의 '강랑재진江郎才盡'이라는 성어成語가 여기서 생겼다. *『송사宋史』권249「범질전范質傳」에도 "質生之夕, 母夢神人, 授以五色筆. 九歲能屬文, 十三治《尚书》, 教授生徒[범질

[4] ① 就以國觀國29), 考從鄉至鄉30), 則風傳沙嶮而來, 波及海隅之
始31). 昔當東表鼎峙21)*之秋32), 有百濟蘇塗之儀33), 若甘泉金
人之祀34). 厥後西晉曇始22)*始之貊23)*, 如攝騰24)*東入, 句麗阿
度25)*度于羅, 如康會26)*南行35). ② 時乃梁菩薩帝27)*, 返同泰28)*
一春, 我法興王制律條八載也36). 亦旣海岸植興樂之根, 日鄉耀
增長之寶, 天融善願, 地聳勝因37). 爰有中貴捐軀, 上仙別髮,
苾蒭西學, 羅漢東遊38). ③ 因開39)混沌能開40), 娑婆41)徧化, 莫
不選山川勝槩, 窮土木奇工. 藻42)宴坐之宮, 爥脩行之路, 信心
泉湧, 慧力風揚. 果使漂杵蠲災43), 轘轅騰慶44), 昔之蕞爾45)三
國, 今也壯哉一家! ④ 雁刹雲排, 將無隙地46), 鯨桴29)*雷震, 不
遠諸天47), 漸染有餘, 幽求不斁.

(911-964)이 태어나던 날 저녁 어머니는 신인이 다섯 가지 색깔로 된 붓을 주는
꿈을 꾸었다. (범질은) 9세에 능히 글을 짓고 13세에 『상서』를 익혀 학생들에게
가르쳤다]."라는 문장이 있다. *한편, 『남사』는 중국의 정사正史인 이십사사二十
四史 가운데 하나로 420년부터 589년까지의 남조南朝 역사, 즉 송宋ㆍ제齊ㆍ양
梁ㆍ진陳의 역사를 기전체紀傳體 형식으로 기록한 책이다. 당나라의 역사가인
이대사(李大師, 570-628)ㆍ이연수李延壽 부자가 편찬했다. 이들은 386년부터 618
년까지의 북조北朝 역사, 즉 북위北魏ㆍ동위東魏ㆍ서위西魏ㆍ북제北齊ㆍ북주北
周ㆍ수隋의 역사를 기전체로 정리한 『북사北史』도 펴냈다.

28) 협주: "案: '焉能云云二句, 自家方敍佛法、源委而謙言, 不敢也. 就以以下, 更端文
句之體裁, 詳之.'" 역주: "석전 스님의 생각[案]: '언능 운운한 두 구절은 스스로
불교의 가르침과 본말[源委]을 서술했고 또한 겸손하게 표현한 것이며 감히 다르
게 (표현)하지 못한다. 취이 이하는 문구의 체재(혹은 행行)를 바꾸어[更端] (내용
을) 자세하게 설명한 것이다.'"

29) 협주: "《老子》云: '以家觀家, 以鄉觀鄉, 以邦觀邦, 以天下觀天下.' 漢諱邦改國." 역주
: "『노자』 제54장에 '집안의 관점으로 집을 보고, 고을의 이치로 고을을 살피며, 나
라를 다스리는 원리로 나라를 파악하고, 천하의 원리로 천하를 관찰해야 한다'라

[4] ① 한 나라의 관점에서 다른 나라를 파악하고 한 지방의 견지에서 다른 지방을 살펴보니 부처님 가르침이 타클라마칸 사막의 유사流沙와 험준한 파미르고원[葱嶺]을 넘어 중국에 전해졌고 동해 바닷가의 신라에도 전파되었다. 옛날 해동이 셋으로 나뉘어 솥발처럼 서로 대치하고 있을 무렵 백제의 소도蘇塗에서 의식이 거행되었는데 이는 한나라 무제가 금빛 나는 사람을 감천궁에 모시고 제사를 올린 것과 같다. 그 이후 담시 스님이 고구려 지역에 온 것은 가섭마등 스님이 후한의 수도 낙양에 도착한 것과 비슷하고 고구려의 아도 스님이 신라로 내려온 것은 강승회 스님이 남쪽 오나라 지역에 간 것과 유사하다.

고 나온다. 한나라 고조의 이름이 '방邦'이기에 '방邦'자를 '국國'자로 바꾸었다."
30) 협주: "案: '就以、至鄕二句, 總標立科. 自有百至之祠, 但擧朝鮮中國, 明以國觀國. 自厥后至東入, 約三國, 重明觀國. 中國朝鮮, 望西域中國也. 自句麗至南行, 明從鄕至鄕. 阿道于羅, 此朝鮮中, 爲從鄕至鄕也. 僧會南行, 就中國中, 爲從鄕至鄕也.'"
역주: "석전 스님의 생각[案]: '취이와 지향이라는 두 구절은 단락을 구분한 것이다. 유백부터 지사까지는 다만 우리나라와 중국을 거론해 어느 한 나라의 경우에 비추어 다른 나라의 상황을 파악하는 것을 밝힌 것이다. 궐후에서 동입까지는 세 나라의 견지에서 (다른) 나라를 살피는 것을 다시 한번 더 설명한 것이다. 중국의 견지에서 서역을 관찰하고 우리나라의 견지에서 중국을 파악하는 것이다. 구려에서 남행까지는 종향지향을 설명한 것이다. 아도우라는 우리나라 안에서의 종향지향을 설명한 것이다. 승회남행은 중국 안에서의 종향지향을 밝힌 것이다.'"
31) 협주: "案: '風傳云云, 西域佛法之遺風, 傳於流沙葱嶺(險), 來于中國也. 波及云云, 中國佛法之餘波, 及于海東, 始于朝鮮也. 此二句, 摠括下文三來、三始之義. 甘泉金人, 西漢佛法之來. 攝騰東入, 東漢佛法之來. 康會南行, 東吳佛法之來也. 百濟蘇塗, 百濟佛法之始. 曇始之貊, 句麗佛法之始. 阿度羅, 新羅佛法之始.'" 역주: "석전 스님의 생각[案]: '풍전 운운한 것은 서역불교의 유풍이 사막과 총령(험준하다)을 넘

② 양나라 무제가 동태사에서 돌아온 그해 봄은 우리 법흥왕께
    서 율령의 조문을 제정하고 반포한 지 8년째 되는 해이다.
    중생에게 즐거움을 주는 근원인 불교가 이미 전해졌기에 중
    대하고 커진 보배가 해 뜨는 땅 신라에서 빛나게 되었으며
    사람들의 착한 소원을 하늘이 들어주었고 뛰어난 인연들이
    땅에서 솟구쳐 올랐다. 그래서 궁중의 고귀한 관리인 이차돈
    은 목숨을 바쳤고, 진흥왕은 출가했으며, 스님들은 서쪽으로
    배우러 가고, 인도와 중국의 스님들은 가르침을 전하러 동쪽
    으로 왔다.
③ 이런 노력의 결과 혼돈이 정리되어 새로운 사상이 꽃피고, 사
    바세계에 후덕한 가르침이 두루 퍼졌으며, 선택된 훌륭한 터
    에 흙과 나무로 사찰을 짓는 보기 힘든 공사가 계속되었다.

어 중국에 왔다는 설명이다. 파급 운운한 것은 중국불교의 여파가 해동에 미쳐
우리나라 불교가 시작됐다는 설명이다. 이 두 구절은 아래에 나오는 "세 번 오고
[三來] 세 번 시작 된다[三始]"라는 의미를 총괄한 것이다. 감천금인은 서한[전한]
의 불교 전래를 설명한 것이다. 섭등동입은 동한[후한]의 불교 전래를 말한 것이
다. 강회남행은 오나라에 부처님 가르침이 전파된 것을 말한다. 백제소도는 백제
불교의 시작을 밝힌 것이다. 담시지맥은 고구려불교의 시작을 밝힌 것이다. 아도
도라는 신라불교의 시작을 보인 것이다.'"

32) 협주: "案: '先以鼎峙一句, 別擧我東三國並立, 以明流傳次第. 各引異國配對, 以釋
    觀國、至鄕之義也. 我國法布次第, 先白、次麗、后羅, 配對中國之西漢、東漢、健
    康、並擧西域、康居等國, 以實引據焉! 蘇塗、金人之敬事, 非特相類, 湖西百濟, 西
    都漢室, 方所無異矣. 西晉曇始, 來出關東, 與西域攝騰, 出來東洛, 皆爲自西來東也.
    句麗阿度, 南至新羅, 與康居僧會, 南度健康, 亦爲由北之南也.'" 역주: "석전 스님
    의 생각: '먼저 정치鼎峙라는 한 구절로 해동의 세 나라가 나란히 건국되었음을
    별도로 거론해 불교의 전파가 차례로 이뤄졌음을 밝혔다. 다른 나라를 각각 인용

수행할 집은 아름답게 꾸며졌고, 수행의 길은 명료하게 밝혀졌으며, 깊게 믿는 굳은 마음은 샘물처럼 솟구쳤고, 지혜의 힘은 바람처럼 드날렸다. 과연 백제와 고구려를 무찔러 전쟁이 일어날 원인을 없앴고 무기를 거두고 감춰 삼국을 통일한 위대한 일을 경축하니 옛날의 조그마한 세 나라는 이제 장대한 하나의 집안이 되었도다!

④ 탑과 사찰이 구름처럼 벌어져 빈 땅이 없으며, 고래 모양의 북채로 종을 치면 우레 같은 소리가 퍼져 여러 하늘 세계에 닿을 정도이며, 부처님 가르침이 (모든 지방을) 차례로 여유 있게 물들였으며, 부처님이 말씀하신 진리를 (사람들은) 그윽하게 탐구하며 싫증 내지 않았다.

하고 짝을 지어 관국觀國과 지향至鄉의 의미를 설명했다. 우리나라에서 불교가 전파된 순서는 백제, 고구려, 신라이다. 각각 중국의 서한, 동한, 건강[南朝]과 짝을 이룬다. (또한) 서역과 강거[지금의 우즈베키스탄 사마르칸드 일대] 등의 나라를 거론해 인용의 근거를 진실하게 만들었다! 소도나 금인 등과 같이 숭상하는 일은 서로 비슷할 뿐 아니라 호서湖西의 백제와 장안을 수도로 한 서한 사이에 방위方位나 지점地點의 차이는 없다[방향과 지역이 다르다고 섬김이 다른 것은 아니다]. 서진의 담시 스님은 관중 지역에서 나와 관동 지역으로 왔고, 인도의 가섭마등 스님은 (인도에서) 동쪽의 낙양으로 왔다. 두 분 모두 서쪽에서 동쪽으로 왔다. 고구려의 아도 스님은 남쪽의 신라에 이르렀고, 강거국의 강승회 스님은 남쪽으로 가 건강에 도착했다. 두 분 모두 북쪽에서 남쪽으로 간 것이다.'" [역주자의 보충 해설] *고구려, 백제, 신라 순으로 불교가 전파됐다고 보는 것이 정설이다.

33) 협주: "蘇塗,《說文》云: '佛塔謂之浮屠, 亦云蘇塗也.' 若離釋, 木蘇也, 泥塗也. 百濟時, 以土木爲神像, 率百官祠之." 역주: "소도와 관련해 『설문해자』에 '불탑을 부

도라 말하며 소도라 부르기도 한다'라고 나온다. 만약 이 해석과 다르게 한다면 나무[木]는 蘇이고 진흙[泥]은 도塗이다. 백제 시기 흙과 나무로 신상을 만들고 백관을 거느리고 제사 지냈다." 두주: "補蘇塗云云. 有云:'百濟枕流王元年, 胡僧摩羅難陀, 自苻秦至, 王禮敬之, 刱佛寺於漢山是也.' 案:'此文與甘泉金人相對, 言濫觴, 佛敎之儀非通. 行佛法盛, 即恐非本意. 西晉曇始者, 《通載》云:"宋文帝元嘉二十八年辛卯, 沙門曇始入寂. 此西字恐東字誤, 以東晉之代, 劉宋故也.'" 역주: "소도 운운하는 것에 대해 보충한다. 어떤 이는 '백제 침류왕 원년[384] 인도에서 온 마라난타 스님이 전진(前秦, 350-394)을 거쳐 백제에 왔다. 왕이 예경하고 한산에 사찰을 세운 것이 바로 이것이다'라고 말한다. 석전 스님의 생각[案]: '(바로 앞의) 이 글과 감천궁의 금인을 서로 대비해 (불교 전래의) 시작을 말하면 불교 의식[儀]이 (서로) 통하지 않는다. 부처님 가르침이 성대해졌음을 말하는 것이 (이 구절의) 본래 의미가 아닌 것 같다. 서진의 담시 스님과 관련해 『불조역대통재』권 제8에 "송나라 문제 원가 28년 신묘년[451]에 담시 스님이 입적했다."라는 기록이 있다. (이 기록에서) 서西자는 동東자의 오기로 보인다. 동진(東晉, 317-420) 다음이 (남조) 송나라(420-479)이기 때문이다.'" [역주자의 보충 해설] *'소도蘇塗'와 관련해 『후한서』권85 「동이전東夷傳」에 다음과 같은 기록이 있다. "韓有三種: 一曰馬韓, 二曰辰韓, 三曰弁辰. 馬韓在西, 有五十四國, 其北與樂浪, 南與倭接. … 馬韓人知田蠶, 作綿布. … 又立蘇塗, 建大木, 以縣鈴鼓事鬼神[세 종류의 한韓나라가 있다. 첫 번째는 마한, 두 번째는 진한, 세 번째는 변진이다. 마한은 서쪽에 있으며 54개 나라가 있다. 그 북쪽에는 낙랑이 있고 남쪽에는 왜와 접하고 있다. … 마한 사람들은 뽕나무를 심어 누에를 기르고 비단을 만들 줄 안다. … 또한 소도를 설립하며, (그곳에) 큰 나무를 세우고, 방울과 북을 달아 귀신을 섬긴다." *『삼국지』권30 「위서魏書·동이전」에 "又諸國各有別邑, 名之爲蘇塗. 立大木, 縣鈴鼓, 事鬼神. 諸亡逃至其中, 皆不還之, 好作賊. 其立蘇塗之義, 有似浮屠[또한 각 나라에 별다른 지역[邑]이 있는데 소도라 부른다. (그 곳에) 큰 나무를 세우고 방울과 북을 달며 귀신을 섬긴다. 도망자가 그 지역에 들어가면 모두 잡아가지 않는다. 쉽게 도적이 된다. 소도를 설립하는 의미는 부도[塔]를 세우는 것과 비슷하다." 라는 기록도 있다.

34) 협주: "《魏書》「佛老志」云:'漢武帝元狩中, 霍去病入西域, 獲金人以還, 長丈餘. 帝以爲大神, 奉于甘泉宮, 常禮之.'" 역주: "『위서』 「불로지」에 '한 무제 원수 연간(BCE 122-BCE 117)에 곽거병 장군이 서역을 정벌하고 높이 1장 정도 되는 금빛 나는 상을 획득해 돌아왔다. 무제가 금인金人을 큰 신으로 여겨 감천궁에 모시고 항상 예배했다'라고 나온다." [역주자의 보충 해설] *「불로지」는 「석로지釋老志」의

오기로 보인다. 『위서』에는 「불로지」가 없다. 『위서』 권114 「석로지 제20」의 원문은 다음과 같다. "案漢武元狩中, 遣霍去病討匈奴, 至皋蘭, 過居延, 斬首大獲. 昆邪王殺休屠王, 將其衆五萬來降. 獲其金人, 帝以爲大神, 列於甘泉宮. 金人率長丈餘, 不祭祀, 但燒香禮拜而已. 此則佛道流通之漸也[한 무제 원수 연간에 흉노를 토벌하도록 곽거병 장군을 파견했다. 고란 지역을 지나고 거연 지역에 머무르며 (흉노의) 머리를 자르고 포로를 많이 잡았다. (흉노의) 혼사왕이 휴도왕을 죽이고 그 무리 5만을 이끌고 항복했다. 금으로 만든 상을 획득했는데 무제는 큰 신으로 여기고 감천궁에 배열했다. 금인의 크기는 대략 1장 정도이며 제사를 지내지 않고 다만 향을 피우고 예배했다. 이로부터 부처님 가르침이 점차 퍼졌다.]"

35) 협주: "阿度, 新羅訥祇王時, 墨胡子, 自高句麗來至善山毛禮家. 禮作窟室處之. 後阿度與侍者三人亦來善山, 作桃李寺于冷山中也. 康會, 《吳志》, 赤烏四年, 有康居國丞相子, 姓康名僧會, 棄俗歸緇, 以游化爲己任, 行至建康, 營立茅茨, 設像行道, 瓶中乞舍利有驗. 吳主權, 因此建寺立塔, 度人爲僧尼." 역주: "아도 스님과 관련해 신라 눌지왕 때 묵호자라는 스님이 고구려에서 선산 모례의 집에 도착했다. 모례가 굴을 만들어 거처하도록 했다. 그 뒤 아도 스님이 시자 세 사람과 함께 선산에 와 냉산冷山에 도리사를 지었다. 강회 스님과 관련해 『오지吳志』에 따르면 적오 4년[241] 강거국 승상의 아들로 성은 강씨, 이름은 승회이며, 세간을 버리고 출가자의 옷을 입고 이리저리 다니며 불교를 퍼뜨리는 것은 자신의 임무로 삼았다. 교화행을 하다 건강[남경]에 이르러 띠 풀로 집을 지은 뒤 (그곳에) 불상을 모시고 부처님 가르침을 폈다. 병에 사리舍利가 생기도록 (기도)하자 영험이 있었다. 오나라 대제大帝 손권(182-229-252)이 이에 사찰을 세우고 탑을 건립했으며 (사람들을) 득도得度시켜 출가자가 되도록 했다."

36) 협주: "《通載》云: '梁武帝普通八年丁未, 改元大通. 帝幸同泰寺捨身.' 即法興王(新羅)十三年也. '庚戌秋, 又幸同泰捨身, 群臣以錢億萬奉贖還宮.' 即法興王十六年也. '辛亥又幸同泰講經.' 即法興王十七年也. 《羅史》云: '法興王, 姓金名原宗, 智證王元子. 七年春正月, 頒律令, 始制百官公服. 十五年始行佛法. 初訥祇王時, 沙門墨胡子, 自高句麗至一善郡, 郡人毛禮作窟室以處之. 梁遣使賜王香, 君臣不知所用與名, 墨胡子曰: "焚此則香氣芬馥, 可以致誠於神聖, 所謂神聖未有過於三寶, 一曰佛陀、二曰達摩、三曰僧伽. 若燒此, 發願必有靈驗云云." 炤智王時, 又有阿度者, 與其徒三人, 至毛禮家. 無幾阿度死, 三人留讀經律, 往往有崇奉者至是. 王亦欲興佛教, 群臣以爲不可, 王難之. 異次頓亦稱朴厭髑曰: "請斬小臣以定衆議." 王曰: "欲興佛道, 而殺不辜, 可乎?" 對曰: "若道之行, 雖死無憾." 王召群臣議. 僉曰: "今僧徒童頭異服, 議論奇詭, 從之恐有後悔." 異次頓獨曰: "夫有非常之人, 然後非有常之事, 今佛

教淵奧, 不可不信." 王曰: "衆人之言, 牢不可破, 而獨異言, 可下吏將誅之." 異次頓
曰: "我爲法就刑. 佛若有神必有異." 及斬血涌, 斷處白如乳. 衆驚怪之, 不復毁佛.'
案: '時者, 法興王詔國人, 奉佛法之時也. 菩薩帝者, 帝幸同泰捨身, 名布施行, 菩薩
行故也. 返同泰者, 幸寺舍身前後三度, 另取二度, 庚申之舍身, 群臣以億萬金贖還
故返也. 一春者, 梁帝返宮, 在興王行化之明年, 此逆數梁帝返寺之前一春也. 法興
爲諡者, 大興佛法故也. 制律條者, 王之七年, 頒律制服. 八載者, 律后八年, 始行佛
道故也. 即王之十五年也. 此順數興王制律之後八載也. 文甚巧.'" 역주: "『불조역대
통재』권 제9에 '양나라 무제 보통 8년 정미년[527]에 연호를 대통으로 바꾸었다.
무제가 동태사에 나아가[幸] 자신을 보시하고 고행을 했다(신라 법흥왕 13년이다).
경술년[530] 가을 무제가 다시 동태사에 나아가 자신을 보시하고 고행했다. 신하
들이 무제의 죄를 면하도록 하고자 억만금을 사찰에 내고 궁전으로 모셔 왔다(법
흥왕 16년이다). 신해년[531]에 무제는 다시 동태사에 나아가 경전을 강의했다(법
흥왕 17년이다)'라고 나온다. 『삼국사기』권 제4 「신라본기 제4・법흥왕」에 다음
과 같은 기록이 있다. '법흥왕의 성은 김 씨이고 이름은 원종이며 지증왕의 맏아
들이다. 7년 봄 정월에 율령을 반포하고 백관들의 관복을 처음으로 제정했다. 15년
에 부처님 가르침이 시행되도록 했다. 눌지왕 때 묵호자라는 스님이 고구려에서
일선군에 도착했다. 일선군 사람 모례가 굴을 만들어 묵호자 스님을 머무를 수
있도록 했다. 양나라가 사신을 파견해 왕에게 향을 바쳤으나 임금과 신하들이 사
용법과 그 이름을 몰랐다. 묵호자 스님이 "이것을 태우면 향기가 가득해져 정성
이 거룩함과 성스러움에 이릅니다. 세 가지 보배보다 더 거룩하고 성스러운 것은
없습니다. 첫 번째 보배는 부처님이고, 두 번째 보배는 부처님 가르침이며, 세 번
째 보배는 부처님 가르침을 따르는 사람들입니다. 만약 이것[향]을 태우며 소원을
말하면 반드시 신령스러운 감응이 상응합니다."라고 운운했다. 소지왕 때 아도라
는 스님이 있어 따르는 사람 세 명과 함께 모례의 집에 왔다. 얼마 지나지 않아
아도 스님이 입적하자 세 사람은 머무르며 경전과 율장을 읽었고 때때로 신봉자
가 이곳에 오기도 했다. 왕[법흥왕]도 불교를 흥성하게 하고 싶었으나 신하들이
"안된다."라며 반대해 (왕은) 이를 곤란하게 여겼다. 이차돈 혹은 박염촉으로 불
리는 사람이 "소인을 참수해 여러 의견을 정리하십시오."라고 말했다. 왕이 "부
처님 가르침을 널리 퍼트리고자 죄 없는 사람을 죽이는 것이 가능한 일인가?"라
고 반문했다. 이차돈이 "만약 부처님 가르침이 행해진다면 비록 죽어도 절대 슬
프지 않을 것입니다."라고 대답했다. 왕이 신하들을 불러 회의를 열었다. (신하들)
모두가 "지금 출가자들이 머리를 아이들처럼 삭발하고, 이상한 옷을 입고, 기괴
한 논의를 합니다. 이를 따르면 후회함이 있을 것입니다."라고 말했다. 이차돈이

홀로 "대저 평범함을 뛰어넘는 사람이 있은 연후에 범상하지 않은 일들이 있는 법입니다. 지금 부처님 가르침은 넓은 연못처럼 그 의미가 넓고 깊습니다. 믿지 않으면 안 됩니다."라고 말했다. 왕이 "여러 사람의 말은 단단해 논파하지 못하며 (이차돈) 홀로 다른 의견을 말하므로 관리[下吏]는 저 사람을 처형하라."라는 명령을 내렸다. 이차돈이 "제가 부처님 가르침을 위해 처형되고 부처님에게 만약 신령함을 있다면 반드시 이적이 있을 것입니다."라고 말했다. 처형하자 피가 솟구쳤으며 잘린 곳[목]은 마치 우유처럼 희었다. 많은 사람이 기이함에 놀라 다시는 부처님과 불교를 훼손하지 못했다.' 석전 스님의 생각[案]: '시기[時]는 법흥왕이 나라 사람들을 불러 모아 부처님 가르침을 신봉하자는 때[時]이다. 보살제菩薩帝는 양 무제가 동태사에 나아가 "자신을 보시하고 고행한 것[捨身]"으로 이를 보시행이라 하는데 보살행을 닦았기 때문이다. 동태사에서 돌아왔다는 것은, 양 무제가 모두 세 번이나 동태사에 나아가 자신을 보시하고 고행했는데, 다른 두 번과 달리 경신년의 사신捨身은 여러 신하가 억만금을 사찰에 내고 무제를 궁전으로 모셔 온 것을 가리킨다. 1년[一春]은 양 무제가 궁전으로 돌아오고 법흥왕이 불교를 널리 퍼트린 다음 해로, 거꾸로 계산해 양 무제가 사찰로 돌아가기 일 년 전의 봄을 가리킨다. 법흥은 시호이며 불교를 크게 일으켰기 때문이다. 율령 조항을 제정했다는 것은 법흥왕 7년 율령을 반포하고 백관의 의복을 제정한 것을 말한다. 8년[八載]은 율령 반포 후 8년째 되던 해에 처음으로 부처님 가르침이 행해졌기 때문이다. 바로 법흥왕 15년이다. 차례로 계산하면 법흥왕이 율령을 제정한 후 8년째 되는 해이다. 문장이 참으로 정교하고 교묘하다.'" [역주자의 보충 해설] 『삼국사기』 권 제4 「신라본기 제4 · 법흥왕」에는 "至毗處王時, 有阿道(一作我道和尙), 與侍者三人亦來毛禮家. 儀表似墨胡子, 住數年無病而死. 其侍者三人留住講讀經律, 往往有信奉者."로 기재되어 있다.

37) 협주: "案: '亦旣, 對前法布中國, 今擧行化朝鮮故云也. 海岸及日鄕, 皆指東國也. 與樂, 取慈. 增長, 取信義也. 天融, 謂天從人願. 地毬, 謂地多建刹意. 亦旣二勾, 承上時乃節, 明敍我東布法也. 天融二句, 指下爲僧尼造塔寺節.'" 역주: "석전 스님의 생각[案]: '역기亦旣는 부처님 가르침이 중국에 전파됐다는 앞의 기록에 대해 부처님 가르침이 지금 우리나라[신라]를 교화하고 있음을 거론해 말한 것이다. 해안海岸과 일향日鄕은 우리나라[東國, 신라]를 가리킨다. 여락與樂은 자비를 가리킨[취한] 것이다. 증장增長은 (불교에 대한) 신심信心을 가리킨[취한] 것이다. 천융天融은 하늘이 사람의 소원을 들어주는 것을 말한다. 지용地毬은 사찰을 많이 짓는다는 의미를 말한 것이다. 역기亦旣 이하 두 구절은 앞의 시내 구절을 이어 우리나라에 불법佛法이 전파됐음을 분명하게 서술한 것이다. 천융 이하 두 구절은 스

님들이 탑과 사찰을 짓는 아래의 문장을 가리킨다.'"

38) 협주: "案: '中貴捐軀, 指眞興王妃出家爲尼也. 上仙剔髮, 指眞興王剃髮爲僧, 自號法雲也. 芯篛西學, 指下道義等往來中原之僧. 羅漢東游, 指曇始等出來東國也.'" 역주: "석전 스님의 생각[案]: '중귀연구中貴捐軀는 진흥왕의 왕비가 출가해 비구니가 된 것을 가리킨다. 상선체발上仙剔髮은 진흥왕이 머리를 깎고 스님이 되어 법명을 스스로 법운이라 한 것을 가리킨다. 필추서학芯篛西學은 아래에 나오는 도의 스님 등 중국에 오간 스님들을 가리킨다. 나한동유羅漢東游는 담시 스님 등이 고구려에 온 것을 가리킨다.'"

39) 두주: "以" 역주: "'개開' 자는 '이以' 자가 되어야 한다."

40) 협주: "見上註." 역주: "앞의 설명[註]을 보라."

41) 협주: "此云堪忍." 역주: "사바娑婆를 '감인堪忍'이라고도 한다."

42) 협주: "文飾曰." 역주: "글을 아름답게 꾸미는 것을 '조조藻'라 한다."

43) 협주: "《書》「武成」云: '罔有敵于我師, 前徒倒戈, 攻于後徒以此, 血流漂杵.'「註」: '杵或作鹵楯也.'" 역주: "『서경』「주서周書・무성」편에 '상商나라[은나라] 군대는 우리 (주周나라) 군대를 대적할 수 없었다. 상나라 군대의 선봉대가 반기를 들고 자기편의 후발대를 공격하니 흘린 피에 절굿공이가 떠다닐 정도였다'라고 나온다. (이와 관련해)「주註」에 '저杵를 혹은 노순鹵楯[방패]이라 한다'라고 나온다." [역주자의 보충 해설] *「무성」편의 원문은 다음과 같다. "罔有敵于我師, 前徒倒戈, 攻于後以北, 血流漂杵."

44) 협주: "《禮記》云: '武王克商, 倒載干戈, 包以虎皮, 名鍵囊.'「註」: '鎖閉兵器.' 案: '災者, 商紂之災, 比麗濟亡. 慶者, 周武之慶, 比新羅興.'" 역주: "『예기』「악기樂記」편에 '무왕이 은나라를 이기고 창과 방패를 거꾸로 뒤집어 호랑이 가죽으로 쌌는데 이를 건고라 한다'라고 나온다.「주註」에 '병장기를 사용하지 못하도록 잠근 것이다'라고 되어 있다. 석전 스님의 생각[案]: '재災자는 은나라 주왕의 재앙으로 고구려와 백제가 망한 것을 비유적으로 표현한 것이다. 경慶자는 무왕이 은나라를 이긴 경사로 신라가 흥한 것을 비유적으로 표현한 것이다.'" [역주자의 보충 해설] *『예기』「악기」편의 원문은 다음과 같다. "武王克殷反商, … … 倒載干戈, 包之以虎皮, 將帥之士使爲諸侯, 名之曰鍵囊."

45) 협주: "爾, 小貌." 역주: "이爾자는 '작은 모습小貌'을 묘사한 글자이다."

46) 협주: "《西域紀》云: '昔有一伽藍, 僧依小乘教, 食五淨肉, 見群鴈飛翔. 戲曰: "今日廚供有缺, 宜善知時." 有鴈折翼而下上座, 大德曰: "此佛菩薩, 憐汝等愚昧示現." 因以瘞鴈爲故, 云鴈塔(塔上竿柱曰刹).'" 역주: "『서역기』에 다음과 같은 기록이 있다. '옛날 (여기에) 사찰이 있었으며 소승의 가르침을 신봉했고, 병이 들거나 부득이

한 경우 어쩔 수 없이 다섯 가지 깨끗한 고기[五淨肉]를 먹었으며, 기러기들이 날아가는 것을 보았다. 농담으로 "오늘 공양간에 (음식이) 충분하지 않습니다. 선지식께서는 마땅히 이때임을 아셔야 합니다."라고 말했다. (그때) 기러기가 날개를 접고 그 스님 앞에 떨어졌다. 큰 지혜를 갖춘 스님이 "이 불보살님이 여러분들의 어리석음을 불쌍히 여겨 (떨어지는 것을) 보였다."라고 말했다. 기러기를 묻었기에 기러기 탑[鴈塔](탑 꼭대기에 있는 기둥을 찰이라 한다)이라 말한다.' [역주자의 보충 해설] 《西域紀》는 『대당서역기大唐西域記』를 말한다. 『대당서역기』 권제9에 비슷한 내용의 기록이 있다. 원문은 다음과 같다. "昔此伽藍習翫小乘, 小乘漸教也, 故開三淨之食, 而此伽藍遵而不墜. 其後三淨求不時獲. 有比丘經行, 忽見群雁飛翔, 戲言曰:'今日眾僧中食不充, 摩訶薩埵宜知是時.' 言聲未絕, 一雁退飛, 當其僧前, 投身自殞. 比丘見已, 具白眾僧, 聞者悲感, 咸相謂曰:'如來設法, 導誘隨機; 我等守愚, 遵行漸教. 大乘者, 正理也, 宜改先執, 務從聖旨. 此雁垂誡, 誠為明導, 宜旌厚德, 傳記終古.' 於是建窣堵波, 式昭遺烈, 以彼死雁瘞其下焉." *한편, '雁刹雲排'에서 '안찰雁刹'은 탑을 의미하며, 탑과 사찰로 해석해도 된다.

47) 협주: "張衡「東京賦」:'發鯨魚鏗蒲.' '註'云:'海岸有獸名蒲牢, 其聲如鐘聲, 性畏鯨輒吼, 故如今鑄鐘像蒲牢爲頭. 擊鐘之桴像鯨, 故鯨桴.'" 역주: "장형(78-139)의 「동경부」에 '고래[鯨魚]를 움직여 포뢰를 울린다'라고 나온다. 이를 설명한 '주註'에 '바닷가에 짐승이 있는데 포뢰라 한다. 우는 소리가 종소리와 비슷하다. 포뢰는 본성적으로 고래를 무서워해 자주 운다. 이 때문에 요즈음 종을 만들 때 (종의) 제일 위[종뉴鐘紐]에 포뢰의 모습을 만든다. 종 치는 채를 고래 모양으로 만들기에 경부鯨桴라 한다'라고 설명되어 있다." [역주자의 보충 해설] *장형의 「동경부」에 나오는 이 구절은 반고(班固, 32-92)의 「동도부東都賦」에 나온다. 장형이 인용한 것이다. 「동도부」의 원문은 다음과 같다. "於是發鯨魚, 鏗華鐘[그래서 고래 모양의 공이[杵]를 들어 전문篆文이 새겨진 화종華鐘을 친다]." 「주註」의 원문은 다음과 같다. "李善注引三国吳薛綜曰:'海中有大魚曰鯨, 海邊又有獸名蒲牢. 蒲牢素畏鯨, 鯨魚擊蒲牢輒大鳴. 凡鐘欲令聲大者, 故作蒲牢於上, 所以撞之者爲鯨魚. 鐘有篆刻之文, 故曰華.'[이선은 삼국시대 오나라 설종의 글을 인용해 '바다에 고래라는 큰 물고기가 있으며 바다 주변에는 포뢰라는 물고기가 있다. 포뢰는 본래 고래를 두려워하며, 고래가 포뢰를 치면 (포뢰는) 곧바로 크게 운다. 일반적으로 종소리가 크게 울리도록 하려는 사람은 포뢰를 (종) 윗부분[종뉴鐘紐]에 조성하고 이를 치는 공이를 고래 모양으로 만든다. 종에는 전篆자로 새긴 글자가 있기에 화華라 한다'라고 설명했다." *반고가 낙양과 장안을 주제로 「동도부東都賦」와 「서도부西都賦」, 즉 「양도부兩都賦」를 지었고 삼국시대(220-280) 오나라의 설종

[5] ① 其教之興也, 毘婆娑⁴⁸⁾先至, 則四郡⁴⁹⁾馳四諦⁵⁰⁾之輪, 摩訶衍⁵¹⁾
後至, 則一國耀一乘之鏡. 然能令義龍雲躍, 律虎風騰⁵²⁾, 洶學
海之波濤, 蔚戒林之柯葉, 道咸融乎無外, 情或涉乎有中⁵³⁾, 抑
止水停漪⁵⁴⁾, 高山佩旭者, 益有之矣, 世未知之⁵⁵⁾. ② 洎長慶⁵⁶⁾
初, 有僧道義³⁰⁾*, 西泛睹西堂³¹⁾*之奧, 智先偉智藏而還⁵⁷⁾, 始
語玄契者⁵⁸⁾. 縛猨心護奔北之短⁵⁹⁾, 矜鷦翼誚圖南之高⁶⁰⁾, 旣醉
於誦言⁶¹⁾, 競嗤爲魔語⁶²⁾. 是用³²⁾*韜光廡下⁶³⁾, 斂跡壺中⁶⁴⁾, 罷
思東海東³³⁾*, 終遁北山北⁶⁵⁾, 豈《大易》之無憫⁶⁶⁾, 《中庸》之不悔
者耶⁶⁷⁾? ③ 然秀冬嶺⁶⁸⁾, 芳定林³⁴⁾*, 蟻慕者彌山⁶⁹⁾, 鷹化者幽
谷⁷⁰⁾, 道不可廢, 時然後行⁷¹⁾.

(?-243)은 「이경해二京解」에서 「양도부」를 해설했다. 「양도부」는 『문선文選』 권1에,
「동경부東京賦」는 『문선』 권3에 각각 수록되어 있다.

48) 협주夾注: "此云小乘敎." 역주: "이것을 소승교라 한다."

49) 협주: "樂浪, 臨屯, 玄菟, 眞番, 見上註." 역주: "낙랑, 임둔, 현도, 진번을 사군이
라 한다. 앞의 주석을 보라." [역주자의 보충 해설] *석전 스님은 「쌍계사 진감 선
사 대공령 탑비명」 단락[4]의 ①에서 '사군四郡'에 대해 설명했다.

50) 협주: "苦集滅道." 역주: "(사제는) 고, 집, 멸, 도이다."

51) 협주: "此云大乘也." 역주: "이것을 대승교라 한다."

52) 협주: "《高僧傳》云: '義淨能通義學, 故曰義龍. 贊寧能解律學, 故曰律虎.'" 역주:
"『고승전』에 '당나라 의정 스님은 교학에 능통하므로 의룡이라 부른다. 송나라
찬녕 스님은 율학에 해박하므로 율호라 부른다'라고 나온다." [역주자의 보충 해
설] *『고승전』에 이런 구절이 없다. 『대송승사략大宋僧史略』 서문에 "贊寧姓高氏,
其先渤海人. 出家杭之祥符, 習南山律, 著述毘尼, 時謂律虎[찬녕 스님의 속성은 고

[5] ① 부처님 가르침이 일어나 부파불교의 교리가 먼저 전파되자 해동에 사성제의 바퀴가 앞서 굴렀으며 대승이 뒤따라 들어오니 온 나라에 일불승—佛乘의 거울이 빛을 내뿜었다. 그리하여 교학에 뛰어난 스님들이 구름을 탄 용처럼 일어났으며, 율학에 해박한 스님들이 바람을 타고 솟아오르듯 나타났으며, 광대한 가르침의 바다를 탐구하는 기운이 파도처럼 용솟음쳤으며, 계율의 나무에서 자라난 가지와 잎을 연찬하는 분위기가 성대해졌으며, 출가자들은 교학과 율학을 남김없이 융합했으며, 마음을 전하는 가르침에 통달한 수행자도 더러 나타났으며, 고요한 물이 일렁이는 물결을 잠재우듯 무명을 몰록 끊은 수행자도 나타났으며, 높은 산에 햇빛이 먼저 비치듯 자질이 우수한 출가자 가운데 진리의 도장을 먼저 획득한 사람이 나타났어도 세상 사람들은 알지 못했다.

씨이며 선조는 발해 사람이다. 항주의 상부사祥符寺에서 출가해 남산종의 율학을 배웠고 율에 관한 저서를 지었기에 당시 찬녕 스님을 율호라 불렀다."라는 구절이 있다.

53) 두주頭注: "補情或云云, 案: '註恐未安也.' 愚意: '道咸與情涉文, 乃縱奪也. 上之諸家, 皆義學徒, 或涉有見棄臼, 故下有訪禪超悟者矣.'" 역주: "'정혹정或' 운운한 구절에 대해 보충하면, 이 주석은 (석전 스님이) 보기에 미진한 것 같다. 석전 스님의 의견[愚意]: '도함과 정섭 두 문장은 바로 긍정[縱]과 부정[脫]을 보인 것이다. 앞에 나온 여러 스님은 모두 교학을 연마한 사람으로 더러는 (교학 가운데) 유견有見이라는 상투화된 형식[棄臼]과 관련이 있다. 그래서 아래 문장에 (도의 선사와 홍척 선사처럼) 선 수행자를 찾아가 초월적인 깨달음을 얻은 사람이 나온다.'"

54) 협주: "音衣, 水波生錦文也." 역주: "(漪자의) 음은 의이다. 물결이 '아름다운 무늬[錦文, 잔물결]'를 만든 것이다."

② 장경(長慶, 821-824) 초기 도의 선사가 당나라에 건너가 서당 지장 선사의 심인心印을 체득해 지혜의 빛이 지장 선사와 비슷해져 돌아와 현묘한 깨달음을 처음으로 말했다. (그러나) 원숭이처럼 이리저리 날뛰는 마음에 속박되고, 남쪽을 지향하며 북쪽으로 달리는 단점을 굳게 지키고, 메추라기 정도의 높이만 겨우 날면서도 허풍떠는 무리들이 큰 바다를 건너려 높이 나는 대붕을 비웃고, 자기가 아는 말만 되풀이하며 젠체하는 소인들이 현묘한 깨달음을 '귀신 들린 소리[魔語]'라며 다투어 비웃었다. 그리하여 지붕 아래 빛을 감추고 자취를 깊고 그윽한 곳에 갈무리해 동해의 동쪽으로 가려는 생각을

---

55) 협주: "案: '道咸云云, 指上大小乘義律等師意, 融而無餘外也. 情或云云, 指下或知中國格外禪. 義道黙識, 故最初西泛也, 有中示傳心道理也. 止水停漪, 言水到鍾處波文自定也. 以比師能使他人頓斷無明也. 高山佩旭, 山於高處, 先得日光也. 以比學人根勝者, 先獲法印也. 暗指義陟.'" 역주: "석전 스님의 생각: '도함 운운한 구절은 앞의 소승과 대승의 교학과 율학 등을 연마한 스님의 뜻을 융합해 남음이 없음을 가리킨다. 정혹 운운한 구절은 아래에 나오는 (스님들이) 간혹 중국 격외선의 도리를 깨달았음을 가리킨다. 도의 스님은 침묵으로 알기에 최초로 중국에 공부하러 간 것이다. (중국으로 공부하러 갔다는 이 의미) 속에 "마음을 전하는 이치"를 은은하게 보였다. 지수정의라는 구절은 물이 흘러 부딪히는 곳에 이르면 물결의 모습[波文]이 저절로 정해지는[생기는] 것을 말한다. 이 구절은 스승이 능히 다른 사람의 무명을 몰록 끊게 함을 비유적으로 표현한 것이다. 고산패욱이라는 구절은 산의 높은 곳에 햇빛이 먼저 비치는 것을 의미한다. 이 구절은 자질이 우수한 학인이 깨달음을 먼저 얻는 것을 비유적으로 말한 것이다. 도의 선사와 홍척 선사를 암시했다.'"
56) 협주: "唐穆宗." 역주: "당나라 목종(795-820-824)의 연호이다." [역주자의 보충 해설] *장경長慶은 821년부터 824년까지 사용됐다.

그만두고 마침내 북쪽 산의 북쪽에 은거했으니 (이것이) 어찌 '세상을 떠나 은둔해도 고민하지 않는다'라는 『주역』「건괘」의 가르침과 '(사람들이) 알아주지 않아도 후회하지 않는다'라는 『중용』 제11장의 말씀과 다르겠는가?

③ 그런데 푸른 소나무는 날씨가 추워진 산마루에 우뚝 서고 향기는 선정禪定의 숲에서 나오는 것이 당연한 이치이기에 개미가 양고기의 노린내를 사모하듯 덕성을 흠모하는 사람들이 많아지고 매가 비둘기로 변한 듯 선량해진 사람들이 깊은 계곡을 가득 채우니 진리는 사라지지 않고 다만 시기가 무르익은 다음에 행해질 따름이다.

---

57) 협주: "義參馬祖弟子西堂智藏而還." 역주: "도의 선사는 마조(馬祖, 709-788) 스님의 제자인 서당 지장(西堂智藏, 735-814) 스님에게 참학參學하고 신라로 돌아왔다."

58) 협주: "案: '始語云者, 此師東還以前, 東人不知有禪, 故云始語. 自家玄契之見性成佛奧旨也. 有以當時學者, 義似不然, 如有玄契者, 爲師知音, 反有護短誚高之失耶!'" 역주: "석전 스님의 생각[案]: '시어始語라고 말한 것은 도의 선사가 신라로 돌아오기 이전 신라 사람들은 선이 있음을 알지 못했기에 시어始語라고 표현한 것이다. 스스로 "현묘하게 계합했다[玄契]."라는 것은 바로 자신이 참다운 본성을 철견徹見해 부처님이 말씀하신 심오한 의미를 체득했다는 것이다. 당시의 수행자 가운데 어떤 사람은 깨달은 것 같으나 실은 그렇지 못했다. 예를 들어 (스승과 마음이) 현묘하게 계합되어 스승과 마음이 통하는 도반[知音]이 되기는커녕 오히려 '단점을 지키고 장점을 비웃는 잘못'을 저질렀다!'"

59) 협주: "奔北者, 適越北轅也." 역주: "분북은 수레의 끌채를 북쪽으로 향하게 해 간 것이다[북쪽으로 갔다]." [역주자의 보충 해설] *'적월適越'은 '가다'라는 뜻이다.

60) 협주: "斥鷃笑鵬之事." 역주: "메추라기가 붕새의 일을 비웃었다." [역주자의 보충 해설] *『장자』「소요유逍遙遊」편에 "北冥有魚, 其名爲鯤. … 化而爲鳥, 其名爲鵬.

… 背負靑天而莫之夭閼者, 而後乃今將圖南. … … 斥鷃笑之曰: '彼且奚適也? 我騰躍而上, 不過十仞而下, 翱翔蓬蒿之間, 此亦飛之至也. 而彼且奚適也?' 此大小之辯也[북쪽의 검푸른 바다에 물고기가 있으니 그 이름은 곤이다. … (이 물고기가) 변신해 새가 되는데 그 이름을 붕새[鵬]라 한다. … (붕새는) 푸른 하늘을 등진 채 갈 길을 막는 장애가 하나도 없어야 비로소 남쪽으로 날아가는 것을 도모한다. … … 메추라기가 (9만 리 나는) 붕새를 비웃으며 말했다. '저것은 도대체 어디로 가려고 하는 것인가? 나는 힘껏 날아올라도 십여 길[仞]에 불과하며 그리곤 밑으로 내려와 쑥대 사이를 날아다닐 따름이다. 이것이 내가 날 수 있는 가장 먼 거리이다. 그런데 저것은 도대체 어디로 가려고 하는 것인가?' (메추라기의) 말이 바로 작은 것과 큰 것의 차이이다].''라는 문장이 있다. *안鷃=안鴳이다.

61) 협주: "《詩》云: '誦言如醉也.'" 역주: "『시경』「대아大雅・상유桑柔」에 '진심으로 권하는 말을 듣자마자 술에 취한 척했다'라고 나온다."

62) 협주: "魔語云者, 指上文玄契之談." 역주: "귀신 들린 소리[魔語]는 앞에 나온 '(도의 스님이) 현묘한 깨달음을 처음으로 말했다[始語玄契者]'라는 문장을 가리킨다."

63) 협주: "見上無染註." 역주: "앞에 나온 무염 국사의 주석을 참조하라." [역주자의 보충 해설] *석전 스님은 『정주사산비명』「성주사 대랑혜 화상 백월보광 탑비명」 단락[10]의 ③에서 '무염無染'에 대해 설명했다.

64) 협주: "見上眞鑑註." 역주: "앞에 나온 진감 선사의 주석을 참조하라." [역주자의 보충 해설] *석전 스님은 『정주사산비명』「쌍계사 진감 선사 대공령 탑비명」 단락[7]의 ④에서 '호중壺中'에 대해 설명했다.

65) 협주: "《通載》云: '佛陀耶舍謝秦使者曰: "脫如見禮羅什, 貧道當在北山北矣."' 案: '罷思云, 東海東是, 化育萬品方也, 從此罷思. 而北山北是, 避世獨善之處, 終遁居之也.'《莊子》任公移竿東海云: '以釣魚, 比度人也.'" 역주: "『불조역대통재』권 제7에 다음과 같은 내용이 있다. '불타야사 스님이 후진의 요흥 왕이 보낸 사자에게 이야기했다. "만약 구마라집 스님에게 인사를 한다면 빈도는 당연히 북쪽 산의 북쪽에 있을 것입니다."라고 말했다.' 석전 스님의 생각: '파사 구절에 보이는 동해의 동쪽은 만물을 생성하고 발육시키는 방향이다. 이 때문에 (동해의 동쪽으로 갈) 생각을 그만두었다. 반면 북쪽 산의 북쪽은 세상을 피해 홀로 선善을 행하는 장소이기에 (도의道義 스님은) 결국 은둔한 것이다.' 『장자』「외물外物」편에 임나라의 공자가 낚싯대를 동해로 옮기며 '고기 낚는 것으로 사람을 제도함을 비유적으로 표현했다'라고 말했다." [역주자의 보충 해설] *『장자』「외물外物」편에 "任公子爲大鉤巨緇, 五十犗以爲餌, 蹲乎會稽, 投竿東海, 旦旦而釣, 期年不得魚. … [임나라의 공자가 커다란 낚싯바늘과 굵은 흑색 밧줄로 낚싯줄을 만들고, 불알

을 깐 소 50마리를 미끼로 삼아 회계산會稽山에 올라가 동해에 낚싯대를 던져 매일 아침 낚았지만 1년이 지나도록 물고기를 잡지 못했다. …].'라고 나온다. '犗'자의 훈·음은 '불친소 개'이며 '불알을 까서 기른 소'라는 뜻이다. *도의 선사가 은둔한 곳은 지금의 강원도 양양군 강현면 둔전리 설악산의 동쪽 기슭에 있는 진전사陳田寺이다. '삼층석탑'과 '도의 선사 부도' 등이 그곳에 현존한다. 폐사됐던 진전사는 2005년 복원돼 2009년 전통 사찰로 지정됐다.

66) 협주: 《易》之「乾卦」初爻云: '遁世無憫.'" 역주: "『주역』의 「건괘」를 설명한 「문언전文言傳」에 '세상을 떠나 은둔해도 고민하지 않는다'라고 나온다." [역주자의 보충 해설] *원문은 다음과 같다. "初九曰, '潛龍勿用.' 何謂也? 子曰: '龍, 德而隱者也. 不易乎世, 不成乎名, 遯世不悶, 不見是而無悶. 樂則行之, 憂則違之. 確乎其不可拔, 潛龍也.'[(「건괘」의) 초구 효사爻辭에 '깊이 잠겨 있는 용과 같으니 쓰지 말아야 한다'라고 설명되어 있다. 무슨 의미인가? 공자가 말했다. '이것은 용과 같은 덕을 가지고 있지만 은거한 사람을 비유적으로 말한 것이다. 혼탁한 세상에서 절개를 바꾸지 않으며, 이름이 드러나는 것에 뜻을 두지 않으며, 세상을 떠나 은둔해도 고민하지 않으며, 사람들에게 제대로 평가받지 못해도 고민하지 않는다. 마음에 맞으면 실행하고 마음에 맞지 않으면 실행하지 않는다. 뜻이 확고해 뽑히거나 흔들리지 않는 이것이 바로 깊이 잠긴 용이다.']"

67) 협주: 《中庸》云: '君子依乎中庸, 遁世不見知而不悔.'" 역주: "『중용』 제11장에 '군자는 중용에 의지하며, 세상에 나가지 않고 숨어 있어 (사람들이) 알아주지 않아도 후회하지 않는다'라는 구절이 있다."

68) 협주: "陶詩云: '冬嶺秀孤松.'" 역주: "도연명(陶淵明, 대략 365-427)의 시에 '겨울 산마루에 외로운 소나무 한 그루가 우뚝 서 있다'라는 구절이 있다." [역주자의 보충 해설] *도연명이 지은 「사시四時」라는 시의 마지막 구절이다. '어떠한 시련에도 흔들리지 않는 훌륭한 인격'을 비유적으로 표현했다. 원문은 다음과 같다. "春水滿四澤, 夏雲多奇峰, 秋月揚明輝, 冬嶺秀孤松."

69) 협주: "慕大師如蟻慕羶肉也." 역주: "개미가 양고기 향기를 그리워하듯 대사大師를 사모한다(는 것이다)." [역주자의 보충 해설] *『장자』「서무귀徐無鬼」편에 "羊肉不慕蟻, 蟻慕羊肉, 羊肉羶也[양고기가 개미를 사모하지 않아도 개미가 양고기를 사모하는 것은 양고기에 노린내가 나기 때문이다]."라고 나온다.

70) 협주: "「月令」云: '仲春鷹化爲鳩, 比化惡爲善者.'" 역주: "「월령」편에 '음력 2월이 되면 매가 변해 비둘기가 된다는 것으로 (이는) 악이 변해 선이 됨을 비유적으로 표현한 것이다'라는 내용이 있다." [역주자의 보충 해설] *『예기禮記』「월령月令」편에 "仲春之月 … 始雨水, 桃始華, 倉庚鳴, 鷹化爲鳩[음력 2월에 우수 절기가 시

[6] ① 及興德大王纂戎[72), 宣康太子監撫[73), 去邪醫國, 樂善肥家[74). 有洪陟[35)*大師, 去西堂證心[75), 來南岳[76)休足. 鷩冕[77)陳順風之請[78), 龍樓[79)慶開霧之期[80). 現示密傳, 朝凡暮聖[36)*, 變非蔚也[81), 興且勃焉[82). ② 試較其宗趣, 則脩乎脩沒脩, 證乎證沒證; 其彰[83)也山立, 其動也谷應; 無爲之益, 不爭而勝. 於是乎, 東人方寸地[37)*靈矣, 能以靜利利海外[38)*, 不言其所利, 大矣哉[84)!

[6] ① 홍덕 대왕께서 왕위를 계승하시고 선강 태자가 자신의 직무를 살펴 (김헌창金憲昌의 반란을 진압하는 등) 삿됨을 없애고 나라를 바로 세우자 (사람들은) 훌륭한 일들을 하게 되었고 나라는 부유해졌다. (그즈음) 홍척 선사가 (도의 선사처럼)

작되고, 복숭아꽃이 피기 시작하며, 꾀꼬리는 울고, 매는 변해 비둘기가 된다.'라는 구절이 있다.

71) 협주: "言時至然後行化也." 역주: "시절 인연이 도래한 후 교화를 실행한다는 점을 말한 것이다."

72) 협주: "纂, 繼也. 戎, 大也." 역주: "찬은 계승한다는 뜻이다. 융은 크다는 의미이다."

73) 협주: "監撫者, 太子之職也." 역주: "감무監撫는 태자의 직분이다." [역주자의 보충 해설] *감무監撫는 감국무군監撫軍의 줄임말로 '국정國政을 보살피고 군사를 위무한다'라는 의미이다.

74) 협주: "言善治國家之意." 역주: "국가를 잘 다스린다는 의미를 말한 것이다."

75) 협주: "亦參西堂智藏." 역주: "역시 서당 지장 선사에게 참문參問했다."

76) 협주: "卽智異山." 역주: "바로 지리산이다."

77) 협주: "《周禮》云: '王饗先公、饗、射則鷩冕.'《字彙》云: '鷩似山鷄而小, 冠背毛黃, 腹下赤, 頂綠色. 漢侍中冠之云云.'" 역주: "『주례』「춘관종백春官宗伯」 편 '사복司服' 조條에 '먼저 돌아가신 분에게 제사를 지내거나 귀빈을 맞아 잔치를 열거나 활을 쏘는 의식을 거행할 때 별복鷩服을 입고 면류관을 쓴다'라고 나온다. 『자휘字彙』에 '붉은 꿩[鷩]은 꿩[山鷄]과 비슷하나 (꿩보다) 작으며, 벼슬 뒷부분의 털은 누런색이며, 배 밑에는 붉은색을 띠고, 정수리 부근은 푸른색을 띤다. 한나라 당

서당의 심인心印을 얻고 돌아와 지리산에 주석하고 있었다. 임금이 홍척 선사에게 귀의해 가르침을 듣고 싶다는 요청을 말씀하시고 태자는 홍척 선사가 지리산에서 내려와 가르침을 펴겠다는 약속을 경축했다. (산에서 내려온 홍척 선사는) 마음에서 마음으로 은밀하게 전하는 현묘한 가르침을 드러내 아침에 범부였던 사람을 저녁에 성인으로 변모시키니 (범부가 성인으로 바뀐 그) 변화[頓悟]가 울창한 숲속의 나무처럼 많지는 않으나 순식간에 (변화가) 일어나 진리[心印]에 몰록 부합했다.

시중侍中의 지위에 있던 사람들이 (이 관을) 썼다고 운운한다'라고 기술되어 있다." [역주자의 보충 해설] *『자휘字彙』는 명나라의 매응조梅膺祚가 『정운正韻』, 『설문해자說文解字』, 『운회韻會』 등을 참고해 만력萬曆 43년[1615]에 편찬한 자전 류字典類의 책이다. 부록을 포함 총 14권으로 33,179개의 표제자가 실려 있다. *별면鷩冕은 임금을 의미한다.

78) 협주: "《莊子》云: '廣成子南首而臥, 黃帝順下風, 膝行而進.'" 역주: "『장자』「재유在宥」 편에 '광성자가 머리를 남쪽으로 하고 누워 있는데 황제가 아래쪽에서 무릎으로 기어 (광성자 쪽으로) 나아갔다'라고 나온다." [역주자의 보충 해설] *'하풍下風'은 홍척 선사를 상징하며 '순풍順風'은 임금이 홍척 선사에게 귀의했다는 뜻이다.

79) 협주: "宮闕也." 역주: "(용루龍樓는) 궁궐이다." [역주자의 보충 해설] *용루는 한나라 당시 태자가 거주하던 궁궐문宮闕門의 이름이다. 청동으로 만든 용[銅龍], 흰 학[白鶴] 등의 조각이나 그림이 있었기에 '용루'라고 불렸다. 태자가 머무는 궁전을 의미한다.

80) 협주: "開霧, 見無染註. 案: '鷩冕, 《周禮》云, 王者所著, 此指宣康太子也. 龍樓, 王者所居, 此指興德大王也. 順風者, 太子當時, 有邀請大師之事. 開霧者, 師來南岳休足, 故以比南山豹隱澤毛之事, 而開霧出山有期, 故慶之.'" 역주: "개무開霧에 대한

설명은 「무염 국사 비명」에 단 주석을 보라. 석전 스님의 생각[案]: '별면鱉冕과 관련해 『주례』에 "임금이 착용하는 것이다."라고 나오는데 이 말은 선강 태자를 가리킨다. 용루龍樓는 임금이 거주하는 곳으로 이 말은 홍덕 대왕을 가리킨다. 순풍順風은 태자 당시 대사를 초청한 일이 있었다는 것이다. 개무開霧는 홍척 선사가 지리산에 주석했기에 이것으로 남쪽의 산[지리산]에 은거하며 털을 윤택하게 한 일을 비유한 것이다. 그런데 구름이 걷히고 안개가 흩어졌다[雲開霧散]는 것은 (홍척 선사가) 산에서 내려올 때가 있기에 이를 경축한다는 것이다.'" [역주자의 보충 해설] *『주례』「춘관종백春官宗伯」편 '사복司服'조에 "王之吉服, … 享先公、飨、射則鱉冕, 祀四望、山川則毳冕[왕이 좋은 의식을 거행할 때 입는 옷으로 … 먼저 돌아가신 분에게 제사를 지내거나 귀빈을 맞아 잔치를 열거나 활을 쏘는 의식을 거행할 때 별복鱉服을 입고 면류관을 쓰며, 사방의 명산이나 큰 하천 그리고 일반적인 산과 하천에 제사를 올릴 때는 취복毳服을 입고 면류관을 쓴다]."이라는 기록이 있다. *개무開霧는 지리산에 은거하고 있는 홍척 선사가 가르침을 펴기 위해 산에서 내려왔다는 뜻이다. *석전 스님은 『정주사산비명』「성주사 대랑혜 화상 백월보광 탑비명」단락[9]의 ①에서 '무霧'에 대해 설명했기에 '견무염주見無染註'라고 했다.

81) 협주: "「法語」云: '貍文闇, 豹文蔚, 虎文炳.' 言貍變爲豹, 豹變爲虎. 蔚言漸次也." 역주: "「법어」에 '삵의 무늬는 어둡고, 표범의 무늬는 울창하고, 호랑이의 무늬는 빛난다'라는 말이 있다. 삵이 변해 표범이 되고 표범이 변해 호랑이가 되는 것을 설명했다. 점차 변하는 것을 울蔚이라 말했다." [역주자의 보충 해설] *『주역』의 「혁괘革卦」(제49괘)를 설명한 「상전象傳(하下)」에 "大人虎變, 其文炳也. 君子豹變, 其文蔚也. 小人革變, 順以從君也[대인이 호랑이처럼 변하는 것은 그 문채文彩가 빛나기 때문이다. 군자가 표범처럼 변하는 것은 그 문채가 왕성하기 때문이다. 소인이 얼굴색을 바꾸는 것은 임금을 따르기 때문이다]."라고 나온다.

82) 협주: "勃然頓契." 역주: "갑자기 일어나[홍기해] 몰록 계합했다[깨달았다]." [역주자의 보충 해설] *『춘추좌씨전春秋左氏傳』「장공莊公 11년」조에 "臧文仲曰: '宋其興乎, 禹、湯罪己, 其興也勃焉. 桀、紂罪人, 其亡也忽焉.'[장문중이 '송나라는 흥할 것입니다. 우 임금과 탕 임금은 자기에게 죄를 돌렸기에 갑자기 융성해졌습니다. 걸 임금과 주 임금은 다른 사람에게 죄를 돌렸기에 갑자기 망했습니다'라고 말했다]"이라는 구절이 있다. *우 임금은 하나라를 세웠고 탕 임금은 은나라[상나라]를 일으켰다. 걸 임금은 하나라의 마지막 왕이고 주 임금은 은나라의 마지막 왕이다.

83) 협주: "靜同." 역주: "('정彰'자는) '정靜'자와 같다."

② 시험 삼아 그 가르침의 핵심을 살펴보면 인위적인 수행이 없
는 수행을 수행하고 인위적인 깨달음이 없는 깨달음을 깨달
으며, 고요하면 마치 산이 서 있는 듯하고 움직이면 마치 온
골짜기가 부응하는 듯하며, 인위적으로 추구하지 않는 이로
움으로 다투지 않고 이긴다. 이로 말미암아[선의 수행과 깨
달음으로 말미암아] 우리나라 사람들의 마음이 신령스럽게
되었으며 선禪 수행에서 나오는 이로움은 능히 우리나라를
이롭게 하나 베푸는 이로움에 대해서는 말하지 않으니 장대
하도다!

[7] ① 爾後觴騫85)河86), 筌融道87); 無念爾祖39)*, 寔繁有徒. 或劍化延
津, 珠還合浦88), 爲巨擘89)者, 可屈指焉. 西化則靜衆90)無相91)、
常山慧覺92), 益州金、鎭州金者是93). ② 東歸則前所叙北山

---

84) 협주: "文用《易》之「乾卦」‘能以美利利天下, 不言所利, 大矣哉!’ 之勢" 역주: "‘能以
靜利利海外, 不言其所利, 大矣哉!’라는 구절은 『주역』의 「건괘」를 설명한 「문언전
文言傳」에 나오는 ‘능히 큰 이로움으로 천하를 이롭게 하나 베푸는 이로움에 대
해서는 말하지 않으니 장대하도다[能以美利利天下, 不言所利, 大矣哉!]’라는 문장
의 힘을 활용한 것이다."

85) 우주右注: "(騫)輕儇也." 역주: "(‘건’은) 가볍고 빠르다는 의미이다."

86) 두주頭注: "補觴騫云云, 宋神僧杯渡, 乘木杯渡水之事, 此句度他往來也. 筌融, 难
文字契心道, 此句自利通達也." 역주: "상건觴騫 운운과 관련해 보충한다. 남조 송
나라(宋, 420-479)의 신이승神異僧 배도 스님은 나무로 만든 잔을 타고 강을 건
넜다는 일로 이 구절은 다른 사람을 구제하고자 왕래한 것을 나타낸다. 전융筌融
은 문자로는 마음의 진리에 계합하기 어려움을 나타내며 이 구절은 자신을 이롭
게 하고자 부처님 가르침에 통달한 것을 의미한다." [역주자의 보충 해설] *배도
스님에 대한 전기는 「고승전」 권 제10에 있다. "杯度者, 不知姓名. 常乘木杯度水,

義[94]）、南岳陟[95]），而降及泰安徹[96]國師、慧目育，智力門[40]*；
雙溪炤[97]）、新興彥[98]）、湧巖體、琢丘休[99]）、雙峯雲[100]）、孤日山[101]）、
兩朝國師聖住無染[102]），菩提宗[41]*．③ 德之厚爲父衆生，道之尊
爲師王者，古所謂 '逃名名我隨，避聲聲我追' 者[103]．故得皆化被
恒沙[104]），跡傳豐石[105]），有令[42]*兄弟，宜爾子孫，俾定林[43]*標秀
於鷄林，慧水安流於鰈水[106]），別有[107]不戶不牖而見大道[108]），不
山不海而得上寶[109]．④ 恬然息意，澹乎忘味．[44]* 彼岸也，不行
而至；此土也，不嚴而治．七賢[110]孰取譬？十住[111]難定位[45]*者，
賢溪山[46]*智證大師其人也[112]）．

因而爲目．初見在冀州，不修細行．神力卓越，世莫測其由來．嘗於北方寄宿一家．家
有一金像，度竊而將去，家主覺而追之，見度徐行走馬逐而不及．至孟津河浮木杯於
水，憑之度河，無假風棹，輕疾如飛，俄而度岸[배도 스님의 성과 이름을 알지 못한
다. 항상 나무로 만든 잔을 타고 강을 건넜기에 배도 스님이라 불렸다. 처음 기주
冀州에 나타났으며 세밀하고 깊이 있게 수행한 스님은 아니었다. 신비한 힘이 뛰
어났어도 배도 스님이 그런 힘을 지니게 된 내력을 세상 사람들은 알지 못했다.
일찍이 양자 강 이북의 어느 집에 묵었다. 그 집에 한 위位의 금불상이 있었는데
배도 스님이 훔쳐 집을 떠났다. 주인이 이를 알고 쫓았다. 배도 스님이 천천히 걸
어가는 것을 본 주인이 말을 타고 따라갔으나 따라잡지 못했다. 맹진하孟津河에
도착한 배도 스님은 나무로 만든 잔을 띄우고 잔에 의지해 강을 건넜다. 바람이
나 노에 의지하지 않고 나는 듯이 경쾌하게 강을 건너 순식간에 반대편 언덕에
도달했다.」 *『고승전』권 제2「구마라집전」에도 배도 스님에 관한 일화가 전한다.
「又杯渡比丘在彭城，聞什在長安，乃歎曰：'吾與此子戲別三百餘年，杳然未期，遲有
遇於來生耳.'[또한 배도 스님이 팽성彭城에 머물고 있었다. 구마라집 스님이 장
안長安에 있다는 소문을 들은 배도 스님이 탄식하며 '그대와 내가 장난처럼 이별
한 지 어언 3백여 년이 지났구려. (지금은 서로) 아득하게 멀리 있어 만남을 기약
하기 힘듭니다. 느리지만 다음 생에는 만날 수 있을 것입니다' 라고 말했다」 * '도
度' 자와 '도渡' 자는 서로 통용된다.

[7] ① 그 이후 배도 스님이 나무로 만든 잔盞을 타고 강을 건너듯 진리를 찾는 스님들의 발걸음이 (당나라로) 이어졌고 통발로 물고기를 잡듯 방편이 진리에 융합된 분이 나타났다. 앞선 사람의 은덕을 잘 기억해 영원히 잊지 말지니 진실로 (당나라에서) 진리를 체득한 스님들이 있었다. 두 자루 칼이 스스로 연평진延平津의 물속에 날아가 잠기듯 어떤 스님들은 중국에서 (진리를) 증득하고 (신라로) 돌아오지 않았으며 보배 구슬이 합포로 돌아오듯 어떤 스님들은 깨달은 뒤 (신라로) 돌아왔는데 뛰어난 인물들을 손가락으로 꼽을 수 있다. 당나라에서 입적한 분으로 정중사靜衆寺의 무상 스님과 상산의 혜각

---

87) 협주: "觴騫,《晉書》之'曲水流觴'事. 荃融, 用略例之'得魚忘筌'事可知. 案: '觴河荃道, 法喩雙擧也. 觴喩船, 河喩國界也. 荃喩敎文, 道指禪學也. 自義陟西學以後, 求道船之往來, 如羽觴之流波, 此因上文西泛二字而言也. 荃融云云, 謂言詮融釋於禪門妙道, 此因上文始語玄契以下意而反顯也.'" 역주: "상건은『진서』에 나오며 '굽이치는 물결에 술잔 띄우는 일'을 말한다. 전융은 '물고기를 잡았으면 통발을 잊어라'라는 간략한 예를 활용하면 (그 의미를) 알 수 있다." [역주자의 보충 해설] *『진서晉書』권51「속석전束晳傳」에 '곡수유상曲水流觴'에 관한 문답이 있다. 원문은 다음과 같다. "武帝嘗問摯虞, 三日曲水之義. 虞對曰:'漢章帝時, 平原徐肇以三月初生三女, 至三日俱亡, 邨人以爲怪, 乃招攜之水濱洗祓, 遂因水以汎觴, 其義起此.'帝曰:'若如所談, 便非好事.'晳進曰:'虞小生, 不足以知, 臣請言之. 昔周公成洛邑, 因流水以汎酒, 故逸詩云"羽觴流波". 又秦昭王以三日置酒河曲, 見金人奉水心之劍曰:"令君制有西夏, 乃霸諸侯." 因此立爲曲水, 二漢相緣, 皆爲盛集.'帝大悅, 賜晳金五十斤[일찍이 (서진西晉의) 무제武帝가 집우(摯虞, 250-300)에게 음력 3월 3일 굽이 도는 물가에 앉아 술잔을 띄우고 연회를 여는 의미를 물었다. 집우가 '후한의 장제 당시 평원현平原縣에 살던 서조徐肇가 음력 3월 초하루에 세 명의 딸을 낳았으나 3일 뒤 모두 죽고 말았습니다. 마을 사람들이 상서롭지 못하다고 여겨 물가에 가 세숫대야에 물을 길어 부정不淨한 기운을 씻어냈습니다. 사람들이 씻을 때 약주藥酒를 술잔에 담아 물에 띄웠습니다. 약주를 담은 술잔이 물의

스님이 있는데 '익주益州 김'과 '진주鎭州 김'이 바로 이들이다.

② 신라로 돌아온 스님 가운데 앞에서 말한 설악산[北山]의 도의道義 스님과 지리산[南岳]의 홍척洪陟 스님, 시대를 조금 내려와 곡성 태안사의 혜철慧徹 스님과 여주 혜목산의 현욱玄昱 스님 등은 뛰어난 지혜[智力]로 중생을 제도했다[門]. 쌍계사의 혜소 스님, 신흥사의 충언 스님, 용암사의 각체 스님, 진구사의 각휴 스님, 쌍봉사의 도윤[혜운] 스님, 굴산사의 범일 스님, 경문왕과 헌강왕의 스승이었던 성주사의 무염 스님 등은 깨달음[菩提]을 전파한 스승들[宗]이었다.

③ (이분들은 모두) 두터운 덕행으로 중생의 부모가 되었고 깨달음의 경지가 높아 왕의 스승이 되었는데 '명예를 구하지 않아도 명예가 나를 따르고 명성을 추구하지 않아도 명성이 나를 좇는다'라는 격언은 이분들을 두고 하는 말이다. 그리하여 (이분들의) 가르침의 은택恩澤은 갠지스강의 모래처럼 많은 중생에게 미쳤고 (이분들의) 자취는 비석에 새겨졌으며 아름다운 '진리의 형제들[法兄弟]'이 나타났고 '진리의 후손들[法孫]'이 이어졌다. (이분들의 노력으로) 선정禪定의 숲이 계림에 두드러지게 우거지고 지혜의 물이 나라 곳곳에 흘렀기에 출입문[戶]과 창문[牖]으로 밖을 내다보지 않아도[당나라에 유학 가지 않아도] 크나큰 진리를 알 수 있게 되었으며 산에 오르지 않고 바다에 들어가지 않아도 훌륭한 보물을 얻을 수 있게 되었다.

④ (그리하여 재가자들은) 안정된 마음으로 번뇌를 잠재웠고 (출가자들은) 담담한 마음으로 세간의 맛을 잊었다. 중국에 가지

않아도 피안에 이르는 길을 알게 되었고 (형벌로) 엄하게 대하지 않아도 (자비심으로) 이 땅이 잘 다스려졌다. (때문에) 어느 누가 현위賢位 단계의 수행으로 (지증 대사의 수행을) 설명할 수 있겠는가? 십지十地의 경지로도 (그 수행 계위階位를) 정하기 어려운 사람이 바로 현계산의 지증 대사 그 분이시다.

흐름을 따라 떠다녔는데 삼일곡수의 의미는 여기에서 유래된 것입니다'라고 설명했다. 무제가 '그대가 설명한 것과 같다면 좋은 일이 아니로다'라고 말했다. 속석(?-300)이 나아가 아뢰었다. '집우가 나이가 어려 잘 모르는 것 같습니다. 청컨대 소신小臣이 말씀을 드리도록 해주십시오. 옛날 주나라 주공이 낙양성을 짓고 술을 가득 담은 그릇들을 낙수洛水에 띄워 물결을 따라 떠다니도록 했습니다. 그래서 "깃털 같은 잔이 물결 따라 움직인다."라는 구절이 전해 내려오는 시詩에 있습니다. 또한 전국시대 진나라 소왕이 황하가 굽이도는 곳에 3일 동안 술을 두었는데 구릿빛 나는 금인金人이 수심검水心劍을 잡고 나타나 "왕께서 서하 지방[감숙성 일대]을 제압하시면 이후 천하를 제패하는 제후가 되실 것입니다."라고 말하는 것을 보았습니다. 진나라가 천하를 제패한 후 술을 두었던 그 지역을 곡수曲水라 불렀고 전한과 후한이 모두 이 습속을 이어 대업이 창성해졌습니다.' 무제가 크게 기뻐하며 속석에게 금 50근을 내렸다." *'득어망전得魚忘筌'은 『장자』「외물外物」 편에 나오는 성어이다. 원문은 다음과 같다. "筌者, 所以在魚, 得魚而忘筌; 蹄者, 所以在兎, 得兎而忘蹄; 言者, 所以在意, 得意而忘言[통발은 물고기를 잡기 위한 도구이기에 물고기를 잡으면 통발은 잊어버리며, 올무는 토끼를 잡기 위한 도구이기에 토끼를 잡으면 올무를 잊어버리며, 말은 의미를 알기 위한 도구인지라 의미를 알고 나면 말은 잊어버린다]."

88) 협주: "劍化,《晉書》云: '張華使雷煥掘豊城獄, 得二劍, 各佩其一. 及華誅, 失劍所在. 煥死, 子雷華持劍渡延平津, 劍躍入水, 使潛水者求之. 但見雙龍蜿蜒而去.' 珠還, '後漢孟嘗, 爲合浦太守, 郡不產穀, 海出珠玉, 商販糴糧. 先是太守貪穢, 故珠漸徙交趾郡界. 孟嘗到官, 革去前弊, 未踰歲而珠復還.' 案: '西化者, 去中國而不來者, 應劍化句; 東歸者, 得法還鄕者, 應珠還句.'" 역주: "검화와 관련해 『진서』 권36 「장화전」에 다음과 같은 기록이 있다. '장화는 뇌환을 시켜 풍성의 감옥을 파헤치게

해 두 자루 칼을 얻었다. 장화가 주살되고 장화가 지녔던 칼이 어디 있는지 몰랐다. 뇌환이 죽고 그의 아들 뇌화가 (다른 한 자루의) 칼을 지니고 연평진을 건너가는 데 칼이 (스스로) 물로 뛰어 들어갔다. 뇌화가 잠수부에게 칼을 찾게 했다. (잠수부는) 다만 두 마라 용이 꿈틀거리며 헤엄쳐 가는 것을 보았을 뿐이다.' 주환과 관련해 『후한서』 권76 「맹상전」에 다음과 같은 기록이 있다. '맹상이 합포 태수가 되어 부임해 보니 고을에 곡식은 생산되지 않고 바다에서 보배로운 옥珠玉]이 산출됐다. 상인들에게 옥을 팔아 양식을 샀다. 앞의 태수가 탐욕스럽게 보물들을 착복한 탓에 주옥珠玉들이 점차 교지군[지금의 베트남]으로 옮겨 가 버렸다. 맹상이 태수가 되어 과거의 적폐들을 철저하게 개혁하자 해를 넘기지 않고 주옥들이 합포로 돌아왔다.' 석전 스님의 생각[案]: '서화西化는 중국에 갔다가 신라로 돌아오지 않는 스님들로 검화劍化라는 구절에 부응하며 동귀東歸는 중국에 들어가 깨달음을 얻은 뒤 신라로 돌아온 스님들로 주환珠還이라는 구절에 부응한다.'" [역주자의 보충 해설] *협주는 「장화전」의 관련 내용을 축약한 것이다. *각주 380번 참조.

89) 협주: "即居首指者." 역주: "바로 뛰어난 사람이다." [역주자의 보충 해설] *거벽巨擘에는 세 가지 의미가 있다. ①엄지손가락; ②학식이 뛰어난 사람 혹은 어떤 전문적인 분야에서 뛰어난 사람; ③조선 시대 과거 시험의 답안지 내용을 전문적으로 대신 지어 주던 사람. 여기서는 ②의 뜻으로 쓰였다.

90) 두주頭注: "(衆)泉." 역주: "('중'자 대신) '천泉'자가 맞다." [역주자의 보충 해설] *『역대법보기』(T51, 184c)에는 '정천사淨泉寺'로, 『송고승전』 권제19 「무상전」에는 '정중사淨衆寺'로 각각 기록되어 있다.

91) 협주: "淨衆寺名也. 無相大師, 燒香求法, 衣草食土. 居淨衆寺, 保唐無住亦門人." 역주: "정중사는 사찰 이름이다. 무상 스님이 향을 피우고 진리를 구했으며, 풀로 만든 옷을 입고 나무뿌리의 껍질을 먹으며 수행했다. 정중사에 주석했으며 보당 무주 스님도 무상 스님의 제자이다."

92) 협주: "慧覺, 馬和尙子. 金雲卿(之)弟." 역주: "혜각 스님은 마조 스님의 제자이다. 김운경의 동생이기도 하다." [역주자의 보충 해설] *김운경은 통일신라시대의 문신文臣. 숙위학생宿衛學生, 즉 신라가 당나라의 문물을 배우라고 파견한 유학생 출신이다. 821년[헌덕왕 13] 숙위학생 가운데 최초로 당나라의 빈공과賓貢科에 급제한 그는 당나라에서 우감문위수부병조참군右監門衛率府兵曹參軍, 연주도독부사마兗州都督府司馬 등을 역임했다. 841년[문성왕 3] 선위부사宣慰副使로 귀국해 문성왕에 대한 책봉 칙서를 전달했다.

93) 협주: "益州金,《禪譜》云: '黃梅子, 金生石也.'" 역주: "익주 김과 관련해 『선보禪

譜』에 '황매의 제자로 김생석이다'라고 나온다." [역주자의 보충 해설] *『선보禪譜』라는 제목의 책은 현존하지 않는다. 선사禪師들의 수행 이력 등을 기록한 '전등서傳燈書'를 가리키는 것 같다.

94) 협주: "(義)道." 역주: "('의'는) 진전사陳田寺의 도의道義 스님이다." [역주자의 보충 해설] 도의 선사는 설악산 진전사陳田寺에서 제자인 염거 선사에게 가르침을 전했으며, 염거 선사의 제자인 체징體澄 선사가 전라남도 장흥의 가지산에 가지산파迦智山派를 세워 선풍을 떨쳤다. 당시 도의 선사를 제1세, 염거 선사를 제2세, 체징 선사 자신을 제3세라 하며 도의 선사를 가지산파의 개산조로 삼았다.

95) 협주: "(陟)洪." 역주: "('척'은) 실상사實相寺의 홍척洪陟 스님이다." [역주자의 보충 해설] 홍척 선사는 실상산문實相山門의 개산조이다.

96) 협주: "(徹)惠." 역주: "('혜'는) 태안사泰安寺의 혜철(惠哲·慧徹, 785-868) 스님이다." [역주자의 보충 해설] *태안사泰安寺의 혜철 스님은 동리산문桐裏山門의 개산조이다.

97) 협주: "(炤)惠." 역주: "('소'는) 쌍계사雙溪寺의 혜소(慧炤·慧昭, 774-850) 스님이다."

98) 협주: "(彦)惠." 역주: "('언'은) 신흥사新興寺의 충언冲彦 스님이다." 각주: "惠彦作冲彦." 역주: "혜언 스님은 충언 스님으로 쓰기도 한다."

99) 협주: "(休)覺." 역주: "('휴'는) 각휴覺休 스님이다."

100) 두주頭注: "(峰)雲." 역주: "('봉'은) 쌍봉사雙峰寺의 도운(道雲·道允, 798-868) 스님이다." 협주: "惠雲." 역주: "혜운惠雲 스님이라고도 한다." [역주자의 보충 해설] *쌍봉사의 도운 스님은 사자산문獅子山門의 개산조이다.

101) 협주: "(山)品." 역주: "('산'은) 굴산사崛山寺의 범일(梵日, 810-889) 스님이다." [역주자의 보충 해설] *굴산사의 범일 스님은 굴산산문崛山山門의 개산조이다. *범일 스님을 '품일品日 스님'이라고도 한다.

102) 협주: "《高僧傳》云: '新羅國傳法師, 西堂藏法嗣, 道義·洪陟·惠徹; 章敬惲法嗣, 玄昱·覺休; 鹽官安法嗣, 品日; 大梅常法嗣, 迦智·冲彦; 白兆圓法嗣, 惠雲; 兩朝國師法嗣, 景文·獻康王二; 育·門·體三人, 各上字及嗣法, 皆未詳.'" 역주: "『고승전』에 다음과 같이 나온다. '신라에 진리를 전한 스님들은 다음과 같다. 서당 지장西堂智藏 스님의 제자인 도의 스님, 홍척 스님, 혜철 스님; 장경 회휘章敬懷惲 스님의 제자인 현욱 스님, 각휴 스님; 염관 제안鹽官齊安 스님의 제자인 범일 스님; 대매 법상大梅法常 스님의 제자인 가지 스님, 충언 스님; 백조 지원白兆志圓 스님의 제자인 혜운 스님; 두 임금의 스승인 무염 국사의 제자인 경문왕, 헌강왕; 육育, 문門, 체體 등 세 스님의 이름의 앞 글자와 세 분의 제자들에 대해서

는 자세하지 않다.'" [역주자의 보충 해설] *현행본『고승전』에 이런 기록은 없다.

103) 협주: "是《綱目》中句語." 역주: "('명예를 구하지 않아도 명예가 나를 따르고 명성을 추구하지 않아도 명성이 나를 좇는다[逃名名我隨, 避聲聲我追]'라는 문장은) 『자치통감강목資治通鑑綱目』에 나오는 구절이다." [역주자의 보충 해설] *북송의 사마광(司馬光, 1019-1086)이 편찬한 『자치통감資治通鑑』을 남송의 주희(朱熹, 1130-1200)가 『춘추春秋』의 체제에 따라 재편찬한 역사책이 『자치통감강목』이다. 어떤 사실史實에 대해 '개요[綱]'를 먼저 요약하고 '자세한 경위[目]'를 이어 쓰는 강목체綱目體 방식으로 서술했다. *'逃名名我隨, 避聲聲我追'라는 구절은 『후한서後漢書』 권83 「법진전法眞傳」, 『자치통감』 권 제52 「한기漢紀 4」 등에 나온다. 사마광이 『자치통감』을 편찬하며 이 구절을 인용했고, 주희 역시 『자치통감』을 요약한 『자치통감강목』을 편찬하며 이 구절을 활용한 것이다.

104) 협주: "(恒沙)衆生及世界." 역주: "('갠지스강의 모래[恒沙]'는) 중생과 세계이다."

105) 협주: "(豊石)塔及碑." 역주: "('풍석'은) 탑과 비를 말한다." [역주자의 보충 해설] *'풍석'은 '높고 거대한 석비石碑'를 의미한다.

106) 협주: "鰈音牒, 比目魚.《爾雅》云: '東方有魚名曰鰈云云.'" 역주: "鰈자의 음은 '첩'이며 '가자미[比目魚]'이다. 『이아』에 '동방에 물고기가 있는데 가자미라 부른다고 운운한다'라는 구절이 있다." [역주자의 보충 해설] *접수鰈水는 '접해지수鰈海之水'의 준말이다. '접해鰈海' 혹은 '접역鰈域'은 우리나라의 별칭이다. 동해에 가자미가 많이 잡히기 때문이다. *鰈자의 훈·음은 ①가자미 접, ②가자미 탑, ③비늘 많을 섭 등 세 가지이다.

107) 협주: "指不入中國, 在此得道者." 역주: "('별유別有' 이하 구절은) 중국에 유학 가지 않고 신라에서 깨달음을 체득한 스님을 가리킨다."

108) 협주: "《老子》云: '不出戶而知天下, 不窺牖而見大道.'" 역주: "『노자』 제47장에 '문밖에 나가보지도 않고 천하를 알며 창문 밖을 엿보지 않고도 하늘의 이치를 안다'라는 구절이 있다."

109) 협주: "《范書》云: '邴原請學孫菘, (孫菘)辭曰: "君鄕鄭君玄, 學者模範, 捨而遠來, 必以鄭爲東家口也." 原曰: "人之所向, 不同有登山而採玉者, 有入海而採珠者. 君謂僕以鄭爲東家丘, 則無乃以僕謂西家愚者耶?(昔有魯人不知孔子謂東家丘也)"'" 역주: "『후한서』에 다음과 같은 내용이 있다. '병원邴原이 손숭孫菘을 찾아가 가르쳐 달라고 요청했다. 손숭이 사양하며 "그대의 마을에 있는 정현은 학자의 모범이라고 할 수 있는 사람인데 그를 버리고 멀리 온 것은 정현을 '동쪽 집에 사는 사람[東家丘]' 정도로 여긴 것이다."라고 말했다. 병원이 "제가 원하는 것은 산에 올라 옥을 캐려는 사람이나 바다에 들어가 진주를 채취하려는 사람과 같

지 않습니다. 선생께서 제가 정현을 '동쪽 집에 사는 사람' 정도로 여긴다고 말씀하신 것은 제가 바로 '서쪽 집에 사는 어리석은 사람[西家愚]'이라는 의미 아니겠습니까?(옛날 노나라의 어떤 사람이 공자를 '동쪽 집에 사는 구丘'라고 말했다)"라고 답변했다.'" [역주자의 보충 해설] *병원邴原은 후한(25-220) 말기를 대표하는 명사名士 가운데 한 명이다. 손숭孫崧은 손숭孫崧의 오기로 보인다. *협주에 나오는 병원과 손숭의 대화는 『후한서』가 아닌 『삼국지三國志』권 제11「병원전邴原傳」의 '주注'에 있는 내용이다. 崧=嵩이다. 원문은 다음과 같다. "欲遠游學, 詣安丘孫崧. 崧辭曰: '君鄕里鄭君, 君知之乎?'原答曰: '然.' 崧曰: '鄭君學覽古今, 博聞强識, 鉤深致遠, 誠學者之師模也. 君乃捨之, 躡屐千里, 所謂以鄭爲東家丘者也. 君似不知而曰然者, 何?'原曰: '先生之說, 誠可謂苦藥良針矣; 然猶未達僕之微趣也. 人各有志, 所規不同, 故乃有登山而採玉者, 有入海而採珠者, 豈可謂登山者不知海之深, 入海者不知山之高哉! 君謂僕以鄭为東家丘, 君以僕爲西家愚夫邪?'崧辭謝焉. 又曰: '兗, 豫之士, 吾多所識, 未有若君者, 當以書相分.' 原重其意, 難辭之, 持書而別. 原心以爲求師啓學, 志高者通, 非若交游待分而成也. 書何謂哉? 乃藏書於家而行." *'동가구東家丘'는 공자의 서쪽 이웃에 사는 사람이 공자가 훌륭한 인물임을 모르고 '동쪽 집에 사는 구丘'라고 불렀다는 데서 유래한 성어成語이다. 사람을 알아볼 줄 모르는 것을 가리키는 말이다.

110) 협주: 《論語》云: '伯夷, 叔齊, 虞仲, 夷逸, 朱張, 小連, 柳下惠, 七賢.'" 역주: "『논어』「미자微子」편에 '백이, 숙제, 우중, 이일, 주장, 소련, 유하혜 등을 학문과 덕행이 뛰어남에도 세상에 나오지 않고 묻혀 지내는 사람[逸民·일곱 현인]이라 한다'라는 구절이 있다." [역주자의 보충 해설] *칠현七賢은 『논어』에 나오는 일곱 명의 일민逸民을 가리키는 말이라기보다 불가佛家에서 말하는 '현인賢人'을 지칭하는 것으로 보인다. 불가의 '현성賢聖'은 두 가지로 해석할 수 있다. ①아비달마 교학에 의하면 견도見道 이전 즉 자량도資糧道·가행도加行道 단계에 있는 수행자를 현인賢人, 견도 이상 즉 견도·수도修道·무학도無學道 단계에 있는 수행자를 성인聖人이라 부른다. ②대승불교의 '보살 52계위階位', 즉 십신十信·십주十住·십행十行·십회향十廻向·십지十地·등각等覺·묘각妙覺 가운데 십주·십행·십회향 단계에 있는 수행자를 현인, 십지 단계에 있는 수행자를 성인이라 부른다. *칠현七賢을 칠방편위七方便位, 칠가행위七加行位라고도 한다. 『대승의장大乘義章』권 제17「현성의이문분별賢聖義二門分別」에 따르면 아비달마 교학에서는 견도見道 이전의 수행위修行位를 '현賢'이라 하며 오정심관五停心觀, 별(상)념주別(相)念住, 총(상)념주總(相)念住 등 삼현三賢과 난법煖法, 정법頂法, 인법忍法, 세제일법世第一法 등 사선근四善根을 합쳐 '칠

현七賢'이라 부른다. 『大乘義章』(卷第17) 「賢聖義二門分別」: "三乘中一聲聞乘, 或分為二, 謂賢與聖, 見諦道前調心離過名之為賢, 見道已上證理成德說以為聖. … 見道已前修十方便名方便道, 五停心觀, 總、別念處, 煖等四心是十方便." *『인왕호국반야바라밀다경권상과소』권1에 따르면 대승불교에서는 초발심인初發心人, 유상행인有相行人, 무상행인無相行人, 방편행인方便行人, 습종성인習種性人, 성종성인性種性人, 도종성인道種性人 등을 '칠현'이라 부른다. 『仁王護國般若波羅蜜多經卷上科疏』(卷一): "若約大乘明之, 一、初發心人; 二、有相行人; 三、無相行人; 四、方便行人; 五、習種性人; 六、信種性人; 七、道種性人, 俱在地前, 調心順道, 名為七 賢."

111) 협주: "三賢位." 역주: "십주十住는 삼현위를 말한다." 두주頭注: "補十住, 應智證十住, 即十地之異稱, 克合證字也." 역주: "십주에 대해 보충한다. (이 구절 속의) 십주는 지중십주, 즉 십지十地의 다른 이름이며 '서로 상극인 존재가 합해 얻은 깨달음'을 가리키는 글자이다."

112) 협주: "案: '特取七賢、十住譬擬者, 賢溪山智證故.'" 역주: "석전 스님의 생각: '특별히 칠현과 십주를 택해 비교·비유하고자 하는 것은 현계산 지중 대사이기 때문이다.'"

113) 협주: "《孟子》云: '夫子集大成也.'" 역주: "『맹자』「만장萬章(하下)」편에 '공자는 여러 가지를 모아 하나의 체계를 이루어 완성한 분이다'라는 구절이 있다." [역주자의 보충 해설] *『맹자』에 이 구절을 이어 '금성옥진金聲玉振'이라는 말이 나온다. '금성옥진'에는 네 가지 정도의 의미가 있다. ①시가詩歌나 음악의 아름다운 가락; ②사물을 집대성함을 비유적으로 이르는 말. 금은 종鐘, 옥은 경磬을 각각 뜻한다. 팔음八音을 합주할 때 종을 쳐 시작하고 마지막에 경을 치는 데서 유래한 것이다; ③지智와 덕德을 아울러 갖춘 상태를 비유적으로 이르는 말; ④ 사상이나 행동이 세상에 널리 알려져 존중받게 됨을 비유적으로 이르는 말 등의 의미가 있다. 이 가운데 집대성과 어울리는 의미는 ②이다. *팔음八音은 '여덟 가지 다른 재료로 만든 여덟 종류의 악기에서 나는 음'을 말한다. 재료는 금金, 석石, 사絲, 죽竹, 포[匏 -바가지], 토土, 혁革, 목木 등이며 이러한 재료에 따른 악기의 분류방법은 『증보문헌비고增補文獻備考』에 기록되어 있다. 악기 이름은 다음과 같다. ①금부金部: 편종編鐘, 특종特鐘, 방향方響, 징鉦; ②석부石部: 편경編磬, 특경特磬; ③사부絲部: 거문고, 가야금, 아쟁牙箏, 비파; ④죽부竹部: 피리, 대금, 당적唐笛, 단소; ⑤포부匏部: 생황笙簧; ⑥토부土部: 훈塤, 부缶; ⑦혁부革部: 장구, 갈고羯鼓, 좌고座鼓, 절고節鼓, 소고小鼓; ⑧목부木部: 박拍, 축柷, 어敔 등이다.

[8] ① 始大成也113), 發蒙于梵體大德, 稟具于瓊儀律師; 終上達也114), 探玄于慧隱嚴君115), 授默于楊孚令子116). 法胤117), 唐四祖118) 爲五世父, 東漸于海. 遡流數之, 雙峰119)子法朗, 孫信47)*行, 曾孫遵範, 玄孫慧隱, 末孫大師也. ② 朗大師從大毉120)之大證, 按杜中書正倫纂銘121)云: "遠方奇士, 異域高人, 無憚險途, 來至琛所." 則掬寶歸止122), 非師而123)誰? 第知者不言48)*, 復藏于密, 能撣124)秘藏, 惟行大師. ③ 然時不利兮, 道未亨也125). 乃浮于海126), 聞于天127), 肅宗皇帝躬貽天什128)曰: "龍兒渡海不憑筏, 鳳子冲虛無認月129)." 師以 '山鳥、海龍' 二句爲對130), 有深旨哉131)! 東還三傳至大師, 畢萬之後132)斯驗矣!

---

114) 협주: "下學而上達也." 역주: "낮은 데서 배워 높은 곳에 이른다."
115) 협주: "尊稱辭." 역주: "존칭의 말이다." [역주자의 보충 해설] *'엄군嚴君'이라는 말은 '부모님' 혹은 '아버지'라는 의미이다. 이 말은 '가인家人'괘卦(제37괘)를 설명한 『주역』의 「단전象傳」에 나온다. "家人有嚴君焉, 父母之謂也[집에 엄한 어른이 있으니 부모를 말한다]."
116) 협주: "令, 美也." 역주: "'영'은 아름답다는 의미이다."
117) 협주: "《說文》云: '胤, 子孫相續.'" 역주: "『설문해자』에 '윤은 자손이 서로 이어지는 것이다'라고 설명되어 있다."
118) 협주: "道信也." 역주: "(사조四祖는) 도신(道信, 580-651) 스님이다."
119) 협주: "四祖諡號." 역주: "(쌍봉雙峰은) 사조의 시호諡號이다."
120) 협주: "四祖道號." 역주: "(대의大毉는) 사조의 도호道號이다."
121) 협주: "四祖銘也." 역주: "(두정륜이 지은 것은) 사조의 비명이다."
122) 협주: "曲禮云: '受珠玉者以掬.'" 역주: "『예기禮記』「곡례曲禮(상上)」편에 '보물을 받은 사람은 두 손으로 움켜쥔다'라고 나온다."

[8] ① (지중 대사가) 처음 크게 이룰 때 범체梵體 대덕大德의 가르침을 듣고 '어리석음[蒙]'에서 벗어났으며 경의瓊儀 율사로부터 '구족계[具]'를 받았다. 마지막으로 높은 경지에 도달했을 때 혜엄 스님의 가르침을 이어 '그윽한 이치[玄]'를 체득했으며 뛰어난 제자인 양부 스님에게 '말로 표현할 수 없는 진리[黙]'를 전해주었다. (지중 대사의) 법맥法脈은 선종의 제4조 도신(道信, 580-651) 스님을 오대조[五代祖=五世父]로 해 동쪽으로 점차 이어졌다. 거슬러 올라 (연원淵源을) 헤아려 보면 쌍봉산에 주석했던 도신 스님의 제자는 법랑法朗 스님이며, 손자 제자는 신행信行 스님이며, 증손 제자는 준범遵範 스님이며,

---

123) 협주: "郞師." 역주: "법랑 스님을 말한다."

124) 협주: "探同." 역주: "('탐撢' 자는) '탐探' 자와 같은 글자이다."

125) 협주: "通也." 역주: "('형亨' 자는) '통용되다·통하다'라는 의미이다."

126) 협주: "《論語》子曰: '道不行, 乘桴浮于海, 從我者由.'" 역주: "『논어』「공야장公冶長」편에 '공자가 '도가 실행되지 못하니 뗏목을 타고 바다로 가볼까. 나를 따르는 자는 자유子由인가?'라고 말했다'라는 내용이 있다." [역주자의 보충 해설] *『논어』의 원문은 다음과 같다. "子曰: '道不行, 乘桴浮于海, 從我者, 其由與?'"

127) 협주: "天子." 역주: "('천天' 자는) 천자를 말한다."

128) 협주: "什, 篇也." 역주: "('십什' 자는) 시편詩篇을 말한다." [역주자의 보충 해설] *'십什' 자에는 ①여러 가지, 가지각색; ②10명으로 이뤄진 군대의 편제 단위나 10가家로 구성된 호적 단위; ③시편詩篇 등의 의미가 있다. 여기서는 ③의 의미로 쓰였다. *『시경』의 아雅, 송頌을 10편 단위로 묶어 '십什'이라 했기에 '시편詩篇'이라는 뜻이 생겼다. '시편詩篇'이라는 말에는 두 가지 의미가 있다. ①한 편 한 편의 시; ②시를 모아 묶은 책. 여기서는 ①의 뜻으로 사용됐다.

129) 협주: "龍兒、鳳子, 指大師不憑筏、無認月, 不執方便也." 역주: "용아와 봉자라는 말은 신행信行 대사가 뗏목에 의지하지 않고 달을 인식하지 않았다는 것, 즉 방편에 집착하지 않았다는 뜻이다."

130) 협주: "孔子有曰: '山不擇鳥, 鳥能擇山. 海不擇龍, 龍能擇海.'" 역주: "공자가 '산

현손 제자는 혜은慧隱 스님이며, 내손[來孫, 5대손] 제자가 바로 지증 대사이시다.

② 법랑 스님은 대의大醫 도신 스님의 큰 깨달음을 좇았으며 당나라의 중서령 두정륜(杜正倫, ?-658)이 찬술한 비명에 "먼 나라의 뛰어난 선비와 다른 나라의 덕德 높은 사람들이 험난한 길을 피하지 않고 보배가 있는 곳[寶所]에 이르렀다."라고 나오는 데 보물을 움켜쥐고 돌아간 사람이 법랑 스님이 아니면 그 누구이겠는가? 그러나 아는 사람은 말로 표현하지 않기에 다시 은밀한 장소에 (보물을) 저장해 두었는데 감춰둔 보배를 찾아낸 사람은 오직 신행 스님뿐이었다.

은 새를 선택하지 못하나 새는 능히 산을 선택할 수 있다. 바다는 용을 선택하지 못하나 용은 능히 바다를 선택할 수 있다'라고 말했다." [역주자의 보충 해설] *비슷한 말이 『춘추좌씨전』「애공哀公 11년」조에 나온다. "仲尼曰: '鳥則擇木, 木豈能擇鳥?'"

131) 협주: "案: '浮于海, 不利行道, 故師欲東歸. 龍兒二句, 帝欲留大師, 故云云. 師對之意, 無揀擇中有揀擇也. 決定東歸, 故有深旨云.'" 역주: "석전 스님의 생각: '부우해라는 구절은 도道를 행하는 것에 이롭지[유리하지] 못하므로 신행 스님이 신라로 돌아가고자 했다는 것이다. 용아 등 두 구절은 황제가 신행 스님이 돌아가지 못하도록 만류했다는 것이다. 그래서 운운云云이라 했다. 신행 스님이 말한 의미는 선택할 수 없는 상황 속에서 선택했다는 것이다. 신라로 돌아갈 것을 결심했기에 깊은 뜻이 담겼다고 말했다.'"

132) 협주: "春秋時, 畢萬事晉, 邑于魏, 其后文侯魏斯, 能創業開國, 則比師復振祖風." 역주: "춘추시대(BCE 770-BCE 476) 필만畢萬은 진나라를 섬기다 위魏 땅인 안읍[安邑, 지금의 산서성山西省 하현夏縣]을 도읍으로 삼았다. 그 후 위문후魏文侯, 즉 위사魏斯가 창업해 위나라를 세웠다. 이것은 지증 대사가 선의 기풍을 다시 일으킬 것을 비유적으로 표현한 것이다." [역주자의 보충 해설] *협주의 앞부분은 『춘추좌씨전』「민공閔公 원년元年」조에 나오는 내용이다. 원문은 다음과 같다. "卜偃曰: '畢萬之後必大. 萬, 盈數也; 魏, 大名也; 以是始賞, 天啓之矣.' …

③ 그런데 (가르침을 펼) 시기가 무르익지 않아 진리가 널리 통용되지 못했다. 이에 신행 스님이 바다를 건너 당나라에 도착하자 당나라 숙종 황제가 소식을 듣고 "용은 뗏목에 의지하지 않고 바다를 건너며 봉황은 달을 의식하지 않고 하늘을 난다."라는 내용의 시구詩句를 친히 전달했다. 신행 스님이 '산은 새를 선택할 수 없으나 새는 산을 선택할 수 있으며 바다는 용을 선택할 수 없으나 용은 바다를 선택할 수 있다'라는 두 구절로 대답했는데 깊은 의미가 담겼도다! 신라에 돌아와 3대를 거쳐 (진리의 도장[法印]이) 지증 대사에게 전해지니 '필만畢萬의 후대에 반드시 (위나라가) 번성할 것'이라는

初畢萬筮仕於晉. … [복언이 '필만의 후대에 반드시 크게 번성할 것입니다. 만은 가득 찬 숫자이고, 위는 큰 이름이며, 이 지방[魏地]을 상으로 받아 봉지가 되었으니 이는 하늘이 미리 알린 것입니다'라고 예언했다. … 처음 필만은 진나라의 관리로 점치는 일을 했다. …]." *필만畢萬은 춘추시대 진晉나라의 관리였다. 진헌공晉献公이 BCE 661년 위나라를 멸망시키는 데 공을 세워 위나라 땅을 봉지로 하사받고 성姓을 필畢 씨에서 위魏 씨로 바꾸었다. 필만의 후예인 위환자魏桓子는 BCE 453년 한강자韓康子, 조양자趙襄子 등과 더불어 진나라 영토를 삼분三分한다. 위환자의 아들인 위문후魏文侯, 즉 위사(魏斯, BCE 445-BCE 396)는 전국시대(BCE 475-BCE 221)인 BCE 403년 주周나라 위렬왕威烈王에 의해 제후로 봉해졌으며 위나라를 전국칠웅戰國七雄 가운데 가장 강성한 나라로 만들었다. *복언卜偃은 진문공晉文公의 수석首席 대부大夫로 '곽언郭偃'이라고도 하며 BCE 696년에 태어나 BCE 620년에 타계했다.

진나라 대부 복언ㅏ偃의 예언이 적중한 것처럼 (지증 대사가
가르침을) 번창하게 한다는 이 사실이 증명되었다.

[9] ① 其世緣則王都人金姓子, 號道憲, 字智詵. 父贊瓚133), 母伊氏.
長慶134)甲辰歲現于世, 中和135)壬寅曆歸于寂, 宴坐也四十三夏,
歸全也五十九年136). 其具體則身仞137)餘, 面尺所138), 儀像魁岸,
語言雄亮, 所謂威而不猛者也139). 始孕泪滅, 奇踪秘說, 神出鬼
沒, 笔不可記. 今撮其感應聳人耳者六異, 操履驚人心者六是,
而分表之. ② 初母夢一巨人告曰: "僕昔勝見佛140)季世爲桑
門141), 以瞋恚故, 久堕龍報, 報旣旣矣. 當爲法孫, 故侂142)紗緣,

---

133) 협주: "(瓚)與瑰同." 역주: "'괴瓚'자는 '괴瑰'자와 같은 글자이다." [역주자의
보충 해설] *'괴瓚'자는 '빛깔이 붉은 구슬'을 의미한다.

134) 협주: "(長慶)唐穆宗." 역주: "(장경은) 당나라 목종(穆宗, 795-820-824)의 연호이
다." [역주자의 보충 해설] *장경은 821년부터 824년까지 사용됐다.

135) 협주: "(中和)僖宗." 역주: "(중화는) 당나라 희종(僖宗, 862-873-888)의 연호이다."
[역주자의 보충 해설] *중화는 881년부터 885년까지 사용됐다.

136) 협주: "《孝經》云: '曾子臨死謂門人妻子曰, 啓余手足見之, 我身托於父母所生者, 不
壞而歸全云云.'" 역주: "『효경』에 '증자가 죽기 전 제자들과 제자들의 부인들에
게 "나의 손과 발을 펴보아라. 나의 몸은 부모님이 낳아 주신 것이기에 손상됨
없이 완전하게 지켜 돌려준다."라고 운운했다' 라는 내용이 있다." [역주자의 보
충 해설] *『효경』에 이런 구절은 없고 비슷한 내용이 『논어』 「태백泰伯」 편에 나
온다. "曾子有疾, 召門弟子曰: '啓予足! 啓予手!《詩》云: "戰戰兢兢, 如臨深淵, 如
履薄氷." 而今而後, 吾知免夫! 小子!'[증자가 병이 들어 제자들을 불러 말했다.
'나의 발을 살펴보아라! 나의 손을 살펴보아라!『시경』에 "두려워하고 경계하기
를 마치 깊은 연못을 마주 대한 듯하고 살얼음 걷듯이 하라."라는 구절이 있다.
나는 이제야 이후로 책임을 면하게 되었음을 알았노라! 제자들이여!']" *『논어』
「태백」 편의 이 구절은 신체를 손상하지 않고 온전하게 살아왔음을 의미하는 것

願弘慈化."因有娠幾四百日[143], 灌佛之旦[144]誕焉. 事驗蟒
亭[145], 夢符像室[146]. 使佩韋者益戒[147]、擁毳者精脩[148], 降生之
異一也. ③ 生數夕不嚥乳, 穀之則[149]號欲嗄[150]. 欻有道人過門,
誨曰:"欲兒無聲, 忍絶葷腥[151]."母從之, 竟無恙. 使乳育者加
愼、肉飧者懷慙, 宿習之異二也. ④ 九歲喪父, 殆毀滅[152], 有追
福僧[49]*憐之, 喩曰:"幻軀易滅, 壯志[153]難成. 昔佛報恩[154], 有
大方便, 子勉之!"感悟輟哭, 白所生[155]請歸道. 母慈其幼, 復念
保家無主, 確不許. 耳踰城故事[156]則亡去, 就學浮石山. 忽一日
心驚坐屢遷, 俄聞倚閭成疾. 遽歸省而病隨愈, 時人方之阮孝
緖[157]. 無居何, 染沉痾, 謁醫無効, 枚[158]卜之, 僉曰:"宜名隸大

으로『효경』「개종명의開宗明義」장[제1장]에 나오는 "身體髮膚, 受之父母, 不敢毀
傷, 孝之始也; 立身行道, 揚名於後世, 以顯父母, 孝之終也[몸과 머리카락 그리고
피부는 부모님으로부터 받은 것으로 손상하지 않는 것이 효의 시작이며 몸과 마
음을 닦고 진리를 실천해 이름을 후세에 알리고 부모님을 드러내는 것이 효의
마지막이다]."를 연상시킨다.

137) 협주: "(仞)八尺." 역주: "(인은) 팔척이다." [역주자의 보충 해설] *1분分[푼]은 대
략 0.33cm이며 10분이 1촌寸이다. 1촌寸[치]은 대략 3.33cm이며 10촌寸이 1척尺
[자]이다. 1척尺은 대략 33.3cm이며 10척이 1장丈이다. 1장丈은 약 3.33m가 된다.
당나라 원강 스님이 찬술한『조론소肇論疏』에 따르면 4척尺이 1인仞이고 2인仞
은 1심尋이다. 4척尺은 약 133.2cm=1.332m이며 1인仞 역시 1.332m가 된다. 2인
仞은 약 2.6m이며 이것이 1尋이다. 고대 도량형은 분分 → 촌寸 → 척尺 → 장丈
→ 인仞 → 심尋 → 상常의 순서로 점점 커진다. 그리고 4척尺=1인仞, 8척尺=
2인仞=1심尋, 2심尋=1상常, 16척尺=1장丈6척尺=4인仞=2심尋=1상常
=532.8cm=5.328m이다. 조선 후기의 실학자인 이규경(李圭景, 1788-?)이 지은
『오주연문장전산고五洲衍文長箋散稿』에 따르면 누에고치실 하나의 굵기를 1홀
忽이라 하며 이를 기준으로 십진법에 따라 10홀은 1사絲, 10사絲는 1모毛, 10모
毛는 1리釐, 10리釐는 1분分[푼], 10분分은 1촌寸, 10촌寸은 1척尺, 10척은 1장丈

神159)." 母追惟曩夢, 試覆以方袍, 而泣誓言: "斯疾若起, 乞佛爲
子." 信宿160)果大瘳. 仰悟慈親, 終成素志. 使舐犢者割愛161)、
飲蛇者釋疑162), 孝感之異三也. ⑤ 至十七受具, 始就壇, 覺袖
中50)*神光燿燿然, 探之得一珠163), 豈有心而求? 乃無脛而至164),
眞《六度經》51)*所喩矣. 使飢呼者自飽165)、醉倨者能醒166), 勵心
之異四也. ⑥ 坐雨竟167), 將他適, 夜夢遍吉菩薩168), 撫頂提耳
曰: "苦行難行, 行之必成." 形開169)痒然170), 默篆肌骨. 自是不
復服繪絮焉, 條線之須, 用必麻楮, 不穿達履171), 矧羽翠毛茵172)
餘用乎? 使緼廥173)者開眼、衣蟲者174)厚顔, 律身之異五也.
⑦ 自綺175)年, 飽老成之德, 加瑩戒珠, 可畏者競相從求益. 大師

이라 했다. 우리나라에서는 1902년부터 미터법이 시행되었다. 당나라의 원강 스
님이 지은 『조론소』에 《小雅》云: "四尺謂之仞, 倍仞謂之尋[『소아』에 '4척四尺을
일러 1인仞이라 하고 인仞의 2배를 1심尋이라 한다' 라고 나온다."이라는 구절
이 있다.

138) 협주: "(所)許也." 역주: "(소所자는) '대략, … 가량, … 쯤' 이라는 의미이다."

139) 협주: "比大雄氏." 역주: "자이나교의 창시자 '마하비라[大雄]' 보다 더 위엄이 있
으나 사납지는 않다." [역주자의 보충 해설] * '위이불맹威而不猛' 은 『논어』 「술이
述而」 편에 나오는 구절로 공자를 찬탄하는 내용이다. 원문은 다음과 같다. "子
溫而厲, 威而不猛, 恭而安[공자는 온화하면서도 날카롭고, 위엄이 있으면서도 사
납지는 않으며, 공손하면서도 편안한 모습이었다]." * '대웅·씨大雄氏' 는 인도 자
이나교의 개조 마하비라를 말한다. 본명은 바르다마나. 육사외도의 한 사람인
니간타 나타풋타Nigantha Naptaputta의 교단에 들어가 깨달음을 얻은 후 마하비
라 [大勇], 지나[勝者] 등으로 불렸다. 크샤트리아 계급 출신으로 비하르주州 바이
샬리 근처에서 태어났다. 마하비라는 '위대한 영웅' 이란 의미이며 '대웅大雄' 으
로 한역漢譯된다. 지금도 자이나교를 믿는 신자들이 인도에 대략 100만 명 정도
된다고 한다.

140) 협주: "(勝見佛)毘婆尸此云." 역주: "(승견불은) 과거 7불의 첫 번째인 비바시불

拒之曰: "人大患好爲師[176]. 强欲惠不惠, 如摸不摸何[177]? 况浮
芥海鄕[178], 自濟未暇, 無影逐爲必笑之態." 後山行, 有樵叟
假[179]礙前路曰: "先覺覺後覺[180], 何須恠空殼[181]?" 就之則無見
焉. 爰媿且悟, 不阻來求, 森竹葦于鷄籃山水石寺. 俄卜築他所
曰: "不繫爲懷[182], 能遷是貴." 使佔畢者[183]三省[184]、營巢者[185]
九思[186], 垂訓之異六也. ⑧ 贈太師景文大王, 心融鼎敎[187], 面
謁輪工[188]. 遙深爾思, 覬神[189]我則[52]*, 乃寓書曰: "伊尹大
通[190], 宋纖[191]小見[192]. 以儒譬釋, 自邇陟遐[193]. 甸邑嚴居[194],
頗有佳所, 木可擇矣[195], 無惜鳳儀[196]." 紗選近侍中可人, 鵠陵[197]
昆孫[198]立言爲使. 旣傳敎已, 因攝齋焉[199]. 答曰: "修身化人, 捨

을 이곳 말로 부르는 명칭이다." [역주자의 보충 해설] *석가모니가 태어나기 이
전의 세상에 출현한 일곱 부처님을 '과거 7불'이라 한다. 비바시불毘婆尸佛, 시
기불尸棄佛, 비사부불毘舍浮佛, 구류손불拘留孫佛, 구나함모니불拘那含牟尼佛,
가섭불迦葉佛, 석가모니불釋迦牟尼佛 등이다. 앞의 세 분은 과거 장엄겁莊嚴劫
에, 뒤의 네 분은 현재 현겁賢劫에 나신 부처님으로 본다. *불교는 우주의 시간
을 3대겁三大劫으로 나누며 과거의 대겁을 장엄겁, 현재의 대겁을 현겁, 미래의
대겁을 성수겁星宿劫이라 한다.

141) 협주: "(桑門)沙門同." 역주: "('상문'은) 사문과 같은 말이다."

142) 협주: "(侂)托同." 역주: "('탁'자는) '탁托'자와 같은 글자이다." [역주자의 보충
해설] *탁侂=탁託=탁托이다.

143) 협주: "(四百日)十三個月." 역주: "(사백일은) 13개월이다."

144) 협주: "(佛之旦)四月八日." 역주: "(부처님 오신날 아침은) 음력 4월 8일이다."

145) 협주: 《高僧傳》云: '安息國沙門安淸, 字世高. 本世子當嗣位, 讓叔父出家. 性聰敏
好學, 外國典籍, 無不綜達. 旣而游方, 徧歷諸國. 以漢桓帝, 建和四年, 至洛陽. 値
靈帝末, 關洛擾亂, 因付舟至廬山, 達䢼亭湖廟, 神甚靈語曰: "舟有沙門, 可上來."
高至神曰: "吾與汝俱出家學道, 吾好施, 性多嗔. 今爲廟神周匝千里, 皆吾轄. 報形
甚醜, 朝夕且死, 必入地獄. 吾有絹疋, 并襍寶物, 可爲代我, 建寺造塔, 使我生善

靜奚趣? 鳥能之命200), 善爲我辭. 幸許安塗中201), 無令在汝
上202)." 上聞之, 益珎重. 自是譽四飛於無翼203), 衆一變於不言.

[9] ① 서라벌에 사는 김씨 성을 가진 사람의 아들로 세상과 인연을
맺은 지증 대사의 호는 도헌이요 자는 지선이다. 아버지의
이름은 찬괴이며 어머니는 이 씨이다. 장경 갑진년[헌덕왕
16년, 824]에 태어나 중화 임임년[헌강왕 8년, 882]에 입적하
셨으며 법랍은 43세였고 세상에 머문 기간은 모두 59년이었
다. 대사의 신체는 8척 남짓의 키에 한 자쯤 되는 얼굴을 했
으며, 거동과 용모는 장대하고 훌륭했으며, 말소리는 웅장하
고 맑아 참으로 위엄은 있으나 사납지 않은 사람이라 말할

處." 高曰: "何不出形." 曰: "形甚醜異, 衆人必懼." 高曰: "但出." 神從帳中出頭,
乃大蟒也. 至高膝邊, 高出梵音, 贊唄祝願, 悲淚如雨也. 高即取絹疋寶物, 辭別神,
神即過命. 暮有一少年, 上船長跪高前, 受其祝願. 神報曰: "得離惡形, 生善處, 多
謝已." 後人於山西澤中, 見死蟒, 頭尾數里. 高至豫章, 建太安寺云云.'" 역주:
"『고승전』 권 제1 「안세고전」에 다음과 같은 내용이 있다. '안식국 출신의 사문
안청의 자는 세고이다. 본래 세자로 왕위를 이었어야 했으나 숙부에게 양보하고
출가했다. 성격이 총명하고 민첩하며 배우기를 좋아해 외국의 전적에 통달하지
않은 것이 없었다. 여러 곳을 여행하고 많은 나라를 돌아다녔다. 한나라 환제
(132-146-167) 건화 4년[150] 낙양에 왔다. 영제(156-168-189) 말년 관중 지방과
낙양 일대가 시끄럽고 혼란스러워지자 배를 타고 여산廬山에 이르렀다. 공정호
邦亭湖의 사당에 도착했는데 매우 신령스러운 사당의 신령神靈이 (배 안의 다
른 사람에게) 말했다. "배 안에 있는 사문을 모셔 오십시오." 세고 스님이 도착
하자 신령이 "나와 당신은 함께 출가해 진리를 배웠습니다. 저는 보시를 좋아했
으나 화를 자주 냈습니다. 지금 저는 사당의 신神이 되었으며 주변의 천리를 모
두 제가 관할합니다. 화를 낸 과보果報로 매우 추한 형색이 되었고 조만간 죽으
면 반드시 지옥에 갈 것입니다. 제가 비단을 많이 갖고 있는데 저를 대신해 사
찰을 건축하고 탑을 세워 제가 좋은 곳에 태어나도록 해주십시오." 세고 스님이

수 있다. 잉태된 때부터 입적할 때까지의 기이한 종적과 신비로운 이야기는 신령이 나타나고 귀신이 흔적 없이 사라지는 듯해 붓으로 기록할 수 없다. 지금 사람의 귀를 쫑긋 세우게 하는 여섯 가지 기이한 감응과 사람의 마음을 놀라게 하는 여섯 가지 지조·행실을 간추리고 나누어 드러내 보인다[설명한다].

② 처음 어머니의 꿈에 한 거인이 나타나 "저는 과거 비바시불이 교화하시던 시기의 말기에 출가해 사문이 되었습니다. 화를 낸 까닭에 오랫동안 용이 되는 과보를 받았으나 그 업보가 이제 다 끝났습니다. 마땅히 부처님의 후예가 되어야 하

"어찌 모습을 드러내지 않습니까?"라고 말했다. 신령이 "모습이 몹시 추하고 기이해 다른 사람들이 반드시 두려워할 것입니다."라고 대답했다. 세고 스님이 "모습을 드러내십시오."라고 말했다. 신령이 장막 밖으로 머리를 내밀었는데 큰 이무기였다. 이무기가 세고 스님의 무릎 부근에 이르자 세고 스님이 산스크리트어로 주문을 외우고 범패를 불러 축원하자 (이무기가) 눈물을 비 오듯 흘렸다. 세고 스님은 즉시 비단과 보물을 들고 신령에게 작별을 고했다. 신령은 얼마 지나지 않아 목숨이 다했다. 저녁에 한 소년이 배에 올라 세고 스님 앞에 장궤[무릎을 꿇는 것] 합장을 한 채 (세고 스님의) 축원을 받았다. 신령이 "추한 모습에서 벗어나 좋은 곳에 태어났습니다. 매우 감사합니다."라고 말했다. 뒷사람들이 산서山西의 한 못에서 죽은 이무기를 보았는데 머리에서부터 꼬리까지의 길이가 매우 길었다. 세고 스님이 예장[강서성 남창시南昌市]에 도착해 태안사를 세웠다고 운운한다.'" [역주자의 보충 해설] *『고승전』 권 제1 「안세고전」의 관련 내용 전부를 인용한 것이 아니고 축소·인용해 이야기 전개가 조금 매끄럽지 못하다.

146) 협주: 《瑞應經》云: '佛母摩耶夢見, 大聖乘六牙白象, 從天而下降, 入胎云云.' 案: '事驗云云, 應上龍報節. 夢符云, 應上灌佛節.'" 역주: 『서응경』에 '부처님의 어머니인 마야 부인이 꿈에 큰 성인이 여섯 개의 상아를 가진 흰 코끼리를 타고

기에 아름다운 인연을 맺어 자비로운 교화를 널리 펴기를 원하옵니다."라고 말했다. 임신한 지 거의 4백일이 지나 부처님 오신날[음력 4월 8일] 아침에 태어났다. (태어난) 사실은 이무기의 몸을 벗고 소년으로 환생한 고사를 증명했으며 (잉태를 예시한) 꿈은 코끼리가 마야 부인의 몸에 들어간 이야기와 부합된다. 자신을 경계하는 사람들을 더욱 조심하게 하고 가사를 두른 출가자들을 더욱 정진하게 한 것이 태어남의 남다름을 보여주는 첫 번째이다.

③ 태어난 지 여러 날이 지나도 젖을 빨지 않았고 짜 먹이면 목이 쉴 정도로 울었다. 문득 한 스님이 문 앞을 지나다 깨우쳐

하늘에서 내려와 태에 들어가는 것을 보았다고 운운한다'라고 나온다. 석전 스님의 생각[案]: '사험事驗 운운한 구절은 당연히 앞의 "용보龍報"로 시작되는 구절에 상응하고 몽부夢符 운운한 구절은 당연히 앞의 "관불灌佛"로 시작되는 구절에 상응한다.'"

147) 협주: "西門豹性急, 故佩韋而自警." 역주: "전국시대 위나라의 서문표는 성격이 조급해 (허리에) 무두질한 가죽을 차고 다니며 자신을 경계했다." [역주자의 보충 해설] *『한비자韓非子』「관행觀行」 편에 나오는 구절이다. 원문은 다음과 같다. "西門豹之性急, 故佩韋以緩己; 董安于之心緩, 故佩弦以自急. 故以有餘補不足, 以長續短之謂明主[서문표는 성격이 조급해 (허리에) 무두질한 가죽을 차고 다니며 자신을 느긋하게 했고 동안우는 성격이 느긋해 활을 매고 다니며 자신을 긴장시켰다. 따라서 여유가 있는 것으로 부족한 것을 채우고 긴 것으로 짧은 것을 이어주면 현명한 군주라 한다]."

148) 협주: "毳, 袈裟也. 案: '佩韋云, 性急者止惡. 擁毳云, 爲僧者脩善也.'" 역주: "'취毳'자는 가사를 말한다. 석전 스님의 생각: '패위佩韋 운운한 구절은 성격이 조급한 것을 고쳐 잘못을 저지르지 않도록 하는 것이다. 옹취擁毳 운운한 구절은 스님이 되어 선업善業을 닦도록 한 것이다.'"

149) 협주: "(㲉)音遘. 楚人以㲉爲乳." 역주: "('구㲉'자의) 음은 구이다. 초나라 사람

주듯 "어린아이를 울지 않게 하고 싶으면 오신채와 비린내 나는 고기를 단호하게 먹지 마시오."라고 말했다. 어머니가 그 말을 따르자 마침내 탈 없게 되었다. 젖 먹여 아이 키우는 사람들을 더욱 삼가게 하고 고기 먹는 사람들에게 부끄러운 생각을 들게 한 것이 전생에 익힌 습속의 남다름을 보여주는 두 번째이다.

④ 아홉 살에 아버지를 여의고 슬픔에 겨워 몸과 마음이 손상되자 죽은 사람을 위해 명복을 기원하던 스님이 가련하게 여겨 "환영과 같은 몸은 상하기 쉽고 장대한 뜻은 이루기 어렵습니다. 옛날 부처님이 부모님의 은혜를 갚을 때 크나큰 방편을 활

들은 젖을 우유로 여긴다." [역주자의 보충 해설] *『춘추좌씨전』「장공莊公 30년」조에 "鬪穀於菟爲令尹[투구어토鬪穀於菟가 영윤이 되다]."이라는 구절이 나오며 '구穀' 자와 관련해 5대 10국 시기 남당(南唐, 937-975)의 서개(徐鍇, 920-974)는 『설문해자계전說文解字繫傳』에서 "楚人謂乳曰穀[초나라 사람들은 우유[乳]를 젖[穀]이라 한다]."라고 설명했다. *투구어토鬪穀於菟는 춘추시대(BCE 770-BCE 476)를 살았던 사람 이름. '투백비鬪伯比'의 아들이며 자字는 '자문子文'이다. 초나라 사람들은 '우유[乳]'를 '구穀'로, '호랑이'를 '오토於菟'라고 불렀다. 따라서 '투구어토鬪穀於菟'는 '호랑이가 젖 먹여 키운 투 씨의 자식'이라는 뜻. 영윤은 관직 이름이다.

150) 협주: "(嗄)音沙.《老子》云: '終日號而嗌不嗄, 和之至也.'" 역주: "('사嗄'자의) 음은 사이다. 『노자』 제55장에 '종일 울어도 목이 쉬지 않으니 이는 조화가 지극하기 때문이다'라고 나온다."

151) 협주: "葷, 辛菜也. 腥, 生肉也." 역주: "'훈'은 매운 채소이다. '성'은 생고기이다."

152) 협주: "毁形滅性." 역주: "(훼멸毀滅은) 신체를 훼손하고 본성을 없애는 것이다."

153) 협주: "出家度衆生之壯志." 역주: "출가는 중생을 구제하려는 장대한 의지이다."

154) 협주: "報父母之恩." 역주: "부모님의 은혜를 갚는 것이다."

155) 협주: "(所生)慈母." 역주: "(소생所生은) 자애로운 어머니를 가리킨다."

용했습니다. 그대도 이를 새겨 힘쓰도록 하십시오!"라고 깨우
쳐 주었다. 느낀 바가 있어 울음을 멈추고 어머니에게 불가에
귀의할 뜻을 밝혔다[요청했다]. 자애로운 어머니는 대사가 아
직 어리고 집안을 보전할 주인이 없음을 생각해 결코 출가를
허락하지 않았다. (그러나) 부처님이 성벽을 넘어 출가한 이야
기를 듣고는 사라져 부석산에 가 배웠다. 어느 날 문득 마음에
놀라움이 생겨 자리를 여러 번 옮겼는데 어머니가 자신을 기
다리다 병이 났다는 소식이 곧바로 들려왔다. 급히 집에 돌아
가 어머니를 뵙고 간호하자 병도 따라 나았는데 당시 사람들
은 이를 완효서의 고사에 견주었다. 얼마 지나지 않아 지증 대

---

156) 협주: "佛逾城出家也." 역주: "부처님은 성벽을 넘어 출가하셨다."

157) 협주: "《弘明集》云: '阮孝緒, 梁武帝時隱士. 年十三通五經, 十六丁家艱, 終喪入鍾
南山. 聽經心神忽驚, 還家觀母, 母果罹疾而合用人蔘, 躬入鍾南. 有鹿指蔘, 採得用
之, 母疾即愈云云.'" 역주: "『홍명집』에 '완효서는 양 무제 당시의 은사隱士이다.
열세 살의 나이에 (유가) 오경에 통달하고 열여섯 살에 아버지가 돌아가시자 장
례를 마치고 종남산에 들어갔다. 경전 강의를 듣는 데 마음에 홀연 놀라움과 두
려움이 생겨 집에 돌아가 어머님을 뵈었다. 과연 어머니가 병에 걸려 인삼을 함
께 사용할 필요가 있어 직접 종남산에 들어갔다. 사슴이 가리키는 곳에 있는 인
삼을 캐 약으로 사용했다. 어머니의 병이 즉시 나았다고 운운한다'라고 나온다."
[역주자의 보충 해설] *완효서에 관한 내용은 『홍명집』이 아니고 『광명홍집』 권
제3에 나온다. 협주의 인용문은 원문과 다소 다르다. 원문은 다음과 같다. "孝緒
陳留人. … 孝緒年十三, 略通五經大義. … 年十六丁艱, 終喪不服綿纊, 雖蔬食有
味即吐之. 在鍾山聽講, 母王氏忽有疾. 孝緒於講座心驚而反, 合藥須生人蔘. 自採
於鍾山高嶺, 經日不值. 忽有鹿在前行, 心怪之至鹿息處, 果有人蔘, 母疾即愈[효서
는 진류 사람이다. … 열세 살에 (유교) 오경의 의미에 통달했다. … 열여섯 살에
아버지 상을 당했다. 상을 마칠 때까지 비단옷과 솜옷을 입지 않았으며 비록 채
소를 먹어도 맛있으면 즉시 토했다. 종산에서 강의를 듣는데 어머니 왕 씨가 갑

사가 고치기 힘든 병에 걸려 의원에게 보였으나 차도가 없었다. 두루 점을 쳐 보니 모두 "마땅히 부처님에게 이름을 예속시켜야 한다."라고 말했다. 어머니가 지난날의 태몽을 기억하고 시험 삼아 가사로 (지증 대사를) 덮은 채 "만약 이 병에서 일어나면 부처님의 아들로 삼아달라고 (부처님께) 빌겠습니다."라고 울며 맹세했다. 이틀을 자고 난 뒤 과연 대사의 병이 나았다. 우러러 자애로운 어머니의 뜻을 깨닫고 본래 먹었던 출가의 꿈을 마침내 성취했다. 자기 자식을 사랑하는 사람들에게 사랑을 끊게 하고 의심하던 사람들에게 의심을 풀게 한 점이 효성으로 감화시킨 남다름을 보여주는 세 번째이다.

자기 병에 걸렸다. 효서가 자리에서 강의를 듣던 중 마음에 두려움과 놀라움이 생겨 집으로 돌아갔다. 약을 조합하는 데 반드시 생인삼이 필요했다. 스스로 생인삼을 채취하러 종산의 높은 봉우리에 갔으나 여러 날이 지나도 인삼을 찾지 못했다. 갑자기 사슴 한 마리가 앞에서 가길래 이상하다고 생각해 사슴이 쉬는 곳에 도착하니 과연 인삼이 있었다. 어머니의 병이 즉시 나았다."

158) 협주: "(枚)歷也." 역주: "('매枚'자는) '두루 겪다'라는 의미이다."

159) 협주: "(大神)佛也." 역주: "(대신大神은) 부처님이다."

160) 협주: "《左傳》云: '凡師, 一宿爲舍, 再宿爲申, 過申爲次.'" 역주: "『춘추좌씨전』「장공 3년」조에 '무릇 군대가 야외에서 행군할 때 어떤 지방에 하루 묵는 것을 "사숙"라하고, 이틀 묵는 것을 "신申"이라 하며, 이틀 이상 묵는 것을 "차次"라 한다'라고 나온다."

161) 협주: "《後漢書》, 太尉楊彪之子脩, 爲曹操所殺, 操見彪而問曰: '公何瘦之甚耶?' 曰: '悔無金日磾先見之明, 有懷老牛舐犢之愛.' 操爲之改容(金日磾漢武帝臣也. 其子與宮人戲, 日磾見之謂'胎禍之本.' 遂殺其子也)." 역주: "『후한서』권54「양표전」에 다음과 같이 나온다. '양표(楊彪, 142-225)의 아들 양수(楊脩, 175-219)가 조조(曹操, 155-220)에게 죽임을 당했다. 조조가 태위 양표를 보고 "공은 무엇 때문에 이렇게 야위었는가?"라고 물었다. 양표가 "김일제(金日磾, BCE 134-

⑤ 십칠 세에 구족계를 받고 비로소 강단에 나아간 대사는 마음에 신령스러운 빛이 밝게 빛남을 깨달아 하나의 보배를 더듬어 얻으니 어떻게 인위적으로 찾은 것이겠는가? 바로 발 없이 도착한 것으로 『육도집경』에 나오는 비유와 유사하다. 배고파 부르짖는 사람들을 스스로 배부르게 하고 술에 취해 넘어진 사람들을 능히 깨우니 힘써 노력하는 마음의 남다름이 네 번째이다.

⑥ 하안거를 마치고 장차 행각을 떠나려는 그날 밤 꾼 꿈에 보현보살이 나타나 정수리를 만지고 귀를 잡아당기며 "고행을 실천하기는 어렵지만 행하면 반드시 이룰 것이다."라고 말씀하

BCE 86)와 같은 선견지명이 없음을 후회하고 어미 소가 송아지를 핥아 주는 사랑을 마음에 품고 있습니다."라고 대답했다. 조조가 얼굴색을 바꾸었다(김일제는 한 무제의 신하였다. 아들이 궁녀와 희롱하는 것을 본 김일제가 재앙의 근본이라며 자기 아들을 죽였다).'" [역주자의 보충 해설] *『한서漢書』권68 「김일제전」에 따르면 김일제는 흉노 휴도왕休屠王의 태자였다. 흉노족 선우單于인 혼사왕渾邪王이 아버지 휴도왕을 살해하고 한나라에 항복하자 갈 곳이 없어진 태자는 어머니와 함께 한나라에 귀부하고 김金 씨 성을 받았다. 한 무제(BCE 156-BCE 141-BCE 87)가 임종에 김일제, 곽광霍光, 상관걸上官桀, 상홍양桑弘羊 등 네 명에게 새 황제[昭帝]를 잘 보필하라는 조서를 내릴 정도로 김일제는 신임받는 신하였다. *조조가 양수를 죽인 것과 관련해 당나라 원강 스님이 찬술한 『조론소肇論疏』에 다음과 같은 이야기가 기록되어 있다. "漢時會稽人曾肝, 能撫節安歌, 度浙江溺死. 肝女曹娥, 年十二, 求肝屍不得, 自投浙江而死. 經宿抱父屍而出, 度尙爲作碑, 置於會稽上虞山. 漢末議郎蔡邕, 夜至碑所求火不得, 以手摸之而讀, 歎其能文, 乃鐫碑背, 作八字云: '黃絹幼婦外孫蓥臼.' 後曹操共揚脩, 讀此語, 問脩: '解不?' 答云: '解.' 操令脩勿語, 待吾思之, 行三十里方解, 乃嗟曰: '有智無智校三十里.' 後乃殺脩, 操諸子皆救. 操曰: '此人中之龍, 恐非汝力之所駕馭.' 遂殺之. 黃絹者, 絲邊著色, 此是絶字. 幼婦少女也. 女邊著少, 妙字也. 外孫女子也.

셨다. 꿈에서 깨어나 깜짝 놀라 조용히 마음에 그 말씀을 새겼다. 이때부터 다시는 비단옷과 솜옷을 입지 않았고, 긴 실이 필요할 경우 삼이나 닥나무에서 나온 것을 사용했으며, 어린 양가죽으로 만든 신을 신지 않았는데 하물며 새 깃으로 만든 부채나 털로 만든 깔개를 사용했겠는가? 삼베옷 입은 사람들을 수행에 눈뜨게 하고 솜옷 입은 사람들을 부끄럽게 한 것은 자신을 다스리는 남다름의 다섯 번째이다.

⑦ 어릴 때부터 나이 든 사람이 가진 덕성을 많이 지니고 있었으며, 게다가 계율로 닦은 보배를 형형하게 밝혔기에 후배들이 다투어 대사를 따르며 배우고 싶어 했다. 대사는 "사람의 큰

女邊著子, 此是好字也. 韲臼者, 受辛也. 受邊著辛, 此是辭字也. 今謂絶妙好辭, 竭盡此《論》之中也. 洪者, 大也[후한 당시 회계에 중간曾肝이라는 사람이 있었다. 음악의 박자에 맞춰 능숙하게 노래를 부를 수 있었으나 절강浙江을 건너다 물에 빠져 죽고 말았다. 중간에겐 딸이 있었는데 이름은 조아曹娥였고 나이는 12살이었다. 아버지의 시체를 찾았으나 얻지 못하자 스스로 절강에 몸을 던져 자살했다. 밤이 지나고 다음 날 아침 아버지 시체를 안은 조아의 시체가 물 위로 떠올랐다. (강물 밖으로 나온 것을 숭앙해) 도상이 비를 만들어 회계 상우산에 세웠다. 후한 말기 의랑 채옹이 밤에 비碑가 있는 곳에 이르렀으나 불을 구하지 못해 손으로 비문을 만지며 읽었다. 뛰어난 문장에 감탄한 그는 비 뒷면에 '황견유부외손제구'라는 여덟 글자를 새겼다. 후일 조조가 양수와 함께 8자를 읽었다. 조조가 양수에게 물었다. '해독할 수 있나?' 양수가 '예'라고 답했다. 조조는 양수에게 '말하지 말고 생각할 동안 기다려'라고 명령했다. 삼십 리를 행군하고 나서야 비로소 의미를 해독했다. 조조가 '지혜가 있음과 없음에 삼십 리나 걸리는구나!'라며 탄식했다. 후일 양수를 죽이려 하자 조조의 여러 아들들이 말렸다. 조조가 '양수는 사람 가운데 용이다. 너희들 힘으로 다스리지 못할까 두렵다'라고 말했다. 그리곤 죽였다. 황견은 사絲변에 색色자를 붙이는 것으로 이는 바로 절絶자이다. 유부幼婦는 소녀이다. 여女변에 소少자를 붙이면 묘妙자가 된다. 외손은 딸에게

걱정은 남의 스승 되기를 좋아하는 것입니다. 지혜롭지 못한 사람을 지혜롭게 만들려 해도 (나에게 지혜롭게 할 기반이 없어) 모범이 되지 못하는 사람이 모범이 되려는 것과 같으니 어떻게 가능하겠습니까? 하물며 바다에 뜬 티끌처럼 자기를 구제할 여가도 (나에게는) 없으니 (나의) 그림자를 좇아 반드시 비웃음을 받는 모습이 없도록 하시오."라며 거절했다. 뒤에 산을 가는데 어떤 늙은 나무꾼이 앞길을 막으며 "먼저 깨달은 사람이 나중에 깨달을 사람을 깨닫게 하는데 어찌 '덧없는 껍데기[몸]'를 아까워하십니까?"라고 말했다. (늙은 나무꾼에게) 다가가니 보이지 않았다. 부끄럽고 또 깨달은 바가 있어

서 난 아이들이다. 여女변에 자子를 붙이면 호好자가 된다. 제구韲臼는 매운 양념[辛]을 받아들인다[受]. 수受변에 신辛자를 붙이면 사辭[辭]자가 된다. (지금 말하는 '절묘호사絕妙好辭'가 바로 이것이다.) 절묘한 내용과 뛰어난 문장이 『조론』에서 완전히 발휘되지 않음이 없다는 것이다. 홍洪은 '크다'라는 뜻이다."

162) 협주: 《晉書》云: '樂廣有親客(杜滿), 久不來, 問其故. 客曰: "前者蒙賜酒, 見杯中有蛇, 甚惡之, 因, 以有病." 時河南府廳壁上有弓, 廣復置酒飲客, 客見杯中蛇知弓影, 病除.' 역주: 『진서』권43 「악광전」에 나오는 이야기이다. '악광에게는 친하게 지내는 두만이라는 손님[친구]이 있었는데 오랫동안 찾아오지 않았다. 그 까닭을 물었다. 친구가 "앞서 주시는 술을 받았는데 술잔 속에 뱀이 보였습니다. 매우 나쁜 일의 원인이 될 것이라 여겨 이 때문에 병이 생겼습니다."라고 대답했다. 당시 하남부 관청의 벽에 활이 걸려있었다. 악광이 그 활을 술잔에 비치도록 다시 배치하고 손님에게 술을 권했다. 손님이 술잔 속에 있는 뱀이 바로 활의 그림자임을 알고는 병이 나았다.' [역주자의 보충 해설] *원문은 다소 다르다. 원문은 다음과 같다. "嘗有親客, 久闊不復來, 廣問其故, 答曰: '前在坐, 蒙賜酒, 方欲飲, 見杯中有蛇, 意甚惡之, 既飲而疾.' 于時河南聽事壁上有角, 漆畫作蛇, 廣意杯中蛇即角影也. 復置酒於前處, 謂客曰: '酒中復有所見不?' 答曰: '所見如初.' 廣乃告其所以, 客豁然意解, 沈痾頓愈."

가르침을 청하러 오는 사람들을 막지 않으니 계람산 수석사에 대나무와 갈대처럼 빽빽하게 몰려들었다. 얼마 뒤 다른 곳에 건물을 짓고는 "얽매이지 않음을 생각하며 잘 실천하는 것이 귀하다."라고 말했다. 책의 글자만 보는 사람들에게 세 번 생각하게 하고 보금자리를 꾸미는 사람들에게 아홉 가지를 생각하게 한 것은 가르침을 내리는 남다름의 여섯 번째이다.

⑧ 태사에 추증된 경문 대왕은 마음으로 불·유·도의 가르침을 융합한 분인데 직접 지증 대사를 만나고 싶어 했다. 멀리서 만나고 싶다는 생각을 간절하게 한 경문 대왕은 대사가 자기 곁에서 도와주기를 바라며 "이윤은 세상에 얽매이지 않아 크

---

163) 협주: "案: '得珠即罔象, 得玄珠之類, 即大師戒珠也.'" 역주: "석전 스님의 생각: '득주得珠가 곧 망상罔象으로 현묘한 구슬을 얻은 것과 비슷하며 바로 대사가 계율을 보배로 여긴 것이다.'" [역주자의 보충 해설] *망상罔象은 『장자』 「천지天地」 편에 나오는 '상망象罔'을 가리킨다. '상망象罔'은 가공의 인물로 '형체를 갖지 않고 인간의 감각이나 지각으로는 포착할 수 없는 존재'를 의인화한 것이다. 원문은 다음과 같다. "黃帝遊乎赤水之北, 登乎崑崙之丘, 而南望還歸, 遺其玄珠. 使知索之而不得, 使離朱索之而不得, 使喫詬索之而不得也. 乃使象罔, 象罔得之. 黃帝曰: '異哉! 象罔乃可以得之乎?'[황제가 적수의 북쪽에서 노닐 때 곤륜산에 올라 남쪽을 바라보고 돌아오다 현묘한 구슬을 잃어버렸다. 지知에게 구슬을 찾게 했지만 찾지 못했고, 이주離朱에게 구슬을 찾게 했지만 찾지 못했고, 개후喫詬에게 찾게 했으나 찾지 못했다. 이에 상망象罔에게 찾게 했더니 상망이 찾아왔다. 황제가 '기이하도다! 상망이 현묘한 구슬을 찾다니?'라고 말했다.]"

164) 협주: "《會稽典錄》云: '孔融曰: "珠玉無脛, 而自至者, 人好之也." 善言不行, 而自至者, 亦類是也.'" 역주: "『회계전록』에 다음과 같은 내용이 있다. '공융이 "귀중한 옥은 발이 없어도 스스로 오기에 사람들이 좋아한다."라고 말했다. 말을 잘하고 (그 말을) 실천하지 않아도 (훌륭한 말이) 저절로 다가오는 것 역시 비슷하다.'" [역주자의 보충 해설] *『회계전록』은 전 24권으로 동진(東晉, 317-420) 시대에 만

게 통달했고 송섬은 세심하게 살핀 사람입니다. 유교의 가르
침으로 불교의 가르침을 비유적으로 표현해 보면 가까운 곳에
서 먼 곳으로 가는 것과 같습니다. 서라벌 주위의 바위산에도
거주할 만한 아름다운 곳이 있습니다. 새가 앉을 나무를 선택
할 수 있습니다. 봉황이 날아오듯 서라벌 주위로 오는 것을
아끼지 마십시오."라는 내용을 담은 서한을 썼다. 주변의 신
하 가운데 믿을만한 사람을 선발해 (그들 가운데) 원성왕의 6
대손인 입언을 사자로 삼았다. 사자가 교지를 전한 뒤 제자의
예를 갖추었다. 대사가 "자신을 닦고 다른 사람을 교화함에
고요함을 버리고 어디로 가겠습니까? 새가 나무를 선택할 수

들어진 책이다. *'선언불행善言不行'은 '선행불언善行不言, 훌륭한 행동은 말하
지 않아도]'의 오기로 보인다. 『장자』「서무귀」편에 "狗不以善吠爲良, 人不以善
言爲賢[개가 잘 짖는다고 훌륭한 개가 아니듯 사람이 말 잘한다고 현명한 사람이
라 할 수는 없다]."이라는 구절이 있다. 따라서 앞 문장의 문맥과 이어지려면 "善
行不言, 而自至者, 亦類是也[훌륭한 행동은 말하지 않아도 스스로 알려지는 것
역시 비슷하다]."가 되는 것이 더 적절하다.

165) 협주: "《楞嚴》之說食飢夫, 喩敎學者也." 역주: "『능엄경』에 나오는 '굶주리는 사
람'은 교학자를 비유한 것이다." [역주자의 보충 해설] *『수능엄경요해首楞嚴經要
解』「서문」에 '식기부食飢夫'라는 표현이 있다.

166) 협주: "《法華》之醉昧衣珠, 喩禪學者." 역주: "『법화경』에 나오는 '술에 취해 옷 속
에 보배가 있음을 모르는 것'은 선학자를 비유한 것이다." [역주자의 보충 해설]
*'취매의주醉昧衣珠'는 『묘법연화경妙法蓮華經』권 제4 「오백제자수기품五百弟
子授記品」에 나오는 비유이다. "世尊! 譬如有人至親友家, 醉酒而臥. 是時親友官事
當行, 以無價寶珠繫其衣裏, 與之而去. 其人醉臥, 都不覺知. 起已遊行, 到於他國.
爲衣食故, 勤力求索, 甚大艱難; 若少有所得, 便以爲足. 於後親友會遇見之, 而作是
言: '咄哉, 丈夫! 何爲衣食乃至如是? 我昔欲令汝得安樂、五欲自恣, 於某年日月,
以無價寶珠繫汝衣裏. 今故現在, 而汝不知. 勤苦憂惱, 以求自活, 甚爲癡也. 汝今可

있다는 명령은 저를 위해 잘 말씀하신 것입니다. 지금 있는 '진흙 속'에 그대로 머무르게 해주고 제가 '다른 곳'으로 가지 않아도 되게 해 주십시오."라고 대답했다. 경문 대왕이 듣고는 더욱 귀중하게 여겼다. 이로부터 날개가 없는 데도 명성이 사방으로 날아가듯 퍼져 말하지 않은 가운데 (대사에 대한) 백성들의 태도가 크게 변했다.

以此寶貿易所須, 常可如意, 無所乏短.'[세존이시여! 비유하자면 이렇습니다[다음과 같습니다]. 어떤 사람이 친구 집을 찾아가 술이 만취되어 누웠는데, 그때 그 친구는 볼일이 있어 집을 나가며 값을 매길 수 없는 귀중한 보배를 그의 옷 속에 넣어 두고 갔지만 술에 취한 친구는 그것을 전혀 몰랐습니다. 잠에서 깨어 멀리 다른 나라까지 이르렀습니다. 그곳에서 먹고 입는 것[衣食]을 얻느라 고생을 무척 많이 했으며 조그만 소득이 있어도 그것에 만족하며 살았습니다. 그 후 친구가 우연히 그를 보고 이렇게 말했습니다. '아이고! 친구여 먹고 입는 것이 어떻게 이지경이 되었는가? 내가 옛날 네가 안락하고 다섯 가지 즐거움을 즐길 수 있도록, 어느 해 어느 달 어느 날 네가 찾아왔을 때, 값을 매길 수 없는 귀중한 보배를 너의 옷 속에 넣어 주었다. 지금도 그대로 있을 것이다. 네가 그것도 모르고 의식을 구하기 위해 고생하고 번뇌하며 구차하게 살고 있으니 참으로 안타깝구나. 네가 이제 이 보물로 필요한 것을 사면 항상 원하는 대로 되어 모자람이 없을 것이다'.]"

167) 협주: "印度法, 熱、雨、寒三際之例, 坐雨即此之坐夏也." 역주: "인도의 수행 풍속에 뜨거운 계절, 비 오는 계절, 추운 계절 등에 따른 (수행의) 예법이 있는데 '좌우坐雨'는 바로 '좌하坐夏', 즉 하안거이다."

168) 협주: "(遍吉菩薩)即普賢菩薩也." 역주: "(편길 보살은) 바로 보현 보살이다."

169) 협주: "見上註." 역주: "앞의 설명을 보라." [역주자의 보충 해설] *'형개形開'는 '잠에서 깨어나는 것'을 말한다. 『장자』「제물론」편에 나오는 말이다. "其寐也魂交, 其覺也形開[(보통 사람은) 잠들어도 꿈을 꾸어 마음이 쉴 사이가 없고 깨어나서는 신체가 바깥[外界]의 욕망을 받아들인다]."

170) 협주: "(痒然)心驚容動貌." 역주: "('양연'은) 마음이 놀라 얼굴색이 변하는 모습

을 묘사한 말이다."

171) 협주: "《詩》云: '先生如達.'「註」云: '達, 小羊也.'" 역주: "『시경』에 '첫 아이를 낳음에 양의 새끼처럼 쉽게 나왔다'라고 나온다. 「주註」에 '달달은 작은 양을 말한다'라고 설명되어 있다." [역주자의 보충 해설] *『시경』「대아大雅・생민生民」에 나오는 구절이다. '달達'은 '달牽'과 같은 글자이다. '牽' 자의 의미는 '어린 양'이다.

172) 협주: "翣, 扇. 屬茵, 席也." 역주: "삽은 부채이다. 인茵에 속하는 것은 깔개・자리이다."

173) 협주: "見上眞鑑碑." 역주: "앞에 나온 「진감 선사 비명」의 주석을 보라." [역주자의 보충 해설] *「정주사산비명」「쌍계사 진감 선사 대공령 탑비명」 단락[8]의 ②에 '온분溫黂'에 대한 설명이 있다. 《列子》云: '田夫衣溫黂.' 溫, 敝袍. 黂, 亂麻也." 역주: "『열자』「양주楊朱」편에 '농부는 굵은 삼베로 만든 옷을 입었다'라고 나온다. 온溫은 낡은 속옷을 말하고 분黂은 얽힌 삼베로 만든 옷이다." *『열자』「양주」편의 원문은 다음과 같다. "昔者宋國有田夫, 常衣溫黂, 僅以過冬[옛날 송나라의 어떤 농부는 항상 낡고 얇은 삼베옷 하나로 겨우 겨울을 넘기곤 했다]."

174) 협주: "蠶絲." 역주: "누에 실로 만든 옷이다." [역주자의 보충 해설] *'의충衣蟲'은 누에 실로 만든 옷, 즉 '비단'을 의미하기도 하지만 '솜옷'을 말한다. 따뜻해 벌레가 서식하기 때문이다.

175) 협주: "(綺)幼." 역주: "('기' 자는) 유幼자의 의미, 즉 어리다는 뜻이다." [역주자의 보충 해설] *'기년綺年'은 '유년幼年'과 같은 말이다.

176) 협주: "(人大患好爲師)《孟子》句語." 역주: "('인대환호위사人大患好爲師'는) 『맹자』에 나오는 말이다." [역주자의 보충 해설] *『맹자』「이루離婁(상上)」편에 나오는 구절이다. "人之患, 在好爲人師[사람의 근심은 남의 스승 되기를 좋아하는 데 있다]."

177) 협주: "言 '無惠人之才, 而欲惠, 不可惠之地, 其如爲師之不可爲師, 何也?' 之意. 模, 法也. 《淮南王草木譜》云: '模木生于周公塚上, 其葉順四時之正色. 楷木生于孔子塚上, 其枝幹踈而不屈云云.'" 역주: "'지혜롭지 않은 인재를 지혜롭게 하고자 해도 (그 사람에게) 지혜롭게 할 기반이 없는 것이 마치 스승이 되고자 하나 스승이 될 수 없음과 같으니 어떻게 하겠는가?'라고 말하는 것이다. 모模는 본받아 배우는 것이다. 『회남왕초목보』에 '주공의 무덤 위에 자라난 모목模木의 잎은 사계절의 올바른 색을 따라 띠고 공자의 무덤 위에 자라난 해목[황련목]의 줄기와 가지는 드물어도 굽지는 않는다고 운운한다'라고 나온다." [역주자의 보충 해설] *'기여其如'는 '마치 … 와 같다'라는 뜻이다. *『회남왕초목보』가 어떤 책인지 분명하지 않다. 『회남자』를 말하는 듯 하나 『회남자』에는 「초목」편이 없다.

178) 협주: "案: '浮芥, 比至小幻軀; 海鄉, 比廣大世界.'" 역주: "석전 스님의 생각: '부

개는 매우 적고 환영幻影과 같은 몸[지증 대사의 신체]을 비유적으로 표현한 것이다. 해향은 광대한 세계를 비유한 것이다.'"

179) 협주: "(假)音格, 至也." 역주: "('가'자의) 음은 '격格'이며 '이르다[至]'라는 의미이다."

180) 협주: "《孟子》云: '天之生斯民也, 使先知覺後知, 先覺覺後覺也云云.'" 역주: "『맹자』「만장萬章(하下)」편에 '하늘이 이런 백성을 내림은 먼저 안 사람이 나중에 아는 사람을 깨우치며 먼저 깨친 사람이 나중에 깨칠 사람을 깨우쳐 주도록 한 것이다'라고 나온다."

181) 협주: "(殼)幻身." 역주: "('각'자는) 환영과 같은 몸을 가리킨다."

182) 협주: "《論語》句意." 역주: "『논어』에 나오는 구절의 의미이다." [역주자의 보충해설] *『논어』「양화陽貨」편에 "吾豈匏瓜也哉? 焉能繫而不食?[내가 어찌 박匏瓜]이겠느냐? 어찌 능히 달아놓기만 하고 먹지 못하는 것일 수 있겠느냐]" *『장자』「열어구列禦寇」편에 나오는 "汎若不繫之舟, 虛而遨遊者也[얽매이지 않고 떠다니는 배와 같이 비우고 이리저리 자유롭게 노니는 사람이다.]"라는 구절의 '불계不繫'를 활용했다는 주장도 있다.

183) 협주: "《禮》之「初學記」云: '今之敎者, 呻其佔畢.'「註」: '佔, 視也; 畢, 簡也. 但吟諷所佔視之簡牘, 不能通其蘊奧.'" 역주: "『예기』「학기」편에 '오늘날 가르치는 사람은 엿보기만 한다'라고 나온다.「주」에 '점佔은 보는 것이며 필은 서적을 말한다. 보는 책의 글자만 읊조릴 뿐 깊은 의미에 통달하지 못한다'라고 되어 있다."

184) 협주: "《論語》云: '日三省吾身.'" 역주: "『논어』「학이學而」편에 '(나는) 매일 세 번 내 자신을 되돌아본다'라고 나온다."

185) 협주: "《禮》云: '昔者先王未有宮室, 故冬則居壂室, 夏則居橧巢云云.'" 역주: "『예기』「예운禮運」편에 '옛날의 왕들에게는 궁실이 없었다. 겨울에는 무덤과 같은 굴[壂室]에 거주하고 여름에는 나뭇가지 위에 만든 집[橧巢]에 살았다고 운운한다'라고 나온다." [역주자의 보충 해설] *『예기』「예운」편 원문은 "昔者先王未有宮室, 冬則居營窟, 夏則居橧巢."로 되어 있다.

186) 협주: "《論語》云: '君子有九思.'案: '營疑作壂. 引用居壂、居巢之古俗, 以比坐雪、坐雨之往來禪客也. 自綺年至笑態, 昧却利他; 自爰愧至石寺, 昧却自利, 故能遷不昧也. 佔畢指能師者; 三省利他事; 壂巢指能遷者, 自利事也.'" 역주: "『논어』「계씨季氏」편에 '군자는 아홉 가지를 생각한다'라는 구절이 있다. 석전 스님의 생각[案]: '영營자는 영壂자로 쓰는 것이 더 적절하다고 생각한다. 토굴에 거주하고 나뭇가지로 지은 집에 거주한 옛 풍속을 인용해 동안거[坐雪]와 하안거[坐夏]를 실행하는 선객을 비유적으로 표현했다. "기년綺年"이라는 말부터 "소태笑態"라는 말까지

는 남을 이롭게 함을 전혀 모르는 것이며 "원괴愛愧"라는 말부터 "석사石寺"라는 말까지는 자신을 이롭게 함을 전혀 모르는 것이기에 "실천함[能遷]"에 어둡지 않은 것이다. "점필佔畢"은 스승이 되는 사람을 가리킨다. "삼성三省"은 다른 사람을 이롭게 하는 일을 말한다. "영소塋巢"는 능천能遷을 가리키며 자신을 이롭게 하는 일이다.' [역주자의 보충 해설] *군자가 생각해야 할 아홉 가지[九思]는 "視思明, 聽思聰, 色思溫, 貌思恭, 言思忠, 事思敬, 疑思問, 忿思難, 見得思義[사물을 볼 때는 분명하게 확인해야 함을 생각하고, 소리를 들을 때는 똑똑하게 들어야 함을 생각하고, 안색은 온화하게 해야 함을 생각하고, 용모는 공손하게 해야 함을 생각하고, 말은 충실하게 해야 함을 생각하고, 일할 때는 신중하게 해야 함을 생각하고, 의심이 날 때는 물을 것을 생각해야 하고, 화가 날 때는 화를 낸 뒤 어렵게 될 것을 생각해야 하고, 이득을 보면 의로운 것인지를 생각해야 한다]."이다.

187) 협주: "三敎." 역주: "불가·유가·도가의 가르침을 말한다."

188) 협주: "(輪工)指大師." 역주: "('윤공'은) 지증 대사를 가리킨다."

189) 협주: "覬音祈, 希望." 역주: "'覬'자의 음은 기이며 (의미는) 바라는 것이다."

190) 협주: "《孟子》叙:'伊尹, 五就湯, 五就桀也.'" 역주: "『맹자』「고자告子(하)」편에 '다섯 번이나 탕왕을 찾아가고 다섯 번이나 걸桀을 찾아간 사람이 이윤이다'라는 구절이 있다." [역주자의 보충 해설] *이윤(伊尹, ?-BCE 1550)은 하나라 말기 상나라 초기의 정치가이자 군사가, 사상가, 요리사이다. 이름은 '지擊'이며 '윤尹'은 관직 이름이다. BCE 1600년경 그는 탕湯 임금을 도와 하夏나라를 멸망시키고 상商나라[은殷나라]를 건립하는 데 큰 공을 세웠다. 그 공으로 승상丞相이 되어 나라를 강성하게 만들었다.

191) 두주頭注: "《金石苑》作宋牦, 當攷之." 역주: "『해동금석원』에는 (송섬宋纖 대신) '송모宋牦'로 되어 있다. 마땅히 고찰할 필요가 있다." [역주자의 보충 해설] *현행본 『해동금석원』에는 '모牦' 자가 결락되어 있다. 유연정劉燕庭 저著(1976), 『해동금석원』(상), 서울: 아세아문화사, p.160.

192) 협주: "《晉書》云:'宋纖有高遠節操, 不與世交. 太尉馬岌造焉. 纖拒不可見. 岌銘詩於石壁曰: "丹崖千丈, 靑壁萬尋. 奇木鬱鬱, 蔚若鄧林. 其人如玉, 惟國之珍. 室邇人遐, 實勞我心."'" 역주: "『진서』권94「송섬전」에 다음과 같은 내용이 있다. '송섬은 뜻이 높고 절개와 지조가 있어 세상과 교유하지 않았다. 태위 마급이 찾아갔으나 송섬이 만나기를 거절해 서로 보지 못했다. 마급은 암벽에 "붉은빛의 낭떠러지는 천장이나 되고, 푸른빛의 바위 절벽은 만심萬尋이나 된다. 기이한 나무가 울창해 마치 등나무가 숲을 이룬 듯하다. 옥과 같은 그 사람은 오직 나라의 보배. 집은 가깝고 사람은 머니 진실로 나의 마음을 애타게 만드네."라는 시를

새겼다.'" [역주자의 보충 해설] *16국 시기 전량(前涼, 314-376)의 돈황 출신인 송섬의 자는 영애令艾, 영문令文. 감숙성 주천酒泉의 남산南山에 은거하고 세상과 교유하지 않았다. 전량의 제2대왕 장무(張茂, 277-320-324)가 '태자태부太子太傅'라는 관직을 내렸으나 받지 않았다. 찾아와 배운 제자가 3천여 명쯤 되었다. 전량국前涼國이 '현허 선생玄虛先生'이라는 시호諡號를 내렸다. *'장丈'과 '심尋'에 대해서는 각주 137번을 참조하라.

193) 협주: "案: '伊訓云: "若乘高必自下, 陟遐必自邇." 自邇字有精神也.'" 역주: "석전 스님의 생각: '이윤은 "높은 곳에 올라가려면 반드시 낮은 곳에서 시작하며 멀리 가려면 반드시 가까운 곳에서 시작해야 한다."라는 가르침을 내렸다. "자이自邇"에는 정신이 담겨있다.'" [역주자의 보충 해설] *이윤에 대해서는 각주 190번을 참조하라.

194) 협주: "甸者, 王居五百里之內爲甸服, (五服之首)出《書》「禹貢」." 역주: "'전甸'과 관련해 천자[왕]가 거주하는 도성을 중심으로 5백 리 이내 지역을 전복이라 한다. '오복五服'의 첫 번째로『서경』「우공禹貢」편에 나온다." [역주자의 보충 해설] *『서경』「우공禹貢」편의 원문은 다음과 같다. "五百里甸服, … 五百里侯服, … 五百里綏服, … 五百里要服, … 五百里荒服, … [천자가 머무는 도성을 중심으로 5백 리 이내 지역을 전복이라 한다. … 전복의 밖 5백 리 이내 지역을 후복이라 한다. …후복의 밖 5백 리 이내 지역을 수복이라 한다. … 수복의 밖 5백 리 이내 지역을 요복이라 한다. … 요복의 밖 5백 리 이내 지역을 황복이라 한다…]." *천자가 직접 통치하는 지역을 전복이라 하며 전복 주변의 열국列國을 후복이라 하며, 후복 바깥의 지역을 수복 혹은 빈복賓服이라 하며, 수복 바깥의 지역을 요복이라 하며, 요복 바깥의 지역을 황복이라 한다. 오복과 관련된 제도가 '조공朝貢'이다. 전복은 매일 조공을 바치며, 후복은 매월 조공을 바치고, 수복은 계절에 따라 조공을 바치며, 요복은 1년에 한 번 조공을 바치며, 황복은 (평생에) 1번만 조공을 바치면 된다. *천자가 머무는 도성을 중심으로 5백 리 이내 지역을 '전읍甸邑', '기전畿甸', '기전圻甸'이라 한다.

195) 협주: "孔子曰: '鳥能擇木, 木豈擇鳥?'" 역주: "공자가 '새가 능히 나무를 선택해도 나무가 어떻게 새를 선택하겠는가?'라고 말했다." [역주자의 보충 해설] *비슷한 말이『춘추좌씨전』「애공哀公 11년」조에 나온다. "仲尼曰: '鳥則擇木, 木豈能擇鳥?'"

196) 협주: "《詩》云: '鳳凰來儀.' 比師至也." 역주: "『시경』에 '봉황이 와서 춤을 춘다'라는 구절이 있다. 이 구절[鳳凰來儀]은 지증 대사가 이르렀음을 비유적으로 표현한 것이다." [역주자의 보충 해설] *'鳳凰來儀'는『시경』에 나오는 구절이 아니고

『서경書經』「익직益稷」편에 나온다. "簫韶九成 鳳凰來儀[순임금이 만든 음악을 9번 연주하니 봉황이 날아와 맞추어 춤을 추었다.]" *'소소簫韶'는 순임금이 만든 곡조[樂曲]이다.

197) 협주: "元聖王卜陵曰鵠寺墟, 故仍號焉." 역주: "원성왕의 복릉을 곡사라 하며 폐허가 되었다. 이 때문에 그대로 (곡사라) 부른다." [역주자의 보충 해설] *곡사는 신라 원성왕元聖王의 능묘인, 지금의 괘릉에 있었던 사찰이다. 곡사에 원성왕릉을 조성하고 곡사를 경상북도 경주시 외동면外東面 말방리末方里 68-10으로 옮기고 그 이름을 '숭복사崇福寺'로 고쳤다. *『삼국유사』「왕력王曆·신라」에 "第三十八元聖王, … 陵在鵠寺, 今崇福寺[제38대 원성왕의 능은 곡사에 있는데 지금 사찰 이름을 숭복사로 바꾸었다.]"라는 구절이 있다. *『삼국유사』 권 제2「기이紀異·원성대왕」에 "王之陵, 在吐含岳西洞鵠寺(今崇福寺), 有崔致遠撰碑[왕의 능은 토함산 서동의 곡사(지금의 숭복사이다)에 있으며 최치원이 찬술한 비명이 새겨진 비가 그곳에 있다.]"라는 문장이 있다.

198) 협주: "(昆孫)宗孫." 역주: "(곤손은) 종손, 즉 '현손玄孫의 손자'로 '6대손[손자의 손자]'을 말한다."

199) 협주: "(攝齋)見無染註." 역주: "(섭재와 관련해)「무염 국사 비명」의 주석을 보라." [역주자의 보충 해설] *『정주사산비명』「성주사 대랑혜 화상 백월보광 탑비명」단락[9]의 ②에 '섭재攝齋'를 설명한 주석이 있다. "(齋)音촘. 裳下縫也. 行時弟子攝師之齋也[(齋의) 음은 자이다. 아랫도리 옷의 아랫부분을 말한다. 움직일 때 제자가 스승의 옷을 걷어 올리는 것이다.]"라고 되어 있다. *접재攝齋=섭재攝齋=섭제攝齊이다. *『논어』「향당鄕黨」편에 "攝齊升堂, 鞠躬如也[옷의 아랫자락을 잡고 당에 올라 허리 굽혀 절을 했다.]"라는 구절이 있다. *'제자가 스승에게 올리는 예' 혹은 '제자가 스승 앞에서 조심스럽게 행동하는 것' 등을 의미한다.

200) 협주: "上有'木可擇'之語, 故云'鳥能命.'" 역주: "앞에 '앉을 나무를 선택할 수 있다'라는 말이 나오므로 '새가 명령을 내릴 수 있다'라고 했다."

201) 협주: "用《莊子》'曳尾於塗中'之語." 역주: "『장자』「추수秋水」편에 나오는 '(거북이가) 진흙 속에 꼬리를 끌고 다닌다'라는 말을 사용했다."

202) 협주: "用《論語》'閔子騫, 吾寧在汶上'之語." 역주: "『논어』「옹야雍也」편에 나오는 '(만약 다시 나를 찾아오는 자가 있다면) 나 민자건은 틀림없이 문수汶水의 북쪽으로 피해 가 있을 것입니다'라는 말을 사용했다." 우주右注: "(汶上)齊地名人." 역주: "(문상은) 제나라의 지명이다."

203) 협주: "《國策》云: '衆口所移, 無翼而飛.'" 역주: "『전국책戰國策』「진책秦策 3三」편에 '많은 사람이 말해 옮기면 날개가 없어도 날아간다[빨리 퍼진다]'라는 구

[10] ① 咸通²⁰⁴⁾五年冬, 端儀²⁰⁵⁾長翁主²⁰⁶⁾, 未亡人爲稱²⁰⁷⁾, 當來佛是
歸. 敬爲下生, 厚資上供²⁰⁸⁾. 以邑司²⁰⁹⁾所領賢溪山安樂寺, 富
有泉石之美, 請爲猿鶴⁵³⁾*主人. 大師乃告其徒曰:"山號賢溪,
地殊愚谷²¹⁰⁾. 寺名安樂²¹¹⁾, 僧盍⁵⁴⁾*住持⁵⁵⁾*?"從之徙焉, 居則
化矣. 使樂山者益靜²¹²⁾、擇地者愼思, 行藏⁵⁶⁾*之是一也²¹³⁾.
② 他日告門人曰:"故輔粲²¹⁴⁾金公嶷²¹⁵⁾勳, 度我爲僧, 報公以
佛."乃鑄丈六玄²¹⁶⁾金像, 傳⁵⁷⁾*之以鉄²¹⁷⁾. 爰用鎭仁宇²¹⁸⁾, 導
冥路. 使市恩者日篤、償義者風從²¹⁹⁾, 知報⁵⁸⁾*之是二也²²⁰⁾.
③ 至八年丁亥, 檀越翁主, 使茹金²²¹⁾等, 持伽藍南畝²²²⁾, 曁臧
獲²²³⁾本籍授之, 爲壞袍²²⁴⁾傳舍²²⁵⁾, 俾永不易. 大師因念言:

절이 있다." 원문은 "衆口所移, 毋翼而飛."이다. [역주자의 보충 해설] *『전국책』
은 전한前漢의 유향(劉向, BCE 77-BCE 6)이 전국시대(戰國, BCE 256-BCE 221)
책사들의 유세 활동과 그 내용을 주된 소재로 삼아 편찬한 책. 본래 전 33권이
었으나 적지 않은 부분이 전하지 않는다. 『국책國策』이라고도 한다.

204) 협주: "(咸通)唐懿宗." 역주: "(함통은) 당나라 의종(懿宗, 833-859-873)의 연호이
다." [역주자의 보충 해설] *함통은 860년부터 874년까지 사용됐다.

205) 우주右注: "(端儀)官名." 역주: "('단의'는) 관직 이름이다."

206) 협주: "應邵曰: '天子女曰公主. 天子嫁女, 不自正婚, 使諸侯同姓者主之, 故謂之公
主. 帝姉妹爲長公主, 帝姑爲大長公主. 若諸侯則嫁女, 外祖翁主之, 故稱翁主.'"
역주: "응소가 (다음과 같이) 말했다. '천자의 딸을 공주라 부른다. 천자가 딸을
시집보낼 때 천자 자신이 예의와 제도에 부합되는 혼인[正婚]을 주관하지 않고
같은 성을 가진 제후에게 혼인을 주관하도록 한다. 제후[公]가 혼인 의례를 주관
한다[主]고 천자의 딸을 공주라 부른다. 천자의 누나나 여동생은 장공주長公主
가 되며 천자의 고모는 대장공주가 된다. 만약 제후가 딸을 시집보내면 딸의 외
조부가 혼인 의례를 주관한다. 그래서 외조부[外祖翁]가 결혼 의례를 주관한다
[主]고 옹주라 부른다.'" [역주자의 보충 해설] *응소(應邵, 대략 151-203)는 후한
시기의 학자로 11종 136권의 저서를 남겼다. 저서 가운데 『한관의漢官儀』(전 10권

"王女資法喜[59]*, 尙如是矣, 佛孫味禪悅, 豈徒然哉? 我家匪貧, 親黨皆沒, 與落路行人之手, 寧充門弟子之腹." 遂於乾符[226] 六年, 捨莊[227]十二區、田五百結隷[228]寺[229]焉. 飤[60]*飯飫譏 囊[230], 粥能銘鼎[231], 民天是賴[232], 佛土可期[233]. 雖曰我田, 且 居王土, 始質疑於王孫韓粲繼宗, 執事侍郎金八元、金咸熙, 及 正法[61]*大統釋玄亮, 聲九皐[234], 應千里[235], 贈太傅獻康大王[62]*, 恕而允之[237]. 其年九月, 敎南川郡[63]*統僧訓弼, 標別墅[238], 劃 生場. 斯蓋外佑君臣益地, 內資父母生天. 使續命者興仁[239]、 賞歌[240]者悛過[241], 檀捨之是三焉. ④ 有居乾慧地[64]*者, 曰沈 忠, 聞大師刃餘[242]定慧, 鑑透乾坤[243], 志確曇蘭[244], 術精安廩.

___

모두 현존), 『풍속통의風俗通義』(전 31권 가운데 10권 현존) 등이 전한다. *정혼 正婚은 예의와 제도에 부합되는 혼인을 가리킨다. 근대 이전 남자는 20세에서 30세 사이의 봄과 가을, 여자는 15세에서 20세 사이의 봄과 가을에 혼인하는 것 을 '정혼正婚'이라 했다. *어머니의 아버지를 '외조옹外祖翁'이라 하며 '주主' 는 '주혼主婚', 즉 '혼인을 주관한다'라는 뜻. '옹翁' 자 자체에도 '부父'라는 의 미가 있다. *'공주'·'옹주'라는 말이 생긴 유래를 설명한 주석이다. *『춘추공양 전春秋公羊傳』「장공莊公・원년元年」조에 "天子嫁女乎諸侯, 必使諸侯同姓者主 之. 諸侯嫁女乎大夫, 必使大夫同姓者主之[천자가 딸을 제후에게 시집 보낼 때 반드시 같은 성의 제후가 예식을 주관하도록 하며 제후가 딸을 대부에게 시집 보낼 때 반드시 같은 성의 대부가 혼인 의식을 주관하도록 한다]."라는 구절이 있다.

207) 협주: "(未亡人)寡婦之自稱." 역주: "('미망인'은) 혼자 된 여자가 자신을 부르는 칭호이다."

208) 협주: "案: '師亦當來作佛, 故指師之稱也. 盖彼彌勒下生之捷徑, 無如衆生結緣之 深厚, 故爲其赴感(下生), 施以難捨(上供)也.'" 역주: "석전 스님의 생각: '지증 대사 역시 미래에 깨달아 부처님이 될 분이므로 (당래불當來佛은) 지증 대사를 가리키는 말이다. 대개 미륵 보살이 하생하는 지름길은 중생과 깊고 두터운 인

禮足已[245)白言: "弟子有剩地, 在曦陽山腹. 鳳巖龍谷, 境駭橫
目[246), 幸構禪宮." 答曰: "吾未能分身, 惡用是?" 忠請膠固, 加
以山靈, 有甲騎爲前騶[65)*之異[247), 乃錫挺樵蹊而相[248)歷[249)
焉. 且見山屛四列, 則鶩翅[250)掀雲[251), 水帶百圍, 則虬[252)腰偃
石[253). 旣愕[66)*且唶[254)曰: "獲是地也, 庸非[67)*天乎? 不爲靑
衲[255)之居, 其作黃巾之窟." 遂率先於衆, 防後爲基[256), 起瓦
簷四注以壓之, 鑄鐵像二軀以衛之[257). 至中和[68)*辛丑年, 敎遣
前安輪寺僧統俊恭、司正史裵聿文, 標定疆域, 芳[258)賜牓爲鳳
巖焉. 及大師往化數年, 有山氓[69)*爲野寇者, 始敢拒輪[259), 終
能食葚[260), 得非[70)*深藋[61)定水, 預沃魔山之巨力歟? 使折臂者

연을 맺는 것보다 더 좋은 게 없기에 하생下生을 위해 "중생의 요청[感]" 에 (미
륵 보살이) 부응하며(그래서 지증 대사를 "하생下生" 이라 불렀다), (지증 대사
역시) 옹주의 보시를 뿌리치지 못했다(이것이 "상공上供" 의 의미이다).'"

209) 협주: "(邑司)翁主封邑." 역주: "('읍사' 는) 왕이 옹주에게 내려준 땅을 말한다."
210) 협주: "《列子》云: '有北山愚公移山事.'《韓非子》云: '齊桓公逐鹿而入山, 谷中見一
老父. 問之曰: "是爲何谷?" 對曰: "愚公谷云云.'" 柳宗元「愚溪詩序」云: '古有愚公
谷.' 指此也." 역주: "『열자』「탕문湯問」편에 '북쪽의 산을 우공이 옮긴 일이 있
다' 라는 문장이 있다. 『한비자』에 다음과 같은 이야기가 있다. '제나라 환공이
사슴을 쫓아 산에 들어갔다가 계곡에서 한 노인을 만났다. 환공이 "여기는 어떤
골짜기인가?" 라고 물었다. 노인이 "우공의 골짜기입니다고 운운했다.'" 당나라
유종원(773-819)은 「우계시서」에서 '옛날 우공의 골짜기가 있었다' 라고 읊었는
데 바로 이 골짜기를 가리킨다." [역주자의 보충 해설] *『한비자』라고 인용한 구
절은 『설원說苑』「정리政理」편에 나오는 문장이다. *『설원』은 전한(前漢, BCE
206-CE 8)의 유향(劉向, BCE 77-BCE 6)이 편찬한 소설집小說集이다. *'우공곡愚
公谷' 은 '은자가 사는 곳' 을 의미하기도 한다.
211) 협주: "(樂)音了." 역주: "('樂' 자의) 음은 요이다."
212) 협주: "《論語》曰: '仁者樂山, 智者樂水.'" 역주: "『논어』「옹야雍也」편에 '어진 사

探義262)、掘尾者制桂263), 開發之是四焉264). ⑤ 太傅大王, 以華風掃弊, 慧海濡枯. 素欽靈毓71)*之名265), 渴聽法深之論266), 乃注心雞足267), 灑翰鵠頭268)以徵之曰: "外護小緣269), 念72)*蹂三際73)*. 內修大慧270), 幸許一來." 大師感動琅凾74)*言及 "勝因通世, 同塵率土75)*"271), 懷玉出山272). 彎織273)迎途, 至憇足于禪院寺, 錫安信宿76)*, 引問心于月池宮. 時屬纖蘿77)*不風, 溫樹274)方夜. 適覩金波275)之影, 端臨玉沼之心. 大師俯而顋276), 仰而告曰: "是則277)是矣278), 餘無所言." 上洗然欣契曰280): "金仙花目, 所傳風流, 固恊於此." 遂拜爲忘言師78)*. 及出, 俾盡281)臣282)讐79)*旨, 幸宜小停. 答曰: "謂牛戴牛283), 所

람은 산을 좋아하고 지혜로운 사람은 물을 좋아한다'라고 나온다."

213) 두주頭注: "(也)焉." 역주: "('야'자는) '언焉'자와 (의미가) 같다."

214) 협주: "(輔粲)職名." 역주: "('보찬'은) 관직 이름이다."

215) 협주: "(嶷)音億." 역주: "('嶷'자의) 음은 억이다." [역주자의 보충 해설] *嶷자는 ①'산 이름 의'; ②'높을 억' 등 두 가지 훈·음으로 읽힌다.

216) 두주: "玄恐立之訛." 역주: "('현금玄金'의) '현玄'자는 '입立'자의 오기인 것 같다." [역주자의 보충 해설] *현금玄金에는 두 가지 의미가 있다. ①철을 달리 부르는 명칭이다. 『회남자淮南子』「지형墜形」편에 "玄澒六百歲生玄金, 玄金千歲生玄龍[현홍이 육백 년이 되면 현금을 낳고 현금이 천 년이 되면 현룡을 낳는다]." 이라는 구절이 있다. ②운석隕石을 말한다. 『신당서新唐书』「오행지3五行志三」에 "貞觀八年七月 … 汾州青龍見, 吐物在空中, 光明如火, 墮地地陷, 掘之得玄金 [정관 8년, 즉 634년 7월 … 분주에 청룡이 나타나 공중에서 물건을 내뿜었는데 불처럼 밝았다. 땅에 떨어져 땅이 깊이 파였는데 그곳을 파 현금을 얻었다]."이라는 문장이 있다. 따라서 현금이 더 적절한 표현으로 보인다. *현홍玄澒은 수은의 일종으로 색이 검다. *'지墜'자는 '지地'자의 옛 글자이다. *분주汾州는 중국 산서성 분양시汾陽市 일대이다.

217) 협주: "《爾雅》云: '金之絶澤謂之銑.'" 역주: "『이아爾雅』에 '금 가운데 광택이 가

直無幾²⁸⁴⁾. 以鳥養鳥²⁸⁵⁾, 爲惠不貲²⁸⁶⁾. 請從此辭, 枉之則折."
上聞之喟然, 以韻語⁸⁰⁾*歎曰: "挽旣不留, 空門鄧侯²⁸⁷⁾. 師是支
鶴²⁸⁸⁾, 吾非趙鷗²⁸⁹⁾." 乃命十戒⁸¹⁾*弟子宣敎省副使馮恕行,
爰⁸²⁾*送歸山. 使待兔者離株²⁹⁰⁾、羨魚者學綱²⁹¹⁾, 出處⁸³⁾*之是
五焉. ⑥ 在世行, 無遠近險夷²⁹²⁾, 未嘗代勞以蹄²⁹³⁾角²⁹⁴⁾. 及
還山, 氷雪梗跋涉²⁹⁵⁾, 乃目²⁹⁶⁾栟櫚步輿²⁹⁷⁾舠行, 謝使者曰:
"是豈非⁸⁴⁾*井大春所云人車耶²⁹⁸⁾? 爲顧英君²⁹⁹⁾所不須³⁰⁰⁾也,
短形毁者³⁰¹⁾乎? 然命旣至, 受之爲濟苦具." 及迻³⁰²⁾疾于汝樂
蘭若⁸⁵⁾*, 扶錫不能起, 始乘之. 使病³⁰³⁾病者了空、賢賢者離
執³⁰⁴⁾, 用捨⁸⁶⁾*之是六焉.

장 뛰어난 것을 선銑이라 한다'라고 나온다." [역주자의 보충 해설] *금속金屬 가
운데 광택光澤이 가장 많이 나는 '황금黃金'을 '선銑'이라 한다. 지금은 '선銑'
자를 '무쇠'라는 의미로 많이 사용한다.

218) 협주: "(仁字)法堂." 역주: "('인우'는) 법당을 말한다." [역주자의 보충 해설] *인
우仁字는 능인能仁, 즉 부처님을 모신 집이라는 의미이다.

219) 협주: "案: '市者, 賣也、施也. 言賣恩於師者, 日日而彌堅也. 償者, 報也. 言報義於
人者, 聞大師風而願從也. 市恩句或云: "金像端嚴粹美, 自然觀感, 捨施者多也."'"
역주: "석전 스님의 생각: '시市는 파는 것이자 베푸는 것이다. 지증 대사에게
은혜를 베푸는 사람들이 나날이 더욱 (베푸는 마음이) 견고해졌다는 말이다. 상
償은 보답하는 것이다. 다른 사람에게 의리로 보답하는 사람들이 지증 대사의
가르침을 듣고 따르기를 원한다는 말이다. 시은市恩으로 시작되는 구절은 "부
처님상이 엄숙하고 단정하며 매우 아름답기까지 해 보기만 해도 자연스레 느끼
는 바가 있어 보시하는 사람들이 많다."라고 말하는 것이기도 하다.'" [역주자의
보충 해설] *'풍종風從'과 관련해 남조 양나라(梁, 502-557)의 임방(任昉, 460-
508)이 쓴 「천감3년책수재문天監三年策秀才文」(전 3수 가운데 두 번째 시[三首
之二])에 "上之化下, 草偃風從[(위(황제)에서 아래를 교화하면 풀들은 바람 따라
눕는다]."이라는 구절이 있다. 이 글은 『문선文選』 권36에 실려 있다. *『논어』

[10] ① 함통 5년[경문왕 4년, 864] 겨울 단의端儀 장옹주가 미망인이라 말하며 지증 대사[當來佛]에게 귀의했다. 인간 세상에 태어난 지증 대사를 존경해 두텁게 공양을 올렸다. 옹주가 소유한 봉토 가운데 현계산 안락사는 기이한 암석이 많고 맑은 물이 풍부하기로 유명한데 대사에게 그곳의 주인이 되어 수행하며 유유자적하게 지내기를 요청했다. 대사가 문하의 제자들에게 "산의 이름이 현계이고 지세地勢가 뛰어나 현인이 은거해 살만하다. 사찰 이름이 안락사인데 어찌 그곳에 머무르며 부처님 가르침을 전파하지 않겠는가?"라고 말했다. 장옹주의 말에 따라 수행처를 옮겨 주석하자 바로 주변이

「안연顏淵」 편에도 "君子之德風, 小人之德草, 草上之風必偃[군자의 덕성은 바람과 같고 소인의 덕성은 풀과 같다. 풀 위에 바람이 불면 풀은 반드시 눕는다]."이라는 구절이 있다. *임방의 전기는 『양서梁書』 권14 「열전 제8」, 『남사南史』 권59 「열전 제49」 등에 있다.

220) 두주頭注: "(也)焉." 역주: "('야也'자는) '언焉'자와 같다."

221) 협주: "(茹金)姓名." 역주: "*('여금'은) 성과 이름이다."

222) 협주: "(伽藍)即賢溪伽藍." 역주: "('가람'은) 바로 현계산의 가람을 말한다."

223) 협주: "(臧獲)即奴婢." 역주: "('장획'은) 바로 사내종[奴]과 계집종[婢]을 가리킨다." [역주자의 보충 해설] *남자 노비를 장, 여자 노비를 획이라 부른다[男曰臧, 女曰獲也]. *'장臧'자와 '장贓'자는 통용된다.

224) 협주: "(壞袍)即方袍僧." 역주: "('괴포'는) 바로 스님들이 입는 옷으로 스님을 의미한다."

225) 협주: "(傳舍)奴僕車馬之所." 역주: "('전사'는) 노복이 머무르거나 수레와 말들이 있는 곳이다." [역주자의 보충 해설] *'전사傳舍'는 나그네가 쉬는 곳, 즉 객사客舍·여관을 말한다. 『사기』 권97 「역생전酈生傳」에 "沛公至高阳傳舍, 使人召酈生[유방이 고양의 쉬는 곳에 이르러 역생을 불렀다]."이라는 문장이 있다. *『삼국지』 「위지魏誌·진군전陳群傳」에 "昔劉備自成都至白水, 多作傳舍, 興費人役

교화되었다. 어진 사람을 더욱 안정되고 고요하게 하며 땅을 선택하는 사람을 신중하게 생각하도록 한 것은 (사람의 마음을 놀라게 하는 여섯 가지 지조·행실 가운데) 첫 번째로 '나아감과 물러섬'을 올바르게 잘 실천했음을 보여준다.

② 어느 날 제자들에게 "작고한 보찬 김공 억훈의 도움으로 내가 득도得度해 출가자가 되었다. 불상을 조성해 공에게 보답하고자 한다."라고 말했다. 이에 빛나는 황금으로 도금한 1장 6척의 철불을 조성해 사찰을 보호하고 망자들을 저승으로 인도하게 했다. 은혜를 베푸는 사람들의 (은혜 베푸는) 마음을 날마다 돈독하게 하고 사람으로서 지켜야 할 도리

[옛날 유비가 성도에서부터 백수에 이르기까지 행인들이 쉴 수 있는 객사를 많이 지어 소모된 인력과 비용을 징발했다]."이라는 구절이 있다. '흥興'자는 '징발徵發하다'라는 의미이다.

226) 협주: "(乾符)唐僖宗." 역주: "('건부'는) 당나라 희종(僖宗, 862-873-888)의 연호이다." [역주자의 보충 해설] *874년부터 879년까지 사용됐다.

227) 협주: "(捨莊)田莊也." 역주: "('사장'은) 사찰 소유의 토지[田地]와 부속건물[莊園]을 말한다." [역주자의 보충 해설] *요즘에는 '개인이 소유하는 논밭'을 전장이라 한다. '장토莊土'와 같은 의미의 말이다.

228) 협주: "方俗, 以周百弓爲一結, 四肘爲弓, 肘者一尺八寸也. 四肘則七尺二寸也. 王荊公詩曰: '臥占寬閒五百弓.' 是也." 역주: "지방의 풍속에 따르면 사방이 100궁인 토지는 1결이 되며, 4주가 1궁이며, 1주는 1척 8촌이다. 4주가 바로 7척 2촌이다. '고요히 5백 궁이나 되는 땅과 같은 넓은 마음을 품는다'라는 왕안석의 시구詩句에 보이는 '궁弓'자가 바로 이 의미이다." [역주자의 보충 해설] *고대 중국에서 활을 쏠 때 과녁까지의 거리를 재는 단위가 바로 '궁弓'이다. 1궁은 5척이다. 따라서 '백궁百弓'은 5백 척이 된다. 물론 '궁'은 토지를 계산하는 단위로도 사용되며 이 경우 1궁은 8척이다. *'형공荊公'은 왕안석(王安石, 1021-1086)의 봉호封號이다. 시에서 '5백 궁이나 되는 땅과 같은 넓은 마음'이라 표

[義理]에 보답하는 사람들이 대사의 가르침을 듣고 따르도록
한 것은 두 번째로 '은혜를 알고 보답함'을 올바르게 잘 실
천했음을 보여준다.

③ 함통 8년[경문왕 7년, 867] 정해년에 (대사의) 신도인 옹주가
여금茹金 등 사람들에게 '안락사가 잘 유지되도록 좋은 땅
과 노비문서를 기증하고, (안락사가) 출가자들이 쉴 수 있는
곳이 되도록 하며, (안락사가) 사찰 이외 다른 용도로 사용되
지 않도록 하라'라고 시켰다. 대사가 이 일을 계기로 마음에
담아 두었던 생각을 밝혔다. "장옹주가 '진리를 깨닫는 황홀
한 기쁨[法喜]'을 도와줌이 오히려 이와 같은데 부처님의 제

현되어 있으나 실은 '광활한 마음과 포용하는 태도'를 의미한다. *'臥占寬閒五
百弓'이라는 구절은 '靜占寬閒五百弓'의 오기로 보인다. 이 시의 제목은 '시덕
봉示德逢'이며 원문은 다음과 같다.

先生貧敝古人風, 선생은 빈곤해도 고인의 풍모를 닮았으며
汚想柴桑在眼中. 마음속에는 도연명이 은거했던 시상에 대한 생각이 가득하다.
怜愍鷄豚非孟子, 닭과 돼지를 가련하게 여김은 맹자의 가르침 때문은 아니고
勤勞禾黍信周公. 열심히 일하는 농민들이 주공이 가르친 도리를 믿기 때문이네.
深藏組麗三千牘, 수많은 책을 깊이 쌓아두고
静占寬閒五百弓. 고요히 5백 궁이나 되는 땅과 같은 넓은 마음을 품는다.
處世但令心自可, 세상을 살아가며 다만 마음을 자유롭게 하니
相知何藉一劉龔. 유비와 공수가 어떻게 주변과 교유했는지를 알아서이네.

*'시상柴桑'은 도연명의 고향으로 그가 말년에 은거했던 곳이다. 현인이 머무는
곳을 가리킨다. 지금 중국의 강서성江西省 구강시九江市 시상구柴桑區가 그곳
이다. *'공수龔遂'는 전한 시기의 인물로 발해 태수渤海太守 등을 역임했다.
229) 협주: "(隸)屬也." 역주: "('예'는) 소속되는 것이다."

자로 '수행의 기쁨[禪悅]'을 맛보는 것이 어찌 아무 일 없다
는 듯 가만히 있는 것이겠는가? 우리 집안은 가난하지 않고
가족과 친척들이 모두 돌아가시고 없다. 지나가는 사람의
손에 재산이 돌아가도록 놔두는 것보다 차라리 제자들의 수
행 양식으로 충당하는 것이 더 좋겠다." 마침내 건부 6년[헌
강왕 5년, 879] '토지[田地] 및 부속건물[莊園]' 12구와 땅 5백
결을 사찰에 보시해 예속시켰다. '밥'을 누가 '밥주머니'라
고 비웃었는가[밥만큼 중요한 것도 없는데 일하지 않고 놀
고먹는 사람을 (누가) '밥 주머니'에 비유했는가]? 죽 먹는
일도 솥에 글자를 새겨놓을 정도로 중요하고 백성들이 먹는

---

230) 협협주: "《後漢書》云: '時輩唯荀或可與語, 餘皆酒佇、飯囊云云.' 祢衡對人言耳."
역주: 『후한서』에 '지금 시대에 오직 순욱만이 더불어 대화할 수 있고 나머지는
모두 술 자루이거나 밥 주머니이다'라고 나온다. 예형이 사람들에게 했던 말이
다." [역주자의 보충 해설] *예형(祢衡, 173-198)은 후한 말의 명사名士로 유표
(劉表, 142-208)의 부하인 강하 태수江夏太守 황조(黃祖, ?-208)에게 죽었다.
*'순혹荀或'은 '순욱(荀彧, 163-212)'의 오기로 보인다.

231) 협주: "(銘鼎)正考父鼎銘也." 역주: "('명정'은) 정고보가 솥에 새긴 글이다." [역
주자의 보충 해설] *『춘추좌씨전』「소공昭公 7년」조에 "其祖弗父何, 以有宋而屬
公, 及正考父佐戴、武、宣, 三命玆益恭. 故其鼎銘曰: '一命而僂, 再命而傴, 三命
而俯. 循牆而走, 亦莫余敢侮. 饘於是, 粥於是, 以餬余口.' 其共也如是[그의 조상
인 불보하는 당연히 송나라의 군주가 되어야 했으나 여공에게 양보했다. 정고보
대에 이르러 정고보는 대공, 무공, 선공 등을 보좌했으며 '삼명의 경[上卿]'에 임
명됐으나 더욱 공손하고 (군주를) 존경했다. 그래서 정고보의 솥에 (다음과 같
은) 명문[鼎銘]이 있다. '일명一命은 등을 굽히는 것이며, 이명二命은 몸을 구부
리는 것이며, 삼명三命은 허리를 숙이는 것이다. 담 가까이에 붙어 빨리 걸어가
면 그 누구도 감히 나를 속이거나 배신할 수 없다. 이 솥에 된죽을 끓이고, 이
솥에 멀건 죽을 끓여 나의 입에 풀칠한다.' 정고보는 이렇게 공손하고 (군주를)

것을 존귀하게 여겨 의지하듯 음식에 힘입어야 정토에 가는 것도 기약할 수 있다. 비록 내 땅이나 임금의 영토 안에 있기에 먼저 왕손王孫인 보찬 계종, 집사시중 김팔원·김함희, 그리고 정법사正法司의 대통大統인 현량 스님 등에게 질의했다. 깊숙한 곳에 몸을 감춘 수행자가 소리를 내자 천리 밖에서 메아리치듯 응했다. 태부太傅로 추증된 헌강 대왕이 제안자의 견지에서 고려해 (대사가 재산을 사찰에 보시하는 것을) 윤허해 주셨다. 그해 9월 남천군의 승통인 훈필 스님에게 농장의 땅을 표시하고 '살생하지 않고 살리는 곳[生場]'을 획정하도록 했다. 이것은 밖으로 군신의 토지를 늘

존경했다."라는 구절이 있다. *불보하弗父何의 10대손이 바로 공자이며 정고보正考父는 불보하의 증손曾孫이다. *'명정銘鼎'은 이름이 (금석金石에 새겨져) 후세에 전해지게 되었다는 뜻이다.

232) 협주: "民者以食爲天." 역주: "백성은 먹는 것을 제일 존귀하게 여긴다." [역주자의 보충 해설] *『사기史記』「역생육가열전酈生陸賈列傳」에 "王者以民爲天, 而民以食爲天[임금은 백성을 하늘로 여기며 백성은 먹는 것을 제일 존귀하게 여긴다]."이라는 구절이 있다.

233) 협주: "(佛土)西方淨土." 역주: "('불토'는) 서방 극락정토를 말한다."

234) 협주: "《詩》云: '鶴鳴九皐, 聲聞于天.'" 역주: "『시경』「소아小雅·학명鶴鳴」에 '학이 깊이 숨겨진 못가에서 울어도 그 소리는 하늘까지 들린다'라고 나온다." [역주자의 보충 해설] *현명한 선비[隱士]가 몸을 숨겨도 그 이름은 널리 퍼진다는 의미이다.

235) 협주: "(應千里)《易》云: '君子居其室, 出其言善, 則千里之外應之.'" 역주: "('응천리'라는 말과 관련해)『주역』「계사전(상)」에 '군자가 평소 집에 있을 때 올바르고 선한 말을 하면 천리 밖에서도 부응한다'라고 나온다."

236) 협주: "(恕)以己心體人也." 역주: "('서'는) 내 마음으로 다른 사람의 입장을 헤아리는 것이다." [역주자의 보충 해설] *'체體'자는 동사로 '남의 입장이 되어 생각

리게 했고 안으로 부모가 '하늘 세계[天]'에 태어나도록 도와
준 것이다. 목숨을 이은 사람에게 어짊[仁]을 일어나게 하고
노래 부른 사람에게 보상하려는 사람을 뉘우치게 한 것은
세 번째로 '신도로 사찰에 보시함'을 올바르게 잘 실천했음
을 보여준다.

④ 건혜지의 경지에 오른 심충沈忠이라는 사람이 있었다. 지증
대사가 선정과 지혜에 출중하고, 하늘과 땅을 살펴 올바른
이치를 정확하게 파악하며, 정신적인 깨달음은 '담란 스님'
처럼 확고하고, 병법과 점성술에도 '안름 스님'만큼 정통精通
하다는 소식을 듣고는 직접 찾아가 최상의 예의를 갖춘 후

하다, 동정하다, 알아주다' 라는 뜻이다.

237) 협주: "(允)肯也. 凡人上「疏」, 可則題允, 不可則題不允." 역주: "('윤'자는) 긍정하
는 것이다. 보통 사람이 「소疏」를 올렸을 때 괜찮으면 '윤'으로 표시하고 그렇지
않으면 '불윤不允'으로 표시한다."

238) 협주: "(別墅)農莊之地. 晉謝安棋賭別墅也." 역주: "('별서'는) 농장의 땅을 말한
다. 동진의 사안은 농막을 걸고 바둑을 두었다." [역주자의 보충 해설] *별서別墅
는 본래 '농장 가까이에 간단하게 지은 집', 즉 '농막農幕'을 말하나 이 문장에
서는 '농장農場'으로 파악하는 것이 적절해 보인다. *『진서晉書』 권79 「사안전謝
安傳」에 따르면 전진前秦 부견(苻堅, 338-357-385) 왕의 87만 대군이 동진東晉
을 압박하는 가운데 사안(謝安, 320-385)은 친구인 장현張玄과 '농막[別墅]'을 걸
고[賭] 태연하게 바둑을 두었다[圍棋]. 383년 8월 벌어진 비수대전淝水大戰에서
동진의 군대가 이겼다. 위기 속에서도 조용한 모습과 태도를 유지한다는 의미의
'위기도서圍棋賭墅'라는 말은 여기에서 생겨났다.

239) 협주: "(續命)《齊史》云: '北齊後主馮淑妃, 字小憐. 以五月五日, 召入宮中, 號曰續
命. 後主寵之, 指王宮妃嬪言也.'《風俗通》云: '重午(端午)宮人以五色絲係臂, 名
曰長命縷云云.'" 역주: "(속명續命과 관련해)『북北)제사齊史』에 다음과 같이
나온다. '북제의 후주後主 고위(高緯, 556-565-576)의 비妃인 빙숙비의 자는 소

말했다. "저에게 여분의 땅이 있는데 희양산의 핵심적인 위치에 자리하고 있습니다. '봉암용곡'이라 불리는 곳으로 경치가 사람들의 눈을 휘둥그렇게 만들 정도입니다. 그곳에 수행자들을 위한 사찰을 지으십시오." 지증 대사가 "내가 몸을 나눌 수 있는 능력이 없는데 어떻게 그 땅을 사용하겠습니까?"라고 대답했다. 심충의 요청이 아교처럼 굳건하고 게다가 산의 신령神靈이 갑옷을 입고 말 탄 채 앞서 달리는 듯한 '신비한 현상'이 있어 석장錫杖을 짚고 나무꾼이 다니는 좁은 길로 가 두루 살펴보았다. 사방을 병풍처럼 막고 있는 산을 보니 붉은 봉황의 날개가 구름을 걷어 올리는 듯한 모습

런이다. 5월 5일 궁중으로 불려 들어갔는데 "목숨을 이은 사람[續命]"이라 불렸다. 후주가 총애해 왕궁의 비빈들을 가리키며 말했다.' 『풍속통』에 '단오에 궁중 사람들이 다섯 가지 색으로 만든 실을 가지고 팔을 묶었는데 이 실을 "목숨을 길게 이어주는 실[長命縷]"이라 운운한다'라고 나온다." [역주자의 보충 해설]
*빙소련(馮小憐, ?-580?)는 본래 북제(北齊, 550-577)의 후주 고위高緯의 황후인 '목사리穆邪利'의 시녀였다. 황후 목사리가 후주의 총애를 잃자 빙소련을 후주에게 바쳤다. 후주는 빙소련을 '숙비淑妃'에 임명했다. 후주는 총명하고, 거문고와 비파를 잘 타며, 노래와 춤에 매우 능한 빙숙비에게 빠져들었다. 빙숙비는 후주가 앉는 자리에 같이 앉았고, 후주가 타는 마차를 같이 탔으며, 결국 황후가 된다. 빙숙비에 빠진 후주는 국정을 돌보지 않았다. 577년 북제가 망하고 후주와 빙소련은 북주(北周, 557-581)의 수도 장안으로 압송됐다. 후주는 살해됐으나 빙소련은 대왕代王 우문달(宇文達, ?-580)의 총애를 받았다. 우문달의 비妃인 이 씨와 총애를 다투다 이 씨를 중상모략해 죽게 했다. 북주의 외척인 양견(楊堅, 수나라 문제, 541-581-604)이 우문달을 죽이고 빙소련을 이 씨의 오빠인 이순(李詢, 540-588)에게 하사했다. 이순의 어머니는 빙소련이 자기 딸을 죽인 사실을 알고 있었다. 자살하라고 명령했고 빙소련은 결국 자살로 생을 마감한다.
*음력 5월 5일, 즉 단오절에 오색실을 팔에 묶고 복을 구하고 재난을 면하며 목

이고 백 겹이나 되는 듯 굽이굽이 감도는 물의 흐름을 보니 마치 이무기가 허리를 돌에 대고 누워있는 듯했다. 놀라고 감탄하며 "이 땅을 얻은 것이 어떻게 하늘의 뜻이 아니겠는가? 수행자들의 거처가 되지 않으면 도적들의 소굴이 되고 말겠다."라고 말했다. 마침내 대중들을 인솔해 후환 막는 것을 기본으로 삼아 기와로 이은 처마가 물처럼 사방으로 이어지게 해 지세를 눌렀으며, 철불 2위를 조성해 사찰을 호위하도록 했다. 중화 신축년[헌강왕 7년, 881]에 안륜사 승통이었던 준공 스님과 정법사正法司의 정사正史인 배율문裴聿文에게 사찰의 경계를 정하도록 했으며 (이름을 그대로 따

숨을 길게 이어달라고 기도했는데 이 오색실을 '속명루續命縷' 혹은 '장명루長命縷'라 불렀다. 빙소련이 음력 5월 5일 궁중에 들어갔기에 '속명續命'이라 불린 것이다. 한편, 민간의 여자를 강압적으로 궁중에 데리고 가 궁녀로 만드는 것을 '강사계비絳絲系臂'라 한다. '팔에 진홍색 실을 묶는다'라는 의미이다. *협주에 인용된 빙소련 관련 문장은 『제사齊史』가 아니고 『북사北史』 권14 「열전列傳 제2·후비后妃 하下」에 있는 내용이다. 『남제서南齊書』, 『북제서北齊書』는 있어도 『제사齊史』라는 책은 없다.*『풍속통』은 후한(後漢, 25-220)의 학자 응소(應邵, 대략 151-203)가 지은 책. 후한 당시의 풍속을 기술한 책으로 『풍속통의風俗通義』라고도 하며 전 31권 가운데 10권이 현존한다.

240) 두주頭注: "補賞歌. 前注云: 《仇池筆記》曰: "唐裴晉公度, 召妓作半日游, 賞絹五疋. 書生有詩曰: '一曲淸歌一疋絹, 佳人猶自意嫌輕. 不知貧女寒窓下, 幾度抛梭織得成' 云云.""역주: "상가賞歌와 관련해 보충한다. 앞의 주注에서 다음과 같이 말했다. 『구지필기』에 "당나라 배진공 배도가 기녀를 불러 반나절 놀게 하고는 상으로 비단 5필을 주었다. 어느 서생이 이에 대해 '맑은 한 곡조의 노래에 비단 한 필, 아름다운 기녀는 마음속으로 보상이 적다고 투덜거리네. 가난한 집 여자가 추운 창문 밑에서 베틀의 북을 몇 번 던져야 직물이 완성되는지 몰랐기 때문이네'라는 시를 지었다는 기록이 있다."라는 내용이 있다.'" [역주자

라) '봉암鳳巖'이라는 현판[牌額]을 내렸다. 대사가 희양산으로 가 교화한 지 수년이 돼도 산에 사는 백성들 가운데 산도적이 된 사람이 있었다. 처음엔 감히 수레바퀴에 대드는 사마귀 같았으나 마침내 뽕나무 열매를 먹고 목소리가 아름답게 변한 올빼미와 부엉이처럼 (심성이) 아름답게 변했다[교화되었다]. 깊고 깊은 선정禪定의 물을 떠 마왕이 들끓었을 산의 큰 힘을 예방한 것 아니겠는가? 팔을 자른 사람에게 '사람으로서 마땅히 지켜야 할 도리[義理]'를 찾게 하고 용의 꼬리를 파헤치려는 사람에게 '지나침[枉]'을 제어하게 한 것은 네 번째로 '본성本性'을 올바르게 잘 개발했음을 보여준다.

의 보충 해설] *배도(裴度, 765-839)는 당나라 중기를 대표하는 정치가·문학가 가운데 한 명으로 꼽힌다. '진국공晉國公'에 봉해졌기에 사람들이 그를 '배진공裴晉公'이라 불렀다. *『구지필기仇池筆記』(전 2권)는 송나라 소식(蘇軾, 1037-1101)이 '전해 내려오는 이야기[軼事]'들을 모아 기록한 책으로 『동파지림東坡志林』과 비슷한 체재이다.

241) 협주: 《史記》云: '趙列侯好音, 謂公仲連曰: "寡人有愛, 可以貴之好?" 連曰: "富之可, 貴之否?" 君曰: "然鄭歌者, 槍, 石二人, 吾賜之田, 一人萬畝." 連諾而不與. 列侯屢問, 連乃稱疾不朝. 番吾君謂連曰: "君好善, 而未有所持, 亦有進士乎?" 連曰: "未也." 牛畜, 荀欣, 徐越皆可. 連進, 畜侍以仁義, 侯逌然. 明日欣侍以擧賢使能, 明日越侍以節財儉用. 君說乃謂連曰: "歌者之田且止." 以畜爲師, 欣爲中尉, 越爲內史, 賜連衣二襲.' 案: '引訂趙侯, 能改賞歌之過, 以比康王觀大師之捨莊, 感發劃墅之善心也. 前註皆引裴晉公, 非但同時, 喩又不合也.'" 역주: 『사기』 권43 「조세가趙世家 제13」에 다음과 같은 내용이 있다. '조趙나라 열후列侯는 음악을 좋아했다. 공중련에게 "과인이 좋아하는 사람이 있습니다. 그를 존귀하게 만드는 것이 가능합니까?"라고 말했다. 공중련이 "부유하게 만드는 것은 가능해도 존귀하게 만드는 것은 어렵지 않겠습니까?"라고 대답했다. 열후가 "정鄭나라에서 온 두 명의 가수인 창槍과 석石에게 과인이 밭 1만 무씩을 하사하

⑤ 태부 대왕[헌강왕]은 중국의 풍습으로 적폐를 일소하고 바다
와 같은 지혜로 마르고 약해진 세상을 적시고자 했다. (그래
서) 평소 현고玄高 스님의 이름을 흠모하고 축잠竺潛 스님의
논강論講을 목마른 사람이 물을 찾듯 듣고 싶어 하셨다. 이에
희양산 봉암사에 마음을 기울여 조서詔書를 보내 (지증 대사
를) 부르시며 "멀리 바깥에서 부처님 가르침을 지키는 작은
인연을 맡았으나 짧은 순간에 벌써 1년이 지나가고 말았습
니다. 궁중 안에서 큰 지혜를 닦을 수 있도록 한 번 와주시
면 다행이겠습니다."라고 말씀하셨다. "뛰어난 인연이 세상
에 두루 통하는 것은 세간에 섞여 사람들과 함께 살아가기

고 싶습니다."라고 말했다. 공중련이 "알겠습니다."라고 대답하고는 주지 않았
다. 열후가 여러 번 물었지만 공중련은 병을 핑계로 조회에 참석하지 않았다.
번오군이 공중련에게 "조나라 열후는 선정을 펴고 싶어 하나 어떻게 선정을 펴
야 할지 잘 모르고 있습니다. 당신은 지금까지 사람을 추천한 적이 있습니까?"
라고 물었다. 공중련이 "없습니다."라고 말했다. 우축, 순혼, 서월 등 세 사람 모
두 천거해도 된다고 번오군이 제안하자 공중련이 세 사람을 천거했다. 우축이
인의仁義로 열후를 모시자 열후가 점차 온화하게 변했다. 이튿날 순혼이 현명
한 사람을 기용하고 능력에 따라 직위를 내려야 한다고 열후에게 건의했다.
3일째 되는 날 서월이 재물을 절약하고 씀씀이를 줄여야 한다고 건의했다. 열
후가 공중련에게 "노래 잘 부르는 사람에게 밭을 주지 마십시오."라고 말했다.
열후는 우축을 태사에, 순혼을 중위에, 서월을 내사에 각각 임명했으며 재상의
의복 2벌씩을 (세 사람에게) 하사했다.' 석전 스님의 생각[案]: '조나라 열후를
계도啓導해 노래 잘 부르는 사람에게 밭을 주려는 그릇된 생각을 바꾸도록 한
것은 토지를 기증한 지증 대사의 보시행이 헌강왕에게 농장農場을 정리하는 게
좋겠다는 훌륭한 마음을 일으키도록 촉발觸發했음을 비유적으로 표현한 것이
다. 앞의 주에서 모두 배진공의 일을 인용하는데 (이는) 같은 시대도 아니고 비
유 또한 적합하지 않다.'"

때문입니다."라는 조서의 문장에 감동한 지증 대사는 옥 같은 마음을 품고 희양산에서 내려와 서라벌로 갔다. 다투어 영접하는 마차를 타고 선원사에 도착해 이틀 동안 편안하게 머문 뒤 궁중에 들어갔다. 지증 대사는 월지궁에서 마음에 관한 질문을 왕으로부터 받았다. 가느다란 담쟁이덩굴이 흔들릴 정도의 바람도 없는 궁중의 내실은 바야흐로 어두워지고 달그림자는 마침 맑은 연못에 단아하게 비치고 있었다. 고개 숙여 달그림자를 본 지증 대사가 고개를 들고 "달빛이 바로 신령스러운 마음입니다, 이것 이외 드릴 다른 말씀이 없습니다."라고 설법했다. 대왕이 분명하고 흔쾌하게 (지증

---

242) 협주: "《莊子》云: '其於游刃, 恢恢然猶有餘地.'" 역주: "『장자』「양생주」편에 '칼날을 놀리는데 넓고 넓어 마치 공간이 있는 것 같다'라는 구절이 있다. [역주자의 보충 해설] *원문은 다음과 같다. "恢恢乎其於游刃, 必有餘地矣." *'회회호恢恢乎'는 넓고 넓어 아무런 장애가 없는 모습을 묘사한 말이다.

243) 협주: "案: '刃餘云, 大師之游刃止觀, 有餘於能殺能活也. 鑑透云, 大師之神鑑, 透徹於天文地理等事.'" 역주: "석전 스님의 생각案: '인여刃餘 운운한 구절은 지止와 관觀에 통달한 지증 대사의 칼날이 능히 죽이고 능히 살릴 정도로 여유가 있다는 점을 말한 것이다. 감투鑑透 운운한 구절은 지증 대사의 신비로운 인식이 천문과 지리 등의 일에 대해 완벽하게 꿰뚫고 있음을 말한 것이다.'"

244) 협주: "曇是漢靈帝時祥曇, 蘭是始通佛法之竺法蘭, 安是東晉時道安, 廩則未詳." 역주: "담曇은 한나라 영제 당시의 상담 스님이며, 난蘭은 처음으로 불법에 통달한 축법란 스님이며, 안安은 동진 때의 도안 스님이며, 늠廩은 누구인지 자세하게 알려지지 않았다." [역주자의 보충 해설] *석전 스님은 기존의 설에 따라 담, 란, 안, 름 등 네 분의 스님으로 설명하고 있다. 그러나 담란 스님, 안름 스님 등 두 분의 스님으로 파악하는 것이 더 정확한 것 같다. 최영성 교주校註 (2014), 『교주 사산비명校註四山碑銘』, 서울: 이른아침, pp.362-363. *담란 스님에 관한 기록은 『고승전』 권 제6 「석혜지전釋慧持傳」에 간략하게 전한다. "釋慧

대사의 법문에) 계합돼 "부처님이 연꽃을 들고 전해주신 가르침이 오늘 여기 이것과 부합되는 것 같습니다."라고 말했다. 마침내 대왕이 절하고 선의 스승으로 삼았다. 지증 대사가 대궐을 나가자 대왕이 충성스러운 신하를 통해 '조금 더 머물러 주면 좋겠다'라는 뜻을 전했다. 지증 대사가 "길고 흠 없는 쇠뿔을 가진 값비싼 소라고 말하지만 실은 가치가 그리 크지 않습니다. 새의 본성에 따라 새를 기르면 그 은혜가 헤아리기 힘들 만큼 큽니다. 청컨대 여기서 산으로 물러가고자 합니다. 굽히고자 하면 부러지고 맙니다."라고 말했다. 대왕이 대사의 말씀을 듣고 한숨을 쉬며 운문韻文으로

持者, 慧遠之弟也. … (慧持)臨終遺命務勗律儀, 謂弟子曰: '經言, 戒如平地, 衆善由生. 汝行住坐臥宜其謹哉!' 以東間經籍, 付弟子道泓; 在西間法典, 囑弟子曇蘭. 泓業行清敏, 蘭神悟天發, 並係軌師蹤焉[혜지 스님은 (여산) 혜원 스님의 아우이다. … (혜지 스님이) 계율에 맞게 행동하도록 노력하라는 가르침을 임종에 남기며 제자들에게 말했다. "'계율은 평평한 땅과 같아 모든 착한 것이 여기에서 생긴다.'라고 경전에 나온다. 너희들이 가고 머무르고 앉고 누울 때 마땅히 조심해야 한다.' 중국에서 발간된 경전들은 제자인 도홍 스님에게 전해주고 서쪽 나라에서 온 경전들은 제자인 담란 스님에게 맡겼다. 도홍 스님은 일할 때 행실이 맑고 민첩했으며 담란 스님은 정신적인 깨달음이 천성적으로 뛰어났다. 이들은 모두 스승의 발자취를 본받아 법도로 삼았다."*안름 스님에 대한 기록은 『속고승전』권 제7「석안름전釋安廩傳」에 있다. "釋安廩, 姓秦氏, 晉中書令靖之第七世也. … 而性好老莊, 早達經史, 又善太一之能, 並解孫吳之術. … 年二十五啟勅出家, 乃遊方尋道, 北詣魏國. … 在魏十有二年, 講《四分律》近二十遍, 大乘經論並得相仍. 梁泰清元年始發彭沛, 門人擁從還屆楊都, 武帝敬供相接, 勅住天安, 講《花嚴經》. … 至德元年建寅之月遷化于房. 皇心惻悼, 賵贈有嘉. 即以其月, 窆於開善之西山, 春秋七十有七. 門人痛其安放, 士庶失其歸依矣[석안름 스님의 성은 진秦 씨이며 동진의 중서령을 역임했던 정靖의 7대손이다. … 성품상

"머무르라 해도 머무르지 않으니 불교 집안의 등유라 할 수
있다. 대사는 지둔支遁 스님이 놓아준 학이지만 나는 후조後
趙의 갈매기가 아니다."라고 탄식했다. 이에 불문佛門에 귀의
해 십계十戒를 받은 선교성 부사 풍여행馮恕行에게 대사를 산
으로 모셔다드리도록 했다. 착각에 사로잡혀 토끼를 기다리
는 어리석은 사람을 그루터기에서 떠나게 하고 고기를 연모
하는 사람에게 그물 만드는 법을 배우게 한 것은 다섯 번째
로 '나아감[出]과 머무름[處]'을 잘 실천했음을 보여준다.

⑥ 세간에서 진리를 실천함에 멂, 가까움, 위험함, 평이함 등을
가리지 않았으며 결코 소와 말을 타지 않았다. 산으로 돌아

『노자』와 『장자』를 좋아했고 일찍이 유가 경전과 사서史書에 통달했으며 또 점
성술[太一之能]에 능하고 손무와 오자서의 병법兵法도 이해했다. … 25세에 칙
령을 받고 출가해 이곳저곳을 다니며 진리를 추구하다 북쪽의 위나라에 이르렀
다. … 위나라에 12년 동안 머무르며 『사분율』을 20번 정도 강의했으며 계속해
대승 경론도 강의했다. 양나라 태청 원년[547]에 비로소 팽성 지역을 떠나니 문
인들이 옹호하고 따라 양도[건강健康, 지금의 남경]로 돌아왔다. 양나라 무제가
연이어 공양을 올릴 정도로 공경했으며 칙령으로 천안사에 머무르게 했다. (그
곳에서) 『화엄경』을 강의했다. … 지덕 원년[583] 11월[建寅之月] 방에서 입적했
다. 황제는 진심으로 슬픔에 잠겨 부의賻儀 물품을 많이 보내 스님의 인품을 찬
양했다. 바로 그달에 개선사의 서쪽 산에 안장하니 나이는 77세였다. 문인들은
(안름 스님의 법구가 땅속에) 안치되는 것을 애석하게 여겼으며 선비와 서민들
은 귀의할 대상을 잃어버렸다."

245) 협주: "(禮足)最敬禮也." 역주: "('예족'은) 존경심을 나타내는 최고의 예법이다."
246) 협주: "《莊子》云: '無意乎橫目之民.' 謂不合流品民居也." 역주: "『장자』「천지天
地」편에 '이 세상에 살고 있는 인간에 대해서는 관심이 없으신지요?'라는 구절
이 있다. ('경해境駭'라는 말은 봉암 용곡의 산세가) 일반인들이 거주하기에 적
합한 유형이 아니라고 말하는 것이다." [역주자의 보충 해설] *『장자』「천지」편

갈 때 얼음과 눈 때문에 산길을 걷고 물길을 건너기가 쉽지 않았다. 이에 왕이 종려나무로 만든 가마를 몸소 타고 가게 하자 사자에게 사절하며 "이것이 어찌 정대춘이 말한 인력거가 아니겠습니까? 정대춘과 같은 뛰어난 인물도 인력거를 타지 않았거늘 하물며 출가자가 타겠습니까? 그러나 왕명이 이미 내려졌으니 받아서 괴로움을 구제하는 도구로 사용하겠습니다."라고 말했다. 병 때문에 여락사로 거처를 옮기고 석장錫杖을 짚고도 일어나지 못하게 되자 비로소 가마를 사용했다. 병을 근심하는 사람에게 공空의 이치를 깨닫게 하고 어진 이를 좋게 여기는 사람에게 집착에서 벗어나게 한 것

의 원문은 다음과 같다. "苑風曰: '夫子無意乎橫目之民乎? 願聞聖治.'[원풍이 '선생님은 이 세상에 살고 있는 인간에 대해서는 관심이 없으신지요? 성인의 정치에 대해 듣고 싶습니다'라고 말했다]"

247) 협주: "案: '(有甲騎爲前驅)有二義. 一云、大師夢中, 似有山靈, 化現甲騎, 以爲前導也. 二云、靈山勢靈秀也, 峰巒如甲騎護導也.'" 역주: "석전 스님의 생각: '(유갑기위전추有甲騎爲前驅에는) 두 가지 의미가 있다. 하나는 지증 대사의 꿈에 산신령이 갑옷을 입고 말 탄 모습으로 나타나 앞에서 이끌었다는 의미이다. 다른 하나는 신령스러운 산의 위세가 매우 신비하고 뛰어나며 갑옷 입고 말 탄 듯한 산봉우리가 지증 대사를 보호해 인도했다는 의미이다.'"

248) 협주: "(相)視." 역주: "('상'자는) 보다는 의미이다."

249) 협주: "(歷)察." 역주: "('역'자는) 관찰한다는 뜻이다."

250) 협주: "《禽經》云: '鸑鷟, 紫鳳也.'" 역주: "『금경禽經』에 '악작은 붉은색을 띤 봉황이다'라고 나온다." [역주자의 보충 해설] *『금경』은 춘추시대(春秋, BCE 770-BCE 476)의 사광師曠이라는 사람이 지은 '새[鳥]에 관한 책'이다. 사광은 음악에도 뛰어난 재능이 있어 사람들은 그를 '악성樂聖'이라 불렀다.

251) 협주: "(掀雲)應上鳳巖." 역주: "('혼운'은) 당연히 앞의 봉암을 가리킨다." [역주자의 보충 해설] *'혼운掀雲'은 '구름 속에 높이 솟은 산의 모습'을 묘사한 말

은 여섯 번째로 '사용함[用]과 사용하지 않음[捨]'을 잘 실천했음을 보여준다.

이다.

252) 협주: "(虯)龍之無角者." 역주: "('규'는) 뿔이 없는 용이다." [역주자의 보충 해설] * '규룡虯龍'에는 두 가지 의미가 있다. ①머리 양쪽에 뿔이 있는 새끼 용; ②머리에 뿔이 없는 용. 뿔이 둘인 것을 '교蛟'라 하고 뿔이 없는 것을 '이螭'라 한다.

253) 협주: "(偃石)應上龍谷." 역주: "('언석'은) 당연히 앞의 용곡龍谷을 가리킨다."

254) 협주: "(嗟)嘆聲." 역주: "('차'자는) 감탄하는 소리이다."

255) 두주頭注: "補青衲. 沙門衣制, 律家木蘭色, 教家青色, 禪家緇色. 黃巾道士也." 역주: "청납青衲에 대해 보충한다. 출가자의 복식 제도는 다음과 같다. 율사들은 목란색 옷을 입고, 강사들은 청색 옷을 입으며, 선 수행자들은 검은색 옷을 입는다. 황색 옷[두건]을 입은 사람들은 도사이다."

256) 협주: "案: '率先云, 首倡作寺也. 防後云, 隄防後患也. 若空地, 慮爲賊據之穴故.'" 역주: "석전 스님의 생각: '솔선率先 운운한 구절은 사찰 지을 것을 앞서 주창했다는 것이다. 방후防後 운운한 구절은 후환을 막았다는 것이다. 만약 빈 터로 두면 도적들의 소굴이 될 것을 염려한 것이다.'"

257) 협주: "案: '壓之、衛之, 皆是鑷地脈、防外患也.'" 역주: "석전 스님의 생각: '압지·위지는 모두 지맥을 눌러 안정시키고 외환을 막는 것이다.'"

258) 협주: "(芿)仍同.'" 역주: "('잉'자는) '잉仍'자와 같다." [역주자의 보충 해설] * '잉仍'자는 '그대로 따른다'라는 의미이다. '잉芿'자와 '잉髣'자는 같다. '잉芿'은 묵은 뿌리에서 돋아난 새 풀을 뜻한다. 말하자면 '봉암용곡'이라는 이름을 따라 '봉암사'라 했다는 의미이다.

259) 협주: "(拒輪)《莊子》曰: '汝不知螳蜋乎? 怒其臂以當車轍云云.'" 역주: "('거륜'과 관련해) 『장자』「인간세」편에 '그대는 사마귀의 일을 알지 못하는가? 사마귀가 분노하면 앞발로 수레바퀴에 맞선다고 운운한다'라는 내용이 있다."

260) 협주: "《詩》云: '翩彼飛鴞, 集于泮林. 食我桑葚, 懷我好音.'" 역주: "『시경』「노송魯頌·반수泮水」에 '훨훨 나는 솔개가 반수 가의 숲에 모였네. 우리 밭의 붉은 오디[뽕나무 열매]를 따먹고 나에게 듣기 좋은 노래를 불러 다오'라는 구절이 있다." 두주頭注: "《世說》云: '桑葚甘香, 鴟鴞革音.'" 역주: "『세설신어』「언어」편에 '뽕나무 열매가 맛있고 향기로워 올빼미와 부엉이가 따먹은 뒤 날카로운 목

소리가 부드럽게 바뀌었다'라는 문장이 있다." [역주자의 보충 해설] *'심葚' 자
는 '담黮' 자와 의미가 같다. '오디'를 가리킨다.

261) 협주: "(斟)音拘, 酌也." 역주: "(斟자의) 음은 '구'이다. 붓거나 따르는 것이다."

262) 협주: "《世說》云: '人相羊祜祖墓曰: "當出受命之君." 祜斷墓後. 相者曰: "猶出折
臂三公." 祜自墜馬折臂, 位至三公.'" 역주: "『세설신어』「술해術解」편에 다음과
같이 나온다. '지세地勢를 보는 사람이 양호 조상의 무덤을 보고 "마땅히 하늘
의 명을 받는 임금이 나올 것입니다."라고 말했다. 양호가 조상의 무덤을 파 버
렸다. 지세를 보는 사람이 "아마 팔이 부러진 삼공三公이 나올 것입니다."라고
설명했다. 양호가 스스로 말에서 떨어져 팔이 부러졌으나 삼공의 지위에 이르렀
다.'" [역주자의 보충 해설] *양호(羊祜, 221-278)는 서진(西晉, 265-316)의 군사
전략가이자 정치가로 오나라(吳, 222-280)를 정벌하는 데 공을 세웠다. 죽은 뒤
양호에게 시중侍中·태부太傅가 추증되었다. 태부는 삼공三公의 하나이다. 『진
서晉書』 권34에 「양호전羊祜傳」이 있다. *절비折臂는 중국 선종의 제2조인 혜가
慧可 스님이 달마 대사에게 가르침을 구하며 자신의 결심을 보이기 위해 팔을
끊은 "설중단비雪中斷臂의 고사에서 나왔다."라고 주장하는 학자도 있다. 최영
성 교주校註(2014), 『교주 사산비명校註四山碑銘』, 서울: 이른아침, p.313·p.364.

263) 협주: "『伯宅編』云: '唐含元殿前途, 詰曲宛轉如龍尾. 祿山逆謀日熾, 每至殿前, 欲
掘龍尾. 恐渠異時, 反入長安, 又有如渠掘之, 久而不果.'" 역주: "『백택편』에 다음과
같이 나온다. '당나라 함원전 앞길은 마치 용의 꼬리처럼 뒤틀려 구불구불하다.
반역할 생각이 점점 커진 안록산은 함원전 앞에 이를 때마다 용의 꼬리와 같이
구불구불한 길을 파헤치고 싶었다. 아마 그[渠]가 다른 때 장안에 들어와 역시
수로[渠]와 같은 함원전 앞길을 파헤쳤으나 오랫동안 파도 성공하지 못했다'라고
나온다." [역주자의 보충 해설] *『백택편』은 '전해 내려오는 이야기[軼事]'들을
윤색한 소설류小說類의 책. 북송의 문학가인 방작(方勺, 1066-1142)이 펴냈다.

264) 협주: "案: '折臂云, 爲善者守其分義之常. 掘尾云, 謀反者, 矯其不軌之過. 二者之
開發, 善心皆由師化, 故以開發結之. 然則折臂指沈忠, 掘尾指野寇也.'" 역주: "석
전 스님의 생각: '절비折臂 운운한 구절은 선을 행하는 사람이 분수에 맞는 도
리를 항상[分義之常] 지켜나가는 것을 말한다. 굴미掘尾 운운한 구절은 반역을
계획하는 사람이 도리에 어긋난 잘못[不軌之過]을 고치는 것을 말한다.'"

265) 협주: "(靈毓)未詳." 역주: "('영육'이) 누구인지 알 수 없다." [역주자의 보충 해
설] *『고승전』 권 제11에 "釋玄高, 姓魏, 本名靈育, 馮翊萬年人也. 母寇氏本信外
道, 始適魏氏首孕一女, 即高之長姊, 生便信佛, 乃為母祈願, 願門無異見得奉大法.
母以偽秦弘始三年, 夢見梵僧散華滿室, 覺便懷胎. 至四年二月八日生男, 家內忽有

異香, 及光明照壁, 迄且乃息. 母以兒生瑞兆, 因名靈育. 時人重之, 復稱世高. 年十二辭親入山, 久之未許. 異日有一書生寓高家宿, 云欲入中常山隱, 父母即以高憑之, 是夕咸見村人共相祖送. 明旦村人盡來候高 ⋯ 既背俗乖世, 改名玄高. 聰敏生知, 學不加思, 至年十五, 已爲山僧說法[현고(402-444) 스님의 성은 위魏씨이고, 본명은 영육靈育이다. 풍익馮翊의 만년현萬年縣 사람이다. 어머니 구寇씨는 본래 외도를 믿었다. 위씨 가문에 시집와 먼저 딸 하나를 낳았는데 바로 현고의 큰누나이다. 그녀는 태어나자마자 부처님을 믿었으며 어머니를 위해 기도하며 가문에 다른 견해가 없이 불법佛法을 받을 수 있기를 원했다. 어머니는 후진 홍시弘始 3년[401] 인도 스님이 방에 꽃을 가득 뿌리는 꿈을 꾼 뒤 임신해 홍시 4년[402] 2월 8일 아들을 낳았다. 집안에 문득 기이한 향기가 감돌았으며 광명이 벽을 비추다 결국에는 사라졌다. 어머니는 아이가 태어날 때 상서로운 징조가 있었다며 이름을 영육靈育이라 지었다. 당시 사람들은 이를 존중해 세고世高라 부르기도 했다. 나이 열두 살에 부모님 곁을 떠나 산으로 들어가려 했으나 오래도록 (부모님의) 허락을 받지 못했다. 어느 날 한 서생書生이 현고의 집에 와 묵으며 '중상산中常山에 들어가 숨어 살고자 한다'라고 말했다. 부모는 곧 그에게 현고를 맡겼다. 이날 저녁 마을 사람들이 함께 이들을 전송했다. ⋯ 세속을 등졌고 세상에서 벗어났기에 이름을 현고라고 고쳤다. 총명하고 민첩하며 게다가 태어나며 알았기에 배울 생각을 더 하지 않았다. 열다섯 살에 이미 스님들을 위해 가르침을 설명했다.]"이라는 기록이 있다. * '풍익馮翊'은 현재 중국의 섬서성 서안 부근에 있었던 지역이다. * '육毓'='육育'이다.

266) 협주: 협주: 《通載》云: '東晉哀帝時, 竺潛字法深. 興寧甲子, 詔講《般若心經》于禁中, 乃辭還剡山. 支遁寓書, 求買沃州小嶺歸隱. 答曰: "欲來當給, 未聞巢由買山而隱也." 寧康二年卒, 帝賜錢十萬建塔焉. 言今王聽法於大師, 如晉帝聽法於法深.'" 역주: "『불조역대통재』권 제6에 다음과 같은 내용이 있다. '동진 애제 당시 활동했던 축잠(286-374) 스님의 자는 법심이다. 흥녕 갑자년[364]에 조서를 받고 궁중에서 『반야심경』을 강설했다. 강설 후 하직하고 섬산으로 돌아갔다. 지둔 스님이 옥주의 소령을 매입해 은거하겠다는 편지를 보냈다. 축잠 스님이 "원하시면 마땅히 드리겠습니다. 보금자리를 사서 은거하겠다는 말을 듣지 못했습니다."라고 답변했다. 영강 2년[374]에 입적하자 효무제가 십만의 돈을 들여 탑을 건립했다. 지금의 왕이 대사에게 가르침을 들었다면 동진의 황제는 법심 스님의 가르침을 들었다는 말이 있다.'" [역주자의 보충 해설] * '축잠竺潛' 스님 혹은 '축도잠竺道潛' 스님이라고도 한다. '흥녕興寧'은 동진(東晉, 317-420) 애제(哀帝, 341-361-365)의 연호로 363-365년 사용됐다. 갑자년은 흥녕 2년, 즉 364년이

다. '영강寧康'은 동진 효무제(362-372-396)의 연호이며 373-375년 쓰였다. *『고승전』권 제4에 축잠 스님의 전기가 있다.

267) 협주: "案: '上比師當來佛, 故此以雞足比鳳巖也.'" 역주: "석전 스님의 생각: '앞에서 지증 대사를 미래 부처님인 미륵불에 빗대어 표현했기에 여기 나오는 계족산은 봉암사를 비유적으로 말한 것이다.'"

268) 협주: "見上註." 역주: "앞의 주석을 보라." [역주자의 보충 해설] *'한곡두翰鵠頭'를 '한학두翰鶴頭'라고도 한다. '곡두鵠頭'는 서체의 이름이다. 옛날 조정에서 인재를 발탁·등용할 때 조서詔書의 첫머리에 쓰는 서체로 '고니'나 '학'의 모습을 닮았다고 이렇게 말한다.

269) 협주: "(小緣)謙詞." 역주: "('소연'은) 태부 대왕, 즉 헌강왕이 왕위에 올랐음을 겸손하게 표현한 말이다."

270) 협주: "(大慧)尊稱." 역주: "('대혜'는) 존칭이다."

271) 협주: "《老子》云: '和其光, 同其塵.'" 역주: "『노자』제4장·제56장에 '실력을 감추고 세상 사람들과 함께 살아간다'라는 문장이 있다." [역주자의 보충 해설] *화광동진和光同塵은 두 가지로 해석된다. ①깨끗함과 하나 되고 더러움과도 어울린다; ②실력을 감추고 세상 사람들과 함께 살아간다. 여기서는 ②를 택했다. *'화광진로化光塵勞'라고도 한다. '화和'는 '화합하다·섞이다'를, '광光'은 깨끗함을, '진로塵勞'는 더러움을 각각 의미한다.

272) 협주: "《老子》云: '聖人被褐懷玉.'" 역주: "『노자』제70장에 '성인은 거친 옷을 입고 있으나 귀한 옥을 품고 있다'라는 구절이 있다."

273) 협주: "《詩》云: '六轡如織.'" 역주: "『시경』에 '여섯 개의 고삐가 직물처럼 조인다'라는 구절이 있다." [역주자의 보충 해설] *『시경』「진풍秦風·소융小戎」에 "六轡在手[손으로 여섯 고삐를 잡았다]", 「소아小雅·황황자화皇皇者華」에 "六轡如濡[여섯 고삐가 젖은 듯 윤기가 흐른다]", 「패풍邶風·간혜簡兮」에 "執轡如組[고삐를 베 짜듯 잡았다]"라는 구절이 있다.

274) 협주: "《綱目》云: '漢長安便殿, 西有溫室, 室中有樹云云.'" 역주: "『자치통감강목資治通鑑綱目』에 '한나라 장안에 황제가 평상시 거처하며 정무를 보는 궁전[便殿]이 있고, 그 서쪽에 온실이 있으며, 온실 가운데 나무가 있다고 운운한다'라는 구절이 있다."

275) 협주: "「杜詩」云: '金波耿玉繩.'註: '金波, 月也. 玉繩, 星也.'" 역주: "두보의 시에 '금빛 물결이 북두칠성을 비춘다'라는 구절이 있다. 「주」에 '금파는 달이며 옥승은 별이다'라는 설명이 있다." [역주자의 보충 해설] *두보(杜甫, 712-770)가 지은 「강변성월江邊星月」(오언절구)이라는 시에 나오는 구절이다. 「강변성월」은 2수

[二首]의 시. 이 구절은 첫수의 제2구이다. 첫수의 전문은 다음과 같다.

驟雨淸秋夜,　　한바탕 내린 소나기로 가을 밤하늘은 청량하고
金波耿玉繩.　　금빛 물결이 북두칠성을 비추네.
天河元自白,　　은하수는 원래 스스로 밝은 것
江浦向來澄.　　강변은 이전부터 항상 맑았네.
映物連珠斷,　　뀈 구슬을 풀어 뿌린 듯한 별들은 만물을 비추고
緣空一鏡升.　　허공 따라 거울 같은 하나의 달이 떠올랐네.
餘光隱更漏,　　물시계 소리 따라 남은 달빛도 사그라드는데
況乃露華凝.　　하물며 엉겨 붙은 이슬을 말해 무엇하리.

276) 협주: "(顗)樂." 역주: "('의'는) 즐겁다는 의미이다." 두주頭注: "顗字,《金石苑》作觀, 似是." 역주: "'의'자가 『해동금석원』에는 '관'자로 되어 있다. (『해동금석원』의 글자가) 맞는 것 같다. [역주자의 보충 해설] *유연정劉燕庭 저著(1976), 『해동금석원』(상), 서울: 아세아문화사, p.164.

277) 협주: "(是)金波." 역주: "(앞의 '시是'자는) '금파[달빛]'를 의미한다."

278) 협주: "(是)靈知." 역주: "(뒤의 '시是'자는) '신령스러운 앎[반야]'을 뜻한다."

279) 협주: "唐武宗改佛號大覺金仙." 역주: "당나라 무종(武宗, 814-840-846)은 '부처님'을 '대각금선'으로 바꾸어 불렀다." [역주자의 보충 해설] *도교를 좋아한 송나라 휘종(徽宗, 1082-1100-1125-1135)은 도사道士 임영소林靈素의 건의를 받아 '불佛'을 '대각금선大覺金仙'으로 '승僧'을 '덕사德士'로 바꾸어 불렀다. 1082년 출생한 휘종은 1100년부터 1125년까지 재위했으며 1135년 붕어했다.

280) 협주: "佛以靑蓮華目, 顧視迦葉云云." 역주: "부처님은 푸른 연꽃을 닮은 눈으로 가섭을 돌아보았다고 운운한다." [역주자의 보충 해설] *'청련화목靑蓮華目'은 부처님의 눈을 가리킨다. 부처님의 눈은 우담발화優曇鉢華를 닮았다고 말하기도 한다. 부처님의 신체를 표현하는 '삼십이상팔십종호三十二相八十種好'의 하나로 『대승백복상경大乘百福相經』에 자세하다. 참고로 『대승백복상경』의 관련 부분을 소개한다. "文殊師利! 如是佛身所有隨好, 略說其數有八十種: 一者、肉髻高顯無能見頂; 二者、鼻高修直孔不外現; 三者、眉如初月又紺靑色; 四者、耳輪埵成; 五者、身堅如那羅延; 六者、骨節相連如鉤鎖; 七者、行時去地四寸印文成就; 八者、身迴如象王; 九者、甲如赤銅薄而光澤; 十者、膝骨圓好; 十一者、身常鮮潔; 十二者、膚體柔軟; 十三者、身體端直; 十四者、手指纖長; 十五者、指文嚴麗; 十六者、筋脈潛隱; 十七者、身色潤好; 十八者、踝不露現; 十九者、身不逶迤; 二十

者、身相圓滿; 二十一者、識淸淨; 二十二者、威儀備足; 二十三者、住處安隱無能動搖; 二十四者、威振一切; 二十五者、衆生樂見; 二十六者、面不狹長; 二十七者、容色不撓; 二十八者、面相姝廣; 二十九者、脣色如頻婆果; 三十者、音聲深遠; 三十一者、臍深圓好; 三十二者、臍分右旋; 三十三者、手足圓滿; 三十四者、手足從心所作; 三十五者、手足文明徹; 三十六者、手足文不斷; 三十七者、手足光有五彩; 三十八者、衆生見皆喜悅; 三十九者、面如滿月; 四十者、先意與語; 四十一者、毛孔出無上香; 四十二者、足下平滿; 四十三者、威容如師子王; 四十四者、進止如象王; 四十五者、行步如鵝王; 四十六者、首如摩陀那; 四十七者、身極端正; 四十八者、一切聲相具足; 四十九者、牙利鮮白; 五十者、舌色如赤銅; 五十一者、舌薄而長; 五十二者、諸根淸淨; 五十三者、身色光潔; 五十四者、手足潤澤; 五十五者、手足有德相; 五十六者、面門相具; 五十七者、手足掌如紅蓮; 五十八者、腹不現; 五十九者、臍不出; 六十者、腰細稱形; 六十一者、身毛上靡; 六十二者、身持重; 六十三者、臆前有室利婆瑳像; 六十四者、身相洪大; 六十五者、手足柔軟; 六十六者、圓光一尋; 六十七者、常光照身; 六十八者、等視衆生; 六十九者、不輕衆生; 七十者、應衆生音聲不增不減; 七十一者、說法不著; 七十二者、一音普遍同衆生語; 七十三者、說法有因緣; 七十四者、一切衆生無能盡觀; 七十五者、行順於右; 七十六者、無瞶狀; 七十七者、髮長好; 七十八者、髮不亂; 七十九者、髮右旋; 八十者、髮靑紺. …… 文殊師利! 如上所說, 名爲如來隨相福德. 積數滿足無量無邊億百千倍, 合成如來身之一相. 如來身相有三十二: 一者、足下安平; 二者、手足千輻輪輞; 三者、手足指纖長; 四者、手足柔軟如兜羅綿; 五者、足跟滿好; 六者、手足指網縵; 七者、足趺高平與跟相稱; 八者、蹲腨長如伊尼鹿王; 九者、平身端立垂手過膝; 十者、陰藏不現; 十一者、身縱廣等如尼拘陀樹; 十二者、一毛孔有一毛生; 十三者、身毛上靡靑色柔軟而右旋; 十四者、身色微妙勝閻浮金; 十五者、身光一丈; 十六者、皮薄細滑不受塵垢; 十七者、兩肩圓好; 十八者、身廣端正; 十九者、臆如師子王; 二十者、兩腋下滿; 二十一者、牙白而大; 二十二者、四十齒; 二十三者、齒白齊密而根深; 二十四者、七處滿足; 二十五者、方頰如師子王; 二十六者、味中得上味, 咽中二處津液流出; 二十七者、舌軟薄能覆面至髮際; 二十八者、梵音深遠如迦陵伽; 二十九者、眼如優鉢羅華; 三十者、眼睫如牛王; 三十一者、眉間白毫色如珂雪; 三十二者、頂肉骨成." *『유마힐소설경』 권상 「불국품」에 "目淨脩廣如靑蓮(부처님의) 맑은 눈은 길고 넓어 마치 푸른 연꽃과 같다."라는 게송이 있다. 이 게송은 장자長者의 아들 보적寶積이 부처님의 높은 덕을 찬탄하며 읊은 게송의 첫 구절이다. 이 게송에 대해 『주유마경注維摩經』에 다음과 같은 설명이 붙어 있다. "什曰: '面爲身之上, 目爲面之標, 故歎形之始、始於目也. 復次佛以慈

眼等視衆生, 重其等故歎之.' 肇曰: '五情百骸目最爲長, 瞻顔而作故先讚目也. 天
竺有青蓮華, 其葉修而廣, 青白分明有大人目相, 故以爲諭也[구마라집 스님이 '얼
굴은 신체의 윗부분에 있고 눈은 얼굴의 표지이다. 그래서 신체 모습에서 (보적
이 게송을 읊기) 시작했고 그 시작은 눈이므로 (눈에 대해 먼저) 찬탄했다. 또한
부처님은 자비로운 눈으로 중생을 똑같이 살펴보고 중생을 똑같이 소중하게 여
기기에 감탄한 것이다' 라고 말했다. 승조 스님은 '다섯 가지 마음과 백 가지 뼈
가운데 눈이 제일 중요하며, 얼굴을 보고 게송을 지었기에 먼저 눈에 대해 찬탄
했다. 인도에 푸른 연꽃이 있다. 그 꽃의 잎은 길고[修] 넓으며 푸른색과 흰색이
분명해 대인의 눈 모양을 하고 있다. 그래서 푸른 연꽃으로 부처님의 눈을 비유
적으로 표현했다' 라고 설명했다]." *『종용록』 제65칙에 "昔日世尊以靑蓮花目, 顧
視迦葉. 正當恁麼時且道[옛날 부처님은 푸른 연꽃을 닮은 눈으로 가섭을 돌아보
았다. 바로 이러한 때 말해보라]."라고 나온다. "以靑蓮花目, 顧視迦葉."이라는
구절은 선어록에 드물지 않게 등장한다.

281) 우주右注: "(藎)忠也." 역주: "('신' 자는) '충성한다' 라는 의미이다." 협주: "音進."
역주: "('藎' 자의) 음은 진이다." [역주자의 보충 해설] *藎자는 ① '조개풀 신',
② '나머지 탄' 등 두 가지 훈 · 음으로 읽히며 동사로 '나아가다' 라는 뜻이다.

282) 협주: "「大雅」云: '王之藎臣.'" 역주: "『시경』 「대아 · 문왕文王」에 '왕에게 나아가
는 신하' 라는 구절이 있다."

283) 협주: "《周禮》「冬官」云: '角長二尺有五寸, 三色不失理, 謂之牛戴牛.' '註': '三色,
本白, 中靑, 末豊. 戴牛, 角直一牛也.'" 역주: "『주례』 「동관고공기冬官考工記」
편 '궁인弓人' 조에 '(소)뿔의 길이는 2척 5푼이며, (뿔에) 세 가지 색이 있고 무
늬에 하자가 없는 것을 소뿔 위에 소 한 마리가 있다고 말한다' 라는 문장이 있
다. 「주註」에 '세 가지 색이란 뿔의 뿌리 부분은 희고, 뿔의 가운데 부분은 푸르
며, 뿔의 마지막 부분에 무늬가 많은 것이다. 대우戴牛는 소뿔의 가치가 소 한
마리의 값과 같은 것이다' 라고 설명되어 있다." 두주頭注: "戴牛者, 武帝遣使召
弘景, 景畵二牛以進. 一則戴金籠厭粟於荳, 一則無羈獨臥於芳草中. 帝曰: '此人
如此, 其可致耶? 若留京似彼戴牛, 其價甚小也.'" 역주: "대우戴牛라는 말과 관련
해 다음과 같은 일화가 있다. 양나라 무제가 사신을 파견해 도홍경(陶弘景, 456-
536)을 불렀다. 도홍경이 두 마리 소를 그려 무제에게 올렸다. 한 마리는 금으로
만든 울타리 안에서 조와 콩을 배불리 먹고 있었고 한 마리는 고삐도 없이 풀
속에 누워 있었다. (그림을 본) 무제가 '도홍경은 이와 같은 사람인데 어떻게 그
를 불러올 수 있단 말인가? 만약 그를 건업에 머무르게 하면 저 뿔 달린 소와 같
아 그 가치가 매우 적을 것이다' 라고 말했다." [역주자의 보충 해설] *옛날 소뿔

의 가치가 매우 커 소 한 마리의 값과 같았다. 이를 '소의 머리 위에 소 한 마리를 싣고 있다[牛戴牛]'라고 표현했다.

284) 협주: "案: '謂牛云云, 受人牽制, 不得自由, 則與牛奚異? 直饒頭戴體價, 較諸他牛, 所直不過倍蓰, 不足爲貴也.'" 역주: "석전 스님의 생각: '위우謂牛 운운한 구절은 다른 사람의 견제를 받아 자유롭지 못한 것으로 묶인 소와 무엇이 다르겠는가? 설사 머리 위의 소뿔의 가치가 다른 소와 비교해 크다고 해도 그 가치는 단지 1배에서 5배를 넘지 못해 귀하기에 충분하지 않다.'" [역주자의 보충 해설] *'배사倍蓰'에서 '배倍'는 1배, '사蓰'는 5배를 말한다. 따라서 '배사'는 1배부터 5배까지, 즉 '많다'라는 의미이다. '배리倍屣' 혹은 '배사倍徙'라고도 한다. 『맹자孟子』「등문공滕文公(상上)」편에 "夫物之不齊, 物之情也. 或相倍蓰, 或相什百, 或相百萬[여러 물건의 품종이나 질량이 일치하지 않는 것이 자연스러운 것입니다. (물건의 가격만 해도) 어떤 것은 1배에서 5배까지, 어떤 것은 10배에서 100배까지, 어떤 것은 천배에서 만 배까지 차이가 납니다]."이라는 구절이 있다.

285) 협주: "見上註." 역주: "앞의 설명을 보라." [역주자의 보충 해설] *'양조養鳥'는 새의 특성에 맞게 새를 기르는 것을 말한다. 『장자』「지락至樂」편에 "非以鳥養, 養鳥也. 夫以鳥養養鳥者, 宜栖之深林, 遊之檀陸, 浮之江湖 … [새를 기르는 방법으로 해조를 길렀던 것이 아니다. 무릇 새를 기르는 방법으로 새를 기르는 사람은 마땅히 새를 깊은 숲속에 깃들게 하고, 넓은 들판에 놀게 하며, 강과 호수 주변에 돌아다니게 하며 …]."라는 문장이 있다.

286) 협주: "(訾)量也. 案: '以鳥云云, 比之鳥, 不畜樊中, 全其物性, 其爲惠也. 誰能量哉?'" 역주: "('자訾'는) '헤아린다'라는 의미이다. 석전 스님의 생각: '이조以鳥 운운한 구절은 새에 빗대어 새장 속에서 새를 기르지 말고, 새의 본성을 온전히 살리며 길러야 은혜가 된다. 누가 능히 새의 본성에 맞게 새를 키우는 그 은혜의 큼을 헤아릴 수 있겠는가?'" [역주자의 보충 해설] *'부자不訾'에는 ①수량이 헤아릴 수 없을 만큼 매우 많다; ②매우 귀중하다 등의 의미가 있다.

287) 협주: "《晉書》云: '鄧攸, 字伯道, 爲吳郡太守, 淸白去職. 人歌之曰: "鄧侯挽不留, 謝令推不去."'" 역주: "『진서』에 '등유의 자는 백도이며 오군 태수를 역임했으며 청백리로 직을 마쳤다. 사람들이 (다음과 같은) 노래를 불렀다. "등후는 만류해도 가고 (전임 태수이자 탐관 오리貪官汚吏인) 사령은 밀어도 가지 않는다."'라고 나온다." [역주자의 보충 해설] *『진서』권90「열전列傳 제60·양리전良吏傳」에 등유(?-326)의 전기가 있다.

288) 협주: "《世說》云: '支遁好鶴, 人遺一雙鶴, 鶴垂頭, 養翮放之日: "旣有凌霄之志, 何肯爲人作耳目近玩耶?"'" 역주: "『세설신어』에 다음과 같이 나온다. '지둔 스님은

학을 좋아했다. 어떤 사람이 한 쌍의 학을 보내왔다. 학이 (날개를 접고) 고개를 숙였다. (지둔 스님이 학의) 날개가 자라나기를 기다려 날려보내며 "높은 하늘을 날 뜻을 품고 있는데 어떻게 인간들의 눈과 귀를 즐겁게 해주는 일에 만족할 수 있겠느냐?'라고 말했다.'" [역주자의 보충 해설] *『세설신어』「언어言語」편 '제76장'에 나오는 내용으로 원문은 다음과 같다. "支公好鶴, 住剡東岇山, 有人 遺其雙鶴. 少時翅長欲飛, 支意惜之, 乃鎩其翮. 鶴軒翥不復能飛. 乃反顧翅, 垂頭 視之, 如有懊喪意. 林曰: '旣有陵霄之姿, 何肯爲人作耳目近玩?' 養令翮成, 置使 飛去[지둔 스님은 학을 좋아했다. 섬현 동쪽의 앙산에 살고 있을 때 어떤 사람이 한 쌍의 학을 보내왔다. 곧 학이 날개를 펴 날려고 했으나 지공 스님이 (학을 보내기) 아쉬워 날개깃을 잘라 버렸다. 학은 날아오르려고 해도 날 수가 없었다. 그래서 날개를 접고 고개를 숙인 채 바라보는데 마치 슬퍼하고 원망하는 듯했다. 지둔 스님이 '높은 하늘을 날 수 있는 모습을 갖추고 있는데 어떻게 인간들이 눈과 귀를 즐겁게 해주는 일에 만족하겠느냐? 라고 말했다. 잘 길러 날개깃이 자라나기를 기다려 날아가도록 했다.]."

289) 협주: "《通載》云: '後趙石勒事佛圖澄甚敬, 弟虎字季龍襲位, 尤傾心事(澄). 支遁聞 之曰: '澄公以季龍爲鷗鳥耶?'《列子》云: '海上人好鷗, 每旦從鷗游. 其父曰: "汝 取來, 吾玩之." 明日之海上, 鷗鳥舞而不下.' 案: '支公引此嘲季龍之不可游. 今王 引其事, 自謂"我非趙鷗". 師欲去歸.'" 역주: "『불조역대통재』권 제6에 다음과 같은 내용이 있다. '후조(後趙, 319-351)의 석륵(石勒, 274-319-333) 왕은 불도징(佛圖澄, 232-348) 스님을 매우 존경했다. 동생 석호(石虎, 295-334-349)의 자는 계룡인데 그가 왕위를 이었다. 석호 왕 역시 마음을 기울여 불도징 스님을 존경했다. 지둔 스님이 이 말을 듣고 말했다. "불도징 스님은 계룡을 갈매기로 만들려는가?"' 『열자』「황제黃帝」편에 다음과 같은 이야기가 있다. '바닷가에 갈매기를 좋아하는 사람이 있었다. 매일 아침 갈매기들과 놀았다. 그 아버지가 "갈매기 몇 마리만 잡아 오너라. 나도 놀아보자."라고 말했다. 다음날 바닷가에 갔더니 갈매기들이 맴돌기만 할 뿐 땅에 내려앉지 않았다.' 석전 스님의 생각: '지둔 스님이 『열자』의 이 고사를 끌어 계룡과는 함께 놀 수 없음을 비웃으며 말한 것이다. 지금 헌강왕[태부 대왕]이 "나는 후조의 갈매기가 아니다."라고 말한 것은 바로 지증 대사가 산으로 돌아가고 싶음을 암시한 것이다.'" [역주자의 보충 해설] *'조구趙鷗'는 후조의 갈매기, 즉 석호 왕을 가리킨다. 후조의 제3대 왕인 석호는 석륵 왕의 당질堂姪, 즉 사촌 형제의 아들이다.

290) 협주: "見上註." 역주: "앞의 설명을 보라."

291) 협주: "案: '待兔者, 比師出山入京. 羨魚者, 比辭京入山, 居靜修道.'" 역주: "석전

스님의 생각: '대토待兔는 지증 대사가 산을 나와 수도 경주에 들어간 것을 비유적으로 표현한 것이다. 연어羨魚는 경주를 떠나 희양산에 들어가 조용히 수행에 전념한 것을 표현한 것이다.'" [역주자의 보충 해설] *대토待兔는 『한비자』「오두五蠹」편에 나오는, '그릇된 착각에 사로잡혀 안 될 일을 고집하는 어리석음'을 지적한 '수주대토守株待兔'에서 온 말이다. '연어학강羨魚學綱'과 관련해 『한서』권56 「동중서전」에 비슷한 문장이 있다. "臨淵羨魚, 不如退而結綱[연못에서 고기 얻기를 바라기보다 돌아가 그물을 짜는 것이 더 좋다]."

292) 협주: "(易)夷." 역주: "('易'자 보다는 문맥상) '夷'자가 더 적합해 보인다." [역주자의 보충 해설] *'夷'자는 동사로 '평탄하게 하다', 형용사로 '평평하다' 라는 뜻이다.

293) 협주: "(蹄)馬." 역주: "('제'자는) 말을 의미한다."

294) 협주: "(角)牛." 역주: "('각'자는) 소를 의미한다."

295) 협주: "梗, 塞也. 草行曰跋, 水行曰涉. 又行不由蹊遂曰跋涉. 今則後也." 역주: "'경梗'은 '막는 것'이다. 풀이 덮인 길을 걷는 것을 '발跋'이라 하고 물길을 걷는 것을 '섭涉'이라 한다. 지름길을 거치지 않고 걷는 것을 '발섭跋涉'이라 한다. 지금 여기서는 후자의 의미이다."

296) 협주: "(呂)賜也." 역주: "('이'자는) '하사한다'라는 의미이다." [역주자의 보충 해설] *'呂'자는 '以'자의 고자이다.

297) 협주: "《說文》云: '栟音并, 棱木也.' 出安南, 性堅、紫紅色, 可作床、几、輪、輿等也." 역주: "『설문해자』에 '栟자의 음은 병并이다. 종려나무[야자수]를 말한다'라고 나온다. 안남 지방[베트남 지역]에서 자라는 나무로 (나무의) 본성은 견고하고 붉은색을 띤다. 침상, 작은 탁자[궤几], 바퀴, 가마 등을 만들 수 있다."

298) 협주: "《後漢書》云: '井丹, 字大春, 通五經語. 常曰: "黃帝作車, 少昊加牛, 大禹加馬已. 不可況代人乎云云."'" 역주: "『후한서』「열전列傳 73 · 일민전逸民傳」에 '정단의 자는 대춘이며 오경에 통달했다. 항상 "황제가 수레를 만들었고, 소호씨는 소가 수레를 끌도록 했으며, 우 임금은 말도 수레를 끌도록 했다. 사람에게 수레를 끌도록 하는 게 맞는 것인가?"라고 말했다'라는 내용이 있다."

299) 협주: "案: '爲顧, 爲之顧視也. 英君, 俗之英俊者.'" 역주: "석전 스님의 생각: '위구爲顧는 우대하게끔 한 것이다. 영군英君은 세간의 뛰어난 사람을 말한다.'" 두주頭注: "補顧英君, 有云井丹後封, 顧英君然與?" 역주: "'뛰어난 인물을 우대한다'와 관련해 보충한다. 어떤 사람은 정단이 후일 제후에 봉해졌다고 하는데 '뛰어난 인물을 우대한다[顧英君]'라는 것도 그와 같은 것인가?'"

300) 협주: "(須)用." 역주: "('수'자는) '사용한다'라는 의미이다."

[11] ① 至冬杪旣望87)*之後二日305), 趺坐晤言之際, 泊然88)*無常. 嗚呼! 星回上天306), 月落大海. 終風307)吼谷, 則聲咽虎溪308); 積雪摧松, 則色倖鶴樹309). 物感斯極, 人悲可量! 信而310)假殯311)于賢溪, 藁89)*而遂窆于曦野90)*. ② 太傅王馳醫問疾, 降騶營齋312). 不暇無偏無頗, 能諧有始有卒313). 特敎菩薩戒弟子建功鄕91)*令金言立, 慰勉諸孤, 賜謚92)*智證禪師, 塔號寂照. 仍許勒石, 俾錄狀聞. 門人性蠲、敏休、楊孚、繼徽等, 咸得鳳尾者314), 歛蹟以獻. ③ 至乙巳歲315), 有國民媒儒道, 嫁帝鄕, 而名掛輪中316), 職攀柱下者317), 曰崔致遠. 捧漢后龍緘, 賚淮王鵠幣318), 雖慚鳳擧319), 頗類鶴歸320). ④ 上命信臣淸信者陶竹陽授門人狀, 賜手敎曰: "縷褐東師, 始悲西化321), 繡衣322)西師, 深喜東還323). 不朽之爲, 有緣而至, 無悕外孫之作324), 將酬大師之慈." ⑤ 臣也雖東箭非才325), 而南冠多幸326). 方思運

---

301) 협주: "沙門也." 역주: "(형훼자形毁者는) 사문을 말한다." [역주자의 보충 해설] *『고승전』권 제5 「도안전」에 "僕射權翼諫曰: '臣聞天子法駕, 侍中陪乘. 道安毁形, 寧可參廁?' 堅勃然作色曰: '安公道德可尊, 朕以天下不易.'[복야 권익이 부견 왕에게 '천자의 어가御駕에는 시중이 탈 수 있다고 신은 들었습니다. 도안 스님은 출가자인데 어떻게 어가에 탈 수 있겠습니까?'라고 아뢰었다. 말을 들은 부견 왕이 얼굴색을 바꾸며 '도안 스님의 인품과 덕성은 존경할 만하다. 짐은 천하와도 도안 스님을 바꾸지 않는다'라고 말했다]" *'복야僕射'는 관직 이름이다.

302) 협주: "(迻)音移, 即遷移也." 역주: "('迻'자의) 음은 '이'이다. 즉 움직여 이동하는 것을 말한다."

303) 협주: "(病)憂也." 역주: "('병'자는) 근심하는 것을 의미한다."

304) 협주: "案: '病病至離執, 病不至處, 大師乘輿能至. 病若是實, 豈能濟苦? 故云: "病病者了空." 賢賢者, 亦復捨却不乘, 爲是之偏執也. 上賢字, 善之也.'" 역주: "석전 스님의 생각: '병병病病에서 이집離執까지의 문장과 관련해, 병은 (어떤) 장소에

斧327), 遽値號弓328). 況復國重佛書, 家藏僧史, 法碣相望, 禪
碑最多. 遍覽色絲329), 試搜錦頌330), 則見無去無來之說, 競把
斗量; 不生不滅之譚, 動論車載331). 曾無《魯史》332)新意, 或用
周公舊章. 是知石不能言333), 益驗道之玄遠334). ⑥ 唯懊335)師
化去早, 臣歸來遲. 爨爨字誰告前因336), 逍遙義不聞眞
訣337). 每憂傷手338), 莫悟申拳339). 歎時則露往霜來, 遽彫愁鬢;
談道則天高地厚340), 僅腐頑毫341). 將諧汗漫之游342), 始述崆
峒之美343).

[11] ① 겨울인 음력 12월 18일 (지증 대사가) 가부좌를 틀고 말씀
하시던 중 조용하게 입적하셨다. 오호라! 별은 하늘로 돌아

이르지 못하나 지증 대사는 가마를 타고 그 장소에 도착할 수 있다. 병이 만약
참다운 것이라고 한다면 어떻게 괴로움[병]에서 벗어나게 할 수 있는가? 그래서
"병病을 근심하는 사람에게 (병 자체가) 공한 것임을 깨닫도록 했다."라고 말했
다. 현현자賢者라는 말과 관련해, (만약) 가마를 절대 타지 않는다면 이것 역
시 편향되게 집착하는 것이 되고 만다. 두 개의 "현賢"자 가운데 앞의 현賢자는
"좋게 여기다."라는 의미이다.' 두주頭注: "(者)疑行字." 역주: "('자' 자는) '행
行'자로 의심된다."

305) 협주: "冬杪即十二月十八日也." 역주: "동초는 (음력) 12월 18일이다."

306) 협주: "《莊子》云: '傅說, 乘東維, 騎箕尾, 而比於列星云云.'" 역주: "『장자』에 '부
열이 동유성東維星을 타고 기성과 미성을 몰아 여러 별과 나란하게 되었다' 라
는 구절이 있다." [역주자의 보충 해설] *『장자』「대종사」 편에 나오는 내용이다.
원문은 다음과 같다. "傅說得之, 以相武丁, 奄有天下, 乘東維, 騎箕尾, 而比於列
星[부열은 (도道를) 얻어 무정을 도와 천하를 모두 소유했으며 동유성을 타고 기
성과 미성을 몰아 여러 별과 나란하게 되었다]." *『장자』의 이 구절에 대해 당나
라 성현영成玄英은 『장자소莊子疏』에서 "傅說, 星精也. 傅說一星在箕尾上, 然箕
尾則是二十八宿之數, 維持東方, 故言乘東維, 騎箕尾[부열은 별의 정화이다. 부
열성은 기성과 미성 위에 있으며 기성과 미성은 28수에 포함된다. 동쪽을 유지

가고 달은 큰 바다에 떨어졌다. 바람은 하루 종일 계곡에 불어왔는데 그 소리는 마치 울부짖는 호계虎溪에서 나는 것과 같았다. 쌓인 눈은 소나무를 부러뜨렸는데 그 모습은 마치 부처님이 쿠시나가라에서 적멸에 들 때 사라 쌍수의 잎들이 하얗게 변한 것과 같았다. 사물마저 지극히 감동한 것을 보면 사람들의 슬픔도 헤아릴 수 있을 것이다! 이틀 뒤 임시로 현계산에 법체法體를 모셨다가 1주년이 되던 날 희양산 자락에 안장했다.

② 태부왕[헌강왕]께서 의원을 파견해 문병하시고 파발마를 보내 재齋를 모시도록 했다. 치우침 없이 정사政事를 돌보느라

하므로 '동유성을 타고 기성과 미성을 몰았다'라고 말했다."로 설명하고 있다. 따라서 '동유東維'는 '동방東方'을 의미한다. *부열傅說'은 은殷나라 고종高宗의 신하이며 '무정武丁'은 은나라 고종이다. '엄奄'은 '모두'의 의미로 '진盡'과 뜻이 같다. '기성箕星'과 '미성尾星'은 별의 이름이다. 기성은 이십팔수二十八宿의 일곱 번째 별이며 미성은 이십팔수의 여섯 번째 별이다. 『장자』의 이 문장을 보면 '부열'이 죽은 후 하늘에 올라가 별이 되었음을 알 수 있다. *고대 중국에서 하늘의 적도를 따라 그 부근에 있는 별들을 28개의 구역으로 구분하여 부른 이름이 '이십팔수'이다. 각 구역에는 여러 개의 별자리가 있으며 그 가운데 대표적인 것을 '수宿'로 정했다. '수'는 '머무른다'라는 뜻이며 '집'이라는 뜻의 '사舍'를 붙여 '28사'라고도 한다. 28수는 편의상 7개씩 묶어 4개의 7사舍로 구별해 각각 동·서·남·북을 상징하도록 했다. 고대 중국 천문학에서는 '천구天球'를 하늘의 적도대에 따라 동방, 북방, 서방, 남방 등 커다란 네 구역으로 나누고 각각을 '사신四神'에 대응시켰다. 이를 동방 청룡, 북방 현무, 서방 백호, 남방 주작이라 부른다. 이십팔수를 7수씩 정리하고 그 별자리를 조합한 형태를 용, 거북, 호랑이, (붉은) 새 등 네 동물의 모습에 비유한 것이다. 동방 청룡에서 각角은 용의 뿔, 항亢은 용의 목, 저방氐房은 용의 몸, 미尾는 용의 꼬리를 각각 상징한다. 동방에 각角·항亢·저氐·방房·심心·미尾·기箕, 서방에 규奎·

여가가 없지만 지증 대사를 대하는 마음은 처음과 끝이 한결같았다. 보살계를 받은 불자佛子이자 건공향 수령守令인 김언립에게 특별히 지시해 스승을 잃고 슬퍼하는 제자들을 위로하게 하고 '지증 선사智證禪師'라는 시호와 '적조寂照'라는 탑 이름을 내렸다. (헌강왕은) 예법대로 비석 건립을 허락하고 지증 대사의 행장도 기술해 아뢰도록 하셨다. 지증 대사의 제자인 성견, 민휴, 양부, 계휘 스님 등은 모두 글재주가 뛰어나 대사의 지난 행적을 모으고 정리해 올렸다.

③ 유가儒家의 가르침을 매개로 당나라에 유학가 과거 급제자의 명부에 이름을 올렸으며 관직이 시어사侍御史에 이르렀

누累·위胃·묘昴·필畢·자觜·삼參, 남방에 정井·귀鬼·유柳·성星·장張·익翼·진軫, 북방에 두斗·우牛·여女·허虛·위危·실室·벽壁 등을 각각 배치했다.

307) 협주: "(終風)終日之風." 역주: "(종풍은) 하루 종일 부는 바람을 말한다."

308) 협주: "(虎溪)慧遠入滅, 虎溪若咽." 역주: "(호계와 관련해) 혜원(慧遠, 334-416) 스님이 입적하자 호계가 마치 우는 듯했다." [역주자의 보충 해설] *호계虎溪는 중국 여산廬山 동림사東林寺의 산문 앞을 흐르는 개울의 이름이다.

309) 협주: "(鶴樹)佛入涅槃, 雙林盡白, 故云鶴樹." 역주: "('학수鶴樹'와 관련해) 부처님이 원적圓寂 하자 사라 쌍수들이 모두 하얗게 변했기에 학수라 한다." [역주자의 보충 해설] *부처님이 쿠시나가라의 히라냐바티강[Hiraṇyavatī, 희련하熙蓮河, 아시다발제하阿恃多跋提河, 금하金河] 부근에서 열반에 들 때 사라沙羅 나무가 그 주위 사방에 각각 한 쌍씩 서 있었다고 한다. 하나의 뿌리에서 두 개의 줄기가 나와 한 쌍을 이루고 있었는데 부처님이 열반에 들자 한 그루는 무성하고 한 그루는 말라 죽었으며 때아닌 흰 꽃이 피었다. 동서와 남북에 있던 두 쌍수雙樹는 각각 한 나무로 되어 숲을 덮고 나무 빛깔이 하얗게 변하며 말라 죽었다. 이를 '사고사영四枯四榮' 혹은 '비고비영非枯非榮'이라 한다. 동쪽의 두 그루를 상常과 무상無常, 서쪽의 두 그루를 아我와 무아無我, 남쪽의 두 그루를 낙樂과

던 최치원이라는 사람이 있다. 그는 을사년[헌강왕 11년, 885]에 당나라 황제의 조서를 받들고 회왕淮王 고병高騈이 준 의복과 관모를 지닌 채 봉황의 비상에 비할 바는 아니나 마치 옛날의 정령위丁令威처럼 학을 타고 고향으로 돌아왔다.

④ 헌강왕께서 믿음직한 신하이자 청신사淸信士인 도죽양陶竹陽에게 지증 대사의 문인들이 올린 행장을 최치원에게 주라 이르시고 직접 손으로 쓴 조서詔書를 내려 말씀하셨다. "누더기를 입었던 우리나라의 선사가 입적해 슬프지만 관복官服을 입은 사자가 당나라에서 돌아왔기에 매우 기쁘다. 영원히 사라지지 않을 일이 인연이 있어 그대에게 이른 것이

무락無樂, 북쪽의 두 그루를 정淨과 부정不淨에 각각 비유하기도 한다. '학수鶴樹'는 부처님의 열반을 의미한다. 학림鶴林, 쌍림雙林, 학수鶴樹, 쌍수雙樹, 곡수鵠樹라고도 말한다.

310) 협주: "(信)再宿也." 역주: "('신'은) 이틀 묵는 것을 말한다." [역주자의 보충 해설] *『춘추좌씨전』「장공 3년」조에 "凡師, 一宿爲舍, 再宿爲信, 過信爲次[무릇 군대가 야외에서 행군할 때 어떤 지방에 하루 묵는 것을 '사舍'라하고, 이틀 묵는 것을 '信'이라 하며, 이틀 이상 묵는 것을 '차次'라 한다]."라는 구절이 있다.

311) 협주: "(殯)音賓, 停柩也." 역주: "('殯' 자의) 음은 빈이다. 길 위에 내려놓은 상여喪輿이다."

312) 협주: "駬馬, 高七尺以上曰駬." 역주: "내마는 키가 7척 이상인 말이다."

313) 협주: "案: '(不暇至有卒) 言不暇於王道、萬機之蕩平也, 能合於始終如一也. 始, 指問心月池事. 終, 指馳醫、降駬等事也.'" 역주: "석전 스님의 생각: '(불가不暇에서 유졸有卒까지와 관련해) 왕이 백성을 다스리는 이치[王道]에 맞게 백성을 다스리고 임금이 보는 여러 가지 중요한 일[萬機]을 공평하게 처리하느라 여가가 없고 처음[始]과 끝[終]이 한결같음에 능히 부합되는 것을 말한 것이다. 시始는 월지궁에서 마음에 관해 물은 일을 가리키며 종終은 의원을 보내고[馳醫] 파발마를 파견한[降駬] 등의 일을 가리킨다.'"

니 재주를 아끼지 말고 훌륭한 글을 지어 지증 대사의 자비
에 보답하도록 하라."

⑤ 나 최치원이 비록 뛰어난 재주를 지닌 우택虞澤과 같은 인
재는 아니지만 초나라의 종의鍾儀처럼 신라의 유풍을 잊지
않고 있다는 점을 다행스럽게 생각한다. 도끼를 잘 휘두르
는 장석匠石처럼 재주를 보이려는데 갑자기 주상 전하께서
붕어崩御하셨다. 게다가 우리나라는 부처님의 가르침을 귀
중하게 여기고 집에는 스님들의 전기를 기록한 책들과 불
교의 가르침이 담긴 비명이 서로 바라볼 정도인데 그 가운
데 선사禪師들의 행장行狀을 기록한 비명이 가장 많다. 두루

---

314) 협주: "《晉書》云: '謝鳳有文章, 而其子超宗, 又有文章, 謂之得鳳毛.'" 역주: "『진
서』에 '사봉(謝鳳, 403-453)은 문재가 있었는데 그 아들 초종(超宗, 430-483) 역
시 문재가 있었기에 이를 봉모鳳毛를 얻었다고 말한다'라는 내용이 있다. [역
주자의 보충 해설] *『남사南史』권19 「사초종전謝超宗傳」에 "超宗殊有鳳毛, 靈
雲復出[초종은 뛰어난 글재주가 있는데 사령운이 다시 태어난 것 같다."이라는
문장이 있다. *사봉은 남조 송나라(宋, 42-479) 시기의 문신으로 중국 산수시山
水詩의 비조로 알려진 사령운(謝靈運, 385-433)의 아들이며 사초종은 사봉의 아
들이다. *'봉모鳳毛'에는 ①봉황의 깃털이라는 뜻으로 진귀하고 희소한 물건;
②자식의 재주가 아버지나 할아버지에 뒤지지 아니함; ③뛰어난 글재주나 풍채;
④남의 자식을 높여 이르는 말 등의 의미가 있다. 여기서는 ②와 ③의 뜻으로
쓰였다. *『남제서南齊書』권36 「열전 제17」, 『남사南史』권19 「열전 제9」 등에
「사초종전謝超宗傳」이 있다.
315) 협주: "《羅史》云: '崔致遠年二十八, 奉詔還即僖宗光啓元年, 憲康王十一年也.' 師
化于僖宗中和四年, 至此乙巳, 蓋四年也." 역주: "『신라사』에 '최치원이 28세 되
던 당나라 희종(862-873-888) 광계 원년[885]에 명을 받고 신라로 돌아왔는데
바로 헌강왕 11년이다'라는 기록이 있다. 지증 대사는 희종 중화(881-885) 4년
[884]에 입적했는데 을사년에 이르기까지 대략 4년이 지난 뒤이다." [역주자의

훌륭한 문장을 읽어보고 시험 삼아 아름다운 게송들을 찾아
보았는데 '오는 것도 없고 가는 것도 없다'라는 말은 말[4]
로 헤아릴 만큼 많았고 '태어나지도 않고 사라지지도 않는
다'라는 문장은 수레에 실을 정도로 많았다. 선사들의 비명
에는 『춘추春秋』의 구절처럼 뜻이 깊은 글들은 없고 옛날 주
공周公이 가르친 말씀과 같은 진부한 내용을 활용한 문장들
뿐이었다. 그리하여 비석 스스로 자기 몸에 적힌 글들을 부
끄러워한다는 점을 알 수 있었고 진리에 이르는 길이 매우
멀다는 사실을 더욱 체감했다.

⑥ 오직 한스러운 것은 지증 대사께서 너무 일찍 입적하셨고

보충 해설] *광계는 885-888년 사용된 연호이다. 중화 4년은 884년이고 광계 원
년은 885년이므로 차이는 4년이 아니고 1년이다.

316) 협주: "月輪桂籍中也." 역주: "달이 과거에 급제한 사람의 명부에 있다." [역주자
의 보충 해설] *과거에 급제한 사람의 명부를 계적桂籍이라 한다. '윤중輪中'은
'계륜桂輪'의 준말이며 계륜은 '달[月]'을 말한다. *『진서晉書』 권52 「극선열전郤
詵列傳」에 나오는 고사이다. 서진(西晉, 265-316) 무제(武帝, 236-265-290) 당
시 극선이 옹주 자사로 부임하려 하자 무제가 (극선에게) 자신을 평가해 보라고
말했다. 이에 극선이 "臣擧賢良對策, 爲天下第一, 猶桂林之一枝, 崑山之片玉[신
은 현명한 인재를 뽑아 국가를 경영할 원칙과 대책을 수립하는 데 있어 천하에
서 첫 번째라고 생각합니다. 비유하자면 달 속에 있는 계수나무의 하나의 가지
와 같고 곤륜산에 있는 한 조각의 옥과 같습니다]."이라고 답변했다. 이로부터
'섬궁절계蟾宮折桂'라는 성어가 생겼으며 과거에 급제한 것을 '절계折桂', 급제
자의 명부를 '계적'이라 불렀다. 섬궁은 월궁月宮, 즉 달을 가리킨다. '월륜계적
月輪桂籍'이 바로 '섬궁절계蟾宮折桂'이다. *「거현량대책擧賢良對策」은 전한前
漢의 동중서(董仲舒, BCE 179-BCE 104)가 BCE 134년 한 무제(BCE 156-BCE
141-BCE 87)에게 올린, 국가를 경영할 방향과 내용을 담은 3편의 글을 말한다.
여기서는 '현명한 인재[賢良]를 추천·선발하고 국가를 경영할 대책'이라는 의

나[최치원]의 귀국이 늦었다는 점이다. 꿈에 나타나 '애체靉
靆'라는 두 글자를 항상 잊어먹는 이유를 설명해 주실 지증
대사께서 안 계신 지금 (지증 대사에게) 옛일을 물을 수도
없고 지도림 스님이 소요유逍遙遊의 의미를 새롭게 해석한
것과 같은 (지증 대사의) 참다운 가르침도 듣지 못한다. 나
무를 깎을 때마다 손을 다치는 목수처럼 재주가 부족한 것
을 걱정할 뿐 주먹 쥔 손바닥에 적힌 지증 대사와 전생의
인연을 (나 최치원은) 깨닫지 못했다. 늦게 귀국한 것을 한
탄해 봐야 이슬이 가고 서리가 오는 것처럼 부질없을 뿐 아
니라 근심에 귀밑머리만 갑자기 하얗게 변할 것이며 진리

미로 쓰였다.

317) 협주: "侍御史着鐵冠, 當柱下而立, 故云桂下史. 案: '媒儒道言, 欲媒兩國儒道, 入
京師而登科, 歷侍御官也.'" 역주: "시어사는 철관을 쓰고 기둥 밑에 서므로 계하
사桂下史라 부른다. 석전 스님의 생각: '(최치원이) 유학을 매개로 했다는 말은
신라와 당나라의 유학을 서로 맺어주고 싶어 당나라 장안에 들어가 과거에 급제
해 시어관을 역임했다는 것이다.'" [역주자의 보충 해설] *'계하사桂下史'는 주나
라 때의 명칭이고 진나라(秦, BCE 221-BCE 206) 이후엔 '시어사侍御史'로 바뀌
었다.

318) 협주: "案: '漢后云云, 指捧唐帝詔書以還. 淮南都統高駢, 寄賜衣綴, 信物也.'" 역
주: "석전 스님의 생각: '한후 운운한 것은 당나라 황제의 조서를 받고 신라로 환
국한 것을 가리킨다. 회남절도사 고병이 보낸 의복과 관모[衣綴]는 믿음을 나타
내는 물건이다.'" [역주자의 보충 해설] *'의철衣綴'은 『서경書經』「주서周書·고
명顧命」편에 나오는 단어이다. "旣受命, 還, 出綴衣于庭[주나라 성왕이 (신하들
에게) 나라의 뒷일을 부탁한 뒤 돌아와 군왕의 의복과 왕관을 왕의 자리에 남겨
놓았다]." *'의철衣綴'에는 ①군왕이 임종할 때 사용하는 장막; ②제왕이 임종하
려는 때; ③의복을 관리하는 주나라 관명官名; ④천자天子의 근신近臣 등의 의미
가 있다. *비명의 '곡폐鵠幣'는 의복을 뜻한다.

를 말하면 하늘처럼 높고 땅처럼 두터워 다만 뻣뻣한 붓털
만 썩히고 있을 것이다. (지증 대사의) 걸림 없는 경지에 맞
추고자 공동산崆峒山처럼 빼어나고 아름다운 지증 대사의 행
적을 먼저 서술했다.

---

319) 협주: "言鳳鳥知時而下之自家, 不及大師在世時, 故慚也." 역주: "(봉거鳳擧와 관
   련해) 봉황은 때를 알고 자기 보금자리에 내려앉는데 (최치원은) 지증 대사가 살
   아있을 때 (신라로) 돌아오지 못했기에 부끄럽다고 말한 것이다."

320) 협주: "(鶴歸)遼東鶴, 見上註." 역주: "('학귀鶴歸'는) 요동의 학을 말하며 앞의 설
   명을 보라." [역주자의 보충 해설] *'요동학遼東鶴'은 한나라 시기 요동 사람인
   '정령위丁令威'의 고사를 가리킨다. 도연명이 지은 『수신후기搜神後記』 권1에
   "丁令威, 本遼東人, 學道于靈虛山, 後化鶴歸遼集城門華表柱. 時有少年, 擧弓欲射
   之, 鶴乃飛, 徘徊空中而言曰: '有鳥有鳥丁令威, 去家千年今始歸, 城郭如故人民非,
   何不學仙冢纍纍!' 遂高上冲天[정령위는 본래 요동 사람이다. 영허산에서 신선술
   을 배웠으며 학으로 변해 요동의 집성문 화표 위에 내려앉았다. 그때 한 소년이
   활을 들고 학을 쏘려 했다. 학은 이에 하늘로 날아올라 공중에서 배회하며 '새가
   있는데 정령위이네, 집을 떠나 천년 만에 비로소 돌아오니, 성곽은 그대로인데
   사람은 다 바뀌었네, 왜 빨리 신선술을 배우지 않았던가!' 라고 읊었다. 이윽고
   하늘 높이 날아올랐다].'라는 구절이 있다. 여기서 '학귀화표鶴歸華表', '정학丁
   鶴', '화학化鶴', '귀학歸鶴', '학귀鶴歸', '학표鶴表'라는 말들이 생겼다. *'화표
   華表'는 궁전이나 능묘 등 큰 건축물 앞에 돌로 세우는 장식용 기둥이다. *석전
   스님은 『정주사산비명』「성주사 대랑혜 화상 백월보광 탑비명」 단락[4]의 ②에서
   '학귀鶴歸'에 대해 해설했기에 "앞의 설명을 보라"고 했다.

321) 협주: "(西化)指大師入寂." 역주: "('서화西化'는) 지증 대사가 입적한 것을 가리
   킨다."

322) 협주: "(繡衣)侍御史故." 역주: "('수의繡衣'는) 최치원이 시어사이기 때문에 이런
   표현을 했다." [역주자의 보충 해설] *'수의繡衣'는 관리들이 입는 옷이다.

323) 협주: "(東還)指孤雲還國." 역주: "('동환東還'은) 최치원의 귀국을 가리킨다."

324) 협주: "(外孫之作)見上註." 역주: "('외손지작外孫之作'은) 앞의 설명을 보라." 보
주補注: "漢《列女傳》, 孝女曹娥, 會稽上虞人也. 父盱能絃歌爲巫祝. 桓帝元嘉三年
五月五日, 泝濤迎婆娑神, 溺死不得屍骸. 娥年十四, 沿流啼哭, 晝夜不絶聲. 旬有
七日, 遂投江而死. 三日後, 與父屍俱出, 使爲之立碑云: '孝順第一趙家女者.' 邯
鄲淳, 作曹娥碑. 蔡邕題其後, 黃絹幼婦外孫韲臼. 楊脩見卽悟, 絶妙好辭. 曹操行
三十里, 方悟歎曰: '有智無智, 較三十里也.'" 역주: "한나라『열녀전』에 다음과 같
은 내용이 있다. '효녀 조아는 회계 상우 사람이다. 아버지 간은 거문고를 타고
노래를 부르며 귀신을 부를 수 있었다. 환제 원가 3년[153] 5월 5일에 노파신을
맞이하기 위해 기도하다 물에 빠졌으나 시체를 찾지 못했다. 당시 조아의 나이
는 14세였다. 물을 따라다니며 소리 내어 울었는데 그 소리가 밤낮으로 그치지
않았다. 17일 동안 울다가 강에 몸을 던져 죽었다. 3일 후 부친의 시체와 함께
물 밖으로 밀려 나왔는데 이 일을 기념해 "효순 제일 조씨 집안의 딸"이라는 비
를 세웠다. 한단순(邯鄲淳, 대략 132-221)이 비문碑文을 지었다. 채옹이 뒷날 비
에 "황견유부외손제구"라는 글을 새겼다. 양수(楊脩, 175-219)는 이글을 보는 즉
시 의미를 깨닫고 "절묘호사"라고 말했다. 조조(曹操, 155-220)는 30리를 행군하
고 나서야 비로소 글의 뜻을 알고는 "지혜가 있고 없음에 30리가 차이 난다."라
고 말했다.'" [역주자의 보충 해설] *「효녀조아비孝女曹娥碑」에 나오는 이야기로
『고문원古文苑』권 제19에 실려 있는 「도상조아비度尙曹娥碑」가 바로 이것이다.
『후한서』권84 「열녀전列女傳 제74」에 비슷한 내용이 수록되어 있고『세설신어』
「첩오捷悟」편에도 비슷한 내용이 있다.『세설신어』본문에 대한 유효표劉孝標
의 주석注釋에도 이 이야기가 소개되어 있다. *여기서는 '외손外孫'이라는 단어
를 설명하기 위한 것이다. 외손은 딸에게서 난 아이들이며 '여女'변에 '자子'를
붙이면 '호好'자가 된다. *당나라 정관(貞觀, 627-649) 연간에 활동한 원강元康
스님이 찬술한『조론소肇論疏』권 제1에도 비슷한 기록이 있다. "漢時會稽人曾
盱, 能撫節安歌, 度浙江溺死. 盱女曹娥, 年十二, 求盱屍不得, 自投浙江而死. 經宿
抱父屍而出, 度尙爲作碑, 置於會稽上虞山. 漢末議郞蔡邕, 夜至碑所求火不得, 以
手摸之而讀, 歎其能文, 乃鐫碑背, 作八字云: '黃絹幼婦外孫韲臼.' 後曹操共揚脩,
讀此語, 問脩: '解不?' 答云: '解.' 操令脩勿語, 待吾思之, 行三十里方解, 乃嗟曰:
'有智無智校三十里.' 後乃殺脩, 操諸子皆救. 操曰: '此人中之龍, 恐非汝力之所駕
馭.' 遂殺之. 黃絹者, 絲邊著色, 此是絶字. 幼婦少女也. 女邊著少, 妙字也. 外孫女
子也. 女邊著子, 此是好字也. 韲臼者, 受辛也. 受邊著辛, 此是辭字也. 今謂絶妙好
辭[후한 당시 회계에 증간曾盱이라는 사람이 있었다. 음악의 박자에 맞춰 능숙
하게 노래를 부를 수 있었으나 절강浙江을 건너다 물에 빠져 죽고 말았다. 증간

에겐 딸이 있었는데 이름은 조아曹娥였고 나이는 12살이었다. 아버지의 시체를 찾았으나 얻지 못하자 스스로 절강에 몸을 던져 자살했다. 밤이 지나고 다음 날 아침 아버지 시체를 안은 조아의 시체가 물위로 떠올랐다. (강물 밖으로 나온 것을 숭앙해) 도상(度尚, 117-166)이 비를 만들어 회계 상우산에 세웠다. 후한 말기 의랑 채옹이 밤에 비碑가 있는 곳에 이르렀으나 불을 구하지 못해 손으로 만지며 비문을 읽었다. 뛰어난 문장에 감탄한 그는 비 뒷면에 '황견유부외손제구'라는 여덟 글자를 새겼다. 후일 조조가 양수와 함께 8자를 읽었다. 조조가 양수에게 물었다. '해독할 수 있나?' 양수가 '예'라고 답했다. 조조가 양수에게 '말하지 말고 생각할 동안 기다려'라고 명령했다. 30리를 행군하고 나서야 비로소 의미를 해독했다. 조조가 '지혜가 있음과 없음에 30리나 차이 나는구나!'라며 탄식했다. 후일 양수를 죽이려 하자 조조의 여러 아들들이 말렸다. 조조가 '양수는 사람 가운데 용이다. 너희들 힘으로 다스리지 못할까 두렵다'라고 말했다. 그리곤 죽였다. 황견은 사絲변에 색色자를 붙이는 것으로 이는 바로 '절絕'자이다. 유부幼婦는 소녀이다. 여女변에 소少자를 붙이면 '묘妙'자가 된다. 외손은 딸에게서 난 아이들이다. '여女'변에 '자子'를 붙이면 '호好'자가 된다. 제구韲曰는 매운 양념[辛]을 받아들인다[受]. 수受변에 신辛자를 붙이면 '사辤'자가 된다. 지금 말하는 '절묘호사絕妙好辤'가 바로 이것이다." *'사辤'자는 '사辭'자와 같은 글자이다. *북송의 진수 정원(晉水淨源, 1011-1088) 스님이 편찬한 『조론중오집해肇論中吳集解』에는 '중간曾肝' 대신 '조우曹肝'로 되어 있다. [北宋]淨源撰, 伊藤隆壽 · 林鳴宇校釋(2008), 『肇論集解令模鈔校釋』, 上海: 上海古籍出版社, p.27.

325) 협주: "《爾雅》云: '東南之竹箭.' 《晉書》云: '顧象, 吳郡人. 虞澤, 會稽人. 並起兵討蘇峻. 贊曰: "顧實南金, 虞惟東箭.""" 역주: "『이아』에 '동남쪽의 대나무 화살'이라고 나온다. 『진서』에 다음과 같은 내용이 있다. '고상은 오군 사람이다. 우택은 회계 사람이다. 함께 군사를 일으켜 소준을 토벌했다. "고상은 참으로 남쪽의 쇠[銅]이고 동쪽의 화살은 오직 우택 뿐이다.""" [역주자의 보충 해설] *『진서』권76 「우담고중전虞潭顧衆傳」에 나오는 내용이다. '동전남금東箭南金'이라 하며 '귀중하고 뛰어난 인재'를 뜻한다.

326) 협주: "《左傳》晉侯觀於軍府, 見鍾儀而問之曰: '彼南冠而繫者誰?' 有司對曰: '鄭人所獻楚囚也.' 晉侯憐之送還. 案: '東箭云云是東人, 故自謙不才, 幸如鍾儀之南冠而得還也. 前註箭比武, 而冠比文, 然乎?" 역주: "(『좌전』에 나오는 내용이다) 진나라 경공景公이 포로가 갇혀 있는 곳을 살펴보다 종의를 보고는 '초나라의 관을 쓰고 있는 죄수는 누구인가?'라고 물었다. 관리하는 사람이 '정나라 사람

이 잡아 올린 초나라의 포로입니다'라고 대답했다. 진의 경공이 어여삐 여겨 돌려보냈다. 석전 스님의 생각: '동전 운운한 것은 (최치원이) 동쪽 신라 사람으로 스스로 겸손해 인재가 아님을 밝힌 것이며, 다행히 종의가 자기 나라의 풍습을 잊지 않아 고국으로 돌아간 것과 같다. 바로 앞의 주석[각주 325번]에 나오는 화살은 "무武"를 비유한 것이고 여기 나오는 관冠은 "문文"을 비유적으로 표현한 것인가?[비유한 것이 아니다.]'" [역주자의 보충 해설] *인용문은 『춘추좌씨전』 「성공成公 9년」조에 나오는 내용이다. '종의鍾儀'라는 초나라 죄수가 초나라의 풍습을 잊지 않고 현재의 초나라 왕에 관한 일들을 절대 말하지 않은 것을 본 진나라 경공이 종의를 초나라로 돌려보냈다. "최치원이 당나라로 유학을 떠났어도 모국 신라의 풍습을 잊지 않고 선대의 유업을 계승한 것을 자랑스럽게 생각한다."라는 의미가 이 구절에 들어 있다.

327) 협주: "《莊子》云: '莊子過惠子之墓, 謂從者曰: "郢人堊漫其鼻端若蠅翼, 使匠石斲之. 匠石運斤成風, 聽而斲之, 盡其堊而鼻不傷, 郢人立不失容云云."'" 역주: 『장자』「서무귀徐無鬼」편에 다음과 같은 이야기가 있다. '장자가 혜자의 무덤을 지나다 따르는 사람에게 "영 땅의 사람이 흰 흙을 코끝에 파리 날개만큼 바르고 (도끼를 사용하는 친구인) 장석에게 없애라고 시켰다. 장석이 도끼를 휘둘러 바람을 일으켜 (그) 소리로 흰 흙을 베었다. 흰 흙은 모두 없어졌으나 코는 조금도 다치지 않았다. 영 땅의 사람 역시 얼굴색 하나 변하지 않았다고 운운한다.'" [역주자의 보충 해설] *이 이야기에서 '도끼를 휘둘러 바람을 일으키듯 기술과 기예가 매우 뛰어나다'라는 의미의 '운근성풍運斤成風'이라는 성어가 생겼다.

328) 협주: "(號弓)指王薨. 見上註." 역주: "('호궁號弓'은) 왕의 붕어를 가리킨다. 앞의 설명을 보라." 두주頭注: "軒轅乘龍上天墮弓, 百姓抱弓而號, 曰名號弓." 역주: "헌원씨가 용을 타고 하늘로 올라가다 활을 떨어뜨렸다. 백성들이 활을 안고 부르짖으며 울었기에 (제왕의 죽음을) 호궁이라 한다." [역주자의 보충 해설] *『사기史記』 권28 「봉선서封禪書」에 "黃帝采首山銅, 鑄鼎於荊山下. 鼎旣成, 有龍垂胡髥下迎黃帝. 黃帝上騎, 群臣後宮從上者七十餘人. 龍乃上去, 餘小臣不得上, 乃悉持龍髥, 龍髥拔, 墮黃帝之弓. 百姓仰望, 黃帝旣上天. 乃抱其弓與龍胡髥號, 故後世因名其處曰鼎湖, 其弓曰烏號[황제가 수산에서 동을 채취해 형산의 아래에서 솥을 주조했다. 솥이 완성되자 용 한 마리가 수염을 밑으로 늘어뜨리고 황제를 맞이했다. 황제가 올라서자 따라나선 신하와 후궁들은 70여 명이었다. 용이 하늘로 날았기에 낮은 관직의 신하들은 탈 수 없었다. (그들은) 모두 '용의 입 언저리에 난 뻣뻣한 털[髥]'을 잡고 있었는데 용의 털이 뽑혀 황제의 활이 아래

로 떨어졌다. 백성들이 위를 쳐다보니 황제는 이미 하늘로 날아가 버리고 없었다. 이에 그 활과 용의 뻣뻣한 털을 잡고 울부짖었기에 후세 사람들은 황제가 솥을 만든 그 장소를 정호鼎湖라 불렀고 그 활을 오호烏號라 했다."

329) 협주: "見上." 역주: "앞의 설명을 보라." [역주자의 보충 해설] *각주 324번에 나오는 '절묘호사絶妙好辭'를 말한다. '색사色絲'는 '아름다운 문장'을 의미한다.

330) 협주: "《晉書》云: '竇滔妻蘇氏, 名蕙, 字若蘭. 滔被徙流沙, 蕙織錦爲回文旋圖詩, 故云錦頌.' 案: '孤雲欲撰碑, 故就諸碑中遍覽長行(色絲)與偈文(錦頌)也.'" 역주: "『진서』「열녀전・두씨처소씨전竇氏妻蘇氏傳」에 나오는 내용이다. '두도의 부인 소씨의 이름은 혜, 자는 약란이다. 두도가 (변경인) 사막 지역[돈황]으로 유배를 가게 되자 소씨가 비단을 짜 회문선도시를 지었기에 금송錦頌이라 한다.' 석전 스님의 생각: '고운 최치원이 비명을 짓고자 여러 비명에 있는 "아름다운 문장色絲"과 짧은 글에 있는 "비단 같은 게송[錦頌]"들을 두루 읽었다.'" [역주자의 보충 해설] *'회문시回文詩'는 첫 글자부터 순서대로 읽어도 뜻이 통하고 마지막 글자부터 거꾸로 읽어도 뜻이 통하는 시를 말한다. 예를 들어 "다시 올 이월이 올시다."와 같은 시를 말한다. '선도시旋圖詩'는 원 모양이나 사각형으로 지은 시를 말한다. '만[卍]'자 모양으로 쓴 「법성게法性偈」처럼 돌거나 따라가며 읽는 시를 말한다. '회문시'와 '선도시'가 결합된 것이 '회문선도시'이다. 사각형 모양의 '선도시'를 '반(중)시盤(中)詩'라 한다. *두도竇滔와 소씨蘇氏 부인은 전진(前秦, 350-394)의 부견(苻堅, 338-357-385) 왕 당시 생존했던 인물들이다.

331) 협주: "諸碑中, 述錄浩漫類此." 역주: "여러 비문의 내용 가운데 (무거무래無去無來, 불생불멸不生不滅 등과) 비슷한 종류의 말들이 매우 많다."

332) 협주: "補曾無魯史云云. 一節註抒二義, 而後義爲正. 詳審文脈, 則前義無乃太早計耶?" 역주: "증무노사 운운한 구절에 대해 보충한다. 한 구절에 두 가지 의미를 설명해 드러낸 뒤 두 번째 의미를 올바른 것으로 여겼다. 세밀하게 문맥을 살펴보면 앞의 의미는 너무 일찍 판단하는 것 아닌가?"

333) 협주: "(石不能言)見上註." 역주: "('돌 비석은 말하지 못한다'와 관련해) 앞의 설명을 보라."

333) 협주: "案: 《魯史》新義者, 《論語》云: '吾猶及史之闕文.' 前史所闕, 夫子以義, 推及於《春秋》中, 故云新意. 雲則述師碑一依舊狀, 故云魯無. 周公舊章, 夫子撰次《禮記》, 皆用《周禮》章句, 或用本錄而不作也. 石不能言, 云謙渠文語皆陳腐, 石反爲慚德, 宜有怪異之責詞. 然猶不能者, 豈非賴師道德耶? 故云益驗云云. 又《魯史》雖因舊史, 述作褒善貶惡, 微寓一字中, 故云新意. 諸碑文亦因僧史無貶辭, 故云曾無. 周公云云, 《詩經》「雅」「頌」中, 周公作詩, 形容文武之盛德; 諸碑銘用彼頌例讚, 美諸

師之至道. 而或用者, 不定, 皆然之詞. 然石猶不能異言, 則益驗諸師之玄道也.'"
역주: "석전 스님의 생각: '『노사』신의와 관련해『논어』「위령공」편에 "나는 사
관이 기록하지 않고 비워둔 글을 보았다."라는 문장이 있다. (공자) 이전의 역사
를 공자가『춘추』에 기록할 때 의미[義]를 중요하게 여겨 기술했기에 "신의新意"
라 했다. (반면) 최치원은 지증 대사의 비명을 기술할 때 이전과 같은 모습으로
했기에 "노무魯無"라 표현했다. 주공구장周公舊章과 관련해 공자가『예기』를 편
찬할 때 모두『주례』의 문장들을 활용하거나 혹은『주례』의 내용을 그대로 기록
하고 (새로) 짓지 않았다. (그래서 주공구장이라 했다.) 석불능언石不能言이라는
말은 (최치원이 읽은 앞 시대의) 그 비명碑銘들[법갈法碣 · 선비禪碑]이 모두 진
부한 내용을 담고 있어 돌이 돌이켜 (자기 몸에 적힌 덕을) 부끄러워했다고 겸
손하게 표현한 것으로 (이는) 마땅히 (비명이) 이상하다고 질책한 것이다. 그런
데 오히려 불능不能이라고 한 그것이 어찌 (앞 시대의 비명에 기록된) 스님들의
덕성에 의지하는 것 아니겠는가?[스님들의 덕성이 고상해 (글로 표현하기 어려
워) 불능이라 표현했다.] 그래서 진리에 이르는 길이 멀다는 것을 "더욱 체험했
다[益驗]"라고 운운한 것이다. 또한『노사魯史』가 비록 옛날의 역사이나 선행을
칭찬하고 악행을 질타한 것을 기술했으며 글자마다 정교하고 심오한 의미가 깃
들어 있기에 신의新意라 말했다. 여러 비명에 역시 불교[스님들]의 역사를 기록
하고 비판하는 글이 없기에 증무曾無라 했다. 주공周公 운운한 것은『시경』의「아」·
「송」 가운데 주공이 지은 시들은 문과 무의 훌륭한 덕성을 묘사한 것이며 여러
법갈法碣 · 선비禪碑의 비문과 운문[銘]은 게송과 찬문을 활용해 여러 스님들의
지극한 깨침의 세계를 찬미했다. 그러나 혹용或用이라는 글자는 "확정되지 않
았지만 모두 그러하다"라는 의미의 말이다. 그런데 "돌이 오히려 다른 말을 할
수 없다[石猶不能異言]"라는 표현은 바로 여러 스님들의 현묘한 깨달음의 세계
를 더욱 경험했다[益驗]는 의미이다.'" [역주자의 보충 해설] *이 주석은 비명에
나온 여러 표현에 대해 석전 스님이 종합적으로 평가한 것이다. 주석과 역주문
의 빨간색 글자는「지증 대사 비명」에 나오는 글자들이다.

335) 협주: "(懊)音奧, 悔恨." 역주: "('懊자' 의) 음은 오이다. 후회하고 한탄하는 것이
다."

336) 협주: "《法華靈驗記》云: '昔一比丘, 誦習《法華》, 常忘靉靆二字. 其師曰: "汝於宿
世受持《法華》, 蠹蝕此二字, 故未克見記, 是以恒忘.""" 역주: "『법화영험기』에 다
음과 같은 이야기가 있다. '옛날 한 비구 스님이『법화경』을 암송하고 익혔는데
애체 두 글자를 항상 잊었다. 그 스승이 "네가 전생에 지녔던『법화경』의 애체
두 글자를 좀이 먹었기에 보고 기억한 적이 없어 항상 잊는다."라고 말했다.'"

128 봉암사 비명

[역주자의 보충 해설] *『법화영험전法華靈驗傳』 권하 「제12단第十二段 약왕보살본사품藥王菩薩本事品·난통2자難通二字」에 나오는 내용이다.

337) 협주: "《世說》云: '諸賢論「逍遙游」, 支遁在白馬寺, 標新理於二家(向秀、郭象)之表, 立異議於衆賢之外.'" 역주: "『세설신어』「문학文學」편 제32장에 '여러 현인이 소요유의 의미에 대해 논했다. 지도림 스님은 백마사에서 상수와 곽상의 설명을 뛰어넘는 새로운 이치로 (소요유를) 해석해 여러 사람과 다른 견해를 밝혔다'라는 내용이 있다." [역주자의 보충 해설] *상수(대략 227-272)와 곽상(대략 252-312)은 위진魏晉 시대를 대표하는 현학자들이다. 상수는 죽림 7현竹林七賢의 한 명이며 곽상은 '만물은 홀로 스스로 생겨난다[自生]'라는 '독화론獨化論'을 제창했다. *인용문의 이야기에서 '(다른 사람과 다른) 새로운 견해를 밝혀 자신을 드러낸다'라는 의미의 '표신취이標新取異', '표신입이標新立異'라는 말이 생겼다.

338) 협주: "《老子》云: '代大匠斲, 希有不傷手云云.'" 역주: "『노자』 제74장에 '뛰어난 목수를 대신해 나무를 깎는 사람치고 자기 손을 다치지 않은 경우는 매우 드물다고 운운한다'라는 구절이 있다."

339) 협주: "案: '(申拳)言匠石但憂運斧之傷手, 不知屈伸其手, 恢恢游刃於巨材; 以比自家但憂作文之爽實, 不知筆削, 章章篆美於豊石也.'" 역주: "석전 스님의 생각: '('신권申拳'은) 도끼를 휘두르는 사람은 휘두르는 도끼에 손이 상하는 것만 근심할 뿐 그 주먹을 오므리고 펴는 것을 알지 못하며 거대한 목재 사이에 칼날을 놀리면 반드시 남는 공간이 있음을 말한 것이다. 이를 통해 (비명의) 작가[최치원]는 지은 글이 사실과 어긋나는 것에 대해서만 근심하지 더 쓸 것은 쓰고 지울 것은 지우는 것을 알지 못하며 거대한 비석의 글자와 전자篆字가 아름답다는 것을 비유적으로 표현했다.'" 두주頭注: "補申拳. 有云用《傳燈錄》, 二十五祖婆舍斯陀幼時, 嘗屈左券. 獅子尊者曰: '還我珠未之事然乎?' 叙宿因而勸出家." 역주: "신권申拳에 대해 보충한다. 어떤 사람은 『전등록』을 인용해 다음과 같이 말한다. '제25조인 파사사다 존자가 일찍이 어릴 때 왼손을 주먹 쥐고 있었다. 사자 존자가 "돌려주지 않은 나의 구슬을 돌려주지 않겠느냐?"라고 말했다. (사자 존자가 파사사다 존자에게) 과거의 인연을 설명하고 출가를 권유했다.'"

340) 협주: "《莊子》云: '至人之德, 若天之自高, 地之自厚.'" 역주: "『장자』「전자방田子方」편에 '지인의 덕성은 마치 하늘이 저절로 높고 땅이 스스로 두터운 것과 같다'라는 구절이 있다." [역주자의 보충 해설] *원문은 다음과 같다. "至人之於德也, 不修而物不能離焉, 若天之自高, 地之自厚, 日月之自明, 夫何脩焉[지인이 덕성을 체득함에 수행이라는 작위적인 행위를 하지 않아도 만물萬物과 만민萬民

이 떨어지지 않습니다. 마치 하늘은 스스로 높고, 땅은 스스로 두터우며, 해와 달이 스스로 밝은 것과 같은데 (여기에) 무슨 닦음이 있겠습니까?"

341) 협주: "案: '述作不佳, 僅塞腐毫之責.'" 역주: "석전 스님의 생각: '아름답지 못한 글을 지으며 붓을 썩히고 있다는 질책을 겨우 받지 않고 있을 따름이다.'"

342) 협주: "《淮南子》云: '盧敖遊北海, 遇一道士, 請與共游. 士笑曰云云, 吾與子汗漫游 于九垓之外.'「註」: '汗漫, 不可知之也.' 故稱放浪而無檢制曰汗漫." 역주: "『회남 자』「도응道應」편에 다음과 같은 이야기가 있다. '노오가 북해에서 노닐다 한 도사를 만나 같이 놀자고 청했다. 도사가 웃으며 "나는 한만과 구해의 밖에서 놀기로 되어 있소."라고 말했다.'「주註」에 '한만은 알 수 없는 것이다'라고 설명되어 있다. 따라서 이리저리 돌아다니며 단속과 억제가 없는 것을 한만이라 한다." 두주頭注: "汗漫比師, 與王問答玄道之游也." 역주: "한만은 지증 대사를 비유적으로 표현한 것이다. 헌강왕과 그윽한 진리의 세계에 노니는 것에 대해 질문하고 대답했기 때문이다." [역주자의 보충 해설] 『회남자』를 인용한 문장은 많이 축약된 것이다. 이 이야기에서 '걸림 없는 자유자재한 경지'를 의미하는 '한만유汗漫游', '노오한만盧敖汗漫' 등의 성어가 생겼다. *'나라의 끝'이나 '땅 끝'을 의미하는 '구해九垓'는 '구천九天'과 같은 말이다. *'구천'에는 몇 가지 의미가 있다. ①가장 높은 하늘[九昊]; ②하늘을 아홉 방위로 나누어 이르는 말. 중앙을 균천鈞天, 동쪽을 창천蒼天, 서쪽을 호천昊天, 남쪽을 염천炎天, 북쪽을 현천玄天, 동남쪽을 양천陽天, 서남쪽을 주천朱天, 동북쪽을 변천變天, 서북쪽을 유천幽天이라 한다; ③대궐 안; ④지구를 중심으로 회전하는 아홉 개의 천체를 구천이라 한다. 일천日天, 월천月天, 수성천水星天, 금성천金星天, 화성천火星天, 목성천木星天, 토성천土星天, 항성천恒星天, 종동천宗動天 등이 그것이다.

343) 협주: "見上註. 案: '康王之問心月池等事, 頗類黃帝之問道, 故云崆峒之美. 孤雲未 及親見大師, 故述其美, 爲朝暮之遇.'" 역주: "앞의 설명을 보라. 석전 스님의 생각: '헌강왕이 월지궁에서 마음에 대해 질문한 등의 일은 황제黃帝가 도道에 대해 문의한 점과 많이 닮았다. 그래서 공동지미라 표현했다. 최치원은 지증 대사를 친히 만나지 못했기에 자주 만나고자 지증 대사의 미덕美德을 기술했다.'" [역주자의 보충 해설] *황제가 도에 대해 질문했다는 문장은 『장자』「재유在宥」편에 나온다. 황제가 광성자廣成子를 찾아가 여러 관점에서 도에 대해 질문한다. "廣 成子南首而臥, 黃帝順下風, 膝行而進. 再拜稽首而問曰: '聞吾子達於至道.' 敢問: '治身奈何而可以長久?'[광성자가 머리를 남쪽으로 하고 누워 있는데 황제가 아래쪽에서 무릎으로 기어 (광성자 쪽으로) 나아갔다. 두 번 절하고 머리를 조아리며 '선생님께서 지극한 도의 경지에 이르렀다고 저는 들었습니다'라고 말했

[12] ① 有門人英爽, 來趣受辛93)*; 金口344)是資, 石心彌固. 忍踰刮
骨345), 求甚刻身346); 影伴八冬347), 言資三復348). ② 抑94)*六異
六是之屬辭無愧, 賈95)*勇有餘者, 實乃大師內蕩六魔349), 外除
六蔽350), 行包六度96)*, 坐證六通97)*故也. 事譬採花351), 文難
消藁352); 遂同榛楛98)*勿翦353), 有慚糠粃在前354). 跡追蘭殿之
游355), 誰不仰月池356)佳對? 偈效柏梁之作357), 庶幾騰日域高
譚.

다. 감히 묻습니다. '몸을 어떻게 닦아야 장생할 수 있습니까']"

344) 협주: "(金口)周后稷廟, 有金人三, 緘其口. 問其故, 曰: '古之愼言者.'" 역주: "주나
라 시조인 후직의 사당에 금인이 세 위 있는데 모두 입을 닫고 있었다. 그 이유를
묻자 '이분들은 옛날 말을 조심한 사람들이다'라고 대답했다." [역주자의 보충 해
설] *협주의 인용문은 『공자가어孔子家語』 「관주觀周」 편에 나오는 내용이다. "孔
子觀周, 遂入太祖后稷之廟, 廟堂右階之前, 有金人焉. 參緘其口, 而銘其背曰: '古
之愼言人也, 戒之哉! 無多言, 多言多敗.'" *'이것저것 고려해 입을 닫고 말하지 않
는다' 혹은 '말을 조심한다'라는 의미의 '금인삼함金人三緘'이라는 성어가 여기
에서 생겼다. *전설적인 인물인 '후직后稷'은 지금 중국의 산서성 직산현稷山縣
에서 태어났다고 한다. 성은 '희姬' 씨이며 이름은 '기棄'이다. 주周 왕조의 시조
이자 농경農耕과 오곡五穀의 신으로 추앙받는다. *여기서는 '입을 닫고 말하지
않았다'라는 의미이며 '부처님의 말씀'을 뜻하는 '금구소설金口所說'의 '금구金
口'가 아니다.

345) 협주: "《三國志》關雲長, 用鍼刮骨之事. 古詩云: '飮酒不曾妨刮骨.'" 역주: "『삼국
지』에 관운장이 침을 사용해 (독이 묻은) 뼈를 긁어낸 일이 기록되어 있다. 옛날
의 시에 '술을 마셔도 결코 뼈를 긁어내는 일을 방해하지 않는다'라는 시구가 있
다." [역주자의 보충 해설] *고시는 당나라 왕유(王維, 701-761)가 쓴 「연지행燕支
行」이라는 시의 한 구절이다. 「연지행」은 싸움에 나가 승리한 무장을 칭송하는
내용의 시이며 전체 24행이다. 인용한 시구는 제12행으로 칼로 살을 가르고 뼈에
밴 독을 긁어낸 관우(關羽, 160-220)의 이야기를 묘사했다. *'연지'는 산 이름이
며 언지산焉支山 · 연지산胭脂山이라고도 한다. 지금 중국의 감숙성에 있으며 한

나라 때 흉노족들이 말을 방목하며 키우던 산이다.

346) 협주: "相傳云: '《金剛三昧經》出來時, 裂腨納經, 以蠟付之.' 云二比求文之篤如是. 案: '阿難結集佛經, 無一字不契金口所說. 門人借爲談資, 使之撰述善作之本心, 聞益堅固也. 忍踰云云, 任其來趣遷延歲月, 比於刮骨而忍苦也. 刻身之字, 恐是舟之訛言. 大師化去, 已作失劍, 則追推往跡, 欲事於文字之間, 無異於刻舟求劍之難也. 語出《呂氏春秋》.'" 역주: "전해 오는 말에 의하면 『금강삼매경』이 (세상에) 등장했을 때 장딴지 살을 잘라 (『금강삼매경』에 넣고) 밀랍으로 그것을 (『금강삼매경』에) 붙였'라고 한다. (인유괄골忍踰刮骨, 구심각신求甚刻身) 두 구절은 (지증대사의 제자인 영상 스님이 찾아와) 최치원에게 글을 부탁하는 태도가 이같이 돈독했다는 것이다. 석전 스님의 생각案: '아난 존자가 경전을 결집할 때 부처님의 말씀과 맞지 않은 글자가 하나도 없었다. (지증 대사의) 문인들이 이 사실을 화제話題로 삼아 글을 잘 써달라는 마음을 밝혔으나 이를 듣고 비명을 짓지 않겠다는 마음을 더욱 굳건하게 먹었다. 인유忍踰 운운한 구절은 (영상 스님이 마음대로) 오고 가도록 내버려 두며 (비명을 짓겠다는 요청을 받아들이는) 시간을 미루는 일은 뼈에 밴 독을 긁어내는 것보다 참기 힘들었다는 것이다. 각신刻身에서 "신身"자는 아마 "주舟"자를 잘못 쓴 것으로 보인다. 지중 대사께서 이미 입적하셨기에 비유하자면 검을 잃어버린 셈이다. (그런데 지증 대사의) 과거 자취를 쫓고 찾아 문자로 그 사실을 기록하는 일은 배 난간에 표시된 칼을 물속에서 찾는 어려움과 다르지 않다. 각주구검刻舟求劍이라는 말은 『여씨춘추』 「찰금察今」 편에 나온다.'" [역주자의 보충 해설] *죽은 사람을 추념해 경전을 사찰에 헌납하는 것을 '납경納經'이라 한다. 『묘법연화경』, 『아미타경』, 『반야심경』 등을 주로 헌납하며 66부의 경전을 66곳의 사찰에 헌납한다. 일본에서 특히 유행했다. 그런데 여기서 '납경納經'은 경전 속에 (죽은 사람의 유골을) 바르거나 부치는 것을 가리킨다. *'담자談資'는 '이야기의 재료' 혹은 '이야기의 소재'를 말한다. 인용문에 보이는 『금강삼매경』에 관한 이야기는 청나라 적진誅震 스님이 찬술한『금강삼매경종통기金剛三昧經通宗記』「현담懸談」에 있는 내용이다. 관련 부분은 다음과 같다. "一日新羅國王, 因夫人腦嬰癭腫, 醫者莫瘳, 禱之靈祠. 覡者曰: '應往大國求藥.' 王即遣使渡海, 舟行將半, 條見一人. 從巨浪中出, 邀入龍宮. 須臾, 見龍王語之曰: '汝國夫人, 是青帝第三女. 我宮中, 先有金剛三昧經, 乃二覺圓通示菩薩行也. 今託夫人之病, 爲增上緣, 可持此經, 至彼國流布, 即出經以授使者.' 復云: '此經出海, 恐有魔事, 用蠟紙纏束, 割裂腨腸以納其中, 仍取藥傅之如故.'"

347) 협주: "案: '孤雲獨坐燈下, 伴自家之影於八冬, 而作文也. 八冬, 八年之冬也. 冬者, 三餘之首(冬爲歲餘, 雨爲時餘, 夜爲晝餘), 正好作文之時也. 或云影大師影草

[12] ① 지증 대사의 제자인 영상 스님이 글을 부탁하러 왔을 때 말을 조심한 옛사람들의 고사를 빌려 글을 짓지 않을 마음을 돌처럼 굳게 먹었다. (글을 짓지 않을 마음으로 입을 열지 않고) 참는 것은 뼈를 긁어내는 것보다 힘들었고 글을 써달라는 요청은 몸에 글자를 새기는 것만큼 극심했다. 등불 옆에 비친 그림자를 8년 동안 벗 삼아 공자의 제자 남용이 말을 조심하라는 시詩를 세 번이나 반복하며 읽은 것을 생각하며 신중하게 비명을 지었다.

② 다만 '여섯 가지 기이한 감응[六異]'과 '여섯 가지 지조·행실[六是]'를 기술한 글이 부끄럽지 않고 글 쓰는 힘을 과시함에

也(行狀), 又云歲月光影也. 八冬即八旬也. 自十月至十二月間也.'" 역주: "석전 스님의 생각: '최치원이 등불 옆에 홀로 앉아 자신의 그림자를 짝으로 삼은 지 8년 만에 비명을 지었다. 팔동八冬은 8년 동안 맞이한 여덟 번의 겨울이다. 겨울은 세 가지 여분의 첫 번째로(겨울은 세월의 여분이고, 비 오는 시기는 갠 시기의 여분이며, 밤은 낮의 여분이다) 바로 글짓기 좋은 시기이다. "영영影"은 지증 대사의 행장 초안이라고도 하며 또한 세월[光影]을 가리킨다고 말하기도 한다. 8동은 80세이다. 겨울은 (음력) 10월부터 12월까지이다.'" [역주자의 보충 해설] *'삼여三餘'와 관련해 "冬者歲之餘, 夜者日之餘, 陰雨者時之餘[겨울은 세월의 나머지이고, 밤은 낮의 나머지이며, 비 오는 시기는 갠 날의 나머지이다]." 라는 말이 있다. 한편 "馬上讀書, 厠上讀書, 枕上讀書[말 위에서 책을 읽고, 변소에서 책을 읽고, 침대에서 책을 읽는다]."를 '삼상三上'이라 한다. *'영초影草'에는 몇 가지 의미가 있다. ①진영眞影의 초안草案, 즉 고승의 행장을 말한다. ②탐간영초探竿影草로 어부들이 물고기 잡을 때 사용하는 도구이다. 탐간은 새나 닭의 깃털을 막대기 끝에 묶어 물속에 넣어 물고기들을 한곳에 모으는 도구이다. 영초는 벤 풀을 묶어 물속에 넣으면 물고기들이 그 풀 속에 숨는다. 묶은 풀을 영초라 한다. 탐간으로 모은 물고기들과 영초에 숨은 물고기들을 그물로 한꺼번에 잡는다. ③탐간영초는 도둑들이 사용하는 도구이다. 탐간은 도

여유가 있는 것은 실은 지증 대사께서 안으로 육근六根을 통제하고 밖으로 육경六境[육폐六蔽]을 조복시켰으며 육바라밀[六行]을 모두 닦아 여섯 가지 신통력[六通]을 좌선으로 체득했기 때문이다. 사실을 기술할 때는 핵심을 잘 지적해야 하는데 그렇지 못하고[지증 대사의 행장을 기술할 때 요점을 잘 짚지 못했다] 완성된 글은 초고를 없애기 어려울 정도였기에 [글을 잘 지었으면 초고를 빨리 없애는 데 마음에 들지 않아 초고를 선뜻 버리지 못했다] 가시나무 덩굴이 소나무와 잣나무에 얽혀 있는 듯해도 잘라내지 못했고 겨와 쭉정이가 앞서 있는 글처럼 보여 부끄럽기 그지없다. 달마 대사와 양나

둑들이 내부의 동정을 엿보기 위해 창이나 벽의 틈으로 넣은 대나무 막대기이다. 영초는 짚이나 띠로 만든 옷이다. 도둑들이 영초를 입고 몸을 숨겼다가 물건을 훔친다. ④선문禪門의 스승이 학인學人이나 수행자를 시험해 기량器量을 살피는 것을 탐간영초라 하며 ②의 의미가 확대된 것이다. 『임제록』「감변勘辨」과 『종용록』 제81칙 등에 용례가 있다. 여기서는 ①의 의미로 사용됐다. *61-70세를 칠질七秩, 70세를 고희古稀·종심從心·희수稀壽·칠순七旬, 77세를 희수喜壽, 80세를 팔순八旬·산수傘壽·팔질八耋, 88세를 미수米壽, 90세를 졸수卒壽, 99세를 백수白壽, 100세나 그 이상을 상수上壽라 한다. 120세를 '상수上壽'라 부르기도 한다. *칠질七秩과 관련해 한 질秩은 10년이다. *(과거) 50세부터 60세까지의 노인을 '애艾', 61세부터 70세까지의 노인을 '기耆', 71세부터 80세까지의 노인을 '질耋', 81세부터 90세까지의 노인을 '모耄' 자로 각각 표현했다.

348) 협주: "南容復圭. 見上註." 역주: "남용이 백규의 시를 세 번이나 반복했다(는 이야기와 관련이 있다). 앞의 설명을 보라." [역주자의 보충 해설] *『논어』「선진先進」편에 나오는 이야기이다. "南容三復白圭, 孔子以其兄之子妻之[남용이 백규의 시를 세 번이나 반복하자 공자가 그 형의 딸을 주어 아내로 삼도록 했다]." *'백규의 시'는 『시경』「대아大雅·억억抑]에 나오는 구절이다. "白圭之玷, 尙可磨也; 斯

라 무제처럼 지증 대사와 헌강왕이 함께 월지궁을 거닌 자
취와 그곳에서 있었던 아름다운 법담法談을 그 누가 우러러
보지 않겠는가? (아래의) 게송은 한 무제와 신하들이 백량대
에서 지었던 칠언시를 본받았으니 바라건대 해 뜨는 고장인
신라의 고상한 말씀으로 날아오르기를!

言之玷, 不可爲也[흰 옥 위의 흠은 갈아 없앨 수 있지만 말을 잘못하면 거두어들
일 수 없네]!" *말을 삼가고 조심해야 한다는 점을 강조한 시이다.

349) 협주: "(六魔)六賊也." 역주: "(6마는) 여섯 가지 감각기관으로 바로 안眼, 이耳, 비
鼻, 설舌, 신身, 의意 등이다."

350) 협주: "(六蔽)六塵又慳貪等六蔽也." 역주: "(6폐는) 육진 혹은 청정한 마음을 가리
는 여섯 가지 마음 작용으로 간탐慳貪, 파계破戒, 진에瞋恚, 해태懈怠, 산란散亂,
우치愚癡 등이 6폐이다." [역주자의 보충 해설] *6진이 '육경六境'이다. 경은 대상
이라는 뜻이다. 색色, 성聲, 향香, 미味, 촉觸, 법法을 말한다. *육바라밀 수행을
방해하는 여섯 가지를 '6폐'라 한다. 간탐은 보시布施를, 파계는 지계持戒를, 진
에는 인욕忍辱을, 해태는 정진精進을, 산란은 선정禪定을, 우치는 지혜智慧를 각
각 방해한다.

351) 협주: "如蜂採花, 但取其香, 不像其光." 역주: "(지증 대사의 행적을 기술하는 것
은) 마치 벌이 꽃에서 꿀을 채취하듯 다만 그 향기만 취하고 그 빛남을 취하지 않
는다." [역주자의 보충 해설] *지증 대사의 행장行狀을 기술할 때 핵심을 잘 지적
하고 편향되게 서술해서는 안 된다는 의미이다.

352) 협주: "後魏李季伯, 上書切簡, 即消其藁." 역주: "후위의 이계백은 황제에게 올리
는 글을 간단하게 썼으며 올린 뒤에는 즉시 초고를 없애버렸다." [역주자의 보충
해설] *후위는 선비족이 세운 북위(北魏, 386-534)를 말한다. 선비족은 본래 북위
이전에 '대국代國'이라는 나라를 세웠으나 376년 전진(前秦, 350-394)의 부견(即
堅, 338-357-385) 왕에게 멸망되고 말았다. 탁발규(拓拔珪, 371-386-409)가 386년
대국代國을 건국하고 그해 나라 이름을 '위魏'로 바꾸었다. 삼국시대 조비(曹丕,
187-220-226)가 세운 위나라와 구별해 '후위'라 부른다. 북위는 후일 동위(東魏,
534-550)와 서위(西魏, 534-557)로 갈라지며, 동위는 북제(北齊, 550-577)로 서위
는 북주(北周, 557-581)로 각각 이어진다. 북주를 멸망시킨 양견(楊堅, 541-581-

③ 其詞99)*曰358): ③ 게송으로 읊는다:

麟聖359)依仁乃據德360), 　공자는 인에 의거하고 덕에 의지했으며
鹿仙361)知白能守黑362), 　노자는 흰 것을 알고 능히 검은 것을 지켜
二教徒稱天下式363), 　　유가와 도가의 가르침을 흔히들 천하의
　　　　　　　　　　　　법식이라 일컫지만
螺髻眞人364)難犏100)*力365), 　부처님은 거칠게 힘쓰는 것을
　　　　　　　　　　　　싫어하셨기에
十萬里外鏡西域366), 　　인도에서 십만 리 떨어진 서역을 비추었고
一千年後燭東國367). 　　일천 년 뒤에는 신라를 밝혔도다.

---

604)이 수나라(隋, 581-618)를 건국하며 589년 중국을 통일한다.

353) 협주: "陸機「賦」云: '彼榛楛之勿翦兮, 亦蒙榮於集翠.'「註」云: '庸文之雜於麗句, 如榛楛之同翠於松柏之下.' 善惡雖殊, 同歸于美也." 역주: "육기가 지은 「문부文賦」에 '자르지 않은 가시나무 덩굴이여 그 위에 앉은 취조翠鳥로 인해 빛이 나도다' 라는 구절이 있다. 「주註」에 '아름다운 구절에 평범한 문장이 섞여 있네, 마치 가시덩굴이 푸른 소나무와 잣나무에 얽혀 푸른 빛을 띠듯' 이라고 설명해 놓았다. 좋은 것과 나쁜 것이 비록 달라도 아름다움에 함께 귀결된다." [역주자의 보충 해설] *육기(261-303)는 서진(西晉, 265-316) 시대의 정치가이자 문학가이다. 자는 사형士衡이며 그의 글들을 모아 편집한 『육사형집陸士衡集』이 전한다. 『진서晉書』 권54 「열전 제24」에 그의 전기가 있다. 『삼국지』에 등장하는 육손(陸遜, 183-245)의 손자이다. *'취조翠鳥'는 물총샛과의 새로 몸길이는 17cm 정도. 등[背]은 어두운 녹색을 띤 하늘색이며, 목은 흰색이고, 배는 밤색이며, 부리는 검은색, 다리는 진홍색眞紅色이다. 물가에 사는 여름새로 강물 가까운 벼랑에 굴을 파고 살며 민물고기, 개구리 따위를 잡아먹는다.

354) 협주: "《晉書》云: '習鑿齒與道安游, 安先行. 鑿曰: "簸而揚之, 糠粃在前." 安曰: "淘而汰之, 沙石在後"云云.' 言自家之述, 去其糠粃粗跡, 取其精實, 慚也." 역주: "『진서』에 다음과 같은 내용이 있다. '습착치가 도안 스님과 함께 여행을 갔다.

鷄林[368]地在鰲山[369]側,　계림의 땅은 금오산 옆에 있고

仙儒自古多奇特,　　　옛날부터 도가와 유가에 뛰어난 이들이
　　　　　　　　　　　많았으며

可憐曦仲不曠[101]*職[370],　흠모받은 희중은 직무를 소홀히 하지
　　　　　　　　　　　않았고

更迎佛日辨空色[371],　다시금 부처님 가르침을 맞아 공과 색을
　　　　　　　　　　　구별하니

敎門從此分階堿[372],　교학의 문이 이로부터 계단·층계처럼
　　　　　　　　　　　구별되어

言路因之理溝洫[373].　도랑에 물 흐르듯 이 때문에 말의 길이
　　　　　　　　　　　널리 퍼졌다.

도안(312-385) 스님이 앞장섰다. 습착치가 "키로 까부르면 겨와 쭉정이가 먼저
나온다."라고 말했다. 도안 스님이 "물에 넣고 흔들면 모래와 돌이 뒤에 남는다."
라고 운운했다.' 최치원 본인이 쓴 지증 대사 비명이 겨와 쭉정이 등 거친 흔적
을 버리고 깨끗한 알갱이를 취해야 하는데 그렇지 못해 부끄럽다는 말이다. [역
주자의 보충 해설] *『진서』에서 인용했다는 문장은 439-440년 편찬된 것으로 추
정되는 『세설신어世說新語』「배조排調」편에 나오는 내용이다. 등장인물은 왕문
도王文度와 범영기范榮期로 되어 있다. *648년에 편찬된 『진서晉書』권56 「열전
제26」에 있는 「손작전孫綽傳」에는 습착치와 손작(314-371)이 이 말들을 주고받는
것으로 되어 있다. "又有一次, 習鑿齒與孫綽同行. 孫綽走在前面, 回頭對習鑿齒說:
'沙之汰之, 瓦石在后.' 習鑿齒又回敬道: '簸之扬之, 糠秕在前.'"*"簸而揚之, 糠
粃在前."은 본래 '겸손'을 표현한 말인데 협주의 인용문에서는 비꼬는 말로 사
용됐다.

355) 협주: "梁武帝與達摩共游蘭殿故也(皇之正殿)." 역주: "양나라 무제와 달마 대사
　　가 함께 궁전(황궁의 정전)에서 거닐었다." [역주자의 보충 해설] *'난전蘭殿'은
　　궁전을 아름답게 부른 말이다.

356) 각주: "蘭殿月池宮王詔師. 蘭殿之上, 同游厚待也." 역주: "궁전의 정전인 월지궁
　　으로 지증 대사를 불렀다. 궁전에서 같이 거닐며 (임금은 지증 대사를) 후하게

身依兔窟心難息[374],   몸은 토끼 굴에 있어도 마음은 쉬기 어렵고

足躡羊歧眼還惑[375],   발은 복잡한 길을 밟아도 눈은 오히려
                        현혹되어

法海安流叵直測,   진리의 물이 순탄하게 흐를지 참으로 알기
                        어렵지만

心傳眼誂包眞極[376],   마음으로 전달한 가르침이 진리의 극치를
                        포괄통달하니

得之得類罔象得[377],   체득한 것은 망상이 얻은 것과 같고

默之默異寒蟬默[378].   침묵하나 울지 않는 매미의 침묵과 다르다.

北山義與南岳陟,   설악산의 도의 선사는 고니의 날개를 드리우고

대접했다."

357) 협주: "溫公詩語云: '漢武帝作柏梁臺, 詔群臣作七言詩.' 七言始此." 역주: "북송
    의 사마광(司馬光, 1019-1089)이 지은 시에 '한 무제가 백량대를 짓고 여러 신하
    를 불러 칠언시를 지었다'라는 구절이 있다." [역주자의 보충 해설] *한 무제가
    신하들과 함께 지은 시가 칠언시의 효시로 평가된다.

359) 협주: "《拾遺記》云: '孔子未生之前, 麒麟吐玉書於闕里. 人家曰: "水精之子, 繼衰周
    而素王天下." 孔母徵在, 以繡紱係其角, 後獲其麟. (孔子)解紱而泣, 絶《春秋》之
    筆, 故曰麟聖.'" 역주: "『습유기』에 다음과 같은 기록이 있다. '공자가 태어나기
    전 기린이 옥과 책을 궐리에 토했다. 옆집 사람이 "물의 정화로 태어난 아이가
    쇠약해진 주나라를 계승해 천하의 소왕이 될 것이다."라고 말했다. 공자의 어머
    니인 징재는 수놓은 끈을 기린의 뿔에 묶어 기린을 잡았다. 공자가 끈을 풀고
    울며 『춘추』의 필법으로 쓰는 것을 그만두었다. 그래서 공자를 인성麟聖이라 부
    른다.'" [역주자의 보충 해설] *이 인용문은 내용이 많이 생략되어 이해하기 쉽지
    않다. 바로 이 이야기에서 '탁월한 재주와 인품을 가진 인재가 태어나는 것'을
    의미하는 '인토옥서麟吐玉書'라는 말이 생겼다. *'궐리闕里'는 공자가 태어난
    곳으로 지금 중국의 산동성 곡부현曲阜縣이다. *'징재徵在'는 공자의 어머니.
    성은 '안顏' 씨이며 생졸년은 BCE 568-BCE 537년이다. 아버지는 숙량흘叔梁紇.

垂鵠翅與展鵬翼379),	지리산의 홍척 선사는 대붕의 날개를 펼쳤으며
海外時來道難抑380),	당나라에서 돌아올 때 진리를 펼칠 마음 억누르기 어려웠기에
遠波禪河無壅塞.	멀리까지 흐른 선의 물줄기는 막힘이 없네.
蓬託麻中能自直,	쑥은 삼나무에 의지해 스스로 곧게 뻗고
珠探衣內休傍貰381),	옷 속의 보배를 찾았기에 이웃에서 빌리지 않았던
湛若賢溪善知識,	맑고 고요한 물과 같은 현계산의 선지식이여
十二因緣匪虛飾382).	여섯 가지 감응과 여섯 가지 지조·행실은 헛된 수식이 아니로다.

'숙량'은 자字이고 '흘'이 이름이다. *'소왕素王'은 왕이 아니지만 왕의 덕성을 갖춰 왕이 될 자격이 있는 사람을 말한다. *'춘추필법春秋筆法'은 『춘추』와 같이 비판적이고 엄정한 필법을 가리키는 말로 대의명분을 밝히고 세우는 역사 서술 방식이다. *『습유기』는 『왕자년습유기王子年拾遺記』라고도 하며 현존한다. 전진 (前秦, 350-394)의 유명한 문학인인 왕가(王嘉, ?-390)가 지은 책으로 전 10권. 신화, 전설 등을 담고 있는 지괴소설志怪小說 유형의 책이다.

360) 협주: 《論語》云: '依於仁, 據於德.'" 역주: "『논어』「술이述而」편에 '인에 의지하 고 덕에 근거하라'라는 문장이 있다." [역주자의 보충 해설] *'거攄'='거據'이다.

361) 협주: 《敦煌實錄》云: '老子父韓虔夢, 日精敷野, 而一仙人駕鹿入室. 與上洋朱氏牧 猪婢, 合懷而住胎八十一年而生.'" 역주: "『돈황실록』에 다음과 같은 기록이 있다. '노자의 아버지인 한건이 해의 정기가 흩어지는 가운데 한 신선이 사슴을 타고 집에 들어오는 꿈을 꾸었다. 상양 출신의 주씨인 목저비와 합방해 (그녀가) 임신 했는데 (노자는) 태 속에 81년 동안 머무르다 태어났다.'" [역주자의 보충 해설] *사슴을 타고 집에 들어오는 꿈을 꾼 뒤 태어났기에 노자를 '녹선鹿仙'이라 한다. *"與上洋朱氏牧猪婢合."이라는 문장은 해독하기 힘들다. 『해운 비명주海雲碑銘 註』에는 "與上洋朱氏特猪婢子, 合孕而生, 故曰鹿仙."으로, 『문창공 사산비명文昌 公四山碑銘』에는 "與上洋朱氏牧猪婢子, 合懷而孕, 住胎八十一年而生, 故云鹿仙."

何用攀組兼拊杙383)?	줄을 잡고 오르고 말뚝에 몸을 붙일 필요가 있을까?
何用舐笔及含墨384)?	붓에 침을 적시고 종이에 먹물을 머금게 할 필요가 있나?
彼或遠學來匍匐385),	그들이 멀리 유학가 힘을 다해 신라로 돌아왔기에
我能靜坐降魔賊386).	내가 능히 고요하게 앉아 마음속의 적을 항복 받을 수 있었네.
莫抱意樹謾栽植387),	그릇되게 분별의 나무를 심지 말고
莫抱情田枉稼穡388),	삼독에 물든 마음으로 농사를 그르치지 말며

으로 각각 기록되어 있다. *상양上洋은 지명인 것 같다.

362) 협주: "《道經》云: '知其白, 守其黑, 爲天下式.'" 역주: "『노자』 제28장에 '그 흰 것처럼 밝지만 그 검은 것처럼 지키는 것이 천하의 법칙이 된다'라는 구절이 있다."

363) 협주: "徒爲世間法式." 역주: "도徒가 세간의 법식이 된다."

364) 협주: "(眞人)指佛也. 根本無明已斷, 故頭髮旋繞如螺, 故云眞人." 역주: "('진인' 은) 부처님을 가리킨다. 근본 무명을 이미 끊었고 머리카락이 소라고둥처럼 오른쪽으로 돌기에 진인이라 부른다." [역주자의 보충 해설] *'근본 무명'은 '지말 무명枝末無名'에 대비한 말. 모든 번뇌의 근본이 되는 번뇌로 깨닫지 못한, 미혹되고 망령된 마음을 말한다. 진여의 바다에 '최초로 일어나는 한 생각[念]'을 근본 무명이라 부른다. '근본 불각根本不覺', '무시 무명無始無明', '원품 무명元品無明'이라고도 한다.

365) 협주: "言難, 競智力也. 依仁云云, 只得能仁之用也. 知白云云, 只號寂默之體, 故豈能擬於兩足尊也?" 역주: "'난難'은 지혜의 힘을 (서로) 경쟁하는 것이다. 의인依仁 운운한 부분은 다만 부처님의 활용[用]을 체득했다는 것이다. 지백知白 운운한 부분은 그저 적묵의 본체[體]를 말할 뿐 어찌 능히 '부처님과 비교할 수 있겠는가?[비교할 수 없다]'라는 것이다."

莫抱恒沙論萬億[389],　　수행의 무수한 공덕을 많다 적다 논의하지
　　　　　　　　　　　　말고

莫挹孤雲定南北[390].　　지중 대사의 가르침을 남종선이니 북종선
　　　　　　　　　　　　이니 정하지 말라.

德馨[391]四遠聞薝蔔[392],　지중 대사의 덕행은 치자나무꽃 향기처럼
　　　　　　　　　　　　사방으로 퍼졌고

慧化一方安社稷[393],　　지혜로 한 지방을 교화한 것이 바로 나라를
　　　　　　　　　　　　안정시킨 것이며

面奉天花飄縷絨[394],　　어찰을 받들고 누더기를 펄럭이며 궁중에
　　　　　　　　　　　　들어가

---

366) 협주: "成廣子云: '自長安至中印度境五萬八千里, 西至拘尸羅五萬八千里也.' 道輝
如鏡也." 역주: "성광자가 '장안에서 중인도 국경까지는 5만 8천 리이며 서역에서
쿠시나가라까지는 5만 8천 리이다'라고 말했다. 진리가 마치 거울처럼 빛난다."

367) 협주: "見上洛宅注." 역주: "앞에 나온 낙택의 설명을 보라." [역주자의 보충 해
설] *석전 스님이 각주 23번에서 '남상락택濫觴洛宅'을 설명할 때 '촉동국燭東
國'의 의미를 밝혔다는 말이다.

368) 협주: "見上注." 역주: "앞의 설명으로 보라." [역주자의 보충 해설] *'계림鷄林'
이라는 말은 단락[7]의 ③에 나온다.

369) 협주: "補鰲山, 徐陵文 '鰲戴三山, 孰知其重?'《列子》云: '渤海之東有山, 隨波往還.
帝恐(山)流於西極, 失群仙之居, 使巨鰲十五擧首而戴之.'" 역주: "오산鰲山에 대
해 보충한다. 서릉이 지은 글에 '자라가 세 개의 산을 지고 있으나 누가 그 무게
를 알겠는가?'라는 문장이 있다. 『열자』「탕문湯問」편에 '발해의 동쪽에 산이
있는데 파도를 따라서 왔다 갔다 했다. 물에 휩쓸려 그 산들이 서쪽 끝으로
가버려 여러 신선이 거주하는 곳이 없어질까 염려한 천제天帝가 거대한 자라
15마리에게 고개를 들고 산들을 머리에 이게 했다'라는 내용이 있다." [역주자
의 보충 해설] *『열자』「탕문」편에 나오는 이야기에서 '중책을 맡고 있다'라는
의미의 '오대鰲戴'라는 성어가 나왔다. *서릉(徐陵, 507-583)은 남조 양梁·진陳

心憑水月呈禪拭395).   물에 비친 달에 의지해 마음에 대해 설법
                                      했네.

霍副往綿誰入棘396)?   떨어진 옷을 입고 머리 장식을 한 채 누가
                                      가시밭에 들어가겠는가?

腐儒玄杖慚摘埴397),   부패한 유학자의 지팡이로 대사의 행적을
                                      들추는 것은 부끄럽고

跡耀寶幢名可勒,   (지증 대사의) 발자취가 보배로운
                                      깃발처럼 빛나 이름을 새길만한데

才輪398)錦頌文難織399).   (최치원의) 재주가 아름다운 게송보다
                                      못해 글을 짓기 어렵도다.

시기의 정치가이자 시인이다. 자는 효목孝穆이며 『진서陳書』 권26 「열전 제10」
에 전기가 있다. 문집인 『서효목집徐孝穆集』(전 6권), 조비(曹丕, 187-220-266)
가 세운 위나라부터 양나라까지의 시들을 모아 편찬한 『옥태신영玉台新咏』(전
10권) 등이 남아 있다. *"鼇戴三山, 孰知其重."과 비슷한 구절이 북주(北周, 557-
581)의 유신(庾信, 513-581)이 지은 「사조왕뢰서대등계謝趙王賚犀帶等啓」에 있
는 "花開四照, 唯見其榮; 鼇戴三山, 深知其重."이다. 당나라의 이백(李白, 701-
762)이 지은 「회선가懷仙歌」에도 "巨鼇莫戴三山去."라는 구절이 있다.

370) 협주: 《書》云: '乃命羲仲, 宅嵎夷云云.'" 역주: "『서경』 「요전堯典」 편에 '천문天
文을 관찰하는 관리인 희중에게 우嵎족이 사는 동쪽으로 가 살라고 개별적으로
명령했다고 운운했다'라는 문장이 있다. [역주자의 보충 해설] *원문은 "分命羲
仲, 宅嵎夷, 曰暘谷. 寅賓出日, 平秩東作[천문을 관리하는 관리인 희중에게 우족
이 사는 동쪽의 양곡으로 가 거주하라고 개별적으로 명령했다. 그곳에 있으며
매일 해가 떠오를 때마다 제사 의식을 주관하고 백성들이 봄에 농사짓는 것을
살펴보게 했다]." *'평질平秩'에서 '평平'은 '구별하다', '질秩'은 '살펴보다'라
는 의미이다.

371) 협주: "案: '可憐, 嘆美詞; 迎日, 曦仲本職也. 更迎, 對堯時寅賓而更也. 佛日, 法
喩雙擧也. 佛光普照海域, 如日光之遍照也. 辨空色, 言老無而儒有, 佛日普皆辨明,

囂腹欲飫禪悅味,　　　　선 수행이 주는 맛있는 음식으로 굶주린

　　　　　　　　　　　　배를 채우고 싶으면

來向山中看篆刻400).　　희양산에 와 이 비명을 읽어보시라.

④ 右碑在慶尙道尙州牧102)*, 無年月崔致遠撰、釋慧江書, 當在唐
昭宗103)*時401). 現在聞慶郡曦陽山鳳巖寺104)*. ⑤ 芬皇寺釋慧
江書幷刻字, 歲八十三. 院主大德能善、通俊, 都唯那等, 玄逸、
長解、鳴善, 且越成碣105)*, 西▨106)*大將軍着紫金魚袋蘇判阿
叱彌, 加恩縣將軍熙弼, 當縣107)*▨刀淬治▨▨▨于德明. 龍德
四年108)*歲次甲申六月日竟建109)*.

故云也.'" 역주: "석전 스님의 생각: '가련可憐은 감탄하며 찬미하는 말이다. 영
일迎日은 희중의 본직이다. 갱영更迎은 요임금 당시 올렸던 제사 의식을 다시
했다는 것이다. 불일佛日은 진리와 비유 두 가지를 거론한 것이다. 부처님 가르
침이 바다와 육지를 두루 비추는 것이 마치 태양 빛이 전 세계에 골고루 비치는
것과 다르지 않다. 변공색辨空色은 도가道家, 노자는 무를 중시하고 유가儒家
는 유를 중시하나 불교의 가르침은 널리 모두 분명하게 밝히므로 변공색이라
말했다.'" [역주자의 보충 해설] *'요시堯時'는 '(하夏나라를 세운) 요임금 당시'
라는 의미이다. '인빈寅賓'의 인寅은 존경[敬]·환영[迎]을, 빈賓은 손님을 의미
한다. 그러나 여기서는 해가 떠오를 때 올리는 '제사祭祀 의식'을 말한다. '빈
賓'자는 '빈賓'자의 이체자이다. *'雙'자는 '쌍雙'자의 이체자이다. *'법유法喩'
와 관련해 원나라 문재(文才, 1241-1302) 스님이 찬술한 『조론신소유인肇論新疏
游刃』(권하)[WX54, 322a18]에 "以喩顯法[비유로 진리·가르침을 드러냈다]."이라
는 설명이 있다. 여기서는 진리[法]와 비유[喩]를 말한다.

372) 협주: "(階城)謂東城西階也." 역주: "('계척階城'은) 동쪽 층계와 서쪽 계단을 말
한다."

373) 협주: "洫音革, 田間水道也. 卽深廣八尺曰洫, 四尺曰溝. 案: '敎門, 三敎之門也.
從此, 約法來後說也. 分階城, 佛敎西方賓位, 故猶賓則迎之西階也. 儒老東方主位,

④ 이 비는 경상도 상주목에 있고 세워진 날짜가 없으며 글은 최치원이 짓고 글씨는 혜강 스님이 썼는데 당나라 소종 때이다. 현재의 문경군 희양산 봉암사이다.

⑤ 분황사 혜강 스님이 비명의 글씨를 쓰고 글자를 새겼는데 이때 나이가 83세였다. 원주이자 대덕인 능선 스님, 원주이자 대덕인 통준 스님, 도유나 스님 등 그리고 현일 스님, 장해 스님, 명선 스님 등과 신도들이 비갈을 만들었으며, 서*대장군으로 자금어대를 착용한 소판 '아질미'와 가은현 장군 희필, 관산현의 ***가 덕명에 ******. 용덕 4년 갑신년[924] 6월 일에 비 건립을 마쳤다.

故猶主則讓之東城, 以法體尊(西)卑(東)論也. 言路, 言佛法流通之言路也. 理溝洫, 在之處處各理心田之溝洫也. 或溝洫, 喩大小乘之分界也. 義亦得.'" 역주: "洫의 음은 혁革이며 밭 사이의 작은 도랑[물길]을 가리킨다. 깊이와 넓이가 8척이면 혁洫이라 하고 4척이면 구溝라 한다. 석전 스님의 생각: '교문教門은 불·유·도 삼교의 가르침이다. 종차從此는 진리의 견지에서 뒤에 설명한다. 분계척分階城은 불교는 서방에서 왔기에 손님의 입장이다. 따라서 마치 손님을 영접해 서쪽 계단에 배치한 것과 같다. 유가와 도가는 동방에서 발생했기에 주인의 입장이다. 따라서 마치 주인이 손님에게 자리를 양보해 동쪽 층계에 있는 것과 같다. 진리의 본체[法體]의 견지에서 서쪽을 높이고 동쪽을 낮추었다. 언로言路는 부처님 가르침이 퍼지는 말씀의 길을 말한다. 이구혁理溝洫은 곳곳에 있는 이치와 마음의 봇도랑을 말한다. 혹 구혁溝洫을 대승과 소승의 분계를 비유한 것으로 여겨도 의미는 마찬가지로 통한다.'" [역주자의 보충 해설] *'사詞'에 나오는 글자들을 석전 스님이 하나씩 설명한 것이다.

374) 협주: "《戰國策》云: '馮驩曰, 狡兔有三窟, 僅免身死.' 孟嘗君曰: '三窟已就, 高枕爲樂.' 案: '當時學者, 或依三乘兔窟, 未息心猿. 此識三敎義學之徒, 昧却本心之活路也.'" 역주: "『전국책』「제책齊策 4四」편에 다음과 같은 대화가 있다. '풍환이 "교활한 토끼는 굴을 세 개나 갖고 다만 죽음을 면할 뿐입니다."라고 말했다.

맹상군이 "세 개의 굴이 이미 마련되었으면 베개를 높이 베고 즐거움을 누리겠습니다."라고 응대했다.' 석전 스님의 생각[案]: '당시 불교를 익히는 사람들이 혹 "삼승의 토끼 굴"에 의지해 원숭이처럼 이리저리 날뛰는 마음을 안심시키지 못했다. "신의토굴심난식身依兎窟心難息"이라는 이 구절은 불佛·유儒·도道의 교리를 배우는 사람들이 본래면목을 찾는 생생한 길을 잃어버린 것을 나무란 것이다.'" [역주자의 보충 해설] *협주의 인용문은 원문을 축약·인용한 것이다. 원문은 다음과 같다. "馮諼曰: '狡兎有三窟, 僅得免其死耳. 今君有一窟, 未得高枕而臥也. 請爲君復二窟.' …… 廟成, 還報孟嘗君曰: '三窟已就, 君姑高枕爲樂矣.' …." *협주의 인용문은 풍환과 맹상군의 대화로 되어 있으나 원문에 따르면 두 구절 모두 풍환이 맹상군에게 한 말이다. *풍환馮驩이 바로 풍환馮諼이다. 전국시대 제齊나라 사람으로 맹상군孟嘗君의 식객食客으로 있으며 많은 공을 세웠다. *심원心猿은 원숭이처럼 이리저리 날뛰는 마음을 가리킨다.

375) 협주: "(羊岐)用《列子》, 多岐路亡羊. 見上註. 案: '當時律師, 或有雖持戒禁, 眼醉多門, 不辨心性之一路, 故譏之有其足而無其目也.'" 역주: "('양기'는)『열자』에 나오는 고사로 갈림길이 많아 양을 잃어버린 것을 말한다. 앞의 설명을 보라. 석전 스님의 생각: '당시 율사들이 있어도 간혹 계금취견을 견지하고 이곳저곳 기웃거리는 것에 취해 본성을 찾는 하나의 참다운 길을 구별하지 못했다. 그래서 발은 있어도 눈은 없다고 나무란 것이다.'" [역주자의 보충 해설] *'다기망양多岐亡羊'은『열자』「설부說符」편에 나오는 이야기이다. *'계금취견戒禁取見'은 '그릇된 계율이나 금지 조항을 바른 것으로 간주해 거기에 집착하는 것'을 가리킨다. 반면 그릇된 견해를 바른 것으로 간주해 거기에 집착하는 것을 '견취견見取見'이라 한다. 둘은 다섯 가지 그릇된 견해인 '오견五見'에 포함된다. 심신心身에 실체적 자아가 있다고 보는 유신견有身見, 극단적인 견해에 치우친 변집견邊執見, 원인과 결과는 없다고 생각하는 사견邪見 등에다 견취견, 계금취견 등을 더해 오견이라 한다. 내가 존재한다고 여기는 '아견我見'과 나의 소유물이 있다고 생각하는 '아소견我所見'은 유신견에, 만물[諸法]은 항상 존재한다는 '유견有見·상견常見'이나 만물은 단절된다는 '무견無見·단견斷見' 등은 변집견에 각각 포함된다.

376) 협주: "(眞極)心傳, 達摩西來之法也. 詖音卑, 辨論也. 即揚眉瞬目處, 無言會得底道理也. 前句中, 迷惑之心眼始得, 傳禪心法了達." 역주: "('진극眞極'은) 마음을 전한 것으로 달마 대사가 서쪽에서 갖고 온 가르침이다. '詖'자의 음은 '피'이며 '판별해 논의한다'라는 뜻이다. 이것이 바로 눈썹을 움직이고 눈을 깜빡거리는 곳에서 말없이 체득하는 도리이다. 앞 구절[法海安流直叵測]을 통해 미혹된

마음의 눈에서 비로소 깨어났고 (心傳眼誐包眞極에서) 선을 전해 마음의 법에 통달했다[통달하도록 했다]." [역주자의 보충 해설] *'誐'자의 훈·음은 '치우칠 피'이다.

377) 협주: "《莊子》云: '黃帝游乎赤水之北, 遺其玄珠. 使知者離朱等索之而不可得. 乃使象罔(無心), 象罔得之. 黃帝曰: "異哉! 象罔乃可以得之乎?"'" 역주: "『장자』「천지天地」편에 다음과 같은 구절이 있다. '황제가 적수의 북쪽에서 노닐다가 현묘한 구슬을 잃어버렸다. 지자知者와 이주離朱 등에게 구슬을 찾도록 했지만 찾지 못했다. 이에 상망象罔에게 찾게 했더니 상망이 찾아왔다. 황제가 "기이하도다! 상망이 현묘한 구슬을 찾다니?"'" 두주頭注: "《列子》誤. 諸本皆《莊》, 然檢《莊》無有故." 역주: "('《莊子》云'은) 『열자』의 오기이다. 여러 필사본에 모두 『장자』로 기재되어 있지만 『장자』에 찾아보니 없기 때문이다." [역주자의 보충 해설] *'두주'의 설명은 잘못된 것 같다. 『장자』「천지」편에 나오는 내용이다. *'상망象罔'은 가공의 인물로 '형체를 갖지 않고 인간의 감각이나 지각으로는 포착할 수 없는 존재'를 의인화한 것이다. 원문은 다음과 같다. "黃帝遊乎赤水之北, 登乎崑崙之丘, 而南望還歸, 遺其玄珠. 使知索之而不得, 使離朱索之而不得, 使喫詬索之而不得也. 乃使象罔, 象罔得之. 黃帝曰: '異哉! 象罔乃可以得之乎?'[황제가 적수의 북쪽에서 노닐 때 곤륜산에 올라 남쪽을 바라보고 돌아오다 현묘한 구슬을 잃어버렸다. 지知에게 구슬을 찾게 했지만 찾지 못했고, 이주離朱에게 구슬을 찾게 했지만 찾지 못했고, 개후喫詬에게 찾게 했으나 찾지 못했다. 이에 상망象罔에게 찾게 했더니 상망이 찾아왔다. 황제가 '기이하도다! 상망이 현묘한 구슬을 찾다니?'라고 말했다]"

378) 협주: "《范史》云: '杜密去官還家, 謁守令多陳托. 同郡劉勝, 亦去官歸, 無所干及, 潁川太守王昱疑之, 密曰: "勝見禮上賓, 而知善不薦, 聞惡不言, 自同寒蟬, 此罪人也. 我使明府, 賞罰得中, 令聞不休."' 案: '麟聖至拗力, 配看三敎以下文. 十萬至東國, 配看隕星, 佩日文. 鷄林至眼惑, 配東表, 鼎敎節. 法海至蟬默, 配止水停漪節. 直囘測, 爲世未知義. 得, 默二句, 釋上眞極義. 上句有傳受, 中無傳受, 下句無言說而有言說.'" 역주: "『후한서』에 다음과 같은 기록이 있다. '두밀은 관직을 그만두고 집으로 돌아가 태수·현령을 찾아가 여러 번 부탁했다. 같은 고을 출신의 유승 역시 관직을 그만두고 귀향했으나 누구와도 왕래하지 않았다. 영천태수 왕욱이 의심하자 두밀이 "유승은 귀한 손님과 같은 대접을 받았습니다. 그러나 훌륭한 사람을 보아도 천거하지 않고 나쁜 사실을 들어도 말하지 않으며 자신을 울지 않는 매미와 같은 부류로 만드는 이 사람은 죄인일 뿐입니다. 나는 태수에게 상과 벌을 합당하게 내리라고 말씀드리고 명성을 들으면 널리 퍼지게

끔 노력합니다."라고 말했다.' 석전 스님의 생각: '인성에서 추력까지는 삼교 이
하의 문장과 짝지어 보라. 십만에서 동국까지는 운성과 패일이라는 문장과 짝지
어 보라. 계림에서 안혹까지는 동표와 정교라는 구절과 짝이 된다. 법해에서 선
묵까지는 지수정의라는 구절과 짝이 된다. 직파측은 세미지世未知의 의미이다.
득과 묵으로 끝나는 (사詞의) 두 구절은 바로 앞 구절에 나오는 진극을 설명한
것이다. 앞 구절[心傳眼誠包眞極]에는 전함[傳]과 받음[受]이 있고, 가운데 구절
[得之得類罔象得]에는 전함과 받음이 없으며, 뒤 구절[默之默異寒蟬默]에는 말이
없으나 말이 있다.'" [역주자의 보충 해설] *'범사范史'는 남조 송나라(宋, 420-
479) 때의 사학자인 범엽(范曄, 398-445)이 편찬한 『후한서後漢書』를 말한다.
*'두밀'의 자는 주보周甫로 후한의 명신名臣이다. 후한 영제(靈帝, 156-168-
189) 때인 169년 발생한 제2차 '당고黨錮의 화禍'를 당해 자살했다. 친한 친구
였던 이응(李膺, 110-169) 역시 이때 죽었다. '당고의 화'는 후한 환제(桓帝,
132-146-167)·영제 당시 환관들의 부정과 부패를 계기로 환관과 관료 사이에
벌어졌던 당쟁黨爭을 말한다. 승리한 환관들이 '당인黨人'으로 지목된 사대부
[유학자]들의 관리 등용을 금지한 사건이다. 제1차 '당고의 화'는 166-167년 발
생했으며 제2차 '당고의 화'는 169년에 일어났다. 일반적으로 환관 편에 가담한
인사를 '당우黨羽'로, 사대부 측에 가담한 인물들을 '당인黨人'이라 각각 부른
다. *『후한서』 권97 「당고열전黨錮列傳 제57」에 두밀의 전기가 있다. 원문은 다
음과 같다. "後密去官還家, 每謁守令, 多所陳托. 同郡劉勝, 亦自蜀郡告歸鄕里,
閉門埽軌, 無所幹及. 太守王昱謂密曰: '劉季陵清高士, 公卿多擧之者.' 密知昱激
己, 對曰: '劉勝位爲大夫, 見禮上賓, 而知善不薦, 聞惡無言, 隱情惜己, 自同寒蟬,
此罪人也. 今志義力行之賢而密達之, 違道失節之士而密糾之, 使明府賞刑得中, 令
問休揚, 不亦萬分之一乎?' 昱慚服, 待之彌厚[나중에 두밀은 관직을 그만두고 집
으로 돌아갔으나 매번 태수·현령을 만날 때마다 부탁했다. 같은 고을 출신의
유승 역시 촉군에서 관직을 그만두고 귀향했으나 집의 문을 닫고 청소만 할 뿐
누구와도 왕래하지 않았다. 태수 왕욱이 두밀에게 '유승은 맑고 고귀한 분이며
공경公卿들이 그를 많이 천거합니다'라고 말했다. 두밀은 왕욱이 자기를 격동
시키려 한다는 것을 알고는 말했다. '유승은 대부大夫의 위치에 있으며 귀한 손
님과 같은 대접을 받습니다. 그러나 훌륭한 사람을 보아도 천거하지 않고 나쁜
사실을 들어도 말하지 않으며 감정을 숨기고 자기 몸만 살핍니다. 자신을 울지
않는 매미와 같은 부류로 만드는 이 사람은 죄인일 뿐입니다. 지금 의로운 일을
지향하고 선을 행하는 사람을 저[두밀]는 천거하고, 도의에 어긋나고 절개를 잃
은 사람을 저는 규탄하며, 태수께서 상과 벌을 합당하게 내리라고 말씀드리고,

명성을 들으면 널리 퍼지게끔 노력하는데 이것이 만분의 일의 역량을 다하는 것 아니겠습니까?' 말을 들은 왕욱은 부끄러워하고 감탄하며 두밀을 더욱 후하게 대접했다." *명부明府는 '명부군明府君'의 약칭으로 태수나 현령을 높여 부르는 말이다.

379) 협주: "案: '義則未行道, 故云垂翅. 陟則向南岳而度二王, 故云展翼.《傳燈錄》洪陟嗣有興德宣康二王.'" 역주: "도의 선사[義]는 선의 가르침을 펴지 않았기에 수시垂翅라고 말했다. 척은 바로 남악 홍척 선사로 두 왕에게 가르침을 전했기에 전기展翼라고 말했다(『전등록』에 홍덕왕과 선강왕은 홍척 선사의 제자라는 기록이 있다)."

380) 협주: "《莊子》「養生主」云: '適來夫子時也, 適去夫子順也. 安時而處順, 哀樂不能入.' 案: '時來即生還意, 配珠還節也. 蓋諸師還, 故國大揚禪風, 故下句云禪河無壅塞. 若劍化諸師, 未能東故利他, 故銘中不用也. 智者, 宜詳之也.'" 역주: "『장자』「양생주」편에 '때마침 세상에 태어난 것은 태어날 때였기 때문이고 때마침 세상을 떠난 것은 갈 때였기 때문이다. 태어남을 편안하게 맞이하고 죽음을 순순히 따르면 슬픔이나 즐거움 따위의 감정이 그 안에 들어갈 수 없다'라는 문장이 있다. 석전 스님의 생각: '시래時來는 바로 살아 돌아오다라는 의미로 주환珠還이라는 구절과 짝이 된다. 무릇 여러 선사가 신라로 돌아왔기에 선풍이 신라에 크게 선양되었다. 그래서 바로 다음 (사詞의) 구절에 선하무옹색禪河無壅塞이라 말했다. 만약 여러 선사가 중국에 남았다면 신라로 돌아와 이타행을 펼치지 못했을 것이므로 비명碑銘에 쓰이지 못했을 것이다. 지혜로운 사람은 당연히 자세하게 알리라.'" [역주자의 보충 해설] *'검화劍化'는 중국에 공부하러 간 스님들이 (중국에 머무르고) 신라로 돌아오지 않았음을 표현한 말이다. 각주 88번 참조. *'故'자는 '歸'자의 약자이다.

381) 협주: "(賨)音尺.《玉篇》云: '(賨)從人求物也.' 無息賒, 有息財. 案: '珠探句, 類彼認衣珠、罷窺玉等語.'" 역주: "(賨자의) 음은 척이다. 『옥편』에 '(賨자는) 사람으로부터 물건을 구하는 것이다'라고 나온다. 이자 없는 돈으로 산 물건, 이자 있는 돈으로 산 물건. 석전 스님의 생각: '주탐珠探으로 시작되는 구절은 "옷 속의 보배를 파악한다."와 "몰래 엿보는 것을 그만둔다." 등과 같은 종류의 말이다.'" [역주자의 보충 해설] *'賨'자의 음音·훈訓는 '빌릴 특'이다. *'의주衣珠'는 『묘법연화경』권 제4「오백제자수기품五百弟子授記品」에 나오는 비유이다. "世尊! 譬如有人至親友家, 醉酒而臥. 是時親友官事當行, 以無價寶珠繫其衣裏, 與之而去. 其人醉臥, 都不覺知. 起已遊行, 到於他國. 爲衣食故, 勤力求索, 甚大艱難; 若少有所得, 便以爲足. 於後親友會遇見之, 而作是言: '咄哉, 丈夫! 何爲衣食乃至如是?

我昔欲令汝得安樂、五欲自恣, 於某年日月, 以無價寶珠繫汝衣裏. 今故現在, 而汝不知. 勤苦憂惱, 以求自活, 甚爲癡也. 汝今可以此寶貿易所須, 常可如意, 無所乏短.'[세존이시여! 비유하자면 이렇습니다[다음과 같습니다]. 어떤 사람이 친구의 집을 찾아가 술이 만취되어 누웠는데, 그때 그 집 친구는 볼일이 있어 집을 나가며 값을 매길 수 없는 귀중한 보배를 그의 옷 속에 넣어 두고 갔지만 술에 취한 친구는 그것을 전혀 몰랐습니다. 잠에서 깨어 멀리 다른 나라에까지 이르렀습니다. 그곳에서 먹고 입는 것[衣食]을 얻느라 고생을 무척 많이 했으며 조그만 소득이 있어도 그것에 만족하며 살았습니다. 그 후 친구가 우연히 그를 보고 이렇게 말했습니다. '아이고! 친구여 먹고 입는 것이 어떻게 이 지경이 되었는가? 내가 옛날 네가 안락하고 다섯 가지 즐거움을 즐길 수 있도록, 어느 해 어느 달 어느 날 네가 찾아왔을 때, 값을 매길 수 없는 귀중한 보배를 너의 옷 속에 넣어 주었다. 지금도 그대로 있을 것이다. 네가 그것도 모르고 의식을 구하기 위해 고생하고 번뇌하며 구차하게 살고 있으니 참으로 안타깝구나. 네가 이제 이 보물로 필요한 것을 사면 항상 원하는 대로 되어 모자람이 없을 것이다']" *'규옥窺玉'은 '규송窺宋'과 같은 뜻의 말. '규옥'은 '여자가 마음속으로 사랑하는 남자를 몰래 엿보는 것'을 말한다. *『옥편玉篇』은 위진남북조시대 남조 양나라(梁, 502-557)의 고야왕(顧野王, 519-581)이 편찬한 사전류의 책이다. 원본은 전하지 않고 집록본輯錄本이 현존한다.

382) 협주: "案: '十二因緣, 即六異六是者也. 就中六異, 宿熏所發爲因; 六是, 現前行業緣也. 一句總括.'" 역주: "석전 스님의 생각: '십이인연은 바로 지증 대사의 생애에 나타났던 여섯 가지 기이한 감응[六異]과 여섯 가지 지조ㆍ행실[六是]이다. 여섯 가지 기이한 감응은 과거에 훈습된 것이 나타나 인因이 되었으며, 여섯 가지 지조ㆍ행실[六是]은 현재 행한 행동[業]이 연緣이 되어 나타났다. 한 구절로 육이六異와 육시六是를를 총괄했다.'"

383) 협주: "「曇無竭傳」云: '過龜玆沙勒諸國, 登葱嶺度雪山. 障氣千重, 層冰萬里, 下有大江, 水急若箭. 於東西兩山之脇, 係索爲橋. 十人一過, 到彼岸已, 擧煙爲識. 後人見煙, 知前已到, 方得更進. 若久不見煙, 則知暴風吹索, 人墮江中. (擧烟召伴) 行經三日, 復過大雪山. 懸崖壁立, 無安足處. 石壁皆有故杙孔, 處處相對. 人各執四杙, 先拔下杙, 手攀上杙. 展轉相代, 三日方過, 乃到平地. 至罽賓國(附杙傳身).' 按「般若燈論序」有云: '中天竺國, 三藏法師, 波頗蜜多羅, 唐言明友(中略), 故能附杙傳身, 擧煙召伴, 冒氷霜而越葱嶺, 犯風熱而渡沙河. 時積五年, 途經四萬, 以大唐貞觀元年丁亥十一月二十日, 頂戴梵文, 至止京輦'云云. 無竭傳與波頗蜜多羅三藏, 所紀行大同, 而前師往西域, 故擧煙節. 先之後師, 來東夏, 故附杙節先之耳. 又

見《法顯傳》及《玄奘記》, 皆叙葱嶺及流沙, 險阻蓋類此." 역주: "「담무갈전」에 다음과 같은 기록이 있다. '구자국과 사륵국 등 여러 나라를 지나 파미르고원에 올라 설산雪山을 넘었다. 독기[障氣]는 천 겹이고, 층층이 쌓인 빙설은 만 리이며, 아래로는 큰 강이 있었는데 강물이 쏜살같이 흐르고 있었다. 동쪽과 서쪽의 두 산허리에 굵은 줄을 매어 다리로 삼았다. 열 사람이 한 번에 건너 저쪽 기슭에 도착해 연기를 피워 표시로 삼았다. 뒷사람은 연기를 보고 앞사람이 이미 도착했음을 알고 비로소 다시 나아갔다. 오랫동안 연기가 보이지 않으면 사나운 바람에 줄이 흔들려 사람이 강물 속에 떨어진 것으로 알았다. (연기를 피워 도반을 불렀다) 걸은 지 3일이 지나 다시 대설산大雪山에 올랐다. 깎아지른 듯한 절벽 어디에도 안전하게 발 디딜 곳이 없었다. 절벽에는 모두 곳곳에 오래된 말뚝 구멍이 서로 마주 대하고 늘어서 있었다. 한 사람이 각각 네 개의 말뚝을 쥐고, 먼저 아래의 말뚝을 뽑아 손으로 위의 말뚝을 더위잡고 기어올랐다. 계속 서로 바뀌가며 기어올라 하루 만에 가까스로 지나 평지에 도착했다. 계빈국에 도착했다(말뚝에 몸을 붙여 몸을 돌리며 나아갔다).' 「반야등론서」에 다음과 같은 문장이 있다. '중천축국中天竺國의 삼장법사 바파밀다라波頗蜜多羅 스님은 당나라 말로 명우明友라 한다. (중략) 그리하여 말뚝에 몸을 붙여 (몸을) 돌리며 (앞으로) 나아가고, 연기를 피워 도반을 부르는 고행을 하고, 얼음과 서리를 무릅쓰고 파미르고원을 넘고, 바람과 열을 이겨내고 타클라마칸 사막을 건넜다. 5년 동안 4만 리를 걸어 당나라 정관 원년[627] 정해년 11월 20일 머리에 산스크리트어로 된 경전을 이고 장안에 도착했다.' 담무갈 스님과 바파밀다라 삼장이 여행 중 느낀 점을 기록한 내용은 거의 같다. 담무갈 스님은 서역으로 갔기에 연기를 피워 올렸다[擧煙]는 구절에 부합된다. 바파밀다라 스님은 중국으로 왔기에 말뚝에 몸을 붙였다[附杙]는 구절과 어울린다. 『법현전』과 『대당서역기』 등에 파미르고원과 타클라마칸 사막에 관한 기록이 있는데 (지세가) 험준하고 가파른 것이 (이것과) 비슷하다." [역주자의 보충 해설] *인용문은 『고승전』 권 제3 「석담무갈전釋曇無竭傳」에 있는 내용이다. *인도의 용수(龍樹, 대략 150-250) 논사가 지은 『중론中論』을 인도의 청변淸辨 논사가 해설한 책이 바로 『반야등론(석)般若燈論(釋)』이다. *『반야등론(석)서』를 지은 혜색(慧賾, 579-636) 스님은 당나라 시대의 스님으로 『속고승전』 권 제3에 전기가 있다. *『현장기玄奘記』는 『대당서역기大唐西域記』를 가리킨다.

384) 협주: "《莊子》「田子方」篇云: '宋元君將畫圖, 衆史皆至, 受揖而立, 舐筆和墨, 在外者半. 一史後至, 儃儃然不趨, 受揖不立, 因之舍. 公使人視之, 則解依般磚臝. 君曰: "可矣! 是眞畫者也.""" 역주: "『장자』「전자방」 편에 다음과 같은 이야기가 있

다. '송나라 임금이 그림을 그리려고 하자 여러 화공이 도착해 (송나라 임금의) 읍을 받고 서서 붓에 침을 바르고 먹을 탔는데 (들어오지 못하고) 밖에 있는 사람이 절반이 넘었다. 어떤 화공 한 명이 늦게 이르러 느긋하게 걸으며 읍을 받고도 서지 않고 집 안으로 들어갔다. 송나라 임금이 사람을 시켜 보게 했더니 (그 화공은) 옷을 벗고 벌거벗은 채로 앉아 있었다. 송나라 임금이 "그래! 이 사람이 진정한 화가다."라고 말했다.'" [역주자의 보충 해설] *磭자의 훈 · 음은 '뒤섞일 박'이며 贏자의 훈 · 음은 '벌거벗을 라나' 이다.

385) 협주: "《莊子》云: '且子獨不聞夫壽陵餘子之學行於邯鄲與, 未得國能, 又失其故行矣. 直匍匐而歸耳.' 又《詩》云: '凡民有喪, 匍匐救之.'" 역주: "『장자』「추수」편에 '또 자네는 저 수릉의 젊은이가 조趙나라 서울 한단에 가서 큰 도시풍의 걸음걸이를 배웠다는 이야기를 들은 적이 있겠지. 젊은이가 큰 도시풍의 걸음걸이를 다 배우기도 전에 옛 걸음걸이마저 잊어버려 결국 다만 기어서 고향으로 돌아갈 수밖에 없었다' 라는 내용이 있다. 또한 『시경』「패풍邶風 · 속풍俗風」에 '이웃에 어려운 일이 생기면 힘을 다해 구하러 간다' 라는 구절이 있다." [역주자의 보충 해설] *'수릉壽陵'은 전국시대 연燕나라의 수도. '여자餘子'는 성년이 되지 않은 젊은이를 말한다. 『장자』의 이 이야기에서 '함부로 남의 흉내를 내면 자기의 장점까지 잃게 된다' 라는 뜻의 '한단지보邯鄲之步', '한단학보邯鄲學步' 라는 말이 생겼다. *『시경』의 포복이 '힘을 다해' 라는 뜻이라면 『장자』의 포복은 '기어서 가다' 라는 의미. 같은 포복이라도 함의含意가 조금 다르다.

386) 협주: "案: '彼或云, 言上文朗 · 行兩師, 遠學中國時, 道不亨, 不憚險途, 浮海東還, 故云來匍匐. 又或指朗 · 行兩師, 西游得法也. 來匍匐浮海東還, 以救喪性之衆生也. 我能云云, 因彼還, 國師能坐而得道.'" 역주: "석전 스님의 생각: '피혹은 앞 구절에 나온 법랑 선사와 신행 선사가 멀리 중국으로 배우러 갈 때 길이 순조롭지 못했다. (가는 길이) 위험할 뿐만 아니라 배를 타고 동해를 건너 (신라로) 돌아왔기에 내포복來匍匐이라 했다. 혹은 법랑 선사와 신행 선사가 중국에서 공부하고 진리를 체득했다. (그런 후) 힘을 다해 바다를 건너 신라로 돌아와 본성을 잃은 중생들을 구제한 것을 가리킨다. 아능 운운한 것은 법랑 선사와 신행 선사 같은 분들이 돌아왔기에 지증 대사는 신라에서 깨달음을 체득할 수 있었(음을 말한)다.'"

387) 협주: "《老子》云: '木强則兵. 强大處下, 柔弱處上.' 「註」: '共拱通扖也.' 案: '莫把云云四句, 皆戒他之辭. 而意樹句, 配降生節, 此戒佩韋者語也. 觀之於樹, 當用柔善之道, 不可養成其强大嚚業也.'" 역주: "『노자』제76장에 '나무가 강하면 꺾이고 만다. 강대한 것은 아래에 있고 유약한 것은 위에 있다' 라는 구절이 있다.

「주註」에 '모두 수수방관하면 어지러워진다'라고 설명되어 있다. 석전 스님의 생각: '막파 운운한 4구는 다른 사람을 훈계하는 말들이다. 그런데 의수로 시작하는 구절은 강생으로 시작되는 문장과 짝이 되며 이것은 패위자를 훈계한 말이다. 나무를 살펴 마땅히 부드럽고 좋은 가르침을 활용해야지 강대한 의업意業을 키워서는 안 된다는 것이다.'

388) 협주: "《禮記》云: '聖王脩義之柄, 以治人情. 人, 情者也.'《莊子》云: '昔予爲禾, 耕而鹵莽之, 則其實亦鹵莽而報予; 芸而滅裂之, 則其實亦滅裂而報余.' 案: '情田者, 配宿習、孝感二節. 此戒舐犢者語也. 民爲聖王之精田, 子爲慈母之情田. 孟母有三遷之教, 而佛子示踰城之相, 因緣所感, 如水必東也.'" 역주: "『예기』「예운禮運」편에 '성왕聖王은 의로움이라는 수단을 강화해 사람의 마음을 다스린다. 사람은 마음을 가진 존재다'라는 구절이 있다. 『장자』「즉양則陽」편에 '나는 옛날 벼농사를 지은 적이 있는데 거칠게 함부로 지었더니 벼의 알갱이 역시 거친 열매로 나에게 보답했고 아무렇게나 김을 맸더니 그 벼의 알갱이 역시 아무렇게나 맺혀 나에게 보답했습니다'라는 문장이 있다. 석전 스님의 생각: '정전이라는 구절은 숙습・효감이라는 두 문장과 짝이 된다. 이것은 지독자를 훈계한 말이다. 백성은 성스러운 왕이 정성을 다하는 밭이고, 아들은 자애로운 어머니가 정성을 다하는 밭이다. 맹자의 어머니는 아들을 위해 세 번이나 이사했다. 부처님이 성을 넘어 출가하는 모습을 불자들에게 보인 것은 인연에 감응한 것으로 마치 물이 반드시 동쪽으로 흐르는 것과 같다.'" [역주자의 보충 해설] *『예기』「예운」편의 원문은 다음과 같다. "故聖王脩義之柄, 禮之序, 以治人情. 故人情者, 聖王之田也[그러므로 성왕은 의로움이라는 수단과 예禮라는 질서를 강화해 사람의 마음을 다스린다. 따라서 사람의 마음은 성왕이 경작하는 밭이다]."

389) 협주: "案: '恒沙句, 配律身節. 此戒緇廥者語也. 莫把云云, 飜.' 案: '常途之恒沙功行, 不及持經功德之萬分也. 大師之修行, 稱無住相故耳.'" 역주: "석전 스님의 생각: '항사로 시작되는 구절은 율신이라는 문장과 짝이 된다. 이것은 온분자를 훈계한 말이다. 막파 운운한 구절은 뒤집는 것이다.' 석전 스님의 생각: '일상적인 수행의 무수한 공덕행은 경전을 지니는 공덕의 만분의 일에도 미치지 못한다. 지증 대사의 수행을 집착 없는 모습無住相이라 부르는 것도 이 때문이다.'"

390) 협주: "案: '孤雲句, 配看垂訓節. 此戒墊巢者語也. 孤雲, 比無住之一身. 定南北, 指定處所也. 言大師之或南或北, 實無住相耳.'" 역주: "석전 스님의 생각: '고운으로 시작되는 구절은 수훈이라는 문장과 짝을 지어 보라. 이것은 영소자를 훈계한 말이다. 고운은 집착 없는 지증 대사의 몸을 비유적으로 표현한 것이다. 정남북은 특정한 장소를 가리킨다. 지증 대사에 대해 "남종선에 속한다." 혹은 "북

종선北宗禪에 속한다."라고 말들을 하지만 사실 대사는 어디에도 집착하지 않는 모습 그 자체이다.'"

391) 협주: "《書》云: '黍稷非馨, 維德是馨.'" 역주: "『서경』「주서周書·군진君陳」편에 '기장[黍]과 피[稷]에는 이 향기가 없으며 오직 밝은 덕에만 이 향기가 있다'라는 문장이 있다." [역주자의 보충 해설] *『서경』의 원문은 다음과 같다. "黍稷非馨, 明德惟馨."

392) 두주頭注: "補薝蔔, 花名, 此云黃色.《維摩經》云: '惟聞薝蔔之香.' 陸龜蒙詩云: '薝蔔冠諸香.'" 역주: "담복에 대해 보충한다. 이것은 꽃 이름이며 황색이라고 한다. 『유마경』에 '오직 치자나무꽃의 향기를 맡는다'라는 구절이 있다. 육구몽의 시에 '치자나무꽃의 향기가 여러 향기 가운데 제일이다'라는 구절이 있다." [역주자의 보충 해설] *육구몽(?-881)은 당나라 시대의 인물로 사대부 집안에서 태어났으나 평생 농사를 지으며 살다 간 사람이다. 시를 많이 남겼다. 인용문의 시는 「봉화습미 초하 유능가정사 차운奉和襲美初夏游楞伽精舍次韵」이라는 긴 시[長詩]의 제17행으로 원문은 "薝蔔冠諸香"이다. *'차운次韻'은 다른 사람의 시에 사용된 운자韻字의 순서를 바꾸지 않고 그대로 사용해 시를 짓는 것을 말한다. *'담복薝蔔'을 '담복薝卜[zhan1bo2]'이라고도 한다. 산스크리트어Campaka를 음역한 말. 담복가瞻卜伽, 전파가旃波迦, 담파瞻波 등으로 음역한다. 의역해 '울금화郁金花' 혹은 '치자나무꽃[梔子花]'이라 부른다.

393) 협주: "案: '德馨句, 配看四飛節. 慧化句, 配看食萁節. 言師化一方野寇, 亦能安一國社稷也.'" 역주: "석전 스님의 생각: '덕형으로 시작하는 구절은 사비라는 문장과 짝을 지어 보라. 혜화로 시작하는 구절은 식심이라는 문장과 짝을 지어 보라. 지증 대사가 한 지역의 도적들을 교화했어도 이것 역시 한 나라의 사직을 안정시킨 것임을 말했다.'"

394) 협주: "即縷褐行裝." 역주: "거친 옷을 입은 차림이다."

395) 협주: "(禪拭)以巾拭垢也. 即禪門拭心之言. 案: '面奉句, 配看琅函節. 心憑句, 問心月池節. 天花, 指御札也. 飄縷拭, 指具衣入宮事, 言其衣袂翩然飄搖故也.'" 역주: "(선식은) 수건으로 떼를 닦은 것으로 바로 마음을 닦는 선문禪門의 설법이다. 석전 스님의 생각: '면봉으로 시작하는 구절은 낭함이라는 문장과 짝을 지어 보라. 심빙으로 시작하는 구절은 문심월지라는 문장과 짝을 지어 보라. 천화는 임금의 편지를 가리킨다. 표루식은 승복을 갖춰 입고 궁중에 들어간 일을 가리키며 옷소매가 바람에 나부껴 이리저리 흔들렸기 때문이다.'"

396) 협주: "《博物志》云: '衡山爲五岳之南岳, 黃帝以潛霍爲山之副.'《字彙》云: '霍山名山, (小)山在中, 大山在外圍繞之曰霍.' 誰入棘,《通載》云: '佛陀耶舍歎曰, 羅什如

好錦, 其可入棘刺乎!'" 역주: "『박물지』에 '형산은 오악 가운데 남악이 되며 황제는 첨곽산을 남악 다음가는 산으로 삼았다'라고 나온다. 『자휘』에 '곽산은 명산이다. 작은 산이 그 산속에 있고 큰 산이 그 산의 밖을 감싸기에 곽이라 부른다'라는 구절이 있다. 수입극과 관련해 『불조역대통재』 권 제7에 '불타야사 스님은 탄식하며 "구마라집 스님은 고운 비단과 같은 존재이다. 그를 가시덤불에 들어가게 했다는 것인가!"라고 말했다'라는 문장이 있다." [역주자의 보충 해설] *『박물지』는 서진(西晉, 265-316)의 박물학자인 장화(張華, 232-300)가 지은 책으로 현존한다. 기이하고 신비한 이야기들을 모은 지괴소설류志怪小說類의 책이다. *『자휘字彙』는 명나라의 매응조梅膺祚가 『정운正韻』, 『설문해자說文解字』, 『운회韻會』 등을 참고해 만력萬曆 43년[1615]에 편찬한 자전류字典類의 책이다. 부록을 포함 총 14권으로 33,179개의 표제자가 실려 있다. *『불조역대통재』 권 제7에서 인용한 구절은 원래 『고승전』 권 제2 「불타야사전」에 있는 구절이다. 후진 (後秦, 384-417)의 요흥(姚興, 366-394-416) 왕이 구마라집(鳩摩羅什, 343-413) 스님을 강제로 결혼시켰다는 소식을 들은 불타야사 스님이 탄식하며 한 말이다. 원문은 다음과 같다. "而什已入長安, 聞姚興逼以妾媵勸為非法. 乃歎曰: '羅什如好綿, 何可使入棘林中?'[그러나 구마라집은 이미 장안長安으로 들어간 뒤였다. 요홍 왕이 구마라집 스님을 핍박하고 (구마라집 스님에게) 여자를 보내 정법에 어긋나는 일을 하도록 권했다는 소문을 들었다. 불타야사 스님은 탄식하며 '구마라집 스님은 고운 솜과 같은 존재이다. 어찌하여 그를 가시덤불에 들어가게 했단 말인가']"

397) 협주: "《楊子》云: '擿埴索塗, 冥行而已.' 「註」云: '盲人以杖擿地而行.' 「古註」: '往綿壞絮也.' 霍, 圍繞也. 副, 夫人祭服之首飾. 言圍繞壞絮與首飾, 入于棘中, 牽礙太大矣. 比子謙作文, 苟且之狀. 案: '此二句, 配看汗漫以下節也. 霍爲衡山之附, 比文子爲實行之附墨也. 往綿, 言山形纏綿圍, 故往路亦甚. 綿, 邈也. 誰入棘, 欲尋霍山者, 誤入荊棘中, 而受困也. 自家墮入文字棘林, 忍踰刮骨類此.'" 역주: "한나라의 양웅(揚雄, BCE 53-CE 18)은 『법언法言』 「수신修身」 편에서 '눈이 보이지 않는 사람이 지팡이로 땅을 더듬으며 길을 찾는 것은 밤길을 걷는 것과 같다'라고 말했다. 「주註」에 '맹인이 지팡이로 땅을 두드리며 가는 것'이라고 설명되어 있다. 「고주古註」에는 '오래된 솜에 붙은 떨어진 솜털'로 설명되어 있다. 곽霍은 둘러싼 것이다. 부副는 제사 지낼 때 대신大臣의 아내가 머리에 붙이는 장식품이다. 떨어진 솜털과 머리 장식품을 달고 가시나무 숲속에 들어가면 여기저기 걸려 큰 장애가 된다는 말이다. 최치원 자신이 지은 비명이 좋지 못함을 비유적으로 표현한 것이다. 석전 스님의 생각: '"곽부왕면수입극霍副往綿誰入棘"과

"부유현장참적치腐儒玄杖慚摘埴"라는 두 구절은 한만汗漫 이하의 문장과 짝지어 읽으라. 곽霍이 형산을 둘러싼 산이라는 말은 글자는 실천을 둘러싼 먹[墨]과 같음을 비유적으로 말한 것이다. 왕면往綿은 산의 형태가 마치 솜 주변을 감아싼 것과 같아 가는 길이 매우 어려움을 표현한 것이다. 면綿은 멀다는 뜻이다. 수입극誰入棘은 곽산을 찾고자 하는 사람이 가시나무 숲에 잘못 들어가 곤란을 겪는다는 의미이다. (말하자면) 최치원 자신이 문자의 가시나무 숲에 떨어졌는데 (이를) "참는 것이 뼈를 깎아내는 것보다 고통스럽다[忍踰刮骨]."라고 말하는 것과 유사하다.'" [역주자의 보충 해설] *후한의 반고(班固, 32-92)가 편찬한 『한서漢書』 권87에 「양웅전揚雄傳」이 있다.

398) 협주: "(輪)負也." 역주: "('윤'은) 지거나 뒤지는 것이다."

399) 협주: "案: '跡耀句, 配看法碣節. 才輪句, 配看錦頌節.'" 역주: "석전 스님의 생각: '적요로 시작하는 구절은 법갈法碣이라는 단어가 있는 문장과 짝지어 보라. 재륜으로 시작하는 구절은 금송이라는 글자와 짝지어 읽으라.'"

400) 협주: "案: '囂腹二句, 妝結蘭殿以下義. 禪悅味, 用文中月池佳對義. 禪語云: "細切嶺頭雲, 薄批潭底月." 爲供養具故也. 看篆刻, 用庶幾騰日域高譚義也.'" 역주: "석전 스님의 생각: '효복으로 시작하는 구절은 난전 이하의 의미와 연결된다. 선열미라는 구절은 월지가대의 의미를 활용했다. 선어禪語에 "산봉우리 위의 구름을 가늘게 썰고 못 밑의 달을 얇게 깎는다."라는 말이 있다. (이것으로 올리는) 공양供養이 갖춰지기 때문이다. 간전각은 서기등일역고담의 의미를 활용한 것이다.'" [역주자의 보충 해설] *"세절령두운細切嶺頭雲, 박비담저월薄批潭底月."은 원나라 고봉 원묘(高峰原妙, 1238-1295) 선사의 법어를 기록한 『선요禪要』 등에 나오는 대구이다.

401) 협주: "《海東金石苑》." 역주: "『해동금석원』에 기록된 내용은 여기까지이다." [역주자의 보충 해설] *유연정 저(1976), 『해동금석원』(상), 서울: 아세아문화사, p.168.

[역주자의 주석]

1)* '유당有唐'의 '유有'자에 특별한 의미는 없으며 나라 이름에 붙이는 글자이다.
예) 有周[주나라], 有唐三百年[당나라 삼백 년] 등.
2)* 입적했거나 타계한 사람들에게 황제·왕이 내리는 칭호를 말한다. 황제나 왕이
백성들이나 어떤 사람에게 알릴 일을 적어 내리는 글 가운데 '칙서勅書'는 황제
가 내리는 글을 말하며 '교서敎書'·'조서詔書'는 왕이나 제후가 내리는 글을 가리
킨다.
3)* 진리의 본체를 '적寂'이라 하며 참된 지혜의 작용을 '조照'라 한다.『대방광불화
엄경소大方廣佛華嚴經疏』권제50[T35, 884b2]에 "即寂之照為般若, 即照之寂為解
脫, 寂照之體為法身. 如一明淨圓珠, 明即般若, 淨即解脫, 圓體法身. 約用不同, 體
不相離故. 此三法, 不縱不橫, 不並不別. 如天之目, 如世之伊, 名祕密藏, 為大涅槃
[적寂을 체득한 조照가 반야이고, 조照를 체득한 적寂이 해탈이며, 적寂과 조照의
본체가 바로 법신이다. 한 알의 밝고 깨끗한 둥근 보배를 예로 든다면 밝음은 반
야이고, 깨끗함은 해탈이며, 둥근 본체는 법신인 것과 같다. 작용의 견지에서 보
면 같지 않고 본체의 입장에서 보면 서로 어긋나거나 벗어나지 않기 때문이다.
반야, 해탈, 법신 세 가지는 가로로 배열된 관계도 아니고 세로로 배열된 관계도
아니며, 나란하거나 별개로 배열된 관계도 아니다. 마치 대자재천(大自在天,
Maheśvara)의 세 눈과 같으며 원이삼점(∴)의 세 점과 같기에 이를 비밀장이라 부
르며 대 열반이 된다.]."이라는 구절이 있다. 한편, '적조寂照'와 '조적照寂'은 완
전히 다른 개념이다.『대방광불화엄경수소연의초大方廣佛華嚴經隨疏演義鈔』권
제69[T36, 551b14]에 "故《瓔珞》云: '等覺照寂, 妙覺寂照. 今八地無生, 亦照寂故, 若
得寂照, 即同佛故.'[그래서『보살영락본업경』에 '등각 보살은 조적照寂이며 묘각
보살은 적조寂照이다. 지금 제8지에서 무생법인無生法忍을 깨달았어도 여전히
조적照寂이며 만약 적조를 체득하면 즉시 부처님과 같아지기 때문이다'고 나온
다]"라는 문장이 있다.『보살영락본업경』에 따르면 수행을 시작해 깨달음에 이르
기까지 십신十信, 십주十住, 십행十行, 십회향十廻向, 십지十地, 등각等覺, 묘각妙
覺 등 모두 52단계를 통과해야 한다. 51번째가 등각이며 52번째가 묘각이다. 묘
각이 바로 부처님의 경지이다. '적조寂照'에 대한 자세한 설명은 '성철 스님 지음
(2007),『옛 거울을 부수고 오너라 − 선문정로禪門正路』, 서울: 장경각'을 참조하
라. 특히 제12장에 자세하다.

4)* '병并'자는 '함께 배치한다'라는 의미이다.

5)* 비명은 일반적으로 산문과 운문으로 구성된다. 산문 부분을 '문文' 혹은 '서序', 운문 부분을 '명銘'이라 한다. '서序'는 '서술한다'라는 의미이다. 곧바로 산문이 시작되는 것도 있지만 대개는 운문이 짧게 먼저 나오고 산문이 이어지며, 산문이 끝나면 명銘이 등장하는 것이 비명의 일반적인 형식이다.

6)* 고대古代 시기 외국의 사신이 중국에 들어가 중국의 황제를 알현謁見하는 것을 '입조入朝'라 했다.

7)* '하정賀正'은 고대 중국에서 거행됐던 의식. 신년이 시작되는 정월 초하루에 신하들이 황제를 알현하고 축하드리는 의례로 외국의 사신들도 참석했다. '하정' 의식은 한나라 초기부터 시행됐다. 여기에 참석하려 파견된 사신이 '하정사賀正使'이다. 한편 조정朝廷에 중요한 일이나 경사스러운 일이 생겼을 때 신하들과 백성들이 황제에게 축하드리고 황제의 건강과 장수를 기원하는 의식을 '조하朝賀'라 한다. 『사기史記』「진시황본기秦始皇本紀」에 "始皇推終始五德之傳, 以為周得火德, 秦代周德, 从所不勝. 方今水德之始, 改年始, 朝賀皆自十月朔[진시황은 오덕五德의 순환은 부단히 계속된다고 미루어 짐작하고, 주나라는 화덕火德의 속성을 가졌고, 진나라는 주나라의 화덕을 대신했으며, 주나라의 화덕은 이치상 진나라의 덕성을 이기지 못한다고 여겼다. 지금 수덕水德이 시작되었기에 연도의 시작을 바꾸었고, 백관들이 황제를 알현하고 축하하는 행사를 모두 10월 1일부터 거행했다]."는 기록이 있다. 당나라 당시 '조하朝賀'는 주로 음력 10월 초하루에 거행됐다. 한편, 『삼국사기』 권46 「최치원전」에 '하정사賀正使'와 관련된 기록이 전한다.

8)* '연延'자는 '초청하다' '초빙하다'라는 의미. '연봉延奉'은 '(손님 등을) 맞이해 모시다'라는 뜻이다.

9)* '황화皇華'는 중국에서 온 사신을 미화해 부른 말이다. '황화'라는 단어는 『시경詩經』「소아小雅·황황자화皇皇者華」에 나온다. 주周나라 조정에서 (다른 나라로) 사신을 파견할 때 「황황자화」라는 시를 연주했다고 한다. 程俊英撰(2004), 『十三經譯注 詩經譯注』, 上海: 上海古籍出版社, p.249.

10)* 조청대부朝請大夫는 수隋·당唐대 특정한 직무를 띠지 않은 관리를 가리키는 '문산관文散官'의 명칭. 공을 세운 관리에게 황제가 이 관직을 하사했는데 수나라 때 처음 시행됐다. 당나라 때는 5품을 상·하로 구분했으며 '5품 상上'부터 이 관직을 주었고 전체 관직에서의 등급은 12번째[階]였다. 우리나라에서는 고려시대에 시행되었다.

11)* '수守'자는 관계官階가 낮은 사람이 높은 직위職位에 임명됐을 경우 관계官階와

관직官職 사이에 넣어 부르던 말. 가령 종이품從二品인 '가선대부'가 정이품正二品직인 이조판서吏曹判書가 되면 '가선대부 수 이조판서嘉善大夫守吏曹判書'라 부르고 썼다.

12)* "사자금대賜紫金袋"는 "사자금어대賜紫金魚袋"가 축약된 말이다. '자금어대紫金魚袋'는 두 가지 물건을 가리킨다. 하나는 '자색관복紫色官服 · 자포紫袍'이며 다른 하나는 '금어대金魚袋'이다. 당나라 시기 고위 관원, 즉 3품 이상의 관리들이 입었던 옷이 '자줏빛 관복[紫袍]'이고 그들이 착용해 위계 · 신분을 증명했던 것이 '금어대金魚袋'이다. 5품 이상의 관리들은 '붉은빛 관복[緋袍]'을 입었고 '은어대銀魚袋'를 착용했으며 6품 이하의 관리들은 '초록빛 관복[綠袍]'을 입었고 '어대'를 착용하지 못했다. 큰 공을 세운 3품 이하의 관리에게 황제가 '표창表彰'이나 '은총恩寵'의 표시로 '자금어대紫金魚袋'를 하사하기도 했는데 이를 "사자금어대賜紫金魚袋"라 한다. 당 · 송시기 관리들은 자신의 신분과 등급을 증명하기 위해 '어대魚袋'를 관복官服에 부착했다. '어대魚袋'는 자색의 수를 놓은, 물고기 형태의 신표[魚符]를 담는 직사각형의 주머니이다. '어대제도魚袋制度'는 당나라(618-907)에서 시작되어 송나라(960-1279)까지 이어졌으나 송대 이후 점차 준용되지 않다가 청나라(1644-1911) 때 완전히 사라졌다. '자포紫袍' 역시 청나라 때 없어진다. 청나라 관리들은 남색藍色과 진홍색[絳色] 관복을 입었다.

13)* 최치원의 타계 시기를 알 수 없지만 헌안왕 1년[857]에 태어나 효공왕 12년[908] 이후까지 활동했다. 자는 고운孤雲, 해운海雲, 해부海夫이며 고려 현종 14년 [1022] '문창후文昌侯'라는 시호를 받았다. 최견일崔肩逸의 아들이자 현준賢俊 · 賢儒 · 賢寯 · 玄準 스님의 동생이다. 최인연崔仁渷[崔彦撝], 최서원崔棲遠 · 崔栖遠 등과는 4촌 혹은 6촌 형제 사이였다. 최치원은 제48대 경문왕景文王 때인 868년 12세의 나이에 당나라로 유학을 떠나 874년 예부시랑 배찬裵瓚이 주관한 빈공과賓貢科에 합격했다. 877년 최치원은 회남절도사淮南節度使 고병高騈의 추천으로 관역순관館驛巡官이 되었다. 고병이 '황소黃巢의 반란(878-884)'을 토벌하기 위한 제도행영병마도통諸道行營兵馬都統이 되자 고병의 종사관으로 참전했다. 4년 동안 표表, 격문檄文 등 1만여 편의 글을 썼으며 그 가운데 「토황소격문討黃巢檄文」은 특히 유명하다. 885년 최치원은 당나라 희종(僖宗, 862-873-888)의 조서를 가지고 신라로 돌아왔다. 헌강왕(憲康王, ?-875-886)은 문서를 작성하는 관직 등에 최치원을 기용했으며, 진성여왕이 퇴임하고 효공왕(孝恭王, ?-897-912)이 즉위한 뒤 최치원은 관직에서 물러났다. 만년에는 가야산 해인사에 머물렀다. 최치원이 지은 중요한 글 가운데 '사산비명四山碑銘'으로 알려진 「성

주사 대랑혜 화상 백월보광 탑비명聖住寺大朗慧和尙白月葆光塔碑銘」,「쌍계사 진감 선사 대공령 탑비명雙磎寺眞鑑禪師大空靈塔碑銘」,「초월산 대숭복사 비명 初月山大崇福寺碑銘」,「봉암사 지증 대사 적조 탑비명鳳巖寺智證大師寂照塔碑銘」 등이 있다. 『계원필경桂苑筆耕』,「법장 화상전法藏和尙傳」 등의 저서도 현존한다. 한편 최치원의 아버지 최견일은 경문왕 2년[861]부터 시작됐던 곡사鵠寺의 중창 불사에 참여했으며 형인 현준 스님은 880년대 중반부터 해인사에 머무르며 왕실이 주관한 불사佛事를 관리했다.

14)* '왕王'의 명령을 받들어 지었다는 의미이다. 봉조奉詔·봉칙奉勅은 주로 '황제 [帝]'의 명령을 받들 때 사용하는 표현들이다.

15)* '능인能仁'은 산스크리트어 Śakya-muni를 의역意譯한 말이다. Śakya를 '능能' 자로 옮겼다.

16)* "海印東流, 宜君子之鄕, 染法王之道, 日日深又日深矣."라는 문장은 의미와 문맥 상 "海印東流, 法王之道, 宜染君子之鄕, 日日深又日深矣."가 되어야 적절하다고 생각된다. 이렇게 보고 해석했다.

17)* '낙洛' 자와 '낙雒' 자는 같은 글자이다. '낙양洛陽'을 가리킨다. 한나라가 화덕火 德으로 천하를 다스렸기에 '洛' 자의 삼수변[氵]을 꺼려 '雒' 자를 대용했다.

18)* '현경懸鏡'과 관련해 남조 송宋나라 전당錢塘 사문沙門 석지원釋智圓 스님이 찬 술한 『열반현의발원기요涅槃玄義發源機要』 권 제3에 다음과 같은 구절이 있다. "懸鏡高堂者, 梁元帝「講學碑」云: '詳其懸鏡高堂, 衢罇待酌, 或改堂爲臺者非.' 萬 物在空者, 萬物喻境, 空喻佛智[높은 집에 거울을 걸어 놓는다와 관련해 양나라 원제의 「강학비」에 '높은 집에 거울을 걸어 놓는다와 거리에 술자리를 마련해 놓고 누구나 양껏 마시게 한다는 말을 자세하게 해설했다. 혹 집[堂]을 대臺로 바 꾸면 틀린다'라고 나온다. '만물은 허꽁[空]에 있다'라는 것에서 만물은 대상을 비유적으로 말한 것이고 허꽁[空]은 부처님의 지혜를 비유한 것이다."

19)* '구비苟非'는 '만약 … 이 아니라면'이라는 의미. '자비自非'와 같은 뜻이다.

20)* '가駕'자는 '전傳' 자와 같은 의미이다.

21)* '정치鼎峙'는 고구려 백제 신라가 솥의 발처럼 서로 대치한 상태를 묘사한 말이 다.

22)* '담시曇始 스님'에 대한 기록이 양나라(梁, 502-557) 혜교(慧皎, 497-554) 스님 이 519년 찬술한 『고승전』 권 제10에 있다. 고구려와 관련된 내용이 있다. "釋曇 始, 關中人. 自出家以後, 多有異迹. 晉孝武太元之末, 齎經律數十部, 往遼東宣化, 顯授三乘, 立以歸戒, 蓋高句驪聞道之始也. 義熙初, 復還關中, 開導三輔. 始足白 於面, 雖跣涉泥水, 未嘗沾涅, 天下咸稱白足和上. … [담시 스님은 관중關中 사람

이다. 출가한 이래 기이한 자취를 많이 남겼다. 동진東晉 효무제孝武帝 태원太元 연간(376-396) 말기에 경율 수십 부를 가지고 요동遼東으로 가 교화했다. 삼승三乘을 뚜렷하게 전수해 계에 귀의하는 길을 확립했다. 이것이 고구려에 부처님 가르침이 전파된 시초이다. 의희義熙 연간(405-418) 초기 다시 관중으로 돌아와 부처님 가르침으로 그 지역[三輔]을 교화했다. 당시 스님의 발은 얼굴보다 하얘 맨발로 진흙탕 물에 들어가도 진흙이 발에 붙지 않았다. 사람들은 당시 스님을 '흰 발의 스님[白足和上]'으로 불렀다. …]." 한편, '삼보三輔' 혹은 '관보關輔'는 관중關中지방[지금의 섬서성陝西省 서안西安] 일대를 가리킨다. 관중은 당나라 때까지 중국 문명의 중심지였던 장안 등 지금의 섬서성 위수渭水 분지 지역을 가리키는 옛 명칭이다. 동으로 함곡관函谷關, 서로 대산관大散關, 남으로 무관武關, 북으로 소관蕭關에 싸여 있는 중심 지역이라는 의미이다. 수도 주변 지역을 보輔 혹은 기畿라 부르며, 그래서 장안 일대를 '삼보三輔' 혹은 '삼진三秦'이라 칭하기도 했다. 한 무제 당시부터 후한에 이르기까지(BCE 104-CE 220) 경조윤京兆尹, 좌빙익左馮翊, 우부풍右扶風 등 세 명의 관리가 장안 지역을 다스렸는데 이들 세 명의 관리가 관할하던 지역 역시 경조·좌빙익·우부풍 지방으로 불렸다. 수隋·당唐 이후 이 지역을 '보輔'라 칭했다.

23)* '맥貊'은 고구려를 낮추어 부르는 단어이다. 「쌍계사 진감 선사 비명」 단락[4]의 ①에 "隋師征遼, 多沒驪貊[수나라 군대가 요동을 정벌할 때 (군사들이) 고구려 지역에서 많이 죽었다]."이라는 문장이 있다. 담시 스님의 전기에도 "요동으로 갔다."라는 구절이 있다[미주 22번 참조].

24)* '섭등攝騰'은 '가섭마등迦攝摩騰 스님'을 말한다. 가섭마등 스님에 대한 기록이 『고승전』 권 제1에 있다. "攝摩騰, 本中天竺人. 善風儀, 解大小乘經, 常遊化為任. … 漢永平中, 明皇帝夜夢金人飛空而至, 乃大集群臣, 以占所夢. 通人傳毅奉答: '臣聞西域有神, 其名曰佛, 陛下所夢將必是乎!' 帝以為然, 即遣郎中蔡愔、博士弟子秦景等, 使往天竺, 尋訪佛法. 愔等於彼遇見摩騰, 乃要還漢地. … [섭마등 스님은 본래 중천축국 사람이다. 풍모와 행동이 훌륭하고 대승과 소승의 경전에 밝았다. 여기저기 다니며 부처님 가르침을 펴는 것을 자신의 임무로 삼았다. … 한漢 나라 영평永平 연간(58-75)에 명제明帝가 금빛 나는 사람[金人]이 공중에서 날아오는 꿈을 꾸었다. 이에 여러 신하를 불러 꿈꾼 바를 풀이하게 했다. 학식이 깊은[通人] 부의傅毅가 '제가 듣기에 서역에 "부처님[佛]"이라는 신神이 있다고 합니다. 폐하께서 꿈꾸신 바는 아마 필시 이것이었을 것입니다!' 라고 아뢰었다. 황제가 그렇게 생각하고 곧 낭중郎中 채음蔡愔과 박사제자 진경秦景 등을 천축으로 보내 '불법佛法'을 찾도록 했다. 채음 등은 그곳에서 섭마등 스님을 우

연히 만나 한漢 나라로 갈 것을 요청했다. …]."

25)* '아도阿道 스님'에 대한 기록이 『삼국유사』 권 제3 「흥법 제3」 '아도기라阿道基羅 조條에 있다.

26)* '강회康會'는 '강승회康僧會 스님'을 가리킨다. 강승회(康僧會, ?-280) 스님에 대한 기록이 『고승전』 권 제1에 있다. "康僧會, 其先康居人, 世居天竺, 其父因商賈, 移于交趾. 會年十餘歲, 二親並終, 至孝服畢出家. 勵行甚峻, 爲人弘雅, 有識量, 篤至好學. 明解三藏, 博覽六經, 天文圖緯, 多所綜涉, 辯於樞機, 頗屬文翰. 時孫權已制江左, 而佛教未行. … 時吳地初染大法, 風化未全, 僧會欲使道振江左, 興立圖寺, 乃杖錫東遊. 以吳赤烏十年, 初達建鄴, 營立茅茨, 設像行道. …. [강승회 스님의 선조는 강거(康居, 지금의 우즈베키스탄 사마르칸드 일대) 사람으로 대대로 천축(인도)에서 살았다. 그의 아버지는 장사꾼이었기에 교지(交趾, 지금의 베트남)로 옮겨갔다. 강승회가 십여 세 되었을 때 부모님이 모두 세상을 떠났다. 지극한 효자였던 그는 상복을 벗고서야 출가했다. 매우 엄격하게 힘껏 수행했다. 사람됨이 고아하고 학식과 도량이 있었다. 뜻이 돈독하고 지극했으며 배우는 것을 좋아했다. 삼장三藏을 환하게 이해했고, 육경六經을 두루 읽었으며, 천문天文과 도참圖緯] 등 여러 분야를 섭렵했다. 요점을 잘 분별하고 글도 매우 잘 지었다. 당시 손권이 이미 강남을 제패했으나 부처님 가르침은 행해지지 않았다. … 그즈음 오나라에 처음으로 불교의 가르침이 퍼졌으나 풍속을 완전하게 교화하지 못하고 있었다. 강승회 스님은 강남에 불교를 전파해 탑을 세우고 사찰을 짓도록 하고자 지팡이를 짚고 동쪽으로 교화하러 갔다. 오나라 적오赤烏 10년[248] 처음 건업建鄴에 도착해 띠 풀로 집을 지어 불상을 모시고 수행했다. …]"

27)* '양보살제梁菩薩帝'는 양나라(梁, 502-557) 무제 소연(蕭衍, 464-502-549)을 가리킨다.

28)* '동태사同泰寺'는 양 무제 재위 시절인 보통普通 2년[521] 9월에 건립됐다. 지금 중국의 강소성江蘇省 남경시南京市에 있었다.

29)* '경부鯨桴'는 고래 모양으로 생긴 북채[북 치는 방망이]를 말한다.

30)* 『조당집祖堂集』 권 제17에 「설악 진전사 원적 선사전雪嶽陳田寺元寂禪師傳」이 있다.

31)* 『조당집祖堂集』 권 제17에 「서당 화상전西堂和尙傳」이 있으며 『경덕전등록』 권 제7에도 전기가 있다.

32)* '시용是用'은 '그래서·그리하여'라는 의미의 '시이是以'와 비슷한 말이다.

33)* '동해의 동쪽[東海東]'은 당시의 수도 경주를 말한다.

34)* '방정림芳定林'은 '향기로운 선정禪定의 숲'을 말하는 것으로 보인다.

35)* 『조당집祖堂集』권 제17에 간단한 내용의 「동국 실상 화상전東國實相和尙傳」이
　　있다.

36)* 문자상 의미는 '아침의 범부가 저녁에 성인이 된다'라는 것이다. 두 가지로 해석
　　할 수 있다. ①아침과 저녁 사이의 시간이 길지도 않지만 짧지도 않기에 '돈오頓
　　悟의 의미'를 설명한 구절로 보기에는 무리가 있다. 그래서 '미혹하면 범부이고
　　깨달으면 성인이다'라는 의미를 설명한 문장이다. ②몰록 깨닫는 돈오의 의미를
　　설명한 구절이다. 여기서는 ②의 의미로 해석했다. 당나라 고제지顧齊之 거사가
　　개성開成 5년[840] 9월 10일에 쓴 「신수일체장경음의서新收一切藏經音義序」에
　　"朝凡暮聖, 豈假終日? 所以不離文字, 而得解脫[아침의 범부가 저녁에 성인이 되
　　는데 어찌 하루 종일의 시간이 필요하겠는가? 따라서 문자에서 벗어나지 않고
　　해탈을 체득한다]."라는 구절이 있다. 이 글은 T54에 수록되어 있다.

37)* '사람의 마음은 가슴속 "사방 한 치의 넓이[方寸]"에 깃들어 있다'라고 말하는
　　것에서 알 수 있듯 '방촌지方寸地'는 '마음'을 가리킨다.

38)* '해외海外'는 바다의 바깥, 즉 신라를 의미한다.

39)* '무념이조無念爾祖'는 『시경詩經』「대아大雅·문왕文王」에 나오는 구절이다.
　　"無念爾祖, 聿修厥德[조상의 은덕을 잘 기억해 영원히 잊지 말며 조상의 은덕을
　　계승해 더욱 영광되게 하라]."

40)* '지력문智力門'은 '지혜의 힘으로 중생을 제도하는 것'을 가리키는 것으로 보인
　　다. '지혜'와 '자비'로 중생을 제도하는 대승의 보살을 표현하는 단어가 '비지원
　　만悲智圓滿'이다. '문門'은 방식, 방법 등의 뜻이다.

41)* '보리종菩提宗'은 '깨달음[菩提]을 전파하는 스승[宗]'이라는 의미인 것 같다.

42)* '영令'자에는 명사로 ①명령, ②시절[계절](예: 夏令-여름철), ③사詞에 사용되는
　　곡조명, ④벼슬 이름(예: 현령縣令); 동사로 ①명령하다, ② … 로 하여금 … 하게
　　하다; 형용사로 ①좋다·아름답다(예: 令節-좋은 시절); 접두사로 ①존칭(예: 令
　　兄-형님) 등의 의미가 있다. 여기서는 형용사로 쓰였다.

43)* '정림定林'은 '선정의 숲'을 말한다.

44)* "恬然息意, 澹乎忘味."에서 앞 구절은 재가자들에게 적용되고 뒤 구절은 출가자
　　들에 적용된다고 보고 해석했다.

45)* 여기 '십주十住'는 보살의 52계위 가운데 '십신十信'보다 높고 '십행十行'보다
　　낮은 '십주十住'를 말하는 것이 아니고 '십지十地'를 가리킨다. 보살 52계위는
　　십신十信, 십주十住, 십행十行, 십회향十廻向, 십지十地, 등각等覺, 묘각妙覺이다.
　　묘각이 부처님의 경지이다. 십주, 십행, 십회향을 '현위賢位' 혹은 '삼현三賢',
　　십지를 '성위聖位' 혹은 '십성十聖'이라 한다.

46)* 현계산은 강원도 원주시 부론면富論面 정산리鼎山里에 있다. 거돈사지居頓寺址
가 그곳에 있다. 부근에 있는, 부론면 법천리의 법천사지法泉寺址와 지정면地正
面 안창리의 흥법사지興法寺址 등도 유명하다.

47)* 『조선금석총람』 등에는 '신信'자 대신 '신愼'자로 되어 있다.

48)* 『노자』 제56장에 나오는 구절이다. "知者不言, 言者不知아는 사람은 (이것을) 말
로 표현하지 못하고 말로 하는 사람은 (이것을) 알지 못한다)."

49)* 돌아가신 분의 명복을 빌어주는 스님이 추복승追福僧이다.

50)* '수중袖中'의 문자적 의미는 '소매 속'이나 여기서는 '마음'으로 옮기는 것이 더
적절해 보인다. '흉금胸襟'과 비슷한 말이다. '襟'·'袖' 모두 옷과 관련이 있다.

51)* 『육도경六度經』은 『육도집경六度集經』을 말한다. 부처님의 전생 이야기를 육바
라밀 순서대로 분류·편찬한 경전으로 강승회(康僧會, ?-280) 스님이 한역했으
며 모두 8권이다. '육도무극六度無極'이 바로 '육바라밀'이다. 『육도집경』은 「보
시도무극장布施度無極章」, 「계도무극장戒度無極章」, 「인욕도무극장忍辱度無極
章」, 「정진도무극장精進度無極章」, 「선도무극장禪度無極章」, 「명도무극장明度無
極章」 등 6장으로 구성됐다. *"眞《六度經》所喩也."라는 구절은 지증 대사가 계율
을 보배처럼 귀중하게 여겼다는 의미이다. 발 없는 보배가 저절로 다가오듯 계
율을 잘 지켜 마음에서 보배 구슬을 얻었는데 이것은 『육도집경』 권 제3[일화 제
32]에 나오는 계율을 잘 지키는 '범부'의 이야기와 비슷하다는 의미처럼 보인다.
『육도집경』의 원문은 다음과 같다[T3, 18c22]. "昔者菩薩, 時爲凡夫, 博學佛經, 深
解罪福, 衆道醫術, 禽獸鳴啼, 靡不具照. 覩世憒濁, 隱而不仕, 尊尚佛戒唯正是從.
處貧窮困, 爲商賃擔. 過水邊飯, 群鳥衆噪, 商人心懼, 森然毛竪, 菩薩笑之. 飯已
即去, 還其本土, 雇其賃直曰: '烏鳴爾笑, 將有以乎!' 答曰: '烏云: "彼有白珠, 其
價甚重. 汝殺取其珠, 吾欲食其肉." 故笑之耳.' 曰: '爾不殺爲乎?' 答曰: '夫不覩
佛經者, 爲滔天之惡, 而謂之無殃, 斯爲自欺矣. 吾覩無上正眞之典籍, 觀菩薩之淸
仁, 蜎飛蚑行蠕動之類, 愛而不殺, 草芥非己有即不取. 夫好殺者不仁, 好取者不淸,
吾前世爲好取之穢, 今獲其殃, 處困陋之貧, 爲子賃客. 今又犯之, 種無量之罪, 非
佛弟子矣. 吾寧守道貧賤而死, 不爲無道富貴而生也.' 貨主曰: '善哉! 唯佛教眞.'
菩薩執志度無極, 行持戒如是[옛날 보살은 범부가 되었다. 경전을 널리 배우고 깊
이 죄와 복을 알았으며, 여러 가지 의술과 새·짐승들이 우는 것 등 이해하지 못
하는 것이 없었다. 세상이 어지럽고 혼탁한 것을 보고는 몸을 감추고 벼슬을 하
지 않았으며, 부처님 계율을 높이고 숭상하여 오직 바른 것이라야만 따라 했다.
가난에 처해 곤궁했기에 상인의 품팔이 짐꾼이 되어 물가를 지나다 음식을 먹는
데 까마귀 떼가 시끄럽게 짖었다. 상인은 마음으로 무서워하며 모발이 곤두섰으

나 보살은 웃었다. 먹고 나서 곧 걸어 그 본토로 돌아와 상인이 그 품팔이를 보며 말했다. '까마귀가 우짖을 때 그대는 웃던데 무슨 이유라도 있는가?' '까마귀가 말하기를, 저 사람에게 흰 구슬이 있으며 값이 매우 비싸다. 네가 죽이고 그 구슬을 취하면 나는 그 고기를 먹겠다고 하므로 웃었습니다.' '그대가 죽이지 않은 것은 왜인가?' '대체로 경전을 보지 않은 자는 하늘에 넘칠 악을 짓고도 재앙이 없다고 하지만 이것은 스스로 속이는 것입니다. 나는 위없는 바르고 참된 경전을 보고 보살의 청정하고 어짊을 보아 날아다니고 기어다니고 꿈틀거리는 것들까지도 사랑하여 죽이지 않으며, 지푸라기도 내 것이 아니면 가지지 않습니다. 대저 죽임을 좋아함은 어진 것이 아니며 가짐을 좋아함은 청정한 것이 아닙니다. 내가 전 세상에 가지기를 좋아하는 더러운 생활을 했기 때문에 이제 그 앙화를 얻어 곤궁한 가난에 처하였고, 그대의 품팔이꾼이 되었으니, 이제 또 범한다면 한량없는 죄를 심는 것이며 부처님의 제자가 아닙니다. 내 차라리 진리를 지키다 가난하게 죽을지언정 무도한 부귀를 누리며 살지는 않습니다.' 화주貨主가 말했다. '훌륭하구나! 오직 부처님 가르침만이 참된 것이로다.' 보살이 뜻을 견고하게 지켜 저 언덕에 이르니 계를 지키는 것이 이와 같다."

52)* '아즉我則'에서 '즉則'은 '즉即', 즉 '(다가)가다・오다'라는 의미이다. '아즉我即'은 '나의 가까이에 다가온다'라는 뜻이다.

53)* ('원학猿鶴'은) '일에 얽매이지 않고 유유자적하게 지내는 것'을 말하며 '세상에 나가지 않고 은거한 선비・학자'를 가리킨다. 최치원 사후 출간된 『송사宋史』 권299 「석양휴전石揚休傳」에 "揚休喜閑放, 平居養猿鶴, 玩圖書, 吟咏自適[양휴는 한가하고 편안하게 노니는 것을 좋아했고 평소 원숭이와 학을 키우며 살았으며, 책 보는 것을 좋아했고 시를 읊으며 유유자적하게 지냈다.]"이라는 문장이 있다. 석양휴(995-1057)는 『남교야록南郊野录』(6권), 『연신편燕申編』(2권), 『각상총편角上叢編』(5권), 『서재문집西齋文集』(10권) 등 많은 시와 글을 남겼으나 현재 전하지 않고 시 2수만이 『송시기사宋詩紀事』에 실려 있다. 한편, 비슷한 말인 '원학사충猿鶴沙虫'은 '전투 중에 전사한 장군・병사' 혹은 '전란에 죽은 사람들'을 뜻한다.

54)* '합盍'자는 '어찌 … 하지 않는가何不?'라는 뜻이다.

55)* '주지住持'는 '安住於世, 保持佛法[세상에 안정되게 머무르며 부처님 가르침을 지키고 편다]'의 준말이다.

56)* '행장行藏'은 '나아감'과 '물러섬' 혹은 '배운 것을 행하는 것'과 '은거하며 실력을 기르는 것'을 의미한다. 『논어』 「술이述而」편에 "用之則行, 舍之則藏, 惟我與爾有是夫[기용되면 힘써 행하고 물러나면 모습을 감춰 조용히 지낼 수 있는

사람은 오직 나와 안연顏淵 너뿐이도다!"라는 구절이 있다.

57)* ('전傳' 자는) 칠하다·바르다塗)는 의미이다.

58)* (지보知報는) 은혜를 알고 보답하는 것이다.

59)* '법희法喜'는 '부처님 가르침을 듣고 진리를 깨달아 마음속에 일어나는 기쁨'을 말한다. '참된 이치를 깨달았을 때 느끼는 황홀한 기쁨'이라 할 수 있다. '법열法悅'이라고도 한다.

60)* '반飩' 자는 '반飯' 자의 옛 글자이다.

61)* '정법사正法司'는 통일신라 시대에 만든 승관기구僧官機構로 보인다. 대통大統은 정법사의 수장인 것 같다. 최치원이 찬술한 「대숭복사비명」에 '정법사正法司'라는 단어가 있다. 석전 스님은 이 말에 대해 "即一國佛法所管在之處, 如國之禮曺[바로 나라의 불법을 관리하는 곳이며 (나라의) 예조와 비슷하다]."라는 주석을 붙여 놓았다.

62)* (제49대 헌강왕은) 경문왕의 아들이다.

63)* 경기도 이천시 일대의 옛 이름. 신라 경덕왕 때 '황무黃武'라 하였고 고려 태조 당시 '이천군利川郡'으로 개칭됐다. 고려 고종 44년[1245]에 '영창현永昌縣'으로 고쳤다가 공양왕 4년[1355] 다시 '남천군南川郡'으로 승격됐다.

64)* (건혜지乾慧地는) 십지十地 가운데 제1지이다. 대승 보살의 십지는 환희지歡喜地, 이구지離垢地, 발광지發光地, 염혜지焰慧地, 난승지難勝地, 현전지現前地, 원행지遠行地, 부동지不動地, 선혜지善慧地, 법운지法雲地이다. '성문, 연각, 보살에 모두 통하는 십지[三乘共十地]'도 있다. 건혜지乾慧地, 성지性地, 팔인지八忍地·八人地, 견지見地, 박지薄地, 이구지離垢地[이욕지離欲地], 이판지已辦地[이작지已作地], 벽지불지辟支佛地, 보살지菩薩地, 불지佛地 등이 그것이다. '건혜지'는 삼승三乘에 통하는 십지의 제1지임을 알 수 있다. 원나라 문재(文才, 1241-1302) 스님이 찬술한 『조론신소유인』(권하)[WX54, 322c18]에 다음과 같은 설명이 있다. "三乘之人於見道前, 修五停心, 苦無常等諸觀, 正伏四諦分別, 兼伏九地俱生. 至世第一出心, 見道位初方斷分別, 至修道位起九無間以斷九地修惑. 九解脫道中, 漸漸證理, 如何頓也? 此依藏教五位釋之.《疏》中依通教地位敘之. 此教亦有十地. 三人同歷. 一、乾慧地.《大論》七十五云: '聲聞人獨為涅槃, 故精勤持戒集諸善法. 雖有智慧, 不得禪定水, 不能得道, 故名乾慧. 則煖位已下也. 菩薩從初發心乃至未得順忍亦有此名.' 二、性地. 聲聞從煖位已去, 至世間第一法, 菩薩得順忍. 愛著諸法實相, 亦不生邪見, 得禪定水. 三、八忍地. 聲聞從苦法忍乃至道比忍是十五心. 釋曰: '謂世第一出心, 緣下界上界四諦共一十六心. 初緣下界苦諦, 有苦法忍'苦法智. 次緣上界苦比忍、苦比智. 蓋以法智緣下, 比智緣上也. 亦云苦類忍等,

是下地類故.' 如是至道比忍有十五心. 於中有八忍七智. 今從忍名, 故云八忍也. 菩薩則無生法忍入菩薩位. 釋曰: '仁王般若說無生忍七八九三地得之, 即了法無生亦無有滅.' 如《中論》: '諸法不自生' 等, 如前具引, 今以義準之乃七地下品無生忍, 非二乘無生智也. 四、見地. 即第十六心道比智見道. 入離生正位, 得須陀洹果. 菩薩則阿鞞跋致, 此云不退. 然論釋阿鞞跋致位寬. 有云: '初地已上乃至八地' 等. 五、薄地. 聲聞或須陀洹或斯陀含斷欲六品俱生煩惱, 唯下三品在欲界之惑薄故. 菩薩過阿鞞跋致乃至未成佛, 斷諸煩惱餘習亦薄. 六、離欲地. 聲聞已盡欲界三品, 離欲界生, 得阿那含果. 菩薩離欲因緣, 故得五神通. 七、已作地. 聲聞得盡智、無生智, 得阿羅漢. 菩薩成就佛地. 八、辟支佛地. 準《大論》翻為因緣覺. 先世種辟支佛道因緣, 今世得少因緣出家, 亦觀深因緣法成道, 故名辟支佛. 九、菩薩地. 從乾慧地乃至離欲地, 如上說. 釋曰: '準《大論》, 前後菩薩道種智中, 徧修前之八地而不取證, 故已作地. 辟支地不指菩薩.' 《論》又云: '歡喜地乃至法雲是菩薩地' 等. 十、佛地, 即一切種智. 上依《大論》錄之, 中間難者亦唯以他文釋之, 然皆略示而已." *『대론大論』은 『대지도론』을 말한다.

65)* '騶' 자의 훈・음은 '마부 추' 이다.

66)* '愕' 자의 훈・음은 '놀랄 악' 이다. 매우 놀란 모습을 묘사한 말이다. '嗟' 자의 음은 '차' 이다. 우는 것[鳴]이자 감탄하는 것이다.

67)* '庸非용비'는 '어찌 … 이 아니겠는가?' 라는 뜻이다.

68)* '중화中和'는 당나라 희종(僖宗, 862-873-888)의 연호이다. 881년부터 885년까지 사용됐다.

69)* '맹甿' 자와 '맹甿' 자는 같은 글자이다. '백성, 서민, 농부' 라는 뜻이다.

70)* '得非득비'는 '막비莫非'와 같은 의미. '혹시 … 이 아닐까?' '아마도 … 일 것이다' 라는 뜻이다.

71)* '毓육' 자는 '育육' 자의 고자古字이다.

72)* '염念'에는 몇 가지 의미가 있다. ①극히 짧은 순간을 가리키는 '일념一念'; ②마음을 한 곳에 집중해 오로지 염념한다는 '일심一心'; ③부처님 명호를 소리 내어 부르는 것을 가리키는 '칭념稱念'; ④현재 찰나의 마음, 즉 극히 짧은 시간에 일어나는 마음의 작용 등이 그것이다. 여기서는 ①의 의미로 쓰였다.

73)* '삼제三際'에는 몇 가지 뜻이 있다. ①과거, 현재, 미래; ②1년을 한기寒期, 서기暑期, 우기雨期의 세 계절로 나누는 것; ③무한의 시간; ④어떤 시기를 전전, 중中, 후後 삼기三期로 나누는 것 등이 그것이다. 여기서는 ②의 의미로 사용됐다.

74)* '낭함琅函'은 다른 사람의 편지를 높여 부르는 말이다.

75)* '솔토率土'는 ①'솔토지민率土之民'과 ②'솔토지빈率土之濱'의 준말이다. ①은

'나라 안의 모든 백성'이라는 의미이며 ②는 '바다에 이르는 땅의 끝, 즉 온 나라'라는 뜻이다. 여기서는 ①의 의미로 사용됐다. 한편, '솔토率土' 자체는 '온 나라의 영토 안'이라는 뜻이다.

76)* '신숙信宿'은 2박泊을 의미한다.『춘추좌씨전』「장공 3년」조에 "凡師, 一宿爲舍, 再宿爲信, 過信爲次[무릇 군대가 야외에서 행군할 때 어떤 지방에 하루 묵는 것을 '사舍'라하고, 이틀 묵는 것을 '信'이라 하며, 이틀 이상 묵는 것을 '차次'라 한다]."라는 구절이 있다.

77)* '섬라纖蘿'는 '가느다란 담쟁이'를 가리킨다. '섬라불풍纖蘿不風'은 '바람이 전혀 불지 않았다'라는 의미이다.

78)* '망언사忘言師'는 말을 잊은 선사, 즉 선禪의 가르침에 통달한 선사를 의미한다.

79)* '비譬'자는 '설명하다, 깨우치다, 인도하다'라는 의미이다.

80)* '운어韻語'는 '운韻'자가 있는 글, 운문을 말한다.

81)* '십계十戒'는 재가자가 지켜야 할 열 가지 계율, 즉 십선계十善戒를 말한다. 불살생不殺生, 불투도不偸盜, 불사음不邪婬, 그릇된 말을 하지 않는 불망어不妄語, 교묘한 말을 하지 않는 불기어不綺語, 욕설을 하지 않는 불악구不惡口, 이간하는 말을 하지 않는 불양설不兩舌, 욕심을 내지 않는 불탐욕不貪慾, 화를 내지 않는 불진에不嗔恚, 어리석음에 빠지지 않는 불우치不愚痴 등 열가지이다.

82)*『정주사산비명』에는 '원爰'자로 되어 있으나 '원援'자와 통한다.

83)* '출처出處'와 관련해 원나라 문재(文才, 1241-1302) 스님이 지은『조론신소유인肇論新疏游刃』(권하)[WX54, 311b23]에 다음과 같은 구절이 있다. "出處者,《易》「繫」云: '君子之道或出或處.' 儒以仕進名出, 守志名處. 論主以有餘名出, 無餘名處, 如下云: '生名有餘, 滅名無餘.' 此亦略辨涅槃種類也[출처와 관련해『주역』「계사전(상)」에 '군자의 도리는 나가기도 하고 머물기도 하는 것이다'라는 문장이 있다. 유가儒家는 벼슬길에 나아가는 것을 '출出'이라 하고, 물러나 뜻을 지키는 것을 '처處'라 한다. 승조 스님은[論主] (『조론』에서) 유여 열반을 '출出'이라 하고, 무여 열반을 '처處'라 했다. (이는)「열반무명론 · 위체位體 제3」에서 '임시적인 이름이 생기면 유여 열반이라 하고 임시적인 이름조차 사라지면 무여 열반이라 한다'라고 말한 것에서 알 수 있다. 이 말은 열반의 종류를 개략적으로 구별한 것이다]." 이 설명에 따르면 출出은 중생의 요청에 응應하는 것을, 처處는 열반의 본성에 돌아가는 것을 의미한다. 따라서 출出은 화신化身 · 유여有餘 열반, 처處는 법신法身 · 무여無餘 열반에 각각 부합된다. *『주역』「계사전(상)」의 원문은 "君子之道, 或出或處, 或黙或語[군자의 도리는 나가기도 하고 머물기도 하고 침묵하기도 하고 말하기도 하는 것이다]."이다. *'출처出處'를『논

어』「술이述而」편에 나오는 '용사用捨'로 볼 수도 있다. 미주尾注 56번 · 86번
을 참조하라.

84)* '기비豈非'는 '어찌 … 이 아니겠는가?'라는 의미이다.

85)* '난야蘭若'는 '아란야阿蘭若'의 줄임말. '아란야'는 산스크리트어 aranya의 음역
어이다. 아란나阿蘭拏, 아란양阿蘭攘, 아란야阿蘭耶 등으로도 음역된다. ①삼림,
②출가자가 수행하는 장소[나무 밑·빈터], ③수행자가 사는 집 등의 의미가 있
다. 여기서는 ③의 뜻이다.

86)* '용사用捨'는 『논어』「술이述而」편에 나오는 말로 공자가 안연顏淵에게 한 말씀
이다. "기용되면 힘써 행하고 물러나면 모습을 감춰 조용히 지낼 수 있는 사람은
오직 나와 안연顏淵 너뿐이도다[用之則行, 舍之則藏, 惟我與爾有是夫]!" '용사행장
用舍行藏' 혹은 '용행사장用行舍藏'이라고도 한다. '사舍'는 '사捨'의 의미이다.

87)* '기망旣望'은 매월 음력 16일이다. 기망이 지난 뒤의 2일이므로 음력 18일이 된
다.

88)* '박연泊然'에서 '박泊'자는 동사로 머무르다·묵다, 형용사로 조용하다는 뜻이
다. 여기서는 조용하다는 의미이다. '박연'은 조용한 상태를 묘사한 말이다. '무
상無常'은 입적했다는 뜻이다.

89)* '기朞'자는 1주년을 의미한다. '기朞'='기期'이다.

90)* '희야曦野'는 희양산 자락을 가리킨다.

91)* '건공향建功鄕'은 마을 이름으로 보인다.

92)* '시호諡號'는 덕이 높은 사람이 죽은 뒤 임금이 내리는 이름이다.

93)* '수신受辛'은 수受+신辛, 즉 '사辤'자이다. 사辤=사辭이다. '수신受辛'은 글[文]
을 뜻한다. *당나라 정관(貞觀, 627-649) 연간에 활동한 원강元康 스님이 찬술한
『조론소肇論疏』권 제1에 다음과 기록이 있다. "漢時會稽人曾肝, 能撫節安歌, 度
浙江溺死. 肝女曹娥, 年十二, 求肝屍不得, 自投浙江而死. 經宿抱父屍而出, 度尚
爲作碑, 置於會稽上虞山. 漢末議郎蔡邕, 夜至碑所求火不得, 以手摸之而讀, 歎其
能文, 乃鐫碑背, 作八字云: '黃絹幼婦外孫韲臼.' 後曹操共揚脩, 讀此語, 問脩:
'解不?' 答云: '解.' 操令脩勿語, 待吾思之, 行三十里方解, 乃嗟曰: '有智無智校三
十里.' 後乃殺脩, 操諸子皆救. 操曰: '此人中之龍, 恐非汝力之所駕馭.' 遂殺之.
黃絹者, 絲邊著色, 此是絕字. 幼婦少女也. 女邊著少, 妙字也. 外孫女子也. 女邊著
子, 此是好字也. 韲臼者, 受辛也. 受邊著辛, 此是辭字也. 今謂絕妙好辭[후한 당시
회계에 증간曾肝이라는 사람이 있었다. 음악의 박자에 맞춰 능숙하게 노래를 부
를 수 있었으나 절강浙江을 건너다 물에 빠져 죽고 말았다. 증간에겐 딸이 있었
는데 이름은 조아曹娥였고 나이는 12살이었다. 아버지의 시체를 찾았으나 얻지

못하자 스스로 절강에 몸을 던져 자살했다. 밤이 지나고 다음 날 아침 아버지 시체를 안은 조아의 시체가 물 위로 떠 올랐다. (강물 밖으로 나온 것을 숭상해) 도상(度尙, 117-166)이 비를 만들어 회계 상우산에 세웠다. 후한 말기 의랑 채옹이 밤에 비碑가 있는 곳에 이르렀으나 불을 구하지 못해 손으로 비문을 만지며 읽었다. 뛰어난 문장에 감탄한 그는 비 뒷면에 '황견유부외손제구'라는 여덟 글자를 새겼다. 후일 조조가 양수와 함께 8자를 읽었다. 조조가 양수에게 물었다. '해독할 수 있나?' 양수가 '예'라고 답했다. 조조가 양수에게 '말하지 말고 생각할 동안 기다려라'라고 명령했다. 30리를 행군하고 나서야 비로소 의미를 해독했다. 조조가 '지혜가 있음과 없음에 30리나 차이 나는구나!'라며 탄식했다. 후일 양수를 죽이려 하자 조조의 여러 아들들이 말렸다. 조조가 '양수는 사람 가운데 용이다. 너희들 힘으로 다스리지 못할까 두렵다'라고 말했다. 그리곤 죽였다. 황견은 사絲변에 색色자를 붙이는 것으로 이는 바로 '절絕'자이다. 유부幼婦는 소녀이다. 여女변에 소少자를 붙이면 '묘妙'자가 된다. 외손은 딸에게서 난 아이들이다. 여女변에 자子를 붙이면 '호好'자가 된다. 제구齏臼는 매운 양념[辛]을 받아들인다[受]. 수受변에 신辛자를 붙이면 '사辤'자가 된다. 지금 말하는 '절묘호사絕妙好辤'가 바로 이것이다." *북송의 진수 정원(晉水淨源, 1011-1088) 스님이 편찬한 『조론중오집해肇論中吳集解』에는 '증간曾肝' 대신 '조우曹肝'로 되어 있다. [北宋]淨源撰, 伊藤隆壽·林鳴宇校釋(2008), 『肇論集解令模鈔校釋』, 上海: 上海古籍出版社, p.27.

94)* '억抑'자는 접속사로 '다만, 단지, 그러나'의 의미이다.

95)* '고賈'자는 동사로 ①장사하다, ②(화를) 초래하다, ③매입하다, ④팔다, ⑤과시하다 등의 의미이다. 여기서는 '과시하다'라는 뜻. "余勇可賈."는 '나의 용맹은 아직 쓸만하다'라는 의미이다.

96)* '육도六度'는 육바라밀, 즉 보시 지계 인욕 정진 선정 지혜를 말한다. 보살이 닦아야 하는 여섯 가지 수행을 말한다.

97)* '육통六通'이 바로 육신통六神通이다. 수행으로 갖추게 되는 여섯 가지 불가사의하고 자유자재한 능력이다. 마음대로 갈 수 있고 변할 수 있는 능력인 신족통神足通, 모든 것을 막힘없이 꿰뚫어 환히 볼 수 있는 능력인 천안통天眼通, 모든 소리를 마음대로 들을 수 있는 능력인 천이통天耳通, 남의 마음을 아는 능력인 타심통他心通, 나와 남의 전생을 아는 능력인 숙명통宿命通, 번뇌를 모두 끊어 내세에 미혹한 생존을 받지 않음을 아는 능력인 누진통漏盡通 등 여섯 가지를 말한다.

98)* '진고榛楛'는 덤불·가시 같은 것을 말한다. '榛'자의 음·훈은 '개암나무 진'이

며 '楛'자의 음·훈은 '거칠 고'이다.

99)* '사詞'자는 원래 '마음속으로 생각하는 바를 밖으로 표출하는 것'을 가리켰다. 옛사람들은 의미를 표현하는 최소단위를 '사詞', 문장[句子]이 결합 되어 완전한 의미를 표현하는 것을 '사辭'라고 각각 말했다. 이로부터 압축된 의미를 표현하는 문체의 하나인 '사詞'가 생겼으며 '사'는 '시·노래[詩歌]'와 비슷한 말이다. 이 문장의 '사詞'자 역시 '시·노래'와 비슷한 의미로 쓰였기에 '게송'으로 옮겼다.

100)* '추犒'자는 '추麤=추粗'자와 같은 글자이다. '거칠다, 조잡하다' 등의 의미이다.

101)* '가련可憐'은 '좋아하다, 호감을 가지다, 부러워하다, 흠모하다' 등의 뜻이다. '광曠'자는 형용사로 '텅 비고 넓다', 동사로 '소홀히 하다, 게으름 피우다' 등의 의미이다.

102)* 봉암사가 위치한 가은加恩은 상주목尙州牧에 속했다.

103)* 당나라 소종은 867년에 태어나 888년 제위에 올랐으며 904년에 붕어했다.

104)* '우비右碑'에서 '봉암사鳳巖寺'까지의 한자는 『정주사산비명』에는 있으나 『조선금석총람』 등에는 없다. 반면 『해동금석원』에는 '우비右碑'에서 '당소종시唐昭宗時'까지는 있으나 '현재 문경군 희양산 봉암사現在聞慶郡曦陽山鳳巖寺'라는 한자는 없다.

105)* 비신碑身의 윗부분에 지붕돌을 얹지 않고 둥그스름하게 만든 작은 비석碑石을 '갈碣'이라 한다.

106)* 판독이 어려운 한자를 '▨'로 표시했다. 이하 동일.

107)* '당현當縣'은 봉암사가 속해 있던 현을 말한다. 신라 때는 관산현冠山縣, 고려 때는 문경현聞慶縣이라 했다.

108)* '용덕 4년'에서 용덕은 주전충(朱全忠, 852-907-912)이 세운 후량(後梁, 907-923)의 연호이다. 921년부터 923년까지 3년간 사용됐기에 '용덕 4년'은 오기로 보인다.

109)* '분황사芬皇寺'에서 '유월일경근六月日竟建'까지는 『정주사산비명』에는 없다. 『조선금석총람』 등에 따라 첨부했다. 조선총독부편, 『조선금석총람朝鮮金石總覽』, 서울: 아세아문화사, 1976, pp.96-97.

지증 대사 적조 탑비명

지증 대사 적조 탑비명

[1] ① 有唐新羅國, 故曦陽山鳳巖寺, 敎諡智證大師, 寂照之塔, 碑銘, 幷序.

[1] ① 유당 신라국 고 희양산 봉암사 교시 지증 대사 적조지탑 비명 병서[당나라 신라국의 희양산 봉암사에 주석하시다 원적에 드셨고 '지증(824-882) 선사'라는 시호와 '적조'라는 탑 이름을 왕으로부터 받은 대사의 탑비인 적조 탑비의 비명과 비문].

[2] ① 入朝賀正, 兼延奉皇華等使, 朝請大夫, 前守兵部侍郎、元瑞書院學士, 賜紫金袋, 臣崔致遠, 奉敎撰.

[2] ① 입조하정 겸 연봉황화등사 조청대부 전 수병부시랑 원서서원 학자 사자금대 신 최치원 봉교 찬[신년을 축하하는 하정사賀正使로 당나라에 갔었고 겸하여 중국에서 오는 사신 등을 맞이했으며, 조청대부이자 이전에 수병부시랑과 원서서원의 학사를 역임했고, 자포와 황금어대를 하사받은 신하 최치원이 왕명을 받들어 지음].

[3] ① 序曰: 五常分位, 配動方者曰仁; 三敎立名, 現淨域者曰佛. 仁心卽佛, 佛目能仁則也. 導郁夷柔順性源, 達迦衛慈悲敎海, 寔猶石投水, 雨聚沙然. ② 矧東諸侯之外守者, 莫我大也, 而地靈旣

好生爲本, 風俗亦交讓爲先. 熙熙太平之春, 隱隱上古之化.
③ 加以性參釋種, 遍頭居寐錦之尊, 語襲梵音, 彈舌足多羅之字,
寔乃天彰西顧. 海印東流, 宜君子之鄕, 染法王之道, 日日深又
日深矣. ④ 且自《魯記》隕星, 漢徵佩曰, 像跡則百川含月, 法音
則萬竅號風, 或緝懿縑緗, 或鑴華琬琰. 故濫觴洛宅, 懸鏡秦宮
之事蹟, 昭昭焉如揭合璧. 苟非三尺喙五色毫, 焉能措辭其間駕
說于後?

[3] ① 서술한다: 인·의·예·지·신 다섯 가지를 방향과 짝지을 때
동쪽은 '인仁'에 해당하며 불교·유교·도교가 이름을 확립할
때 '번뇌에서 벗어난 세계[淨域=淨土]'를 드러낸 분이 부처님이
시다. '어진 마음[仁心]'이 바로 '깨달음'이기에 부처님을
'능인'이라 부른다. 동쪽 나라 사람들의 온순하고 공손한 본
성을 인도해 인도에서 발원한 자비로운 가르침의 바다에 이
르게 한 것은 물에 돌을 던져도 그 흐름이 막히지 않는 것과
같고 빗물이 어렵지 않게 모래를 모으는 것처럼 자연스럽다.

② 하물며 동쪽의 제후로 방어하는 역할을 다함에 우리[신라]보
다 더 잘하는 나라는 없고 신령스러운 이 땅은 본래 '생명을
사랑하는 덕성[好生]'을 근본으로 삼았으며 '서로 사양하는 미
덕[交讓]'을 최고의 '전통[風俗]'으로 여겼다. 화목함과 즐거움
은 태평한 시절의 봄바람처럼 (이 땅에) 가득하고 양보를 최
고로 여기는 문화는 옛날의 그것과 흡사하다.

③ 더구나 (백성의) 본성[性]은 부처님의 종성種姓에 스며들어 융
합되었고, 삭발한 분이 군왕[寐錦]의 자리에 앉기도 했으며, 말
[語]은 부처님이 태어나신 인도의 소리를 따르고, 말한 것은
경전[多羅]의 문자가 되기에 충분하니 이것은 하늘이 서쪽 인

도를 돌아보는 것을 드러낸 것이다[불교를 돈독하게 믿게 되었다]. (그리하여) 동쪽으로 흘러온 부처님 가르침은 당연히 군자의 고향을 깊고 깊게 물들였다.

④ 게다가 하늘에서 별이 떨어졌다는 사실이 노나라 역사를 기록한 『춘추』에 기재되고 한나라 명제가 목덜미에 빛나는 둥근 해를 두른 금빛 나는 사람이 궁전으로 날아오는 꿈을 꾼 이래 부처님의 자취가 모든 강물에 달이 비치듯 나타나고, 진리의 말씀이 바람에 생기는 자연의 소리처럼 울려 퍼지고, 부처님의 원만한 덕성은 간혹 책에 기록되고, 부처님 가르침은 간혹 비석에 새겨졌다. 주나라 소왕 시절 낙양의 우물물과 강물들이 넘쳐흘렀고 진시황 당시 거울처럼 빛나는 1장 6척의 몸을 가진 사람이 나타난 일들이 해와 달을 함께 걸어 놓은 것처럼 매우 분명한 것도 이 때문이다. 만약 뛰어난 말솜씨와 탁월한 글재주가 아니었다면 이런 사실들이 어떻게 능히 후세에 전해질 수 있었겠는가?

[4] ① 就以國觀國, 考從鄉至鄉, 則風傳沙嶮而來, 波及海隅之始. 昔當東表鼎峙之秋, 有百濟蘇塗之儀, 若甘泉金人之祀. 厥後西晉曇始始之貌, 如攝騰東入, 句麗阿度度于羅, 如康會南行. ② 時乃梁菩薩帝, 返同泰一春, 我法興王制律條八載也. 亦旣海岸植興樂之根, 日鄉耀增長之寶, 天融善願, 地聳勝因. 爰有中貴捐軀, 上仙剔髮, 苾蒭西學, 羅漢東遊. ③ 因開混沌能開, 娑婆徧化, 莫不選山川勝槩, 窮土木奇工. 藻宴坐之宮, 燭脩行之路, 信心泉湧, 慧力風揚. 果使漂杵蠲災, 鞱囊騰慶, 昔之蕞爾三國, 今也壯哉一家! ④ 雁刹雲排, 將無隙地, 鯨枹雷震, 不遠諸天, 漸

染有餘, 幽求不斁.

[4] ① 한 나라의 관점에서 다른 나라를 파악하고 한 지방의 견지에
　　서 다른 지방을 살펴보니 부처님 가르침이 타클라마칸 사막
　　의 유사流沙와 험준한 파미르고원[葱嶺]을 넘어 중국에 전해졌
　　고 동해 바닷가의 신라에도 전파되었다. 옛날 해동이 셋으로
　　나뉘어 솥발처럼 서로 대치하고 있을 무렵 백제의 소도蘇塗에
　　서 의식이 거행되었는데 이는 한나라 무제가 금빛 나는 사람
　　을 감천궁에 모시고 제사를 올린 것과 같다. 그 이후 담시 스
　　님이 고구려 지역에 온 것은 가섭마등 스님이 후한의 수도 낙
　　양에 도착한 것과 비슷하고 고구려의 아도 스님이 신라로 내
　　려온 것은 강승회 스님이 남쪽 오나라 지역에 간 것과 유사하
　　다.

　　② 양나라 무제가 동태사에서 돌아온 그해 봄은 우리 법흥왕께
　　서 율령의 조문을 제정하고 반포한 지 8년째 되는 해이다. 중
　　생에게 즐거움을 주는 근원인 불교가 이미 전해졌기에 증대
　　하고 커진 보배가 해 뜨는 땅 신라에서 빛나게 되었으며 사람
　　들의 착한 소원을 하늘이 들어주었고 뛰어난 인연들이 땅에
　　서 솟구쳐 올랐다. 그래서 궁중의 고귀한 관리인 이차돈은 목
　　숨을 바쳤고, 진흥왕은 출가했으며, 스님들은 서쪽으로 배우
　　러 가고, 인도와 중국의 스님들은 가르침을 전하러 동쪽으로
　　왔다.

　　③ 이런 노력의 결과 혼돈이 정리되어 새로운 사상이 꽃피고,
　　사바세계에 후덕한 가르침이 두루 퍼졌으며, 선택된 훌륭한
　　터에 흙과 나무로 사찰을 짓는 보기 힘든 공사가 계속되었다.
　　수행할 집은 아름답게 꾸며졌고, 수행의 길은 명료하게 밝혀

졌으며, 깊게 믿는 굳은 마음은 샘물처럼 솟구쳤고, 지혜의 힘
은 바람처럼 드날렸다. 과연 백제와 고구려를 무찔러 전쟁이
일어날 원인을 없앴고 무기를 거두고 감춰 삼국을 통일한 위
대한 일을 경축하니 옛날의 조그마한 세 나라는 이제 장대한
하나의 집안이 되었도다!

④ 탑과 사찰이 구름처럼 벌어져 빈 땅이 없으며, 고래 모양의
북채로 종을 치면 우레 같은 소리가 퍼져 여러 하늘 세계에
닿을 정도이며, 부처님 가르침이 (모든 지방을) 차례로 여유
있게 물들였으며, 부처님이 말씀하신 진리를 (사람들은) 그윽
하게 탐구하며 싫증 내지 않았다.

[5] ① 其教之興也, 毘婆娑先至, 則四郡馳四諦之輪, 摩訶衍後至, 則
一國耀一乘之鏡. 然能令義龍雲躍, 律虎風騰, 泅學海之波濤,
蔚戒林之柯葉, 道咸融乎無外, 情或涉乎有中, 抑止水停漪, 高
山佩旭者, 益有之矣, 世未知之. ② 洎長慶初, 有僧道義, 西泛
睹西堂之奧, 智先侔智藏而還, 始語玄契者. 縛獶心護奔北之短,
矜鷃翼誚圖南之高, 旣醉於誦言, 競嗔爲魔語. 是用韜光廡下,
斂跡壺中, 罷思東海東, 終遯北山北, 豈《大易》之無憫, 《中庸》之
不悔者耶? ③ 然秀冬嶺, 芳定林, 蟻慕者彌山, 鷹化者幽谷, 道
不可廢, 時然後行.

[5] ① 부처님 가르침이 일어나 부파불교의 교리가 먼저 전파되자
해동에 사성제의 바퀴가 앞서 굴렀으며 대승이 뒤따라 들어
오니 온 나라에 일불승一佛乘의 거울이 빛을 내뿜었다. 그리
하여 교학에 뛰어난 스님들이 구름을 탄 용처럼 일어났으며,
율학에 해박한 스님들이 바람을 타고 솟아오르듯 나타났으

며, 광대한 가르침의 바다를 탐구하는 기운이 파도처럼 용솟음쳤으며, 계율의 나무에서 자라난 가지와 잎을 연찬하는 분위기가 성대해졌으며, 출가자들은 교학과 율학을 남김없이 융합했으며, 마음을 전하는 가르침에 통달한 수행자도 더러 나타났으며, 고요한 물이 일렁이는 물결을 잠재우듯 무명을 몰록 끊은 수행자도 나타났으며, 높은 산에 햇빛이 먼저 비치듯 자질이 우수한 출가자 가운데 진리의 도장을 먼저 획득한 사람이 나타났어도 세상 사람들은 알지 못했다.

② 장경(長慶, 821-824) 초기 도의 선사가 당나라에 건너가 서당 지장 선사의 심인心印을 체득해 지혜의 빛이 지장 선사와 비슷해져 돌아와 현묘한 깨달음을 처음으로 말했다. (그러나) 원숭이처럼 이리저리 날뛰는 마음에 속박되고, 남쪽을 지향하며 북쪽으로 달리는 단점을 굳게 지키고, 메추라기 정도의 높이만 겨우 날면서도 허풍떠는 무리들이 큰 바다를 건너려 높이 나는 대붕을 비웃고, 자기가 아는 말만 되풀이하며 젠체하는 소인들이 현묘한 깨달음을 '귀신 들린 소리[魔語]'라며 다투어 비웃었다. 그리하여 지붕 아래 빛을 감추고 자취를 깊고 그윽한 곳에 갈무리해 동해의 동쪽으로 가려는 생각을 그만두고 마침내 북쪽 산의 북쪽에 은거했으니 (이것이) 어찌 '세상을 떠나 은둔해도 고민하지 않는다'라는 『주역』「건괘」의 가르침과 '(사람들이) 알아주지 않아도 후회하지 않는다'라는 『중용』제11장의 말씀과 다르겠는가?

③ 그런데 푸른 소나무는 날씨가 추워진 산마루에 우뚝 서고 향기는 선정禪定의 숲에서 나오는 것이 당연한 이치이기에 개미가 양고기의 노린내를 사모하듯 덕성을 흠모하는 사람들이

많아지고 매가 비둘기로 변한 듯 선량해진 사람들이 깊은 계곡을 가득 채우니 진리는 사라지지 않고 다만 시기가 무르익은 다음에 행해질 따름이다.

[6] ① 及興德大王纂戎, 宣康太子監撫, 去邪醫國, 樂善肥家. 有洪陟大師, 去西堂證心, 來南岳休足. 鷺峴陳順風之請, 龍樓慶開霧之期. 現示密傳, 朝凡暮聖, 變非蔚也, 興且勃焉. ② 試較其宗趣, 則脩乎脩沒脩, 證乎證沒證; 其彰也山立, 其動也谷應; 無爲之益, 不爭而勝. 於是乎, 東人方寸地靈矣, 能以靜利利海外, 不言其所利, 大矣哉!

[6] ① 흥덕 대왕께서 왕위를 계승하시고 선강 태자가 자신의 직무를 살펴 (김헌창金憲昌의 반란을 진압하는 등) 삿됨을 없애고 나라를 바로 세우자 (사람들은) 훌륭한 일들을 하게 되었고 나라는 부유해졌다. (그즈음) 홍척 선사가 (도의 선사처럼) 서당의 심인心印을 얻고 돌아와 지리산에 주석하고 있었다. 임금이 홍척 선사에게 귀의해 가르침을 듣고 싶다는 요청을 말씀하시고 태자는 홍척 선사가 지리산에서 내려와 가르침을 펴겠다는 약속을 경축했다. (산에서 내려온 홍척 선사는) 마음에서 마음으로 은밀하게 전하는 현묘한 가르침을 드러내 아침에 범부였던 사람을 저녁에 성인으로 변모시키니 (범부가 성인으로 바뀐 그) 변화[頓悟]가 울창한 숲속의 나무처럼 많지는 않으나 순식간에 (변화가) 일어나 진리[心印]에 몰록 부합했다.

② 시험 삼아 그 가르침의 핵심을 살펴보면 인위적인 수행이 없는 수행을 수행하고 인위적인 깨달음이 없는 깨달음을 깨달

으며, 고요하면 마치 산이 서 있는 듯하고 움직이면 마치 온 골짜기가 부응하는 듯하며, 인위적으로 추구하지 않는 이로움으로 다투지 않고 이긴다. 이로 말미암아[선의 수행과 깨달음으로 말미암아] 우리나라 사람들의 마음이 신령스럽게 되었으며 선禪 수행에서 나오는 이로움은 능히 우리나라를 이롭게 하나 베푸는 이로움에 대해서는 말하지 않으니 장대하도다!

[7] ① 爾後觴鐫河, 筌融道; 無念爾祖, 寔繁有徒. 或劍化延津, 珠還合浦, 爲巨擘者, 可屈指焉. 西化則靜衆無相、常山慧覺, 益州金、鎭州金者是.② 東歸則前所叙北山義、南岳陟, 而降及泰安徹國師、慧目育, 智力門; 雙溪炤、新興彦、湧巖體、珎丘休、雙峯、孤日山、兩朝國師聖住無染, 菩提宗. ③ 德之厚爲父衆生, 道之尊爲師王者, 古所謂 '逃名名我隨, 避聲聲我追' 者. 故得皆化被恒沙, 跡傳豊石, 有令兄弟, 宜爾子孫, 倬於林標秀於鷄林, 慧水安流於鰈水, 別有不戶不牖而見大道, 不山不海而得上寶. ④ 恬然息意, 澹乎忘味. 彼岸也, 不行而至; 此土也, 不嚴而治. 七賢孰取譬? 十住難定位者, 賢溪山智證大師其人也.

[7] ① 그 이후 배도 스님이 나무로 만든 잔盞을 타고 강을 건너듯 진리를 찾는 스님들의 발걸음이 (당나라로) 이어졌고 통발로 물고기를 잡듯 방편이 진리에 융합된 분이 나타났다. 앞선 사람의 은덕을 잘 기억해 영원히 잊지 말지니 진실로 (당나라에서) 진리를 체득한 스님들이 있었다. 두 자루 칼이 스스로 연평진延平津의 물속에 날아가 잠기듯 어떤 스님들은 중국에서 (진리를) 증득하고 (신라로) 돌아오지 않았으며 보배 구

슬이 합포로 돌아오듯 어떤 스님들은 깨달은 뒤 (신라로) 돌아왔는데 뛰어난 인물들을 손가락으로 꼽을 수 있다. 당나라에서 입적한 분으로 정중사靜衆寺의 무상 스님과 상산의 혜각 스님이 있는데 '익주益州 김'과 '진주鎭州 김'이 바로 이들이다.

② 신라로 돌아온 스님 가운데 앞에서 말한 설악산北山의 도의道義 스님과 지리산南岳의 홍척洪陟 스님, 시대를 조금 내려와 곡성 태안사의 혜철慧徹 스님과 여주 혜목산의 현욱玄昱 스님 등은 뛰어난 지혜智力로 중생을 제도했다門. 쌍계사의 혜소 스님, 신흥사의 충언 스님, 용암사의 각체 스님, 진구사의 각휴 스님, 쌍봉사의 도윤[혜운] 스님, 굴산사의 범일 스님, 경문왕과 헌강왕의 스승이었던 성주사의 무염 스님 등은 깨달음 菩提을 전파한 스승들宗이었다.

③ (이분들은 모두) 두터운 덕행으로 중생의 부모가 되었고 깨달음의 경지가 높아 왕의 스승이 되었는데 '명예를 구하지 않아도 명예가 나를 따르고 명성을 추구하지 않아도 명성이 나를 좇는다'라는 격언은 이분들을 두고 하는 말이다. 그리하여 (이분들의) 가르침의 은택恩澤은 갠지스강의 모래처럼 많은 중생에게 미쳤고 (이분들의) 자취는 비석에 새겨졌으며 아름다운 '진리의 형제들法兄弟'이 나타났고 '진리의 후손들法孫'이 이어졌다. (이분들의 노력으로) 선정禪定의 숲이 계림에 두드러지게 우거지고 지혜의 물이 나라 곳곳에 흘렀기에 출입문戶과 창문牖으로 밖을 내다보지 않아도[당나라에 유학 가지 않아도] 크나큰 진리를 알 수 있게 되었으며 산에 오르지 않고 바다에 들어가지 않아도 훌륭한 보물을 얻을 수 있게 되

었다.

④ (그리하여 재가자들은) 안정된 마음으로 번뇌를 잠재웠고 (출가자들은) 담담한 마음으로 세간의 맛을 잊었다. 중국에 가지 않아도 피안에 이르는 길을 알게 되었고 (형벌로) 엄하게 대하지 않아도 (자비심으로) 이 땅이 잘 다스려졌다. (때문에) 어느 누가 현위賢位 단계의 수행으로 (지증 대사의 수행을) 설명할 수 있겠는가? 십지十地의 경지로도 (그 수행 계위階位를) 정하기 어려운 사람이 바로 현계산의 지증 대사 그 분이시다.

[8] ① 始大成也, 發蒙于梵軆大德, 稟具于瓊儀律師; 終上達也, 探玄于慧隱嚴君, 授默于楊孚令子. 法胤, 唐四祖爲五世父, 東漸于海. 溯流數之, 雙峰子法朗, 孫信行, 曾孫遵範, 玄孫慧隱, 末孫大師也. ② 朗大師從大毉之大證, 按杜中書正倫纂銘云: "遠方奇士, 異域高人, 無憚險途, 來至琢所." 則掬寶歸止, 非師而誰? 第知者不言, 復藏于密, 能撣秘藏, 惟行大師. ③ 然時不利兮, 道未亨也. 乃浮于海, 聞于天, 肅宗皇帝躬貽天什曰: "龍兒渡海不憑筏, 鳳子冲虛無認月." 師以 '山鳥、海龍' 二句爲對, 有深旨哉! 東還三傳至大師, 畢萬之後斯驗矣!

[8] ① (지증 대사가) 처음 크게 이룰 때 범체梵軆 대덕大德의 가르침을 듣고 '어리석음[蒙]'에서 벗어났으며 경의瓊儀 율사로부터 '구족계[具]'를 받았다. 마지막으로 높은 경지에 도달했을 때 혜엄 스님의 가르침을 이어 '그윽한 이치[玄]'를 체득했으며 뛰어난 제자인 양부 스님에게 '말로 표현할 수 없는 진리[默]'를 전해주었다. (지증 대사의) 법맥法脈은 선종의 제4조 도신

(道信, 580-651) 스님을 오대조[五代祖=五世父]로 해 동쪽으로
점차 이어졌다. 거슬러 올라 (연원淵源을) 헤아려 보면 쌍봉
산에 주석했던 도신 스님의 제자는 법랑法朗 스님이며, 손자
제자는 신행信行 스님이며, 증손 제자는 준범遵範 스님이며,
현손 제자는 혜은慧隱 스님이며, 내손[來孫, 5대손] 제자가 바로
지증 대사이시다.

② 법랑 스님은 대의大醫 도신 스님의 큰 깨달음을 좇았으며 당
나라의 중서령 두정륜(杜正倫, ?-658)이 찬술한 비명에 "먼
나라의 뛰어난 선비와 다른 나라의 덕德 높은 사람들이 험난
한 길을 피하지 않고 보배가 있는 곳[寶所]에 이르렀다."라고
나오는 데 보물을 움켜쥐고 돌아간 사람이 법랑 스님이 아니
면 그 누구이겠는가? 그러나 아는 사람은 말로 표현하지 않
기에 다시 은밀한 장소에 (보물을) 저장해 두었는데 감춰둔
보배를 찾아낸 사람은 오직 신행 스님뿐이었다.

③ 그런데 (가르침을 펼) 시기가 무르익지 않아 진리가 널리 통
용되지 못했다. 이에 신행 스님이 바다를 건너 당나라에 도
착하자 당나라 숙종 황제가 소식을 듣고 "용은 뗏목에 의지
하지 않고 바다를 건너며 봉황은 달을 의식하지 않고 하늘을
난다."라는 내용의 시구詩句를 친히 전달했다. 신행 스님이
'산은 새를 선택할 수 없으나 새는 산을 선택할 수 있으며 바
다는 용을 선택할 수 없으나 용은 바다를 선택할 수 있다'라
는 두 구절로 대답했는데 깊은 의미가 담겼도다! 신라에 돌
아와 3대를 거쳐 (진리의 도장[法印]이) 지증 대사에게 전해지
니 '필만畢萬의 후대에 반드시 (위나라가) 번성할 것'이라는
진나라 대부 복언卜偃의 예언이 적중한 것처럼 (지증 대사가

가르침을) 번창하게 한다는 이 사실이 증명되었다.

[9] ① 其世緣則王都人金姓子, 號道憲, 字智詵. 父贊瓌, 母伊氏. 長慶甲辰歲現于世, 中和壬寅曆歸于寂, 宴坐也四十三夏, 歸全也五十九年. 其具體則身仞餘, 面尺所, 儀像魁岸, 語言雄亮, 所謂威而不猛者也. 始孕洎滅, 奇踪秘說, 神出鬼沒, 笔不可記. 今撮其感應聾人耳者六異, 操履驚人心者六是, 而分表之. ② 初母夢一巨人告曰:“僕昔勝見佛季世爲桑門, 以瞋恚故, 久墮龍報, 報旣旣矣. 當爲法孫, 故侂紗緣, 願弘慈化.”因有娠幾四百日, 灌佛之旦誕焉. 事驗蟒亭, 夢符像室. 使佩韋者益戒、擁毳者精脩, 降生之異一也. ③ 生數夕不嚥乳, 穀之則號欲嗄. 欻有道人過門, 誨曰:“欲兒無聲, 忍絶葷腥.”母從之, 竟無恙. 使乳育者加愼、肉飡者懷愵, 宿習之異二也. ④ 九歲喪父, 殆毀滅, 有追福僧憐之, 喩曰:“幻軀易滅, 壯志難成. 昔佛報恩, 有大方便, 子勉之!”感悟輟哭, 白所生請歸道. 母慈其幼, 復念保家無主, 確不許. 耳踰城故事則亡去, 就學浮石山. 忽一日心驚坐屢遷, 俄聞倚閭成疾. 遽歸省而病隨愈, 時人方之阮孝緒. 無居何, 染沉痾, 謁醫無効, 枚卜之, 僉曰:“宜名隸大神.”母追惟曩夢, 試覆以方袍, 而泣誓言:“斯疾若起, 乞佛爲子.”信宿果大瘳. 仰悟慈親, 終成素志. 使舐犢者割愛、飮蛇者釋疑, 孝感之異三也. ⑤ 至十七受具, 始就壇, 覺袖中神光爥爥然, 探之得一珠, 豈有心而求? 乃無脛而至, 眞《六度經》所喩矣. 使飢呼者自飽、醉偃者能醒, 勵心之異四也. ⑥ 坐雨竟, 將他適, 夜夢遍吉菩薩, 撫頂提耳曰:“苦行難行, 行之必成.”形開痒然, 默篆肌骨. 自是不復服繒絮焉, 絛線之須, 用必麻楮, 不穿達履, 矧羽翠毛茵餘用乎? 使緼黂者開

眼、衣蟲者厚顏, 律身之異五也. ⑦ 自綺年, 飽老成之德, 加瑩
戒珠, 可畏者競相從求益. 大師拒之曰: "人大患好爲師. 强欲惠
不惠, 如摸不摸何? 况浮芥海鄕, 自濟未暇, 無影逐爲必笑之態."
後山行, 有樵叟假礙前路曰: "先覺覺後覺, 何須悋空殼?" 就之
則無見焉. 爰媿且悟, 不阻來求, 森竹葦于鷄籃山水石寺. 俄卜
築他所曰: "不繫爲懷, 能遷是貴." 使佔畢者三省、營巢者九思,
垂訓之異六也. ⑧ 贈太師景文大王, 心融鼎敎, 面謁輪工. 遙深
爾思, 覿神我則, 乃寓書曰: "伊尹大通, 宋纖小見. 以儒譬釋, 自
邇陟遐. 旬邑嚴居, 頗有佳所, 木可擇矣, 無惜鳳儀." 紗選近侍
中可人, 鵠陵昆孫立言爲使. 旣傳敎已, 因攝齋焉. 答曰: "修身
化人, 捨靜奚趣? 鳥能之命, 善爲我辭. 幸許安塗中, 無令在汝
上." 上聞之, 益珎重. 自是譽四飛於無翼, 衆一變於不言.

[9] ① 서라벌에 사는 김씨 성을 가진 사람의 아들로 세상과 인연을
맺은 지증 대사의 호는 도헌이요 자는 지선이다. 아버지의
이름은 찬괴이며 어머니는 이 씨이다. 장경 갑진년[헌덕왕
16년, 824]에 태어나 중화 임인년[헌강왕 8년, 882]에 입적하
셨으며 법랍은 43세였고 세상에 머문 기간은 모두 59년이었
다. 대사의 신체는 8척 남짓의 키에 한 자쯤 되는 얼굴을 했
으며, 거동과 용모는 장대하고 훌륭했으며, 말소리는 웅장하
고 맑아 참으로 위엄은 있으나 사납지 않은 사람이라 말할
수 있다. 잉태된 때부터 입적할 때까지의 기이한 종적과 신
비로운 이야기는 신령이 나타나고 귀신이 흔적 없이 사라지
는 듯해 붓으로 기록할 수 없다. 지금 사람의 귀를 쫑긋 세우
게 하는 여섯 가지 기이한 감응과 사람의 마음을 놀라게 하
는 여섯 가지 지조·행실을 간추리고 나누어 설명한다.

② 처음 어머니의 꿈에 한 거인이 나타나 "저는 과거 비바시불이 교화하시던 시기의 말기에 출가해 사문이 되었습니다. 화를 낸 까닭에 오랫동안 용이 되는 과보를 받았으나 그 업보가 이제 다 끝났습니다. 마땅히 부처님의 후예가 되어야 하기에 아름다운 인연을 맺어 자비로운 교화를 널리 펴기를 원하옵니다."라고 말했다. 임신한 지 거의 4백일이 지나 부처님 오신날[음력 4월 8일] 아침에 태어났다. (태어난) 사실은 이무기의 몸을 벗고 소년으로 환생한 고사를 증명했으며 (잉태를 예시한) 꿈은 코끼리가 마야 부인의 몸에 들어간 이야기와 부합된다. 자신을 경계하는 사람들을 더욱 조심하게 하고 가사를 두른 출가자들을 더욱 정진하게 한 것이 태어남의 남다름을 보여주는 첫 번째이다.

③ 태어난 지 여러 날이 지나도 젖을 빨지 않았고 짜 먹이면 목이 쉴 정도로 울었다. 문득 한 스님이 문 앞을 지나다 깨우쳐 주듯 "어린아이를 울지 않게 하고 싶으면 오신채와 비린내 나는 고기를 단호하게 먹지 마시오."라고 말했다. 어머니가 그 말을 따르자 마침내 탈 없게 되었다. 젖 먹여 아이 키우는 사람들을 더욱 삼가게 하고 고기 먹는 사람들에게 부끄러운 생각을 들게 한 것이 전생에 익힌 습속의 남다름을 보여주는 두 번째이다.

④ 아홉 살에 아버지를 여의고 슬픔에 겨워 몸과 마음이 손상되자 죽은 사람을 위해 명복을 기원하던 스님이 가련하게 여겨 "환영과 같은 몸은 상하기 쉽고 장대한 뜻은 이루기 어렵습니다. 옛날 부처님이 부모님의 은혜를 갚을 때 크나큰 방편을 활용했습니다. 그대도 이를 새겨 힘쓰도록 하십시오!"라

고 깨우쳐 주었다. 느낀 바가 있어 울음을 멈추고 어머니에게 불가에 귀의할 뜻을 밝혔다[요청했다]. 자애로운 어머니는 대사가 아직 어리고 집안을 보전할 주인이 없음을 생각해 결코 출가를 허락하지 않았다. (그러나) 부처님이 성벽을 넘어 출가한 이야기를 듣고는 사라져 부석산에 가 배웠다. 어느 날 문득 마음에 놀라움이 생겨 자리를 여러 번 옮겼는데 어머니가 자신을 기다리다 병이 났다는 소식이 곧바로 들려왔다. 급히 집에 돌아가 어머니를 뵙고 간호하자 병도 따라 나았는데 당시 사람들은 이를 완효서의 고사에 견주었다. 얼마 지나지 않아 지증 대사가 고치기 힘든 병에 걸려 의원에게 보였으나 차도가 없었다. 두루 점을 쳐 보니 모두 "마땅히 부처님에게 이름을 예속시켜야 한다."라고 말했다. 어머니가 지난날의 태몽을 기억하고 시험 삼아 가사로 (지증 대사를) 덮은 채 "만약 이 병에서 일어나면 부처님의 아들로 삼아달라고 (부처님께) 빌겠습니다."라고 울며 맹세했다. 이틀을 자고 난 뒤 과연 대사의 병이 나았다. 우러러 자애로운 어머니의 뜻을 깨닫고 본래 먹었던 출가의 꿈을 마침내 성취했다. 자기 자식을 사랑하는 사람들에게 사랑을 끊게 하고 의심하던 사람들에게 의심을 풀게 한 점이 효성으로 감화시킨 남다름을 보여주는 세 번째이다.

⑤ 십칠 세에 구족계를 받고 비로소 강단에 나아간 대사는 마음에 신령스러운 빛이 밝게 빛남을 깨달아 하나의 보배를 더듬어 얻으니 어떻게 인위적으로 찾은 것이겠는가? 바로 발 없이 도착한 것으로 『육도집경』에 나오는 비유와 유사하다. 배고파 부르짖는 사람들을 스스로 배부르게 하고 술에 취해 넘

어진 사람들을 능히 깨우니 힘써 노력하는 마음의 남다름이 네 번째이다.

⑥ 하안거를 마치고 장차 행각을 떠나려는 그날 밤 꿈에 보현 보살이 나타나 정수리를 만지고 귀를 잡아당기며 "고행을 실천하기는 어렵지만 행하면 반드시 이룰 것이다."라고 말씀하셨다. 꿈에서 깨어나 깜짝 놀라 조용히 마음에 그 말씀을 새겼다. 이때부터 다시는 비단옷과 솜옷을 입지 않았고, 긴 실이 필요할 경우 삼이나 닥나무에서 나온 것을 사용했으며, 어린 양가죽으로 만든 신을 신지 않았는데 하물며 새 깃으로 만든 부채나 털로 만든 깔개를 사용했겠는가? 삼베옷 입은 사람들을 수행에 눈뜨게 하고 솜옷 입은 사람들을 부끄럽게 한 것은 자신을 다스리는 남다름의 다섯 번째이다.

⑦ 어릴 때부터 나이 든 사람이 가진 덕성을 많이 지니고 있었으며, 게다가 계율로 닦은 보배를 형형하게 밝혔기에 후배들이 다투어 대사를 따르며 배우고 싶어 했다. 대사는 "사람의 큰 걱정은 남의 스승 되기를 좋아하는 것입니다. 지혜롭지 못한 사람을 지혜롭게 만들려 해도 (나에게 지혜롭게 할 기반이 없어) 모범이 되지 못하는 사람이 모범이 되려는 것과 같으니 어떻게 가능하겠습니까? 하물며 바다에 뜬 티끌처럼 자기를 구제할 여가도 (나에게는) 없으니 (나의) 그림자를 좇아 반드시 비웃음을 받는 모습이 없도록 하시오."라며 거절했다. 뒤에 산을 가는데 어떤 늙은 나무꾼이 앞길을 막으며 "먼저 깨달은 사람이 나중에 깨달을 사람을 깨닫게 하는데 어찌 '덧없는 껍데기[몸]'를 아까워하십니까?"라고 말했다. (늙은 나무꾼에게) 다가가니 보이지 않았다. 부끄럽고 또 깨

달은 바가 있어 가르침을 청하러 오는 사람들을 막지 않으니 계람산 수석사에 대나무와 갈대처럼 빽빽하게 몰려들었다. 얼마 뒤 다른 곳에 건물을 짓고는 "얽매이지 않음을 생각하며 잘 실천하는 것이 귀하다."라고 말했다. 책의 글자만 보는 사람들에게 세 번 생각하게 하고 보금자리를 꾸미는 사람들에게 아홉 가지를 생각하게 한 것은 가르침을 내리는 남다름의 여섯 번째이다.

⑧ 태사에 추증된 경문 대왕은 마음으로 불·유·도의 가르침을 융합한 분인데 직접 지증 대사를 만나고 싶어 했다. 멀리서 만나고 싶다는 생각을 간절하게 한 경문 대왕은 대사가 자기 곁에서 도와주기를 바라며 "이윤은 세상에 얽매이지 않아 크게 통달했고 송섬은 세심하게 살핀 사람입니다. 유교의 가르침으로 불교의 가르침을 비유적으로 표현해 보면 가까운 곳에서 먼 곳으로 가는 것과 같습니다. 서라벌 주위의 바위산에도 거주할 만한 아름다운 곳이 있습니다. 새가 앉을 나무를 선택할 수 있습니다. 봉황이 날아오듯 서라벌 주위로 오는 것을 아끼지 마십시오."라는 내용을 담은 서한을 썼다. 주변의 신하 가운데 믿을만한 사람을 선발해 (그들 가운데) 원성왕의 6대손인 입언을 사자로 삼았다. 사자가 교지를 전한 뒤 제자의 예를 갖추었다. 대사가 "자신을 닦고 다른 사람을 교화함에 고요함을 버리고 어디로 가겠습니까? 새가 나무를 선택할 수 있다는 명령은 저를 위해 잘 말씀하신 것입니다. 지금 있는 '진흙 속'에 그대로 머무르게 해주고 제가 '다른 곳'으로 가지 않아도 되게 해 주십시오."라고 대답했다. 경문 대왕이 듣고는 더욱 귀중하게 여겼다. 이로부터 날개가

없는 데도 명성이 사방으로 날아가듯 퍼져 말하지 않은 가운
데 (대사에 대한) 백성들의 태도가 크게 변했다.

[10] ① 咸通五年冬, 端儀長翁主, 未亡人爲稱, 當來佛是歸. 敬爲下生,
厚資上供. 以邑司所領賢溪山安樂寺, 富有泉石之美, 請爲猿鶴
主人. 大師乃告其徒曰: "山號賢溪, 地殊愚谷. 寺名安樂, 僧盍
住持?" 從之徒焉, 居則化矣. 使樂山者益靜·擇地者愼思, 行
藏之是一也. ② 他日告門人曰: "故輔粲金公凝勳, 度我爲僧,
報公以佛." 乃鑄丈六玄金像, 傳之以銑. 爰用鎭仁宇, 導冥路.
使市恩者日篤·償義者風從, 知報之是二也. ③ 至八年丁亥,
檀越翁主, 使茹金等, 持伽藍南畝, 曁臧獲本籍授之, 爲壞袍傳
舍, 俾永不易. 大師因念言: "王女資法喜, 尙如是矣, 佛孫味禪
悅, 豈徒然哉? 我家匪貧, 親黨皆沒, 與落路行人之手, 寧充門
弟子之腹." 遂於乾符六年, 捨莊十二區·田五百結隷寺焉. 餰
飯飫饑囊, 粥能銘鼎, 民天是賴, 佛土可期. 雖曰我田, 且居王
土, 始質疑於王孫韓粲繼宗, 執事侍郎金八元·金咸熙, 及正法
大統釋玄亮, 聲九皐, 應千里, 贈太傅獻康大王, 恕而允之. 其
年九月, 敎南川郡統僧訓弼, 標別墅, 劃生場. 斯蓋外佑君臣益
地, 內資父母生天. 使續命者興仁·賞歌者悛過, 檀捨之是三焉.
④ 有居乾慧地者, 曰沈忠, 聞大師刃餘定慧, 鑑透乾坤, 志確曇
蘭, 術精安廩. 禮足已白言: "弟子有剩地, 在曦陽山腹. 鳳巖龍
谷, 境駭橫目, 幸構禪宮." 答曰: "吾未能分身, 惡用是?" 忠請
膠固, 加以山靈, 有甲騎爲前驅之異, 乃錫挺樵蹊而相歷焉. 且
見山屛四列, 則鴛翅掀雲, 水帶百圍, 則虹腰偃石. 旣愕且唁曰:
"獲是地也, 庸非天乎? 不爲靑衲之居, 其作黃巾之窟." 遂率先

於衆, 防後爲基, 起瓦簷四注以壓之, 鑄鐵像二軀以衛之. 至中
和辛丑年, 教遣前安輪寺僧統俊恭、司正史裴聿文, 標定疆域,
芳賜牓爲鳳巖焉. 及大師往化數年, 有山氓爲野寇者, 始敢拒
輪, 終能食葚, 得非深斟定水, 預沃魔山之巨力歟? 使折臂者探
義、掘尾者制杖, 開發之是四焉. ⑤ 太傅大王, 以華風掃弊, 慧
海濡枯. 素欽靈毓之名, 渴聽法深之論, 乃注心雞足, 灑翰鵠頭
以徵之曰:"外護小緣, 念踰三際. 內修大慧, 幸許一來." 大師
感動琅函言及"勝因通世, 同塵率土", 懷玉出山. 轡織迎途, 至
憩足于禪院寺, 錫安信宿, 引問心于月池宮. 時屬纖蘿不風, 溫
樹方夜. 遍覩金波之影, 端臨玉沼之心. 大師俯而顗, 仰而告曰:
"是則是矣, 餘無所言." 上洗然欣契曰:"金仙花目, 所傳風流,
固協於此." 遂拜爲忘言師. 及出, 俾蕘臣讋旨, 幸宜小停. 答曰:
"謂牛戴牛, 所直無幾. 以鳥養鳥, 爲惠不貲. 請從此辭, 枉之則
折." 上聞之喟然, 以韻語歎曰:"挽旣不留, 空門鄧侯. 師是支
鶴, 吾非趙鷗." 乃命十戒弟子宣教省副使馮恕行, 爰送歸山.
使待兎者離株、羨魚者學綱, 出處之是五焉. ⑥ 在世行, 無遠
近險夷, 未嘗代勞以蹄角. 及還山, 氷雪梗跋涉, 乃昌栟櫚步輿
舠行, 謝使者曰:"是豈非井大春所云人車耶? 爲顧英君所不須
也, 矧形毁者乎? 然命旣至, 受之爲濟苦具." 及迻疾于汝樂蘭
若, 扶錫不能起, 始乘之. 使病病者了空、賢賢者離執, 用捨之
是六焉.

[10] ① 함통 5년[경문왕 4년, 864] 겨울 단의端儀 장옹주가 미망인이
라 말하며 지증 대사[當來佛]에게 귀의했다. 인간 세상에 태
어난 지증 대사를 존경해 두텁게 공양을 올렸다. 옹주가 소
유한 봉토 가운데 현계산 안락사는 기이한 암석이 많고 맑

은 물이 풍부하기로 유명한데 대사에게 그곳의 주인이 되어 수행하며 유유자적하게 지내기를 요청했다. 대사가 문하의 제자들에게 "산의 이름이 현계이고 지세地勢가 뛰어나 현인이 은거해 살만하다. 사찰 이름이 안락사인데 어찌 그곳에 머무르며 부처님 가르침을 전파하지 않겠는가?"라고 말했다. 장옹주의 말에 따라 수행처를 옮겨 주석하자 바로 주변이 교화되었다. 어진 사람을 더욱 안정되고 고요하게 하며 땅을 선택하는 사람을 신중하게 생각하도록 한 것은 (사람의 마음을 놀라게 하는 여섯 가지 지조·행실 가운데) 첫 번째로 '나아감과 물러섬'을 올바르게 잘 실천했음을 보여준다.

② 어느 날 제자들에게 "작고한 보찬 김공 억훈의 도움으로 내가 득도得度해 출가자가 되었다. 불상을 조성해 공에게 보답하고자 한다."라고 말했다. 이에 빛나는 황금으로 도금한 1장 6척의 철불을 조성해 사찰을 보호하고 망자들을 저승으로 인도하게 했다. 은혜를 베푸는 사람들의 (은혜 베푸는) 마음을 날마다 돈독하게 하고 사람으로서 지켜야 할 도리[義理]에 보답하는 사람들이 대사의 가르침을 듣고 따르도록 한 것은 두 번째로 '은혜를 알고 보답함'을 올바르게 잘 실천했음을 보여준다.

③ 함통 8년[경문왕 7년, 867] 정해년에 (대사의) 신도인 옹주가 여금茹金 등 사람들에게 '안락사가 잘 유지되도록 좋은 땅과 노비문서를 기증하고, (안락사가) 출가자들이 쉴 수 있는 곳이 되도록 하며, (안락사가) 사찰 이외 다른 용도로 사용되지 않도록 하라'라고 시켰다. 대사가 이 일을 계기로 마음에 담

아 두었던 생각을 밝혔다. "장옹주가 '진리를 깨닫는 황홀한 기쁨[法喜]'을 도와줌이 오히려 이와 같은데 부처님의 제자로 '수행의 기쁨[禪悅]'을 맛보는 것이 어찌 아무 일 없다는 듯 가만히 있는 것이겠는가? 우리 집안은 가난하지 않고 가족과 친척들이 모두 돌아가시고 없다. 지나가는 사람의 손에 재산이 돌아가도록 놔두는 것보다 차라리 제자들의 수행 양식으로 충당하는 것이 더 좋겠다." 마침내 건부 6년[헌강왕 5년, 879]에 '토지[田地] 및 부속건물[莊園]' 12구와 땅 5백 결을 사찰에 보시해 예속시켰다. '밥'을 누가 '밥주머니'라고 비웃었는가 [밥만큼 중요한 것도 없는데 일하지 않고 놀고먹는 사람을 (누가) '밥 주머니'에 비유했는가]? 죽 먹는 일도 솥에 글자를 새겨놓을 정도로 중요하고 백성들이 먹는 것을 존귀하게 여겨 의지하듯 음식에 힘입어야 정토에 가는 것도 기약할 수 있다. 비록 내 땅이나 임금의 영토 안에 있기에 먼저 왕손王孫인 보찬 계종, 집사시중 김팔원·김함희, 그리고 정법사正法司의 대통大統인 현량 스님 등에게 질의했다. 깊숙한 곳에 몸을 감춘 수행자가 소리를 내자 천리 밖에서 메아리치듯 응했다. 태부太傅로 추증된 헌강 대왕이 제안자의 견지에서 고려해 (대사가 재산을 사찰에 보시하는 것을) 윤허해 주셨다. 그해 9월 남천군의 승통인 훈필 스님에게 농장의 땅을 표시하고 '살생하지 않고 살리는 곳[生場]'을 획정하도록 했다. 이것은 밖으로 군신의 토지를 늘리게 했고 안으로 부모가 '하늘 세계[天]'에 태어나도록 도와준 것이다. 목숨을 이은 사람에게 어짊[仁]을 일어나게 하고 노래 부른 사람에게 보상하려는 사람을 뉘우치게 한 것은 세 번째로 '신도로 사찰에 보시함'을 올바르게 잘 실천했음을 보여준다.

④ 건혜지의 경지에 오른 심충沈忠이라는 사람이 있었다. 지증 대사가 선정과 지혜에 출중하고, 하늘과 땅을 살펴 올바른 이치를 정확하게 파악하며, 정신적인 깨달음은 '담란 스님' 처럼 확고하고, 병법과 점성술에도 '안름 스님'만큼 정통精通 하다는 소식을 듣고는 직접 찾아가 최상의 예의를 갖춘 후 말했다. "저에게 여분의 땅이 있는데 희양산의 핵심적인 위치에 자리하고 있습니다. '봉암용곡'이라 불리는 곳으로 경치가 사람들의 눈을 휘둥그렇게 만들 정도입니다. 그곳에 수행자들을 위한 사찰을 지으십시오." 지증 대사가 "내가 몸을 나눌 수 있는 능력이 없는데 어떻게 그 땅을 사용하겠습니까?" 라고 대답했다. 심충의 요청이 아교처럼 굳건하고 게다가 산의 신령神靈이 갑옷을 입고 말 탄 채 앞서 달리는 듯한 '신비한 현상'이 있어 석장錫杖을 짚고 나무꾼이 다니는 좁은 길로 가 두루 살펴보았다. 사방을 병풍처럼 막고 있는 산을 보니 붉은 봉황의 날개가 구름을 걷어 올리는 듯한 모습이고 백 겹이나 되는 듯 굽이굽이 감도는 물의 흐름을 보니 마치 이무기가 허리를 돌에 대고 누워있는 듯했다. 놀라고 감탄하며 "이 땅을 얻은 것이 어떻게 하늘의 뜻이 아니겠는가? 수행자들의 거처가 되지 않으면 도적들의 소굴이 되고 말겠다."라고 말했다. 마침내 대중들을 인솔해 후환 막는 것을 기본으로 삼아 기와로 이은 처마가 물처럼 사방으로 이어지게 해 지세를 눌렀으며, 철불 2위를 조성해 사찰을 호위하도록 했다. 중화 신축년[헌강왕 7년, 881]에 안륜사 승통이었던 준공 스님과 정법사正法司의 정사正史인 배율문裵聿文에게 사찰의

경계를 정하도록 했으며 (이름을 그대로 따라) '봉암鳳巖'이라는 현판[牌額]을 내렸다. 대사가 희양산으로 가 교화한 지수년이 돼도 산에 사는 백성들 가운데 산도적이 된 사람이 있었다. 처음엔 감히 수레바퀴에 대드는 사마귀 같았으나 마침내 뽕나무 열매를 먹고 목소리가 아름답게 변한 올빼미와 부엉이처럼 (심성이) 아름답게 변했다[교화되었다]. 깊고 깊은 선정禪定의 물을 떠 마왕이 들끓었을 산의 큰 힘을 예방한 것 아니겠는가? 팔을 자른 사람에게 '사람으로서 마땅히 지켜야 할 도리[義理]'를 찾게 하고 용의 꼬리를 파헤치려는 사람에게 '지나침[枉]'을 제어하게 한 것은 네 번째로 '본성本性'을 올바르게 잘 개발했음을 보여준다.

⑤ 태부 대왕[헌강왕]은 중국의 풍습으로 적폐를 일소하고 바다와 같은 지혜로 마르고 약해진 세상을 적시고자 했다. (그래서) 평소 현고玄高 스님의 이름을 흠모하고 축잠竺潛 스님의 논강論講을 목마른 사람이 물을 찾듯 듣고 싶어 하셨다. 이에 희양산 봉암사에 마음을 기울여 조서詔書를 보내 (지증 대사를) 부르시며 "멀리 바깥에서 부처님 가르침을 지키는 작은 인연을 맡았으나 짧은 순간에 벌써 1년이 지나가고 말았습니다. 궁중 안에서 큰 지혜를 닦을 수 있도록 한 번 와주시면 다행이겠습니다."라고 말씀하셨다. "뛰어난 인연이 세상에 두루 통하는 것은 세간에 섞여 사람들과 함께 살아가기 때문입니다."라는 조서의 문장에 감동한 지증 대사는 옥 같은 마음을 품고 희양산에서 내려와 서라벌로 갔다. 다투어 영접하는 마차를 타고 선원사에 도착해 이틀 동안 편안하게 머문 뒤 궁중에 들어갔다. 지증 대사는 월지궁에서 마음에 관한

질문을 왕으로부터 받았다. 가느다란 담쟁이덩굴이 흔들릴 정도의 바람도 없는 궁중의 내실은 바야흐로 어두워지고 달그림자는 마침 맑은 연못에 단아하게 비치고 있었다. 고개 숙여 달그림자를 본 지증 대사가 고개를 들고 "달빛이 바로 신령스러운 마음입니다, 이것 이외 드릴 다른 말씀이 없습니다."라고 설법했다. 대왕이 분명하고 흔쾌하게 (지증 대사의 법문에) 계합돼 "부처님이 연꽃을 들고 전해주신 가르침이 오늘 여기 이것과 부합되는 것 같습니다."라고 말했다. 마침내 대왕이 절하고 선의 스승으로 삼았다. 지증 대사가 대궐을 나가자 대왕이 충성스러운 신하를 통해 '조금 더 머물러 주면 좋겠다'라는 뜻을 전했다. 지증 대사가 "길고 흠 없는 쇠뿔을 가진 값비싼 소라고 말하지만 실은 가치가 그리 크지 않습니다. 새의 본성에 따라 새를 기르면 그 은혜가 헤아리기 힘들 만큼 큽니다. 청컨대 여기서 산으로 물러가고자 합니다. 굽히고자 하면 부러지고 맙니다."라고 말했다. 대왕이 대사의 말씀을 듣고 한숨을 쉬며 운문韻文으로 "머무르라 해도 머무르지 않으니 불교 집안의 등유라 할 수 있다. 대사는 지둔支遁 스님이 놓아준 학이지만 나는 후조後趙의 갈매기가 아니다."라고 탄식했다. 이에 불문佛門에 귀의해 십계十戒를 받은 선교성 부사 풍여행馮恕行에게 대사를 산으로 모셔다드리도록 했다. 착각에 사로잡혀 토끼를 기다리는 어리석은 사람을 그루터기에서 떠나게 하고 고기를 연모하는 사람에게 그물 만드는 법을 배우게 한 것은 다섯 번째로 '나아감[出]과 머무름[處]'을 잘 실천했음을 보여준다.

⑥ 세간에서 진리를 실천함에 멂, 가까움, 위험함, 평이함 등을

가리지 않았으며 결코 소와 말을 타지 않았다. 산으로 돌아갈 때 얼음과 눈 때문에 산길을 걷고 물길을 건너기가 쉽지 않았다. 이에 왕이 종려나무로 만든 가마를 몸소 타고 가게 하자 사자에게 사절하며 "이것이 어찌 정대춘이 말한 인력거가 아니겠습니까? 정대춘과 같은 뛰어난 인물도 인력거를 타지 않았거늘 하물며 출가자가 타겠습니까? 그러나 왕명이 이미 내려졌으니 받아서 괴로움을 구제하는 도구로 사용하겠습니다."라고 말했다. 병 때문에 여락사로 거처를 옮기고 석장錫杖을 짚고도 일어나지 못하게 되자 비로소 가마를 사용했다. 병을 근심하는 사람에게 공空의 이치를 깨닫게 하고 어진 이를 좋게 여기는 사람에게 집착에서 벗어나게 한 것은 여섯 번째로 '사용함[用]과 사용하지 않음[捨]'을 잘 실천했음을 보여준다.

[11] ① 至冬杪旣望之後二日, 趺坐晤言之際, 泊然無常. 嗚呼! 星回上天, 月落大海. 終風吼谷, 則聲咽虎溪; 積雪摧松, 則色侔鶴樹. 物感斯極, 人悲可量! 信而假殯于賢溪, 粤而遂窆于曦野. ② 太傅王馳醫問疾, 降馹營齋. 不暇無偏無頗, 能諧有始有卒. 特教菩薩戒弟子建功鄉令金言立, 慰勉諸孤, 賜諡智證禪師, 塔號寂照. 仍許勒石, 俾錄狀聞. 門人性蠲ㆍ敏休ㆍ楊孚ㆍ繼徽等, 咸得鳳尾者, 欻蹟以獻. ③ 至乙巳歲, 有國民媒儒道, 嫁帝鄉, 而名掛輪中, 職攀柱下者, 曰崔致遠. 捧漢后龍緘, 賷淮王鵠幣, 雖慚鳳擧, 頗類鶴歸. ④ 上命信臣淸信者陶竹陽授門人狀, 賜手教曰: "縷褐東師, 始悲西化, 繡衣西師, 深喜東還. 不朽之爲, 有緣而至, 無悢外孫之作, 將酬大師之慈." ⑤ 臣也雖東箭非才,

而南冠多幸. 方思運斧, 遽値號弓. 況復國重佛書, 家藏僧史,
法碣相望, 禪碑最多. 遍覽色絲, 試搜錦頌, 則見無去無來之說,
競把斗量; 不生不滅之譚, 動論車載. 曾無《魯史》新意, 或用周
公舊章. 是知石不能言, 益驗道之玄遠. ⑥ 唯懊師化去早, 臣歸
來遲. 㸤㸤字誰告前因, 逍遙義不聞眞訣. 每憂傷手, 莫悟申拳.
歎時則露往霜來, 遽彫愁鬢; 談道則天高地厚, 僅腐頑毫. 將諧
汗漫之游, 始述崆峒之美.

[11] ① 겨울인 음력 12월 18일 (지증 대사가) 가부좌를 틀고 말씀
하시던 중 조용하게 입적하셨다. 오호라! 별은 하늘로 돌아
가고 달은 큰 바다에 떨어졌다. 바람은 하루 종일 계곡에 불
어왔는데 그 소리는 마치 울부짖는 호계虎溪에서 나는 것과
같았다. 쌓인 눈은 소나무를 부러뜨렸는데 그 모습은 마치
부처님이 쿠시나가라에서 적멸에 들 때 사라 쌍수의 잎들이
하얗게 변한 것과 같았다. 사물마저 지극히 감동한 것을 보
면 사람들의 슬픔도 헤아릴 수 있을 것이다! 이틀 뒤 임시로
현계산에 법체法體를 모셨다가 1주년이 되던 날 희양산 자락
에 안장했다.

② 태부왕[헌강왕]께서 의원을 파견해 문병하시고 파발마를 보
내 재齋를 모시도록 했다. 치우침 없이 정사政事를 돌보느라
여가가 없지만 지증 대사를 대하는 마음은 처음과 끝이 한결
같았다. 보살계를 받은 불자佛子이자 건공향 수령守令인 김언
립에게 특별히 지시해 스승을 잃고 슬퍼하는 제자들을 위로
하게 하고 '지증 선사智證禪師'라는 시호와 '적조寂照'라는 탑
이름을 내렸다. (헌강왕은) 예법대로 비석 건립을 허락하고
지증 대사의 행장도 기술해 아뢰도록 하셨다. 지증 대사의 제

자인 성견, 민휴, 양부, 계휘 스님 등은 모두 글재주가 뛰어나 대사의 지난 행적을 모으고 정리해 올렸다.

③ 유가儒家의 가르침을 매개로 당나라에 유학가 과거 급제자의 명부에 이름을 올렸으며 관직이 시어사侍御史에 이르렀던 최치원이라는 사람이 있다. 그는 을사년[헌강왕 11년, 885]에 당나라 황제의 조서를 받들고 회왕淮王 고병高騈이 준 의복과 관모를 지닌 채 봉황의 비상에 비할 바는 아니나 마치 옛날의 정령위丁令威처럼 학을 타고 고향으로 돌아왔다.

④ 헌강왕께서 믿음직한 신하이자 청신사淸信士인 도죽양陶竹陽에게 지중 대사의 문인들이 올린 행장을 최치원에게 주라 이르시고 직접 손으로 쓴 조서詔書를 내려 말씀하셨다. "누더기를 입었던 우리나라의 선사가 입적해 슬프지만 관복官服을 입은 사자가 당나라에서 돌아왔기에 매우 기쁘다. 영원히 사라지지 않을 일이 인연이 있어 그대에게 이른 것이니 재주를 아끼지 말고 훌륭한 글을 지어 지중 대사의 자비에 보답하도록 하라."

⑤ 나 최치원이 비록 뛰어난 재주를 지닌 우택虞澤과 같은 인재는 아니지만 초나라의 종의鍾儀처럼 신라의 유풍을 잊지 않고 있다는 점을 다행스럽게 생각한다. 도끼를 잘 휘두르는 장석匠石처럼 재주를 보이려는데 갑자기 주상 전하께서 붕어崩御하셨다. 게다가 우리나라는 부처님의 가르침을 귀중하게 여기고 집에는 스님들의 전기를 기록한 책들과 불교의 가르침이 담긴 비명이 서로 바라볼 정도인데 그 가운데 선사禪師들의 행장行狀을 기록한 비명이 가장 많다. 두루 훌륭한 문장을 읽어보고 시험 삼아 아름다운 게송들을 찾아보았는데 '오는 것

도 없고 가는 것도 없다'라는 말은 말[斗]로 헤아릴 만큼 많았고 '태어나지도 않고 사라지지도 않는다'라는 문장은 수레에 실을 정도로 많았다. 선사들의 비명에는 『춘추春秋』의 구절처럼 뜻이 깊은 글들은 없고 옛날 주공周公이 가르친 말씀과 같은 진부한 내용을 활용한 문장들뿐이었다. 그리하여 비석 스스로 자기 몸에 적힌 글들을 부끄러워한다는 점을 알 수 있었고 진리에 이르는 길이 매우 멀다는 사실을 더욱 체감했다.

⑥ 오직 한스러운 것은 지증 대사께서 너무 일찍 입적하셨고 나[최치원]의 귀국이 늦었다는 점이다. 꿈에 나타나 '애체靉靆'라는 두 글자를 항상 잊어먹는 이유를 설명해 주실 지증 대사께서 안 계신 지금 (지증 대사에게) 옛일을 물을 수도 없고 지도림 스님이 소요유逍遙遊의 의미를 새롭게 해석한 것과 같은 (지증 대사의) 참다운 가르침도 듣지 못한다. 나무를 깎을 때마다 손을 다치는 목수처럼 재주가 부족한 것을 걱정할 뿐 주먹 쥔 손바닥에 적힌 지증 대사와 전생의 인연을 (나 최치원은) 깨닫지 못했다. 늦게 귀국한 것을 한탄해 봐야 이슬이 가고 서리가 오는 것처럼 부질없을 뿐 아니라 근심에 귀밑머리만 갑자기 하얗게 변할 것이며 진리를 말하면 하늘처럼 높고 땅처럼 두터워 다만 뻣뻣한 붓털만 썩히고 있을 것이다. (지증 대사의) 걸림 없는 경지에 맞추고자 공동산崆峒山처럼 빼어나고 아름다운 지증 대사의 행적을 먼저 서술했다.

[12] ① 有門人英爽, 來趣受辛; 金口是資, 石心彌固. 忍踰刮骨, 求甚刻身; 影伴八冬, 言資三復. ② 抑六異六是之屬辭無愧, 賈勇有餘者, 實乃大師內蕩六魔, 外除六蔽, 行包六度, 坐證六通故也.

事譬採花, 文難消藁; 遂同榛楛勿翦, 有慚糠粃在前. 跡追蘭殿
之游, 誰不仰月池佳對? 偶效柏梁之作, 庶幾騰日域高譚.

[12] ① 지증 대사의 제자인 영상 스님이 글을 부탁하러 왔을 때 말
을 조심한 옛사람들의 고사를 빌려 글을 짓지 않을 마음을
돌처럼 굳게 먹었다. (글을 짓지 않을 마음으로 입을 열지
않고) 참는 것은 뼈를 긁어내는 것보다 힘들었고 글을 써달
라는 요청은 몸에 글자를 새기는 것만큼 극심했다. 등불 옆
에 비친 그림자를 8년 동안 벗 삼아 공자의 제자 남용이 말
을 조심하라는 시詩를 세 번이나 반복하며 읽은 것을 생각
하며 신중하게 비명을 지었다.

② 다만 '여섯 가지 기이한 감응[六異]'과 '여섯 가지 지조ㆍ행실
[六是]'를 기술한 글이 부끄럽지 않고 글 쓰는 힘을 과시함에
여유가 있는 것은 실은 지증 대사께서 안으로 육근六根을 통
제하고 밖으로 육경六境[육폐六蔽]을 조복시켰으며 육바라밀[六
行]을 모두 닦아 여섯 가지 신통력[六通]을 좌선으로 체득했기
때문이다. 사실을 기술할 때는 핵심을 잘 지적해야 하는데
그렇지 못하고[지증 대사의 행장을 기술할 때 요점을 잘 짚
지 못했다] 완성된 글은 초고를 없애기 어려울 정도였기에
[글을 잘 지었으면 초고를 빨리 없애는 데 마음에 들지 않아
초고를 선뜻 버리지 못했다] 가시나무 덩굴이 소나무와 잣나
무에 얽혀 있는 듯해도 잘라내지 못했고 겨와 쭉정이가 앞서
있는 글처럼 보여 부끄럽기 그지없다. 달마 대사와 양나라
무제처럼 지증 대사와 헌강왕이 함께 월지궁을 거닌 자취와
그곳에서 있었던 아름다운 법담法談을 그 누가 우러러보지
않겠는가? (아래의) 게송은 한 무제와 신하들이 백량대에서

지었던 칠언시를 본받았으니 바라건대 해 뜨는 고장인 신라
의 고상한 말씀으로 날아오르기를!

③ 其詞曰: ③게송으로 읊는다:

麟聖依仁乃據德,　공자는 인에 의거하고 덕에 의지했으며

鹿仙知白能守黑,　노자는 흰 것을 알고 능히 검은 것을 지켜

二敎徒稱天下式,　유가와 도가의 가르침을 흔히들 천하의 법식이라 일컫지만

螺髻眞人難恔力,　부처님은 거칠게 힘쓰는 것을 싫어하셨기에

十萬里外鏡西域,　인도에서 십만 리 떨어진 서역을 비추었고

一千年後燭東國.　일천 년 뒤에는 신라를 밝혔도다.

鷄林地在鰲山側,　계림의 땅은 금오산 옆에 있고

仙儒自古多奇特,　옛날부터 도가와 유가에 뛰어난 이들이 많았으며

可憐曦仲不曠職,　흠모받은 희중은 직무를 소홀히 하지 않았고

更迎佛日辨空色,　다시금 부처님의 가르침을 맞아 공과 색을 구별하니

敎門從此分階堿,　교학의 문이 이로부터 계단·층계처럼 구별되어

言路因之理溝洫.　도랑에 물 흐르듯 이 때문에 말의 길이 널리 퍼졌다.

身依兔窟心難息,　몸은 토끼 굴에 있어도 마음은 쉬기 어렵고

足躡羊歧眼還惑,　발은 복잡한 길을 밟아도 눈은 오히려 현혹되어

法海安流叵直測,　진리의 물이 순탄하게 흐를지 참으로 알기 어렵지만

心傳眼誂包眞極,　마음으로 전달한 가르침이 진리의 극치를 포괄[통달]하니

得之得類罔象得,　체득한 것은 망상이 얻은 것과 같고

默之默異寒蟬默.　침묵하나 울지 않는 매미의 침묵과 다르다.

北山義與南岳陟,　설악산의 도의 선사는 고니의 날개를 드리우고

垂鵠翅與展鵬翼,　지리산의 홍척 선사는 대붕의 날개를 펼쳤으며

海外時來道難抑,　당나라에서 돌아올 때 진리를 펼칠 마음 억누르기 어려웠기에

遠波禪河無壅塞.　멀리까지 흐른 선의 물줄기는 막힘이 없네.

蓬託麻中能自直,　쑥은 삼나무에 의지해 스스로 곧게 뻗고

珠探衣內休傍貨.　옷 속의 보배를 찾았기에 이웃에서 빌리지 않던

湛若賢溪善知識,　맑고 고요한 물과 같은 현계산의 선지식이여

十二因緣匪虛飾.　여섯 가지 감응과 여섯 가지 지조·행실은 헛된 수식이
　아니로다.

何用攀組兼拊杙?　줄을 잡고 오르고 말뚝에 몸을 붙일 필요가 있을까?

何用舐笔及含墨?　붓에 침을 적시고 종이에 먹물을 머금게 할 필요가 있나?

彼或遠學來匍匐,　그들이 멀리 유학가 힘을 다해 신라로 돌아왔기에

我能靜坐降魔賊.　내가 능히 고요하게 앉아 마음속의 적을 항복 받을 수 있었네.

莫抱意樹謾栽植,　그릇되게 분별의 나무를 심지 말고

莫抱情田枉稼穡,　삼독에 물든 마음으로 농사를 그르치지 말며

莫抱恒沙論萬億,　수행의 무수한 공덕을 많다 적다 논의하지 말고

莫抱孤雲定南北.　지증 대사의 가르침을 남종선이니 북종선이니 정하지 말라.

德馨四遠聞薝蔔,　지증 대사의 덕행은 치자나무꽃 향기처럼 사방으로 퍼졌고

慧化一方安社稷,　지혜로 한 지방을 교화한 것이 바로 나라를 안정시킨 것이며

面奉天花飄縷裓,　어찰을 받들고 누더기를 펄럭이며 궁중에 들어가

心憑水月呈禪拭.　물에 비친 달에 의지해 마음에 대해 설법했네.

霍副往綿誰入棘?　떨어진 옷을 입고 머리 장식을 한 채 누가 가시밭에
　들어가겠는가?

腐儒玄杖慚摘埴,　부패한 유학자의 지팡이로 대사의 행적을 들추는 것은
　부끄럽고

跡耀寶幢名可勒,　(지증 대사의) 발자취가 보배로운 깃발처럼 빛나 이름을
　새길만한데

才輪錦頌文難織. (최치원의) 재주가 아름다운 게송보다 못해 글을 짓기
　　　　　　　　어렵도다.

囂腹欲飫禪悅味, 선 수행이 주는 맛있는 음식으로 굶주린 배를 채우고 싶으면
來向山中看篆刻. 희양산에 와 이 비명을 읽어보시라.

④ 右碑在慶尙道尙州牧, 無年月崔致遠撰、釋慧江書, 當在唐昭宗
　 時. 現在聞慶郡曦陽山鳳巖寺. ⑤ 芬皇寺釋慧江書幷刻字, 歲
　 八十三. 院主大德能善、通俊, 都唯那等, 玄逸、長解、鳴善, 且
　 越成碣, 西▨大將軍着紫金魚袋蘇判阿叱彌, 加恩縣將軍熙弼,
　 當縣▨刀淬治▨▨▨于德明. 龍德四年歲次甲申六月日竟建.

④ 이 비는 경상도 상주목에 있고 세워진 날짜가 없으며 글은
　 최치원이 짓고 글씨는 혜강 스님이 썼는데 당나라 소종 때이
　 다. 현재의 문경군 희양산 봉암사이다.

⑤ 분황사 혜강 스님이 비명의 글씨를 쓰고 글자를 새겼는데 이
　 때 나이가 83세였다. 원주이자 대덕인 능선 스님, 원주이자
　 대덕인 통준 스님, 도유나 스님 등 그리고 현일 스님, 장해
　 스님, 명선 스님 등과 신도들이 비갈을 만들었으며, 서*대장
　 군으로 자금어대를 착용한 소판 '아질미'와 가은현 장군 희
　 필, 관산현의 ***가 덕명에 *****. 용덕 4년 갑신년[924] 6월 일
　 에 비 건립을 마쳤다.

정진 대사 원오 탑비명

靜眞大師圓悟塔碑銘

이몽유 李夢游 찬술 撰述
고려 광종 16년[965] 건립

* 탁본과『조선금석총람』수록본 등을 저본으로 삼아『해동금석원』수록본,『한국금석
  전문』수록본 등과 교감한 뒤 역주했다.

봉암사 정진 대사 원오탑비.

봉암사 정진 대사 원오탑.

정진 대사 원오 탑비명

정진 대사 원오 탑비명
靜眞大師圓悟塔碑銘

[1]¹⁾ ① 高麗國, 尙州曦陽山鳳巖寺, 王師, 贈諡²⁾靜眞大師, 圓悟之塔, 碑銘, 幷序.

[1] ① 고려국 상주 희양산 봉암사 왕사 증시 정진 대사 원오지탑 비명 병서[고려국 희양산 봉암사에 주석하셨고 '정진(878- 956) 대사'라는 시호와 '원오'라는 탑 이름을 황제로부터 받 은 대사의 탑비인 원오 탑비의 비명과 비문].

[2] ① 奉議郞³⁾、正衛⁴⁾、翰林學士⁶⁾, 前守兵部卿⁷⁾, 賜丹金魚袋⁸⁾, 臣 李夢游⁹⁾奉勅¹⁰⁾撰. 文林郞¹¹⁾、翰林院書博士¹²⁾, 臣張端說¹³⁾, 奉 勅書, 幷篆額.

---

1) 「정진 대사 원오 탑비명」은 『해동금석원』(상), 『조선금석총람』(상), 『한국금석전문』 (중세 상) 등에 수록되어 있다.

2) 입적했거나 타계한 사람들에게 황제·왕이 내리는 칭호를 시호諡號라 한다. 단락 [2]에 '칙勅' 자가 보이기에 황제로 번역했다.

3) '봉의랑'은 고려시대 종6품 상계上階 문관 품계品階의 하나. 고려시대 문·무관文 武官의 위계 제도를 '문산계文散階'라 한다. 문산계는 '대부계大夫階'와 '낭계郞 階'로 나누어지며 성종 14년[995] 중국에서 도입해 정식으로 채택됐다. 충선왕 복 위 1년인 1308년에 정正·종從 각 1품부터 9품까지 갖추었다. 한편 향리鄕吏, 노 병老兵, 탐라耽羅의 왕족, 여진女眞의 추장, 공장工匠, 악인樂人 등에게 준 위계位 階를 '무산계武散階'라 한다. 문무 양반에게 준 문산계와 대비되는 위계였다.

[2] ① 봉의랑 정위 한림학사 전 수병부경 사단금어대 신 이몽유 봉
칙찬. 문림랑 한림원 서학사 신 장단열 봉칙서 병전액[봉의랑
이자 정위이고 한림원의 학사學士이며 이전에 수병부경을
역임했고 단금어대를 하사받은 신하 이몽유가 황제의 명을
받들어 비명을 지음. 문림랑이자 한림원의 서박사書博士인 신
하 장단열이 황제의 명을 받들어 비명의 글씨와 전자로 된
비신 상단부의 제액題額을 씀].

---

4) 태고 왕건이 고려를 세운 직후부터 사용했다. 고려 전기의 관계官階는 후삼국을
통일한 936년[태조 19]을 전후해 완비된다. '정위正衛'는 총 16 관계 가운데 13위
이며 중국식 관계에 따르면 종6품이다.
5) '한림원翰林院'은 고려시대 임금의 말씀·명령[詞命]을 짓는 일을 관장하던 기관
이다.
6) '학사學士'는 한림원의 관원이었다.
7) '병부경'에 두 가지가 있다. ①고려 태조 원년[918] 서경西京에 설치한 '병부兵部'
의 차관급 관직. 고려 말까지 몇 번의 관제 개혁 속에서 시랑侍郞 또는 총랑摠郞
으로 개칭을 반복했다. ②고려 초기 지방 관아의 병부兵部에 딸린 '향직鄕職'의
하나. 성종 2년[983]에 병부는 '사병司兵'으로 병부경은 '병정兵正'으로 각각 개칭
되었다. 한편, '향직'에도 두 가지가 있다. ①고려시대 '향리鄕吏'를 비롯한 노인,
군인, 서리, 여진女眞의 추장, 일부 문무반文武班 등에게 주던 품계. ②고려·조선
시대 평안도와 함경도 지방 사람들에게 특별히 베푼 벼슬. 지방 토호들을 회유하
기 위해 관찰사나 절도사가 그 지방에서 유력한 사람을 선발해 임명했다. ①을
'무산계武散階', ②를 '토관직土官職'이라 부르기도 한다.
8) 고려 초에는 신라의 복식을 따랐으나 960년[광종 11]에 정비된 관료제도에 따라 4
색 공복四色公服을 정했다. 『고려사』「여복지輿服志」에 따르면 원윤元尹 이상은
자삼紫衫, 중단경中壇卿 이상은 단삼丹衫, 도항경都航卿은 비삼緋衫, 소주부小主
簿 이상은 녹삼綠衫을 입었다. 공복에 금어대金魚袋와 은어대銀魚袋를 찼다. 공복
의 색깔이 자색紫色·비색緋色인 관리는 '상아로 만든 홀[象笏]'을, 공복의 색깔이
녹색綠色인 사람은 '나무로 만든 홀[木笏]'을 각각 들었다. 한편, 당나라 시기 고위

관원, 즉 3품 이상의 관리들이 입었던 옷이 '자줏빛 관복[紫袍]'이고 그들이 착용했던 것이 '금어대金魚袋'이다. 5품 이상의 관리들은 '붉은빛 관복[緋袍]'을 입었고 '은어대銀魚袋'를 착용했으며 6품 이하의 관리들은 '초록빛 관복[綠袍]'을 입었고 '어대'를 착용하지 못했다. 큰 공을 세운 3품 이하의 관리에게 황제가 '표창表彰'이나 '은총恩寵'의 표시로 '자금어대紫金魚袋'를 하사하기도 했는데 이를 '사자금어대賜紫金魚袋'라 한다. 당 · 송시기 관리들은 자신의 신분과 등급을 증명하기 위해 '어대魚袋'를 관복에 부착했다. '어대魚袋'는 자색의 수를 놓은, 물고기 형태의 신표[魚符]를 담는 직사각형의 주머니이다. '어대제도魚袋制度'는 당나라 (618-907) 때 시작되어 송나라(960-1279)까지 이어졌으나 송대 이후 점차 준용되지 않다가 청나라(1644-1911) 때 완전히 사라졌다. '자포紫袍' 역시 청나라 때 없어진다. 청나라 관리들은 남색藍色과 진홍색[絳色] 관복을 입었다.

9) 성종 2년[983] 12월 좌집정左執政으로 과거 시험을 통해 진사進士를 선발했다. 986년 3월과 987년 3월엔 과거를 주관한 '지공거知貢擧'를 맡았으며 같은 해 8월 중앙과 지방의 보고문[奏狀]과 공문의 이첩방식을 상세하게 정하는 데도 일조했다. 1027년[현종 18] 4월 성종의 묘정에 배향되었으며 1033년[덕종 2] 10월 '사공司空'에 추증되었다. 시호는 '정헌貞憲'. 공로가 있는 신하가 죽은 뒤 종묘[역대 왕 · 왕비의 위패를 모시던 사당] 제사에 모셔지는 것을 '묘정廟庭에 배향配享 되었다'라고 말한다.

10) 황제나 왕이 백성들이나 어떤 사람에게 알릴 일을 적어 내리는 글 가운데 칙서勅書는 황제가 내리는 글을 말하며 교서敎書 · 조서詔書는 왕이나 제후가 내리는 글을 가리킨다. '칙勅'자는 대개 '황제의 명령'에 쓰이는 글자이므로 황제로 옮겼다.

11) 고려시대 문산계 종9품의 벼슬. 종9품 상上은 '문림랑'이고 종9품 하下는 '장사랑將仕郞'으로 제29등급이었다. 문림랑은 문관의 품계品階로 1076년[문종 30] 당시 29 품계를 정할 때 제28계가 되었으며 1308년[충렬왕 34]까지 존속했다.

12) '서박사書博士'는 한림원의 관원이었다.

13) 구양순체에 뛰어났던 고려 초기의 문신이자 서예가. 광종 시기(949-975) 한림원의 '서박사書博士'를 거쳐 '군부경軍部卿'을 지냈다. '서박사'는 국가적인 사업에 관계된 비명을 많이 썼던 직책이다. 명필로 유명하며 「봉암사 정진 대사 원오 탑비명鳳巖寺靜眞大師圓悟塔碑銘」과 「고달사 원종 대사 혜진 탑비명高達寺圓宗大師慧眞塔碑銘」 등이 전한다. 「봉암사 정진 대사 원오 탑비」는 원오 대사가 입적한 지 9년이 지난 965년에 건립됐다.

14) 여덟 방위의 멀고 너른 범위라는 뜻. 온 세상을 의미한다.

15) 인도를 말한다. 신독身毒의 현재 중국어 발음은 [Shen1du2]인데 당나라 이전 발

[3] ① 嘗聞: 八極[14]之中, 括地貴者, 曰身毒[15]; 三界[16]之內, 推位尊者,
曰勃陁[17]. 西顧之德, 天彰[18]; 東流[19]之敎, 日遠. 是故伯陽[20]著
我師之論[21], 尼父[22]發聖人之譚[23]. 矧復隕星紀於《魯書》[24], 金
姿放耀, 佩日徵於漢夢[25], 玉牒[26]傳聲. 轉四諦輪[27], 說三乘
法[28], 化緣已畢, 臨涅槃時, 告迦葉, 兼付其無上法寶, 欲令廣大
宣流, 宜護念以常勤, 俾脫苦於生死. 由是大迦葉, 以所得法眼,
付囑阿難. 自此, 傳承未嘗斷絶, 中則馬鳴、龍樹, 末惟鶴勒、鳩
摩, 相付已來二十七代[29]. 後有達摩大師, 是謂應真菩薩, 南天
辭國, 東夏傳風, 護心印以無刓, 授信衣而不墜. 東山之法[30], 漸
獲南行, 至于曹溪, 又六代矣. ② 自爾, 繼明重跡, 嫡嗣聯綿. 曹

음은 [Sindo]나 [Shindo]에 가깝다. 신독身毒은 인도를 지칭하는 산스크리트어
[Sindhu]를 음역音譯한 말이다. [Sindhu]가 고대 페르시아어 [Hindu]로, 고대 그리
스어 [Indus]로 각각 전화轉化된 것으로 추측된다. '신독身毒'이라는 말은 『사기
史記』권123 「대원전大宛傳」에 처음 등장했다. 원문은 다음과 같다. "大夏國人曰:
'吾價人往市之身毒. 身毒在大夏東南可數千里.'[대하 사람들은 '우리 장사꾼들이
신독에 가서 사 온 것입니다. 신독은 대하의 동남쪽 수천 리 되는 곳에 있습니다'
라고 말했다.]"

16) 중생이 왕래하고 거주하는 세 가지 세계[三界], 즉 욕계欲界·색계色界·무색계
無色界를 말한다. 중생이 생사 유전生死流傳하는 미혹의 세계를 세 단계로 나눈
것이 삼계三界이다.

17) '발타勃陁'는 불타佛陀, 즉 부처님을 말한다.

18) 석전(石顚, 1870-1948) 스님은 『정주사산비명』「봉암사 지증 대사 적조 탑비명」
단락[3]의 ③에서 '서고西顧'와 '천창天彰'에 대해 다음과 같이 해설했다. "天彰,
《書》云: '天道福善禍淫, 降災于夏, 以彰厥罪.' 西顧, 「大雅」云: '上帝者之, 增其式
廓, 乃眷西顧, 此維與宅.' 《註》云: '苟上帝所欲致者, 則增大其彊竟之規模, 乃眷然
顧之西土, 以此岐周之地, 與大王爲居宅也.' 案: '天彰西顧, 天道無私, 福善如響,
則彰著佛法, 眷顧西國, 乃是常理. 又靈山當時, 諸天皆顧護法, 則海印東流, 實天意

溪傳南岳讓, 讓傳江西一, 一傳滄州鑒, 鑒猶東顧, 傳于海東. 誰
其繼者? 卽南岳雙磎慧明禪師³¹⁾焉. 明復傳賢磎王師道憲, 憲傳
康州伯嚴³²⁾楊孚禪師, 孚卽我大師嚴師³³⁾也.

[3] ① 일찍이 (다음과 같이) 들었다: 온 세상을 총괄해 귀한 땅은
인도이고 삼계의 존귀한 분은 부처님이시다. 서쪽 인도에서
일어난 (부처님의) 덕성을 하늘이 드러냈고 동쪽으로 흘러온
부처님 가르침은 (전파된 지) 이미 오래되었다. 그래서 노자
는 (부처님이) 나의 스승이라는 글을 지었고 공자는 (서방의)
성인에 대해 말씀하셨다. 또한 별이 떨어졌다는 기록이 노나

也.'[천창天彰과 관련해『서경書經』「상서商書·탕고湯誥」에 '하늘의 이치는 선
을 행하는 사람에게는 복을 내리고 삿되고 음란한 행위를 하는 사람에게는 재난
을 내린다. 하나라에 재난이 내려진 것은 바로 하늘이 걸왕桀王의 죄를 드러내
보인 것이다'라는 구절이 있다. 서고西顧와 관련해『시경詩經』「대아大雅·황의
皇矣」에 '하늘의 뜻은 기산 부근에 있는 주나라에 있어 그 나라의 영토가 넓어지
는 것에 관심을 가진다. (하늘이) 고개를 돌려 서쪽을 보고 기산에 머무르며 주나
라 왕을 도와준다'라고 나온다. 남송(南宋, 1127-1279)의 주희(朱熹, 1130-1200)
가 편찬한『시경집전詩經集傳』권6에 '만약 하고자 하는 하늘의 마음이 (어떤 곳
에) 이르면 (그곳의) 영토의 규모가 커지고 넓어진다. (하늘이) 마음을 갖고 서쪽
주나라의 땅을 돌아보며 기산 주변의 땅이 대왕의 처소가 되도록 도와준 것이다'
라고 해설되어 있다. 석전 스님의 생각[案]: '하늘이 (선·악을) 드러내고 서쪽을
돌아보며, 하늘의 이치는 친소親疏에 따라 사사로이 행해지지 않고, 선을 행하는
사람에게 복을 내린다는 것은 바로 부처님 가르침을 밝혀 드러내는 것이다. (하
늘이) 마음을 갖고 서쪽 나라를 돌아보는 것은 변함없는 이치이다. 게다가 부처
님이 영취산에서 가르침을 펼칠 때 하늘의 여러 신들이 모두 가르침을 돌보고 보
호했다. (따라서) 불교의 진리가 동쪽으로 전파된 것은 참으로 하늘의 뜻이다']"
19) 석전 스님은『정주사산비명』「봉암사 지증 대사 적조 탑비명」단락[3]의 ③에서

라의 역사를 기록한 『춘추』에 있고 한나라 명제가 목덜미에 빛나는 둥근 해를 두른 금빛 나는 사람을 꿈에 보았으며 불교의 성스러운 서적들이 동쪽으로 전해왔다. (부처님은) 고·집·멸·도라는 네 가지 진리를 전파하셨으며 성문·연각·보살이 닦아야 할 가르침을 설명하시고 교화의 인연이 끝나 열반에 드실 때 가섭 존자에게 "위없는 진리의 가르침을 너에게 전하니 널리 전파하도록 하라. 마땅히 가르침을 잘 간직하고 항상 정진해 삶과 죽음의 고통에서 벗어나도록 하라." 라는 말씀을 남겼다. 가섭 존자는 체득한 진리를 아난 존자

'동류東流'를 "指敎海東注[부처님 가르침이 동쪽으로 흘러온 것을 가리킨다]." 라고 설명해 놓았다.

20) '백양伯陽'은 노자의 '자字'이다.

21) 불교가 중국에 전파된 이후 불가와 도가 사이에 쟁론이 치열할 때 나타난 주장 가운데 하나이다.

22) '니부尼父'는 공자에 대한 존칭이다. 공자의 자가 '중니仲尼'라서 '니부' 혹은 '니보尼甫'라 한다.

23) '공자가 성인에 대해 말씀하셨다'라는 구절은 『열자』「중니仲尼」편의 내용과 관련이 있다. 「중니」편의 원문은 다음과 같다. "商太宰問孔子曰: '丘圣者歟?' 孔子曰: '聖則丘何敢? 然則丘博學多識者也.' 商太宰問: '三王聖人歟?' 孔子曰: '三王善任智勇者, 聖則丘弗知.' 曰: '五帝圣者歟?' 孔子曰: '五帝善任仁義者, 聖則丘弗知.' 曰: '三皇聖人歟?' 孔子曰: '三皇善任因時者, 聖則丘弗知.' 商太宰大駭曰: '然則孰者爲聖?' 孔子動容有閒曰: '西方之人有聖者焉, 不治而不亂, 不言而自信, 不化而自行, 荡荡乎民無能名焉. 丘疑其爲聖. 弗知眞爲聖歟? 眞不聖歟?' 商太宰嘿然心計曰: '孔丘欺我哉!'" *『열자』의 이 구절이 『법원주림法苑珠林』 권 제12 「감응연感應緣」에도 인용되어 있다. "故《列子》云: '昔吳太宰嚭問孔丘曰: "夫子聖人歟?" 孔子對曰: "丘博識强記, 非聖人也." 又問: "三皇聖人歟?" 對曰: "三皇善用

에게 전했다. 이로부터 가르침의 전승이 끊임없이 이어져 중간에 마명 존자와 용수 존자, 마지막에 학륵나 존자와 구마라다 존자 등에게 서로 전해져 27대가 되었다. 이후 진리를 깨달은 보살[應眞菩薩]로 불리는 달마 대사가 남인도를 떠나 동쪽의 중국에 가르침을 전했는데 (달마 대사는) 마음으로 깨달은 진리가 없어지지 않도록 지키고 깨달음의 징표인 옷을 전달해 단절되지 않도록 했다. 도신 선사와 홍인 선사의 가르침이 점차 남쪽으로 전파되고 조계 혜능 선사에 이르러 6대가 되었다.

智勇, 聖非丘所知." 又問: "五帝聖人歟?" 對曰: "五帝善用仁信, 聖亦非丘所知." 又問: "三王聖人歟?" 對曰: "三王善用時事, 聖亦非丘所知." 太宰大駭曰: "然則孰為聖人乎?" 夫子動容有間曰: "西方之人有聖者焉, 不治而不亂, 不言而自信, 不化而自行, 蕩蕩乎民無能名焉." 若將三皇五帝必是大聖, 孔丘豈容隱而不說, 便有匿聖之愆? 以此校量, 推佛為大聖. 又《老子西昇經》云: "吾師化游天竺善入泥洹." 量此而言優劣可知也.' '서방의 성인은 바로 부처님을 가리킨다'라는, 『법원주림』 편찬자 도세道世 스님의 분석이 끝부분[붉은색]에 기재되어 있다. *당나라 도선(道宣, 596-667) 스님이 편찬한 『광홍명집』 권 제1 「귀정편歸正篇 제1지1第一之一·상태재문공자성인商太宰問孔子聖人」에도 『열자』의 구절이 인용되어 있다. "太宰嚭問孔子曰: '夫子聖人歟?' 對曰: '丘也博識強記, 非聖人也.' 又問: '三王聖人歟?' 對曰: '三王善用智勇, 聖非丘所知.' 又問: '五帝聖人歟?' 對曰: '五帝善用仁義, 聖非丘所知.' 又問: '三皇聖人歟?' 對曰: '三皇善用時, 聖非丘所知.' 太宰大駭曰: '然則孰為聖人乎?' 夫子動容有間曰: '丘聞西方有聖者焉, 不治而不亂, 不言而自信, 不化而自行, 蕩蕩乎人無能名焉.' 據斯以言, 孔子深知佛為大聖也. 時緣未升, 故默而識之. 有機故舉, 然未得昌言其致矣." 역시 마지막에 도선 스님 자신의 의견인 "공자는 부처님이 위대한 성인임을 잘 알고 있었다."라는 문장[붉은색]을 붙여 놓았다. 『열자』의 문장과 『법원주림』·『광홍명집』의 내용은 비슷하나 마지막에 편찬자의

② 이로부터 깨달음을 잇고 수행의 자취를 소중하게 여기는 계
승자들이 실을 잇는 것처럼 이어졌다. 혜능 선사는 남악 회
향(677-744) 선사에게, 회양 선사는 강서의 마조 도일(709-
788) 선사에게, 마조 선사는 창주 신감 선사에게, 신감 선사
는 동쪽을 돌아보고 해동에 그것을 전했다. 누가 계승자인가?
남악 지리산의 쌍계 혜명(774-850) 선사가 바로 그 분이다.
혜명 선사는 다시 현계산에 주석하던 왕의 스승 지증 도헌
(824-882) 선사에게 전했고, 도헌 선사는 강주의 백엄 양부
선사에게 전했으니 양부 선사가 바로 우리 정진 대사의 스승
님이시다.

의견이 덧붙여 있는 점은 완전히 다르다. 이몽유는 『법원주림』, 『광홍명집』 등 불
교 문헌에 따라 비명을 썼을 가능성이 높다. *'상태재商太宰'는 상나라의 태재[임
금을 보좌하는 최고의 관직] 직책에 있는 사람을 말한다. 상나라는 송宋나라를
가리킨다. 송나라는 은殷나라의 후예이며 '상구商丘'를 도읍으로 했기에 '상'으
로 지칭했다.

24) 『정주사산비명精註四山碑銘』 「봉암사 지증 대사 적조 탑비명」 단락[3]의 ④에 '운
성隕星 · 노서魯書'와 관련된 주해注解가 있다. ①"《春秋》云: '魯莊公七年, 歲次
甲寅四月辛卯夜, 恒星不現, 星隕如雨, 卽周莊王十年也. 莊王遂《易》筮云, 西域銅
色人出也. 所以夜明, 非中華之災也.' … ['춘추』에 '노나라 장공 7년 갑인년 4월
신묘일 밤에 항성이 보이지[나타나지] 않고 별들이 비 오듯 떨어졌다. 바로 주나
라 장왕 10년에 있었던 일이다. 장왕이 곧 『주역』에 근거해 점을 쳐보고 "서역에
구릿빛을 가진 사람이 태어났다[나타났다]. 그래서 밤이 밝은 것이다. 중국의 재
난이 아니로다."라고 말했다' 라는 기록이 있다. …]." ②"補, 據《魯記》隕星說, 世
尊誕辰, 寔爲周莊王時, 合于《衆聖點記》年代耳『노기魯記』 운성에 대해 보충한다.
부처님이 태어나신 것은 참으로 주나라 장왕 때이다. (이는)『중성점기』의 연대
와도 부합된다]." *'노서魯書'는 공자가 편찬한 『춘추』를 말한다. 『노기魯記』와
『노서魯書』는 같은 의미의 말이다. *『춘추』 '장공 7년' 조條에 "夏四月辛卯夜, 恒

星不現. 夜中, 星隕如雨[음력 2월 신묘일 밤에 항성이 보이지 않았다. 밤중에 별이 비 오듯 떨어졌다.]"라는 기록은 있지만 "卽周莊王十年也. 莊王遂《易》筮云, 西域銅色人出也. 所以夜明, 非中華之災也."라는 내용은 없다. 반면 『역대삼보기歷代三寶紀』권 제11과 『광홍명집』권 제8 「교지통국敎旨通局 제11」 등에 "《春秋左傳》曰: '魯莊公七年歲次甲午四月辛卯夜, 恒星不見, 星殞如雨. 卽周莊王十年也.'《莊王別傳》曰: '逐尋易筮之云, 西域銅色人出世, 所以夜明, 非中夏之災 也.'"라는 기록이 있다. *『위서魏書』권114 「석로지釋老志」에는 『춘추』의 이 기록이 부처님 탄생의 전조로 해석되어 있다. "釋迦生時, 當周莊王九年.《春秋》'魯莊公七年夏四月, 恒星不現, 夜明.' 是也[부처님이 태어난 시기는 바로 주나라 장왕 9년이다. 『춘추』에 '노나라 장공 7년 음력 2월에 항성이 보이지 않고 밤이 밝았다'라고 나오는 기록이 바로 이것이다.]" *'하사월夏四月'은 주나라 역법曆法에 따른 표현으로 현재의 역법에 따르면 음력 2월경이다. *한편 부처님이 열반에 든 뒤, 우파리 존자가 율장 결집을 마무리한 그해, 그해의 안거를 마친 음력 7월 15일 율장에 향을 사르는 공양을 올리고 율장 끝에 '점點' 하나를 찍었다. 승가발타라僧伽跋陀羅 스님이 제나라 영명永明 7년[489] 중국 광동성 광주廣州 죽림사竹林寺에서 『선견율비바사善見律毘婆沙』 한역漢譯을 마무리하고, 또 그해 안거를 마친 뒤 앞 시대 스님들의 예에 따라 점 하나를 찍었다. 우파리 존자가 찍은 점을 기점으로 헤아리면 점의 숫자는 모두 975개였다. 이를 『중성점기衆聖點記』라 한다. 이 점의 숫자에 따르면 부처님은 BCE 565년에 태어나 BCE 485년 열반에 들었다. 『역대삼보기』권 제1과 『개원석교록開元釋敎錄』권 제6 등에 『중성점기』에 대한 자세한 설명이 있다.

25) 『정주사산비명』「봉암사 지증 대사 적조 탑비명」단락[3]의 ④에 '금자방요金姿放耀, 패일징어한몽佩日徵於漢夢'을 설명해 줄 주석注釋이 있다. "濫觴, 見上註. 洛宅,《東漢記》云, 漢明帝永平四年辛酉, 夢金人身長丈餘, 項佩日輪, 飛至殿庭. 朝集群臣, 令占所夢. 通事舍人傅毅奏曰: '臣按《周書異記》云, 昭王二十六年甲寅四月八日旦, 江河泉池, 忽然汜漲, 宮殿大地, 悉皆震動. 夜有五色光氣, 入貫太微, 盡作青紅. 王問太史蘇由, 對曰: "有大聖出於西方." 王於此, "天下何如?" 由曰: "此時無他, 后千年聲敎被于土." 王使鐫石記之, 埋在南郊天祠前. 以年計之, 至今辛酉, 一千十八年也. 陛下之夢, 無乃應於當時乎?' 帝遣中郎將蔡愔、博士王遵等十八人, 西求其道. 行至月氏國, 果遇迦葉摩騰、竺法蘭二三藏, 以白馬駄《四十二章經》等, 及優塡王第四造白氎釋迦像, 奉迎而歸, 卽十一年也. 帝大喜, 以釋迦像奉安淸凉臺顯節陵而供養, 造白馬寺, 使騰蘭二師居之[남상濫觴에 대해서는 앞의 설명을 보라. 낙택洛宅과 관련해 『동한기』에 다음과 같은 기록이 있다. '한나라 명제 영평 4년 신

유년[61]에 날아와 궁전의 정원에 내리는 꿈을 황제가 꾸었다. 아침 회의에 신하들을 모아 꿈 내용을 점쳐보라는 명령을 내렸다. 통사사인 부의가 다음과 같이 아뢰었다. "『주서이기』에 따르면 주나라 소왕 26년 갑인년 4월8일에 강과 하천의 물이 솟구쳐 갑자기 범람하고, 궁전과 대지가 모두 진동했습니다. 밤에 다섯 가지 빛의 기운이 태미원太微垣을 꿰뚫고 모두 청홍색으로 변했습니다. 왕이 태사소유에게 묻자 소유가 '서방에서 성인이 태어나셨습니다'라고 대답했습니다. 이에 대해 왕이 '천하는 어떻게 되는가?'라고 물었습니다. 소유가 '지금은 다른 그무엇도 일어나지 않습니다. 천 년 뒤 그분의 가르침이 땅을 뒤덮을 것입니다'라고 아뢰었습니다. 왕이 이런 내용을 돌에 새겨 남쪽 교외 부근 하늘에 제사 지내는 곳 앞에 묻으라고 명령했습니다. 해의 숫자를 헤아려 보니 지금 신유년에 이르기까지 1천 18년입니다. 폐하께서 꾸신 꿈은 아마 『주서이기』 당시의 기록에 부응하는 것 아니겠습니까?" 명제가 중랑장 채음과 박사 왕준 등 18명에게 명해 서쪽으로 그 가르침을 구하러 보냈다. 월지국에 이르러 과연 가섭마등 스님과 축법란 스님 등 두 명의 삼장 대사三藏大師를 만났다. 『사십이장경』 등과 우전왕이 네 번째로 조성한 석가상 등을 백마에 싣고 두 대사를 맞이해 돌아왔다. 이때가 바로 명제 11년이다. 명제가 크게 기뻐하며 석가상을 청량대 현절릉에 모시고 공경하고 예배했다. 백마사를 창건해 가섭마등 스님과 축법란 스님을 머무르게 했다.']" *'금자방요金姿放耀', 즉 '금인金人'을 설명한 것과 유사한 내용이 『후한서後漢書』권88 「서역전西域傳·천축天竺」, 『역대삼보기』권제4, 『위서』권114 「석로지」, 『불조역대통재佛祖歷代通載』권 제4 등에도 있다. *'남상濫觴'과 관련된 기록이 『법원주림』권 제19 「감응록感應緣·주서기불생시周書記佛生時」에 나온다. 원문은 다음과 같다. "案《周書異記》云: '周昭王即位二十四年, 甲寅歲四月八日, 江河泉池忽然汎漲, 井水溢出山川振動. 有五色光入貫太微, 遍於西方盡作青紅色. 太史蘇由曰: "有大聖人生於西方, 一千年外聲教及此." 昭王即勅鏤石記之, 埋於南郊天祠前. 此即佛生之時也.'" 『광홍명집』권 제11 「상주왕론계上秦王論啟」, 『북산록北山錄』권 제1 등에도 비슷한 내용의 기록이 있다.

26) '옥첩玉牒'에는 다섯 가지 의미가 있다. ①제왕이 '하늘과 땅에 올리는 제사[封禪]'나 '교외에서 하늘·땅에 올리는 제사[郊祀]'를 거행할 때 읽는 제문祭文을 기록한 문서; ②제왕의 가계를 기록한 족보[譜冊]; ③'국가의 중요한 문서·법령[典籍]'이나 '역사를 기록한 문서[史籍]'; ④불가佛家와 도가道家의 책; ⑤신선의 이름을 기록해 놓은 문서[名籍]. 여기서는 '불가의 책'이라는 ④의 의미로 사용됐다.

27) 고·집·멸·도의 가르침을 말한다.

28) 성문승, 연각승, 보살승을 '삼승三乘'이라 한다. '승'은 세 가지 탈것, 세 가지 입장, 세 가지 실천법 등의 의미이다. 사람의 능력과 자질에 맞게 가르침을 세 가지로 나눈 것이 삼승이다.

29) 덕이본『육조단경』「부촉 제10」에 "第一摩訶迦葉尊者、第二阿難尊者、第三商那和修尊者、第四優波毱多尊者、第五提多迦尊者、第六彌遮迦尊者、第七婆須蜜多尊者、第八佛馱難提尊者、第九伏馱蜜多尊者、第十脇尊者、十一富那夜奢尊者、十二馬鳴大士、十三迦毘摩羅尊者、十四龍樹大士、十五迦那提婆尊者、十六羅睺羅多尊者、十七僧伽難提尊者、十八伽耶舍多尊者、十九鳩摩羅多尊者、二十闍耶多尊者、二十一婆修盤頭尊者、二十二摩拏羅尊者、二十三鶴勒那尊者、二十四師子尊者、二十五婆舍斯多尊者、二十六不如蜜多尊者、二十七般若多羅尊者、二十八菩提達磨尊者(此土是為初祖)、二十九慧可大師、三十僧璨大師、三十一道信大師、三十二弘忍大師."라는 기록이 있다. *법해본『육조단경』에 "初傳授七佛、釋迦牟尼佛第七、大迦葉第八、阿難第九、末田地第十、商那和修第十一、優婆毱多第十二、提多迦第十三、佛陀難提第十四、佛陀蜜多第十五、脇比丘第十六、富那奢第十七、馬鳴第十八、毘羅長者第十九、龍樹第二十、迦那提婆第二十一、羅睺羅第二十二、僧迦那提第二十三、僧迦耶舍第二十四、鳩摩羅馱第二十五、闍耶多第二十六、婆修盤多第二十七、摩拏羅第二十八、鶴勒那第二十九、師子比丘第三十、舍那婆斯第三十一、優婆堀第三十二、僧迦羅第三十三、須婆蜜多第三十四、南天竺國王子第三子菩提達摩第三十五、唐國僧惠可第三十六、僧璨第三十七、道信第三十八、弘忍第三十九、惠能自身當今受法第四十."이라는 구절이 있다.

30) '동산東山'은 중국 호북성 기주蘄州 황매현黃梅縣에 있다. 도신 선사는 황매현 서쪽의 쌍봉산雙峯山에서 홍인 선사는 황매산 동쪽의 황매산黃梅山에서 가르침을 폈다. '동산법문東山法門'은 일반적으로 홍인 선사의 가르침을 말하나 비명碑銘의 '동산東山'은 도신 선사와 홍인 선사의 가르침을 모두 가리키는 것으로 보인다.

31) 쌍계사의 진감 혜소眞鑑慧昭 선사를 가리킨다.

32) 합천군 초계면草溪面에 있었던 백엄사伯嚴寺를 말한다.

33) 엄한 스승, 즉 정진 대사의 스승이라는 말이다.

34) '절발截髮'은 '절발유빈截髮留賓'의 줄임말이다. *『세설신어世說新語』「현원賢媛」편에 "陶公少有大志, 家酷貧, 與母湛氏同居. 同郡范逵素知名, 舉孝廉, 投侃宿. 于時冰雪積日, 侃室如懸磬, 而逵馬僕甚多. 侃母湛氏語侃曰: '汝但出外留客, 吾自爲計.' 湛頭髮委地, 下爲二髢, 賣得數斛米. 斫諸屋柱, 悉割半爲薪, 剉諸薦以爲馬草. 日夕遂設精食, 從者皆無所乏[도공(陶公=陶侃, 259-334)은 어릴 때부터 큰 뜻

[4] ① 大師諱兢讓, 俗姓王氏, 公州人也. 祖淑長、父亮吉, 並戴仁履
義, 務存達己之心. 積德豐功, 貴播貽孫之業; 勞筋骨而服職,
抱霜雪以淸心. 州里稱長者之名, 遠近聞賢哉之譽. 況自高曾之
世, 咸推郡邑之豪, 戶不難知, 故無載此. 母金氏, 女功無敵, 婦
道有規. 擬截髮以專情34), 指斷機35)而勵節36). 敬恭僧佛, 禮事
舅姑37). 俄夢流星入懷, 其大如甕, 色甚黃潤, 因有娠焉. 由是,
味撤葷腥, 事勤齋護, 循胎教以無已, 幾過期而誕生. ② 大師天
骨特異, 神彩38)英奇. 自曳萊衣39), 迨跨竹騎40), 縱爲兒戲, 猶
似老成, 坐必加趺, 行須合掌. 聚沙畫墁41), 摸像塔以依俙42); 採
葉摘花, 擬供具而陳列. 年至齔齠43), 日甚帶經; 訓詩禮於鯉庭44),

을 품었으나 집안은 매우 가난했고 어머니 잠 씨와 함께 살고 있었다. 같은 마을
의 범규는 본래 이름이 알려져 있었는데 효렴으로 천거되어 가다 도간의 집에
(묵기 위해) 들렀다. 그때 며칠 동안 얼음과 눈이 쌓였고 도간의 집에는 아무것도
없었다. 그런데 범규가 데리고 온 노복들은 매우 많았다. 도간의 어머니 잠 씨가
도간에게 '너는 일단 나가서 손님을 붙잡아라, 내가 생각해 어떻게든 노력해 보
마'라고 말했다. 잠 씨의 머리카락은 땅에 닿을 만큼 길었는데 그것을 잘라 가발
두 개를 만들어 몇 곡의 쌀을 샀다. 집의 여러 기둥을 자르고 반으로 잘라 땔감으
로 만들었으며 모든 짚자리를 썰어 말먹이로 만들었다. 저녁에 마침내 훌륭한 식
사를 마련했는데 종자들이 먹어도 부족함이 없었다."라는 문장이 있다. *'절발
전정截髮專情'은 '어머니가 머리카락을 잘라 아들의 손님을 대접하는 데 정성을
다한다'라는 의미이다. *『진서晉書』권66「도간전陶侃傳」에도 비슷한 내용이 있
다. "陶侃, 字士行, 本鄱陽人也. … 侃早孤貧, 爲縣吏. 鄱阳孝廉范逵嘗過侃, 時倉
卒無以待賓, 其母乃截髮得雙髲, 以易酒肴, 樂飮极歡, 雖僕從亦過所望." *'현경懸
罄'은 '그릇 속이 텅 비다'라는 뜻으로 '집안이 가난해 아무것도 없는 것'을 비유
적으로 표현한 말이다.

35) 『열녀전列女傳』권1「모의전母儀傳·추맹가모鄒孟軻母」에 "孟子之少也, 既學而
歸, 孟母方績, 問曰: '學何所至矣?' 孟子曰: '自若也.' 孟母以刀斷其織. 孟子懼而

聽講論於鱣肆[45]; 頗勤三絶[46], 謂隘九流[47]. 乃懇白於慈母嚴君, 固請許於出家入道. ③ 投於本州[48]南穴院如解禪師, 因爲剃髮, 便以留身, 志在朝聞[49]. 學期日益, 實由功倍, 誰曰行遲? 桴乍援之, 鍾遽憖矣. 於是, 知有赫曦[50]之曜, 休窺突奧[51]之光, 出指四方[52], 行擇三友[53].

[4] ① 정진 대사의 이름은 긍양이고 속성은 왕 씨이며 공주 사람이다. 할아버지의 함자는 숙장이고 아버지의 이름은 양길로 (두 분은) 인을 중시하고 의를 실천하신 분들이자 자신의 마음을 통달하려고 노력한 분들이다. 덕을 쌓았고 공적이 많으며 후손의 업을 널리 퍼뜨리고 전하는 것을 귀중하게 여겼다

問其故, 孟母曰: '子之廢學, 若吾斷斯織也.'[맹자가 어렸을 때이다. 배우고 돌아오니 맹자의 어머니가 마침 천을 짜고 있다가 '학문은 어느 정도 성취했느냐?'라고 물었다. 맹자가 '그저 그렇습니다'라고 대답했다. 어머니가 칼로 짜고 있던 베를 잘라버렸다. 맹자가 두려워하며 이유를 물었다. 어머니가 '네가 학문을 중도에 그만둠은 짜던 이 베를 자르는 것과 같다'라고 말했다]"라는 구절이 있다. *'단기斷機'는 베틀을 자르다, 즉 짜고 있는 베를 자르는 것을 말한다. *전체 7권으로 구성된『열녀전』은 한나라의 유향(劉向, BCE 77-BCE 6)이 편찬한 책이다. 사람들은 대개 '충신'과 '열녀'를 지칭할 때의 그 '열녀烈女'들의 전기를 수록한 문헌 정도로『열녀전』을 이해한다.『열녀전』의 '열列'자는 글자 그대로 '여러 여성의 전기'를 가리킨다. 유향의『열녀전』은 사회의 여러 방면에서 주목할 만한 가치가 있는 여성들의 전기를 수록한 책으로 편찬자를 알 수 없는『속열녀전續列女傳』(1권)과 구별해『고열녀전古列女傳』이라 부르기도 한다.

36)『회남자淮南子』「수무脩務」편에 "名可務立, 功可彊成. 故君子積志委正, 以趣名師, 勵節尤高, 以絶世俗[힘써야 이름을 세울 수 있고 노력해야 공적을 이룰 수 있다. 그래서 군자는 뜻을 쌓고 바른 도리를 따라 밝은 스승에게 나아가 배우고, 절조 있는 삶을 살고, 고상하게 행동해 세속과 (자신을) 구별한다]."이라는 문장이 있다. *'여절勵節'은 '절조 있는 삶을 살기 위해 더욱 힘쓴다'라는 의미이다.

[후손을 위해 음덕을 많이 쌓았다]. 힘을 다해 노력했고 자기의 직분에 충실했으며 서리와 눈을 안을 만큼 청렴했다. 고을에서는 큰 어른[長者]으로 불리어졌고 멀고 가까운 곳에서 현명한 사람이라는 명예로운 소리를 들었다. (정진 대사의) 고조부와 증조부 당시부터 모두가 (정진 대사 집안의 어른들을) 고을과 마을의 호걸로 추앙해 (이 사실을) 모르는 집이 없기에 여기서 (이를) 다시 거론하지 않는다. 어머니는 김 씨로 (가정과 집안에 끼친) 공적이 매우 많아 상대가 없을 정도이며 여자의 도리를 지켜 규범이 있었다. 머리카락을 끊어 한마음으로 손님을 대하듯 아들을 대했으며 베를 잘라 절조

---

37) '구고舅姑'는 시아버지와 시어머니를 말한다.

38) '신채神彩'는 정신과 풍채를 가리킨다.

39) '내의萊衣'는 주나라의 유명한 효자인 노래자老萊子가 70세 때 자신의 늙은 어버이를 즐겁게 해 드리기 위해 입은 5색 무늬 옷에서 유래됐다. '내의'는 색동옷을 의미한다. 3-4세가 된 아이를 말한다.

40) '고죽기跨竹騎'는 '죽마에 걸터앉아 타고 논다'라는 의미. 6-7세가 된 아이를 가리킨다.

41) '화만畫墁'은 '새로 칠한 벽에 마음대로 그림 그리는 것'을 말한다.

42) '의희依稀'는 '은은하게, 잘 드러나지 않게'라는 뜻이다.

43) '고협皷篋'에는 세 가지 의미가 있다. ①옛날 입학할 때 치르는 일종의 의식이다. 『예기』「학기學記」편에 "入學皷篋, 孫其業也[학생이 입학하면 학관學官이 북을 쳐 학생들을 모아 책 상자를 열고 서적을 나눠주며 학생들에게 공손한 태도로 자기의 학업을 닦게끔 한다]."라는 문장이 있다; ②'책 상자를 지고 배우러 간다'라는 뜻이다; ③'경학을 익히고 학술 활동을 하는 것'을 말한다. 여기서는 ①의 의미이다. 즉 '입학할 나이가 되었다'라는 것이다.

44) 『논어』「계씨季氏」편에 다음과 같은 문장이 있다. "陳亢問於伯鱼曰: '子亦有異聞乎?'對曰: '未也. 嘗獨立, 鯉趨而過庭. 曰: "學詩乎?"對曰: "未也.""不學詩, 無

있는 행동을 독려하듯 아들을 가르쳤다. 스님과 부처님을 공
경했으며 시아버지와 시어머니를 깍듯하게 모셨다. 홀연 흐
르는 별이 품 안에 들어오는 꿈을 꿨는데 항아리만큼 큰 별
로 매우 짙은 황색을 띠었다. 이때부터 파와 같은 음식과 비
린내 나는 고기를 멀리하고 부지런히 몸과 마음을 깨끗이 하
고 태교의 가르침을 끝없이 따랐다. (열 달의) 기간이 거의
지나 (정진 대사가) 태어나셨다.

② 정진 대사의 타고난 골격은 남달랐으며 정신과 풍채 역시 뛰
어나고 호걸다웠다. 색동옷을 입을 때부터 죽마를 탈 때까지
설사 아이처럼 놀아도 마치 나이 든 사람처럼 행동했고, 앉으

以言."鯉退而学詩. … '陳亢退而喜曰: '問一得三, 聞詩, 聞禮, 又聞君子之遠其
子也.'[진강이 백어에게 물었다. '그대는 (아버지인 공자에게) 다른 가르침을 들
은 적이 있는가?' 백어가 대답했다. '없습니다. 아버지께서 홀로 계실 때 제가 빨
리 뜰을 지나가려 하자 "시를 배웠느냐?"라고 물으시기에 "아직 배우지 못했습니
다."라고 대답했습니다. "시를 배우지 않으면 말을 할 수 없느니라"라고 말씀하
셨습니다. 저는 물러나 시를 배웠습니다. ….' 진강이 물러나 기뻐하며 '하나를
물어 세 가지를 얻었다. 시를 듣고, 예를 들었으며, 또한 군자는 아들과 제자들을
다르게 대하지 않는다는 점을 들었다'라고 말했다]"라는 구절이 있다. *'이정鯉
庭'은 아들이 가정에서 아버지의 가르침을 받는 것을 가리킨다. '정훈庭訓'과 같
은 의미의 단어이다. '이추鯉趨'라고도 한다. *'백어伯魚'는 공자의 아들인 '공리
孔鯉'의 '자字'이다.

45)『후한서』권54「양진전楊震傳」에 "後有冠雀銜三鱣魚, 飛集講堂前. 都講取魚進曰:
'蛇鱣者, 卿大夫服之象也. 數三者, 法三臺也. 先生自此升矣.'[뒤에 관작새가 바닷
물고기 세 마리를 물고 날아와 강당 앞에 모였다. 경전을 강의하던 사람이 물고기
를 들고 '사전이라는 물고기는 공경대부를 상징합니다. 3은 삼대三代를 의미합니
다. 선생[양진]께서는 이제부터 출세할 것입니다'라고 말했다]"라는 구절이 있다.
*이 구절의 내용에서 '벼슬길에 올라 출세하는 것'을 의미하는 '상전祥鱣'과 '교

면 반드시 가부좌를 했으며, 행동할 때는 항상 합장했다. 모래를 모으거나 새로 칠한 벽에 그림을 그리면 은은하게 탑이나 불상을 모방했고, 낙엽을 모으고 꽃을 따면 공양하는 도구를 진열하는 듯했다. 공부할 나이가 되자 날마다 경전을 들고 다니며 읽었고, 가정에서 시를 배우고 예를 익혔으며, 강당에서 강의하는 내용을 들었다. 공부를 매우 열심히 해 아홉 가지 학파의 학술로는 부족할 정도였다. 이에 아버지와 어머니에게 간절하게 말씀드려 출가·수행하는 것을 허락해 달라고 요청했다.

실이나 강당講堂'을 뜻하는 '선사鱣肆'라는 말이 생겼다. *양진(楊震, ?-124)은 후일 태위에 올랐으며 양진의 아들 양병(楊秉, 92-165), 양진의 손자인 양사(楊賜, ?-185)·양표(楊彪, 142-225) 모두 태위가 되었다. 양표의 아들이자 양진의 증손자인 양수(楊脩, 175-219)는 조조(曹操, 155-220)에게 죽임을 당했다. 그래서 3대가 흥한다는 말은 맞았다고 한다. *'鱣'자의 훈·음은 ①'잉어 전', ②'드렁허리 선'이다.

46) '위편삼절韋編三絶', 즉 공자가 말년에『주역』을 즐겨 읽어 책의 가죽끈이 세 번이나 끊어졌다는 뜻. 책을 열심히 읽는 것, 공부를 열심히 하는 것을 의미한다.『사기』「공자세가孔子世家」에 나오는 "孔子晩而喜《易》, 序「彖」、「繫」、「象」、「說卦」、「文言」. 讀《易》, 韋編三絶[공자는 만년에『주역』을 좋아했으며「단전」,「계사전」,「상전」,「설괘전」,「문언전」등을 지었다.『주역』을 읽다가 가죽으로 만든 끈이 세 번이나 끊어졌다]."이라는 구절에서 유래됐다.

47) 구류九流는 제자백가의 학설을 말한다. 선진先秦 시기 학술사상의 분파에 대해 사마천의 아버지인 사마담(司馬談, 대략 BCE 165-BCE 110)은 육가(六家. 유, 묵, 도, 법, 명, 음양)로 나누었다. 후한의 반고(班固, 32-92)는『한서漢書』권30「예문지藝文志」에서 정식으로 춘추전국시대의 학술 유파를 구류십가九流十家로 분류했다. 구류는 유가, 묵가, 도가, 법가, 명가, 음양가, 종횡가, 농가, 잡가를 말하며

③ 공주 남혈원에 나아가 여해 선사를 은사로 삭발·득도했으며
　바로 스승 곁에 머무르며 진리를 깨닫는 데 뜻을 두었다. 배
　우는 기간이 늘어나고 진실로 노력을 배로 기울이니 누가 수
　행이 부진하다고 말하겠는가? 북채로 조금 두드리면 갑자기
　항아리가 울리듯 종이 크게 응하는 것과 같았다[실력이 나날
　이 늘어났다]. 그리하여 빛나는 태양처럼 비추는 것이 있음을
　알고는 은밀하고 어두운 빛을 살피지 않고 (산문을) 나와 사
　방의 스승을 찾아다녔으며 수행에 도움 되는 세 종류의 도반
　을 선택했다.

여기에 소설가를 더해 십가十家라 부르기도 한다. 이것은 선진시기 제자백가에
대한 총칭이다.
48) 충청남도 공주를 가리킨다.
49) 『논어』「이인里仁」편에 나오는 "朝聞道, 夕死可矣[아침에 진리를 깨달으면 저녁
에 죽어도 좋다.]"라는 구절에서 나온 말이다.
50) '선문禪門'의 가르침을 의미하는 듯하다.
51) 동쪽과 남쪽의 모퉁이 사이를 '돌突'이라 하고 서쪽과 남쪽의 모퉁이 사이를 '오
奧'라 한다. '돌오突奧'는 '은밀하고 어두운 곳[隱暗之處]'을 의미한다. '교학教學
의 연마'를 상징하는 것으로 보인다.
52) '사방四方'은 모든 장소를 가리키는 것으로 보인다.
53) '삼우三友'는 『논어』「계씨季氏」편에 나오는 '익자삼우益者三友'를 말한다. "孔
子曰: '益者三友, 損者三友. 友直, 友諒, 友多聞, 益矣. 友便辟, 友善柔, 友便佞, 損
矣.'[공자가 말씀하셨다. '이익이 되는 벗이 세 종류이며 손해가 되는 벗이 세 종
류이다. 곧고, 성실하며, 들음이 많으면 유익한 벗이다. 편벽되고, 남을 기쁘게 하
기만 하고, 말을 잘 꾸미고 실천하지 않는 벗은 손해가 된다.]"
54) '건녕乾寧'은 당나라 소종(昭宗, 867-888-904)의 연호이다. 894-898년 사용됐다.
건녕 4년은 897년이며 통일신라 효공왕 1년이다.

[5] ① 遂以乾寧[54]四載, 於雞龍山普願精舍, 稟持犯[55]. 然後坐雨[56]心堅, 臥雲[57]念切, 護戒珠而不纇, 磨慧劍以無鈋, 能持繫草之心[58], 轉勵出塵之趣. 唯勤請益, 靡滯遊方, 遂謁西穴院[59]揚孚禪師. 禪師豁靑眼[60]以邀迎, 推赤心[61]而接待. ② 於是持其由瑟[62]敲在丘門[62], 旣多知十之能, 或展在三之禮[63], 服膺不怠, 就養惟勤. 俄歎曰: "急景如駒, 流年似箭. 若跼牛涔之底, 未浮鼇海[64]之波, 難詣寶洲[65], 焉窮彼岸!" 乃以光化三年[66]伺鷁舟之西泛, 逐鵬運以南飛, 匪踰信宿[67]之間, 獲達江淮[68]之境. 纔越天塹[69], 將往雪峯[70], 到飛猿嶺[71]上, 遇般米禪徒, 同路而行, 一時共歇.

---

55) '지범持犯'에서 '지持'는 계율을 지키는 것이며 '범犯'은 계율을 범하는 것이다. '지'와 '범'을 같이 거론해 계율의 총칭으로 삼는다.

56) '좌우坐雨'는 하안거를 말한다.

57) '와운臥雲'은 은거 수행하는 것을 의미한다.

58) 40권본 『대반열반경』 권 제26 「광명편조고귀덕왕보살품光明遍照高貴德王菩薩品제10지6第十之六」에 "屠家之子, 常修惡業, 以見我故, 即便捨離, 如闡提比丘. 因見我故, 寧捨身命, 不毁禁戒, 如草繫比丘[백정의 아들로 나쁜 업을 짓다가 나를 보고 (나쁜 업을) 버린 이는 천제闡提 비구이며, 나를 본 인연으로 몸과 생명을 버릴지언정 계율을 범하지 않으려 한 이는 초계草繫 비구이다.]"라는 구절이 있다. *'초계 비구'는 '도적들이 풀로 비구들의 몸을 묶었으나 비구들은 풀의 생명이 끊기는 것을 두려워해 결박을 풀지 않았다'라는 뜻으로 계율을 엄격하게 지키는 것을 비유적으로 표현한 말이다. '계초繫草'는 '초계草繫', 즉 계율을 엄격하게 지키는 것을 말한다.

59) 합천군 초계면에 있었던 백엄사伯嚴寺의 서혈원西穴院을 말한다.

60) '청안靑眼'은 정다운 눈빛으로 보는 것을 말하며 흘겨보는 눈빛으로 대하는 '백안白眼'의 반대어이다. 『진서晉書』 권49 「완적전阮籍傳」에 나오는 말이다. 죽림칠현竹林七賢의 한 사람인 완적(阮籍, 210-263)은 반갑지 않은 손님이 오면 '백

③ 徒中有一僧, 指枯榕曰: "枯木獨占定, 春來不復榮." 大師接
曰: "迥然塵境外, 長年樂道情." 於是衆皆歎伏, 無不吟傳. 縱煩
皷舌之勞, 頗叶傳心之旨. 遂隮于台嶺, 謁遍禪居, 或杖虎錫[72]
於雪嶠雲岑, 或洗龍鉢[73]於飛溪懸澗.

[5] ① 마침내 건녕 4년[897] 계룡산 보원정사에서 계[비구계]를 받았
다. 그런 후 하안거 결제를 하는 동안 마음은 견고해졌고, 은
거해 수행하고픈 마음은 더욱 간절해졌으며, 보배와 같은 계
체戒體를 조그마한 흠도 없이 지켰고, 지혜의 칼을 연마해 무
뎌지지 않도록 하고, 풀을 보호하기 위해 그 풀을 자르지 않
듯 계율을 엄격하게 지켰으며, 속세를 벗어나려는 마음을 더

안白眼'으로 대하고 반가운 손님이 오면 '청안靑眼'으로 맞았다고 한다. *한편
'청련화목靑蓮華目'은 부처님의 눈을 가리킨다. 부처님의 눈은 우담발화優曇鉢
華를 닮았다고 말하기도 한다. 부처님의 신체를 표현하는 '삼십이상팔십종호三
十二相八十種好'의 하나이다. *『유마힐소설경』 권상 「불국품」에 "目淨脩廣如靑蓮
[(부처님의) 맑은 눈은 길고 넓어 마치 푸른 연꽃과 같다]."라는 게송이 있다. 이
게송은 장자長者의 아들 보적寶積이 부처님의 높은 덕을 찬탄하며 읊은 게송의
첫 구절이다. 이 게송에 대해 『주유마경注維摩經』에 다음과 같은 설명이 붙어 있
다. "什曰: '面為身之上, 目為面之標, 故歎形之始、始於目也. 復次佛以慈眼等視
衆生, 重其等故歎之.' 肇曰: '五情百骸目最為長, 瞻顔而作故先讚目也. 天竺有靑
蓮華, 其葉脩而廣, 靑白分明有大人目相, 故以為諭也[구마라집 스님이 '얼굴은 신
체의 윗부분에 있고 눈은 얼굴의 표지이다. 그래서 신체 모습에서 (보적이 게송
을 읊기) 시작했고 그 시작은 눈이므로 (눈에 대해 먼저) 찬탄했다. 또한 부처님
은 자비로운 눈으로 중생들을 똑같이 살펴보고 중생들을 똑같이 소중하게 여기
기에 감탄한 것이다'라고 말했다. 승조 스님은 '다섯 가지 마음과 백 가지 뼈 가
운데 눈이 제일 중요하며, 얼굴을 보고 게송을 지었기에 먼저 눈에 대해 찬탄했
다. 인도에 푸른 연꽃이 있다. 그 꽃의 잎은 길고[脩] 넓으며 푸른색과 흰색이 분
명해 대인의 눈 모양을 하고 있다. 그래서 푸른 연꽃으로 부처님의 눈을 비유적

욱 굳건하게 먹었다. 오직 가르침을 청해 배우는 것에 몰두
해 먼 길 가는 것을 싫어하지 않았는데 마침내 서혈원에 주
석하고 있던 양부 선사를 친견했다. 양부 선사는 정다운 눈
빛으로 환영하며 정성스럽고 참된 마음으로 맞아주었다.

② 그래서 자로가 공자의 집 앞에서 거문고를 켜며 물은 것처럼
(정진 대사가) 양부 선사에게 질문했으며 원래 하나를 들으
면 열을 아는 재능이 있었던 정진 대사는 스승에게 극진한
존경심을 표하고 (양부 선사의) 가르침에 따라 게으르지 않
았으며 오직 성실하게 수행했다. (어느 날) 갑자기 탄식하며
"하루는 달리는 망아지처럼 빨리 지나가고 흐르는 해는 쏜

으로 표현했다'라고 설명했다." *『종용록』 제65칙에 "昔日世尊以靑蓮花目, 顧視
迦葉. 正當恁麼時且道[옛날 부처님은 푸른 연꽃을 닮은 눈으로 가섭을 돌아보았
다. 바로 이러한 때 말해보라]."라고 나온다. "以靑蓮花目, 顧視迦葉."이라는 구절
은 선어록에 드물지 않게 등장한다.

61) '적심赤心'은 정성스럽고 참된 마음을 말한다.

62) 이 구절은 『논어』「선진先進」편에 나오는 "子曰: '由之瑟, 奚爲於丘之門?'[공자가
'중유가 어째서 내 집에서 거문고를 연주하는가?'라고 말했다]"에서 유래됐다.
'유由'는 중유仲由, 즉 자로子路를 말하며, '구'는 공자인 '공구孔丘'를 가리킨다.
'집 앞에서 거문고를 켜다'라는 것은 '질문하다'라는 뜻이다.

63) '재삼지례在三之禮'는 『국어國語』 권7 「진어晉語 一—」편에 나오는 말이다. "欒共
子曰: '民生於三, 事之如一.' 父生之, 師教之, 君食之. 非父不生, 非食不長, 非教不
知, 生之族也, 故一事之. 唯其所在, 則致死焉[난공자가 '사람은 셋에 의해 태어났
기에 한결같이 셋을 섬겨야 한다'라고 말했다. 어버이는 나를 낳아주셨고, 스승은
나를 가르쳐 주셨고, 임금은 나를 먹여 주셨다. 어버이가 아니면 태어나지 못하고,
먹지 않으면 자라지 못하며, 배우지 않으면 알지 못하므로 (세 분은) 나를 살아가
게 해주신 점에서 똑같다. 그래서 (세 분을) 하나같이 섬겨야 한다. 세 분이 있는
곳에 마땅히 목숨을 바쳐야 한다]." *가장 존경해야 할 세 사람은 어버이, 스승,

화살처럼 빠르게 사라진다. 만약 소 발자국에 고인 물에 갇혀있으면 큰 바다의 파도를 타보지 못할 것이고 깨달음을 이루기도 어려운데 어떻게 피안에 이르겠는가!"라고 말했다. 이에 광화 3년[900] 중국으로 가는 큰 배를 찾아 붕새가 날개를 움직여 남쪽으로 날아가듯 이틀 만에 강남지방에 도달했다. 험준한 지역을 넘어 설봉산에 가려고 비원령에 막 도착했을 때 쌀을 옮기는 선 수행자들을 만나 함께 걷고 함께 쉬었다.

③ 선 수행자 가운데 한 스님이 메마른 용나무를 가리키며 "메마른 나무가 홀로 선정에 들어 봄이 와도 다시 꽃과 잎이 피지 않겠도다!"라고 말했다. 정진 대사가 이 게송에 이어 "세

임금이며 이 세 사람에게 바치는 예를 '재삼지례'라 한다. *전 21권의 『국어』는 춘추시대 말기 노나라의 역사가인 좌구명(左丘明, BCE 556-BCE 451)이 편찬한 책이다. 『춘추외전春秋外傳』이라고도 한다.

64) '별해鼈海'는 '큰 바다'라는 의미이다.

65) '보주寶洲'는 '불과佛果'를 뜻한다. *80권본 『화엄경』 권 제35 「십지품제26지2十地品第二十六之二·제2지第二地」에 "我當於彼起大悲心, 以諸善根而為救濟, 令無災患, 離染寂靜, 住於一切智慧寶洲[내 마땅히 그들[중생]에게 대비심을 일으켜 여러 '좋은 행동[善根]'으로 구제하고, 환난을 없애주고, 번뇌에 물든 것에서 벗어나 고요하게 하며, 온갖 지혜가 있는 보물섬에 머물도록 하겠다]."라는 구절이 있다.

66) '광화光化'는 당나라 소종(昭宗, 867-888-904)의 연호로 898-901년 사용됐다. 광화 3년은 900으로 통일신라 효공왕 4년이다.

67) 『춘추좌씨전』 「장공莊公 3년」조에 "凡師, 一宿為舍, 再宿為信, 過信為次[무릇 군대가 야외에서 행군할 때 어떤 지방에 하루 묵는 것을 '사舍'라하고, 이틀 묵는 것을 '信'이라 하며, 이틀 이상 묵는 것을 '차次'라 한다]."라는 구절이 있다.

68) '강회江淮'는 양자 강과 회수 사이의 지방이다. 지금 중국의 강소성과 안휘성 일대이다.

속의 경지에서 완전히 벗어나 탈속의 즐거움을 영원히 맛보
는구나."라고 읊었다. 그리하여 같이 있던 사람들이 모두 탄
복하고는 (정진 대사의 게송을) 음미하며 전하지 않는 사람
이 없었다. 비록 혀를 놀리는 번거로움은 있어도 마음을 전
하는 종지宗旨와 사뭇 부합되었다. 마침내 대령에 올라 수행
자들이 머무는 곳을 두루 살펴보았는데 때로는 호랑이의 싸
움을 말리는 석장을 짚고 눈 덮인 산과 구름 낀 봉우리를 넘
었으며, 때로는 나는 듯 빠르게 흐르는 (높은 산의) 계곡의
물로 독룡을 제압한 발우를 씻었다.

---

69) '천참天塹'은 지형이 험한 곳을 말한다.

70) '설봉산雪峯山'은 지금 중국의 호남성 서남부와 중부에 걸쳐 있는 산이다.

71) '비원령飛猿嶺'은 지금 중국의 강서성江西省 여천현黎川縣 동쪽에 있는 고개이
다.

72) '호석虎錫'과 관련해 『속고승전續高僧傳』 권 제16 「석승조전釋僧稠傳」에 "後詣懷
州西王屋山, 修習前法, 聞兩虎交鬪咆響振巖, 乃以錫杖中解, 各散而去[후일 회주
서왕악산에 올라 앞서 배운 수행법을 닦던 중 바위를 울릴 정도로 나는 호랑이
두 마리의 싸움 소리를 듣고 석장으로 가운데를 갈라 각자 흩어져 가도록 했다]."
라는 구절이 있다. *'호석虎錫'은 '호랑이끼리의 싸움을 말리는 석장錫杖'이라는
의미이다.

73) '용발龍鉢'과 관련해 『불본행집경』 권 제41 「가섭삼형제품迦葉三兄弟品(중中)」에
"爾時, 世尊過彼夜後, 至明清旦, 手擎於鉢, 將彼毒龍, 來至優婁頻螺迦葉所坐之處.
到已即告彼迦葉言: '仁者迦葉! 此是毒龍, 汝等所畏, 不能入於火神堂者, 此即是彼.
以我威火, 滅其毒火, 今故將來以示汝輩諸梵志等.'[이때 부처님은 그 밤이 지나고
날이 밝자 독룡을 담은 발우를 들고 우루빈려 가섭이 머무는 곳에 이르렀다. 도착
하자마자 가섭에게 '가섭이여! 이것은 독룡으로 너희들이 두려워 감히 들어가지

못하는 화신당火神堂에 있던 그것이다. 내가 (화신당의) 불을 없애고 독룡이 내뿜는 불길을 제압해 이제 갖고 와 너희들 여러 (외도) 수행자에게 보여준다'라고 말씀하셨다"이라는 문장이 있다. *'부처님이 불을 내뿜는 독룡을 제압해 담은 발우'를 '항룡발降龍鉢'이라 하며 이를 줄여 '용발'이라 한다. *『석씨요람釋氏要覽』권중「도구道具」편에 '항룡발'과 관련해 "遠取佛降迦葉火龍於鉢中, 名之. 近取晉高僧涉公以符堅建元十一年長安大旱, 堅請涉呪龍, 俄爾龍在涉鉢中雨遂告足, 至十六年涉遷化. 十七年自正月止六月不雨, 多求不應. 堅謂中書朱彤曰: '涉公若在, 朕豈焦心於雲漢若是哉?'[옛날 부처님이 불을 섬기는 외도 가섭의 화룡을 항복시켜 발우에 넣었기에 '항룡발'이라는 이름이 붙었다. 근래에는 서진의 고승 섭공涉公 스님이 전진(前秦, 350-394) 건원 11년[375] 장안에 큰 가뭄이 들었을 때의 이야기에서 따온 것이다. (당시) 부견(338-357-385) 왕은 섭공 스님을 청해 주문을 외워 용을 불러내 줄 것을 요청했다. 갑자기 용이 발우 가운데 나타났고 비가 충분히 내렸다. 섭공 스님은 건원 16년[380]에 입적했는데 건원 17년 정월부터 6월까지 비가 내리지 않았다. 여러 번 기우제를 지냈으나 비가 내리지 않았다. 부견 왕이 중서中書 주융에게 '섭공 스님이 만약 계셨다면 짐이 어찌 하늘에 이렇게 애태웠겠는가?'라고 말했다]라는 구절이 있다. *'중서中書'는 관직 이름이며 주융은 전진의 군사 전략가이자 정치가이다. *섭공涉公 스님의 전기는『고승전』권 제10에 있다.

74) 석상 경저(石霜慶諸, 807-888) 선사의 제자인 곡산 도연谷山道緣 선사이다. 법맥은 조계 혜능(曹溪慧能, 638-713) 선사 → 청원 행사(淸原行思, 671-740) 선사 → 석두 희천(石頭希遷, 700-790) 선사 → 약산 유엄(藥山惟儼, 737-834) 선사 → 도오 원지(道吾圓智, 769-836) 선사 → 석상 경저 선사 → 곡산 도연 선사이다.

75) 석상 경저 선사이다.

76)『서경잡기西京雜記』권3에 "有方鏡, 廣四尺, 高五尺九寸, 表裏有明. 人直來照之, 影則倒見. 以手押心而來, 則見腸胃五臟, 歷然無硋. … 秦始皇常以照宮人, 膽張心動者則杀之[(진나라 함양궁에) 네모난 거울이 있는데 넓이는 4척이고 높이는 5척 9촌이며 앞면과 뒷면이 모두 밝았다. 사람이 거울 앞에 서면 모습이 거꾸로 나타난다. 손으로 가슴을 만지고 거울 앞에 서면 창자와 위장 등 5장이 분명하고 막힘없이 (거울에) 나타난다. … 진시황은 항상 궁중의 사람에게 거울을 비춰 그 사람의 쓸개가 늘어나고 심장이 움직이면 즉시 죽였다]."라는 문장이 있다. 이 고사에서 '관리들이 공정하고 청렴하게 일을 처리한다'라는 의미의 '진경고현秦鏡高懸' 혹은 '명경고현明鏡高懸'이라는 말이 생겼다. *전체 6권의『서경잡기』는 전한 말의 유흠(劉歆, ?-23)이 지었고 진나라의 갈홍(葛洪, 대략 283-363)이 편집·초

[6] ① 旣多遍願, 愈切尋幽. 詣於谷山, 謁道緣和尙[74], 是石霜[75]之適嗣也. 乃問曰: "石霜宗旨的意如何?" 和尙對云: "代代不曾承." 大師言下大悟, 遂得默達玄機, 密傳秘印. 似照秦皇之鏡[76], 如深黃帝之珠[77], 洞究[78]一眞, 增修三昧, 藍茜沮色[79], 珠火[80]耀光. 標領袖於禪門, 占笙鏞[81]於法苑[82], 何啻[83]超超[84], 實是錚錚[85]者矣. ② 大師又製偈子[86], 呈和尙曰: "十个仙才同及第[87], 牓頭[88]若過總得閑. 雖然一个不迴頭, 自有九人出世閒." 和尙覽之驚歎, 因造三生頌[89], 許令衆和. 大師養勇有餘, 當仁不讓[90]. 搦兎毫[91]而拆理, 編鳳藻[92]以成章, 莫不價重碧雲[93]、韻高「白雪」[94], 豈眞理之究竟? 幷綴緝之硏精[95], 於世流傳, 故不載錄.

록해 전한 책이다. 전한의 천자, 후비, 유명 인사들의 일화 등과 궁실의 제도와 풍습, 원지苑池, 비보秘寶 등에 관한 내용이 들어있다.

77) 『장자』 「천지天地」편에 "黃帝遊乎赤水之北, 登乎崑崙之丘, 而南望還歸, 遺其玄珠. 使知索之而不得, 使離朱索之而不得, 使喫詬索之而不得也. 乃使象罔, 象罔得之. 黃帝曰: '異哉! 象罔乃可以得之乎?'[황제가 적수의 북쪽에서 노닐 때 곤륜산에 올라 남쪽을 바라보고 돌아오다 현묘한 구슬을 잃어버렸다. 지지에게 구슬을 찾게 했지만 찾지 못했고, 이주離朱에게 구슬을 찾게 했지만 찾지 못했고, 개후喫詬에게 찾게 했으나 찾지 못했다. 이에 상망象罔에게 찾게 했더니 상망이 찾아왔다. 황제가 '기이하도다! 상망이 현묘한 구슬을 찾다니?'라고 말했다]"라는 문장이 있다. *'상망象罔'은 가공의 인물로 '형체를 갖지 않고 인간의 감각이나 지각으로는 포착할 수 없는 존재'를 의인화한 것이다.

78) '동구洞究'는 '투철하게 연구한다'라는 의미이다.

79) 『순자』 「권학勸學」편에 "靑取之於藍, 而靑於藍; 氷水爲之, 而寒於氷[푸름은 쪽 풀에서 나지만 쪽 풀보다 더 파랗고 얼음은 물에서 생기지만 물보다 더 차갑다.]"이라는 문장이 있다. 이 문장에서 '제자가 스승보다 뛰어나다'라는 뜻의 '청출어람靑出於藍'이라는 말이 생겼다. 한편, 『문심조룡文心雕龍』 「통변通變」편에 "夫靑生於藍, 絳生於茜. 雖踰本色, 不能復化[푸름은 쪽 풀에서 얻고 붉은색은 꼭두서니

[6]　① 이미 원하던 바를 많이 이루었기에 더욱 간절하게 깊은 곳을 찾았다. 곡산을 찾아 석상 경저 선사의 제자인 도연 화상을 친견했다. 이에 질문했다. "석상 선사의 올바른 가르침은 무엇입니까?" 도연 화상이 "결코 대대로 전승하지 않는 것이다."라고 대답했다. 정진 대사는 이 말에 곧바로 깨닫고 '알기 어려운 핵심 종지[玄機]'를 내심으로 통달했으며 '은밀한 내용[密印]'을 (도연 화상으로부터) 전해 받았다. 사물을 분명하게 비추는 진시황의 거울처럼 밝은 경지이자 상망象罔이 찾은 황제의 현묘한 구슬처럼 깊고 그윽한 경지였다. 투철하게 진여[一眞]를 탐구하고 가일층 삼매를 닦아 파랑이 쪽

─────────────

에서 얻는다. 푸름과 붉은색은 쪽 풀과 꼭두서니보다 뛰어나나 다시 변화하지는 못한다].'라는 구절이 있다. 여기에서 '푸른 빛은 남색보다 더 푸르고 붉은색은 꼭두서니보다 더 붉다'라는 의미의 '남천저(본)색藍茜沮(本)色'이라는 성어가 나왔다. '남천저색藍茜沮色'도 청출어람과 비슷한 의미의 말이다. *'茜'자의 음·훈은 '꼭두서니 천'이다. 여러해살이풀의 일종인 꼭두서니의 색깔은 붉다.

80) '주화珠火'에는 ①영롱한 구슬을 통과한 빛깔[불빛]; ②불이 붙은 듯 영롱한 구슬 등의 의미가 있다. 볼록렌즈를 통과한 빛이 불을 일으키듯 구슬을 투과한 빛이 더욱 밝은 것을 가리킨다. 『광홍명집』 권 제20 「대법송병서大法頌幷序」에 "如來放大光明, 現希有事. 熊熊吐色, 珠火非儔, 瞳瞳上映, 丹紫競發[부처님이 크나큰 빛을 내놓자 매우 드문 일이 일어났다. 이글거리는 밝은 빛을 발산하자 영롱한 구슬을 통과한 빛깔도 짝이 되지 못하고, 뚜렷하게 위에서 비추니 붉은빛과 자줏빛이 다투어 (빛을) 내뿜었다]."이라는 구절이 있다. *「대법송병서」는 양나라(梁, 502-557) 간문제(簡文帝, 503-549-551) 소강蕭綱이 쓴 글이다. 간문제는 양 무제의 셋째 아들이자 소명(昭明, 501-531) 태자 소통蕭統의 동복同腹 동생이다.

81) '생용笙鏞'은 고대의 악기 이름이다. '생笙'은 동쪽에 설치하는 생황, '용鏞'은 서쪽에 설치하는 큰 종이다. 생과 용을 서로 교차하며 연주한다. 『서경書經』 「익직益稷」편에 "笙鏞以間, 鳥獸蹌蹌[(연주자들이) 생황과 대종을 서로 교차해 악곡

풀의 푸르름을 넘어서고 빨강이 꼭두서니의 붉음을 넘어서
는 것과 같았으며 영롱한 구슬을 통과한 빛이 밝음을 더욱
드러내는 것과 다르지 않았다. (그리하여) 선문禪門의 지도자
가 되었고 선림禪林에 필요한 존재로 위상이 드높아졌다. 어
찌 용감한 사람 정도이겠는가? 실로 탁월한 거목이 되었다.

② 정진 대사는 또 게송을 지어 도연 화상에게 보여드렸다. "열
명의 뛰어난 사람이 동시에 급제해 게시판에 이름이 올라 자
유롭게 되었네. 비록 한 명이 급제하지 못했어도 아홉 명은
세상을 벗어나 한가로워졌네." 도연 화상이 게송을 보고 놀
라 탄복하고는 '삼생에 걸쳐 성불한다는 게송三生頌'을 지어

을 연주하면 새와 짐승으로 분장한 춤꾼들은 음악을 듣고 춤을 춘다.'라는 문장
이 있다. '생용笙鏞'은 필요한 존재라는 의미이다.

82) '법원法苑'은 진리의 동산, 즉 부처님 가르침이 존재하는 곳. 여기서는 '선림禪
林'을 가리킨다.

83) '하시何啻'는 '어찌 … 뿐이겠는가?'라는 뜻이다.

84) '규규赳赳'는 헌걸차고 용감한 모습을 형용하는 단어로 '용감한 사람'을 상징한
다.

85) '쟁쟁錚錚'은 금속이 부딪치면 나는 맑은소리를 형용한 단어로 '매우 훌륭한 사
람'을 상징한다.

86) '게자偈子'는 '게송偈頌'을 말한다.

87) '급제及第'는 과거에 합격했다는 의미이다.

88) '방두牓頭'는 급제자의 이름을 알리는 게시판이다.

89) '삼생三生'은 견문생見聞生·견문위見聞位, 해행생解行生·해행위解行位, 증입
생證入生·증입위證入位를 말한다. 과거세에서의 견견과 문문, 현재세에서의 해
해와 행행, 미래세에서의 증증과 입입에 의해 깨달음을 이뤄 부처님이 되는 것을
말한다. 『화엄일승십현문華嚴一乘十玄門』제8「제법상즉자재문諸法相卽自在門」
에 "如經一生得見聞, 若熏習二生成其解行, 三生得入果海. 同一緣起大樹而此三生

대중들에게 알리도록 했다. 정진 대사는 용기를 길러 여유가 있었고, 인仁을 행하는 일에는 양보하지 않았다. (특히) 토끼털로 만든 붓을 잡고 이치를 규명하고 뛰어난 글과 구절들을 모아 문장을 지었는데 (비록) 그 가치는 푸른 빛이 감도는 옥보다 높고 그 운율은 「백설」이라는 노래보다 뛰어나다 해도 이것이 어떻게 궁극의 진리이겠는가? 이 글들을 합해 엮고 세밀하게 연구한 책이 세상에 유통되고 있으므로 (여기에) 기록하지 않는다.

只在一念[경전에 나오는 것처럼 첫 번째 생에서 견과 문을 얻고, 견과 문의 영향이 남아있는 두 번째 생에서 해와 행을 이루고, 세 번째 생에서 증득해 깨달음의 바다에 들어간다. 삼생은 같은 하나의 연결된 큰 나무이므로 다만 한 생각에 삼생이 모두 다 들어있다]."이라는 구절이 있다.

90) 『논어』「위령공衛靈公」편에 나오는 구절이다. "當仁不讓於師[인을 행하는 점에 있어서는 스승에게도 양보하지 않아야 한다]."

91) '토호兎毫'는 '토끼털로 만든 붓'을 말한다.

92) '봉조鳳藻'는 '아름답고 뛰어난 글·구절'을 가리킨다.

93) '벽운석碧雲石'으로 푸른 빛이 감도는 옥이다.

94) 전국시대 초楚나라 시인 송옥(宋玉, 대략 BCE 298-BCE 222)이 쓴 「대초왕문對楚王問」에 나오는 노래 제목으로 『문선文選』권45에 기재되어 있다. 원문은 다음과 같다. "客有歌於郢中者, 其始曰「下里」、「巴人」, 國中屬而和者數千人. 其爲「陽阿」、「薤露」, 國中屬而和者數百人. 其爲「陽春」、「白雪」, 國中屬而和者數十人. 引商引羽, 雜以流徵, 屬而和不過數人. 是其曲彌高, 和彌寡也[손님 가운데 초나라 수도인 영郢에서 노래하는 사람이 있었습니다. 처음 그가 「하리」와 「파인」 등의 노래를 부르자 나라 안에서 화답하는 사람이 수천 명이나 되었습니다. 그가 「양아」와 「해로」 등을 부르자 나라 안에서 화답하는 사람이 수백 명 정도 되었습니다. 그가

「양춘」과 「백설」 등을 부르자 나라 안에서 화답하는 사람이 수십 명에 불과했습니다. 상商음을 끌어내다가 우羽음으로 꾸미고 치徵음을 섞어 내자 나라 안에서 화답하는 사람이 몇 사람에 지나지 않았습니다. 노래의 격이 높을수록 화답하는 사람이 적은 것입니다." *「대초왕문」에 기록된 이 이야기에서 '곡조가 고상하면 이해하는 사람이 드물다'라는 의미의 '조고상음희調高賞音稀'라는 말이 생겼다. 후진(後秦, 384-417)의 승조(僧肇, 384-414) 스님이 쓴 「반야무지론般若無知論」에도 "理微者辭險, 唱獨者應希[이치가 깊고 그윽하면 말이 어렵고 노래 곡조가 고상하면 할수록 따라 부르는 사람이 드문 법이다]."라는 구절이 있다. '조고상음희'와 의미가 비슷하다. *「백설白雪」은 곡조와 운율이 뛰어난 노래를 상징한다.

95) '연정硏精'은 '정밀한 의미를 깊이 연구한다'라는 의미이다.

96) '적기단운跡寄斷雲', 즉 '자취에 조각구름을 부친다'라는 의미. 구름이 떠돌 듯 자유자재하게 이리저리 다녔다는 뜻이다.

97) '용덕龍德'은 후량(後梁, 907-923) 말제(末帝, 888-913-923)의 연호이다. 921-923년 사용됐다. 용덕 4년은 존재하지 않는 연호이다. 환산하면 924년으로 통일신라 제55대 경애왕景哀王 1년이다.

98) '유대幽代'는 유주幽州와 대주代州를 말한다. 유주는 북경 일대이며 대주는 지금 중국의 산서성山西省 동북부 일대를 가리킨다.

99) '아경俄頃'은 '아경俄頃', 즉 짧은 시간을 말한다.

100) '주후비술肘後秘術'은 『주후방肘後方』이라는 의학 서적에 담긴 비법'이라는 뜻. 『주후방』을 『주후비급방肘後備急方』, 『주후구졸방肘後救卒方』, 『주후졸구방肘後卒救方』, 『주후급요방肘後急要方』, 『주후요급방肘後要急方』이라고도 한다. 『주후방肘後方』은 갈홍(葛洪, 대략 283-363)이 지었다고 한다. 옛날 몸에 지니고 다니던 의학 서적을 『주후방』이라 했다. '주후肘後'는 '인체 각 부위의 이름'이라는 의미이다.

101) '보살원심菩薩願心'은 중생을 구제하겠다는 관세음보살의 원력을 말한다. 『묘법연화경』 권 제7 「보문품」에 "無盡意! 是觀世音菩薩成就如是功德, 以種種形, 遊諸國土, 度脫眾生. 是故汝等, 應當一心供養觀世音菩薩. 是觀世音菩薩摩訶薩, 於怖畏急難之中能施無畏, 是故此娑婆世界, 皆號之為施無畏者[무진의야! 관세음보살은 이러한 공덕을 성취해 갖가지 형상으로 여러 국토에 오가며 중생을 제도해 해탈케 하느니라. 그러므로 너희들은 일심으로 관세음보살을 공양할지니라. 관세음보살은 (중생이) 두렵고 위급한 환난 속에 있어도 능히 두려움을 없애주므로 사바세계에서 관세음보살을 '두려움을 없애 주는 보살'이라 부른다]."라는 구절이 있다.

[7] ① 大師心澄止水, 跡寄斷雲[96]. 異境靈山, 必盡覽遊之興; 江南河
北, 靡辭跋涉之勞. 以梁龍德[97]四年春, 跳出谷山, 路指幽代[98].
將禮五臺聖跡, 遠履萬里險途, 屆於觀音寺. 憩歇之際, 晝夜俄
經[99], 忽患面上赤瘡, 致阻糸尋之便. 未逢肘後秘術[100], 莫資療
理之功, 久不蠲除, 漸至危篤. 遂乃獨坐涅槃堂上, 暗持菩薩願
心[101]. ② 頃刻之間, 有一老僧, 入門問曰: "汝從何所, 所苦何
如?" 大師對曰: "來從海左, 久寓江南. 若是毒瘡, 弗念而已."
乃曰: "且莫憂苦, 宿冤使然." 便以注水如醴, 洗之頓愈. 謂曰:
"我主此山, 暫來問慰. 唯勤將護, 用事巡遊." ③ 辭而出歸, 豁
如夢覺. 皮膚不損, 瘢癬亦無者. 蓋爲大師, 躬踐清涼[102], 親瞻

---

102) 청량산은 오대산을 말한다.

103) '묘덕妙德'은 문수 보살을 가리킨다.

104) '구씨龜氏'는 대가섭 존자이다. 대음광大飮光, 대구씨大龜氏 등으로 의역意譯된
다. '가섭 존자의 종지'는 바로 '선禪'을 의미한다. 부처님이 가섭 존자에게 전
했기 때문이다.

105) '용종성존龍種聖尊'은 문수 보살의 본래 이름이다. 『대지도론』 권 제10에 "文殊
尸利分身變化入五道中, 或作聲聞, 或作緣覺, 或作佛身, 如《首楞嚴三昧經》中說:
'文殊師利菩薩, 過去世作龍種尊佛. 七十二億世, 作辟支迦佛.'[문수사리의 분신
分身은 변화해 다섯 가지 길에 들어가 성문이 되기도 하고 연각이 되기도 하고
부처님이 되기도 한다. 『수능엄삼매경』에 '문수사리 보살은 지난 세상에 용종존
불이었으며, 72억 생 동안 벽지불이었다'라고 나온다]"이라는 문장이 있다.

106) 중국 호남성湖南省 장사현長沙縣의 서남부에 있는 산.

107) 중국 강서성江西省 의풍현宜豐縣의 북부에 있는 산. 조동종의 '조정祖庭'이 있
다.

108) '동광同光'은 이존욱(李存勖, 885-923-926)이 건국한 후당(後唐, 923-936)의 연호
로 923-926년 사용됐다. 이존욱은 묘호는 장종莊宗이다. 동광 2년은 924년으로
통일신라 경애왕景哀王 1년이다.

妙德103). 由早承於龜氏宗旨104), 果獲遇於龍種聖尊105), 不可思
議, 於是乎在. 厥後西經雲盖106), 南歷洞山107), 境之異者必臻,
僧之高者必覿.

[7] ① 정진 대사의 마음은 고요하고 맑은 물과 같았으며 걸림 없
이 떠다니는 구름 조각 같았다. 기이한 경치와 신령스러운
산을 다 돌아보는 즐거움을 누렸고 장강의 남쪽과 북쪽 지
방을 두루 섭렵하고 다녔다. 용덕 4년[924] 봄에 곡산을 나와
북경 일대와 산서성 동북부 지역으로 향했다. 오대산의 성
스러운 유적지에 참배하려고 멀고 험한 길을 걸어 관음사에
도착했다. 쉬는 사이 낮과 밤의 어느 순간에 홀연 얼굴에 붉

---

109) 전북 부안扶安의 옛 이름이다. 경덕왕 16년[757]에 백제 때 설치한 '흔량매현欣
良買縣'을 '희안현喜安縣'으로 바꿨다. 조선 태종 때 '부안현扶安縣'으로 개칭
됐다.

110) '유주維舟'에는 몇 가지 의미가 있다. ①배를 묶어 정박시키는 것, ②고대 시기
제후가 타는 배로 네 척의 배를 묶어 흔들리지 않도록 했기에 '유주'라 했다.
『이아爾雅』「석수釋水」편에 "天子造舟, 諸侯維舟[천자가 타는 배를 조주라 하고
제후가 타는 배를 유주라 한다]."라는 구절이 있다. 이에 대해 곽박(郭璞, 276-
324)은 「주注」에서 "維連四船[네 척의 배를 연결해 묶기 때문이다]."이라고 설명
했다; ③제왕과 귀족이 타는 배를 가리키는 일반적인 명칭. 여기서는 ①의 의미
로 쓰였다.

111) '심해深諧'는 '매우 철저하게 이해한다 · 이해했다'라는 의미이다.

112) '벌筏'자와 관련해 『중아함경』 권54 「대품아리타경大品阿梨吒經 제9第九」에
"彼便以栰著右肩上或頭戴去, 於意云何? 彼作如是竟, 能為栰有所益耶[뗏목을 타
고 계곡을 건넌) 그가 뗏목을 오른쪽 어깨에 메거나 혹은 머리에 이고 간다면
(비구들아) 너희들은 어떻게 생각하느냐? 그가 이렇게 하는 것이 뗏목에게 이
익이 된다고 생각하느냐]?"라는 구절이 있다. *여기에서 "강을 건너 '저 언덕[彼
岸]'에 이르렀으면 뗏목을 버려라."라는 '등안사벌登岸捨筏'의 성어가 나왔다.

은 종기가 생겨 유적지를 예배하려는 기회를 놓치게 되었다. 몸에 지녔던 의학 서적이 없어 치료하는 데 노력을 기울이지 못했다. 오랫동안 종기를 없애지 못해 점점 위험한 상태에 이르렀다. 마침내 열반당에 홀로 앉아 조용히 관세음보살의 명호를 염송했다.

② 잠시 후 한 늙은 스님이 들어와 물었다. "당신은 어디에서 오셨으며 괴로운 병은 어떠합니까?" 정진 대사가 "바다 동쪽에서 와 오랫동안 강남에 머물렀습니다. 독한 종기가 생겨 몸이 편하지 못합니다."라고 대답했다. 늙은 스님이 "괴로워하지 마십시오. 전생의 원한으로 인해 생긴 것입니다."라고 설명했다. 곧바로 감로와 같은 달콤한 물을 부어 씻자마자 종기가 즉시 없어졌다. 그리고는 "나는 이 산의 주인으로 잠시 당신을 위문하러 왔습니다. 몸을 잘 보존하여 성스러운 유적지를 잘 순례하십시오."라고 말했다.

③ 관음사를 떠나 나서자 마치 꿈에서 깬 것 같았다. 피부는 상한 곳이 없고 종기도 사라지고 없었다. 이것은 정진 대사가 청량산[오대산]을 몸소 참배하고 문수 보살을 친견했기 때문에 가능했다. 일찍부터 가섭 존자의 가르침인 '선禪'을 이은 정진 대사가 문수 보살을 직접 만난 불가사의한 일이 진실로 여기에 있었다. 그 후 서쪽의 운개산을 거쳐 남쪽의 동산을 둘러보았으며 경지가 뛰어난 선사를 반드시 찾아갔고 고승은 빼놓지 않고 친견했다.

[8] ① 後唐同光[108]二年七月, 迴歸達于全州喜安縣[109]浦口. 泊至維舟[110],
深諧[111]捨筏[112], 是猶孟嘗之珠還在浦[113], 雷煥之劍復入池[114].
德旣耀於寶身[115], 志益堅於高蹈[116]. 翄屬天芒伏鼈[117], 地出蒼
鵝[118], 野寇山戎, 各競忿爭之力, 巖扃岫幌[119], 半罹焚煌之
灾[120]. 爰遵避地之機, 仍抗絶塵之跡, 效玄豹之隱霧[121]. 畏鳴
鶴[122]之聞天, 庇影山中, 韜光[123]廡下. 而乃雖曰煙霞之洞, 漸
成桃李之蹊[124], 莫邃潛藏, 更議遷徙. ② 康州伯嚴寺是西穴[125],
故師所修刱移住也. 以自先師謝世, 法匠歸真[126], 門人多安
仰[127]之悲, 信士發靡依之歎[128]. 況又雲礎煙嶺, 四時之變態相
高, 松韻竹聲, 百籟[129]之和唫[130]不斷, 宛秀東林之境[131], 堪傳

『금강경』「정신희유분正信希有分」에도 "汝等比丘! 知我說法, 如筏喻者, 法尚應
捨, 何況非法[비구들아! 나의 가르침을 뗏목과 같이 여겨라, 가르침도 버려야 하
거늘 하물며 가르침이 아닌 것은 어떻겠느냐?]"라는 문장이 있다. '벌栰'= '벌筏'
이다.

113) '주환珠還'에 대해 석전 스님은 『정주사산비명』「봉암사 지증 대사 적조 탑비명」
단락[7]의 ①에서 다음과 같이 설명했다. "珠還, 後漢孟嘗, 爲合浦太守, 郡不產穀,
海出珠玉, 商販糴糧. 先是太守貪穢, 故珠漸徙交趾郡界. 孟嘗到官, 革去前弊, 未
踰歲而珠復還[주환과 관련해『후한서』권76「맹상전」에 다음과 같은 기록이 있
다. '맹상이 합포 태수가 되어 부임해 보니 고을에 곡식은 생산되지 않고 바다
에서 보배로운 옥[珠玉]이 산출됐다. 상인들에게 옥을 팔아 양식을 샀다. 앞의
태수가 탐욕스럽게 보물들을 착복한 탓에 주옥珠玉들이 점차 교지군[지금의 베
트남]으로 옮겨 가 버렸다. 맹상이 태수가 되어 과거의 적폐들을 철저하게 개혁
하자 해를 넘기지 않고 주옥들이 합포로 돌아왔다']." *정진 대사가 당나라에서
귀한 보물을 얻어 신라로 돌아온 것을 의미한다.

114) '검복劍復'에 대해 석전 스님은 『정주사산비명』「봉암사 지증 대사 적조 탑비명」
단락[7]의 ①에서 다음과 같이 설명했다. "劍化, 《晉書》云: '張華使雷煥掘豐城獄,
得二劍, 各佩其一. 及華誅, 失劍所在. 煥死, 子雷華持劍渡延平津, 劍躍入水, 使潛

西域之宗[132]. 越以天成[133]二年, 就而居焉. 大師臺法鏡以常磨,
照通無硋[134], 簴[135]禪鏞[136]而待扣, 響應有緣. 遂使歸萬彙之
心[137], 拭四方之目. 訪道者, 雲蒸霧涌; 請益者, 接踵聯肩. 化
遍海隅[138], 聲振日域[139]. ③ 新羅景哀王[140], 遙憑玄杖[141], 擬
整洪綱[142]. 雖當像季之時[143], 願奉禪那之敎[144]. 乃遣使寓書曰:
"恭聞大師早蹈溟渤[145], 遠届曹溪[146], 傳心中之秘印, 探頷下
之明珠[147], 繼燃慧炬之光, 廣導迷津之路[148], 禪河以之汩
汩[149], 法山於是峩峩[150]. 冀令雞嶺之玄風[151], 播在鳩林之遠
地[152], 則豈一邦之倚賴, 寔千載之遭逢." 仍上別號曰奉宗大師
焉. 大師方寸海納[153], 無所拒違, 唯弘善誘之功, 益愼見機之道[154].

水者求之. 但見雙龍蜿蜒而去.'[검화와 관련해 『진서』 권36 「장화전」에 다음과 같
은 기록이 있다. '장화는 뇌환을 시켜 풍성의 감옥을 파헤치게 해 두 자루 칼을
얻었다. 장화가 주살되고 장화가 지녔던 칼이 어디 있는지 몰랐다. 뇌환이 죽고
그의 아들 뇌화가 (다른 한 자루의) 칼을 지니고 연평진을 건너가는 데 칼이 (스
스로) 물로 뛰어 들어갔다. 뇌화가 잠수부에게 칼을 찾게 했다. (잠수부는) 다만
두 마라 용이 꿈틀거리며 헤엄쳐 가는 것을 보았을 따름이다']" *「지증 대사 적
조 탑비명」에 쓰인 '검복=검화'는 중국에 공부하러 갔다가 신라로 돌아오지 않
은 스님들을 말하나 이 문장에서는 앞뒤 문맥상 신라로 돌아온 스님들을 가리키
는 것으로 보인다.

115) '보신寶身'은 '깨달음을 체득한 보배로운 몸'을 말한다. 즉 정진 대사의 신체를
가리킨다.

116) '고도高蹈'는 ①먼 곳으로 가다; ②은거하다 등의 의미이다.

117) '천망복별天芒伏鼈'에서 '망'은 '뾰족하게 튀어나온 것'을 의미한다. '복별'은
'깊은 물에 숨은 자라', 즉 '은거한 현인이나 선비'를 가리킨다. 『사기』 권27 「천
관서天官書 제5」에 "旬始, 出於北斗傍, 狀如雄鸡. 其怒, 青黑色, 像伏鼈['순시'라
는 (괴이하고 불길한) 별은 북두칠성 옆에 나타나는데 모양은 수탉과 비슷하다.
그 별이 분노하면 청흑색을 띤 엎드린 자라 모양이 된다]."이라는 문장이 있다.

[8] ① 후당 동광 2년[924] 7월 전주 희안현[부안]의 항구에 도착했다. 배에서 내린 뒤 '피안에 이르면 뗏목을 버린다'라는 가르침에 매우 부합되게 행동했는데 바로 맹상孟嘗이 태수로 부임한 뒤 다른 곳으로 갔던 보배가 다시 합포合浦로 돌아오고 뇌환雷煥의 칼이 연평진延平津의 물에 들어간 것과 같은 것이다. 덕성德性은 정진 대사의 몸에 가득했고 뜻은 은거하는 것에 강하게 기울었다. 하물며 하늘은 은거한 현인을 드러나게 했고, 땅은 거위를 뱉어냈으며, 들판에는 도적들이 설치고 산에는 병장기들이 가득했고, 각자 성이 나 다투었으며, 산속의 집과 은자가 머무는 곳은 재난을 당하고 불에 타 훼손되

---

* '천망복별'은 '하늘이 은거한 선비·현인을 드러나게 했다'라는 뜻이다.

118) '지출창아地出蒼鵝'에서 '창아'는 거위이다. 『금경禽經』에 "鵝鳴則蜮沉, 養之圍林, 則蛇遠去[거위가 울면 물여우가 숨고 (거위를) 정원에 키우면 뱀들이 멀리 간다]."라는 구절이 있다.

119) '암선수황嚴扇岫幌'에서 '암선'은 '암비嚴扉'의 오기로 보인다. '암비'는 '은사隱士가 머무는 곳'을 말한다. '수황'은 '산속에 있는 집 거실의 창', 즉 '은거하는 장소'를 가리킨다. '암선수황'은 은거하는 장소를 말한다.

120) 정진 대사가 귀국했을 당시 통일신라는 후삼국으로 갈라져 전쟁이 빈번한 시기였다.

121) '현표玄豹'는 검은 털의 표범. 재주 있는 사람을 상징한다. '은무隱霧'는 '은둔해 때를 기다린다'라는 뜻이다. *『열녀전』권2「현명전賢明傳·도답자처陶荅子妻」편에 다음과 같은 내용이 있다. "도 땅의 대부大夫인 답자의 명성은 높아지지 않았는데도 집의 살림은 3배나 늘어났다. 그의 부인이 간해 말했다. '남산에 검은 표범이 있는데, 안개가 끼고 비가 오는 날이 7일이나 계속되어도 먹이를 구하러 산에서 내려가지 않습니다. 털을 윤택하게 해 좋은 무늬를 유지하기 위해서입니다. 그래서 몸을 숨기고 해로움을 피합니다. 무릇 돼지는 먹이를 싫어하지 않고 먹어대기 때문에 죽음을 기다릴 뿐입니다. 지금 당신에게 안개에 몸

었다. 이에 정진 대사는 전쟁을 피해 자취를 감추었는데 이
는 재주 있는 사람이 은거하며 때를 기다리는 것을 본받은
것이다. 학의 울음이 하늘에 울려 임금이 들을까 저어해 그
림자를 산속에 감추고 빛을 집안에 숨겼다. 그러나 안개와
놀이 깃든 마을이라도 복숭아나무와 자두나무를 따라 길이
생겨 더 이상 감출 수 없게 되어 다시 옮길 것을 논의했다.
② 강주 백엄사 서혈원은 스승인 양부 선사가 창건해 머무르며
수행했던 곳이다. 스승 양부 선사가 세연世緣을 마감하고 원
적에 든 후 문인들은 우러러보고 슬퍼했으며 신도들은 의지
할 곳이 없어졌다며 탄식을 연발했다. 하물며 구름 낀 계곡

을 숨기는 지조는 없고 평범한 돼지와 같은 욕심만 있습니다. 저는 이것이 두렵
습니다.' (과연) 얼마 지나지 않아 (답자는) 주살되었다[《列女傳》陶答子, 名譽不
興, 家産三倍. 其妻諫曰: '南山有玄豹, 霧雨七日不下食, 將欲澤其毛而成文章也.
故隱而避害也. 凡豕貪啗無厭, 故因以見沮. 今子無隱霧之操, 有凡豕之欲. 妾懼之.'
未幾被誅.]"

122) '명학鳴鶴'과 관련해 『주역』「중부괘中孚卦」'구이九二'에 "鳴鶴在陰, 其子和之.
我有好爵, 吾與爾靡之[학이 나무 그늘에서 우니 그 새끼가 울음소리에 맞춰 운
다. 나에게 좋은 술잔이 있으니 너와 함께 기울이기를 원한다]."라는 구절이 있
다. '명학鳴鶴'은 덕이 높은 사람을 비유적으로 표현한 말이다.

123) '도광韜光'은 '재능이나 학식을 드러내지 않고 감춘다'라는 의미이다.

124) '도리지혜桃李之蹊'는 '도리성혜桃李成蹊'의 뜻. 『사기』 권109 「이장군열전李將
軍列傳」에 "桃李不言, 下自成蹊[복숭아나무와 자두나무가 사람을 부르지 않아도
그 나무의 꽃과 과실로 인해 사람들이 그 밑을 오가기에 자연스레 길이 생긴다]."
라는 문장이 있다.

125) 합천군 초계면에 있었던 백엄사伯嚴寺의 서혈원西穴院을 말한다. 양부 선사가
주석했던 곳이다.

126) '법장法匠'은 진리의 장인, 즉 선지식을 말한다. '귀진歸眞'은 원적에 들었다는

과 안개 덮인 고개의 변하는 모습은 계절마다 다르고, 소나무와 대나무가 내는 자연적인 소리가 때로는 화답하고 때로는 조용해 완전히 여산 동림사의 경치와 같아 부처님 가르침을 전할 만했다. 천성 2년[927]을 지나 그곳으로 (자리를) 옮겨 주석했다. 정진 대사는 진리의 거울을 높이 달아놓고 항상 (몸과 마음을) 연마했기에 비추면 통해 걸림이 없었으며 선의 큰 종을 걸어놓고 두드리기를 기다려 (울림에) 메아리가 응답하듯 인연을 이어갔다. (그리하여) 마침내 중생의 마음이 대사에게 귀의했고 (대사는) 그들의 눈을 닦아 주었다. 진리를 찾아 방문하는 사람들은 구름이 일어나고 안개가 솟

뜻이다.

127) '안앙安仰'은 '앙시仰視', 즉 '존경하는 마음으로 우러러보다'라는 의미이다.

128) '미의지탄靡依之歎'은 '의지할 곳이 없는 것을 탄식하다'라는 뜻이다.

129) '백뢰百籟'는 구멍에서 나는 여러 가지 소리를 말한다. 자연스럽게 나는 소리라는 뜻이다. *『장자』「제물론」편에 "自綦曰: '夫大塊噫氣, 其名爲風. 是爲無作, 作則萬竅怒呺. … .' 子游曰: '地籟則衆竅是已, 人籟比竹是已, 敢問天籟?' …[자기가 '대지가 숨을 내쉬는 것을 일러 바람이라 한다. 일어나지 않으면 그만이지만 일어나면 온갖 구멍이 요란하게 울린다. … '라고 말했다. 자유가 '지뢰는 온갖 구멍의 울림이 바로 그것이고, 인뢰는 비죽比竹 같은 악기에서 나는 소리가 그것이겠습니다만 천뢰가 무엇인지 감히 묻습니다'라고 말했다. …].'라는 구절이 있다.

130) '화금和噤'에서 '화'는 화답하는 것이다. '금'은 입을 다무는 것이다. '화금和噤'은 자연에서 나는 소리가 때로는 서로 화답하고 때로는 조용한 것을 가리킨다.

131) 여산 혜원(廬山慧遠, 334-416) 선사가 창건하고 수행했던, 지금 중국의 강서성 구강시九江市 여산에 있는 동림사를 말한다.

132) '서역지종西域之宗'은 '서역에서 온 가르침', 즉 불교를 의미한다.

아나듯 끊임없이 이어졌고 가르침을 청하는 사람들도 발꿈치를 잇고 어깨를 이을 정도로 많았다. 신라 곳곳을 교화해 명성이 해 뜨는 지역에 울려 퍼졌다.

③ 신라 제55대 경애왕은 멀리서나마 정진 대사의 가르침에 따라 나라의 기강을 바로잡고자 상법 시대의 말기임에도 선의 가르침을 받들고자 했다. 이에 사자 편에 편지를 보내 "대사께서는 일찍이 바다를 건너 멀리 조계에 이르러 마음으로 전하는 중요한 가르침을 전해 받아 아주 귀한 깨달음을 체득했으며, 지혜의 빛을 계승하고 밝혀 미망에 빠진 중생에게 널리 길을 안내하고, 선의 가르침을 면면히 흐르게 해 진리의 산을

---

133) 천성天成은 후당(後唐, 923-936) 명종(明宗, 867-926-933)의 연호이다. 926-930 년 사용됐다. 천성 2년은 927년으로 통일신라 경순왕 1년이다.

134) '애礙' 자는 '애礙' 자와 같은 글자이다.

135) '簴'의 훈·음은 '악기다는 틀 거'이다.

136) '용鏞'은 '큰 종'을 말한다.

137) '만휘萬彙'는 '우주에 있는 온갖 사물과 현상'을 의미한다. '휘'자는 무리라는 뜻이다. 여기서는 많은 사람을 의미한다.

138) '해우海隅'는 '바다의 모퉁이'라는 뜻으로 신라를 가리킨다.

139) '일역日域'은 '해가 뜨는 곳'이라는 의미로 신라를 상징한다.

140) 924년부터 927년까지 재위했던 신라 제55대 왕.

141) '현장玄杖'은 지팡이라는 의미이다. '정진 대사의 가르침·지도'를 상징하는 것으로 보인다. 최치원이 찬술한 「봉암사 지증 대사 적조 탑비명」 단락[12]의 ③에도 '현장'이라는 단어가 나온다.

142) '홍강洪綱'은 법도, 규칙 등의 의미이다.

143) '상계像季'는 '말법사상末法思想'과 관련이 있다. '말법'은 크게 두 가지로 설명할 수 있다. ①정법正法, 상법像法, 말법末法의 삼시三時설. 정법 시는 교敎와 행行과 증證 세 가지가 갖춰진 시기이다. 상법 시는 교와 행 두 가지만 존재하

우뚝 솟아오르게 했다고 들었습니다. 가섭 존자가 전해준 가르침이 신라에 널리 전파되기를 바라는 것이 어떻게 한 나라만의 의지처가 되겠습니까? (이는) 실로 천년에 한 번 만나기 어려운 일이라 하겠습니다."라고 말하며 '봉종 대사'라는 별호를 올렸다. 정진 대사의 마음은 바다도 받아들일 수 있을 정도로 넓어 거부하는 것이 없었다. 오직 중생을 잘 인도하려는 착한 마음을 널리 펴고, 중생의 자질에 따라 가르침을 전파하는 것에 더욱 신중하게 노력할 따름이었다.

는 시기이다. 말법 시는 교敎만 있는 시기이다. 일반적으로 정법 시 5백 년, 상법 시 1천 년, 말법 시 1만 년 지속된다고 여긴다. ②네 시기로 나누는 설. 제1기는 증과기證果期, 즉 깨달음이 있는 시기로 약 1천5백 년 지속된다. 제2기는 수행기修行期, 즉 수행은 존재하는 시기로 약 1천5백 년 계속된다. 제3기는 교법기敎法期, 즉 경·율·논 삼장은 존속하는 시기로 약 1천5백 년 지속된다. 제4기는 유상기唯相期, 즉 불교가 쇠미해지고 단지 모습만 있는 시기로 약 5백 년간 유지된다. 여기서는 ①을 가리킨다. '상계像季'는 '상법 시대의 말기'라는 뜻이다.

144) '선나禪那'는 산스크리트어 dhyāna를 음역한 말. '선나지교禪那之敎'는 선종을 의미한다.

145) '명해溟海'는 넓고 큰 바다를 말한다.

146) '조계曹溪'는 선의 가르침을 상징한다.

147) '함하지명주頷下之明珠'는 『장자』「열어구列禦寇」편에 나온다. "夫千金之珠, 必在九重之淵, 而驪龍頷下[매우 귀한 진주는 반드시 깊은 연못, 그것도 검은 용의 턱밑에 있다]."

148) '미진迷津'에는 몇 가지 의미가 있다. ①길을 잃다; ②미망迷妄의 경계; ③잘못된 길·방향; ④들어가면 쉽게 나올 수 없는 곳[迷宮]. 여기서는 ②의 뜻으로 쓰

였다.

149) '골골汩汩'은 '물이 흐르는 모양'을 묘사한 말이다.

150) '아아峩峩'는 '높고 위엄있는 모습'을 형용한 말이다.

151) '계령지현풍雞嶺之玄風'은 '계족산鷄足山의 그윽한 바람'이라는 의미이다. 계족산은 가섭 존자가 미래불인 미륵 부처님이 나타날 때까지 수행하며 기다린다는 산이다. '계족산의 그윽한 바람'은 선종을 상징한다. 가섭 존자는 영취산에서 '염화미소拈花微笑'를 통해 부처님의 마음, 즉 禪의 가르침을 이었다고 알려졌기 때문이다. 『대승의장大乘義章』권 제9「멸진정의구문분별滅盡定義九門分別」에 "摩訶迦葉在鷄足山待彌勒出. 從山而起禮觀彌勒, 現十八變然後滅身, 彼今在山為般涅槃為入滅定[마하 가섭 존자는 계족산에서 미륵불이 출현하기를 기다리고 있다. 가섭 존자는 산에서 일어나 미륵불을 예로 맞아 18번의 변신을 거쳐 입적하는데 그는 지금 계족산에서 완전한 열반을 성취해 멸진정에 들어있다.]"이라는 구절이 있다.

152) '구림鳩林'은 '계림鷄林'과 마찬가지로 경주의 옛 이름이다.

153) '방촌方寸'은 마음을 의미한다. '방촌해납方寸海納'은 '마음에 바다가 들어온다'라는 뜻. 받아들이지 못하는 것이 없음을 나타낸다.

154) '기機'자는 '수행이라는 나사를 감으면 발동하는 정신적·심적 능력'을 말한다. '가르침을 받는 사람의 자질' 혹은 '가르침을 받는 사람·상대'라는 뜻도 있다.

155) '청태淸泰'는 후당(後唐, 923-936)의 말제(末帝, 885-934-936)가 사용한 연호이다. 934-936년 사용됐다. '청태 2년淸泰二年'은 935년으로 신라 경순왕 9년이다.

156) 『해동금석원』(상上)에 따라 '노路'자를 넣었다.

157) '혈여血餘'는 '건강한 사람의 머리카락을 구워 만든 약재'로 인퇴人退, 발회髮灰, 혈여탄血餘炭, 인발회人髮灰라고도 한다. '인적印跡'은 '자취'라는 의미. 따라서 '혈여인적血餘印跡'은 '사람이 다녀간 흔적'을 뜻한다.

158) '겁재刧灰'는 괴겁壞劫 시기에 일어난 불이 세상을 태우고 남긴 재를 의미한다.

159) '불달佛闥'은 부처님을 모신 건물을 말한다. *'闥'자의 훈·음은 '문 달', '문빗장 건' 등 두 가지이다.

160) '형진荊榛'은 '가시나무와 개암나무'라는 뜻. 여기서는 무성하게 우거진 잡목을 의미한다.

161) 『한국금석전문』(중세상中世上)에 따라 '주鑄'자를 넣었다.

162) '율수聿修'는 '선인들이 쌓아놓은 덕성을 계승해 더욱 빛낸다'라는 뜻이다. '율聿'자는 '좇다·추구하다[循]', '수修'자는 '고치다[治]'라는 의미이다.

163) 사辝=사辭이다.

[9] ① 至淸泰二年155), 念言弘道必在擇山, 決計而已俻行裝, 猶預而未謀離發. 忽尒雲霧晦暗, 咫尺難分, 有神人降, 謂大師曰: "捨此奚適? 適湏莫遠." 於是衆咸致惑, 固請淹遲. 大師確然不從, 便以出去. 有虎哮吼, 或前或後. 行可三十里, 又有一虎, 中路156) 相接, 左右引導, 似爲翼衛, 至于曦陽山麓. 血餘印跡157), 方始迴歸. ② 大師旣寓鳳巖, 尤增雀躍. 是以陟彼峯巒, 視其背面, 千層翠巘, 萬疊丹崖. 屬賊火之焚燒, 致刼灰158)之飛撲. 重巒複澗, 固無遷變之容, 佛閣159)僧房, 半是荊榛160)之地. 屹爾者, 龜猶戴石, 禪德鐫銘; 歸然者, 像是鑄161)金, 靈光照耀. 旣銳聿修162)

---

164) 『사분율행사초자지기四分律行事鈔資持記』 중이中二 「석십삼승잔釋十三僧殘」에 "因瓶沙王往彼見大迦葉踏泥修房. 王問: '何以自作?' 答: '誰當為我作?'[빔비사라 왕이 그곳으로 가서 가섭 존자가 진흙을 밟으며 방 만드는 것을 보았다. 왕이 '왜 스스로 합니까?'라고 물었다. 가섭 존자가 '누가 마땅히 나를 위해 지어 줍니까?'라고 말했다]"이라는 구절이 있다. 『사분율초간정기四分律鈔簡正記』 권 제16 「제10 첨병송종편瞻病送終篇」에 "迦葉踏泥, 造五精舍[가섭 존자가 진흙을 밟으며 다섯 사찰을 지었다]."라는 구절이 있다. *'가섭답니迦葉踏泥'는 '손수 짓는 것'을 의미한다.

165) 『근본설일체유부비나야잡사根本說一切有部毘奈耶雜事』 권 제14 「제3문 제4자섭송지여第三門第四子攝頌之餘」에 "爾時世尊意欲令彼樂福眾生, 於勝田中植淨業故, 即自執箒欲掃林中. 時舍利子、大目乾連、大迦攝波、阿難陀等諸大聲聞見是事已, 悉皆執箒共掃園林. 時佛世尊及聖弟子, 遍掃除已入食堂中就座而坐. 佛告諸苾芻: '凡掃地者有五勝利. 云何為五? 一者自心清淨; 二者令他心淨; 三者諸天歡喜; 四者植端正業; 五者命終之後當生天上.'[그때 부처님은 복을 좋아하는 중생에게 뛰어난 밭에 청정한 업을 심게 하고자 곧 스스로 비를 잡고 동산을 쓸었다. 이때 사리자, 대 목건련, 대 가섭, 아난 등 모든 큰 성문이 이 일을 보고 모두 다 비를 잡고 함께 동산을 쓸었다. 부처님과 성스러운 제자들이 두루 쓴 뒤 식

之志, 寧辝[163]必葺之功! 追迦葉之踏泥[164], 效揵連之掃地[165],
營搆禪室, 誘引學徒, 寒燠未遷[166], 竹葦成列[167]. ③ 大師誘人
不倦, 利物有功, 至使商人遽息於化城[168], 窮子咸歸於寶肆[169],
列樹而栴檀馥郁[170], 滿庭而菡萏[171]紛敷, 恢弘禪祖之風, 光闡
法王之敎, 恩均兼濟, 德贍和光[172]. 雖守靜黙於山中, 而示威猛
於域內. 潛振降魔之術, 顯揚助順之功. 遂使蟻聚兇徒、虵奔逆
黨, 遽改愚迷之性, 勿矜强暴之心, 漸罷爭田, 各期安堵[173], 時
淸泰乙未歲[174]也.

당에 들어가 앉았을 때 부처님이 비구들에게 말씀하셨다. '대체로 청소하는 것
에 다섯 가지 뛰어난 이익이 있다. 첫째는 자기의 마음이 청정해지는 것이며, 둘
째는 남의 마음을 맑게 하는 것이며, 셋째는 모든 하늘이 기뻐하는 것이며, 넷째
는 단정한 업을 심는 것이며, 다섯째는 수명이 다한 뒤 당연히 하늘나라에 태어
나는 것이 그것이다']"이라는 문장이 있다.

166) '미천未遷'은 움직이지 않는다는 의미. 추위에도 더위에도 자리를 옮기지 않고 그
곳에서 수행을 계속했다는 뜻이다.

167) '죽위竹葦'는 '도마죽위稻麻竹葦'의 준말. '벼, 삼나무, 대나무, 갈대가 서로 엉
키어 있다'라는 뜻으로 많은 사물이 모여 서로 엉킨 모양을 비유적으로 표현한
말이다.

168) '화성化城'과 관련해 『묘법연화경』권 제3 「화성유품化城喩品」에 "導師多諸方便
而作是念:‘此等可愍, 云何捨大珍寶而欲退還?’作是念已, 以方便力, 於險道中過
三百由旬, 化作一城, 告衆人言:‘汝等勿怖, 莫得退還. 今此大城, 可於中止, 隨意
所作. 若入是城, 快得安隱. 若能前至寶所, 亦可得去.’是時疲極之衆, 心大歡喜,
歎未曾有:‘我等今者免斯惡道, 快得安隱.’於是衆人前入化城. 生已度想, 生安隱
想. 爾時導師, 知此人衆旣得止息, 無復疲惓. 即滅化城, 語衆人言:‘汝等去來, 寶
處在近. 向者大城, 我所化作, 爲止息耳.’[이때 인도하는 스승은 방편이 많았기에

[9] ① 청태 2년[935]에 정진 대사는 불교의 가르침을 널리 펴기 위해 반드시 산을 선택해야 한다는 생각을 품고 계획을 세워 행장을 준비했으나 결행을 미루고 출발하지 않았다. 갑자기 구름과 안개가 짙게 끼어 바로 앞도 분간하지 못할 정도가 되더니 어떤 신령스러운 사람이 나타나 대사에게 "이곳을 버리고 어디로 가려고 하십니까? 가시더라도 멀리 가지는 마십시오."라고 말했다. 이리하여 대중들이 모두 의혹에 쌓여 머무르자고 간곡하게 요청했다. 정진 대사는 요청을 받아들이지 않고 곧바로 출발했다. 호랑이가 울부짖으며 혹은 앞에서 안내하고 혹은 뒤에서 호위했다. 그렇게 30여 리를

다음과 같은 생각을 했다. '이 사람들은 참으로 불쌍하구나. 왜 많고 진귀한 보물을 버리고 되돌아가려고 하는가?' 생각을 마치자 곧 방편을 사용해 험난한 길 3백 유순을 지나 도중에 변화시켜 하나의 성을 만든 후 사람들에게 말했다. '그대들은 두려워 말고 되돌아가지도 말라. 이제 이 큰 성에 들어가 자기 마음대로 할 수 있다. 이 성에 들어가면 몸과 마음이 즐겁고 안온하며 또한 앞에 있는 보물 있는 곳에 가려고 하면 능히 갈 수 있다.' 그때 극도로 피로해진 사람들은 매우 즐거워하며 일찍이 없던 일이라 찬탄하며 '우리들은 이제 사나운 길을 면하여 즐겁고 안온함을 얻었다'라고 생각하며 앞에 있는 변화해 나타난 성에 들어갔다. 사람들은 이미 모두 구제되었고 안온하다는 생각을 냈다. 그때 인도하는 스승은 사람들이 앞에 있는 변화로 나타난 성에 들어가 휴식해 피로가 없어졌음을 알았다. 인도하는 스승은 곧 변화로 나타난 성을 다시 없애고 여러 사람에게 '그대들은 따라오라. 보물 있는 곳이 가깝다. 앞에 있던 큰 성은 그대들을 쉬게 하려고 내가 변화로 만든 것이다'라고 말했다'라는 구절이 있다.

169) '궁자窮子'와 관련해 『묘법연화경』 권 제2 「신해품信解品」에 "爾時長者有疾, 自知將死不久. 語窮子言: '我今多有金銀珍寶, 倉庫盈溢. 其中多少, 所應取與, 汝悉知之. 我心如是, 當體此意. 所以者何? 今我與汝, 便爲不異, 宜加用心, 無令漏失.' 爾時窮子, 卽受教勅, 領知衆物, 金銀珍寶及諸庫藏, 而無悕取一湌之意[그때 장자

가니 또 한 마리의 호랑이가 길에 나타나 대사를 맞아 마치 두 날개로 지키듯 왼쪽과 오른쪽에서 나란히 인도해 희양산 기슭에 이르렀다. 사람이 다녀간 흔적을 보고서야 비로소 돌아갔다.

② 정진 대사가 봉암사에 자리를 정하고는 마음이 뛸 듯이 기뻤다. 그리하여 산봉우리에 올라 (봉암사의) 뒷모습[뒷산]을 바라보니 겹겹이 쌓인 푸른 봉우리와 수많은 바위로 이뤄진 붉은 낭떠러지가 있었다. 산적들이 불로 태운 듯했고 괴겁 시기에 일어난 큰불이 태우고 남긴 재가 공중으로 날아오른 것 같았다. 중첩된 봉우리와 깊게 파인 계곡은 전혀 변하지 않

는 병이 생겨 죽음이 멀지 않았음을 알고 빈궁한 아들에게 말했다. '나에게는 지금 금 · 은 보배가 많아 창고마다 가득하다. 창고 속의 보배가 많은지 적은지, (네가 당연히) 취하든지 (남에게) 주든지 (모두를) 네가 알아 처리하라. 내 뜻이 이러하니 너는 그대로 하도록 하라. 지금은 너와 내가 다르지 않으니 마땅히 마음을 잘 써 허비하지 말고 잃지 않도록 하라.' 이때 빈궁한 아들은 명령을 듣고 금 · 은을 포함한 여러 재산과 창고를 맡았으나 욕심내지 않았다.」라는 문장이 있다.

170) '복욱馥郁'은 '풍기는 향기가 더욱 그윽하다'라는 뜻이다.

171) '함도菡萏'는 '연꽃봉우리'를 말한다.

172) '화광化光'은 '화광동진和光同塵'의 준말. '화광동진和光同塵'은 『노자』 제4장 · 제56장에 나오는 말로 원문은 "和其光, 同其塵."이다. 화광和光에는 '실력을 감추고 드러내지 않는다'라는 뜻도 있다. 그래서 대략 두 가지로 해석된다. ①깨끗함과 하나 되고 더러움과도 어울린다; ②실력을 감추고 세상 사람들과 함께 살아간다. 여기서는 어느 것으로 해석해도 된다.

173) '안도安堵'에는 ①사는 곳에서 평안히 지냄 혹은 평안히 지내는 곳; ②일이 잘 진행되어 마음을 놓는 것 등의 뜻이 있다. 여기서는 ①의 뜻에 가깝다.

174) '청태 을미세淸泰乙未歲'는 경순왕 9년, 즉 935년이다. '청태淸泰'는 '청정하고

은 모습이었고 봉암사의 불전佛殿과 승방은 태반이 무성한 잡목에 파묻혀 있었다. 높이 솟은 산은 거북이 지고 있는 돌에 뛰어난 수행자의 이름이 새겨진 비석과 같았고 웅장한 산봉우리는 금으로 주조한 불상이 신령스러운 빛을 내뿜는 것처럼 보였다. 이미 선인들이 남긴 업적을 계승해 더욱 빛내고자 하는 마음을 강하게 먹었는데 어찌 중창할 노력을 그만두겠는가! 가섭 존자가 발로 흙을 밟던 것을 따르고 목건련 존자가 땅을 쓴 것을 본받아 수행할 집을 짓고 배우는 사람들을 지도하고 안내하며 추위와 더위에도 움직이지 않자, 대나무와 갈대가 빽빽하게 자라듯 문전성시門前成市를 이루었다.

평안한 것[淸淨平安]', 즉 극락세계를 가리킨다.

175) 고려 태조 왕건(王建, 877-918-943)을 말한다.

176) '합合' 자는 '교전交戰하다'라는 뜻이다.

177) '응膺' 자는 '응應' 자와 통용된다.

178) '교굴狡窟'은 '총명한 토끼는 굴을 세 개 준비한다'라는 '교토삼굴狡兎三窟'의 준말. 전한의 유향(劉向, BCE 77-BCE 6)이 편찬한 『전국책戰國策』권11 「제책齊策 4四」에 "狡兎有三窟, 僅得其免死身, 今君在一窟, 未得高枕而臥也, 請爲君復鑿二窟[총명한 토끼는 굴을 세 개 준비해 위험한 순간에 죽음을 피합니다. 지금 맹상군께서는 하나의 굴이 있으나 베개를 베고 누울 편안한 곳이 없습니다. 자신을 위해 다시 두 개의 굴을 파시기를 요청합니다]."이라는 구절이 있다.

179) 『육도六韜』는 주나라의 여망(呂望, 대략 BCE ?-BCE 1016)이 편찬한 병법서. '육도'는 문도文韜 1권, 무도武韜 1권, 용도龍韜 1권, 호도虎韜 1권, 표도豹韜 1권, 견도犬韜 1권 등으로 구성됐다. *『육도』와 함께 자주 거론되는 『삼략三略』은 『황석공삼략黃石公三略』의 준말이며 상략上略, 중략中略, 하략下略 등 세 부분으로 이뤄져 있다. 두 권 모두 도가사상道家思想에 기초해 편찬된 병법서들이다.

180) '서舒' 자는 '흩어지다'라는 뜻이다.

181) '어란魚爛'은 '물고기가 썩는다'라는 의미로 물고기가 창자에서부터 썩기 시작

③ 정진 대사는 배우는 사람을 가르치는데 싫증 내지 않았고 중생을 이롭게 하는데 애썼다. 그리하여 보배를 찾아 나선 상인들을 화성에 쉬게 하고, 빈궁한 아들 모두를 보배가 가득한 창고로 돌아가게 했으며, 줄지어 선 전단 나무에서 풍기는 향기를 더욱 짙게 했으며, 뜰에 가득한 연꽃이 만개하도록 했으며, 조사들이 전한 가풍을 더욱 넓게 퍼뜨렸으며, 부처님 가르침을 밝게 드러냈으며, 은혜를 골고루 베풀어 모두 구제되도록 했으며, 널리 덕을 베풀며 세상 사람들과 함께 살아갔다. 비록 산중에서 고요하게 지내도 위엄과 용맹함을 세상에 두루 떨쳤다. 마군을 조복시키는 방편을 드러나지 않게 활용했고 중생을 교화해 순화시키는 노력을 기울였다. 마침내 개미처럼 모인 흉악한 무리와 뱀처럼 달리는 역적 무리의 어리석고 미혹한 본성을 순식간에 바꾸어 난폭한 마음을 자랑하지 못하게 하고, 땅을 차지하려고 다투는 마음을 점차 그만두도록 해 각자 사는 곳에서 평안히 지내는 것을 기약하게 했는데 이때가 바로 경순왕 9년[935]이었다.

[10] ① 我太祖[175], 以運合[176]夷兇, 時膺[177]定乱, 命之良將, 授以全師, 指百濟之狡窟[178]梟巢, 展六韜[179]之奇謀異略, 桴皷而山河雷振, 張旗而草樹霞舒[180], 我則鷹揚, 彼皆魚爛[181], 黜殷辛於牧野[182], 敗楚羽於烏江[183], 竭海刳鯨, 傾林斬兕[184]. 四紀[185]而塵氛[185]有暗, 一朝而[186]掃蕩無遺. 是用封墓軾閭[187], 繼周王之高躅[188], 重僧歸佛, 遵梁帝之遺風[189]. 摸五天[190]而像飾爰崇, 闢四門而英賢是召. 於是道人輻湊[191], 禪侶雲臻[192], 爭論上德[193]之宗, 高賛太平之業. ② 此際大師不待鵠版[194], 便

出虎溪195). 動白足196)以步如飛, 伸雪眉197)而喜可見. 路次中
原府198), 府有鍊珠院, 院主芮帛199)常誦《楞迦》, 未嘗休息. 至
是夜夢, 仙竪從窣堵波200)頂上, 合掌下來曰:"當有羅漢僧經過,
宜以預辦供待者." 翌旦集衆言其所夢, 衆皆歎異, 洒掃門庭,
竚立以望, 至于日夕, 果大師來.

[10] ① 우리 태조 대왕께서 운명적으로 오랑캐 및 흉악한 도적들과
교전交戰해 마땅히 혼란을 평정할 시기를 맞았다. (운명이)
태조 대왕에게 훌륭한 장수와 온전한 군대를 주어 백제 지
역에 있는 교활하고 사나운 무리들을 가리키며 육도의 신묘
한 병법과 뛰어난 전략으로 전투를 벌이도록 하셨다. 북을

한 것에서 나온 말이다.

182) '출은黜殷'은 주나라가 은나라를 물리쳤다는 의미. '목야牧野'는 은나라 말기
8백여 명의 제후들이 모여 주나라를 도와 은나라를 물리친 곳이다. 지금의 중국
하남성 신향시新鄕市 일대이다. 한편, 『이아爾雅』「석지釋地」편에 "邑外謂之郊,
郊外謂之牧, 牧外謂之野, 野外謂之林[읍邑의 바깥을 교라 하고, 교郊의 바깥을
목이라 하며, 목牧의 바깥을 야라 하며, 야野의 바깥을 임林이라 한다]."이라는
문장이 있다.

183) 초패왕 항우가 해하垓下에서 벌어진 유방과의 전투에서 패한 뒤 도착해 자살한
곳이 '오강烏江'이다. 지금 중국의 안휘성 마안산시馬鞍山市 오강진烏江鎭 주
변을 흐르는 강이다.

184) '경림참시傾林斬兕'는 '숲속을 뒤져 외뿔소[코뿔소]를 찾아 죽였다'라는 의미.
'兕' 자의 훈·음은 '외뿔소 시'이다.

185) '기紀' 자는 '연대'라는 뜻이다. 고대 중국에서 '일기一紀'는 12년이었으나 오늘
날은 '일세기一世紀'를 백 년으로 한다. '사기四紀'는 48년이다.

186) '진분塵氛'은 티끌이라는 뜻이다.

187) 충신이나 열사의 묘지에 흙을 더해 높이는 것을 '봉묘封墓'라 하고 현인이 살았
던 마을을 지날 때 입구에 있는 '여문閭門'에서 내려 '경의敬意'를 표하는 것을

치니 산과 하천이 천둥처럼 진동하고 깃발을 벌이니 (적군
이) 풀과 나무처럼 피를 흘리며 흩어졌다. 우리 군대는 매처
럼 날쌔지고 적군은 모두 썩은 고기처럼 변했다. 주나라의
군대가 목야의 들판에서 은나라 주왕의 군대를 물리치는 것
과 같았고 한나라가 오강烏江에서 초나라를 무찌른 것과 다
르지 않았다. 바닷물을 말려 고기를 잡아내고 숲속을 뒤져
외뿔소를 베어 버리듯 하셨다. 48년 동안 자욱하던 전란의
티끌을 (태조 대왕께서) 하루아침에 남김없이 휩쓸어 버리
셨다. 이는 충신의 무덤을 정리·수리하고 현인賢人이 살았
던 마을을 지나며 수레에서 내려 예를 표한 주나라 무왕의

‘식려軾閭’라 한다. 『서경書經』「무성武成」편에 "(武王入殷)釋箕子囚, 封比干墓,
式商容閭[(주나라 무왕이 은에 들어가) 감옥에 갇혀있던 기자를 풀어주고, 비간
의 무덤을 정리·수리했으며, 현인賢人인 상용이 살았던 마을을 지나며 수레에
서 내려 예를 표했다]."라는 구절이 있다. *식式=식軾이다.

188) ‘躑’ 자의 훈·음은 ‘머뭇거릴 촉’, ‘자취 탁’ 등 두 가지이다.

189) ‘양제梁帝’는 불교를 믿고 좋아했던 양나라(梁, 502-557) 무제(武帝, 464-502-
549)를 말한다.

190) ‘오천五天’은 ‘오천축五天竺’, 즉 인도를 가리킨다.

191) ‘폭주輻湊’ 혹은 ‘폭주輻輳’는 ‘수레의 바퀴통에 바큇살이 모인다’라는 의미.
한곳으로 많이 몰려드는 것을 이르는 말이다.

192) ‘운진雲臻’은 ‘구름이 모이듯 많이 모인다’라는 뜻이다.

193) ‘상덕上德’은 일반적으로 ‘제왕의 덕’을 가리키나 여기서는 ‘부처님의 덕성’ 혹
은 ‘덕 높은 선지식[大德]’을 뜻한다.

194) 곡판鵠板은 곡두판鵠頭板, 한곡두翰鵠頭, 한학두翰鶴頭라고도 한다. ‘곡두鵠頭’
는 서체의 이름이다. 옛날 조정朝廷에서 인재를 발탁·등용할 때 조서詔書의 첫
머리에 쓰는 서체로 ‘고니’나 ‘학’의 모습을 닮았다고 이렇게 말한다.

195) ‘호계虎溪’는 ‘호계삼소虎溪三笑’의 준말. 여산 혜원(廬山慧遠, 334-416) 선사

고상한 자취를 계승한 것이다. (태조 대왕은) 스님들을 존경하고 양나라 무제의 유풍을 따라 불교에 귀의하셨다. 인도를 모방해 사찰을 장엄하고 존숭했으며 네 문을 열고 뛰어난 현인을 불러들이셨다. 그리하여 뛰어난 수행자들이 바퀴통에 바큇살이 모이듯 모여들고 구름이 모이듯 선 수행자들이 집결해 부처님의 덕성을 다투어 논의하고 삼국을 통일해 태평성세를 이룬 (태조의) 대업을 찬양했다.

② 이러한 때 정진 대사는 조서를 기다리지 않고 바로 봉암사의 산문을 나섰다. 흰 발을 나는 듯이 움직였고 흰 눈썹을 펴니 보는 사람마다 즐거워했다. 정진 대사가 지나는 길인

가 동림사 산문 앞에 있는 '호계'라는 개울 바깥에 나가지 않기로 마음을 먹었으나 도연명(陶淵明, 대략 365-427) 육수정(陸修靜, 406-477) 등과 담소를 나누다 자기도 모르게 (호계를) 넘어가 웃었다는 고사에서 나온 성어成語이다. 그런데 세 사람의 생졸년을 보면 같이 만나 담소를 나누기 힘들다는 것을 알 수 있다. 특히 혜원 스님과 육수정이 같이 만났다고 보기에는 나이 차가 적지 않다. '호계삼소' 고사는 불·유·도 삼교의 융합이 유행하던 중당(中唐, 780-824) 이후 나타난 것으로 보인다.

196) '백족白足'은 담시 스님을 가리킨다. '담시曇始 스님'에 대한 기록이 양나라(梁, 502-557) 혜교(慧皎, 497-554) 스님이 519년 찬술한『고승전』권 제10에 있다. 고구려와 관련된 내용이 있다. "釋曇始, 關中人. 自出家以後, 多有異迹. 晉孝武太元之末, 齎經律數十部, 往遼東宣化, 顯授三乘, 立以歸戒, 蓋高句驪聞道之始也. 義熙初, 復還關中, 開導三輔. 始足白於面, 雖跣涉泥水, 未嘗沾涅, 天下咸稱白足和上. … [담시 스님은 관중關中 사람이다. 출가한 이래로 많은 기이한 자취를 남겼다. 동진東晉 효무제孝武帝 태원太元 연간(376-396) 말기에 경율 수십 부를 가지고 요동遼東으로 가 교화했다. 삼승三乘을 뚜렷하게 전수해 계에 귀의하는 길을 확립했다. 이것이 고구려에 부처님 가르침이 전파된 시초이다. 의희義熙 연간(405-418) 초기 다시 관중으로 돌아와 부처님 가르침으로 그 지역[三輔]을 교화

중원부에 연주원이 있었다. 이 사찰의 예백 스님은 항상 『능가경』을 독송해 쉰 적이 없었는데 그날 밤 예백 스님의 꿈에 탑 꼭대기에서 수행자가 합장하고 내려오며 "덕 높은 스님이 지나갈 것이니 마땅히 공손하게 모실 준비를 하시오."라고 말했다. 다음날 대중을 모아놓고 꿈 내용을 말하니 대중이 모두 기이하다고 찬탄하며 문 앞에 물을 뿌리고 청소한 뒤 기다렸다. 저녁 무렵 과연 정진 대사가 도착하셨다.

했다. 담시 스님의 발은 얼굴보다 하얘 맨발로 진흙탕 물에 들어가도 진흙이 발에 붙지 않았다. 사람들은 담시 스님을 '흰 발의 스님[白足和上]'으로 불렀다. …]."

197) '설미雪眉'는 흰 눈썹, 즉 노인을 의미한다.

198) '중원부中原府'는 충청북도 충주의 옛 이름이다.

199) '예백芮帛'은 스님의 이름이다.

200) '솔도파窣堵波'는 산스크리트어 stūpa를 음역한 말이다.

201) 수도首都를 '경사京師' 혹은 '경화京華'라고 한다. '경사京師'의 '사師'자는 '중衆'자와 같은 뜻으로 여러 사람이 산다는 의미이다.

202) '위좌危坐'는 '단정하게 앉는다'라는 뜻이다. '정좌正坐'와 비슷한 말이다.

203) '종용從容'은 성격이나 태도가 차분하고 침착한 것을 말한다.

204) '함경咸京'은 본래 진나라의 수도 '함양咸陽'이다. '장안長安'을 가리키는 말로도 사용했다. '경京'자는 '경京'자의 속자이다.

205) '금언金言'은 부처님의 말씀을 의미한다.

206) '정원貞元'은 당나라(唐, 618-907) 덕종(德宗, 742-779-805)의 연호이다. 785-805년 사용됐다.

207) '침寖'자는 '침浸'자의 이체자. ①[동사] 물에 담그다; ②[동사] 스며들다, 젖다; ③[부사] 점점, 점차. 여기서는 ③의 뜻으로 쓰였다.

208) '근세近歲'는 '요 몇 해 사이'라는 뜻이다.

209) '민구閩甌'는 '민중閩中'과 '구녕甌寧'을 줄여 압축한 말이다. 둘 다 복건성에 있는 지명이다. 당시 중국은 5대 10국의 혼란기였으며 '중국의 강남지방에 경전을 구하러 사람을 보냈다'라는 의미이다.

[11] ① 及詣京師201), 太祖見而異之. 危坐202)聳敬, 因問傳法所自, 莫
不應對如流. 懊見大師之晚, 乃從容203)相謂曰: "自玄奘法師
往遊西域, 復歸咸京204), 譯出金言205), 秘在寶藏. 降及貞元206)
已來, 新本經論寖207)多. 故近歲208)遣使閩甌209), 贖大藏眞本,
常令轉讀弘宣. 今幸兵火已熸210), 釋風211)可振. 欲令更寫一
本, 分置兩都212), 於意如何?" 大師對曰: "此實有爲功德, 不妨
無上菩提. 雅弘經博, 能諧213)佛心. 其佛恩與王化, 可地久以
天高, 福利無邊, 功名不朽矣." ② 自爾一心敬仰, 四事214)傾勤.
或關紫宸215)而懇請邀延216), 或詣紺宇217)而親加問訊. 而乃鶴

---

210) '잠熸' 자는 '꺼지다, 사라지다'라는 뜻이다.

211) '석풍釋風'은 '부처님 가르침' 혹은 '불교'를 가리킨다.

212) '양도兩都'는 황도皇都인 개경과 서경西京인 평양을 의미한다.

213) '諧' 자는 『해동금석원』, 『조선금석총람』 등에는 결락缺落되어 있다. 『지증대사
비명소고智證大師碑銘小考』(정광淨光 편저編著, 서울: 경서원, 1992, p.644)에
따라 보충했다.

214) '사사四事'에는 두 가지 의미가 있다. ①수행하는 스님이 일상생활에 필요한 네
가지 물건, 즉 침구, 의복, 음식, 탕약을 말한다. ②공양하는 데 쓰이는 네 가지
물건, 즉 방사房舍, 의복衣服, 음식飮食, 산화소향散華燒香을 말한다. 『불본행집
경佛本行集經』권 제1 「발심공양품發心供養品 제1第一」에 "尊重承事, 恭敬供養,
四事具足, 所謂衣服、飮食、臥具、湯藥[존경해 받들어 섬기고 공경심을 갖고
양을 올리는데 네 가지를 갖춰야 한다. 말하자면 의복, 음식, 잠자리에 필요한
도구, 탕약 등이 그것이다]."이라는 구절이 있다. 여기서는 ①의 뜻으로 사용
됐다.

215) '자신紫宸'은 대궐을 의미한다.

216) '요연邀延'은 '요청하다, 초청하다'라는 뜻이다.

217) '감우紺宇'에는 두 가지 의미가 있다. ①스님이 불상을 모시고 수행하며 가르침

情218)猶企, 戀雲洞以日深, 鳳宸219)是辭, 出天衢220)而電逝. 是
以命僧史221)以援送, 厚淨施以寵行222). 道路爲之光耀, 名聲避
之自追223). 一歸霞嶠224), 七換星槐225). 每傳驛之往來, 寔香茗
之饋遺226). 俄聞九天227)之鼎228)駕229)昇遐230), 四海之金絲231)
遏密232). 雖是忘言之者233), 豈無出涕之哀?

[11] ① 정진 대사가 개경에 도착하자 고려 태조가 대사를 만나고는
(대사를) 특별하게 여겼다. 단정하게 앉아 존경심을 표하며
법을 전해 받은 내력을 질문하자 대사는 물 흐르듯 자연스
럽게 답변했다. 태조는 정진 대사를 늦게 만난 것을 한탄하
며 조용한 태도로 말했다. "당나라의 현장 스님이 서역으로

을 펴는 집, 즉 사찰을 말한다; ②신분이나 지위가 높은 사람의 저택. 여기서는
①의 의미로 사용됐다.

218) '학정鶴情'은 '수행하는 사람의 마음'을 뜻한다.

219) '봉의鳳宸'는 '봉황이 그려진, 황제의 자리 뒤에 펼쳐진 병풍'을 말한다. '제왕
의 자리'나 '황제'를 의미한다.

220) '천구天衢'는 '하늘처럼 넓고 넓은 곳'이라는 뜻이다. 수도를 의미한다. '경사京
師'·'경화京華'라고도 한다.

221) '승록사僧錄司'는 고려·조선 시대 불교 업무를 관리한 기관이다. 좌우의 양가
兩街로 나뉘어졌으며 각 가街에 도승록都僧錄이 있고 그 아래 승록僧錄 — 부
승록副僧錄 — 승정僧正 — 승사僧史의 직위가 있었다. 1424년[세종 6] 불교를
'선교 양종'으로 통폐합할 때 폐지됐다.

222) '총행寵幸'은 '시와 글로 작별을 알려 여행가는 뜻을 북돋운다[贈詩文送別, 以
壯行色]'라는 뜻으로 황제가 신하와 헤어질 때 사용하는 표현이다.

223) '光耀, 名聲避之自追."라는 여덟 글자는 『해동금석원』, 『조선금석총람』등에는
결락되어 있다. 『지증대사비명소고』(정광 편저, 서울: 경서원, 1992, p.644)에 따
라 보충했다.

224) '하교霞嶠'의 문자적 의미는 '노을이 진 높은 산'이라는 뜻. '노을이 짙게 긴

가 배우고 다시 장안으로 돌아와 옮긴 부처님 말씀이 보배로
운 창고에 보관되어 있습니다. (당나라) 정원 연간(785-805)
이래 새롭게 번역된 경전이 점차 많아졌습니다. 근년 (중국
의) 강남지방에 사신을 파견해 귀중한 대장경을 구해와 항상
읽고 널리 퍼뜨리도록 했습니다. 지금 다행히 전쟁이 끝나
부처님 가르침을 일으킬 수 있게 되었습니다. 대장경 1부를
다시 사경해 개경과 서경에 나누어 두고자 하는데 대사의
생각은 어떠합니까?" 정진 대사가 대답했다. "대장경을 사
경해 두 곳에 두는 것은 실로 공덕이 많은 일이자 위없는 깨
달음에 도움 되는 일입니다. 경전을 널리 전파하는 아름다

곳'을 가리킨다.

225) 성괴星槐'는 세월을 의미한다. '음력 12월'을 의미하는 '성기星紀'와 비슷한 뜻
의 단어이다. 고대 천문학에서 태양이 움직이는 곳[黃道]을 서쪽에서 동쪽으로
12개 지역으로 등분한 것이 십이차十二次이다. 성기星紀, 현효玄枵, 추자娵訾,
강루降婁, 대량大梁, 실침實沈, 순수鶉首, 순화鶉火, 순미鶉尾, 수성壽星, 대화
大火, 석목析木 등이다. 이 가운데 성기星紀는 십이지의 축丑에 해당되고 음력
12월을 가리킨다. 『이아爾雅』 권6 「석천釋天 제8第八」에 성기星紀에 대한 설명
이 있으며 『회남자淮南子』 제3편 「천문天文」과 제4편 「지형墜形」에도 비슷한 내
용이 있다.

226) '궤유饋遺'는 '물건을 보낸다'라는 의미이다.

227) '구천九天'에는 몇 가지 뜻이 있다. ①가장 높은 하늘; ②하늘을 아홉 방위로 나
누어 이르는 말. 중앙을 균천鈞天, 동쪽을 창천蒼天, 서쪽을 호천昊天, 남쪽을
염천炎天, 북쪽을 현천玄天이라 하며 동남쪽을 양천陽天, 서남쪽을 주천朱天,
동북쪽을 변천變天, 서북쪽을 유천幽天이라 한다; ③대궐 안. 여기서는 ③의 뜻
으로 쓰였다.

228) '구천지정九天之鼎' 혹은 '구정九鼎'은 지고무상한 왕권과 국가의 창성을 상징
하는 보물이다.

운 일은 능히 부처님의 마음에도 맞습니다. (이 일로 인해 생기는) 부처님의 은덕과 임금님의 교화는 마치 하늘과 땅이 영원히 변하지 않듯 그 복덕과 이익은 끝없을 것이며 공덕과 이름도 영원할 것입니다."

② 이로부터 태조는 정진 대사를 한마음으로 공경해 침구, 의복, 음식, 탕약 등으로 정성을 다했다. 때로는 대궐의 문을 열고 간절하게 초청했으며, 때로는 정진 대사가 머무는 곳에 친히 왕림해 묻기도 했다. 그러나 정진 대사는 수행자의 마음으로 구름 낀 사찰을 그리워하는 것이 날로 깊어져 태조에게 하직하고 개경을 벗어나 빨리 돌아가고 싶었다. 그

---

229) '가가駕' 는 천자의 수레이다.

230) '승하昇遐' 는 '임금이나 존귀한 사람이 세상 떠난 것을 높여 부르는 말' 이다.

231) '사해지금사四海之金絲' 는 '사해를 연결하는 금으로 만든 줄' 이라는 뜻으로 군주를 상징한다.

232) '알밀遏密' 은 '끊어졌다' 라는 의미. 여기서는 고려 태조의 '붕어崩御' 를 가리킨다.

233) '망언지자忘言之者' 는 '말이 끊어진 사람' 으로 바로 수행자를 상징한다.

234) 고려 태조 왕건의 맏아들로 제2대 왕이다. 912년에 태어나 943년 등극했으며 945년 붕어했다.

235) '비구조搆' 는 '대업大業' 이라는 뜻이다. 여기서는 황제의 자리를 말한다.

236) '부의負扆' 는 '병풍을 등진다' 라는 뜻. 황제가 정사政事를 살피는 것을 비유적으로 이르는 말이다.

237) '승개僧介' 는 스님의 이름이다.

238) '주장奏章' 은 황제에게 올리는 문서이다.

239) '공동지청崆峒之請' 과 관련해 석전 스님은 『정주사산비명』「봉암사 지증 대사 적조 탑비명」 단락[11]의 ⑥에서 다음과 같은 주석을 달았다. "案: 康王之問心月池等事, 頗類黃帝之問道, 故云崆峒之美. 孤雲未及親見大師, 故述其美, 爲朝暮之

래서 (태조가) 승사僧史에게 명해 (정진 대사가) 돌아가는 것을 돕고 보시를 많이 해 편안하게 돌아가도록 했다. (대사가) 산으로 돌아가는 길은 빛났으며 (대사는) 명성을 추구하지 않았으나 (명성이) 스스로 대사를 따라왔다. 노을이 아름답게 낀 사찰로 돌아간 후 순식간에 7년이라는 시간이 흘렀다. 그 사이 임금이 보낸 사신이 자주 오가며 향, 차 등의 선물을 가져왔다. 어느 날 갑자기 대궐에서 (임금이) 승하하셨다는 소식을 듣고 사해를 이어주던 금으로 만든 줄이 끊어졌음을 알았다[임금이 붕어하셨다는 사실을 알았다]. 비록 말보다는 수행을 강조하는 사람이지만 어찌 눈물을 흘리며 애통해하는 슬픔마저 없겠는가?

[12] ① 暨惠宗²³⁴⁾纂承丕搆²³⁵⁾, 繼稟先朝, 遣乘軺之可使, 稱負扆²³⁶⁾之有因. 由是大師馳僧介²³⁷⁾以飛奏章²³⁸⁾, 慶王統之光嗣, 緒遙伸祈祐, 未暇締緣. 雖崆峒之請²³⁹⁾有期, 奈蒼梧之巡不

遇.'[석전 스님의 생각: '헌강왕이 월지궁에서 마음에 대해 질문한 등의 일은 황제黃帝가 도道에 대해 문의한 점과 많이 닮았다. 그래서 공동지미라 표현했다. 최치원은 지증 대사를 친히 만나지 못했기에 자주 만나고자 지증 대사의 미덕美德을 기술했다']"] [역주자의 보충 해설] *황제가 도에 대해 질문했다는 문장은 『장자』「재유在宥」편에 나온다. 황제가 광성자廣成子를 찾아가 여러 관점에서 도에 대해 질문한다. "廣成子南首而臥, 黃帝順下風, 膝行而進. 再拜稽首而問曰: '聞吾子達於至道.' 敢問: '治身奈何而可以長久?'[광성자가 머리를 남쪽으로 하고 누워 있는데 황제가 아래쪽에서 무릎으로 기어 (광성자 쪽으로) 나아갔다. 두 번 절하고 머리를 조아리며 '선생님께서 지극한 도의 경지에 이르렀다고 저는 들었습니다'라고 말했다. 감히 묻습니다. '몸을 어떻게 닦아야 장생할 수 있

返[240]. 迨于定宗[241], 繼明御宇, 離隱統天[242]. 常注意於釋門, 冀飫味於禪悅. 大師不辭跋履, 步至京華[243], 設醫國之藥言, 喻從繩則木正, 事如投水[244], 道洽補天[245], 沃心有餘[246], 書紳可驗[247], 乃以新製磨衲袈裟[248]一領寄之. 及乎歸山, 又以新寫義熙本《華嚴經》[249]八帙送之. 蓋[250]爲大師, 色空無異, 語默猶同, 每彎[251]金言, 常披玉軸故也. ② 今聖[252]騰暉虹渚, 毓德龍淵, 顯膺千載之期, 光嗣九天之位, 功高立極, 業盛承基. 將安東土之人, 深奉西乾之教[253]; 勤庶政於君道, 種多福於僧田; 䟽[254]定水[255]於禪河, 泛慈波於宸澤[256]; 楞迦之門[257]大啓, 總持之菀[258]廣開. 遂欲遠迓[259]慈軒[260], 親瞻慧眼.

습니까["] *여기서는 혜종이 선에 대해 질문하려고 정진 대사와 만나기로 한 것을 가리킨다.

240) '창오지순불반蒼梧之巡不返'은 '고대 중국의 순 임금이 남쪽을 돌다가 창오蒼梧의 들판에서 서거해 돌아오지 못했다'라는 뜻이다. 여기서는 혜종이 945년에 승하한 것을 의미한다.

241) 고려 제3대 임금 정종(定宗, 923-945-949)을 말한다.

242) '이은통천離隱統天'은 '잠룡 상태에서 벗어나 천하를 통치하게 되었다'라는 뜻이다. 정종의 즉위를 가리킨다.

243) '경화京華'는 '수도首都'라는 뜻이다. '경사京師'와 같은 의미의 말이다.

244) '투수投水'와 관련해 석전 스님은 『정주사산비명』「봉암사 지증 대사 적조 탑비명」단락[3]의 ①에서 다음과 같이 설명했다. "石投, 云以石投水, 無碍直下也. 大雨暴流, 不勞而聚沙, 皆言易也. 有云: '法語云, 與善人語, 爲聚沙而雨之; 與惡人語, 爲聚聾而鼓之.' 釋曰: 前解 '大雨下沙, 不勞聚沙之意.' 後解 '大雨降沙頭, 洋然流沙之意.' 聚與散雖殊, 爲易之意, 同也.'[석투石投에 대해 말한다. 물에 돌을 던져도 물의 흐름은 방해받지 않고 곧바로 흘러간다. 큰비가 내려 물이 많이 흐르면 힘들이지 않아도 모래가 많이 모인다. 이것은 모두 쉬움[易]을 말한 것이다. 어떤 사람은 '마음이 선량한 사람에게 말하면 모래가 쌓인 곳에 내린 비가 쉽게 흐르

[12] ① 혜종이 대업을 잇고 태조의 유풍을 계승한 뒤 수레 탄 사신을 (정진 대사에게) 파견해 왕업을 계승하게 된 연유를 알렸다. 이리하여 대사는 승개 스님을 보내 황제에게 편지를 올려 왕통을 이은 빛나는 승계를 축하하고 멀리서나마 나라가 잘되기를 기도하겠다고 말했으나 인연을 맺을 여가餘暇를 가지지는 못했다. 혜종이 진리에 대해 질의하겠다고 약속했으나 순舜 임금이 남쪽 지방을 순례하다 돌아오지 못하고 창오의 들판에서 서거하셨듯 혜종도 승하하고 말았다. 정종께서 그 자리를 계승해 잠룡에서 벗어나 천하를 통치하게 되었다. (정종 역시) 불교에 항상 관심을 기울여 선이 주

듯 순조롭고, 마음이 나쁜 사람에게 말하면 귀가 들리지 않는 사람에게 북을 쳐도 알지 못하듯 통하지 않는다고 법어法語에 나온다'라고 말했다. (앞의 이 구절을) 해석해 말한다. 앞 구절은 '큰비가 모래에 내리면 모래가 어렵지 않게 모인다'라는 의미이다. 뒤 구절은 '큰비가 모래톱[沙頭=沙灘]에 떨어지면 모래가 자연스레 흩어진다[流沙]'라는 뜻이다. 모이고 흩어지는 것은 다르나 모두 쉽게 이뤄진다는 의미는 같다']" *'석투수石投水'라는 말은 삼국시대(220-280) 위나라(魏, 220-265)의 문학가이자 정치가였던 이소원李蕭遠이 지은 「운명론運命論」에도 나온다. 원문은 다음과 같다. "張良受黃石之符, 誦三略之說, 以游于群雄, 其言也, 如以水投石, 莫之受也; 及其遭漢祖, 其言也, 如以石投水, 莫之逆也[장량은 황석공의 병서兵書를 받고 삼략三略의 전술이 기록된 서적을 읽은 뒤 군웅들에게 유세했으나 그가 한 말은 마치 물을 돌에 뿌린 것처럼 누구에게도 받아들여지지 않았다. 장량이 한 고조를 만났을 때 그의 말은 마치 돌을 물에 던진 것처럼 받아들여지지 않은 적이 없었다]." *이소원의 이름은 강康, 자字가 소원이다. 중산中山. 하북성 정현定縣 사람으로 성격이 고결해 세속과 잘 어울리지 못했다. 일찍이 「유산구음游山九吟」이라는 시를 지었는데 삼국시대 위나라 명제(明帝, 205-226-239)가 이를 보고 칭찬한 뒤 그에게 '심양장潯陽長'이라는 벼슬을 내렸다. 『수서隋書』「경적지經籍志」에 그의 문집 2권이 있다고 기록되어 있으나

는 즐거움을 맛보고 싶어 하셨다. 정진 대사는 물을 건너고 산을 넘는 힘듦을 마다하지 않고 걸어 개경에 이르러 황제에게 귀중한 말씀을 드렸는데 마치 먹줄을 따라 나무가 곧게 되고 나라의 일은 물에 돌을 던지는 것처럼 순조롭게 되었으며, 정진 대사의 말씀[道]은 나라를 정비하는 데 큰 도움이 되었고, (정진 대사가 계발한) 정종의 마음에는 여유가 넘쳤으며, (정종은 정진 대사의 말씀을) 큰 띠에 새겨 잊지 않듯이 해 증험을 보았다. 이에 비단으로 만든 새 가사 한 벌을 정진 대사에게 드렸으며, 산으로 돌아온 정진 대사에게 (정종은) 새로 필사한 『60 화엄경』8질을 보내왔다.

지금 전하지 않는다. 남북조시대(439-589) 남조 양나라(梁, 502-557) 무제武帝 소연(蕭衍, 464-502-549)의 맏아들이었던 소명 태자昭明太子 소통(蕭統, 501-531)이 527-529년 편찬한 『문선文選』권53에 「운명론」이 실려 있다.

245) '보천補天'은 '임금이 행정 기구를 크게 개혁하는 것'을 의미한다.

246) '옥심沃心'은 '마음속으로 크게 계발啓發 받는 것'을 말한다. '제왕에게 나라 다스리는 방법을 알려주어 인도하는 것'을 비유적으로 설명하는 말이다. 『서경』「설명說命(상上)」편에 "啓乃心, 沃朕心[당신의 마음을 크게 열고 짐의 마음에 물을 대어 주듯 넣어 주시오]."이라는 문장이 있다.

247) '서신書紳'의 문자상 의미는 '들은 말을 자신의 큰 띠에 새기다'이다. '잊지 않을 것임'을 의미한다. 『논어』「위령공衛靈公」편에 "子張書諸紳[자장이 (공자가 하신 말씀을) 듣고 이를 띠에다 써놓았다]."이라는 문장이 있다.

248) 송나라 사람이 쓴 『계림지鷄林誌』에 "高麗僧衣磨衲者, 爲禪師法師衲, 甚精好[고려에서 만든 스님의 옷인 마납 가사는 선사와 법사를 위해 만든 것으로 매우 정교하고 좋다]."라는 문장이 있다. 송나라 소동파가 쓴 「마납찬磨衲贊」에 "長老佛印, 大師了元, 游京師, 天子聞其名, 以高麗所貢磨衲賜之[불인 장로와 요원 대사가 수도 개봉에 갔는데 천자가 그 이름을 듣고 고려에서 보내온 마납 가사를 (두 사람에게) 내려주었다]."라는 구절이 있다. 고려의 '마납 가사'는 재질과 솜

(이는) 정진 대사가 색色과 공空이 다르지 않음과 말씀[語]과 침묵[默]이 오히려 같음을 알아 매번 넋을 잃을 정도로 부처님 말씀[경전]을 대하고 항상 두루마리 책자를 읽고 있었기 때문이었다.

② 지금 황상[광종]께서는 광휘를 드날려 (왕업王業을) 강가에 뜬 무지개처럼 빛나게 하셨고[국가를 더욱 강성하게 만드셨고], 깊은 연못에서 덕성을 기른 용이 천년의 기약에 응해 나타난 것과 같으시며, 대궐의 보위를 계승해 빛내셨으며, 세운 공은 정점에 이르렀으며, 왕업을 왕성하게 해 튼튼한 기반을 닦으셨다. (그리하여 광종은) 고려의 백성들이 편안히

씨가 좋기로 유명했다는 점을 알 수 있다. 마납 가사는 비단으로 만들었다.

249) 불타발타라(佛陀跋陀羅, 359-429) 스님이 418-420년 번역한 『화엄경』을 말한다. 『60 화엄』, 『진본晉本 화엄경』이라 부르기도 한다. 의희義熙는 동진(東晉, 317-420) 안제(安帝, 382-396-418)의 연호로 405-418년 사용됐다.

250) 문장의 첫머리에 놓인 '개蓋=개盖' 자는 앞 문장에서 말한 것을 이어받아 원인·이유를 나타낸다.

251) '만뿳' 자는 '넋을 잃고 보다'라는 뜻이다.

252) '금성수聖'은 고려 제4대 황제 광종(光宗, 925-949-975)을 가리킨다.

253) '서건西乾'은 우리나라에서 인도를 이르는 말. '서건지교西乾之教'는 불교를 말한다.

254) '구鼿' 자는 '뜨다, 퍼내다'라는 뜻이다.

255) '정수定水'는 선정의 물이라는 의미이다.

256) '신택宸澤'은 '대궐 안에 있는 연못'을 의미한다.

257) 초기 중국 선종은 『능가경』을 중시했다. '능가지문楞迦之門'은 선종을 가리킨다.

258) '총지摠持'는 본래 '선善을 지켜 잃지 않도록 하고 악惡을 생기지 않도록 유지한다[持]'라는 의미이다. 그러다 점차 '신비한 힘을 지니고 있다고 믿어지는 글귀[주문呪文, 다라니dhāraṇī]'로 의미가 전화되어 '본원本源의 마음을 나타내는

살 수 있도록 하셨고 인도에서 전파된 불교를 깊이 신봉하
셨다. (또) 임금이 살펴야 할 여러 일들을 부지런히 실행하
시고 스님들에게 많은 복덕을 지었다. (광종은 특히) 선禪의
강江에서 선정의 물을 떠 마셨으며 대궐 안에서 자비의 물결
을 널리 흘려보내셨다. (게다가 백성들이) 선종의 가르침을
믿도록 대문을 크게 여셨고 교종과 밀종의 정원도 활짝 열
어 신앙심을 북돋우셨다. 그리하여 정진 대사를 만나고 싶
어 멀리서 흠모하다 정진 대사가 대궐에 왕림해 주기를 간
절히 바라셨다.

글귀'를 뜻하게 되었다. 일반적으로 산스크리트어로 된 짧은 구절을 진언眞言
또는 주呪라 하고 긴 구절을 다라니 혹은 대주大呪라 한다. * '총지'는 주로 밀교
와 관계되지만 여기서는 교종과 밀종을 함께 아우르는 의미로 사용되었다. '원
苑' 자는 '부근의 작은 산', 즉 '동산'이라는 의미이다.

259) '아迓' 자는 '맞이하다'라는 뜻이다.

260) '자헌慈軒'은 자비로운 집, 즉 정진 대사를 상징한다.

261) 고려 제4대 황제 광종이 즉위하며 사용한 연호. 광덕 2년은 951년이다.

262) '용함龍緘'은 왕이 보낸 편지를 말한다.

263) '정인淨人'은 사찰에 거주하며 스님들의 수행을 보좌하는 재가자를 말한다.

264) '신찬晨爨'은 새벽밥을 말한다. '찬爨' 자의 훈·음은 '부뚜막 찬'이다.

265) '추趍' 자는 '추趨' 자의 이체자이다.

266) '감감坎坎'은 북소리를 묘사한 의성어이다. 『시경』「위풍魏風·벌단伐檀」에 "坎
坎伐輪兮, 寘之河之漘兮[수레바퀴용 나무를 베는 소리가 '감감'하고 울리네, 물
가에서 바퀴를 만드네]."라는 시구가 있다.

267) '팽개硏磕'는 의성어이다. ①갑자기 내려치는 번개 소리, ②우당탕하며 흐르는
물소리 등을 묘사한 말이다.

268) '수류颼飀'는 바람 소리나 빗소리를 가리킨다.

[13] ① 以聖朝光德二年²⁶¹⁾春, 馳之馴騎, 寓以龍緘²⁶²⁾. 敘相遇之, 必諧懇來, 儀之是望. 大師亦擬出東林, 將朝北闕; 催淨人²⁶³⁾之晨爨²⁶⁴⁾, 趍²⁶⁵⁾從者之行裝. 時寺有一面皷架, 在法堂上, 忽然自鳴. 厥聲坎坎²⁶⁶⁾, 若山上之砰磕²⁶⁷⁾, 猶谷底之颾颺²⁶⁸⁾, 衆耳皆驚, 同心請駐. 大師確不從請, 便以出行, 行至途中, 果遇中使. 禪侶則來經月岳²⁶⁹⁾, 王人則去涉漢江, 既忻邂逅之逢, 不議逡巡²⁷⁰⁾之退. ② 泊乎路入圻甸²⁷¹⁾, 禮備郊迎. 仍令諸寺僧徒、滿朝臣宰, 冒紅塵而導從²⁷²⁾, 步紫陌²⁷³⁾以陪隨. 尋於護國帝釋院安下, 詰旦²⁷⁴⁾上高闓天闈²⁷⁵⁾, 別張淨室, 親迎雲

---

269) 충주의 월악산月岳山을 말한다.

270) '준순逡巡'에는 ①(나아가지 못하고) 뒤로 멈칫멈칫 물러남; ②어떤 일을 단행하지 못하고 우물쭈물함 등의 의미가 있다. 여기서는 ①의 뜻으로 사용됐다.

271) '기전圻甸'은 '수도首都 주변 지역'을 말한다. '경기京畿'라고도 한다. *『서경』「우공禹貢」편에 "五百里甸服, … 五百里侯服, … 五百里綏服, … 五百里要服, … 五百里荒服, … [천자가 머무는 도성을 중심으로 5백 리 이내 지역을 전복이라 한다. … 전복의 밖 5백 리 이내 지역을 후복이라 한다. …후복의 밖 5백 리 이내 지역을 수복이라 한다. … 수복의 밖 5백 리 이내 지역을 요복이라 한다. … 요복의 밖 5백 리 이내 지역을 황복이라 한다…]."이라는 구절이 있다. *천자가 직접 통치하는 지역을 전복이라 하며 순복 주변의 열국列國을 후복이라 하며, 후복 바깥의 지역을 수복 혹은 빈복賓服이라 하며, 수복 바깥의 지역을 요복이라 하며, 요복 바깥의 지역을 황복이라 한다. 오복과 관련된 제도가 '조공朝貢'이다. 전복은 매일 조공을 바치며, 후복은 매월 조공을 바치고, 수복은 계절에 따라 조공을 바치며, 요복은 1년에 한 번 조공을 바치며, 황복은 (평생에) 1번만 조공을 바치면 된다. *천자가 머무는 도성을 중심으로 5백 리 이내 지역을 '전읍甸邑', '기전畿甸', '기전圻甸'이라 한다.

272) '도종導從'은 '행렬을 따르는 사람'을 가리킨다. '도導'는 앞에 서서 인도하는

氄276), 特設齋筵277), 伸鑽仰278)之素誠, 用諮諏279)於政道. 大
師旣諧就日280), 必擬迴天281). 言忘言之言, 說無說之說, 豈獨
資乎道味282)? 抑能導乎政風, 雅283)弘開濟之功, 終叶284)歸依
之懇. 迺285)以其年286)四月, 移住舍那禪院, 仍送磨衲袈裟一
領287), 兼營齋設, 無不精勤.

[13] ① 우리 황제 폐하[광종] 광덕 2년[951] (사자가) 역참에 있는 말
을 타고 달려와 임금의 편지를 (정진 대사에게) 전해주었다.
만나기를 원하니 반드시 왕림해 주시기를 앙망한다는 내용
이었다. 대사 역시 동쪽의 봉암사에서 나와 북쪽의 대궐을
향하고자 했다. 사람들에게 새벽밥을 짓게 하고 따라가는

사람 '종從'은 뒤따라가는 사람을 말한다.
273) '자맥紫陌'은 '도성都城으로 난 길'이라는 뜻이다.
274) '힐단詰旦'은 '이른 아침'이라는 의미이다.
275) '천위天闈'는 '대궐의 문'을 말한다.
276) '운모雲氄'는 '모직물로 만든 승복' 혹은 '털실로 짠 승복'을 가리킨다.
277) '재연齋筵'은 '재식齋食을 마련해 삼보三寶에 공양供養하는 법회法會'를 말한
다.
278) '찬앙鑽仰'은 '학덕學德이나 공덕功德 등을 우러러 떠받드는 것'이다.
279) '자추諮諏'는 '자문하다, 함께 논의하다'라는 의미이다.
280) '취일就日'은 '첨운취일瞻雲就日'의 준말로 '천자·황제와 가까워지다'라는 의
미이다. 『사기』「오제본기五帝本紀」에 "就之如日, 望之如雲[태양에 가듯 나아가
고 구름을 바라보듯 우러러본다]."이라는 구절이 있다.
281) '회천迴天'은 '(역량이 대단해) 도저히 돌이킬 수 없을 것처럼 보이는 형세·국
면을 되돌리다[만회하다]'라는 뜻이다.
282) '도미道味'는 '수행의 맛' 혹은 '깨달음의 맛'을 가리킨다.
283) '아雅'자는 '올바르다, 정확하다, 규범에 맞다, 모범적이다'라는 뜻이다.
284) '叶'자는 '협協'자의 옛 글자이자 '엽葉'자의 간체자이다. 여기서는 '맞다, 화합

사람들에게 행장을 꾸리라고 재촉했다. 당시 봉암사 대웅전
에 한쪽 면을 가죽으로 만든 북이 있었는데 갑자기 스스로
소리 내어 울었다. 둥둥거리며 울리는 소리는 마치 산 위에
내리치는 번개처럼 우렁찼고 계곡에 부는 바람 소리 인양
거세 모든 사람이 놀라 한마음으로 사찰에 머무르라고 말했
다. 대사는 확신에 차 대중들의 요청을 듣지 않고 곧바로
길을 나서 (개경으로 가는) 중간에 왕이 파견한 사자를 만
났다. 선 수행재정진 대새는 월악산을 지나오고 임금이 파
견한 사자는 한강을 건너 기쁘게 서로 만나 머뭇거림 없이
개경으로 향했다.

하다' 라는 뜻으로 사용됐다. '帓'자의 훈·음은 '맞을 협', '잎 엽' 등 두 가지이다.
285) '내迺'자는 '내乃'자와 같은 글자이다. 내乃=내迺=내逎이다.
286) '기년其年'은 951년이다.
287) '영領'자에는 몇 가지 뜻이 있지만 여기 '영領'자는 '옷을 세는 단위'로 사용됐
다.
288) '유충幼沖'은 '나이가 어리다'라는 뜻으로 '유소幼少'와 같은 말이다.
289) '기구基搆'는 '기업基業'과 같은 의미의 단어. ①사업의 기초; ②국가의 권력.
여기서는 ②의 뜻으로 사용됐다. '기구基構'라고도 한다.
290) '기무機務'에는 ①근본이 되는 중요한 일; ②비밀을 꼭 지켜야 할 중요한 일 등
의 뜻이 있다. 여기서는 황제가 보는 '정무政務'를 가리킨다.
291) '헌황軒皇'은 '헌원軒轅'을 말한다. 본래 '공손公孫' 씨였으나 뒤에 '희姬' 씨로
성을 바꾸었다. 그래서 성명이 '희헌원姬軒轅'이며 '황제黃帝'라 부르기도 한다.
292) '주발周發'은 주나라 무왕武王을 가리킨다. 성은 '희姬' 씨이고 이름은 '발發'
이다.
293) '사보師保'는 ①고대 제왕을 보필하거나 왕실의 자제들을 가르치는 관리; ②스
승 등의 의미가 있다. 이 문장에서는 ①과 ② 어느 것으로 해석해도 된다.
294) '군민君民'은 '백성을 다스리는 임금'을 의미한다.『안자춘추晏子春秋』「내편잡

② (일행이) 개경 부근에 이르자 예를 갖춰 교외에서 영접했다. 여러 사찰의 스님들과 조정의 신하들이 먼지를 무릅쓰고 앞과 뒤에서 걸어 도성으로 난 길을 따라갔다. 호국제석원에 행장을 푼 다음 날 이른 아침, (광종은) 대궐의 문을 열고 별도로 깨끗한 방을 준비해 친히 승복 입은 스님을 맞아 특별히 법회를 열고, 대사를 우러러 기리는 소박한 정성으로 정치의 길에 대해 질문했다. 정진 대사는 이미 광종과 가까워져 (나라의 형세를) 다시 만회하려 애썼다. 말 없는 말과 설명 없는 설명으로 가르침을 펴니 어찌 (정진 대사에게만) 홀로 깨달음의 맛을 제공했겠는가? 게다가 (정진 대사가 설법으로) 정치 풍토를 인도해 세상을 구제하는 공덕의 문을 아름답고 넓게 열자 마침내 (광종은) 귀의하는 간절한 마음으로 (대사의) 정성에 보답했다. 또한 그해[951] 4월 사나선원으로 옮겨 머무르자 (광종이) 비단으로 만든 가사 한 벌을 보내고 정진에 필요한 음식을 준비했는데 정성을 다하지 않은 것이 없었다.

하「內篇雜下」편에 "夫厚取之君, 而施之民, 是臣代君君民也, 忠臣不爲也. 厚取之君, 而不施於民, 是爲筐篋之藏也, 仁人不爲也[임금으로부터 많이 얻어 백성들에게 나눠주는 것은 임금을 대신해 백성을 다스리는 것인데 충신은 이렇게 하지 않습니다. 임금으로부터 많이 얻어 백성들에게 나눠주지 않는 것은 광주리와 상자에 보관하는 것인데 어진 사람은 이렇게 하지 않습니다]."라는 구절이 있다.

295) '사신師臣'은 '스승과 같은 신하'이다.

296) '우신友臣'은 '벗과 같은 신하'이다. 아첨으로 임금의 눈과 귀를 가리는 역할을 주로 하는 신하를 '예신隷臣', 즉 '몸종과 같은 신하'라 부른다.

[14] ① 上謂群臣曰: "顧惟幼沖288), 獲承基搆289), 每當機務290)之暇,
討史籍之文. 昔自軒皇291), 逮于周發292), 僉有師保293), 用匡
不怠, 故曰君民294)也. 師臣295)則王, 友臣296)則霸, 況師高尙
者, 可謂其利博哉! 今覿曦陽大師297), 眞爲化身菩薩矣. 何不
展師資之禮乎?" 僉298)言: "可矣." 罔有異辭. ② 於是上命兩
街僧總、大德法興299), 內議令太相皇甫300)崇忠良, 便301)詣禪
扃302), 備傳聖旨. 續遣中使303), 送錦緣304)磨衲袈裟一領, 并
頂踵305)之飾等. 然後上領文虎兩班及僧官306), 暫出珠宮, 親
臨金地307), 手擎鵲尾308), 面對龍頤309), 仍詔翰林學士太相守
兵部令金岳310), 宣綸制311)曰: "昔晉主312)遇於遠公313), 傾心

---

297) '희양 대사曦陽大師'는 정진 대사를 가리킨다.

298) '첨僉'자는 신하들을 가리킨다.

299) '법여法興'는 스님의 이름[法名]이다.

300) '내의령태상內議令太相'은 관직 이름이고 '황보皇甫'는 성 씨이다.

301) "崇忠良, 便"이라는 네 글자는 『해동금석원』, 『조선금석총람』 등에는 결락되어 있
다. 『지증대사비명소고』(정광 편저, 서울: 경서원, 1992, p.646)에 따라 보충했다.

302) '선경禪扃'은 '선비禪扉'와 같은 말. 선사禪寺를 가리킨다. '扃'자의 훈ㆍ음은
'문빗장 경'이다.

303) '중사中使'는 궁중에서 파견한 사자를 말한다. 주로 환관이 파견된다.

304) '금연錦緣'는 '옷의 가장자리[緣]를 비단[錦]으로 마무리하다' 라는 의미이다.

305) '정종頂踵'은 이마와 발뒤꿈치, 즉 온몸을 의미한다.

306) '주궁珠宮'에는 ①용궁; ②사찰; ③도교사원 등의 의미가 있으나 여기서는 궁전
을 가리킨다.

307) '금지金地'는 '금지金池'와 같은 말. 스님이 수행하며 가르침을 펴는 곳, 즉 사찰
을 말한다.

308) '작미鵲尾'는 손잡이가 까치 꼬리처럼 길게 생긴 향로를 말한다. * '작미鵲尾'에
대해 석전 스님은 『정주사산비명』 「성주사 대랑혜 화상 백월보광 탑비명」 단락

頂戴, 吳王314)逢於僧會315), 禮足歸依, 人天盛傳, 古今美事.
寡人雖德慙316)往哲, 而志敬空門, 勵行孜孜, 修心惕惕317). 大
師優曇318)一現, 慧日重明, 瞻蓮眼319)而煩惱自銷, 覩果脣320)
而塵勞頓息, 多生因果, 今世遭逢, 敢啓至心, 仰聞淸聽. 願展
爲師之禮, 冀成累刼之緣, 躬詣松開321), 面伸棗懇322), 伏希慈
鑒俯許323). 誠祈請光師道, 敬加尊号, 爲證空大師. 刼刼生生,
託慈航之濟渡324); 在在處處, 攀慧幟以游揚325). 頓首謹白."
③ 於是道俗具寮326), 一齊列賀, 禮無違者, 道益尊焉. 大師跡
現四依327), 功修萬刼, 言必契理, 行乃過人328). 旣交香火之
緣329), 有期忉利之行330); 開示希夷331)之旨, 發揚淸淨之風; 顯

---

[12]의 ②에서 다음과 같이 설명했다. 《說文》云: '鵲尾爐者, 香爐有長柄者.' [『설문
해자』에 '손잡이가 긴 향로를 작미로鵲尾爐라고 한다'라는 내용이 있다]"

309) '용이龍頤'는 본래 임금의 턱을 이르는 말이나 여기서는 정진 대사를 가리킨다.

310) '김악金岳'은 사람의 이름이다.

311) '선제宣制'는 '조서詔書로 제왕의 명령을 선포하는 것'이다. '선지宣旨'라고도
한다.

312) '진주晉主'는 동진(東晉, 317-420)의 안제(安帝, 382-396-418)를 가리킨다.

313) '원공遠公'은 여산 혜원(廬山慧遠, 334-416) 스님을 말한다.

314) '오왕吳王'은 오나라 대제(大帝, 182-229-252), 즉 손권孫權을 가리킨다.

315) '승회僧會'는 강승회(康僧會, ?-280) 스님이다. 『고승전』 권 제1에 「강승회전」이
있다.

316) '참참慙' = '참참慚'이다.

317) '자자孜孜'는 '꾸준하게 부지런한 것'을 묘사하는 말이다.

318) '상상惕惕'은 몸을 바르게 하고 빨리 걷는 모습을 묘사한 말이다. 『예기』 「옥조
玉藻」편에 "凡行容惕惕, 庙中齊齊, 朝廷濟濟翔翔[도로에서는 몸을 곧게 하고 긴
박한 모습으로 걸어가고, 사당에서는 공경한 모습을 유지하며, 조정에서는 장엄
하고 공경한 모습으로 있는데]."라는 구절이 있다.

整王綱丕332), 傳法密傳法寶; 實使金輪333)悠久, 益能玉辰334)

光輝; 慈燈之燄透三韓, 甘露之澤均一國. 自棲葷轂335), 屢換

星霜, 化導之功已成, 肥遁336)之身是退.

[14] ① 황제[광종]가 여러 신하에게 말했다. "돌아보면 짐은 어려서

황위에 올라 중요한 일들을 처리하는 여가에 역사 문헌들을

찾아보곤 했소. 옛날 황제黃帝 헌원씨로부터 주나라 무왕에

이르기까지 모두 스승 같은 신하가 있어 왕의 잘못을 고치

는 것에 게으르지 않았기에 '백성을 다스리는 임금[君民]'이

라 말했소. 스승 같은 신하가 있기에 왕이 되며 친구 같은

신하가 있기에 패왕이 되는데 하물며 인격과 덕성이 훌륭한

---

319) '연안蓮眼'은 '연꽃과 같은 눈'을 묘사한 말이다.

320) '과순果脣'은 잘 익은 과일처럼 입술이 주홍색을 띠는 것을 말한다. 『묘법연화
경』권 제7 「묘장엄왕본사품妙莊嚴王本事品」에 "妙莊嚴王即從虛空中下, 而白佛
言: '世尊! 如來甚希有, 以功德智慧故, 頂上肉髻光明顯照, 其眼長廣而紺青色, 眉
間毫相白如珂月, 齒白齊密常有光明, 脣色赤好如頻婆菓.'[묘장엄왕이 즉시 허공
에서 내려와 부처님께 아뢰었다. '부처님이시여! 부처님께서는 매우 희유하고
공덕과 지혜를 가지신 까닭으로 정수리 위의 육계에서 빛을 내뿜어 밝게 비추
시고, 그 눈은 길고 넓으며 감청색을 띠며, 미간의 백호상은 구슬이 모여 된 달
과 같으며, 이[齒]는 희고 치밀하며 밝은 빛이 나고, 입술은 색이 알맞게 붉어 빔
바Vimba의 열매 같습니다]"라는 문장이 있다.

321) '송변松闬'은 '소나무로 만든 문기둥의 접시받침[小累]'이라는 뜻이다. 사찰 입
구에 있는 일주문 등을 의미한다. '闬'의 훈·음은 '대접받침 변'이다.

322) '조간棗懇'의 문자적 의미는 '대추 열매와 같은 간절함'이라는 뜻이다. 대추 열
매는 붉은색을 띠므로 '붉은 마음', 즉 '단심丹心'을 말한다.

323) '부허俯許'는 부윤俯允, 즉 '상대방이나 높은 사람의 허락'을 공손하게 표현한
말이다.

324) '자항지제도慈航之濟渡'은 '자비심으로 중생을 구제해 고뇌의 바다를 건너게

스승이라면 가히 그 이익이 매우 많다고 말할 수 있을 것이오! 지금 희양산의 정진 대사를 뵈니 참으로 인간의 몸으로 태어난 보살이라 할 수 있습니다. 어떻게 스승과 제자의 예를 갖추지 않겠습니까?" 모든 신하가 "참으로 지당하십니다." 라고 대답하고 다른 의견을 말하는 사람이 없었다.

② 이리하여 황제가 양가승총이자 대덕인 법여 스님과 내의경이자 태상인 황보숭충량 등에게 명해 정진 대사가 머무르고 있는 사찰에 황제의 뜻을 전하도록 했다. 또한 궁중의 사신을 파견해 비단으로 옷깃을 마무리한 가사 한 벌과 온몸을 장식하는 데 필요한 장신구 등을 보냈다. 그런 다음 문관,

---

해주는 배'라는 뜻이다.

325) '유양游揚'은 '널리 알려 드러낸다'라는 '선양宣揚'의 의미이다.

326) '구료具寮'는 '관원官員'이나 '관리官吏'를 말한다.

327) 40권본 『대반열반경』 권 제6 「여래성품如來性品 제4지3第四之三」에 "何等爲四? 依法不依人, 依義不依語, 依智不依識, 依了義經不依不了義經. 如是四法, 應當證知非四種人."이라고 나온다. ①진리에 의지하고 사람에 의지하지 말라; ②의미에 의지하고 말에 의지하지 말라; ③지혜에 의지하고 분별적인 견해[識]에 의지하지 말라; ④요의경에 의지하고 불요의경에 의지하지 말라 등 네 가지를 사의四依라 한다. 그런데 40권본 『대반열반경』 권 제6 「여래성품如來性品 제4지3第四之三」에 "善男子! 是大涅槃, 微妙經中, 有四種人, 能護正法﹑建立正法﹑憶念正法, 能多利益, 憐愍世間, 爲世間依, 安樂人天. 何等爲四? 有人出世, 具煩惱性, 是名第一, 須陀洹人; 斯陀含人是名第二; 阿那含人是名第三; 阿羅漢人是名第四. 是四種人, 出現於世, 能多利益, 憐愍世間, 爲世間依, 安樂人天."이라는 구절이 있다. 이에 따르면 수다원, 사다함, 아나함, 아라한 등 4종류의 사람이 사의四依, 즉 '사과 성자四果聖者'이다. 이 문장에서 '사의'는 앞의 '사의四依'를 잘 지키고 부처님 가르침을 후대에 전할 신심과 능력을 갖춘 대승 보살을 가리킨다.

328) '과인過人'은 '모든 면에서 보통 사람을 뛰어넘는다'라는 뜻이다.

무관, 승관僧官 등 모든 관원을 거느리고 대궐에서 잠깐 나와 친히 사찰에 왕림했다. 손잡이가 긴 향로를 손에 들고 정진 대사의 얼굴을 직접 보며 한림학사 겸 태상이자 병부령인 김악을 불러 조서를 선포하도록 했다. "옛날 동진의 안제는 여산 혜원 스님을 만나려는 마음으로 (혜원 스님을) 받들었고, 오나라 대제 손권은 강승회 스님을 보고는 최상의 예를 표하고 귀의했는데 (이는) 인간 세상과 하늘나라에 성대하게 전하는 고금의 아름다운 일들입니다. 과인이 비록 옛날의 현인들에 비해 덕이 부족해도 마음으로 불교를 숭앙崇仰하고, 불교를 외호하는 일을 꾸준하게 했으며, 마음 닦은

---

329) '향화지연香火之緣'은 불교와 인연 맺는 것을 가리킨다.

330) '도리지행忉利之行'은 수행을 잘 한 사람이나 선업善業을 닦은 사람이 죽어 도리천에 태어나는 것을 말한다. 『묘법연화경』권 제7「보현보살권발품普賢菩薩勸發品」에 "若但書寫, 是人命終, 當生忉利天上, 是時八萬四千天女作衆伎樂而來迎之, 其人即著七寶冠; 何況受持、讀誦. 正憶念, 解其義趣, 如說修行[다만 『묘법연화경』을 옮겨 쓰기만 해도 그 사람은 죽어 도리천 태어나며, 그곳에 태어날 때는 8만 4천 명의 천녀가 갖가지 노래를 부르고 춤을 추며 맞이하고, (태어난) 그 사람은 또 일곱 가지 보배로 만든 아름다운 관을 쓴다. 하물며 『묘법연화경』을) 받아 지녀 읽고 외우며, 바르게 생각하고 그 뜻을 잘 이해하며, 설명한 것처럼 수행하는 공덕이야 더 말할 필요가 있겠는가?"이라는 문장이 있다.

331) '희이希夷'와 관련해 『노자』제14장에 "視之不見名曰夷; 聽之不聞名曰希[보아도 보이지 않는 것을 이夷라 하고 들어도 들리지 않는 것을 희希라 한다.]"라는 문장이 있다. '희이希夷'는 심오한 경지를 표현하는 말이다.

332) '비조'자 다음에 한 글자가 빠진 것으로 보인다. 앞뒤로 모두 6자씩인데 이 구절만 다섯 자이기 때문이다. "顯整王綱祖傳法密傳法寶"를 ①"顯整王綱, 祖傳法密傳法寶;"로 표점을 찍으면 앞뒤와 맥락이 연결되지 않는다. 그래서 ②"顯整王綱祖, 傳法密傳法寶;"로 표점을 찍었다. '비조'자 앞 '지之'자가 빠진 것으로 추

일에도 게을리하지 않았습니다. 3천 년에 한 번 우담화가 피 듯 정진 대사는 인간 세상에 나타나신 희유한 분이고, 지혜 의 빛은 밝고도 밝은 분이시며, 연꽃 같은 대사의 눈을 보면 번뇌가 저절로 사라지고, 과즙처럼 붉은 대사의 입술을 보 면 세속적인 망상이 일시에 없어지며, 여러 생에 걸친 인연 의 결과로 지금 세상에 대사를 만났기에 감히 지극한 마음 을 열고 맑은 가르침을 우러러 듣고자 합니다. 대사에게 스 승의 예를 올려 수많은 세월 동안 맺은 인연을 이루고자 일 주문을 넘어 붉은 마음을 드러내니 (대사께서는) 자비로운 눈길로 허락해 주십시오. 빛나는 스승의 가르침을 내려주시

측된다.

333) '금륜金輪'에는 몇 가지 뜻이 있다. ①금륜성왕金輪聖王, 즉 전륜성왕轉輪聖王 을 가리킨다. 수미산 주변의 사주四洲를 통치한다. '금륜왕金輪王'이라고도 한 다. ②황금으로 만든 바퀴. 전륜성왕이 갖고 있는 네 가지 바퀴[四輪], 즉 금 · 은 · 동 · 철로 만든 네 개의 '윤보輪寶' 가운데 하나이다. ③수미산 둘레에 있는 구산팔해九山八海와 사주四洲 밑에는 이것을 떠받치고 있는 거대한 원통형의 세 층이 있다. 위층을 금륜金輪, 중간층을 수륜水輪, 아래층을 풍륜風輪이라 한 다. 여기서는 ①의 뜻에 가까우며 '튼튼한 왕권'을 상징한다. 『장아함경』권 제18 「제4第四 분세기경전륜성왕품分世記經轉輪聖王品 제3第三」에 "佛告比丘: '世間有轉輪聖王, 成就七寶, 有四神德. 云何轉輪聖王成就七寶? 一金輪寶, 二白 象寶, 三紺馬寶, 四神珠寶, 五玉女寶, 六居士寶, 七主兵寶. 云何轉輪聖王金輪寶 成就? … .'[부처님이 비구들에게 말씀하셨다. '세간에 전륜성왕이 있는데 그는 일곱 가지 보배[七寶]를 성취하고 네 가지 신덕神德을 가지고 있다. 어떤 것이 전륜성왕이 성취한 일곱 가지 보배인가? 첫째는 금륜보輪寶, 둘째는 백상보白 象寶, 셋째는 감마보紺馬寶, 넷째는 신주보神珠寶, 다섯째는 옥녀보玉女寶, 여섯 째는 거사보居士寶, 일곱째는 주병보主兵寶이다. 어떻게 전륜성왕은 금륜보를 성취하였는가? … ']"라는 구절이 있다.

기를 진실로 바라며 존경하는 마음으로 '중공 대사'라는 존
귀한 이름을 올립니다. 수많은 시간 동안 자비심으로 중생
을 구제해 주시고 곳곳에서 지혜의 기치를 든 채 구애받지
않는 유유자적한 모습을 보여주셨으면 합니다. 머리를 조아
리며 삼가 아뢰옵니다."

③ 이리하여 출가자, 재가자, 관리 등이 (대사에게) 일제히 축
하를 드렸는데 어긋나게 행동하거나 예의에 맞지 않게 행동
하는 사람이 한 명도 없어 대사의 깨달음은 더욱 존숭을 받
았다. 대사의 자취는 사의보살四依菩薩처럼 의지할 근거가 되
었고, 수많은 시간 동안 쌓은 공덕으로 대사의 말씀은 반드

---

334) '옥의玉扆'는 '옥으로 만든 병풍'으로 제왕을 상징한다.

335) '연곡輦轂'은 '임금이 타는 수레'를 말한다. 뜻이 전화되어 '수도首都'나 '임
금'을 의미한다. 여기서는 고려의 수도 '개경開京'을 가리킨다.

336) '비둔肥遯'은 『주역』「둔괘」'상구上九'에 나오는 단어이다. "肥遯無不利[여유
있는 도피이니 이롭지 않음이 없다.]" 이 구절을 "통통하게 살찐 새끼 돼지를 점
쳐 얻어 일에 불리함이 없다."로 해석하는 학자도 있다. 자세한 내용은 '리닝李
零 지음·차영익 옮김(2016), 『리닝의 주역강의周易的自然哲學』, 서울: 글항아리,
p.337'을 참조하라. 중국학자가 쓴 이 책은 기존의 『주역』 해석과 적지 않게 다
르고 내용도 참신해 주목된다.

337) '광순廣順'은 후주(後周, 951-960) 태조(太祖, 904-951-954)의 연호이다. 951-
953년 사용됐다. '광순 3년'은 953년으로 고려 광종(光宗, 925-949-975) 광덕
4년이다.

338) '고산故山'은 희양산을 말한다.

339) 광종光宗을 가리킨다.

340) '구의摳衣'는 하의下衣의 끝자락을 살짝 드는 것을 말한다. 윗사람에 대한 공경
을 표시하는 예법의 하나이다. 『예기』「곡례曲禮(상上)」편에 "毋踐屨, 毋踖席,
摳衣趨隅, 必慎唯諾[다른 사람의 신발을 밟지 말고 다른 사람의 좌석을 밟지 말

시 이치에 맞았으며, 수행은 다른 사람이 감히 따라올 수 없는 경지에 이르렀다. 대사는 이미 불교와 깊은 인연을 맺었기에 도리천에 태어날 것이 기약되어 있으며, 보고 듣는 수준을 뛰어넘은 탁월한 가르침을 펼쳤기에 깨끗한 수행의 바람을 일으켰으며, 왕의 통치와 왕업을 드러내고 정비해 가르침과 진리의 보배를 비밀히 전수했으며, 진실로 전륜성왕의 업적을 영원하게 해 제왕을 더욱 빛냈으며, 자비의 등불을 고려 전체에 비췄고 감로의 은택이 골고루 미치도록 했다. 개경에 머문 세월이 여러 해를 넘겨 교화한 업적을 이미 이뤘기에 산으로 돌아가려고 마음먹었다.

며, 옷의 끝자락을 살짝 들고 의자의 모퉁이에 이르러 자리에 앉을 것이며, 대화하고 답변할 때는 반드시 삼가고 조심하라.”라는 구절이 있다.

341) ‘피석避席’은 ‘웃어른에게 공경을 표시하기 위해 자리에서 일어나는 것’을 말한다. ‘피좌避座’라고도 한다.

342) ‘망기忘機’는 ‘세속의 일이나 욕심을 잊는 것’을 말한다.

343) ‘법대法軑’에서 ‘대軑’자는 ‘수레바퀴 끝의 휘갑쇠’나 ‘바퀴통 끝의 휘갑쇠’를 말한다. ‘법대’는 정진 대사가 탄 수레를 의미한다. ‘

344) ‘학보鶴步’는 ‘학처럼 청수하고 귀하게 걷는 걸음걸이’를 말한다.

345) ‘삼추三秋’에는 ①3개월의 가을; ②세 해의 가을, 즉 삼 년의 세월을 일컫는 말; ③긴 세월 등의 의미가 있다. 여기서는 ①의 뜻으로 사용됐다.

346) ‘조도鳥道’는 ‘새도 넘기 어려울 만큼 험한 길’을 말한다. ‘조경鳥逕’이라고도 한다.

347) ‘초기軺騎’는 ‘수레와 말’이라는 뜻이다.

348) ‘연편聯翩’은 ‘수레의 왕래가 끊어지지 않고 이어지는 모습’을 묘사한 말이다.

349) ‘구갱鳩坑’은 ‘향완香盌’과 관련 있는 단어로 보이지만 자세한 뜻을 알 수 없다.

350) ‘만해蠻海’는 ‘수병水甁’과 관련 있는 단어로 보이지만 자세한 뜻을 알 수 없다.

351) ‘경뢰慶賴’는 ‘다행스럽게도 의지할 곳을 얻다’라는 의미이다.

[15] ① 越以周廣順三年337)秋, 還歸故山338)焉. 上339)以摳衣340)避
席341), 從請益以匪虧, 遠致高情, 奈忘機342)之不輟? 躬攀法
軌343), 泣送山裝. 策杖徐行, 怟鶴步344)於三秋曠野345), 拂衣
輕擧, 尋鳥道346)於萬里舊山. 尒後軺騎347)聯翩348), 王人往復,
交轡道路, 綴影巖磎. 贈之以香奩水瓶, 極彫鏤之工巧; 副之以
鳩坑349)蠻海350), 窮氣味之芳馨. 慶賴351)旣多, 虔恭益切.
② 至顯德三年352)秋八月十九日, 忽告衆曰: "吾西學東歸, 將
蹂三紀353), 擇山而住, 誘引後來, 借以靑山白雲, 導彼迷津失
路. 每或披尋玉偈, 資國福緣. 今風燭水泡, 未能以久, 難將作
矣. 吾欲往焉, 各執爾心, 勉遵佛訓." 又謂傳法之首逈超禪師

---

352) '현덕顯德'은 후주(後周, 951-960) 세종(世宗, 921-954-959)의 연호. 954-959년
    사용됐다. 현덕 3년은 956년으로 고려 광종 7년이다.
353) '기紀'자는 '연대'라는 의미이다. 고대 중국에서 '일기一紀'는 12년이었으나 오
    늘날은 '일세기一世紀'를 백 년으로 한다. '삼기三紀'는 36년이다.
354) '이爾'는 2인칭 대명사로 '너', '그대'라는 뜻이다.
355) '구실搆室'은 '집을 짓다'라는 뜻. 여기서는 '수행의 가풍을 유지해 잘 전해주
    라'라는 의미이다.
356) '역하歷夏'는 '하안거를 겪은 햇수'를 말한다. '법랍法臘'과 같은 의미의 말
    이다.
357) '也, 天香四闇"이라는 다섯 글자는 『해동금석원』, 『조선금석총람』 등에는 결락되
    어 있다. 『지증대사비명소고』(정광 편저, 서울: 경서원, 1992, p.647)에 따라 보충
    했다.
358) '노성魯聖'은 공자를 말한다.
359) '괴목지가壞木之歌'는 '공자가 자기의 죽음을 대들보가 부러지는 것에 비유해
    말한 것'을 가리킨다. 이로부터 '존경받는 인물이 죽는 것'을 뜻하는 '양목기괴
    梁[樑]木其壞'라는 말이 생겼다. 『예기』「단궁檀弓(상上)」편에 "孔子蚤作, 負手曳
    杖, 消搖於門, 歌曰: '泰山其頹乎! 梁木其壞乎! 哲人其萎乎!' 旣歌而入, 當戶而坐

曰: "爾354)宜構室355), 繼以傳燈, 唯事光前, 無墜相付者." 言
訖而泊然坐滅, 享齡七十九, 歷夏356)六十. ③ 是日也, 天昏四
闇357), 地動山搖, 鳥獸悲鳴, 杉栝萎悴. 於是緇素學流′遠近耆
幼, 覩變異之非常, 含悲憂而競集, 洒泣流於原野, 哀響振於山
溪, 豈唯魯聖358)發壞木之歌359), 闍王360)驚折梁之夢361)而已
哉? 上聞之, 震悼哭諸362)寢363)焉. 乃遣使左僧維大德淡猷、元
尹守殿中監韓潤弼等, 弔以書, 賻以穀及茗蘛. 又遣諡号、塔
名, 使元輔金俊巖, 使副佐尹前廣評侍郎金廷範等, 贈淨諡曰靜
真大師、圓悟之塔. ④ 仍命有司, 寫真影一鋪364), 錦緣金軸.

[공자가 아침 일찍 일어나 손을 뒤로 하고 지팡이를 잡은 채 문 앞을 왕래하며
'태산이 무너지려 하는구나! 대들보가 부러지려 하는구나! 현명한 사람이 병들
어 죽으려 하는구나!'라는 노래를 불렀다. 부르기를 마치고 집안에 들어가 문을
향해 앉았다."라는 문장이 있다.

360) '사왕闍王'은 빈비사라왕의 아들인 아사세왕, 즉 아자타샤투루왕을 가리킨다.

361) '절량지몽折梁之夢'은 부처님이 원적에 든 그날 밤 아사세왕이 꾼 꿈을 말한다.
『대반열반경후분大般涅槃經後分』권하「성구곽윤품聖軀廓潤品」에 "於涅槃夜夢
見月落、日從地出、星宿雲雨繽紛而隕; 見有煙氣從地而出, 見七彗星現於天上;
復夢天上有大火聚, 遍空熾然, 一時墮地. 夢已尋覺心大驚戰, 即召諸臣, 具陳斯夢:
'此何祥耶?'臣答王言: '是佛涅槃不祥之相.'[부처님께서 열반하시던 밤에 (아사
세왕이) 꿈을 꾸었다. 달이 지고 해가 땅에서 튀어나왔으며 별, 구름, 비 등이 어
지럽게 떨어지는 것을 보았다. 또한 땅에서 연기가 피어나고 일곱 개의 혜성이
하늘에 나타나는 것을 보았다. 또한 하늘에 큰 불덩어리가 있어 허공을 가득 채
우더니 한꺼번에 땅으로 떨어지는 꿈을 꾸었다. 꿈에서 깨어나니 몹시 놀라고
두려워 여러 신하를 불러 꿈 내용을 자세하게 말했다. '이것은 무슨 징조인가?'
라고 물었다. 신하가 아사세왕에게 '이것은 부처님이 원적에 드는 불길한 모습
입니다'라고 답변했다"이라는 단락이 있다. *상하 2권의 『대반열반경후분大般

不日365)而成, 幷題讚述. 因令右僧維大德宗乂、正輔金瑛、正
衛兵部卿金靈祐等, 充送眞影, 使兼營齋設, 無偏無頗, 能諧始
卒366). 遂使飾終之禮著矣, 尊師之道焯焉.

[15] ① 후주 광순 3년[953]을 지나 (정진 대사는) 희양산으로 돌아
갔다. 황상께서 하의 자락을 들고 자리에서 일어나는 등 모
든 예의를 다하고 부족함 없이 가르침을 요청하며 높은 마
음의 경지에 이르렀어도 세속의 일에 관한 관심을 잊거나
끊지 못하는 것을 어찌하겠는가? 황제가 친히 (정진 대사가
탄) 수레를 잡고 울며 산으로 돌아가는 대사를 전송했다.

涅槃經後分』은 남해 파릉국波淩國에서 당나라에 온 야나발타라若那跋陀羅 스
님이 한역漢譯했다.
362) '제諸'자는 '지우之于' 혹은 '지호之乎'가 합친 것으로 ' … 에', ' … 에서'라는
뜻이다.
363) '침寢'자에는 몇 가지 의미가 있다. ①침실; ②종묘宗廟; ③고대 제왕의 무덤.
여기서는 ①의 뜻으로 쓰였다.
364) '포鋪'자는 '양사量詞'이다. '폭幅'과 같은 의미이다.
365) '불일不日'은 '며칠 걸리지 않았다'라는 뜻이다.
366) '無偏無頗, 能諧始卒.'이라는 여덟 글자는 『해동금석원』, 『조선금석총람』 등에는
결락缺落되어 있다. 『지증대사비명소고』(정광 편저, 서울: 경서원, 1992, p.647)
에 따라 보충했다.
367) '피징陂澄'에서 '피陂'자는 '물이 밀려오는 것을 막기 위해 쌓은 둑'을 말하며
'징澄'자는 '물이 맑다'라는 뜻이다.
368) '뇌뢰磊磊'는 '마음이 매우 너그럽고 시원하여 작은 일에 얽매이지 아니함'을
묘사한 말이다.
369) '사리闍梨'에는 몇 가지 뜻이 있다. ①산스크리트어 ācārya를 음역한 아사리阿
闍梨의 준말로 일반 스님을 지칭하는 말; ②제자를 가르치고 제자의 행위를 지

지팡이를 짚고 천천히 떠나는 대사의 모습은 마치 가을걷이
가 끝난 넓은 들판을 걷는 학과 같았고 옷깃을 떨치고 가볍
게 걷는 (대사의) 걸음걸이는 멀리 떨어진 옛 산을 찾아가
는 새와 같았다. 이후 수레와 말이 끊임없이 오갔으며, 임금
이 보낸 사자 역시 개경과 봉암사를 왔다 갔다 했으며, 말고
삐가 도로에서 교차할 정도였으며, 그림자가 연이어 봉암사
계곡에 드리울 정도로 많은 사람이 내왕했다. 임금은 향완
과 물병을 보냈는데 새긴 기술과 새겨진 조각이 매우 뛰어
났으며, '구갱'과 '만해'를 딸려 보냈는데 향기로운 기운이
(거기에) 가득했다. 다행스럽게도 의지할 곳을 찾았다는 듯
임금은 더욱 공손하고 경건하게 (대사를) 모셨다.

도하는 데 모범이 될 수 있는 스님; ③고려 시대 귀족 집안의 아들로 출가한 총
각을 대접해 부르던 말; ④성이나 이름에 붙어 가벼운 존칭으로도 쓰인다. ' …
씨氏' 정도의 의미. 여기서는 ①의 뜻으로 쓰였다.

370) "遠自遠心, 豁然圓"이라는 일곱 글자는 『해동금석원』, 『조선금석총람』 등에는 결
    락되어 있다. 『지증대사비명소고』(정광 편저, 서울: 경서원, 1992, p.647)에 따라
    보충했다.

371) '토목지형해土木之形骸'는 지수화풍, 즉 '사대四大'로 이뤄진 몸을 상징한다.
    '언젠가는 흩어지고 무너진다'라는 의미가 내포되어 있다.

372) '호범護犯'은 '계율을 범하지 않고 지키려고 노력한다'라는 뜻이다.

373) '상유상유桑榆'에는 몇 가지 뜻이 있다. ①'저녁 해가 뽕나무와 느릅나무 위에 걸려
    있다'라는 뜻으로 해 질 무렵을 가리킨다; ②노년이나 만년晩年을 비유적으로
    이르는 말; ③동쪽에 대하여 서쪽을 이르는 말. 여기서는 ①과 ②의 뜻으로 쓰
    였다.

374) '기루黍累'의 문자적 의미는 '묶인 기장'으로 '아주 가벼운 것'을 가리킨다.

375) '관욕盥浴'은 '대야 속에서 씻는 것'을 말한다.

376) '부표浮瓢'는 '물 위에 뜬 바가지'라는 의미이다.

377) '납의衲衣'는 스님들이 입는 옷을 말한다. '납衲' 자는 '누덕누덕 기웠다'라는

② 현덕 3년[956] 가을 음력 8월 19일 (대사가) 홀연 대중에게 말했다. "내가 중국으로 구법 유학을 떠났다 돌아온 지 36년이 지났으며 산을 선택해 머무르며 후학들을 인도한 것은 푸른 산과 흰 구름을 빌려 길을 잃고 헤매는 중생을 지도하기 위해서였다. 매번 경전을 열고 훌륭한 구절을 찾아 독송한 것은 나라에 도움 되는 복된 인연을 맺어주고자 함이었다. 지금 나의 몸은 바람 앞의 등불이나 물거품과 같아 오래 견디지 못하니 장차 할 수 있는 것이 없다. 나는 이제 (서방으로) 가려고 하니 각자 자신의 마음을 다잡고 부처님 가르침을 잘 따르도록 노력하라." 또한 상수 제자인 형초 선사에게 "그대는 가풍을 잘 지켜 가르침의 등불을 계승하고, 오직 전대의 빛[깨달음]을 섬겨 서로 전하는 맥이 끊어지지 않도록 하라."라고 말씀하셨다. 말씀을 마치고 조용히 입적하시니 세수는 79세이며 법랍은 60세였다.

③ 바로 이날 하늘이 어두워지고 사방이 어두컴컴하더니 땅이 움직이고 산이 흔들렸으며, 날짐승과 길짐승들이 슬프게 울었으며, 삼나무와 노송나무는 시들고 파리해졌다. 이때 출가자, 재가자, 배우는 사람들, 그리고 멀고 가까운 곳의 늙은 이와 어린아이들 모두가 변화를 보고 정상이 아니라고 느껴 슬픔과 걱정을 품고 경쟁하듯 들판에 모여 눈물을 흘리며 울어 그 울림이 산의 계곡을 뒤흔들었는데 이것이 어찌 공자가 부른 대들보가 부러지는 노래에 지나지 않겠으며 아사세왕이 대들보가 부러지는 꿈을 꾸고 놀란 것에 지나지 않는 것이겠는가? 황상은 듣고 매우 슬퍼하며 침실에서 우셨다. 이에 좌승유이자 대덕인 담유 스님과 원윤이자 수전중

감인 한윤필 등을 파견해 글로써 조문하고 곡식, 차, 향 등
을 부의贈儀로 보냈다. 또한 '시호'와 '탑 이름'을 내리기 위
해 원보 김준암과 부좌윤이자 전 광평시랑이었던 김연범 등
을 파견해 '정진 대사靜眞大師'라는 시호와 '원오圓悟'라는 탑
이름을 추증追贈하셨다.

④ 그리고 (임금은) 가장자리를 비단으로 두른 금빛 나는 두루
마리 형태의 진영 한 폭을 그리라고 유사有司에게 명하셨다.
오래지 않아 진영이 완성되자 '영찬影讚'까지 지어 부치게
했다. 우승유이자 대덕인 종예 스님, 정보 김영, 정위이자
병부경인 김령우 등에게 진영을 전달하라고 하셨으며 겸하
여 대중에게 공양을 올리게 해 편향되거나 지나침 없이 (장
례 의식의) 처음과 끝에 모두 맞게끔 하셨다. 그리하여 (임금
은) 장례 의식의 예법이 드러나고 존경하는 스님의 가시는 길
을 애도하도록 하셨다.

[16] ① 大師立性純樸, 抱氣英奇, 眼點珠明, 骨聯金細, 汪汪焉陂澄367)
萬頃, 磊磊368)若嶽聳千尋. 每以勸勵學徒, 語簡旨遠, 故或問
曰: "不離左右, 猶不識者何?" 師云: "我也不識." 闍梨369)問:
"彼此不相識時如何?" 師云: "東西不遠自遠心, 豁然圓370)成一
處活." 師云: "陽日轉高, 後代何憂." 其所謂簡遠, 多此類也.
② 豈土木之形骸371), 無毫釐之差錯? 所稟護犯372), 一無缺遺,
故得年漸逼於桑楡373), 身轉輕於黍累374). 或當盥浴375), 坐在
盆中, 宛若浮瓢376), 未嘗潛沒. 又衲衣377)故弊, 縱不瀚濯378),
體無所癢, 蟣蝨379)不生. 若此已來, 殆餘四紀380). 嘗於微
時381), 夢坐于三層石浮圖上者. 衆中有解者云: "大師, 必見三

度加号382), 爲萬乘師事383)矣." 聽者歎驚, 來如墻進384), 尋
時385)致賀, 後實果焉. 臨滅時, 寺之東峯西嶺, 蒼栢寒松, 色變
慘凋, 侔於鵠樹386). 又山之北面, 無故崩墜, 約百餘丈高. 亦有
於兎從東南崗, 繞寺行過, 悲鳴長皐387), 聲動溪洞, 聯於晝夜,
靡有斷絶.

[16] ① 대사의 본성은 순박하며, 영특한 기운을 품었으며, 눈은 보
배 같은 밝음을 점으로 찍어 놓은 것 같으며, 골격은 세밀한
금을 연결한 듯하며, 넓고 넓은 마음은 만경萬頃의 물을 담
은 듯 너그럽고 시원시원해 작은 일에 얽매이지 않았다. 항
상 수행자들에게 수행에 힘쓸 것을 권하고 격려했으며 그

뜻. '세상 사람들이 버린 여러 가지 낡은 헝겊을 모아 누덕누덕 기워 만든 옷'이
라는 의미이다.

378) '한탁瀚濯'은 '씻다'라는 뜻이다.

379) '기슬蟣蝨'은 '서캐와 이'를 말한다. '이의 알'이 '서캐'이다.

380) '기紀'자는 '연대'라는 의미이다. 고대 중국에서 '일기一紀'는 12년이었으나 오
늘날은 '일세기一世紀'를 백 년으로 한다. '사기四紀'는 48년이다.

381) '미시微時'는 '이름이 덜 나거나 지위가 낮은 때' 혹은 '젊은 시절'을 의미한다.

382) '삼도가호三度加号'는 '세 번이나 이름을 덧붙이다'라는 의미. 고려 시대 국사
나 왕사가 되려면 '삼중대사三重大師' 이상의 법계法階를 받아야 했다. '삼도三
度'는 '삼중三重'의 뜻. 고려 시대 법계는 대선大選 → 대덕大德 → 대사大師 →
중대사重大師 → 삼중대사三重大師 → 선사禪師 → 대선사大禪師 순서였다. 이
지관, 『교감역주 역대고승비문』(고려편1), 서울: 가산문고, 1994, p.507.

383) '만승사萬乘師'에서 '만승'은 '만 대의 수레·전차[兵車]'라는 뜻으로 천자 또는
천자의 자리를 이르는 말이다. 중국 주나라 때 천자가 병거兵車 일만 대를 직예
直隸 지방에서 출동시켰던 데서 유래됐다. '만승사'는 '황제의 스승'이라는 뜻.
'만승사' 다음의 '사事'자는 '섬기다'라는 의미. '황제의 스승으로 섬기다'라고
해석할 수 있다.

말씀은 간결하나 그 의미는 심원했다. 간혹 누가 "곁을 떠나지 않았어도 모르는 것은 무엇 때문입니까?"라고 물으면 "나 역시 모른다."라고 답변하셨다. 어느 스님이 "서로 알지 못할 때는 어떠합니까?"라고 질문하자 정진 대사는 "동쪽과 서쪽은 멀지 않으나 자기 마음이 멀며, 크게 깨달아 원만해지면 같은 곳에 머무르며 살게 된다."라고 대답하셨다. 정진 대사는 "태양이 떠올라 점점 높아지는데 뒷세대가 무엇을 근심하겠는가?"라고 말씀하셨다. 간결하나 (의미는) 심원한 이런 말씀이 매우 많다.

---

384) '장진墻進'은 '앞으로 나아가다'라는 뜻이다.

385) '심시尋時'는 '오래지 않아'라는 의미로 짧은 시간을 가리킨다.

386) 부처님이 쿠시나가라의 히라냐바티강[Hiraṇyavatī, 희련하熙蓮河, 아시다발제하阿恃多跋提河, 금하金河] 부근에서 열반에 들 때 사라沙羅 나무가 그 주위 사방에 각각 한 쌍씩 서 있었다고 한다. 하나의 뿌리에서 두 개의 줄기가 나와 한 쌍을 이루고 있었는데 부처님이 돌아가시자 한 그루는 무성하고 한 그루는 말라 죽었으며 때아닌 흰 꽃이 피었다. 동서와 남북에 있던 두 쌍수雙樹는 각각 한 나무로 되어 숲을 덮고 나무 빛깔이 하얗게 변하며 말라 죽었다. 이를 '사고사영四枯四榮' 혹은 '비고비영非枯非榮'이라 한다. 동쪽의 두 그루를 상常과 무상無常, 서쪽의 두 그루를 아我와 무아無我, 남쪽의 두 그루를 낙樂과 무락無樂, 북쪽의 두 그루를 정淨과 부정不淨에 각각 비유하기도 한다. '곡수鵠樹'는 부처님의 열반을 의미한다. 학수鶴樹, 학림鶴林, 쌍림雙林, 쌍수雙樹라고도 말한다.

387) '장고長皐'는 '높은 언덕'이라는 뜻이다.

388) '석판石版'은 '빗돌'을 말한다.

389) '여미현汝湄縣'은 전라남도 화순군의 옛 이름이다.

390) '하시何翅'는 '하시何啻', 즉 '어찌 … 뿐이겠는가?'라는 의미이다. '시翅'자는 '날개'라는 뜻의 명사가 아니라 '다만, 뿐'이라는 뜻의 부사이다.

② (정진 대사의) 몸과 뼈는 흙과 나무, 즉 지·수·화·풍으로 이뤄졌는데 어떻게 털끝 정도의 작은 어긋남도 없겠는가? 받은 계율을 하나도 빠트리지 않고 지키려 애썼기에 나이가 들고 노년이 되자 몸은 점차 기장을 묶은 것보다 더 가벼워졌다. (그래서) 때때로 목욕할 때 대야 속에 앉으면 마치 바가지처럼 (물 위로) 떠 결코 물속에 잠기지 않을 정도였다. 또한 승복은 오래되고 낡아 설사 씻지 않아도 몸이 가렵지 않고 서캐와 이도 생기지 않았다. 이런 식으로 거의 48년이나 생활하셨다. 젊은 시절 3층 석탑 위에 앉아있는 꿈을 꾼

---

391) '아雅' 자는 형용사로 '우아하다, 아름답다'라는 뜻이다.

392) '지증 대사 적조 탑비'를 가리킨다.

393) '역俀' 자는 '역役' 자의 옛 글자이다.

394) "품고재稟孤才"라는 세 글자는 『해동금석원』, 『조선금석총람』 등에는 결락되어 있다. 『지증대사비명소고』(정광 편저, 서울: 경서원, 1992, p.648)에 따라 보충했다.

395) '계창雞牕'은 '계창鷄窓'이라고도 한다. '서재書齋'라는 뜻이다. 위진남북조 시대 남조 송나라(宋, 420-479)의 유의경(劉義慶, 403-444)이 신비하고 기이한 이야기들을 모아 편찬한 『유명록幽冥錄』에 "晉兗州刺史沛国宋處宗, 嘗買得一長鳴鷄, 愛養甚至恒籠著窓間. 鷄遂作人語, 與處宗談論. 极有言智, 終日不輟, 處宗因此言巧大进진의 연주 자사이자 패국 출신인 송처종은 일찍이 '길게 우는 닭[長鳴鷄]' 한 마리를 샀다. 소중히 여기며 키우다 바구니에 담아 창문 사이에 두었다. 마침내 그 닭이 사람의 말을 하게 되어 처종과 이야기를 나누었다. 닭은 말재주가 매우 뛰어나 하루 종일 그치지 않고 말했다. 이 때문에 처종의 말솜씨가 매우 발전했다!"이라는 구절이 있다. *본래 전체 30권인 『유명록』은 현재 전하지 않고 노신(魯迅, 1881-1936)이 편집한 『고소설구침古小說鉤沉』에 265구절이 남아 전한다.

적이 있었다. 무리에 있던 어떤 사람이 "대사께서는 반드시 세 차례나 귀중한 이름을 받아 천자의 스승이 되실 것입니다."라고 꿈을 해몽했다. 듣는 사람들이 경탄했으며 찾아오는 사람들이 많아지고 오래지 않아 축하도 받았는데 과연 참으로 그렇게 되었다. 입적할 때가 임박하자 희양산의 동쪽 봉우리와 서쪽 고개에 있던 울창한 잣나무와 소나무들의 잎 색깔이 변하고 말라 마치 사라 쌍수와 같이 하얗게 되었다. 또한 희양산의 북쪽 지역이 원인도 없이 약 백 여장 정도 무너져 내렸다. 특히 토끼가 희양산의 동남쪽 산모퉁이에서 나와 봉암사를 한 바퀴 돌고는 높은 언덕에서 슬프게 울었는데 (울음소리는) 계곡을 울리고 밤낮으로 이어져 끊임이 없었다.

[17] ① 洎門下僧表請, 樹碑紀績, 耀于不朽, 上許之. 乃爲石版388), 可者尤難, 命於南海之濱汝湄縣389), 掘取以船運至. 筭其勞費, 何翅390)千萬? 裁及使人到彼, 議役興功. 門人忽於本山之麓, 掘獲石版. 狀甚高闊, 色惟靑白, 不煩琢磨. 苟無瑕玷, 無煩人功, 雅391)符神授. 具以表聞, 上乃悅許. ② 此者以今寺內有故禪師法碣392), 是新羅末前進士姓崔名致遠者所撰文, 其石亦自南海而至, 今多說伇393)使興議故也. 大師在世之時, 奇祥秘說, 縱使書之竹竭南山, 硏之波乾東海, 豈能備言而具載矣? ③ 臣夢游, 稟孤才394)術, 學寡難憁395), 謬奉綸言396), 莫抗固辭之禮. 覬彰碩德, 輒書直筆之詞, 而乃嚮碧沼397)以傾蠡398), 空迷深淺, 仰靑天而側管399), 莫究星辰. 語類寒蟬400), 行同跋鼈401). 苟任抽毫之寄, 翻招傷手之憂402).

[17] ① 정진 대사 문하의 스님들이 표를 올려 대사의 행적을 기록한 비를 세워 업적이 사라지지 않도록 해달라고 요청하자 임금이 허락하셨다. 빗돌 구하기가 매우 어려워 남해 바닷가의 화순군에서 발굴 채취해 배로 운반하도록 (화순군에) 명령을 내리셨다. 그 노력과 비용을 계산하니 어찌 천만 양만 들겠는가? 재가를 받아 사람을 그곳에 보내 일을 시작하려는데 (대사의) 한 제자가 희양산 비탈에서 빗돌을 발굴했다. 모양은 높고 넓으며 푸른색과 흰색만 띠어 깎고 갈지 않아도 되었다. (빗돌에) 별다른 흠이 없어 노력과 공을 들일 필요가 없는 것이 신이 내려주신 것과 훌륭하게 부합되

---

396) '윤언綸言'은 '군주가 아랫사람에게 내리는 말'이다. 군주의 말은 실처럼 가늘어도 이것을 하달할 때는 벼리처럼 굵어진다는 의미이다. 비슷한 말로 '윤명綸命'이 있다. '윤명'은 '천자의 명령'이라는 뜻이다.

397) '벽소碧沼'는 '푸른 연못'이라는 뜻이다.

398) '여蠡' 자는 표주박을 말한다. '표주박으로 바닷물을 헤아리는 것'을 '여측蠡測'이라 한다. 얕은 식견으로 심대한 이치를 헤아리려는 것을 비유적으로 일컫는 말이다. 『한서漢書』 권65 「동방삭전東方朔傳」에 "以管窺天, 以蠡測海, 以莛撞鐘[대롱으로 하늘을 살피고, 표주박으로 바닷물을 헤아리며, 풀줄기로 종을 치는 것이다]."이라는 문장이 있다.

399) '측관側管'은 '관규管窺', 즉 대롱으로 하늘을 본다는 의미이다. '여측蠡測'과 마찬가지로 '얕은 식견으로 심대한 이치를 헤아리려는 것'을 비유적으로 하는 말이다. 『장자』 「추수秋水」편에 "是直用管窺天, 用錐指地也, 不亦小乎[이것은 다만 대롱으로 하늘을 엿보고 송곳으로 땅의 깊이를 헤아리려는 것인데 참으로 작은 소견 아니겠는가?]"라는 구절이 있다. '여측蠡測'과 '관규管窺'를 합쳐 '관규여측管窺蠡測'이라 한다.

400) 석전(石顚, 1870-1948) 스님은 『정주사산비명』 「봉암사 지증 대사 적조 탑비명」 단락[12]의 ③에서 '한선寒蟬'에 대해 다음과 같이 설명했다. "《范史》云: '杜密去

었다[신이 내려주신 것 같았다]. 구체적인 내용을 적은 표문을 올렸는데 임금이 듣고 매우 기뻐하며 (그렇게) 하도록 허락하셨다.

② 이곳 봉암사에는 옛 선사禪師의 비가 있다. 바로 신라말의 진사進士였던 최치원이 찬술한 글이 새겨진 것인데 그 돌 역시 남해에서 운반해 온 것이었다. 남해에서 빗돌을 갖고 오는 일에 대한 비난이 지금도 적지 않은 것은 옛날의 이 일 때문이다. 정진 대사가 살아계실 때 있었던 기이한 상서로움과 알려지지 않은 이야기들을 쓴다면 남산의 대나무가 다 없어질 것이고 동해의 물이 다 마를 터인데 어떻게 말을 갖춰 모두 기록하겠는가?

官還家, 謁守令多陳托. 同郡劉勝, 亦去官歸, 無所干及, 穎川太守王昱疑之, 密曰: "勝見禮上賓, 而知善不薦, 聞惡不言, 自同寒蟬, 此罪人也. 我使明府, 賞罰得中, 令聞不休."[『후한서』에 다음과 같은 기록이 있다. '두밀은 관직을 그만두고 집으로 돌아가 태수·수령을 찾아가 여러 번 부탁했다. 같은 고을 출신의 유승 역시 관직을 그만두고 귀향했으나 누구와도 왕래하지 않았다. 영천 태수 왕욱이 의심하자 두밀이 "유승은 귀한 손님과 같은 대접을 받았습니다. 그러나 훌륭한 사람을 보아도 천거하지 않고 나쁜 사실을 들어도 말하지 않으며 자신을 울지 않는 매미와 같은 부류로 만드는 이 사람은 죄인일 뿐입니다. 나는 태수에게 상과 벌을 합당하게 내리라고 말씀드리고 명성을 들으면 널리 퍼지게끔 노력합니다."라고 말했다]' *'한선寒蟬'은 '울지 않는 매미'라는 뜻이다. *'범사范史'는 남조 송나라(宋, 420-479) 때의 사학자인 범엽(范曄, 398-445)이 편찬한『후한서後漢書』를 말한다. *'두밀'의 자는 주보周甫 후한의 명신名臣이다. 후한 영제(靈帝, 156-168-189) 때인 169년 발생한 제2차 '당고黨錮의 화禍'를 당해 자살했다. 친한 친구였던 이응(李膺, 110-169) 역시 이때 죽었다. '당고의 화'는 후한 환제(桓帝, 132-146-167)·영제 당시 환관들의 부정과 부패를 계기로 환관과 관료 사이에 벌어졌던 당쟁黨爭을 말한다. 승리한 환관들이 '당인黨人'으로 지목된 사대부[유학자들의 관리 등용을 금지한 사건이다. 제1차 '당고의 화'는 166-

③ 소신 몽유의 재주와 기술은 천성적으로 빈약하고 많이 배우고 익히지도 않아 (비명을 지으라는) 폐하의 명령을 제대로 이행하지 못할 것으로 여겨 사양했으나 고사하지 못했다. (다만 정진 대사의) 크나큰 덕을 드러내고자 있는 사실을 글로 썼으나 표주박으로 푸른 연못(의 물)을 헤아려 공연히 깊음과 얕음의 차이를 어지럽히고 대롱을 통해 푸른 하늘을 쳐다보기에 별[星]도 제대로 살피지 못한 것 같다. (비명에 사용한) 말은 울지 않는 매미처럼 의미 없는 말들이고 (비명에 쓰인 글자의) 운용은 절름발이 자라처럼 뒤뚱거린다. 붓 가는 대로 맡겨 (비명을) 썼으나 (붓이) 뒤집어져 오히려 손을 다치지 않을까 걱정이다.

167년 발생했으며 제2차 '당고의 화'는 169년 일어났다. 일반적으로 환관 편에 가담한 인사를 '당우黨羽'로, 사대부 측에 가담한 인물들을 '당인黨人'이라 각각 부른다. *『후한서』 권97 「당고열전黨錮列傳 제57」에 두밀의 전기가 있다. 원문은 다음과 같다. "後密去官還家, 每謁守令, 多所陳托. 同郡劉勝, 亦自蜀郡告歸鄕里, 閉門埽軌, 無所幹及. 太守王昱謂密曰: '劉季陵淸高士, 公卿多舉之者.' 密知昱激己, 對曰: '劉勝位爲大夫, 見禮上賓, 而知善不薦, 聞惡無言, 隱情惜己, 自同寒蟬, 此罪人也. 今志義力行之賢而密達之, 違道失節之士而密糾 之, 使明府賞刑得中, 令問休揚, 不亦萬分之一乎?' 昱慚服, 待之彌厚[나중에 두밀은 관직을 그만두고 집으로 돌아갔으나 매번 태수·현령을 만날 때마다 부탁했다. 같은 고을 출신의 유승 역시 촉군에서 관직을 그만두고 귀향했으나 집의 문을 닫고 청소만 할 뿐 누구와도 왕래하지 않았다. 태수 왕욱이 두밀에게 '유승은 맑고 고귀한 분이며 공경公卿들이 그를 많이 천거합니다'라고 말했다. 두밀은 왕욱이 자기를 격동시키려 한다는 것을 알고는 말했다. '유승은 대부大夫의 위치에 있으며 귀한 손님과 같은 대접을 받습니다. 그러나 훌륭한 사람을 보아도 천거하지 않고 나쁜 사실을 들어도 말하지 않으며 감정을 숨기고 자기 몸만 살핍니다. 자신을 울지 않는 매미와 같은 부류로 만드는 이 사람은 죄인일 뿐입니다. 지금 의로운 일을 지향하고 선을 행하는 사람을 제[두밀]는 천거하고, 도의에 어긋나

[18] ① 謹爲銘⁴⁰³⁾曰:　[18] ① 삼가 게송으로 읊는다:

無上之法,	최상의 큰 가르침을
不二而傳.	둘 아닌 방식으로 전하네.
月影難搯,	달그림자는 움켜잡기 어렵고
露珠莫穿.	(풀잎에 맺힌) 진주 같은 이슬을 꿰뚫을 수 없네.
信衣爰授,	깨달음의 징표인 옷을 전하니
智炬遒燃.	지혜의 불이 이에 타오르네.
光明有赫,	빛나는 빛에 밝음을 더해
照耀無邊.	한량없는 세계를 비추네.
非動非靜,	움직이는 것도 아니고 움직이지 않는 것도 아닌데
何後何先?	무엇이 뒤이고 무엇이 앞인가?
誰其覺者?	이를 깨달은 사람은 누구인가?
我大師焉.	바로 우리 정진 대사이시다.
靈資太一⁴⁰⁴⁾,	(대사의) 신령스러운 자질은 근원에서 나왔기에
誕叶⁴⁰⁵⁾半千.	그런 태어남은 반 천년에 한 번 있을 정도이네.
志探龍頷⁴⁰⁶⁾,	귀한 진주[깨달음]를 캐는 데 뜻을 두어
身泛驪淵⁴⁰⁷⁾.	몸은 서해를 건넜네.
雲遊華夏,	구름처럼 중원을 주유했고
浪跡幽燕.	만행한 자취는 유주와 연주에 남았네.
淸涼山⁴⁰⁸⁾畔,	오대산 중턱
妙德⁴⁰⁹⁾堂前,	문수 보살이 머무는 곳에서
瞻龍種聖.	문수 보살을 친견하셨네.
企鷄足禪⁴¹⁰⁾,	염화미소의 선법禪法을 이으려
仰石霜諸,	석상 경저 선사를 앙모하며

承谷山緣.　　곡산 도연 선사를 찾았네.

入室覩奧,　　진리의 세계에 들어가 깊은 뜻을 깨닫고

問道探玄.　　묻고 답하는 가운데 드러나지 않는 비밀을 알았네.

游真如海,　　진여의 바다를 헤엄치며

扣般若舩411).　지혜의 배를 두드렸네.

方迴征棹,　　노를 저어 귀국하니

偶值戎煙,　　마침 곳곳에 전쟁의 연기 자욱해

鶴歸有所,　　돌아갈 곳을 찾은 학은

고 절개를 잃은 사람을 저는 규탄하며, 태수께서 상과 벌을 합당하게 내리라고 말씀드리고, 명성을 들으면 널리 퍼지게끔 노력하는데 이것이 만분의 일의 역량을 다하는 것 아니겠습니까?' 말을 들은 왕욱은 부끄러워하고 감탄하며 두밀을 더욱 후하게 대접했다." *명부明府는 '명부군明府君'의 약칭으로 태수나 현령을 높여 부르는 말이다.

401) '파별跛鼈'은 '절름발이 자라'라는 뜻으로 행동이 느리거나 재주가 둔한 사람을 비유적으로 표현한 말이다.

402) 『노자』 제74장에 "夫代大匠斲者, 希有不傷其手矣[뛰어난 목수를 대신해 나무 깎는 사람치고 자기 손을 다치지 않은 경우는 매우 드물다]."라는 구절이 있다.

403) 춘추시대 이전부터 금석金石이나 기물器物 등에 글자를 새겼는데 이로부터 금석·기물 등에 새긴 글자를 '명銘' 혹은 '명문銘文'이라 불렀다. '명銘'으로 자신을 경계하거나 (다른 사람의) 공덕功德을 기술했는데 이것이 후일 하나의 문체가 됐다. '명銘'은 '분명하게 기억해 영원히 잊지 않는다'라는 의미이다. 산문이 아니고 운문 형식의 글이므로 '게송'으로 옮겼다.

404) '태일太一'은 '우주의 본체' 혹은 '우주의 근원'을 말한다.

405) '旪'자는 '협協'자의 옛 글자이자 '엽葉'자의 간체자이다. 여기서는 '맞다, 화합하다'라는 뜻으로 사용됐다. '旪'자의 훈·음은 '맞을 협', '잎 엽' 등 두 가지이다.

406) '용함龍頷'은 『장자』 「열어구列禦寇」편에 나오는 말이다. "夫千金之珠, 必在九重之淵, 而驪龍頷下[매우 귀한 진주는 반드시 깊은 연못, 그것도 검은 용의 턱밑에 있다]."

遯跡多年.　　여러 해 흔적을 숨겼네.

曁平寇壘412),　도적과 산적들이 소탕되고

大闢僧田,　　수행처를 개설해

倚賴罔極,　　지극하게 진리에 의지한 채

鑽仰彌堅.　　흔들림 없이 우러러 (진리를) 찬양했네.

道贊四主413),　덕이 높아 네 임금이 (대사를) 받들었으며

名占一賢.　　명성은 해동 제일이었네.

恩流朝野,　　법은法恩은 조정 안팎에 미쳤고

德及人天.　　덕성은 사람과 하늘에 이르렀다.

吾皇避席414),　우리 황제가 (존경해) 자리에서 일어나고

禮甚袒肩415).　오른쪽 어깨를 드러내 예의를 지켰네.

實供四事,　　(임금이) 참으로 네 가지 공양물을 모두 올렸는데

何假九筵416)?　대궐에서 법연法宴을 열 필요가 있었을까?

跳出京輦417),　개경을 벗어나

歸臥雲泉.　　구름과 계곡이 있는 곳에 주석하니

秋溪月浸,　　달이 가을 계곡을 비추네.

曙洞霞塡.　　새벽 골짜기에 노을이 가득하고

隨身瓶錫418),　몸 가는 곳마다 물병과 석장이 따라오며

滿眼山川.　　보이는 것은 모두 산과 개울이네.

間訊往復,　　소식을 묻고 찾아오는 사람은 끝없이 이어지고

傳驛聯翩419).　임금이 보내는 편지를 전달하는 사자가 줄을 이었네.

法唯常住,　　진여는 본래 움직이지 않으나

化乃俄遷.　　무상한 변화 속에 입적하니

慈室壞矣,　　자비로운 집이 무너지고

慧柯缺焉.　　지혜의 나뭇가지가 이지러졌네.

山變蒼栢,　　소나무와 잣나무의 잎이 하얗게 변하고

池慘白蓮.　　연못의 흰 연꽃도 말라버렸네.

碑撑石巘[420]**,**　비석은 돌로 된 산봉우리를 지탱하듯 당당하게 섰고

塔聳巖巔[421]**.**　부도는 바위 꼭대기처럼 높이 솟았네.

斯文不朽,　　비에 새겨진 글은

永耀蓬墻[422]**.**　영원히 봉암사를 비추리라.

② **乾德三年**[423]**, 歲**[424]**在乙丑五月, 辛未**[425]**朔**[426]**二十一日, 辛卯**[427]
立. 彫割業[428]**, 僧臣暹律**[429]**, 奉勅刻字.**

② 태세가 을축년인 건덕 3년[광종 16년, 965] 5월, 신미일辛未日
이자 초하루[朔]인 21일, 아침 해가 떠오를 무렵[辛卯] (비를)
세웠다. 돌을 잘 다듬는 섬률 스님이 황제의 명을 받들어 글
자를 새겼다.

---

407) '여연驪淵'은 진귀한 보물인 여주驪珠가 있는 연못을 말한다. 서해를 가리킨다.

408) '청량산淸凉山'은 중국 산서성에 있는 오대산이다.

409) '묘덕妙德'은 '문수 보살'을 지칭한다.

410) '계족선鷄足禪'은 가섭 존자가 부처님으로부터 전해 받은 '염화미소의 가르침',
즉 '선禪의 가르침'이다.

411) '반야공般若舡'은 '진리의 배', 즉 '진리[깨달음]'를 의미한다.

412) '구루寇壘'는 도적의 소굴이라는 뜻이다.

413) '사주四主'는 (고려의) 태조, 혜종, 정종, 광종 등 네 임금을 가리킨다.

414) '피석避席'은 '웃어른에게 공경을 표시하기 위해 자리에서 일어나는 것'으로
'피좌避座'라고도 한다.

415) '단견袒肩'은 '오른쪽 어깨를 드러내는 것'을 말한다.

416) '구연九筵'은 '명당明堂', 즉 '임금이 조회朝會를 받던 정전政殿'을 말한다. '명당'에는 몇 가지 뜻이 있다. ①임금이 조회를 받던 정전; ②무덤의 바로 앞에 있는 평지; ③풍수지리학에서 장차 좋은 일이 자주 생긴다는 묏자리나 집터; ④관상학에서 사람의 이마; ⑤매우 마음에 들거나 알맞은 자리. 여기서는 ①의 의미로 사용됐다.

417) '경련京輦'은 '수도首都'를 의미한다.

418) '병석瓶錫'은 '물병'과 '석장錫杖'을 말한다.

419) '연편聯翩'은 '수레의 왕래가 끊어지지 않고 이어지는 모습'을 묘사한 말이다.

420) '석헌石巘'은 '돌로 된 봉우리'라는 뜻이다.

421) '암전嚴巓'은 '바위 꼭대기'라는 뜻으로 '높다'라는 의미이다.

422) '봉연蓬壖'은 '쑥이 난 빈터'라는 뜻. '연壖'자는 '묘의 안 담과 바깥담 사이에 있는 땅' 혹은 '성 밑에 있는 땅'을 말한다. 여기서는 '봉암사'를 상징한다.

423) '건덕乾德'은 송나라(宋, 960-1279) 태조(太祖, 927-960-976)의 연호. 963-968년 사용됐다. '건덕 3년'은 965년으로 광종 16년이다.

424) '세歲'는 '그 해의 간지干支'라는 의미인 '태세太歲'의 준말이다.

425) '신미辛未'는 간지[十(天)干十二(地)支] 역법의 여덟 번째 날이다.

426) '삭朔'은 '초하루'라는 뜻이다.

427) '신묘辛卯'는 해가 떠오르는 아침 5시부터 7시까지의 시간을 가리킨다.

428) '조할업彫割業'은 '돌을 자르고 다듬는 일을 담당하는 사람'을 말한다.

429) '섬률暹律'은 스님의 이름. 자세한 전기가 전하지 않는다.

정진 대사 원오 탑비명

정진 대사 원오 탑비명

[1] ① 高麗國, 尙州曦陽山鳳巖寺, 王師, 贈諡靜真大師, 圓悟之塔, 碑銘, 幷序.

[1] ① 고려국 상주 희양산 봉암사 왕사 증시 정진 대사 원오지탑 비명 병서[고려국 희양산 봉암사에 주석하셨고 '정진(878-956) 대사'라는 시호와 '원오'라는 탑 이름을 황제로부터 받은 대사의 탑비인 원오 탑비의 비명과 비문].

[2] ① 奉議郞ㆍ正衛ㆍ翰林學士, 前守兵部卿, 賜丹金魚袋, 臣李夢游奉勅撰. 文林郞ㆍ翰林院書博士, 臣張端說, 奉勅書, 幷篆額.

[2] ① 봉의랑 정위 한림학사 전 수병부경 사단금어대 신 이몽유 봉칙 찬, 문림랑 한림원 서학사 신 장단열 봉칙 서 병전액[봉의랑이자 정위이고 한림원의 학사學士이며 이전에 수병부경을 역임했고 단금어대를 하사받은 신하 이몽유가 황제의 명을 받들어 비명을 지음. 문림랑이자 한림원의 서박사書博士인 신하 장단열이 황제의 명을 받들어 비명의 글씨와 전자로 된 비신 상단부의 제액題額을 씀].

[3] ① 嘗聞: 八極之中, 括地貴者, 曰身毒; 三界之內, 推位尊者, 曰勃陁. 西顧之德, 天彰; 東流之敎, 日遠. 是故伯陽著我師之論, 尼父發聖人之譚. 矧復隕星紀於《魯書》, 金姿放耀, 佩日徵於漢夢,

玉牒傳聲. 轉四諦輪, 說三乘法, 化緣已畢, 臨涅槃時, 告迦葉,
兼付其無上法寶, 欲令廣大宣流, 宜護念以常勤, 俾脫苦於生死.
由是大迦葉, 以所得法眼, 付囑阿難. 自此, 傳承未嘗斷絶, 中則
馬鳴、龍樹, 末惟鶴勒、鳩摩, 相付已來二十七代. 後有達摩大師,
是謂應真菩薩, 南天辭國, 東夏傳風, 護心印以無刑, 授信衣而
不墜. 東山之法, 漸獲南行, 至于曹溪, 又六代矣. ② 自爾, 繼明
重跡, 嫡嗣聯綿. 曹溪傳南岳讓, 讓傳江西一, 一傳滄州鑒, 鑒猶
東顧, 傳于海東. 誰其繼者? 即南岳雙磎慧明禪師焉. 明復傳賢
磎王師道憲, 憲傳康州伯嚴楊孚禪師, 孚即我大師嚴師也.'

[3] ① 일찍이 (다음과 같이) 들었다: 온 세상을 총괄해 귀한 땅은
인도이고 삼계의 존귀한 분은 부처님이시다. 서쪽 인도에서
일어난 (부처님의) 덕성을 하늘이 드러냈고 동쪽으로 흘러온
부처님 가르침은 (전파된 지) 이미 오래되었다. 그래서 노자
는 (부처님이) 나의 스승이라는 글을 지었고 공자는 (서방의)
성인에 대해 말씀하셨다. 또한 별이 떨어졌다는 기록이 노나
라의 역사를 기록한 『춘추』에 있고 한나라 명제가 목덜미에
빛나는 둥근 해를 두른 금빛 나는 사람을 꿈에 보았으며 불
교의 성스러운 서적들이 동쪽으로 전해왔다. (부처님은) 고·
집·멸·도라는 네 가지 진리를 전파하셨으며 성문·연각·
보살이 닦아야 할 가르침을 설명하시고 교화의 인연이 끝나
열반에 드실 때 가섭 존자에게 "위없는 진리의 가르침을 너
에게 전하니 널리 전파하도록 하라. 마땅히 가르침을 잘 간
직하고 항상 정진해 삶과 죽음의 고통에서 벗어나도록 하라."
라는 가르침을 남겼다. 가섭 존자는 체득한 진리를 아난 존
자에게 전했다. 이로부터 가르침의 전승이 끊임없이 이어져

중간에 마명 존자와 용수 존자, 마지막에 학륵나 존자와 구마라다 존자 등에게 서로 전해져 27대가 되었다. 이후 진리를 깨달은 보살[應眞菩薩]로 불리는 달마 대사가 남인도를 떠나 동쪽의 중국에 가르침을 전했는데 (달마 대사는) 마음으로 깨달은 진리가 없어지지 않도록 지키고 깨달음의 징표인 옷을 전달해 단절되지 않도록 했다. 도신 선사와 홍인 선사의 가르침이 점차 남쪽으로 전파되고 조계 혜능 선사에 이르러 6대가 되었다.

② 이로부터 깨달음을 잇고 수행의 자취를 소중하게 여기는 계승자들이 실을 잇는 것처럼 이어졌다. 혜능 선사는 남악 회향(677-744) 선사에게, 회양 선사는 강서의 마조 도일(709-788) 선사에게, 마조 선사는 창주 신감 선사에게, 신감 선사는 동쪽을 돌아보고 해동에 그것을 전했다. 누가 계승자인가? 남악 지리산의 쌍계 혜명(774-850) 선사가 바로 그 분이다. 혜명 선사는 다시 현계산에 주석하던 왕의 스승 지증 도헌(824-882) 선사에게 전했고, 도헌 선사는 강주의 백엄 양부 선사에게 전했으니 양부 선사가 바로 우리 정진 대사의 스승님이시다.

[4] ① 大師諱兢讓, 俗姓王氏, 公州人也. 祖淑長、父亮吉, 並戴仁履義, 務存達己之心. 積德豐功, 貴播貽孫之業; 勞筋骨而服職, 抱霜雪以淸心. 州里稱長者之名, 遠近聞賢哉之譽. 況自高曾之世, 咸推郡邑之豪, 戶不難知, 故無載此. 母金氏, 女功無敵, 婦道有規. 擬截髮以專情, 指斷機而勵節. 敬恭僧佛, 禮事舅姑. 俄夢流星入懷, 其大如甕, 色甚黃潤, 因有娠焉. 由是, 昧撤葷腥, 事勤

齋護, 循胎教以無已, 幾過期而誕生. ② 大師天骨特異, 神彩英奇. 自曳萊衣, 迨跨竹騎, 縱爲兒戲, 猶似老成, 坐必加趺, 行須合掌. 聚沙畫墁, 摸像塔以依俙; 採葉摘花, 擬供具而陳列. 年至敁筴, 日甚帶經; 訓詩禮於鯉庭, 聽講論於鱣肆; 頗勤三絕, 謂隘九流. 乃懇白於慈母嚴君, 固請許於出家入道. ③ 投於本州南穴院如解禪師, 因爲剃髮, 便以留身, 志在朝聞. 學期日益, 實由功倍, 誰曰行遲? 桴乍援之, 鍾遽麮矣. 於是, 知有赫曦之曜, 休窺突奧之光, 出指四方, 行擇三友.

[4] ① 정진 대사의 이름은 긍양이고 속성은 왕 씨이며 공주 사람이다. 할아버지의 함자는 숙장이고 아버지의 이름은 양길로 (두 분은) 인을 중시하고 의를 실천하신 분들이자 자신의 마음을 통달하려고 노력한 분들이다. 덕을 쌓았고 공적이 많으며 후손의 업을 널리 퍼뜨리고 전하는 것을 귀중하게 여겼다[후손을 위해 음덕을 많이 쌓았다]. 힘을 다해 노력했고 자기의 직분에 충실했으며 서리와 눈을 안을 만큼 청렴했다. 고을에서는 큰 어른[長者]으로 불리어졌고 멀고 가까운 곳에서 현명한 사람이라는 명예로운 소리를 들었다. (정진 대사의) 고조부와 증조부 당시부터 모두가 (정진 대사 집안의 어른들을) 고을과 마을의 호걸로 추앙해 (이 사실을) 모르는 집이 없기에 여기서 (이를) 다시 거론하지 않는다. 어머니는 김 씨로 (가정과 집안에 끼친) 공적이 매우 많아 상대가 없을 정도이며 여자의 도리를 지켜 규범이 있었다. 머리카락을 끊어한마음으로 손님을 대하듯 아들을 대했으며 베를 잘라 절조 있는 행동을 독려하듯 아들을 가르쳤다. 스님과 부처님을 공경했으며 시아버지와 시어머니를 깍듯하게 모셨다. 홀연 흐

르는 별이 품 안에 들어오는 꿈을 꿨는데 항아리만큼 큰 별로 매우 짙은 황색을 띠었다. 이때부터 파와 같은 음식과 비린내 나는 고기를 멀리하고 부지런히 몸과 마음을 깨끗이 하고 태교의 가르침을 끝없이 따랐다. (열 달의) 기간이 거의 지나 (정진 대사가) 태어나셨다.

② 정진 대사의 타고난 골격은 남달랐으며 정신과 풍채 역시 뛰어나고 호걸다웠다. 색동옷을 입을 때부터 죽마를 탈 때까지 설사 아이처럼 놀아도 마치 나이 든 사람처럼 행동했고, 앉으면 반드시 가부좌를 했으며, 행동할 때는 항상 합장했다. 모래를 모으거나 새로 칠한 벽에 그림을 그리면 은은하게 탑이나 불상을 모방했고, 낙엽을 모으고 꽃을 따면 공양하는 도구를 진열하는 듯했다. 공부할 나이가 되자 날마다 경전을 들고 다니며 읽었고, 가정에서 시를 배우고 예를 익혔으며, 강당에서 강의하는 내용을 들었다. 공부를 매우 열심히 해 아홉 가지 학파의 학술로는 부족할 정도였다. 이에 아버지와 어머니에게 간절하게 말씀드려 출가·수행하는 것을 허락해 달라고 요청했다.

③ 공주 남혈원에 나아가 여해 선사를 은사로 삭발·득도했으며 바로 스승 곁에 머무르며 진리를 깨닫는 데 뜻을 두었다. 배우는 기간이 늘어나고 진실로 노력을 배로 기울이니 누가 수행이 부진하다고 말하겠는가? 북채로 조금 두드리면 갑자기 항아리가 울리듯 종이 크게 응하는 것과 같았다[실력이 나날이 늘어났다]. 그리하여 빛나는 태양처럼 비추는 것이 있음을 알고는 은밀하고 어두운 빛을 살피지 않고 (산문을) 나와 사방의 스승을 찾아다녔으며 수행에 도움 되는 세 종류

의 도반을 선택했다.

[5] ① 遂以乾寧四載, 於雞龍山普願精舍, 稟持犯. 然後坐雨心堅, 臥
雲念切, 護戒珠而不纇, 磨慧劍以無鈋, 能持繫草之心, 轉勵出
塵之趣. 唯勤請益, 靡滯遊方, 遂謁西穴院揚孚禪師. 禪師豁青
眼以邀迎, 推赤心而接待. ② 於是持其由瑟皷在丘門, 旣多知十
之能, 或展在三之禮, 服膺不怠, 就養惟勤. 俄歎曰: "急景如駒,
流年似箭. 若跼牛涔之底, 未浮鼇海之波, 難詣寶洲, 焉窮彼岸!"
乃以光化三年伺鷁舟之西泛, 逐鵬運以南飛, 匪踰信宿之間, 獲
達江淮之境. 纔越天塹, 將往雪峯, 到飛猿嶺上, 遇般米禪徒, 同
路而行, 一時共歎. ③ 徒中有一僧, 指枯榕曰: "枯木獨占定, 春
來不復榮." 大師接曰: "逈然塵境外, 長年樂道情." 於是衆皆歎
伏, 無不吟傳. 縱煩皷舌之勞, 頗叶傳心之旨. 遂隮于台嶺, 謁遍
禪居, 或杖虎錫於雪嶠雲岑, 或洗龍鉢於飛溪懸澗.

[5] ① 마침내 건녕 4년[897] 계룡산 보원정사에서 계[비구계]를 받았
다. 그런 후 하안거 결제를 하는 동안 마음은 견고해졌고, 은
거해 수행하고픈 마음은 더욱 간절해졌으며, 보배와 같은 계
체戒體를 조그마한 흠도 없이 지켰고, 지혜의 칼을 연마해 무
디지지 않도록 하고, 풀을 보호하기 위해 그 풀을 자르지 않
듯 계율을 엄격하게 지켰으며, 속세를 벗어나려는 마음을 더
욱 굳건하게 먹었다. 오직 가르침을 청해 배우는 것에 몰두
해 먼 길 가는 것을 싫어하지 않았는데 마침내 서혈원에 주
석하고 있던 양부 선사를 친견했다. 양부 선사는 정다운 눈
빛으로 환영하며 정성스럽고 참된 마음으로 맞아주었다.
② 그래서 자로가 공자의 집 앞에서 거문고를 켜며 물은 것처럼

(정진 대사가) 양부 선사에게 질문했으며 원래 하나를 들으면 열을 아는 재능이 있었던 정진 대사는 스승에게 극진한 존경심을 표하고 (양부 선사의) 가르침에 따라 게으르지 않았으며 오직 성실하게 수행했다. (어느 날) 갑자기 탄식하며 "하루는 달리는 망아지처럼 빨리 지나가고 흐르는 해는 쏜 화살처럼 빠르게 사라진다. 만약 소 발자국에 고인 물에 갇혀있으면 큰 바다의 파도를 타보지 못할 것이고 깨달음을 이루기도 어려운데 어떻게 피안에 이르겠는가!"라고 말했다. 이에 광화 3년[900] 중국으로 가는 큰 배를 찾아 붕새가 날개를 움직여 남쪽으로 날아가듯 이틀 만에 강남지방에 도달했다. 험준한 지역을 넘어 설봉산에 가려고 비원령에 막 도착했을 때 쌀을 옮기는 선 수행자들을 만나 함께 걷고 함께 쉬었다.

③ 선 수행자 가운데 한 스님이 메마른 용나무를 가리키며 "메마른 나무가 홀로 선정에 들어 봄이 와도 다시 꽃과 잎이 피지 않겠도다!"라고 말했다. 정진 대사가 이 게송에 이어 "세속의 경지에서 완전히 벗어나 탈속의 즐거움을 영원히 맛보는구나."라고 읊었다. 그리하여 같이 있던 사람들이 모두 탄복하고는 (정진 대사의 게송을) 음미하며 전하지 않는 사람이 없었다. 비록 혀를 놀리는 번거로움은 있어도 마음을 전하는 종지와 사뭇 부합되었다. 마침내 대령에 올라 수행자들이 머무는 곳을 두루 살펴보았는데 때로는 호랑이의 싸움을 말리는 석장을 짚고 눈 덮인 산과 구름 낀 봉우리를 넘었으며, 때로는 나는 듯 빠르게 흐르는 (높은 산의) 계곡의 물로 독룡을 제압한 발우를 씻었다.

[6] ① 旣多遍願, 愈切尋幽. 詣於谷山, 謁道緣和尙, 是石霜之遍嗣也.
乃問曰: "石霜宗旨的意如何?" 和尙對云: "代代不曾承." 大師言
下大悟, 遂得默達玄機, 密傳秘印. 似照秦皇之鏡, 如深黃帝之
珠, 洞究一眞, 增修三昧, 藍茜沮色, 珠火耀光. 標領袖於禪門,
占笙鏞於法苑, 何啻趒趒, 實是錚錚者矣. ② 大師又製偈子, 呈
和尙曰: "十个仙才同及第, 牓頭若過總得閑. 雖然一个不迴頭,
自有九人出世閒." 和尙覽之驚歎, 因造三生頌, 許令衆和. 大師
養勇有餘, 當仁不讓. 搦兔毫而拆理, 編鳳藻以成章, 莫不價重
碧雲、韻高「白雪」, 豈眞理之究竟? 幷綴緝之硏精, 於世流傳, 故
不載錄.

[6] ① 이미 원하던 바를 많이 이루었기에 더욱 간절하게 깊은 곳을
찾았다. 곡산을 찾아 석상 경저 선사의 제자인 도연 화상을
친견했다. 이에 질문했다. "석상 선사의 올바른 가르침은 무
엇입니까?" 도연 화상이 "결코 대대로 전승하지 않는 것이다."
라고 대답했다. 정진 대사는 이 말에 곧바로 깨닫고 '알기 어
려운 핵심 종지[玄機]'를 내심으로 통달했으며 '은밀한 내용
[密印]'을 (도연 화상으로부터) 전해 받았다. 사물을 분명하게
비추는 진시황의 거울처럼 밝은 경지이자 상망象罔이 찾은
황제의 현묘한 구슬처럼 깊고 그윽한 경지였다. 투철하게 진
여[一眞]를 탐구하고 가일층 삼매를 닦아 파랑이 쪽 풀의 푸르
름을 넘어서고 빨강이 꼭두서니의 붉음을 넘어서는 것과 같
았으며 영롱한 구슬을 통과한 빛이 밝음을 더욱 드러내는 것
과 다르지 않았다. (그리하여) 선문禪門의 지도자가 되었고
선림禪林에 필요한 존재로 위상이 드높아졌다. 어찌 용감한
사람 정도이겠는가? 실로 탁월한 거목이 되었다.

② 정진 대사는 또 게송을 지어 도연 화상에게 보여드렸다. "열 명의 뛰어난 사람이 동시에 급제해 게시판에 이름이 올라 자유롭게 되었네. 비록 한 명이 급제하지 못했어도 아홉 명은 세상을 벗어나 한가로워졌네." 도연 화상이 게송을 보고 놀라 탄복하고는 '삼생에 걸쳐 성불한다는 게송[三生頌]'을 지어 대중들에게 알리도록 했다. 정진 대사는 용기를 길러 여유가 있었고, 인仁을 행하는 일에는 양보하지 않았다. (특히) 토끼 털로 만든 붓을 잡고 이치를 규명하고 뛰어난 글과 구절들을 모아 문장을 지었는데 (비록) 그 가치는 푸른 빛이 감도는 옥보다 높고 그 운율은 「백설」이라는 노래보다 뛰어나다 해도 이것이 어떻게 궁극의 진리이겠는가? 이 글들을 합해 엮고 세밀하게 연구한 책이 세상에 유통되고 있으므로 (여기에) 기록하지 않는다.

[7] ① 大師心澄止水, 跡寄斷雲. 異境靈山, 必盡覽遊之興; 江南河北, 靡辭跋涉之勞. 以梁龍德四年春, 跳出谷山, 路指幽代. 將禮五臺聖跡, 遠履萬里險途, 屆於觀音寺. 憩歇之際, 晝夜俄經, 忽患面上赤瘡, 致阻糸尋之便. 未逢肘後秘術, 莫資療理之功, 久不瘳除, 漸至危篤. 遂乃獨坐涅槃堂上, 暗持菩薩願心. ② 頃刻之間, 有一老僧, 入門問曰: "汝從何所, 所苦何如?" 大師對曰: "來從海左, 久寓江南. 若是毒瘡, 弗愈而已." 乃曰: "且莫憂苦, 宿冤使然." 便以注水如醴, 洗之頓愈. 謂曰: "我主此山, 暫來問慰. 唯勤將護, 用事巡遊." ③ 辭而出歸, 豁如夢覺. 皮膚不損, 瘢癬亦無者. 蓋爲大師, 躬踐淸涼, 親瞻妙德. 由早承於龜氏宗旨, 果獲遇於龍種聖尊, 不可思議, 於是乎在. 厥後西經雲盖, 南歷洞

山, 境之異者必臻, 僧之高者必覲.

[7] ① 정진 대사의 마음은 고요하고 맑은 물과 같았으며 걸림 없이 떠다니는 구름 조각 같았다. 기이한 경치와 신령스러운 산을 다 돌아보는 즐거움을 누렸고 장강의 남쪽과 북쪽 지방을 두루 섭렵하고 다녔다. 용덕 4년[924] 봄에 곡산을 나와 북경 일대와 산서성 동북부 지역으로 향했다. 오대산의 성스러운 유적지에 참배하려고 멀고 험한 길을 걸어 관음사에 도착했다. 쉬는 사이 낮과 밤의 어느 순간에 홀연 얼굴에 붉은 종기가 생겨 유적지를 예배하려는 기회를 놓치게 되었다. 몸에 지녔던 의학 서적이 없어 치료하는 데 노력을 기울이지 못했다. 오랫동안 종기를 없애지 못해 점점 위험한 상태에 이르렀다. 마침내 열반당에 홀로 앉아 조용히 관세음보살의 명호를 염송했다.

② 잠시 후 한 늙은 스님이 들어와 물었다. "당신은 어디에서 오셨으며 괴로운 병은 어떠합니까?" 정진 대사가 "바다 동쪽에서 와 오랫동안 강남에 머물렀습니다. 독한 종기가 생겨 몸이 편하지 못합니다."라고 대답했다. 늙은 스님이 "괴로워하지 마십시오. 전생의 원한으로 인해 생긴 것입니다."라고 설명했다. 곧바로 감로와 같은 달콤한 물을 부어 씻자마자 종기가 즉시 없어졌다. 그리고는 "나는 이 산의 주인으로 잠시 당신을 위문하러 왔습니다. 몸을 잘 보존하여 성스러운 유적지를 잘 순례하십시오."라고 말했다.

③ 관음사를 떠나 나서자 마치 꿈에서 깬 것 같았다. 피부는 상한 곳이 없고 종기도 사라지고 없었다. 이것은 정진 대사가 청량산[오대산]을 몸소 참배하고 문수 보살을 친견했기 때문

에 가능했다. 일찍부터 가섭 존자의 가르침인 '선禪'을 이은
정진 대사가 문수 보살을 직접 만난 불가사의한 일이 진실로
여기에 있었다. 그 후 서쪽의 운개산을 거쳐 남쪽의 동산을
둘러보았으며 경지가 뛰어난 선사를 반드시 찾아갔고 고승
은 빼놓지 않고 친견했다.

[8] ① 後唐同光二年七月, 迴歸達于全州喜安縣浦口. 泊至維舟, 深諧
捨筏, 是猶孟嘗之珠還在浦, 雷煥之劒復入池. 德旣耀於寶身,
志益堅於高蹈. 矧屬天芒伏鼈, 地出蒼鵝, 野寇山戎, 各競忿爭
之力, 巖扃岫幌, 半罹焚煌之灾. 爰遵避地之機, 仍抗絶塵之跡,
效玄豹之隱霧. 畏鳴鶴之聞天, 庇影山中, 韜光廡下. 而乃雖曰
煙霞之洞, 漸成桃李之蹊, 莫遂潛藏, 更議遷徙. ② 康州伯嚴寺
是西穴, 故師所修刱移住也. 以自先師謝世, 法匠歸真, 門人多
安仰之悲, 信士發靡依之歎. 況又雲礎煙嶺, 四時之變態相高,
松韻竹聲, 百籟之和唫不斷, 宛秀東林之境, 堪傳西域之宗. 越
以天成二年, 就而居焉. 大師臺法鏡以常磨, 照通無硋, 簴禪鏞
而待扣, 響應有緣. 遂使歸萬彙之心, 拭四方之目. 訪道者, 雲蒸
霧涌; 請益者, 接踵聯肩. 化遍海隅, 聲振日域. ③ 新羅景哀王,
遙憑玄杖, 擬整洪綱. 雖當像季之時, 願奉禪那之敎. 乃遣使寓
書曰: "恭聞大師早蹂溟渤, 遠屆曹溪, 傳心中之秘印, 探頷下之
明珠, 繼燃慧炬之光, 廣導迷津之路, 禪河以之汩汩, 法山於是
峩峩. 冀令雞嶺之玄風, 播在鳩林之遠地, 則豈一邦之倚賴, 寔
千載之遭逢." 仍上別號曰奉宗大師焉. 大師方寸海納, 無所拒違,
唯弘善誘之功, 益愼見機之道.

[8] ① 후당 동광 2년[924] 7월 전주 희안현[부안]의 항구에 도착했

다. 배에서 내린 뒤 '피안에 이르면 뗏목을 버린다'라는 가르침에 매우 부합되게 행동했는데 바로 맹상孟嘗이 태수로 부임한 뒤 다른 곳으로 갔던 보배가 다시 합포合浦로 돌아오고 뇌환雷煥의 칼이 연평진延平津의 물에 들어간 것과 같은 것이다. 덕성德性은 정진 대사의 몸에 가득했고 뜻은 은거하는 것에 강하게 기울었다. 하물며 하늘은 은거한 현인을 드러나게 했고, 땅은 거위를 뱉어냈으며, 들판에는 도적들이 설치고 산에는 병장기들이 가득했고, 각자 성이 나 다투었으며, 산속의 집과 은자가 머무는 곳은 재난을 당하고 불에 타 훼손되었다. 이에 정진 대사는 전쟁을 피해 자취를 감추었는데 이는 재주 있는 사람이 은거하며 때를 기다리는 것을 본받은 것이다. 학의 울음이 하늘에 울려 임금이 들을까 저어해 그림자를 산속에 감추고 빛을 집안에 숨겼다. 그러나 안개와 놀이 깃든 마을이라도 복숭아나무와 자두나무를 따라 길이 생겨 더 이상 감출 수 없게 되어 다시 옮길 것을 논의했다.

② 강주 백엄사 서혈원은 스승인 양부 선사가 창건해 머무르며 수행했던 곳이다. 스승 양부 선사가 세연世緣을 마감하고 원적에 든 후 문인들은 우러러보고 슬퍼했으며 신도들은 의지할 곳이 없어졌다며 탄식을 연발했다. 하물며 구름 낀 계곡과 안개 덮인 고개의 변하는 모습은 계절마다 다르고, 소나무와 대나무가 내는 자연적인 소리가 때로는 화답하고 때로는 조용해 완전히 여산 동림사의 경치와 같아 부처님 가르침을 전할 만했다. 천성 2년[927]을 지나 그곳으로 (자리를) 옮겨 주석했다. 정진 대사는 진리의 거울을 높이 달아놓고 항상 (몸과 마음을) 연마했기에 비추면 통해 걸림이 없었으며

선의 큰 종을 걸어놓고 두드리기를 기다려 (울림에) 메아리가 응답하듯 인연을 이어갔다. (그리하여) 마침내 중생의 마음이 대사에게 귀의했고 (대사는) 그들의 눈을 닦아 주었다. 진리를 찾아 방문하는 사람들은 구름이 일어나고 안개가 솟아나듯 끊임없이 이어졌고 가르침을 청하는 사람들도 발꿈치를 잇고 어깨를 이을 정도로 많았다. 신라 곳곳을 교화해 명성이 해 뜨는 지역에 울려 퍼졌다.

③ 신라 제55대 경애왕은 멀리서나마 정진 대사의 가르침에 따라 나라의 기강을 바로잡고자 상법 시대의 말기임에도 선의 가르침을 받들고자 했다. 이에 사자 편에 편지를 보내 "대사께서는 일찍이 바다를 건너 멀리 조계에 이르러 마음으로 전하는 중요한 가르침을 전해 받아 아주 귀한 깨달음을 체득했으며, 지혜의 빛을 계승하고 밝혀 미망에 빠진 중생에게 널리 길을 안내하고, 선의 가르침을 면면히 흐르게 해 진리의 산을 우뚝 솟아오르게 했다고 들었습니다. 가섭 존자가 전해 준 가르침이 신라에 널리 전파되기를 바라는 것이 어떻게 한 나라만의 의지처가 되겠습니까? (이는) 실로 천년에 한 번 만나기 어려운 일이라 하겠습니다."라고 말하며 '봉종 대사'라는 별호를 올렸다. 정진 대사의 마음은 바다도 받아들일 수 있을 정도로 넓어 거부하는 것이 없었다. 오직 중생을 잘 인도하려는 착한 마음을 널리 펴고, 중생의 자질에 따라 가르침을 전파하는 것에 더욱 신중하게 노력할 따름이었다.

[9] ① 至淸泰二年, 念言弘道必在擇山, 決計而已俻行裝, 猶預而未謀離發. 忽尒雲霧晦暗, 咫尺難分, 有神人降, 謂大師曰: "捨此奚

邇? 邇湏莫遠." 於是衆咸致惑, 固請淹遲. 大師確然不從, 便以
出去. 有虎哮吼, 或前或後. 行可三十里, 又有一虎, 中路相接,
左右引導, 似爲翼衛, 至于曦陽山麓. 血餘印跡, 方始迴歸.
② 大師旣寓鳳巖, 尤增雀躍. 是以陟彼峯巒, 視其背面, 千層翠
巘, 萬疊丹崖. 屬賊火之焚燒, 致刼灰之飛撲. 重巒複澗, 固無遷
變之容, 佛閣僧房, 半是荊榛之地. 屹爾者, 龜猶戴石, 禪德鑴銘;
歸然者, 像是鑄金, 靈光照耀. 旣銳聿修之志, 寧辭必葺之功! 追
迦葉之踏泥, 效捷連之掃地, 營搆禪室, 誘引學徒, 寒燠未遷, 竹
葦成列. ③ 大師誘人不倦, 利物有功, 至使商人遽息於化城, 窮
子咸歸於寶肆, 列樹而栴檀馥郁, 滿庭而菡萏紛敷, 恢弘禪祖之
風, 光闡法王之敎, 恩均兼濟, 德贍和光. 雖守靜黙於山中, 而示
威猛於域內. 潛振降魔之術, 顯揚助順之功. 遂使蟻聚兇徒、虵
奔逆黨, 遽改愚迷之性, 勿矜强暴之心, 漸罷爭田, 各期安堵, 時
淸泰乙未歲也.

[9] ① 청태 2년[935]에 정진 대사는 불교의 가르침을 널리 펴기 위
해 반드시 산을 선택해야 한다는 생각을 품고 계획을 세워
행장을 준비했으나 결행을 미루고 출발하지 않았다. 갑자기
구름과 안개가 짙게 끼어 바로 앞도 분간하지 못할 정도가 되
더니 어떤 신령스러운 사람이 나타나 대사에게 "이곳을 버리
고 어디로 가려고 하십니까? 가시더라도 멀리 가지는 마십시
오."라고 말했다. 이리하여 대중들이 모두 의혹에 쌓여 머무
르자고 간곡하게 요청했다. 정진 대사는 요청을 받아들이지
않고 곧바로 출발했다. 호랑이가 울부짖으며 혹은 앞에서 안
내하고 혹은 뒤에서 호위했다. 그렇게 30여 리를 가니 또 한
마리의 호랑이가 길에 나타나 대사를 맞아 마치 두 날개로

지키듯 왼쪽과 오른쪽에서 나란히 인도해 희양산 기슭에 이르렀다. 사람이 다녀간 흔적을 보고서야 비로소 돌아갔다.

② 정진 대사가 봉암사에 자리를 정하고는 마음이 뛸 듯이 기뻤다. 그리하여 산봉우리에 올라 (봉암사의) 뒷모습[뒷산]을 바라보니 겹겹이 쌓인 푸른 봉우리와 수많은 바위로 이뤄진 붉은 낭떠러지가 있었다. 산적들이 불로 태운 듯했고 괴겁 시기에 일어난 큰불이 태우고 남긴 재가 공중으로 날아오른 것 같았다. 중첩된 봉우리와 깊게 파인 계곡은 전혀 변하지 않은 모습이었고 봉암사의 불전佛殿과 승방은 태반이 무성한 잡목에 파묻혀 있었다. 높이 솟은 산은 거북이 지고 있는 돌에 뛰어난 수행자의 이름이 새겨진 비석과 같았고 웅장한 산봉우리는 금으로 주조한 불상이 신령스러운 빛을 내뿜는 것처럼 보였다. 이미 선인들이 남긴 업적을 계승해 더욱 빛내고자 하는 마음을 강하게 먹었는데 어찌 중창할 노력을 그만두겠는가! 가섭 존자가 발로 흙을 밟던 것을 따르고 목건련 존자가 땅을 쓴 것을 본받아 수행할 집을 짓고 배우는 사람들을 지도하고 안내하며 추위와 더위에도 움직이지 않자, 대나무와 갈대가 빽빽하게 자라듯 문전성시門前成市를 이루었다.

③ 정진 대사는 배우는 사람을 가르치는데 싫증 내지 않았고 중생을 이롭게 하는데 애썼다. 그리하여 보배를 찾아 나선 상인들을 화성에 쉬게 하고, 빈궁한 아들 모두를 보배가 가득한 창고로 돌아가게 했으며, 줄지어 선 전단 나무에서 풍기는 향기를 더욱 짙게 했으며, 뜰에 가득한 연꽃이 만개하도록 했으며, 조사들이 전한 가풍을 더욱 넓게 퍼뜨렸으며, 부처님 가르침을 밝게 드러냈으며, 은혜를 골고루 베풀어 모두

구제되도록 했으며, 널리 덕을 베풀며 세상 사람들과 함께
살아갔다. 비록 산중에서 고요하게 지내도 위엄과 용맹함을
세상에 두루 떨쳤다. 마군을 조복시키는 방편을 드러나지 않
게 활용했고 중생을 교화해 순화시키는 노력을 기울였다. 마
침내 개미처럼 모인 흉악한 무리와 뱀처럼 달리는 역적 무리
의 어리석고 미혹한 본성을 순식간에 바꾸어 난폭한 마음을
자랑하지 못하게 하고, 땅을 차지하려고 다투는 마음을 점차
그만두도록 해 각자 사는 곳에서 평안히 지내는 것을 기약하
게 했는데 이때가 바로 경순왕 9년[935]이었다.

[10] ① 我太祖, 以運合夷兒, 時膺定乱, 命之良將, 授以全師, 指百濟
之狡窟梟巢, 展六韜之奇謀異略, 桴皷而山河雷振, 張旗而草
樹霞舒, 我則鷹揚, 彼皆魚爛, 衂殷辛於牧野, 敗楚羽於烏江,
竭海剟鯨, 傾林斬兕. 四紀而塵氛有暗, 一朝而掃蕩無遺. 是用
封墓軾閭, 繼周王之高躅, 重僧歸佛, 遵梁帝之遺風. 摸五天而
像飾爰崇, 闢四門而英賢是召. 於是道人輻湊, 禪侶雲臻, 爭論
上德之宗, 高贊太平之業. ② 此際大師不待鵠版, 便出虎溪.
動白足以步如飛, 伸雪眉而喜可見. 路次中原府, 府有鍊珠院,
院主芮帛常誦《楞迦》, 未嘗休息. 至是夜夢, 仙竪從窣堵波頂上,
合掌下來曰: "當有羅漢僧經過, 宜以預辦供待者." 翌旦集衆言
其所夢, 衆皆歎異, 洒掃門庭, 竚立以望, 至于日夕, 果大師來.

[10] ① 우리 태조 대왕께서 운명적으로 오랑캐 및 흉악한 도적들과
교전交戰해 마땅히 혼란을 평정할 시기를 맞았다. (운명이)
태조 대왕에게 훌륭한 장수와 온전한 군대를 주어 백제 지
역에 있는 교활하고 사나운 무리들을 가리키며 육도의 신묘

한 병법과 뛰어난 전략으로 전투를 벌이도록 하셨다. 북을 치니 산과 하천이 천둥처럼 진동하고 깃발을 벌이니 (적군이) 풀과 나무처럼 피를 흘리며 흩어졌다. 우리 군대는 매처럼 날쌔지고 적군은 모두 썩은 고기처럼 변했다. 주나라의 군대가 목야의 들판에서 은나라 주왕의 군대를 물리치는 것과 같았고 한나라가 오강烏江에서 초나라를 무찌른 것과 다르지 않았다. 바닷물을 말려 고기를 잡아내고 숲속을 뒤져 외뿔소를 베어 버리듯 하셨다. 48년 동안 자욱하던 전란의 티끌을 (태조 대왕께서) 하루아침에 남김없이 휩쓸어 버리셨다. 이는 충신의 무덤을 정리·수리하고 현인賢人이 살았던 마을을 지나며 수레에서 내려 예를 표한 주나라 무왕의 고상한 자취를 계승한 것이다. (태조 대왕은) 스님들을 존경하고 양나라 무제의 유풍을 따라 불교에 귀의하셨다. 인도를 모방해 사찰을 장엄하고 존숭했으며 네 문을 열고 뛰어난 현인을 불러들이셨다. 그리하여 뛰어난 수행자들이 바퀴통에 바큇살이 모이듯 모여들고 구름이 모이듯 선 수행자들이 집결해 부처님의 덕성을 다투어 논의하고 삼국을 통일해 태평성세를 이룬 (태조의) 대업을 찬양했다.

② 이러한 때 정진 대사는 조서를 기다리지 않고 바로 봉암사의 산문을 나섰다. 흰 발을 나는 듯이 움직였고 흰 눈썹을 펴니 보는 사람마다 즐거워했다. 정진 대사가 지나는 길인 중원부에 연주원이 있었다. 이 사찰의 예백 스님은 항상 『능가경』을 독송해 쉰 적이 없었는데 그날 밤 예백 스님의 꿈에 탑 꼭대기에서 수행자가 합장하고 내려오며 "덕 높은 스님이 지나갈 것이니 마땅히 공손하게 모실 준비를 하시오."라고 말했다.

다음날 대중을 모아놓고 꿈 내용을 말하니 대중이 모두 기이하다고 찬탄하며 문 앞에 물을 뿌리고 청소한 뒤 기다렸다. 저녁 무렵 과연 정진 대사가 도착하셨다.

[11] ① 及詣京師, 太祖見而異之. 危坐聳敬, 因問傳法所自, 莫不應對如流. 懊見大師之晚, 乃從容相謂曰: "自玄奘法師往遊西域, 復歸咸京, 譯出金言, 秘在寶藏. 降及貞元已來, 新本經論寖多. 故近歲遣使閩甌, 贖大藏眞本, 常令轉讀弘宣. 今幸兵火已燼, 釋風可振. 欲令更寫一本, 分置兩都, 於意如何?" 大師對曰: "此實有爲功德, 不妨無上菩提. 雅弘經博, 能諧佛心. 其佛恩與王化, 可地久以天高, 福利無邊, 功名不朽矣." ② 自爾一心敬仰, 四事傾勤. 或闢紫宸而懇請邀延, 或詣紺宇而親加問訊. 而乃鶴情猶企, 戀雲洞以日深, 鳳辰是辭, 出天衢而電逝. 是以命僧史以援送, 厚淨施以寵行. 道路爲之光耀, 名聲避之自追. 一歸霞嶠, 七換星槐. 每傳驛之往來, 寔香茗之饋遺. 俄聞九天之鼎駕昇遐, 四海之金絲遇密. 雖是忘言之者, 豈無出涕之哀?

[11] ① 정진 대사가 개경에 도착하자 고려 태조가 대사를 만나고는 (대사를) 특별하게 여겼다. 단정하게 앉아 존경심을 표하며 법을 전해 받은 내력을 질문하자 대사는 물 흐르듯 자연스럽게 답변했다. 태조는 정진 대사를 늦게 만난 것을 한탄하며 조용한 태도로 말했다. "당나라의 현장 스님이 서역으로 가 배우고 다시 장안으로 돌아와 옮긴 부처님 말씀이 보배로운 창고에 보관되어 있습니다. (당나라) 정원 연간[785-805] 이래 새롭게 번역된 경전이 점차 많아졌습니다. 근년 (중국의) 강남지방에 사신을 파견해 귀중한 대장경을 구해

와 항상 읽고 널리 퍼뜨리도록 했습니다. 지금 다행히 전쟁이 끝나 부처님 가르침을 일으킬 수 있게 되었습니다. 대장경 1부를 다시 사경해 개경과 서경에 나누어 두고자 하는데 대사의 생각은 어떠합니까?" 정진 대사가 대답했다. "대장경을 사경해 두 곳에 두는 것은 실로 공덕이 많은 일이자 위없는 깨달음에 도움 되는 일입니다. 경전을 널리 전파하는 아름다운 일은 능히 부처님의 마음에도 맞습니다. (이 일로 인해 생기는) 부처님의 은덕과 임금님의 교화는 마치 하늘과 땅이 영원히 변하지 않듯 그 복덕과 이익은 끝없을 것이며 공덕과 이름도 영원할 것입니다."

② 이로부터 태조는 정진 대사를 한마음으로 공경해 침구, 의복, 음식, 탕약 등으로 정성을 다했다. 때로는 대궐의 문을 열고 간절하게 초청했으며, 때로는 정진 대사가 머무는 곳에 친히 왕림해 묻기도 했다. 그러나 정진 대사는 수행자의 마음으로 구름 낀 사찰을 그리워하는 것이 날로 깊어져 태조에게 하직하고 개경을 벗어나 빨리 돌아가고 싶었다. 그래서 (태조가) 승사僧史에게 명해 (정진 대사가) 돌아가는 것을 돕고 보시를 많이 해 편안하게 가도록 했다. (대사가) 산으로 돌아가는 길은 빛났으며 (대사는) 명성을 추구하지 않았으나 (명성이) 스스로 대사를 따라왔다. 노을이 아름답게 낀 사찰로 돌아간 후 순식간에 7년이라는 시간이 흘렀다. 그 사이 임금이 보낸 사신이 자주 오가며 향, 차 등의 선물을 가져왔다. 어느 날 갑자기 대궐에서 (임금이) 승하하셨다는 소식을 듣고 사해를 이어주던 금으로 만든 줄이 끊어졌음을 알았다[임금이 붕어하셨다는 사실을 알았다]. 비록 말보다는 수행을 강조하는

사람이지만 어찌 눈물을 흘리며 애통해하는 슬픔마저 없겠는가?

[12] ① 暨惠宗纂承丕搆, 繼稟先朝, 遣乘軺之可使, 稱負扆之有因. 由是大師馳僧介以飛奏章, 慶王統之光嗣, 緒遙伸祈祐, 未暇締緣. 雖崆峒之請有期, 奈蒼梧之巡不返. 迨于定宗, 繼明御宇, 離隱統天. 常注意於釋門, 冀飫味於禪悅. 大師不辭跋履, 步至京華, 設豎國之藥言, 喩從繩則木正, 事如投水, 道洽補天, 沃心有餘, 書紳可驗, 乃以新製磨衲袈裟一領寄之. 及乎歸山, 又以新寫義熙本《華嚴經》八帙送之. 盖爲大師, 色空無異, 語默猶同, 每臠金言, 常披玉軸故也. ② 今聖騰暉虹渚, 毓德龍淵, 顯膺千載之期, 光嗣九天之位, 功高立極, 業盛承基. 將安東土之人, 深奉西乾之敎; 勤庶政於君道, 種多福於僧田; 斟定水於禪河, 泛慈波於宸澤; 楞迦之門大啓, 總持之菀廣開. 遂欲遠迓慈軒, 親瞻慧眼.

[12] ① 혜종이 대업을 잇고 태조의 유풍을 계승한 뒤 수레 탄 사신을 (정진 대사에게) 파견해 왕업을 계승하게 된 연유를 알렸다. 이리하여 대사는 승개 스님을 보내 황제에게 편지를 올려 왕통을 이은 빛나는 승계를 축하하고 멀리서나마 나라가 잘되기를 기도하겠다고 말했으나 인연을 맺을 여가餘暇를 가지지는 못했다. 혜종이 진리에 대해 질의하겠다고 약속했으나 순舜 임금이 남쪽 지방을 순례하다 돌아오지 못하고 창오의 들판에서 서거하셨듯 혜종도 승하하고 말았다. 정종께서 그 자리를 계승해 잠룡에서 벗어나 천하를 통치하게 되었다. (정종 역시) 불교에 항상 관심을 기울여 선이 주

는 즐거움을 맛보고 싶어 하셨다. 정진 대사는 물을 건너고 산을 넘는 힘듦을 마다하지 않고 걸어 개경에 이르러 황제에게 귀중한 말씀을 드렸는데 마치 먹줄을 따라 나무가 곧게 되고 나라의 일은 물에 돌을 던지는 것처럼 순조롭게 되었으며, 정진 대사의 말씀[道]은 나라를 정비하는 데 큰 도움이 되었고, (정진 대사가 계발한) 정종의 마음에는 여유가 넘쳤으며, (정종은 정진 대사의 말씀을) 큰 띠에 새겨 잊지 않듯이 해 증험을 보았다. 이에 비단으로 만든 새 가사 한 벌을 정진 대사에게 드렸으며, 산으로 돌아온 정진 대사에게 (정종은) 새로 필사한 『60 화엄경』 8질을 보내왔다. (이는) 정진 대사가 색色과 공空이 다르지 않음과 말씀[語]과 침묵[黙]이 오히려 같음을 알아 매번 넋을 잃을 정도로 부처님 말씀[경전]을 대하고 항상 두루마리 책자를 읽고 있었기 때문이다.

② 지금 황상[광종]께서는 광휘를 드날려 (왕업王業을) 강가에 뜬 무지개처럼 빛나게 하셨고[국가를 더욱 강성하게 만드셨고], 깊은 연못에서 덕성을 기른 용이 천년의 기약에 응해 나타난 것과 같으시며, 대궐의 보위를 계승해 빛내셨으며, 세운 공은 정점에 이르렀으며, 왕업을 왕성하게 해 튼튼한 기반을 닦으셨다. (그리하여 광종은) 고려의 백성들이 편안히 살 수 있도록 하셨고 인도에서 전파된 불교를 깊이 신봉하셨다. (또) 임금이 살펴야 할 여러 일들을 부지런히 실행하시고 스님들에게 많은 복덕을 지었다. (광종은 특히) 선禪의 강江에서 선정의 물을 떠 마셨으며 대궐 안에서 자비의 물결을 널리 흘려보내셨다. (게다가 백성들이) 선종의 가르침을 믿도록 대문

을 크게 여셨고 교종과 밀종의 정원도 활짝 열어 신앙심을
북돋우셨다. 그리하여 정진 대사를 만나고 싶어 멀리서 흠모
하다 정진 대사가 대궐에 왕림해 주기를 간절히 바라셨다.

[13] ① 以聖朝光德二年春, 馳之駟騎, 寓以龍緘. 敍相遇之, 必諧懇來,
儀之是望. 大師亦擬出東林, 將朝北闕; 催淨人之晨爨, 趍從者
之行裝. 時寺有一面皷架, 在法堂上, 忽然自鳴. 厥聲坎坎, 若
山上之砰磕, 猶谷底之颺颺, 衆耳皆驚, 同心請駐. 大師確不從
請, 便以出行, 行至途中, 果遇中使. 禪侶則來經月岳, 王人則
去涉漢江, 旣忻邂逅之逢, 不議逡巡之退. ② 洎乎路入圻甸,
禮備郊迎. 仍令諸寺僧徒、滿朝臣宰, 冒紅塵而導從, 步紫陌以
陪隨. 尋於護國帝釋院安下, 詰旦上高闕天闈, 別張淨室, 親迎
雲毳, 特設齋筵, 伸鑽仰之素誠, 用諮諏於政道. 大師旣諧就日,
必擬迴天. 言忘言之言, 說無說之說, 豈獨資乎道味? 抑能導乎
政風, 雅弘開濟之功, 終叶歸依之懇. 迺以其年四月, 移住舍那
禪院, 仍送磨衲袈裟一領, 兼營齋設, 無不精勤.

[13] ① 우리 황제 폐하[광종] 광덕 2년[951] (사자가) 역참에 있는 말
을 타고 달려와 임금의 편지를 (정진 대사에게) 전해주었다.
만나기를 원하니 반드시 왕림해 주시기를 앙망한다는 내용
이었다. 대사 역시 동쪽의 봉암사에서 나와 북쪽의 대궐을
향하고자 했다. 사람들에게 새벽밥을 짓게 하고 따라가는
사람들에게 행장을 꾸리라고 재촉했다. 당시 봉암사 대웅전
에 한쪽 면을 가죽으로 만든 북이 있었는데 갑자기 스스로
소리 내어 울었다. 둥둥거리며 울리는 소리는 마치 산 위에
내리치는 번개처럼 우렁찼고 계곡에 부는 바람 소리 인양

거세 모든 사람이 놀라 한마음으로 사찰에 머무르라고 말했다. 대사는 확신에 차 대중들의 요청을 듣지 않고 곧바로 길을 나서 (개경으로 가는) 중간에 왕이 파견한 사자를 만났다. 선 수행자정진 대사는 월악산을 지나오고 임금이 파견한 사자는 한강을 건너 기쁘게 서로 만나 머뭇거림 없이 개경으로 향했다.

② (일행이) 개경 부근에 이르자 예를 갖춰 교외에서 영접했다. 여러 사찰의 스님들과 조정의 신하들이 먼지를 무릅쓰고 앞과 뒤에서 걸어 도성으로 난 길을 따라갔다. 호국제석원에 행장을 푼 다음 날 이른 아침, (광종은) 대궐의 문을 열고 별도로 깨끗한 방을 준비해 친히 승복 입은 스님을 맞아 특별히 법회를 열고, 대사를 우러러 기리는 소박한 정성으로 정치의 길에 대해 질문했다. 정진 대사는 이미 광종과 가까워져 (나라의 형세를) 다시 만회하려 애썼다. 말 없는 말과 설명 없는 설명으로 가르침을 펴니 어찌 (정진 대사에게만) 홀로 깨달음의 맛을 제공했겠는가? 게다가 (정진 대사가 설법으로) 정치 풍토를 인도해 세상을 구제하는 공덕의 문을 아름답고 넓게 열자 마침내 (광종은) 귀의하는 간절한 마음으로 (대사의) 정성에 보답했다. 또한 그해[951] 4월 사나선원으로 옮겨 머무르자 (광종이) 비단으로 만든 가사 한 벌을 보내고 정진에 필요한 음식을 준비했는데 정성을 다하지 않은 것이 없었다.

[14] ① 上謂群臣曰: "顧惟幼沖, 獲承基搆, 每當機務之暇, 討史籍之文. 昔自軒皇, 逮于周發, 僉有師保, 用匡不怠, 故曰君民也. 師臣

則王, 友臣則霸, 況師高尙者, 可謂其利博哉! 今覩曦陽大師,
真爲化身菩薩矣. 何不展師資之禮乎?" 僉言: "可矣." 罔有異
辭. ② 於是上命兩街僧總、大德法興, 內議令太相皇甫崇忠良,
便詣禪局, 備傳聖旨. 續遣中使, 送錦緣磨衲袈裟一領, 幷項踵
之飾等. 然後上領文虎兩班及僧官, 暫出珠宮, 親臨金地, 手擎
鵲尾, 面對龍頤, 仍詔翰林學士太相守兵部令金岳, 宣綸制曰:
"昔晉主遇於遠公, 傾心頂戴, 吳王逢於僧會, 禮足歸依, 人天盛
傳, 古今美事. 寡人雖德慙往哲, 而志敬空門, 勵行孜孜, 修心
惕惕. 大師優曇一現, 慧日重明, 瞻蓮眼而煩惱自銷, 覩果脣而
塵勞頓息, 多生因果, 今世遭逢, 敢啓至心, 仰聞淸聽. 願展爲
師之禮, 冀成累劫之緣, 躬詣松開, 面伸棗懇, 伏希慈鑒俯許.
誠祈請光師道, 敬加尊号, 爲證空大師. 劫劫生生, 託慈航之濟
渡; 在在處處, 攀慧幟以游揚. 頓首謹白." ③ 於是道俗具寮, 一
齊列賀, 禮無違者, 道益尊焉. 大師跡現四依, 功修萬劫, 言必
契理, 行乃過人. 旣交香火之緣, 有期忉利之行; 開示希夷之旨,
發揚淸淨之風; 顯整王綱丕, 傳法密傳法寶; 實使金輪悠久, 益
能玉晨光輝; 慈燈之焰透三韓, 甘露之澤均一國. 自棲鞏轂, 屢
換星霜, 化導之功已成, 肥遁之身是退.

[14] ① 황제[광종]가 여러 신하에게 말했다. "돌아보면 짐은 어려서
     황위에 올라 중요한 일들을 처리하는 여가에 역사 문헌들을
     찾아보곤 했소. 옛날 황제黃帝 헌원씨로부터 주나라 무왕에
     이르기까지 모두 스승 같은 신하가 있어 왕의 잘못을 고치
     는 것에 게으르지 않았기에 '백성을 다스리는 임금[君民]'이
     라 말했소. 스승 같은 신하가 있기에 왕이 되며 친구 같은
     신하가 있기에 패왕이 되는데 하물며 인격과 덕성이 훌륭한

스승이라면 가히 그 이익이 매우 많다고 말할 수 있을 것이오! 지금 희양산의 정진 대사를 뵈니 참으로 인간의 몸으로 태어난 보살이라 할 수 있습니다. 어떻게 스승과 제자의 예를 갖추지 않겠습니까?' 모든 신하가 "참으로 지당하십니다." 라고 대답하고 다른 의견을 말하는 사람이 없었다.

② 이리하여 황제가 양가승총이자 대덕인 법여 스님과 내의경이자 태상인 황보숭충량 등에게 명해 정진 대사가 머무르고 있는 사찰에 황제의 뜻을 전하도록 했다. 또한 궁중의 사신을 파견해 비단으로 옷깃을 마무리한 가사 한 벌과 온몸을 장식하는 데 필요한 장신구 등을 보냈다. 그런 다음 문관, 무관, 승관僧官 등 모든 관원을 거느리고 대궐에서 잠깐 나와 친히 사찰에 왕림했다. 손잡이가 긴 향로를 손에 들고 정진 대사의 얼굴을 직접 보며 한림학사 겸 태상이자 병부령인 김악을 불러 조서를 선포하도록 했다. "옛날 동진의 안제는 여산 혜원 스님을 만나려는 마음으로 (혜원 스님을) 받들었고, 오나라 대제 손권은 강승회 스님을 보고는 최상의 예를 표하고 귀의했는데 (이는) 인간 세상과 하늘나라에 성대하게 전하는 고금의 아름다운 일들입니다. 과인이 비록 옛날의 현인들에 비해 덕이 부족해도 마음으로 불교를 숭앙崇仰하고, 불교를 외호하는 일을 꾸준하게 했으며, 마음 닦은 일에도 게을리하지 않았습니다. 3천 년에 한 번 우담화가 피듯 정진 대사는 인간 세상에 나타나신 희유한 분이고, 지혜의 빛은 밝고도 밝은 분이시며, 연꽃 같은 대사의 눈을 보면 번뇌가 저절로 사라지고, 과즙처럼 붉은 대사의 입술을 보면 세속적인 망상이 일시에 없어지며, 여러 생에 걸친 인연의 결과 지

금 세상에서 대사를 만났기에 감히 지극한 마음을 열고 맑은 가르침을 우러러 듣고자 합니다. 대사에게 스승의 예를 올려 수많은 세월 동안 맺은 인연을 이루고자 일주문을 넘어 붉은 마음을 드러내니 (대사께서는) 자비로운 눈길로 허락해 주십시오. 빛나는 스승의 가르침을 내려주시기를 진실로 바라며 존경하는 마음으로 '증공 대사'라는 존귀한 이름을 올립니다. 수많은 시간 동안 자비심으로 중생을 구제해 주시고 곳곳에서 지혜의 기치를 든 채 구애받지 않는 유유자적한 모습을 보여주셨으면 합니다. 머리를 조아리며 삼가 아뢰옵니다."

③ 이리하여 출가자, 재가자, 관리 등이 (대사에게) 일제히 축하를 드렸는데 어긋나게 행동하거나 예의에 맞지 않게 행동하는 사람이 한 명도 없어 대사의 깨달음은 더욱 존숭을 받았다. 대사의 자취는 사의보살四依菩薩처럼 의지할 근거가 되었고, 수많은 시간 동안 쌓은 공덕으로 대사의 말씀은 반드시 이치에 맞았으며, 수행은 다른 사람이 감히 따라올 수 없는 경지에 이르렀다. 대사는 이미 불교와 깊은 인연을 맺었기에 도리천에 태어날 것이 기약되어 있으며, 보고 듣는 수준을 뛰어넘은 탁월한 가르침을 펼쳤기에 깨끗한 수행의 바람을 일으켰으며, 왕의 통치와 왕업을 드러내고 정비해 가르침과 진리의 보배를 비밀히 전수했으며, 진실로 전륜성왕의 업적을 영원하게 해 제왕을 더욱 빛냈으며, 자비의 등불을 고려 전체에 비쳤고 감로의 은택이 골고루 미치도록 했다. 개경에 머문 세월이 여러 해를 넘겨 교화한 업적을 이미 이뤘기에 산으로 돌아가려고 마음먹었다.

[15] ① 越以周廣順三年秋, 還歸故山焉. 上以摳衣避席, 從請益以匡
蕑, 遠致高情, 奈忘機之不輟? 躬攀法軨, 泣送山裝. 策杖徐行,
恣鶴步於三秋曠野, 拂衣輕擧, 尋鳥道於萬里舊山. 介後輼騎
聯翩, 王人往復, 交轡道路, 綴影巖磎. 贈之以香盌水瓶, 極彫
鏤之工巧; 副之以鳩坑蠻海, 窮氣味之芳馨. 慶頼旣多, 虔恭益
切. ② 至顯德三年秋八月十九日, 忽告衆曰: "吾西學東歸, 將
踰三紀, 擇山而住, 誘引後來, 借以靑山白雲, 導彼迷津失路.
每或披尋玉偈, 資國福緣. 今風燭水泡, 未能以久, 難將作矣.
吾欲往焉, 各執爾心, 勉遵佛訓." 又謂傳法之首逈超禪師曰:
"爾宜構室, 繼以傳燈, 唯事光前, 無墜相付者." 言訖而泊然坐
滅, 享齡七十九, 歷夏六十. ③ 是日也, 天昏四闇, 地動山搖,
鳥獸悲鳴, 杉栝萎悴. 於是緇素學流、遠近耆幼, 覩變異之非常,
含悲憂而競集, 洒泣流於原野, 哀響振於山溪, 豈唯魯聖發壞
木之歌, 闍王驚折梁之夢而已哉? 上聞之, 震悼哭諸寢焉. 乃遣
使左僧維大德淡猷、元尹守殿中監韓潤弼等, 吊以書, 賻以穀
及茗荈. 又遣諡号、塔名, 使元輔金俊巖, 使副佐尹前廣評侍
郎金廷範等, 贈淨諡曰靜眞大師、圓悟之塔. ④ 仍命有司, 寫
眞影一鋪, 錦緣金軸. 不日而成, 幷題讚述. 因令右僧維大德宗
乂、正輔金瑛、正衛兵部卿金靈祐等, 充送眞影, 使兼營齋設,
無偏無頗, 能諧始卒. 遂使飾終之禮著矣, 尊師之道焯焉.

[15] ① 후주 광순 3년[953]을 지나 (정진 대사는) 희양산으로 돌아
갔다. 황상께서 하의 자락을 들고 자리에서 일어나는 등 모
든 예의를 다하고 부족함 없이 가르침을 요청하며 높은 마
음의 경지에 이르렀어도 (황상이) 세속의 일에 관한 관심을
잊거나 끊지 못하는 것을 어찌하겠는가? 황제가 친히 (정진

대사가 탄) 수레를 잡고 울며 산으로 돌아가는 대사를 전송했다. 지팡이를 짚고 천천히 떠나는 대사의 모습은 마치 가을걷이가 끝난 넓은 들판을 걷는 학과 같았고 옷깃을 떨치고 가볍게 걷는 (대사의) 걸음걸이는 멀리 떨어진 옛 산을 찾아가는 새와 같았다. 이후 수레와 말이 끊임없이 오갔으며, 임금이 보낸 사자 역시 개경과 봉암사를 왔다 갔다 했으며, 말고삐가 도로에서 교차할 정도였으며, 그림자가 연이어 봉암사 계곡에 드리울 정도로 많은 사람이 내왕했다. 임금은 향완과 물병을 보냈는데 새긴 기술과 새겨진 조각이 매우 뛰어났으며, '구갱'과 '만해'를 딸려 보냈는데 향기로운 기운이 (거기에) 가득했다. 다행스럽게도 의지할 곳을 찾았다는 듯 임금은 더욱 공손하고 경건하게 (대사를) 모셨다.

② 현덕 3년[956] 가을 음력 8월19일 (대사가) 홀연 대중에게 말했다. "내가 중국으로 구법 유학을 떠났다 돌아온 지 36년이 지났으며 산을 선택해 머무르며 후학들을 인도한 것은 푸른 산과 흰 구름을 빌려 길을 잃고 헤매는 중생을 지도하기 위해서였다. 매번 경전을 열고 훌륭한 구절을 찾아 독송한 것은 나라에 도움 되는 복된 인연을 맺어주고자 함이었다. 지금 나의 몸은 바람 앞의 등불이나 물거품과 같아 오래 견디지 못하니 장차 할 수 있는 것이 없다. 나는 이제 (서방으로) 가려고 하니 각자 자신의 마음을 다잡고 부처님 가르침을 잘 따르도록 노력하라." 또한 상수 제자인 형초 선사에게 "그대는 가풍을 잘 지켜 가르침의 등불을 계승하고, 오직 전대의 빛[깨달음]을 섬겨 서로 전하는 맥이 끊어지지 않도록 하라."라고 말씀하셨다. 말씀을 마치고 조용히 입적하시니 세수는

79세이며 법랍은 60세였다.

③ 바로 이날 하늘이 어두워지고 사방이 어두컴컴하더니 땅이 움직이고 산이 흔들렸으며, 날짐승과 길짐승들이 슬프게 울었으며, 삼나무와 노송나무는 시들고 파리해졌다. 이때 출가자, 재가자, 배우는 사람들, 그리고 멀고 가까운 곳의 늙은이와 어린아이들 모두가 변화를 보고 정상이 아니라고 느껴 슬픔과 걱정을 품고 경쟁하듯 들판에 모여 눈물을 흘리며 울어 그 울림이 산의 계곡을 뒤흔들었는데 이것이 어찌 공자가 부른 대들보가 부러지는 노래에 지나지 않겠으며 아사세왕이 대들보가 부러지는 꿈을 꾸고 놀란 것에 지나지 않는 것이겠는가? 황상은 듣고 매우 슬퍼하며 침실에서 우셨다. 이에 좌승유이자 대덕인 담유 스님과 원윤이자 수전중감인 한윤필 등을 파견해 글로써 조문하고 곡식, 차, 향 등을 부의賻儀로 보냈다. 또한 '시호'와 '탑 이름'을 내리기 위해 원보 김준암과 부좌윤이자 전 광평시랑이었던 김연범 등을 파견해 '정진대사靜眞大師'라는 시호와 '원오圓悟'라는 탑 이름을 추증追贈하셨다.

④ 그리고 (임금은) 가장자리를 비단으로 두른 금빛 나는 두루마리 형태의 진영 한 폭을 그리라고 유사有司에게 명하셨다. 오래지 않아 진영이 완성되자 '영찬影讚'까지 지어 부치게 했다. 우승유이자 대덕인 종예 스님, 정보 김영, 정위이자 병부경인 김령우 등에게 진영을 전달하라고 하셨으며 겸하여 대중에게 공양을 올리게 해 편향되거나 지나침 없이 (장례 의식의) 처음과 끝에 모두 맞게끔 하셨다. 그리하여 (임금은) 장례 의식의 예법이 드러나고 존경하는 스님의 가시는 길을

애도하도록 하셨다.

[16] ① 大師立性純樸, 抱氣英奇, 眼點珠明, 骨聯金細, 汪汪焉陂澄萬
頃, 磊磊若嶽聳千尋. 每以勸勵學徒, 語簡旨遠, 故或問曰: "不
離左右, 猶不識者何?" 師云: "我也不識." 闍梨問: "彼此不相識
時如何?" 師云: "東西不遠自遠心, 豁然圓成一處活." 師云: "陽
日轉高, 後代何憂." 其所謂簡遠, 多此類也. ② 豈土木之形骸,
無毫氂之差錯? 所稟護犯, 一無缺遺, 故得年漸逼於桑楡, 身轉
輕於黍累. 或當盥浴, 坐在盆中, 宛若浮瓢, 未嘗潛沒. 又衲衣
故弊, 縱不瀚濯, 體無所癢, 蟣蝨不生. 若此已來, 殆餘四紀. 嘗
於微時, 夢坐于三層石浮圖上者. 衆中有解者云: "大師, 必見
三度加号, 爲萬乘師事矣." 聽者歎驚, 來如墙進, 尋時致賀, 後
實果焉. 臨滅時, 寺之東峯西嶺, 蒼栢寒松, 色變慘涸, 倅於鵠
樹. 又山之北面, 無故崩墜, 約百餘丈高. 亦有於兔從東南崗,
繞寺行過, 悲鳴長皐, 聲動溪洞, 聯於晝夜, 靡有斷絶.

[16] ① 대사의 본성은 순박하며, 영특한 기운을 품었으며, 눈은 보
배 같은 밝음을 점으로 찍어 놓은 것 같으며, 골격은 세밀한
금을 연결한 듯하며, 넓고 넓은 마음은 만경萬頃의 물을 담
은 듯 너그럽고 시원시원해 작은 일에 얽매이지 않았다. 항
상 수행자들에게 수행에 힘쓸 것을 권하고 격려했으며 그
말씀은 간결하나 그 의미는 심원했다. 간혹 누가 "곁을 떠
나지 않았어도 모르는 것은 무엇 때문입니까?"라고 물으면
"나 역시 모른다."라고 답변하셨다. 어느 스님이 "서로 알지
못할 때는 어떠합니까?"라고 질문하자 정진 대사는 "동쪽과
서쪽은 멀지 않으나 자기 마음이 멀며, 크게 깨달아 원만해

지면 같은 곳에 머무르며 살게 된다."라고 대답하셨다. 정진 대사는 "태양이 떠올라 점점 높아지는데 뒷세대가 무엇을 근심하겠는가?"라고 말씀하셨다. 간결하나 (의미는) 심원한 이런 말씀이 매우 많다.

② (정진 대사의) 몸과 뼈는 흙과 나무, 즉 지·수·화·풍으로 이뤄졌는데 어떻게 털끝 정도의 작은 어긋남도 없겠는가? 받은 계율을 하나도 빠트리지 않고 지키려 애썼기에 나이가 들고 노년이 되자 몸은 점차 기장을 묶은 것보다 더 가벼워졌다. (그래서) 때때로 목욕할 때 대야 속에 앉으면 마치 바가지처럼 (물 위로) 떠 결코 물속에 잠기지 않을 정도였다. 또한 승복은 오래되고 낡아 설사 씻지 않아도 몸이 가렵지 않고 서캐와 이도 생기지 않았다. 이런 식으로 거의 48년이나 생활하셨다. 젊은 시절 3층 석탑 위에 앉아있는 꿈을 꾼 적이 있었다. 무리에 있던 어떤 사람이 "대사께서는 반드시 세 차례나 귀중한 이름을 받아 천자의 스승이 되실 것입니다."라고 꿈을 해몽했다. 듣는 사람들이 경탄했으며 찾아오는 사람들이 많아지고 오래지 않아 축하도 받았는데 과연 참으로 그렇게 되었다. 입적할 때가 임박하자 희양산의 동쪽 봉우리와 서쪽 고개에 있던 울창한 잣나무와 소나무들의 잎 색깔이 변하고 말라 마치 사라 쌍수와 같이 하얗게 되었다. 또한 희양산의 북쪽 지역이 원인도 없이 약 백 여장 정도 무너져 내렸다. 특히 토끼가 희양산의 동남쪽 산모퉁이에서 나와 봉암사를 한 바퀴 돌고는 높은 언덕에서 슬프게 울었는데 (울음소리는) 계곡을 울리고 밤낮으로 이어져 끊임이 없었다.

[17] ① 洎門下僧表請, 樹碑紀績, 耀于不朽, 上許之. 乃爲石版, 可者
尤難, 命於南海之濱汝湄縣, 掘取以船運至. 筭其勞費, 何翅千
萬? 裁及使人到彼, 議役興功. 門人忽於本山之麓, 掘獲石版.
狀甚高闊, 色惟靑白, 不煩琢磨. 苟無瑕玷, 無煩人功, 雅符神
授. 具以表聞, 上乃悅許. ② 此者以今寺內有故禪師法碣, 是新
羅末前進士姓崔名致遠者所撰文, 其石亦自南海而至, 今多說
役使興譏故也. 大師在世之時, 奇祥秘說, 縱使書之竹竭南山,
硏之波乾東海, 豈能備言而具載矣? ③ 臣夢游, 禀孤才術, 學
寡難聰, 謬奉綸言, 莫抗固辭之禮. 覬彰碩德, 輒書直筆之詞,
而乃䲧碧沼以傾蠡, 空迷深淺, 仰靑天而側管, 莫究星辰. 語類
寒蟬, 行同跋鼈. 苟任抽毫之寄, 飜招傷手之憂.

[17] ① 정진 대사 문하의 스님들이 표를 올려 대사의 행적을 기록
한 비를 세워 업적이 사라지지 않도록 해달라고 요청하자
임금이 허락하셨다. 빗돌 구하기가 매우 어려워 남해 바닷
가의 화순군에서 발굴 채취해 배로 운반하도록 (화순군에)
명령을 내렸다. 그 노력과 비용을 계산하니 어찌 천만 양만
들겠는가? 재가를 받아 사람을 그곳에 보내 일을 시작하려
는데 (대사의) 한 제자가 희양산 비탈에서 빗돌을 발굴했다.
모양은 높고 넓으며 푸른색과 흰색만 띠어 깎고 갈지 않아
도 되었다. (빗돌에) 별다른 흠이 없어 노력과 공을 들일 필
요가 없는 것이 신이 내려주신 것과 훌륭하게 부합되었다[
신이 내려주신 것 같았다]. 구체적인 내용을 적은 표문을 올
렸는데 임금이 듣고 매우 기뻐하며 (그렇게) 하도록 허락하
셨다.

② 이곳 봉암사에는 옛 선사禪師의 비가 있다. 바로 신라말의 진

사進士였던 최치원이 찬술한 글이 새겨진 것인데 그 돌 역시 남해에서 운반해 온 것이었다. 남해에서 빗돌을 갖고 오는 일에 대한 비난이 지금도 적지 않은 것은 옛날의 이 일 때문이다. 정진 대사가 살아계실 때 있었던 기이한 상서로움과 알려지지 않은 이야기들을 쓴다면 남산의 대나무가 다 없어질 것이고 동해의 물이 다 마를 터인데 어떻게 말을 갖춰 모두 기록하겠는가?

③ 소신 몽유의 재주와 기술은 천성적으로 빈약하고 많이 배우고 익히지도 않아 (비명을 지으라는) 폐하의 명령을 제대로 이행하지 못할 것으로 여겨 사양했으나 고사하지 못했다. (다만 정진 대사의) 크나큰 덕을 드러내고자 있는 사실을 글로 썼으나 표주박으로 푸른 연못(의 물)을 헤아려 공연히 깊음과 얕음의 차이를 어지럽히고 대롱을 통해 푸른 하늘을 쳐다보기에 별[昴]도 제대로 살피지 못한 것 같다. (비명에 사용한) 말은 울지 않는 매미처럼 의미 없는 말들이고 (비명에 쓰인 글자의) 운용은 절름발이 자라처럼 뒤뚱거린다. 붓 가는 대로 맡겨 (비명을) 썼으나 (붓이) 뒤집어져 오히려 손을 다치지 않을까 걱정이다.

[18] ① 謹爲銘曰: [18] ① 삼가 게송으로 읊는다:

無上之法,　최상의 큰 가르침을

不二而傳.　둘 아닌 방식으로 전하네.

月影難掬,　달그림자는 움켜잡기 어렵고

露珠莫穿.　(풀잎에 맺힌) 진주 같은 이슬을 꿰뚫을 수 없네.

信衣爰授,　깨달음의 징표인 옷을 전하니

智炬廼燃.　지혜의 불이 이에 타오르네.

光明有赫,　빛나는 빛에 밝음을 더해

照耀無邊.　한량없는 세계를 비추네.

非動非靜,　움직이는 것도 아니고 움직이지 않는 것도 아닌데

何後何先?　무엇이 뒤이고 무엇이 앞인가?

誰其覺者?　이를 깨달은 사람은 누구인가?

我大師焉.　바로 우리 정진 대사이시다.

靈資太一,　(대사의) 신령스러운 자질은 근원에서 나왔기에

誕叶半千.　그런 태어남은 반 천년에 한 번 있을 정도이네.

志探龍頷,　귀한 진주[깨달음]를 캐는 데 뜻을 두어

身泛驪淵.　몸은 서해를 건넜네.

雲遊華夏,　구름처럼 중원을 주유했고

浪跡幽燕.　만행한 자취는 유주와 연주에 남았네.

淸凉山畔,　오대산 중턱

妙德堂前,　문수 보살이 머무는 곳에서

瞻龍種聖.　문수 보살을 친견하셨네.

企鷄足禪,　염화미소의 선법禪法을 이으려

仰石霜諸,　석상 경저 선사를 앙모하며

承谷山緣.　곡산 도연 선사를 찾았네.

入室覩奧,　진리의 세계에 들어가 깊은 뜻을 깨닫고

問道探玄.　묻고 답하는 가운데 드러나지 않는 비밀을 알았네.

游眞如海,　진여의 바다를 헤엄치며

扣般若舩.　지혜의 배를 두드렸네.

方迴征棹,　노를 저어 귀국하니

偶値戎煙,　마침 곳곳에 전쟁의 연기 자욱해

鶴歸有所,　돌아갈 곳을 찾은 학은

遯跡多年.　여러 해 흔적을 숨겼네.

暨平寇壘,　도적과 산적들이 소탕되고

大闢僧田,　수행처를 개설해

倚賴罔極,　지극하게 진리에 의지한 채

鑽仰彌堅.　흔들림 없이 우러러 (진리를) 찬양했네.

道贊四主,　덕이 높아 네 임금이 (대사를) 받들었으며

名占一賢.　명성은 해동 제일이었네.

恩流朝野,　법은法恩은 조정 안팎에 미쳤고

德及人天.　덕성은 사람과 하늘에 이르렀다.

吾皇避席,　우리 황제가 (존경해) 자리에서 일어나고

禮甚袒肩.　오른쪽 어깨를 드러내 예의를 지켰네.

實供四事,　(임금이) 참으로 네 가지 공양물을 모두 올렸는데

何暇九筵?　대궐에서 법연法宴을 열 필요가 있었을까?

跳出京輦,　개경을 벗어나

歸臥雲泉,　구름과 계곡이 있는 곳에 주석하니

秋溪月浸,　달이 가을 계곡을 비추고

曙洞霞塡.　새벽 골짜기에는 노을이 가득하네.

隨身瓶錫,　몸 가는 곳마다 물병과 석장이 따라오며

滿眼山川.　보이는 것은 모두 산과 개울이네.

間訊往復,　소식을 묻고 찾아오는 사람은 끝없이 이어지고

傳驛聯翩.　임금이 보내는 편지를 전달하는 사자가 줄을 이었네.

法唯常住,　진여는 본래 움직이지 않으나

化乃俄遷.　무상한 변화 속에 입적하니

慈室壞矣, 자비로운 집이 무너지고

慧柯缺焉. 지혜의 나뭇가지가 이지러졌네.

山變蒼栢, 소나무와 잣나무의 잎이 하얗게 변하고

池慘白蓮. 연못의 흰 연꽃도 말라버렸네.

碑撑石巘, 비석은 돌로 된 산봉우리를 지탱하듯 당당하게 섰고

塔聳巖嶺. 부도는 바위 꼭대기처럼 높이 솟았네.

斯文不朽, 비에 새겨진 글은

永耀蓬墻. 영원히 봉암사를 비추리라.

② 乾德三年, 歲在乙丑五月, 辛未朔二十一日, 辛卯立. 彫割業僧
臣遑律, 奉勅刻字.

② 태세가 을축년인 건덕 3년[광종 16년, 965] 5월, 신미일辛未日
이자 초하루[朔]인 21일, 아침 해가 떠오를 무렵[辛卯] (비를) 세
웠다. 돌을 잘 다듬는 섬률 스님이 황제의 명을 받들어 글자
를 새겼다.

상봉당 대사 정원 탑비명

霜峯堂大師淨源塔碑銘

이덕수李德壽 찬술撰述

조선 숙종 42년[1716] 건립

* 탁본과 『조선불교통사(상)』(신문관, 1918) 수록본 등을 저본으로 삼아 『한국고승비문 총집(조선조 · 근현대)』(가산불교문화연구원, 2000) 수록본 등과 교감한 뒤 역주했다.

봉암사 상봉당 대사 정원 탑비

霜陰堂大師碑銘

봉암사 상봉당 대사 정원 탑비.

상봉당 대사 정원 탑비명

상봉당 대사 정원 탑비명
霜峯堂大師淨源塔碑銘

[1]1) ① 弟子, 扶宗樹教2), 福國佑世, 大覺登階3), 嘉善大夫4), 八道都摠
攝5), 兼僧大將, 尚能立.

[1] ① 제자 부종수교 복국우세 대각등계 가선대부 팔도도총섭 겸
승대장 상능 입[선풍을 진작하고 교학 체계를 수립했으며,
나라를 복되게 하고 세상을 도왔으며, 큰 깨달음을 얻어 성
인의 계위에 오른, 가선대부이자 팔도도총섭 및 승대장인 제
자 상능이 세움].

---

1) 「상봉당 대사 정원 탑비명」은 『조선불교통사』(상, p.526), 『한국고승비문총집』(조선
조·근현대, 이지관 편저, 서울: 가산불교문화연구원, 2000) 등에 수록되어 있다.

2) 선풍을 진작하고 교학 체계를 수립했다는 의미이다.

3) '등계登階'에는 대략 두 가지 의미가 있다. ①조선 시대 승과僧科를 통과한 스님에
게 내린 '품계品階'와 관련이 있다. 조선 시대 시행된, '승직자僧職者'를 선발하기
위한 과거시험을 선시選試, 시선試選, 승선僧選 등으로 불렀다. 출가하려는 사람은
먼저 선시의 '소과小科'에 해당하는 '시재행詩才行', 즉 『반야심경』, 『금강경』, 『살
달타薩怛陀』(진언眞言) 등의 송경誦經 시험에 통과해야 한다. 시험에 통과한 사람
을 '중격자中格者'라 한다. 중격자가 '정전丁錢'을 납부하면 출가를 허락받고 '도
첩度牒'을 발급받았다. 도첩을 받은 출가자가 '대과大科'에 해당하는 '선시選試'
에 합격하면 '입선入選'과 '대선大選'에 이른다. '선시選試'는 '초시初試'와 '복시
覆試'로 구분되며 '초시'에 합격한 사람을 '입선入選', 복시에 통과한 사람을 '대
선大選'이라 했다. '대선' 가운데 '전시殿試'나 '중시重試'를 통과한 출가자는 '중
덕中德' 품계를 받았다. 조선 시대 출가자의 품계는 선종의 경우 무직無職 ─ 대신

[2] ① 有明6)朝鮮國, 扶宗樹教, 大覺登階尊者, 霜峯堂大師, 淨源塔碑銘, 幷序.

[2] ① 유명 조선국 부종수교 대각등계 존자 상봉당 대사 정원 탑비 명 병서[선풍을 진작하고 교학 체계를 수립했으며 큰 깨달음을 얻어 성인의 계위에 오른 명나라 조선국의 상봉당(1627-1709) 대사 정원 탑비의 비명과 비문].

[3] ① 世之學者, 口耳之流7), 而章句之溺8), 反而內求身心, 了無所得. 考其所爲, 乃或出9)於閭巷凡民之所羞道10), 余甚病焉. 儒者旣然矣, 佛之徒尤甚. 其標名叢林者, 率皆尋行數墨11), 如縛柱之

― 중덕 ― 선사禪師 ― 대선사大禪師 ― 판사(判事, 도대선사都大禪師) 순으로 올라가며 교종의 경우 무직 ― 대선 ― 중덕 ― 대덕大德 ― 대사大師 ― 판사(判事, 도승통都僧統, 도대사都大師) 순으로 높았다. '대선사大禪師'는 동반東班·서반西班의 4품에 준하고, '선사禪師'는 5품에 해당하며, '중덕中德'은 6품에 준하는 품계였다. 대략 '대선'과 '중덕' 이상의 품계를 받는 것을 '등계登階'라 했다. 정각 지음(2024),『조선의 승과僧科 연구』, 서울: 불광출판사, pp.57-99. ②보살의 52위 가운데 십지十地 이상의 경지에 올랐다는 표현이다. 십신十信, 십주十住, 십행十行, 십회향十回向, 십지十地, 등각等覺, 묘각妙覺이 보살의 52계위이며 십신을 외범外凡, 십주·십행·십회향을 내범內凡·삼현三賢, 십지十地 이상을 성인聖人의 위位라 각각 부른다. *이 문장에서 '등계'의 의미는 ①과 ②에 모두 통하나 ②로 해석했다.
4) 조선 시대에 설치한 종이품從二品 이하 문무관의 품계品階. 태조 1년[1392]에 설치 했으며 고종 2년[1865]부터 문무관, 종친, 의빈儀賓의 품계로도 사용했다.
5) 조선 시대 승직僧職의 하나. 임진왜란 당시 선조宣祖가 휴정休靜 대사에게 내린 벼슬. 전국의 승군僧軍을 통솔했다.
6) '유명有明'의 '유有'자에 특별한 의미는 없으며 나라 이름에 붙이는 글자이다. 예) 有周[주나라], 有唐三百年[당나라 삼백 년] 등.

猿, 如抽繭之蠶, 纏繞其間, 不能解脱. 無論世、出世學, 其為獘
均也. ② 大鑑12), 不曾解文而為人說法, 懸契佛心. 江西13)、大
梅14), 惟以即心即佛為極則, 亦在乎忘言默悟15)而已. 安事夫、
誇多鬪富, 如今之為者哉? ③ 夫知者不言, 言者不知16). 誠使參
禪之流, 移其講誦之功, 以永嘉17)惺寂、荷澤18)覺念為藥病, 曹
溪19)一切無心、少林20)了了自知為準的, 以求至於生滅滅已、寂
滅為樂21), 則方為世間大自在人. 而可與議於終日, 為而未嘗為
之妙矣.

---

7) '귀에 들어온 것을 입으로 말하는 정도의 식견을 가진 사람'을 말한다. 『순자荀子』
「권학勸學」편에 있는 "小人之學也, 入乎耳, 出乎口. 口耳之間, 則四寸耳, 曷足以美
七尺之軀哉[소인의 학문은 귀로 들어와 입으로 나온다. 입과 귀 사이는 네 치밖에
안 되는데 어떻게 일곱 자나 되는 몸을 아름답게 할 수 있겠는가?]"라는 문장에서
나온 성어成語이다.

8) '장구지닉章句之溺'은 왕양명(王陽明, 1472-1529)이 35세 이전에 경험했던 다섯
가지 영역·사상 가운데 하나이다. 첫 번째는 임협지닉[任俠之溺, 놀기 좋아함], 두
번째는 기사지닉[騎射之溺, 말 타고 활쏘기를 좋아함], 세 번째는 사장지닉[辭章之
溺, 글자와 문장(의 학습)에 탐닉함], 네 번째는 신선지닉[神仙之溺, 도교와 신선술
에 빠짐], 다섯 번째는 불교지닉[佛敎之溺, 불교에 탐닉함]이다. 여기서는 문자와
글자에 집착하는 편협한 학자를 지칭한다.

9) 『주역』「계사전繫辭傳(상上)」에 "君子之道, 或出或處, 或黙或語[군자의 도리는 어
떤 때는 나타나(나가서) 일을 하고 어떤 때는 집에서 편안히 거처하며, 어떤 때는
말없이 있으며 어떤 때는 말을 하는 것이다."라는 문장이 있다.

10) 이 구절의 한문은 문맥이 잘 통하지 않는다. 바로 뒤에 나오는 "문장의 행을 찾고
글자만 헤아려 문맥을 파악하지 못하는 원숭이나 누에 같은 사람[率皆尋行數墨,
如縛柱之猿, 如抽繭之蠶]"을 비판하는 구절로 보인다. '所羞道'를 "말하기 부끄러

344 봉암사 비명

[3] ① 세간의 학자들은 귀에 들어온 것을 입으로 말하는 정도의 소견을 지녔거나 단락[章]을 나누고 구절[句]을 헤아리는 것에만 탐닉할 뿐 돌이켜 안으로 몸과 마음의 본성을 파악하는 것에 대해서는 체득한 바가 하나도 없다. 원인을 찾아보니 항간의 백성들도 말하기 부끄러워하는 방식으로 나와 행하기 때문인데 나는 (이것이) 매우 심각한 병이라 여긴다. 유학자들은 본래 그러했고 불자들도 특히 (이런 병이) 심하다. 총림에 이름을 걸어놓은 자들은 대체로 모두 문장의 행을 찾고 글자만 헤아려 문맥을 파악하지 못하는데 이는 기둥에 묶인 원숭이나 실을 내뿜어 자신을 에워싼 누에가 (기둥) 사이에 묶이고

워하는 방식"으로 옮겼다.

11) 심행수묵尋行數墨'의 문자적 의미는 '문장의 행을 찾고 먹물[글자]을 헤아린다' 이다. 문구를 읽어도 의미를 파악하지 못하는 것을 말한다. 『경덕전등록』 권 제29 「양 보지 화상 대승찬梁寶誌和尚大乘讚 10수十首」에 "口內誦經千卷, 體上問經不識. 不解佛法圓通, 徒勞尋行數墨[입으로는 수많은 경전을 읽어도 생활 속에서 경전 내용을 물으면 알지 못하고, 부처님 가르침이 원융함을 이해하지 못해 문장의 행을 찾고 글자만 헤아리는 헛된 노력을 한다]."이라는 구절이 있다.

12) 중국 선종의 혜능(慧能, 638-713) 스님이다. 당나라 헌종(憲宗, 778-805-820)이 내린 시호가 '대감大鑑'이다.

13) 남악 회양(南嶽懷讓, 677-744) 선사의 법을 이은 마조 도일(馬祖道一, 709-788) 선사이다. 중국 강서성江西省에서 선풍을 크게 떨쳤다.

14) 마조 도일 선사의 제자인 대매 법상(大梅法常, 752-839) 선사를 말한다. "摧殘枯木倚寒林, 幾度逢春不變心. 樵客遇之猶不顧, 郢人那得苦追尋[부러지고 남은 메마른 나무가 찬 바람에 의지해 여러 번 봄을 맞았으나 마음은 바뀌지 않았네. 나무꾼이 보아도 뒤돌아보지 않는데 영 땅의 사람이 무엇 때문에 괴롭게 찾아오겠는가?]"이라는 게송을 남겼다. *'영인郢人'은 『장자』 「서무귀」편에 나오는 인물이다. "莊子送葬, 過惠子之墓, 顧謂從者曰: '郢人堊漫其鼻端若蠅翼, 使匠石斲之. 匠石

(실에) 휘감겨 벗어나지 못하는 것과 다르지 않다. 세간에서든 출세간에서든 이것은 똑같이 병폐가 된다.

② 혜능 스님은 일찍이 문자를 몰랐으나 다른 사람을 위해 가르침을 펴 부처님의 마음에 계합되도록 했다. 마조 도일 선사와 대매 법상 선사는 오직 '마음을 체득하는 것이 바로 부처님[即心即佛]'이라는 것을 '최고의 가르침[極則]'으로 삼았는데 이것 역시 언어를 잊고 내심으로 깨닫는 것이 중요함을 강조한 것이다. 벼슬을 숭배하고 앞다투어 재산 쌓는 것을 자랑삼아 이야기하는 지금의 사람들이 어찌 (정신적인 가르침을) 추구하겠는가?

運斤成風, 聽而斲之, 盡其堊而鼻不傷, 郢人立不失容.'[장자가 장례식에 참석하려고 혜자의 무덤을 지나다 따르는 제자를 돌아보며 말했다. '영 땅의 사람이 흰 흙을 코끝에 파리 날개만큼 바르고 (도끼를 사용하는 친구인) 장석에게 없애라고 시켰다. 장석이 도끼를 휘둘러 바람을 일으켜 (그) 소리로 흰 흙을 베었다. 흰 흙은 모두 없어졌으나 코는 조금도 다치지 않았다. 영 땅의 사람 역시 얼굴색 하나 변하지 않았다.']" *'영인'은 뛰어난 인물을 가리키며 「서무귀」편의 이야기에서 '도끼를 휘둘러 바람을 일으킬 정도로 기예 · 기술이 매우 뛰어나다'라는 의미의 '운근성풍運斤成風'이라는 말이 생겼다.

15) '망언묵오忘言黙悟'는 말과 언어를 떠나 마음으로 깨닫는 것을 말한다. 『장자』 「외물外物」편에 "言者, 所以在意, 得意而忘言. 吾安得夫忘言之人, 而與之言哉[말은 뜻을 나타내는 것이 중요하기에 뜻을 알았으면 말은 잊는다. 내가 어디에서 말에 그릇되게 집착하지 않는 사람을 만나 그와 함께 이야기할 수 있을까?"라는 문장이 있다. 왕양명의 가르침을 모아놓은 『전습록傳習錄』 권하에 "學者躬修黙悟,

③ 대저 아는 사람은 (아는 것을) 말로 표현하지 못하고 말하는 사람은 알지 못하는 법이다. 참선하는 수행자들이 경전을 강의하고 독송하는 공덕을 옮겨 영가 현각 선사의 '깨어있음 · 고요함[惺寂]'과 하택 신회 선사의 '깨닫는 마음[覺念]'을 치료약으로 여기고 혜능 선사의 '그릇된 생각이 없는 마음[無心]'과 달마 대사의 '스스로 분명하게 깨닫는 것[了了自知]'을 표준으로 삼아 '태어남과 사라짐이 사라지고 번뇌의 불이 완전히 꺼진 것이 지극한 즐거움[生滅滅已, 寂滅爲樂]'이라는 진리를 추구하면 비로소 세간을 뛰어넘는 '크나큰 자유인'이 된다. 그러면 하루 종일 함께 논의할 수 있는데 이것이 바로 인위적으로 (무엇을) 해도[爲] (그것이) 결코 인위적인 것이 되지 않는[未嘗爲] '뛰어난 활용[妙]'이다.

不敢以知解承, 而惟以實體得. 故吾師終日言是, 而不憚其煩[배우는 사람은 모름지기 몸으로 닦아 깨달음을 얻어야지 앎과 이해로 깨달음을 이어서는 안 되고 오직 참다운 몸으로 (깨달음을) 체득해야 한다. 그래서 우리 스승님은 하루 종일 이것을 말씀하셔도 번거롭다고 여기지 않았다.]"이라는 문장이 있다.

16) 『노자』 제56장에 나오는 구절이다.

17) 영가 현각(永嘉玄覺, 665-713) 선사이다. 절강성浙江省 온주溫州의 영가永嘉 출신. 자字는 명도明道. 혜능慧能 선사를 찾아가 문답하고 인가받은 뒤 하룻밤 묵었기에 '일숙각一宿覺'이라는 호를 얻었다. 시호는 무상 대사無相大師. 저서로『선종영가집禪宗永嘉集』,「증도가證道歌」등이 유명하다.

18) 하택 신회(荷澤神會, 668-750) 선사이다. 중국 호북성 양양襄陽의 번성樊城에서 태어났다. 『후한서』를 읽다 불교를 알고 출가했다. 732년 하남성河南省 대운사大雲寺에서 무차대회無遮大會를 열고 북종선北宗禪을 비판하고 남종선南宗禪이 달마 대사의 직계라고 주장했다.

[4] ① 若近世之霜峯師, 其亦夙熏多聞者歟! 師法名淨源, 俗姓金氏.
　　父係先, 祖世喆, 俱業儒. 母南陽洪氏, 夢感海月, 以天啟[22]丁
　　卯[23]十一月, 誕師於寧邊府之重陽里. 肌膚香潔, 不藉洗沐, 為
　　兒戲嬉, 皆作佛事. 既長魁碩重厚, 背有七紅點. ② 若早從善天
　　長老, 落髮受戒; 參玩月[24]、秋馨[25]二大士, 習通經論. 至年三十,
　　始扣楓潭[26]之室, 潭與語異之, 盡以所學告焉. 於是以一鉢一錫,
　　歷探國內諸勝. 自關[27]而海[28], 自海而畿[29], 嶺東之金剛, 湖南
　　之頭流, 靡不窮幽剔深, 參禮知識. 拈鎚竪拂[30]者, 皆避座; 摳衣
　　問法[31]者, 常滿室[32].

---

19) 중국 선종의 혜능(慧能, 638-713) 스님이다.

20) 달마 대사를 가리킨다.

21) '생멸멸이生滅滅已, 적멸위락寂滅為樂'은 『별역잡아함경別譯雜阿含經』 권 제6
　　「110경經」 등 여러 곳에 나온다.

22) '천계天啟'는 명明의 제15대 황제 희종(熹宗, 1605-1620-1627)의 연호로 1620년
　　부터 1627년까지 사용됐다.

23) 1627년이다.

24) 완월 대사의 수행 이력을 자세히 알 수 없다.

25) 추형 대사의 수행 이력을 자세히 알 수 없다.

26) 풍담 스님의 법명은 의심義諶, 속성은 유柳 씨. 경기도 김포 출신으로 14세에 출
　　가해 묘향산 성순性淳 스님의 문하에서 득도해 구족계具足戒를 받았다. 천관산
　　에 있던 원철圓澈 스님을 찾아가 『서장書狀』, 『도서都序』, 『절요節要』, 『선요禪要』
　　등 사집四集을 배워 대의를 파악했다. 다시 묘향산으로 들어가 편양 언기鞭羊彦
　　機 스님의 문하에서 선을 닦아 법맥을 이었다. 그 뒤 남쪽으로 내려가 기암奇巖,
　　소요逍遙, 호연浩然, 벽암碧巖 스님 등을 방문해 선지禪旨를 검증받고 금강산에
　　머무르며 후학들을 지도했다. 1644년[인조 22] 스승인 편양 언기 스님을 모시기
　　위해 묘향산으로 가 시중을 들었다. 풍담 스님은 백수십 권에 이르는 『화엄경』,

[4] ① 근년의 상봉 대사 역시 많이 듣고 배웠던 전생[夙]의 영향[熏]
이 남아 있는 수행자이시다! 스님의 '출가 이름[法名]'은 정원
이고 속성은 김 씨이다. 부친의 이름은 '계선'이고 조부의
함자銜字는 '세철'로 모두 유학을 공부하신 분들이다. 남양
홍씨인 어머니가 꿈에서 '바다에 뜬 달[海月]'을 본 뒤인 1627년
음력 11월 평안북도 영변부 중양리에서 상봉 스님이 태어났
다. 피부가 향기롭고 깨끗해 씻거나 목욕할 필요가 없었으며
어릴 때 놀면 모두 불교와 관련된 놀이를 했다. 성장한 뒤 체
구는 뛰어나게 헌칠했으며[魁碩], 태도는 점잖았고[重], 마음씨
는 너그러웠는데[厚] 등에 일곱 개의 붉은 점이 있었다.

『원각경』 등의 여러 소疏를 면밀하게 살펴 6년 만에 잘못을 바로잡고 주석서[音
釋]를 지어 여러 사찰에 보냈다. 1665년 3월 금강산 정양사正陽寺에서 입적했으
며 제자는 500명이 넘었다. 이름난 70여 명의 제자 가운데 정원淨源, 설재雪齋,
도안道安, 명찰明察, 자징自澄, 도정道正, 법징法澄, 장륙莊六 스님 등은 종지宗
旨를 선양해 각각 일파를 이뤘다. 한편, 법맥은 서산 휴정西山休靜 스님 → 편양
언기鞭羊彦機 스님 → 풍담 의심楓潭義諶 스님 → 상봉 정원霜峯淨源 스님이다.
27) 상봉 스님이 태어난 곳은 평안북도 영변이다. 여기 나오는 '관關'자는 철령鐵嶺
의 북쪽 지방, 즉 함경도 일대를 이르는 말이다. 마천령(摩天嶺, 해발 725m)을 기
준으로 북쪽을 관북關北 지방[함경북도], 남쪽을 관남關南·남관南關 지방[함경남
도]이라 각각 부른다.
28) '해海'는 동해에 인접한 천진, 함흥, 원산 등의 지역을 가리킨다.
29) '기畿'는 수도 주변 지역을 가리키는 말이다.
30) '염추수불拈鎚竪拂'은 선승이 운수납자雲水衲子를 지도할 때 가장 흔히 사용하
는 수단이다. '추鎚'자 대신 '추搥'자를 사용하기도 한다. 『벽암록』 제88칙 본칙
에 "患盲者, 拈鎚竪拂, 他又不見[장님에게 추를 치고 불자를 들어도 그가 보지 못
한다]."이라는 구절이 있다. '추鎚'는 옛날 중국 선원에서 설법이 시작된다는 사
실이나 시간을 알릴 때 때리는 기구이다. '백추白搥'라는 말을 쓰기도 한다. 의

② 일찍이 선천善天 장로를 따라 머리를 깎고 계를 받았으며 완월 대사와 추형 대사에게 나아가[參詣] 경전과 논서를 배워 통달했다. 나이 30에 처음 풍담 대사의 방을 두드려 대화를 나눴는데 풍담 대사가 상봉 스님을 남다르게 여겨 힘을 다해 배운 바를 알려주었다. 이로부터 발우 하나와 석장錫杖 하나를 들고 우리나라의 여러 승경勝景을 두루 찾아다녔다. 함경도 내륙 지방과 해안 지역을 기점으로 경기도, 영동 지방의 금강산, 호남 지방의 지리산 등 찾아내지[窮] 않은 숨은 장소[幽]가 없고 드러내지[剔] 않은 깊은 골짜기[深]가 없을 정도로 선지식을 예방했다. 백퇴白槌를 때리거나 불자拂子를 세우는 사람치고 피하지 않은 이가 없었으며 옷자락을 걷어 올려 예를 표하고 가르침을 청하는 사람들이 항상 스님의 방을 가득 채웠다.

미는 같다.

31) '구의문법摳衣問法'에서 '구의'는 하의下衣의 끝자락을 살짝 드는 것을 말한다. 윗사람에게 공경을 표시하는 예법의 하나이다. 『예기』「곡례曲禮(상上)」편에 "毋踐履、毋踖席, 摳衣趨隅, 必慎唯諾[다른 사람의 신발을 밟지 말고 다른 사람의 좌석을 밟지 말며, 옷의 끝자락을 살짝 들고 의자의 모퉁이에 이르러 자리에 앉을 것이며, 대화하고 답변할 때는 반드시 삼가고 조심하라.]"라는 구절이 있다.

32) "拈鎚竪拂者, 皆避座; 摳衣問法者, 常滿室."은 '상봉 스님을 지도할 수 있는 스님은 없고 상봉 스님의 가르침을 받으려는 사람은 많았다'라는 사실을 암시하는 문장이다.

33) 한문을 읽을 때 그 뜻을 이해하거나 독송讀誦을 위해 각 구절 아래에 달아 쓰던 문법적인 요소를 통틀어 이르는 말. '隱(은, 는)', '伊(이)' 따위와 같이 한자를 쓰기도 하였지만, '亻(伊의 한 부)', '厂(厓의 한 부)' 따위와 같이 한자의 일부를 떼어 쓰기도 하였다. 한문에 토를 다는 것을 '구결'이라 하며 '현토懸吐'라고도 한다.

[5] ① 定《涅槃》等三百餘部口訣33)於伽倻之海印寺, 造《都序》34)《節
要》35)科文36)於曦陽之鳳巖寺, 尤精《華嚴大經》. 經有四科37), 逸
其三. 師緣文究義, 遂定三科, 俾讀者不遺其旨. 後得《唐本》38)
參校, 乃無差違, 學者驚服, 以爲清凉39)轉世云. ② 己丑40)師在
砥平龍門山41), 偶示微疾. 至二月八日, 忽謂門人曰: "夫界42)有
成住壞空43), 身有生老病死44), 有始有終, 無常之體也. 汝等宜
持正念, 勿生煩惱." 遂書偈曰: "雪色和雲白, 松風帶露青." 投
筆恬然而逝, 世壽八十三, 僧臘六十四. 于時緇白號慕, 聲振山
谷. 茶毘得靈骨一片、靈株45)一雙、舍利二枚. 分建浮屠於大丘
桐華寺46), 清州菩薩寺47), 砥平48)、醴泉49)二龍門寺.

---

34) 전 4권의 『선원제전집도서禪源諸詮集都序』를 줄인 말. 당나라의 규봉 종밀(圭峰
宗密, 780-841) 스님이 편집한, 현재 전하지 않는 『선원제전집禪源諸詮集』이라는
책의 '서문序文'으로 쓴 글을 모은 것이다.

35) 『법집별행록절요병입사기法集別行錄節要幷入私記』를 줄인 말. 고려 희종熙宗
5년[1209] 보조 국사普照國師 지눌(知訥, 1158-1210)이 저술했다. 당나라의 하택
신회(荷澤神會, 668-760) 선사가 지은 『법집별행록法集別行錄』의 내용을 약술하
고 저자 자신의 의견을 덧붙여 놓았다.

36) '과문科文'에는 두 가지 의미가 있다. ①경론經論의 뜻을 알기 쉽게 해석하기 위
해 내용에 따라 나눈 문단; ②경론의 내용을 한눈에 알 수 있도록 중요한 어구를
따서 줄을 그어 나타낸 도표. 여기서는 ①의 뜻이다.

37) '과科'는 '대략적인 줄거리와 자세한 조목을 나누는 것'을 말한다. '강목綱目'과
같은 의미이다. 『화엄경』의 '사과四科'는 ①결과[果]를 거론하고 즐거움[樂]을 일
으켜 믿음[信]을 내도록 하는 것[擧果勸樂生信分]; ②원인[因]을 닦고 결과[果]에 계
합해 이해하는 것[修因契果生解分]; ③가르침에 의탁하고 계속 수행해 행을 이루

[5] ① 상봉 대사는 가야산 해인사에서 『열반경』 등 3백 여부 경전에 구결을 달았고 희양산 봉암사에서 『도서』·『절요』 등의 단락을 나누었는데 특히 『화엄경』에 정통했다. 『화엄경』에 (신信·해解·행行·증證의) 4과가 있는데 그 가운데 '3과'를 잃어버렸다. 상봉 대사가 문장에 따라 의미를 연구해 마침내 3과를 확정해 읽는 사람들이 그 종지를 잃어버리지 않도록 했다. 뒤에 『화엄경소초華嚴經疏鈔』를 구해 자세하게 대조해 보니 차이나 어긋남이 없어 배우는 사람들이 놀라며 탄복했다. 그래서 청량 징관(清凉澄觀, 738-839) 스님이 다시 태어났다는 말들을 (사람들이) 했다.

는 것[托法進修成行分]; ④사람에 의지하고 진리를 증득해 덕성을 이루는 것[依人證入成德分] 등이다. 전 39품으로 구성된 80권 『화엄경』을 기준으로 하면 ①에 6품 40가지 질문, ②에 31품 40가지 질문, ③에 1품 200가지 질문, ④에 1품 30가지 질문이 각각 해당한다. 즉 '신信·해解·행行·증證'이 바로 『화엄경』의 4과이다.

38) 중국어로 번역된 『화엄경』에 3종류가 있다. ①불타발타라(佛陀跋陀羅, 359-429) 스님이 418-420년 번역한 『화엄경』[60 화엄경, 진본晉本 화엄경]; ②실차난타(實叉難陀, 652-710) 스님이 695-699년 번역한 『화엄경』[80 화엄경, 당본唐本 화엄경]; ③반야(般若, 734-?) 스님이 796-798년 번역한 『화엄경』[40 화엄경, 정원경貞元經]. 당본唐本은 ②를 가리키나 문맥상 청량 징관(清凉澄觀, 738-838) 스님이 찬술한 『대방광불화엄경소大方廣佛華嚴經疏』(784-787년)와 『대방광불화엄경수소연의초大方廣佛華嚴經隨疏演義鈔』를 말하는 것으로 보인다.

39) 화엄종 제4조인 당나라의 청량 징관 스님이다.

40) 1709년이다.

41) 경기도 양평楊平 지역의 옛 이름이 지평砥平이다. 용문산에 용문사가 있다. 용문사의 현주소는 '경기도 양평군 용문면 용문산로 782'이다. 통일신라 신덕왕 2년[913]에 창건됐다.

② 1709년 상봉 대사가 용문산의 용문사에서 우연히 가벼운 병이 생겼다. 그해 8월 8일 문득 제자들에게 "삼계三界에는 생성[生], 머무름[住], 무너짐[壞], 사라짐[空] 등 네 모습[四相]이 있고 몸에는 태어남[生], 늙음[老], 병듦[病], 죽음[死] 등 네 모습이 있다. (계界와 신身은) 시작이 있고 끝이 있는 무상한 것들이다. 너희들은 마땅히 올바른 생각을 지니고 번뇌를 만들지 말라."라고 말씀하셨다. 또한 "흰 눈의 색깔은 흰 구름과 맞고 소나무에서 불어온 바람이 이슬과 푸름을 데리고 온다."라는 게송을 짓고는 붓을 던진 뒤 편안하게 입적하셨다. 세수는 83세요 법랍은 64세였다. 당시 출가자와 재가자들이 울부짖으며

---

42) '계界'자에는 여러 의미가 있지만 이 문장의 '계'자는 중생이 왕래하고 거주하는 세 가지 세계[三界], 즉 욕계欲界·색계色界·무색계無色界를 가리키는 것 같다. 중생이 생사 유전生死流傳하는 미혹의 세계를 세 단계로 나눈 것이 삼계이다.

43) 성成·주住·괴壞·공空 혹은 생生·주住·이異·멸滅을 '4유위상四有爲相' 혹은 '4상四相'이라 부른다. 인因과 연緣의 결합으로 나타난 모든 존재를 유위법有爲法이라 하며 유위법은 네 가지 모습을 갖기 마련이다.

44) 인간 역시 유위법이므로 생·노·병·사, 즉 '4상'이 있다.

45) '주株'자는 나무나 곡식 따위 줄기의 밑동, 즉 그루터기를 가리키나 '영주靈株'는 원기元氣가 뭉쳐진 것을 말한다. 그래서 '신령스러운 기운이 뭉쳐진 사리'로 번역했다.

46) 대구광역시 동구 팔공산에 있는 사찰로 신라 소지왕 15년[493] 극달極達 스님이 창건해 유가사瑜伽寺라 했다. 통일신라 흥덕왕 7년[832] 심지心地 왕사가 중창했는데 당시 겨울임에도 사찰 주위에 오동나무꽃이 만발해 동화사로 고쳤다고 한다.

47) 충청북도 청주시 상당구上黨區 용암동 낙가산 남쪽 기슭에 있는 사찰. 백제 위덕왕 14년[567]에 법주사를 창건한 의신 스님이 세웠다.

48) 경기도 양평楊平 지역의 옛 이름이 지평砥平이다. 용문사의 현주소는 '경기도 양

그리워했는데 그 소리가 산골짜기를 뒤흔들 정도였다. 다비 후 신령스러운 뼈 사리 한 조각, 신령스러운 기운이 뭉쳐진 사리 한 쌍, 사리 2과 등을 얻었다. 대구 동화사, 청주 보살사, 양평 용문사, 예천 용문사 등에 사리를 나누어 모신 부도를 세웠다.

[6] ① 開場之日, 雙虹指路; 虔禱50)之夕, 風雲變彩. 其靈奇恍惚, 信有不可思議者矣. 嘗聞師於詩文, 操筆如飛. 有叩問經義者, 必傍據互證曰:"此在第幾板行." 後考良然, 其聰明絕人如此. ② 夫謂師已證三空51), 吾所未知, 若其淹貫52)三藏, 為一世經師之雄, 則蓋亦信而有徵矣. 余於數十年前, 曾見師於龍門. 時年甚少, 其得師於目, 未若53)後之得師於耳用是為恨. ③ 今師之大弟子玄信, 來求師銘, 遂不辭而為之, 並著余平日之見54), 豈獨以警其徒而已哉! 師而有靈, 其必彈指稱善56)之相屬歟!

평군 용문면 용문산로 782'이다. 통일신라 신덕왕 2년[913]에 창건됐다.

49) '경북 예천군 용문면 용문사길 285-30'에 있는 사찰로 통일신라 경문왕 10년 [870]에 세워졌다.

50) '경건한 마음으로 기도하는 것'을 '건도虔禱'라 한다.

51) '삼공三空'에는 몇 가지 의미가 있다. ①공空, 무상無相, 무원無願의 삼해탈문三解脫門을 삼공 혹은 '삼삼매三三昧'라 한다; ②유식학에 따르면 변계소집성, 의타기성, 원성실성 등은 실체가 없고 공空 하기에 이들을 각각 무성공無性空, 이성공異性空, 자성공自性空이라 부르는데 이를 삼공이라 한다; ③아공我空, 법공法空, 구공俱空을 '삼공'이라 한다. 구공은 '아'와 '법'이 모두 공함을 가리키는 말이다. 여기서는 ③의 뜻으로 사용된 것으로 보인다.

52) '엄관淹貫'은 '엄박淹博'과 같은 말. '깊이 통달하고 널리 안다[深通廣曉]'라는 의미이다.

53) '미약未若'은 '… 보다 못하다' '상대가 되지 않는다'라는 뜻이다.

[6] ① 부도를 세우던 날에는 두 줄기 무지개가 길을 가리켰고 경건하게 기도하던 저녁에는 바람에 일어난 구름이 고운 빛깔로 변했다. 신령스럽고 기이하며 황홀한 구름의 모습은 실로 생각으로 헤아릴 수 없는 것이었다. 상봉 대사는 시와 글에도 뛰어나 붓을 잡으면 마치 날아가는 듯했다고 일찍이 들었다. 경전 구절의 의미에 대해 질문하는 사람이 있으면 반드시 여러 근거로 (내용을) 서로 증명하며 "이 구절은 몇 번째 판목의 몇 번째 행에 있다."라고 말씀하셨다. 뒤에 조사해 보면 과연 그러한데 이처럼 상봉 대사의 총명함은 다른 사람보다 뛰어났다.

② '상봉 대사가 이미 삼공三空을 깨달았다'라고 말하는 것이 '사실인지 아닌지'를 (나는) 알지 못해도 만약 경·율·논에 통달했으며 한 시대를 대표하는 경전의 대가라고 상봉 대사를 지칭한다면 (나는) 대개 (그 말을) 믿고 또 증명할 수 있다.

---

54) '평일지견平日之見'은 '평범한 견해'를 말한다.

55) '탄지彈指'에는 몇 가지 의미가 있다. ①손가락을 튕기다; ②아주 짧은 시간. 여기서는 ①의 뜻에 가까워 보인다.

56) '칭선稱善'에는 ①선행을 칭찬하다; ②찬동·찬성하다 등의 뜻이 있다. 여기서는 ②의 뜻으로 사용된 것 같다.

57) 춘추시대 이전부터 금석金石이나 기물器物 등에 글자를 새겼는데 이로부터 금석·기물 등에 새긴 글자를 '명銘' 혹은 '명문銘文'이라 불렀다. '명銘'으로 자신을 경계하거나 (다른 사람의) 공덕功德을 기술했는데 이것이 후일 하나의 문체가 됐다. '명銘'은 '분명하게 기억해 영원히 잊지 않는다'라는 의미이다. 산문이 아니고 운문 형식의 글이므로 '게송'으로 옮겼다.

58) '유維'자는 '어기 조사語氣助詞'로 사용됐으며 의미가 없다. 예를 들어 "言之非難, 行之維難[말하기는 쉬워도 실천은 어렵다.]"이라는 문장에 사용된 '유維'자와 비슷하다. 이 경우 유維=유惟이다.

나는 수십 년 전 일찍이 용문사에서 대사를 친견했었다. 당시 나이가 매우 어려 눈으로 대사를 보아도 후일 대사에 관한 이야기를 귀로 들은 것보다 못해 한탄스럽다[대사를 제대로 알지 못하고 친견해 한스럽다].

③ 지금 상봉 대사의 제자인 현신 스님이 나를 찾아와 스승의 비명을 써달라고 요청하기에 부득이 거절하지 못해 글을 짓고 더불어 나의 일반적인 견해를 덧붙였는데 이것이 어찌 다만 상봉 대사의 문도만 경계하는 것이겠는가! 상봉 대사는 신령함이 있으니 반드시 손가락을 튕기며 (내 말에) 찬동하실 것이다!

[7] ① 其銘57)曰:　　[7] ① 게송으로 읊는다:

維58)師發跡,	상봉 대사가 발걸음을 내딛기 시작한 곳은
爰59)在重陽.	평안북도 영변부 중양리이다.
海月盈盈,	바다에 비쳐 가득한 달빛이
啟其奇祥.	기이한 상서로움을 열었네.
其祥伊60)何?	그 상서로움은 어떠한가?
法門是昌,	진리로 들어가는 문이 번창하라고
既生而孤.	태어난 상봉 대사는 고결했네.
謝緣被緇,	세속의 인연을 끊고 출가자의 옷을 입으니
舅61)祝其髮.	선천 장로가 머리카락을 깎아주었네.
楓則吾師,	풍담 대사가 내[상봉 스님]의 스승이고
西經千函,	인도에서 전해진 수많은 경전을
我腹其笥.	이해해 내 몸 안에 갈무리했네.

有來穰穰[62],	풍요롭게 왔기에
我應靡窮,	나는 궁핍하지 않아
鼓舌翻瀾,	말을 하며 파도를 일으키고
揮塵生風.	불자를 휘둘러 바람을 불렀네.
幻質非真,	환영 같은 바탕은 참된 것이 아니고
去來皆空,	옴과 감은 모두 실체가 없으며
雪雲俱白,	눈과 구름은 다 하얗고
松露逾青.	이슬 맺힌 소나무는 더욱 푸르네.
咄[63]彼闍梨[64],	아! 저 스승님
焚香祈靈.	향을 태워 (그분의) 영전에 기도하네.
我尚非我,	내가 오히려 내가 아닌데
矧有其名!	하물며 그 이름을 말해 무엇하겠는가!

---

59) '원爰'자는 접속사로 '그래서, 그리하여, 이에' 등의 뜻이다.

60) '이伊'자에는 대명사로 ①그 사람, 그녀; ②이, 그, 저; ③(고문古文) 발어사; ④(고문) 문장 중간에서 말뜻을 돕는 어조사 등의 의미가 있다. 여기서는 ④의 의미로 사용됐다. 예를 들어 "開幕伊始[막을 열자마자]"라는 문장에서 '이伊'는 어조사로 별다른 의미가 없다. 게송의 '이伊'자도 마찬가지이다.

61) '구舅'자는 '선천 장로善天長老'를 가리킨다.

62) '양양穰穰'은 '오곡이 풍요로운 것'을 말한다.

63) '돌咄'자는 '아!'·'허!'라는 의미의 감탄사이다.

64) '사리闍梨'는 '제자의 행위를 바르게 교육할 만한 덕이 높은 스님'을 말한다. 산스크리트어 ācārya를 음역音譯한 단어로 '아사리阿闍梨'의 줄임말이다.

65) 거북의 털, 즉 '귀모龜毛'는 존재하지 않는 것을 의미한다.

66) '경상鏡像'이나 '자취[躅]'는 모두 환영처럼 존재하는 것을 가리킨다.

67) '벌筏'자와 관련해 『중아함경』 권54 「대품아리타경大品阿梨吒經 제9第九」에 "彼便以栰著右肩上或頭戴去, 於意云何? 彼作如是竟, 能為栰有所益耶[뗏목을 타고 계곡을 건넌] 그가 뗏목을 오른쪽 어깨에 메거나 혹은 머리에 이고 간다면 (비구

屹彼曦陽,	우뚝 솟은 저 희양산
山骨是斲,	도끼로 산의 뼈를 깎고
龜毛有筆65),	거북의 털로 만든 붓을 활용해
鏡像載躅66).	거울에 비친 모습과 자취를 (산에) 써 놓았네.
有欲知師,	상봉 대사를 알고 싶으면
斯其筌筏67).	(비명을 읽되 읽은 뒤엔) 통발과 뗏목처럼 이 비명을 잊어라.

② 崇禎紀元68)後八十九年69)丙申五月日立. 李德壽70)撰, 尹淳71)書 幷篆.

② 숭정 기원 후 89년[1716] 병신년 5월 일에 세우다. 이덕수가 비명을 짓고 윤순이 비명의 글씨와 전자로 된 비신 상단부의 제액題額을 썼다.

들아) 너희들은 어떻게 생각하느냐? 그가 이렇게 하는 것이 뗏목에게 이익이 된다고 생각하느냐?"라는 구절이 있다. 바로 여기에서 "강을 건너 '저 언덕[彼岸]'에 이르렀으면 뗏목을 버려라."라는 '등안사벌登岸捨筏'의 성어가 나왔다. 『금강경』「정신희유분正信希有分」에도 "汝等比丘! 知我說法, 如筏喻者, 法尙應捨, 何況非法[비구들아! 나의 가르침을 뗏목과 같이 여겨라, 가르침도 버려야 하거늘 하물며 가르침이 아닌 것을 말해 무엇하겠는가]"라는 문장이 있다. '벌栰'='벌筏'이다. '전筌'자와 관련해 『장자』「외물外物」편에 "筌者, 所以在魚, 得魚而忘筌[통발은 물고기를 잡는 도구이므로 물고기를 잡았으면 통발은 잊어라]."이라는 문장이 있다. "사기전벌斯其筌筏"은 "상봉 대사를 알고 싶어 비명을 읽었으면 비명에 집착하지 말고 (비명을) 잊어라."라는 의미이다.

68) '숭정崇禎'은 명나라 마지막 황제인 장렬제(莊烈帝=의종毅宗, 1610 - 1627 - 1644)의 연호로 1628년부터 1644년까지 사용됐다. 의종이 즉위한 1627년에는 '천계天啓'라는 연호를 사용했다. '숭정 연호' 사용에는 몇 가지 방식이 있다. ①무진년戊辰年인 1628년을 기준으로 '숭정 기원 후'로 사용하는 방식. '숭정 기원 후'는 '숭정 연간(1628-1644)'이 아닌 그 후대를 말한다. '숭정 기원 후 재신유崇禎紀元後再辛酉'는 1628년부터 시작해 두 번째 신유년인 1741년[영조 17]을 가리킨다. ②정축년丁丑年인 1637년을 기준으로 '숭정 정축 후崇禎丁丑後'로 사용하는 방식. 청나라가 두 번째로 조선에 침입한 병자호란(丙子胡亂, 1636.12 - 1637.1)을 잊지 않기 위해 1637년을 기준으로 연도를 환산한다. ③갑신년甲申年인 1644년을 기준으로 '숭정 갑신 후崇禎甲申後'로 사용하는 방식. 의종이 자살한 1644년을 기준으로 연도를 환산한다. *'숭정 기원' 사용은 조선 후기의 일부 지식인들이 지녔던 이른바 '명나라에 대한 의리'와 관련이 있다. 사대事大・모화慕華 사상에 빠진 조선 후기의 일부 지식인들은 청나라가 명나라를 물리친 뒤에도 청나라를 부정하고 여전히 명나라를 정통 왕조로 인식했고, 명나라를 존중한다는 의미에서 청나라의 연호 대신 '숭정 기원'을 사용했다. '숭정 기원'은 물론 조선의 공식적인 기록 문서에는 쓰이지 못했고 주로 비공식 문서에 사용됐다. '숭정 기원' 사용을 비판한 지식인들도 있었다. 박세당(朴世堂, 1629 - 1703) 등이 대표적이다.

69) '숭정 기원 후 89년'은 1716년[숙종 42]이다.

70) 조선 중・후기의 문신文臣 이덕수(李德壽, 1673 - 1744)는 서예가로 유명하다. 자는 인로仁老, 호는 벽계蘗溪・서당西堂.『경종행장』・『경종실록』 등의 편찬에 참여했다. 1734년 왕명으로 당나라의『여사서女四書』를 언해諺解해 민간에 반포했으며『국조오례의國朝五禮儀』 수정 작업에도 참여했다. 그는 젊은 시절 박세당에게 배웠으며 박세당의 묘지명도 직접 썼다. 당대의 이름난 문사였던 그는 서종태徐宗泰, 이태좌李台佐, 이조李肇, 최규서崔奎瑞, 윤지인尹趾仁, 남구만南九萬, 조상우趙相愚, 홍수도洪受疇, 서문유徐文裕, 송징은松徵殷 등 주로 소론계少論系 문사들과 교유했다. 개인 문집으로『서당사재西堂私齋』가 있다.

71) 조선 후기의 문신이자 서예가인 윤순(尹淳, 1680 - 1740)은 숙종, 경종, 영조 등 삼대에 걸쳐 대사헌, 대제학, 이조판서 등 요직을 역임했다. 윤순의 가문은 노론老論, 소론少論 분당 이후 윤증, 박세당 등의 소론 학맥을 따랐다. 정제두(鄭齊斗, 1649-1736)에게 양명학을 배웠기에 윤순은 주자학 일변도의 학문적 편협성에서 벗어날 수 있었고 노론・소론의 정쟁에도 휘말리지 않은 것으로 보인다. 이덕수李德壽, 이종성李宗城, 조명교曺命敎 등이 지은 비문・비명의 글씨와 제액題額을 윤순이 주로 썼다.

상봉당 대사 정원 탑비명

상봉당 대사 정원 탑비명

[1] ① 弟子, 扶宗樹敎, 福國佑世, 大覺登階, 嘉善大夫, 八道都摠攝, 兼僧大將, 尙能立.

[1] ① 제자 부종수교 복국우세 대각등계 가선대부 팔도도총섭 겸 승대장 상능 입[선풍을 진작하고 교학 체계를 수립했으며, 나라를 복되게 하고 세상을 도왔으며, 큰 깨달음을 얻어 성인의 계위에 오른, 가선대부이자 팔도도총섭 및 승대장인 제자 상능이 세움].

[2] ① 有明朝鮮國, 扶宗樹敎, 大覺登階尊者, 霜峯堂大師, 淨源塔碑銘, 幷序.

[2] ① 유명 조선국 부종수교 대각등계 존자 상봉당 대사 정원 탑비명 병서[선풍을 진작하고 교학 체계를 수립했으며 큰 깨달음을 얻어 성인의 계위에 오른 명나라 조선국의 상봉당(1627-1709) 대사 정원 탑비의 비명과 비문].

[3] ① 世之學者, 口耳之流, 而章句之溺, 反而內求身心, 了無所得. 考其所爲, 乃或出於閭巷凡民之所羞道, 余甚病焉. 儒者旣然矣, 佛之徒尤甚. 其標名叢林者, 率皆尋行數墨, 如縛柱之猿, 如抽繭之蠶, 纏繞其間, 不能解脫. 無論世·出世學, 其爲斃均也. ② 大鑑, 不曾解文而爲人說法, 懸契佛心. 江西·大梅, 惟以卽

心即佛為極則, 亦在乎忘言默悟而已. 安事夫、誇多鬪富, 如今
之為者哉? ③ 夫知者不言, 言者不知. 誠使參禪之流, 移其講誦
之功, 以永嘉惺寂、荷澤覺念為藥病, 曹溪一切無心、少林了了
自知為準的, 以求至於生滅滅已、寂滅為樂, 則方為世間大自在
人. 而可與議於終日, 為而未嘗為之妙矣.

[3] ① 세간의 학자들은 귀에 들어온 것을 입으로 말하는 정도의 소
견을 지녔거나 단락[章]을 나누고 구절[句]을 헤아리는 것에만
탐닉할 뿐 돌이켜 안으로 몸과 마음의 본성을 파악하는 것에
대해서는 체득한 바가 하나도 없다. 원인을 찾아보니 항간의
백성들도 말하기 부끄러워하는 방식으로 나와 행하기 때문
인데 나는 (이것이) 매우 심각한 병이라 여긴다. 유학자들은
본래 그러했고 불자들도 특히 (이런 병이) 심하다. 총림에 이
름을 걸어놓은 자들은 대체로 모두 문장의 행을 찾고 글자만
헤아려 문맥을 파악하지 못하는데 이는 기둥에 묶인 원숭이
나 실을 내뿜어 자신을 에워싼 누에가 (기둥) 사이에 묶이고
(실에) 휘감겨 벗어나지 못하는 것과 다르지 않다. 세간에서
든 출세간에서든 이것은 똑같이 병폐가 된다.

② 혜능 스님은 일찍이 문자를 몰랐으나 다른 사람을 위해 가르
침을 펴 부처님의 마음에 계합하도록 했다. 마조 도일 선사
와 대매 법상 선사는 오직 '마음을 체득하는 것이 바로 부처
님[卽心卽佛]'이라는 것을 '최고의 가르침[極則]'으로 삼았는데
이것 역시 언어를 잊고 내심으로 깨닫는 것이 중요함을 강조
한 것이다. 벼슬을 숭배하고 앞다투어 재산 쌓는 것을 자랑
삼아 이야기하는 지금의 사람들이 어찌 (정신적인 가르침을)
추구하겠는가?

③ 대저 아는 사람은 (아는 것을) 말로 표현하지 못하고 말하는
사람은 알지 못하는 법이다. 참선하는 수행자들이 경전을 강
의하고 독송하는 공덕을 옮겨 영가 현각 선사의 '깨어있음 ·
고요함[惺寂]'과 하택 신회 선사의 '깨닫는 마음[覺念]'을 치료
약으로 여기고 혜능 선사의 '그릇된 생각이 없는 마음[無心]'
과 달마 대사의 '스스로 분명하게 깨닫는 것[了了自知]'을 표준
으로 삼아 '태어남과 사라짐이 사라지고 번뇌의 불이 완전히
꺼진 것이 지극한 즐거움[生滅滅已, 寂滅爲樂]'이라는 진리를 추
구하면 비로소 세간을 뛰어넘는 '크나큰 자유인'이 된다. 그
러면 하루 종일 함께 논의할 수 있는데 이것이 바로 인위적
으로 (무엇을) 해도[爲] (그것이) 결코 인위적인 것이 되지 않
는[未嘗爲] '뛰어난 활용[妙]'이다.

[4] ① 若近世之霜峯師, 其亦夙熏多聞者歟! 師法名淨源, 俗姓金氏.
父係先, 祖世喆, 俱業儒. 母南陽洪氏, 夢感海月, 以天啟丁卯十
一月, 誕師於寧邊府之重陽里. 肌膚香潔, 不藉洗沐, 為兒戲嬉,
皆作佛事. 旣長魁碩重厚, 背有七紅點. ② 早從善天長老, 落髮
受戒; 參玩月、秋馨二大士, 習通經論. 至年三十, 始扣楓潭之室,
潭與語異之, 盡以所學告焉. 於是以一鉢一錫, 歷探國內諸勝.
自關而海, 自海而畿, 嶺東之金剛, 湖南之頭流, 靡不窮幽剔深,
參禮知識. 拈鎚竪拂者, 皆避座; 摳衣問法者, 常滿室.

[4] ① 근년의 상봉 대사 역시 많이 듣고 배웠던 전생[夙]의 영향[熏]
이 남아 있는 수행자이시다! 스님의 '출가 이름[法名]'은 정원
이고 속성은 김 씨이다. 부친의 이름은 '계선'이고 조부의 함
자衡字는 '세철'로 모두 유학을 공부하신 분들이다. 남양 홍

씨인 어머니가 꿈에서 '바다에 뜬 달[海月]'을 본 뒤인 1627년 음력 11월 평안북도 영변부 중양리에서 상봉 스님이 태어났다. 피부가 향기롭고 깨끗해 씻거나 목욕할 필요가 없었으며 어릴 때 놀면 모두 불교와 관련된 놀이를 했다. 성장한 뒤 체구는 뛰어나게 헌칠했으며[魁碩], 태도는 점잖았고[重], 마음씨는 너그러웠는데[厚] 등에 일곱 개의 붉은 점이 있었다.

② 일찍이 선천善天 장로를 따라 머리를 깎고 계를 받았으며 완월 대사와 추형 대사에게 나아가[參詣] 경전과 논서를 배워 통달했다. 나이 30에 처음 풍담 대사의 방을 두드려 대화를 나눴는데 풍담 대사가 상봉 스님을 남다르게 여겨 힘을 다해 배운 바를 알려주었다. 이로부터 발우 하나와 석장錫杖 하나를 들고 우리나라의 여러 승경勝景을 두루 찾아다녔다. 함경도 내륙 지방과 해안 지역을 기점으로 경기도, 영동 지방의 금강산, 호남 지방의 지리산 등 찾아내지[窮] 않은 숨은 장소[幽]가 없고 드러내지[剔] 않은 깊은 골짜기[深]가 없을 정도로 선지식을 예방했다. 백퇴白槌를 때리거나 불자拂子를 세우는 사람치고 피하지 않은 이가 없었으며 옷자락을 걷어 올려 예를 표하고 가르침을 청하는 사람들이 항상 스님의 방을 가득 채웠다.

[5] ① 定《涅槃》等三百餘部口訣於伽倻之海印寺, 造《都序》《節要》科文於曦陽之鳳巖寺, 尤精《華嚴大經》. 經有四科, 逸其三. 師緣文究義, 遂定三科, 俾讀者不遺其旨. 後得《唐本》參校, 乃無差違, 學者驚服, 以爲淸凉轉世云. ② 己丑師在砥平龍門山, 偶示微疾. 至二月八日, 忽謂門人曰: "夫界有成住壞空, 身有生老病死, 有始有

終, 無常之體也. 汝等宜持正念, 勿生煩惱." 遂書偈曰: "雪色和
雲白, 松風帶露青." 投筆恬然而逝, 世壽八十三, 僧臘六十四. 于
時緇白號慕, 聲振山谷. 茶毘得靈骨一片·靈株一雙·舍利二
枚. 分建浮屠於大丘桐華寺, 清州菩薩寺, 砥平·醴泉二龍門寺.

[5] ① 상봉 대사는 가야산 해인사에서 『열반경』 등 3백 여부 경전
에 구결을 달았고 희양산 봉암사에서 『도서』·『절요』 등의
단락을 나누었는데 특히 『화엄경』에 정통했다. 『화엄경』에
(신信·해解·행行·증證의) 4과가 있는데 그 가운데 '3과'를
잃어버렸다. 상봉 대사가 문장에 따라 의미를 연구해 마침내
3과를 확정해 읽는 사람들이 그 종지를 잃어버리지 않도록
했다. 뒤에 『화엄경소초華嚴經疏鈔』를 구해 자세하게 대조해
보니 차이나 어긋남이 없어 배우는 사람들이 놀라며 탄복했
다. 그래서 청량 징관(淸凉澄觀, 738-839) 스님이 다시 태어
났다는 말들을 (사람들이) 했다.

② 1709년 상봉 대사가 용문산의 용문사에서 우연히 가벼운 병
이 생겼다. 그해 8월 8일 문득 제자들에게 "삼계三界에는 생
성[生], 머무름[住], 무너짐[壞], 사라짐[空] 등 네 모습[四相]이 있고
몸에는 태어남[生], 늙음[老], 병듦[病], 죽음[死] 등 네 모습이 있
다. (계界와 신身은) 시작이 있고 끝이 있는 무상한 것들이
다. 너희들은 마땅히 올바른 생각을 지니고 번뇌를 만들지 말라."
라고 말씀하셨다. 또한 "흰 눈의 색깔은 흰 구름과 맞고 소나
무에서 불어온 바람이 이슬과 푸르름을 데리고 온다."라는
게송을 짓고는 붓을 던진 뒤 편안하게 입적하셨다. 세수는
83세요 법랍은 64세였다. 당시 출가자와 재가자들이 울부짖
으며 그리워했는데 그 소리가 산골짜기를 뒤흔들 정도였다.

다비 후 신령스러운 뼈 사리 한 조각, 신령스러운 기운이 뭉쳐진 사리 한 쌍, 사리 2과 등을 얻었다. 대구 동화사, 청주 보살사, 양평 용문사, 예천 용문사 등에 사리를 나누어 모신 부도를 세웠다.

[6] ① 開塲之日, 雙虹指路; 虔禱之夕, 風雲變彩. 其靈奇恍惚, 信有不可思議者矣. 嘗聞師於詩文, 操筆如飛. 有叩問經義者, 必傍據互證曰: "此在第幾板行." 後考良然, 其聰明絶人如此. ② 夫謂師已證三空, 吾所未知, 若其淹貫三藏, 爲一世經師之雄, 則盖亦信而有徵矣. 余於數十年前, 曾見師於龍門. 時年甚少, 其得師於目, 未若後之得師於耳用是爲恨. ③ 今師之大弟子玄信, 來求師銘, 遂不辭而爲之, 並著余平日之見, 豈獨以警其徒而已哉! 師而有靈, 其必彈指稱善之相屬歟!

[6] ① 부도를 세우던 날에는 두 줄기 무지개가 길을 가리켰고 경건하게 기도하던 저녁에는 바람에 일어난 구름이 고운 빛깔로 변했다. 신령스럽고 기이하며 황홀한 구름의 모습은 실로 생각으로 헤아릴 수 없는 것이었다. 상봉 대사는 시와 글에도 뛰어나 붓을 잡으면 마치 날아가는 듯했다고 일찍이 들었다. 경전 구절의 의미에 대해 질문하는 사람이 있으면 반드시 여러 근거로 (내용을) 서로 증명하며 "이 구절은 몇 번째 판목의 몇 번째 행에 있다."라고 말씀하셨다. 뒤에 조사해 보면 과연 그러한데 이처럼 상봉 대사의 총명함은 다른 사람보다 뛰어났다.

② '상봉 대사가 이미 삼공三空을 깨달았다'라고 말하는 것이 '사실인지 아닌지'를 (나는) 알지 못해도 만약 경·율·논에

통달했으며 한 시대를 대표하는 경전의 대가라고 상봉 대사를 지칭한다면 (나는) 대개 (그 말을) 믿고 또 증명할 수 있다. 나는 수십 년 전 일찍이 용문사에서 대사를 친견했었다. 당시 나이가 매우 어려 눈으로 대사를 보아도 후일 대사에 관한 이야기를 귀로 들은 것보다 못해 한탄스럽다[대사를 제대로 알지 못하고 친견해 한스럽다].

③ 지금 상봉 대사의 제자인 현신 스님이 나를 찾아와 스승의 비명을 써달라고 요청하기에 부득이 거절하지 못해 글을 짓고 더불어 나의 일반적인 견해를 덧붙였는데 이것이 어찌 다만 상봉 대사의 문도만 경계하는 것이겠는가! 상봉 대사는 신령함이 있으니 반드시 손가락을 튕기며 (내 말에) 찬동하실 것이다!

[7] ① 其銘曰: [7] ① 게송으로 읊는다:

維師發跡,	상봉 대사가 발걸음을 내딛기 시작한 곳은
爰在重陽.	평안북도 영변부 중양리이다.
海月盈盈,	바다에 비쳐 가득한 달빛이
啟其奇祥.	기이한 상서로움을 열었네.
其祥伊何?	그 상서로움은 어떠한가?
法門是昌,	진리로 들어가는 문이 번창하라고
既生而孤.	태어난 상봉 대사는 고결했네.
謝緣被緇,	세속의 인연을 끊고 출가자의 옷을 입으니
舅祝其髮.	선천 장로가 머리카락을 깎아주었네.
楓則吾師,	풍담 대사가 내[상봉 스님]의 스승이고

西經千函,　　인도에서 전해진 수많은 경전을

我腹其笥.　　이해해 내 몸 안에 갈무리했네.

有來穰穰,　　풍요롭게 왔기에

我應靡窮.　　나는 궁핍하지 않아

鼓舌翻瀾,　　말을 하며 파도를 일으키고

揮麈生風.　　불자를 휘둘러 바람을 불렀네.

幻質非真,　　환영 같은 바탕은 참된 것이 아니고

去來皆空,　　옴과 감은 모두 실체가 없으며

雪雲俱白,　　눈과 구름은 다 하얗고

松露逾青.　　이슬 맺힌 소나무는 더욱 푸르네.

咄彼闍梨,　　아! 저 스승님

焚香祈靈.　　향을 태워 (그분의) 영전에 기도하네.

我尚非我,　　내가 오히려 내가 아닌데

矧有其名!　　하물며 그 이름을 말해 무엇하겠는가!

屹彼曦陽,　　우뚝 솟은 저 희양산

山骨是斲,　　도끼로 산의 뼈를 깎고

龜毛有筆,　　거북의 털로 만든 붓을 활용해

鏡像載躅.　　거울에 비친 모습과 자취를 (산에) 써 놓았네.

有欲知師,　　상봉 대사를 알고 싶으면

斯其筌筏.　　(비명을 읽되 읽은 뒤엔) 통발과 뗏목처럼 이 비명을 잊어라.

② 崇禎紀元後八十九年丙申五月日立. 李德壽撰, 尹淳書幷篆.

② 숭정 기원 후 89년[1716] 병신년 5월 일에 세우다. 이덕수가
　비명을 짓고 윤순이 비명의 글씨와 전자로 된 비신 상단부의
　제액題額을 썼다.

묘향산 보현사 사바교주 석가세존 금골 사리 부도비문

妙香山普賢寺娑婆敎主釋迦世尊金骨舍利浮圖碑文

서산西山 대사 찬술撰述

조선 선조 36년[1603] 건립

*『청허당집』 수록본을 저본으로 삼아 『해동금석원』(하) 수록본, 『조선불교통사』(하) 수록본, 『조선금석총람』(하) 수록본 등과 교감한 뒤 역주했다.

평안북도 향산군 향암리 묘향산 보현사의 비석들.
「청허당 비명淸虛堂碑銘」(서산 대사 탑비, 왼쪽 첫 번째),
「묘향산 지정기妙香山誌靖記」(왼쪽 세 번째) 등이 보인다.
2005년 9월 21일 촬영.

서산 대사가 원적에 든
묘향산 보현사의 금강암(금강굴) 전경.
'청허방장淸虛方丈' 이라는
편액이 붙어 있다. 2005년 9월 21일 촬영.

사바교주 석가세존 금골 사리 부도비문

사바교주 석가세존 금골 사리 부도비문
婆婆教主釋迦世尊金骨舍利浮圖碑文

[1·陽記]¹⁾ ① 明²⁾高麗, 釋迦, 金骨舍利, 浮圖碑.³⁾

[1·양기] ① 명 고려 석가 금골 사리 부도비[명나라 고려국의 금빛
나는 부처님의 유골인 사리에 대해 기록한 비]

[2] ① 婆婆⁴⁾教主, 釋迦世尊, 金骨舍利, 浮圖碑.

[2] ① 사바교주 석가세존 금골 사리 부도비[사바의 중생을 진리의
세계로 인도하시는 부처님의 금빛 나는 유골인 사리에 대해
기록한 비]

---

1) 「사바교주 석가세존 금골 사리 부도비문」은 서산(西山, 1520-1604) 대사의 문집인
『청허당집淸虛堂集(『청허집』)』 「보유補遺」(H7, 733b19-734c23), 『해동금석원』(하),
『조선금석총람』(하), 『조선불교통사』(하, p.1019) 등에 수록되어 있다. *「사바교주
석가세존 금골 사리 부도비」는 1603년 묘향산妙香山 보현사普賢寺(평안북도 향산
군 향암리)에 세워졌다. *「사바교주 석가세존 금골 사리 부도비문」은 1706년 통도
사 금강계단 옆에 건립된 「사바교주 석가여래 영골 사리 부도비문」과 내용상 연관
성이 매우 깊어 두 비문을 같이 읽는 것이 좋다.

2) 대개 '명明'자 한 글자 대신 '유명有明'이라고 쓴다. '유有'자에 특별한 의미는 없으
며 나라 이름에 붙이는 글자이다. 예) 有周[주나라], 有唐三百年[당나라 삼백 년] 등.

3) "明高麗釋迦金骨舍利浮圖碑."라는 구절은 『해동금석원』(하)에만 있다. 유연정劉燕
庭 저著(1976), 『해동금석원』(하), 서울: 아세아문화사, p.994.

4) 산스크리트어 sahā의 음역어音譯語. 석가모니불이 교화하는 세계, 즉 괴로움이 많
은 인간세계를 사바세계 혹은 사바라 한다.

[3] ① 金剛山, 退隱, 國一都大禪師﹑禪敎都揔攝, 賜紫, 扶宗樹敎, 兼
登階5)普濟大師, 病老休靜6)謹撰, 并書.

[3] ① 금강산 퇴은 국일도대선사 선교도총섭 사자 부종수교 겸등
계보제대사 병노 휴정 근찬 병서[금강산에 머무르며, 별호가
퇴은이고, 국일도대선사이자 선교도총섭이며, 자색 가사를
하사받았고, 선풍을 진작하고 교학 체계를 수립했으며, 성인
의 계위에 올라 널리 중생을 구제한 출가자이자, (또 다른)
호가 병로인 휴정(1520-1604)이 삼가 비문을 짓고 비문의 글
씨를 씀]

---

5) '등계登階'에는 대략 두 가지 의미가 있다. ①조선 시대 승과僧科를 통과한 스님
에게 내린 '품계品階'와 관련이 있다. 조선 시대 시행된, '승직자僧職者'를 선발하
기 위한 과거시험을 선시選試, 시선試選, 승선僧選 등으로 불렀다. 출가하려는 사
람은 먼저 선시의 '소과小科'에 해당하는 '시재행詩才行', 즉 『반야심경』, 『금강
경』, 『살달타薩怛陀』(진언眞言) 등의 송경誦經 시험에 통과해야 한다. 시험에 통과
한 사람을 '중격자中格者'라 한다. 중격자가 '정전丁錢'을 납부하면 출가를 허락
받고 '도첩度牒'을 발급받았다. 도첩을 받은 출가자가 '대과大科'에 해당하는 '선
시選試'에 합격하면 '입선入選'과 '대선大選'에 이른다. '선시選試'는 '초시初試'
와 '복시覆試'로 구분되며 '초시'에 합격한 사람을 '입선入選', 복시에 통과한 사
람을 '대선大選'이라 했다. '대선' 가운데 '전시殿試'나 '중시重試'를 통과한 출가
자는 '중덕中德' 품계를 받았다. 조선 시대 출가자의 품계는 선종의 경우 무직無
職 — 대선 — 중덕 — 선사禪師 — 대선사大禪師 — 판사(判事, 도대선사都大禪師)
순으로 올라가며 교종의 경우 무직 — 대선 — 중덕 — 대덕大德 — 대사大師 —
판사(判事, 도승통都僧統, 도대사都大師) 순으로 높았다. '대선사大禪師'는 동반東
班﹒서반西班의 4품에 준하고, '선사禪師'는 5품에 해당하며, '중덕中德'은 6품에
준하는 품계였다. 대략 '대선'과 '중덕' 이상의 품계를 받는 것을 '등계登階'라 했
다. 정각 지음(2024), 『조선의 승과僧科 연구』, 서울: 불광출판사, pp.57-99. ②보살

[4] ① 恭惟, 我賢刧[7]尊釋迦牟尼佛, 乃天竺[8]國淨飯[9]王太子也. 徃世
成道, 證眞常法身, 已久矣. 訣[10]曰: '釋迦姓也, 此云能仁[11], 慈
悲利物義; 牟尼[12]字也, 此云寂默, 智慧冥理義.' 悲智並運, 故
生死涅槃俱不住. 然佛專以利物爲己任, 故於十方界, 現水月應
身, 窮刧[13]度生無厭爾. ② 旣位登補處[14], 生兜率天[15], 名護明
大士, 方度天衆.《普耀經》云: "釋迦從兜率降王宮, 身放光明,
足踏蓮花, 四方行七步, 指天地作獅子吼, 示三方便云云." 乃周
昭王二十四年甲寅歲[16]也. ③ 太子號悉達, 此云吉也. 能文武,
善陰陽, 凡及人 · 天事法, 不習而自然一一神解. 父王愛極, 限七
日欲傳位也. 太子一日遊四門, 見悲喜事, 生出家心. 父王聞而
駭之, 令國人尤加衛護, 洞禁出入, 只與淨居天[17]人通焉.

의 52위 가운데 십지十地 이상의 경지에 올랐다는 표현이다. 십신十信, 십주十住,
십행十行, 십회향十回向, 십지十地, 등각等覺, 묘각妙覺이 보살의 52계위이며 십신
을 외범外凡, 십주 · 십행 · 십회향을 내범內凡 · 삼현三賢, 십지十地 이상을 성인
聖人의 위位라 각각 부른다. *이 문장에서 '등계'의 의미는 ①과 ②에 모두 통하나
②로 해석했다.

6) 휴정(休靜, 1520-1604) 대사는 조선 시대를 대표하는 스님 가운데 한 분이다. 아명
은 운학雲鶴, 자는 현응玄應, 호는 청허淸虛이며 별호는 서산 대사西山大師, 백화
도인白華道人, 풍악산인楓岳山人, 두류산인頭流山人, 묘향산인妙香山人, 조계퇴은
曹溪退隱, 병로病老 등이고 법명法名이 휴정이다.

7) 교리에 따르면 시간은 3대겁三大劫으로 나뉘지며 과거의 대겁을 장엄겁莊嚴劫,
현재의 대겁을 현겁賢劫, 미래의 대겁을 성수겁星宿劫이라 한다. 지난 세상에 출
현했던 일곱 부처님, 즉 비바시불毘婆尸佛, 시기불尸棄佛, 비사부불毘舍浮佛, 구류
손불拘留孫佛, 구나함모니불拘那含牟尼佛, 가섭불迦葉佛, 석가모니불釋迦牟尼佛
등 일곱 분을 과거 7불이라 한다. 앞의 네 분은 장엄겁에, 뒤의 세 분은 현겁에 나

[4] ① 공손하게 생각해 보니 현겁에 나타나신 우리 석가모니 부처님은 인도 가유라위국迦維羅衛國 정반왕의 태자로 태어나 지난 세상에서 '진리[道]'를 깨달아 '변함없는 진실 그 자체[眞常法身]'를 체득한 지 이미 오래되셨다. 요약하면 '석가'는 성 씨인데 이곳 말로 '능인'이라 부르며 자심과 비심으로 만물을 이롭게 한다는 의미이고 '모니'는 자字인데 이곳 말로 '적묵'이라 일컬으며 지혜로 이치와 하나 된다는 뜻이다. 자비심과 지혜를 함께 운용하기에 삶, 죽음, 열반 모두에 집착하지 않으신다. 그런데 부처님은 중생을 이롭게 하는 것을 자신의 전적인 임무로 여겨 모든 물에 달이 비치듯 모습을 드러내 끝없는 시간 동안 중생을 구제하는 것에 싫증 내지 않으신다.

타난 부처님들이다. 『유가사지론』 권 제2 「본지분중의지本地分中意地 제2지2第二之二」에 "또한 이 세간은 20 중겁 동안 무너지고, 20 중겁 동안 아무 것도 없으며, 20 중겁 동안 이뤄지고, 20 중겁 동안 유지된다. 이처럼 80중겁이 하나의 대겁이 된다[又此世間二十中劫壞, 二十中劫壞已空, 二十中劫成, 二十中劫成已住. 如是八十中劫, 假立為一大劫數]."라는 구절이 있다. 성겁成劫 20겁, 주겁住劫 20겁, 괴겁壞劫 20겁, 공겁空劫 20겁, 즉 80겁이 하나의 대겁大劫이 되며, 20겁이 하나의 중겁中劫이 되며, 1/20겁이 하나의 소겁小劫이 된다. 소겁 20개가 모여 하나의 중겁이 되고, 4개의 중겁이 모여 하나의 대겁이 된다.

8) '천축天竺'은 인도를 말한다. 신독身毒, 신두辛頭, 현두賢頭, 천두天豆 등으로 부르기도 한다. 신독身毒의 현재 중국어 발음은 [Shen1du2]인데 당나라 이전 발음은 [Sindo]나 [Shindo]에 가깝다. 신독身毒은 인도를 지칭하는 산스크리트어 [Sindhu]를 음역音譯한 말이다. [Sindhu]가 고대 페르시아어 [Hindu]로, 고대 그리스어 [Indus]로 각각 전화轉化된 것으로 추측된다. '신독身毒'이라는 말은 『사기史記』 권123 「대원전大宛傳」에 처음 등장했다. 원문은 다음과 같다. "大夏國人曰: '吾賈

② 이미 '일생보처 보살'의 지위에 오르셨기에 도솔천에 태어나 이름을 호명 대사라 하고 하늘 세계의 중생을 제도하셨다. 『보요경』에 "부처님이 도솔천에서 왕궁에 내려오며 몸으로 빛을 내뿜고, 발로는 연꽃을 밟아 사방으로 일곱 걸음씩 걸으며, 손으로 하늘과 땅을 가리키며 뭇짐승을 놀라게 하는 우레 같은 소리를 내는 등 세 가지 방편을 보이셨다."라고 운운하는 내용이 있다. 이때가 바로 주나라 소왕 24년[BCE 1027] 갑인년이다.

人往市之身毒. 身毒在大夏東南可數千里.'[대하 사람들은 '우리 장사꾼들이 신독에 가서 사 온 것입니다. 신독은 대하의 동남쪽 수천 리 되는 곳에 있습니다'라고 말했다]"

9) '반餅'자는 '반飯'자와 같은 글자이다.

10) '결訣'자는 '요점을 말하다'라는 의미이다.

11) '능인能仁'은 산스크리트어 Śakya-muni를 의역意譯한 말이다. Śakya를 '능能'자로 옮겼다.

12) '모니牟尼'는 산스크리트어 muni를 음역音譯한 단어이다. '현자賢者'·'성자聖者'라는 뜻이다.

13) 이 문장의 '겁'은 '매우 긴 시간'을 의미한다. '궁겁窮刧'은 '매우 긴 시간이 다하도록'이라는 뜻이다.

14) '보처補處'에는 두 가지 의미가 있다. ①부처님의 자리를 보충한다는 뜻으로 앞의 부처님이 원적에 든 뒤 (후임자가) 깨달음을 얻어 자리를 보충하는 것; ②윤회는 이번 생生이 마지막으로 다음 생에는 부처님이 되는 것이 확정된 지위에 있는 보살. ②를 '일생보처一生補處' 혹은 '일생보처 보살'이라 부른다. 여기서는 ②의 뜻으로 쓰였다.

15) 도솔천은 산스크리트어 Tuṣita의 음역音譯한 말. 욕계에 있는 '여섯 개의 하늘[六天]' 가운데 네 번째 하늘. 도솔천의 내원內院에 장래 부처님이 될 보살이 머문다.

③ 태자의 이름은 싯다르타이며 이곳 말로 '길吉'이라 말한다. 문과 무에 능했고, 음과 양에도 뛰어났으며, 사람과 하늘의 일을 배우지 않고도 저절로 신통하게 이해했다. 정반왕이 지극히 사랑해 7일 이내에 왕위를 물려주려 했다. 태자가 어느 날 네 성문 밖으로 나가 슬프고 기쁜 일들을 보고는 출가할 마음을 품었다. 소식을 듣고 놀란 정반왕이 나라 사람들에게 태자를 더욱 잘 지키라는 명령을 내렸고 (태자가) 밖으로 나가는 것을 금지해 (태자는) 다만 정거천에 있는 사람들과만 사이좋게 지냈다.

석존[석가모니]도 이곳에 머물렀고 현재는 미륵 보살이 이곳에서 설법하고 있다고 한다.

16) 이 기록은 『광홍명집』권 제11에 있다. 원문은 다음과 같다. "案《周書異記》云: '周昭王卽位二十四年甲寅歲四月八日, 江河泉池忽然泛漲, 井水皆溢出, 宮殿人舍, 山川大地, 咸悉震動. 其夜五色光, 氣入貫太微, 遍於西方, 盡作靑紅色. 周昭王問太史蘇由: '是何祥也?' 由對曰: '有大聖人, 生於西方, 故現此瑞.' 昭王曰: '於天下何如?' 由曰: '卽時無他, 一千年外聲敎被及此土.' 昭王卽遣鐫石記之, 埋在南郊天祠前. 當此之時, 佛初生王宮也. 穆王卽位三十二年, 見西方數有光氣, 先聞蘇由所記, 知西方有聖人處世. 穆王不達其理, 恐非周道所宜, 卽與相國呂侯, 西入會諸侯於塗山, 以禳光變. 當此之時, 佛久已處世. 至穆王五十二年壬申歲二月十五日平旦, 暴風忽起, 發損人舍, 傷折樹木, 山川大地, 皆悉震動. 午後天陰雲黑, 西方有白虹十二道, 南北通過連夜不滅. 穆王問太史扈多曰: '是何徵也?' 對曰: '西方有大聖人滅度, 衰相現耳.' 穆王大悅曰: '朕常懼於彼, 今已滅度朕何憂也.' 當此之時, 佛入涅槃[『주서이기周書異記』에 다음과 같은 기록이 있다. "주나라 소왕昭王이 즉위한 지 24년째인 갑인년 4월 8일에 강물과 연못이 갑자기 불어나고 우물과 샘이 모두 넘쳐흘렀다. 궁전, 사람, 집, 산천, 대지가 모두 진동하고 밤중에는 오색 빛줄기가 태미성太微星을 꿰뚫고 서쪽으로 온통 퍼져 청홍색으로 물들였다. 주나라 소왕이 태사太史 소유蘇由에게 '이는 무슨 길조인가?'라고 물었다. 소유가 '위대

한 성인이 서방에 태어나셨기에 이 같은 상서로운 일이 나타난 것입니다'라고 대답하였다. 소왕이 '앞으로 천하가 어찌 되겠는가?'라고 물었다. 소유가 '지금은 별다른 것이 없으나 천 년 후에 가르침[聲敎]이 이 땅에까지 미칠 것입니다'라고 답변했다. 이에 소왕이 바로 사람을 시켜 돌에다 새기고 남쪽 교외郊外의 하늘에 제사 지내는 사당 앞에 묻었다. 이때 부처님은 왕궁에서 태어나셨다. 목왕이 즉위한 지 32년째 되는 해에 서방에 몇 갈래 빛줄기가 비치는 것을 보았다. 예전에 소유가 한 말을 이미 들었기에 바로 서방에서 성인이 세상에 나신 것을 알았다. 그러나 목왕이 이치를 몰랐기에 주나라의 도道가 올바른 것이 아니라고 여기고, 상국相國 여후呂侯와 함께 서쪽으로 들어가 도산塗山에서 제후와 모여 빛 때문에 일어난 재액을 없애려 했다. 이때 부처님은 세상에 오랫동안 머무르고 계셨다. 목왕 52년 임신년 2월 15일 새벽에 폭풍이 휘몰아쳐 집을 무너뜨리고 나무를 부러뜨리며 산천 대지가 모두 진동했다. 오후가 되자 하늘에 검은 구름이 몰려들며 서쪽으로 흰 무지개 열두 갈래가 남북에 걸쳐 있었는데 밤이 되어도 없어지지 않았다. 목왕이 태사 호다扈多에게 '이는 무슨 징조인가?'라고 물었다. 호다가 '서방의 성인이 멸도하셨기에 이제 쇠미한 모습이 나타난 것입니다'라고 대답했다. 그러자 목왕이 크게 기뻐하며 '짐이 저 사람을 늘 두려워했는데 입적했다고 하니 무엇을 근심하겠는가?'라고 말했다. 이때 부처님은 열반에 드셨다." *『주서이기』는 불교와 도교 사이에 논쟁이 치열하던 수隋ㆍ당唐 시기 등장한 책으로 신빙성이 다소 떨어진다고 평가된다. 단락[5]의 ②에는 '목왕 53년'으로 쓰여져 있으나 『광홍명집』권 제11에는 '목왕 52년'으로 기록되어 있다. 다만 『석가방지釋迦方志』권하「석가방지유적편釋迦方志遺跡篇 제4지여第四之餘」와 『법원주림』권 제12「감응연感應緣」등에는 "주 목왕 53년 임신년 2월 15일 동이 틀 무렵[周穆王五十三年壬申歲二月十五日平旦]"으로 기재되어 있다. *'목왕 52년'이라는 『주서이기』의 기록도 올바르지 않은 것으로 보인다. 부처님이 열반에 든 뒤 우파리 존자가 율장 결집을 마무리한 그해, 그해의 안거를 마친 음력 7월 15일 율장에 향을 사르는 공양을 올리고 율장 끝에 '점點'하나를 찍었다. 승가발타라僧伽跋陀羅 스님이 제나라 영명永明 7년[489] 중국 광동성 광주廣州 죽림사竹林寺에서 『선견율비바사善見律毘婆沙』 한역漢譯을 마무리하고, 그해 안거를 마친 뒤 앞 시대 스님들의 예에 따라 점 하나를 찍었다. 우파리 존자가 찍은 점을 기점으로 헤아리면 점의 숫자는 모두 975개였다. 이를 『중성점기衆聖點記』라 한다. 이 점의 숫자에 따르면 부처님은 BCE 565년에 태어나 BCE 485년 열반에 들었다. 『역대삼보기』권 제1과 『개원석교록開元釋敎錄』권 제6에 『중성점기』에 대한 자세한 설명이 있다.

[5] ① 一夜逾城而出, 時年十九也. 初入檀特山[18], 捨二種定, 遂入象頭山[19], 坐六年示苦行, 見明星悟道, 號天人師, 時年三十也. 既而鹿野苑中, 爲憍陳五人輩[20], 論道果. 俄就靈鷲山, 說大法. 因住世四十九年, 以微妙正法眼藏[21], 付大迦葉, 并勅阿難副貳[22]傳化, 無令斷絶, 各付法偈. ② 後至拘尸羅熙蓮雙樹[23]下, 右脇累足, 泊然[24]而寂. 復從棺起, 爲母說法, 因說無常偈: "諸行無常, 是生滅法. 生滅滅已, 寂滅爲樂."[25] 已而金棺從座而擧, 以三昧火自焚身, 空中舍利如雨, 數至八斛四斗. 乃穆王五十三年壬申歲[26]也. ③ 吁! 今佛之住世, 群生有感[27], 則應萬德身, 無感則入三昧芝而已, 非干徃來也. 其前際, 降生也, 出家也, 成道

---

17) 색계色界의 '제사선第四禪'에 '불환과不還果'를 증득한 성자가 사는 다섯 곳이 있다. 무번천無煩天, 무열천無熱天, 선현천善現天, 선견천善見天, 색구경천色究竟天 등이 그곳으로 성인聖人만 있기에 '오정거천五淨居天'이라 한다. 이 다섯 곳에 사는 신神들도 '정거천'이라 부른다.

18) '단특檀特'은 산스크리트어 Dantaloka를 음역한 말. 탄다락가彈多落迦, 단타檀陀, 단덕檀德으로 음역하기도 한다. 의역하면 '음산陰山'이다. 북인도 건타라국에 있는 산 이름이다. 『태자수대나경太子須大拏經』에 따르면 부처님이 전생에 '수대나須大拏' 태자로 있을 때 '단특산檀特山'에서 '보시바라밀[檀波羅蜜]'을 닦았다고 한다. 부인, 자식, 갖고 있던 모든 재물 등을 바라문에 주어 '보시'의 행법行法을 완전히 익혔다는 것이다.

19) '상두산象頭山'은 산스크리트어 Gayāśīrṣa를 의역한 말. '갈사시리사羯闍尸利沙'로 음역 된다. 산꼭대기가 코끼리 머리와 비슷해 이렇게 부른다. 부처님이 깨달음을 얻는 '붓다가야' 부근에 있다. 부처님은 불을 숭배하던 가섭 삼 형제와 그 무리들을 교화한 뒤 상두산에서 '불[火]의 설법'을 한다.

20) 부처님이 깨달음을 얻은 후 처음으로 가르침을 편 녹야원에서 교화되어 출가한 '다섯 명의 비구[五比丘]'를 말한다. 아야교진여阿若憍陳如[요본제了本際], 아설시阿說示[마승馬勝], 마하남摩訶男[대호大號], 바제婆提[현선賢善], 바부婆敷[장기

也, 說法也. 此等法, 老婆將葉止兒啼28)耶! 其後際, 拈花也, 分座29)也, 涅槃也, 示趺30)也. 此等法, 老父治狂子31)耶, 醫師留藥去他鄕32)耶! ④ 當時舍利, 則會上菩薩、緣覺聖衆, 及人、天八部神衆33), 各分受持, 散入微塵諸刹, 建塔安鍾供養者, 不知其幾. 可惜無緣國土人則當此時, 不聞不見, 如舍衛三億家34), 及支那一隅類是也. 但支那則過千年至後, 漢永平八年35), 帝感一夢36), 使臣傳敎而已.

[5] ① 어느 날 밤 태자가 성을 넘어 출가하니 19세였다. 먼저 단특산에 들어가 두 종류의 선정을 (닦다가) 버리고 마침내 상두산에 올라 6년간 고행했다. (고행하던 어느 날) 샛별을 보고

長氣] 등 다섯 명이다.

21) '부처님이 깨달은 진리'를 말한다. '모든 존재를 꿰뚫어 보고, 모든 존재를 간직하는, 스스로 체득한 깨달음'이라는 의미이다. 부처님이 가섭 존자에게 전한 '직지인심直指人心 견성성불見性成佛의 묘리妙理'를 상징한다.

22) '부이副貳'는 '보좌한다'라는 뜻이다.

23) 부처님이 쿠시나가라의 히라냐바티강[Hiraṇyavatī, 희련하熙蓮河, 아시다발제하阿恃多跋提河, 금하金河] 부근에서 열반에 들 때 사라沙羅 나무가 그 주위 사방에 각각 한 쌍씩 서 있었다고 한다. 하나의 뿌리에서 두 개의 줄기가 나와 한 쌍을 이루고 있었는데 부처님이 돌아가시자 한 그루는 무성하고 한 그루는 말라 죽었으며 때아닌 흰 꽃이 피었다. 동서와 남북에 있던 두 쌍수雙樹는 각각 한 나무로 되어 숲을 덮고 나무 빛깔이 하얗게 변하며 말라 죽었다. 이를 '사고사영四枯四榮' 혹은 '비고비영非枯非榮'이라 한다. 동쪽의 두 그루를 상常과 무상無常, 서쪽의 두 그루를 아我와 무아無我, 남쪽의 두 그루를 낙樂과 무락無樂, 북쪽의 두 그루를 정淨과 부정不淨에 각각 비유하기도 한다. '쌍수雙樹'는 부처님의 열반을 의미한다. 학수鶴樹, 학림鶴林, 쌍림雙林, 곡수鵠樹라고도 말한다.

24) '박泊'자는 형용사로 '조용하다, 담담하다'라는 의미이다. '박연泊然'은 조용하고 담담한 모습을 형용한 표현이다.

진리를 깨달아 하늘 세계와 인간의 스승이라 불렀는데 이때 나이가 30세였다. 그 후 녹야원에서 교진여 등 다섯 사람을 위해 '깨달은 진리[道果]'를 설명하셨다. 또한 영취산에서 크나큰 가르침을 펼치셨다. 인간 세상에 머문 지 49년 만에 '깨달은 진리[正法眼藏]'를 대가섭 존자에게 알려주고, 아난 존자에겐 가르침이 널리 퍼져 단절되지 않도록 보좌하라고 말하며 두 존자에게 게송을 남기셨다.

② 뒤에 쿠시나가라의 히라냐바티 강변에 있던 (같은 뿌리에서 자라난) 두 그루의 사라 나무 밑에서 오른쪽 옆구리를 바닥에 대고 발을 포갠 채 편안하고 고요하게 원적에 드셨다. 다시

---

25) 동진(東晉, 317-420)의 법현法顯 스님이 번역한 『대반열반경(하)』에 나오는 구절이다. 의미가 비슷한 구절은 여러 경전에 많이 있다.

26) 각주 16번 참조.

27) '감응感應'에는 몇 가지 의미가 있다. ①중생의 신심信心·선근善根이 부처님·보살을 통해 나타나는 것, 즉 중생의 신심이 진실하고 절실하게 느껴져 부처님·보살이 답하는 것을 말한다. 감感은 중생이 보내는 것이며 감에 응應하는 것은 부처님·보살이다. 이를 '감응도교感應道交'라 한다. 중생의 '감'과 부처님·보살의 '응'이 서로 교류해 하나 되어 융합되는 것이다; ②부처님과 수행자의 마음이 교류하는 것이다; ③정토교에 따르면 구원되도록 염불하는 중생의 마음과 그 중생을 구제하려는 아미타불의 자비심이 하나로 합쳐지는 것이다.

28) '엽지아제葉止兒啼'와 관련해 40권본 『대반열반경』 권 제20 「영아행품嬰兒行品 제9第九」에 "又嬰兒行者, 如彼嬰兒啼哭之時, 父母即以楊樹黃葉, 而語之言: '莫啼莫啼, 我與汝金.' 嬰兒見已生真金想, 便止不啼. 然此楊葉實非金也. 木牛、木馬, 木男、木女, 嬰兒見已, 亦復生於男女等想, 即止不啼. 實非男女, 以作如是男女想, 故名曰嬰兒[또 '어린아이의 행'은 어린아이가 울 때 부모가 버드나무의 누런 잎을 주며 '너에게 돈을 줄 터이니 울지마라'라고 달랜다. 아기는 진짜 돈인 줄 알고 울음을 그친다. 그러나 그것은 진짜 돈이 아니다. 나무로 만든 소, 나무로 만

사바교주 석가세존 금골 사리 부도비문 385

관에서 일어나 어머니를 위해 가르침을 펴시고 "모든 존재는
항상 변한다는 이것이 바로 삶과 죽음의 가르침이다. 태어남
과 사라짐마저 완전히 없어지니 적멸이 크나큰 즐거움이다."
라는 게송[無常偈]을 읊으셨다. 금으로 만든 관에서 일어나 삼
매의 불로 스스로 태우니 하늘에서 비가 내리듯 사리가 떨어
졌는데 수량이 '8곡 4두[八斛四斗]'였다. 바로 목왕 53년[BCE
949] 임신년이었다.

③ 오호라! 부처님이 세상에 머물 때 중생이 요청[感]하면 수많은
덕성으로 '응應'하시고, 중생의 요청이 없으면 삼매에 들어가
있을 뿐 (부처님은) 감과 옴에 관계가 없다[감과 옴이 없다].

든 말, 나무로 조각한 남자, 나무로 조각한 여자 등을 어린아이가 보고는 참으로
남자나 여자인 줄 생각하고 울지 않는다. 실제의 남자와 여자가 아닌 것을 남자
와 여자라고 생각하므로 어린아이라 한다]."라는 구절이 있다. *'우는 아이 달래
는 누런 잎'은 방편을 의미한다.

29) '부처님이 다자탑多子塔 앞에서 가섭 존자가 앉도록 자리의 반을 내주었다[於多
子塔前半分座]'라는 이야기는 『분양 무덕 선사 어록』, 『원오 불과 선사 어록』 등
주로 선어록에 많이 나온다. '다자탑'은 중인도 바이샬리 성[毘耶離城]의 서쪽에
있었던 탑 이름으로 바이샬리에 있었던 4기의 중요한 탑 가운데 하나라 한다. 탑
과 관련된 기록이 『불국기』에 있다. "城西北三里, 有塔名放弓仗, 以名此者. 恒水
流有一國王, 王小夫人生一肉胎, 大夫人妬之言: '汝生不祥之徵.' 即盛以木函, 擲恒
水中. 下流有國王遊觀, 見水上木函. 開看見千小兒, 端正殊特, 王即取養之. 遂便長
大甚勇健, 所往征伐無不摧伏. 次伐父王本國, 王大愁憂. 小夫人問王: '何故愁憂?'
王曰: '彼國王有千子勇健無比, 欲來伐吾國, 是以愁耳.' 小夫人言: '王勿愁憂. 但於
城東作高樓, 賊來時置我樓上, 則我能却之.' 王如其言. 至賊來時, 小夫人於樓上語
賊言: '汝是我子. 何故作反逆事?' 賊曰: '汝是何人?' 云是我母. 小夫人曰: '汝等若
不信者, 盡仰向張口.' 小夫人即以兩手搆兩乳, 乳作五百道, 俱墮千子口中. 賊知是
其母即放弓仗. 二父王於是思惟, 皆得辟支佛. 二辟支佛塔猶在. 後世尊成道告諸弟

이전에 태어나고, 출가하고, 깨달음을 이루고, 가르침을 펴신 모습들은 우는 아이를 달래기 위해 노파가 (아이에게) 주는 노란 나뭇잎과 같은 것이다! 이후에 꽃을 들고, 자리를 나누고, 원적에 들고, 발을 내보이신 모습들은 늙은 아버지가 미친 아들을 치료하기 위해 하는 행동과 같은 것이며 의사가 약을 남겨두고 다른 마을로 가는 것과 다르지 않다!

④ (다비 후 나온) 당시의 사리는 그 자리에 모인 '보살·연각의 성스러운 대중'과 '사람'과 '하늘 세계의 팔부신중'들이 나누어 갖고 티끌처럼 많은 수많은 세계에 흩어져 탑과 종 모양의 부도를 세우고 그 안에 봉안해 예배했는데 그것이 얼마나 되

子: '是吾昔時放弓仗處.' 後人得知於此處立塔, 故以名焉. 千小兒者即賢劫千佛是也[비야리성의 서북쪽 3리 되는 곳에 '방궁장放弓仗'이라는 이름의 탑이 있다. 탑에 이런 이름이 붙은 것은 다음과 같은 이야기 때문이다. 갠지스강[恒水] 상류에 한 국왕이 있었다. 왕의 작은 부인이 하나의 육태肉胎를 낳았다. 큰 부인은 이를 보고 질투하며 '그대가 낳은 어린아이는 상서롭지 못한 징후가 보인다'라고 말했다. 그러고는 그 육태를 나무 상자에 넣어 갠지스강에 던져 버렸다. 하류에 있는 나라의 왕이 유람하던 중 물 위에 있던 나무 상자를 발견하고 열었다. 단정하고 뛰어난 1천 명의 어린아이들이 그 안에 있어 데려다 키웠다. 이들이 성장하자 그들은 대단히 용감하고 강건해져 전쟁에 나가면 반드시 상대를 굴복시켰다. 이들은 다음 차례로 부왕의 나라를 공격하게 되었다. 왕이 크게 근심하고 있을 때 작은 부인이 물었다. '무엇 때문에 근심하십니까?' 왕이 말했다. '저쪽 나라 왕에게 비할 데 없이 용감하고 강건한 1천 명의 아들이 있는데 그들이 우리나라를 치러 온다고 해서 근심하고 있소.' 작은 부인은 말했다. '왕께서는 근심하지 마십시오. 다만 성 동쪽에 높은 누대를 만들고 적이 쳐들어오면 저를 누대 위에 올려 주십시오. 그러면 제가 적군을 물러나게 하겠습니다.' 왕은 말대로 했다. 적이 오자 작은 부인은 누대에 올라 적군에게 말했다. '너희들은 나의 아들이다. 왜 반역을 하려 하는가?' 적들이 말했다. '당신이 누구인데 우리들의 어머니라고 하

는지 모른 정도이다. 안타깝게도 인연 없는 지역[國土]에 사는 사람들은 당시 그때 (사리에 대해) 듣지도 못하고 (사리를) 보지도 못했다. 부처님 당시 사위성에 살았지만 (부처님을) 보지도 못하고 (부처님에 대해) 듣지도 못한 3억의 집과 (인도 이외 지역이라 부처님을 알지 못했던) 중국이 그런 부류에 속한다. 천 년 뒤인 한漢나라 영평 8년[65]에 명제가 꿈을 꾸고 신하들에게 부처님 가르침이 중국에 전해지도록 했을 따름이다.

십니까?' 작은 부인이 말했다. '만약 너희들이 믿지 못하겠거든 모두 위를 보고 입을 벌려라.' 작은 부인이 두 손으로 양쪽 젖을 짜자 젖에서 (각각) 5백 줄기가 흘러내려 1천 명 자식의 입에 들어갔다. 적들은 그 여인이 자기들의 어머니인 것을 알고 즉시 무기[弓伏]를 버렸다. 이리하여 두 부왕은 생각하다 모두 벽지불이 되었고 2기의 '벽지불 탑'은 지금도 있다. 그 뒤 부처님이 깨달으시고 제자들에게 '옛날 내가 무기를 버렸던 곳이 여기이다'라고 말씀하셨다. 후세 사람들이 이 일을 알고 그곳에 탑을 세웠기에 '방궁장탑'이라 한다. 1천 명의 어린이가 현겁賢劫의 천불千佛이다].* *무기를 버린 곳에 세워진 '방궁장탑'이 천 명의 아이들과 관련된 탑, 즉 다자탑多子塔이라는 것이 『불국기』의 저자 법현法顯 스님의 설명이다. *'궁장弓伏'은 활, 창 등의 무기를 말한다.

30) '시부示趺'는 '곽시쌍부梛示雙趺'를 말한다. '곽시쌍부'와 관련해 『조정사원祖庭事苑』권 제1 「운문록雲門錄(상上)」에 "涅槃. 爾時, 迦葉與諸弟子在耆闍崛山入于正定, 於正受中. 忽然心驚, 舉身戰慄, 從定中出, 見諸山地皆大振動, 即知如來已入涅槃. 於是將諸弟子尋路疾行, 悲哀速往, 正滿七日, 至拘尸城. 右遶寶棺七匝, 盈目流淚, 說偈讚嘆. 其略云: '世尊! 我今大苦痛, 情亂昏悶迷濁心. 我今為禮世尊頂, 為復哀禮如來肩, 為復敬禮大聖手, 為復悲禮如來腰, 為復敬禮如來臍, 為復深心禮佛足, 何因不見佛涅槃? 唯願示我敬禮處.' 世尊大悲, 即現千輻輪相出於棺外, 回示

迦葉. 從千輻輪放千光明, 徧照十方一切世界. 然後還自入棺, 封閉如故."라는 구절
이 있다. 이 문장의 마지막 부분에 "世尊大悲, 即現千輻輪相出於棺外, 回示迦葉.
從千輻輪放千光明, 徧照十方一切世界. 然後還自入棺, 封閉如故[부처님이 자비심
으로 '천 개의 바퀴살이 새겨진 바퀴'가 있는 발바닥을 관 밖으로 드러내 가섭
존자에게 보였다. 동시에 천 개의 바퀴살에서 빛을 내뿜어 모든 세계를 두루 비
추었다. 그런 후 부처님이 발을 관 안으로 스스로 거둬들였고 관은 이전처럼 닫
혔다]."라는 내용이 있다. * '곽시쌍부槨示雙趺'는 주로 선어록에 많이 나오는 내
용이다.

31) '치광자治狂子'와 관련해 『묘법연화경』 권 제5 「여래수량품如來壽量品」에 "如醫
善方便, 爲治狂子故, 實在而言死, 無能說虛妄. 我亦爲世父, 救諸苦患者, 爲凡夫顚
倒, 實在而言滅[마치 의사가 좋은 방법으로 미친 아들을 치료하기 위해 살아있지
만 죽었다고 말해도 거짓이라 말하지 않는다. 나 역시 세상의 아버지가 되어 괴
로움과 환란에 허덕이는 중생을 구제하는 자이다. 잘못 생각하는 중생을 위해 실
제로는 (살아) 있지만 열반에 들었다고 말한다]."이라는 게송이 있다.

32) '유약거타향留藥去他鄕'과 관련해 『정법화경』 권 제7 「여래현수품如來現壽品」에
"視藥形色香味不肯服者, 謂六十二見諸墮邪者. 見父年老留藥教子捨之去者, 謂諸
黎庶疑受道教, 故現滅度, 留諸經法以教後世[약의 형태, 색깔, 향기, 맛을 보고 복
용하지 않는 것은 '62가지의 삿된 소견'에 떨어지는 것을 말한 것이다. 아버지가
연로해 약을 남겨두고 아이들에게 (아버지 곁을) 떠나라고 한 것은 평민 대중이
진리의 가르침을 받아들이는 것을 의심하므로 부처님이 열반에 든 모습을 보인
것이고, 경전을 남겨 후세 중생을 가르치라고 하신 것이다]."라는 구절이 있다.

33) '천중天衆'과 '용중龍衆'을 중심으로 신통을 겸비한 '여덟 종류의 중생'을 말한
다. ①천중[천天, 초인적인 귀신鬼神], ②용중[용龍], ③야차夜叉, ④건달바乾闥婆,
⑤아수라阿修羅, ⑥가루라迦樓羅, ⑦긴나라緊那羅[인비인人非人], ⑧마후라摩睺
羅 등이다.

34) '사위삼억가舍衛三億家'와 관련해 『대지도론』 권 제9 「대지도초품중시방제보살
래석론大智度初品中十方諸菩薩來釋論 제15第十五」에 "舍衛城中九億家, 三億家
眼見佛, 三億家耳聞有佛而眼不見, 三億家不聞不見. 佛在舍衛國二十五年, 而此眾
生不聞不見, 何況遠者[사위성에 9억의 집이 있는데 그 가운데 눈으로 부처님을
본 집이 3억이고, 귀로 부처님의 이름을 들었으나 눈으로 보지 못한 집이 3억이
며, 귀로 부처님을 듣지도 못하고 눈으로 부처님을 보지도 못한 집이 3억이다. 부
처님이 사위성에 25년 동안 계셨는데도 이들 중생은 부처님을 뵙지도 듣지도 못
했는데 하물며 먼 곳에 있는 중생들은 어떻겠는가]!"라는 구절이 있다.

[6] ① 唯嶺南通度寺神僧慈藏[37], 古所安釋迦世尊金骨舍利浮圖, 頗
多神驗, 竟使千門入善, 又令一國興仁, 可謂世之尊寶也. 不幸
至萬曆二十年[38], 日本海兵入國之南, 焚之蕩之, 億兆爲魚肉,
禍及浮圖, 其寶將爲散失. 悶囂之際, 遍蒙僧大將惟政, 領兵數
千, 盡心守護得完全. ② 然政不無後慮, 故以金骨舍利二凾, 密
似乎金剛, 使病老安焉. 病老感受欲安之. 然病老念金剛近水路,
後必有此患, 安金剛非長久計也. 向海兵之撥浮圖, 全在金寶,
不在舍利也. 取寶後視舍利如土也. 然則不若寧修古基而安焉
云云, 即以一凾, 還付于政. 政然其計, 受凾即還古基而安鍾焉.

---

35) '영평永平'은 후한 명제(明帝, 28-57-75)의 연호로 58-75년 사용됐다. 영평 8년
은 65년이다.

36) '제감일몽帝感一夢'과 관련된 내용이 『고승전』권 제1「가섭마등전迦葉摩騰傳」
에 있다. "攝摩騰, 本中天竺人. 善風儀, 解大小乘經, 常遊化爲任. … 漢永平中, 明
皇帝夜夢金人飛空而至, 乃大集群臣, 以占所夢. 通人傅毅奉答: '臣聞西域有神, 其
名曰佛, 陛下所夢將必是乎!' 帝以爲然, 即遣郎中蔡愔、博士弟子秦景等, 使往天
竺, 尋訪佛法. 愔等於彼遇見摩騰, 乃要還漢地. … [섭마등 스님은 본래 중천축국
사람이다. 풍모와 행동이 훌륭하고 대승과 소승의 경전에 밝았다. 여기저기 다니
며 부처님 가르침을 펴는 것을 자신의 임무로 삼았다. … 한漢 나라 영평永平 연
간(58-75)에 명제明帝가 금빛 나는 사람金人이 공중에서 날아오는 꿈을 꾸었다.
이에 여러 신하를 불러 꿈꾼 바를 풀이하게 했다. 학식이 깊은[通人] 부의傅毅가
'제가 듣기에 서역에 "부처님"이라는 신이 있다고 합니다. 폐하께서 꿈꾸신 바는
아마 필시 이것이었을 것입니다!'라고 아뢰었다. 황제가 그렇게 생각하고 곧 낭
중郎中 채음蔡愔과 박사 제자 진경秦景 등을 천축으로 보내 '불법佛法'을 찾도
록 했다. 채음 등은 그곳에서 섭마등 스님을 우연히 만나 하나라로 갈 것을 요청
했다. …]."

37) 자장(慈藏, 580-658) 율사는 신라의 대국통으로 황룡사 주지 등을 역임했다. 진골

390 봉암사 비명

③ 其一函則病老自受持, 謹入太白山[39], 創建浮圖. 靜獨力無何, 命門人智正、法蘭之輩, 幹其事使安鍾. 二禪子至誠廣募, 不數月, 鍊浮圖而安之. 美矣其功德!《蓮經》「壽量品」[40]中已開列, 余何贅焉? ④ 且我東方初無君長, 不列諸侯. 神人檀君, 出興於太白山神檀樹下, 爲始祖王, 與堯并立也. 然則太白, 太白[41]始胎于一國王, 使朝鮮國民, 永脫東夷之號; 終安于三界師[42], 亦使東方羣氓, 不失成佛之因, 此非山之靈也耶? 偉哉! 非徒山重, 國亦重也; 非徒國重, 人亦重也. 論諸品秩[43], 則惟政[44]禪子, 不下慈藏法師也, 太白山不下靈鷲山也.

출신으로 왕이 재상으로 기용하려 했으나 목숨을 걸고 응하지 않았다. 당나라에서 명성을 크게 떨쳤다. 선덕여왕의 요청으로 귀국 후 분황사에 머무르며 대국통이 되었다. 645년 황룡사에 9층 탑을 세웠다. 화엄 사상을 최초로 소개했으며 신라가 불교와 인연이 깊은 터전이라는 불국토사상을 뿌리내리게 했다.

38) '만력萬曆'은 명나라 신종(神宗, 1563-1572-1620)의 연호로 1573-1620년 사용됐다. 만력 20년은 1592년이다.

39) 태백산 갈반지, 즉 강원도 정선군 고한읍 고한리에 있는 정암사淨巖寺를 말한다.

40) 『묘법연화경』권 제5 「여래수량품如來壽量品」에 "自我得佛來, 所經諸劫數, 無量百千萬, 億載阿僧祇, 常說法教化, 無數億眾生, 令入於佛道. 爾來無量劫, 為度眾生故, 方便現涅槃, 而實不滅度, 常住此說法[깨달음을 얻어 부처님이 된 이래 무수한 세월이 흘렀으며, 무수한 세월 동안 항상 가르침을 펴 수많은 중생을 교화해 진리의 길에 들어가도록 했다. (또한) 그 이래 무량한 시간 동안 중생을 구제하기 위해 열반을 말했지만 실은 원적圓寂에 들지 않고 이곳에서 항상 가르침을 펴고 있다." 등의 구절이 있다.

41) 단군신화에 나오는 '태백산太白山 신단수神檀樹'가 강원도 정선의 이 태백산을 가리키는 것인지는 확실하지 않다.

42) 부처님을 삼계대도사三界大導師, 즉 '삼계의 중생을 교화해 깨닫도록[고해苦海를

[6] ① 오직 영남 통도사의 신통력 있는 자장(580-658) 율사가 석가
세존의 사리를 봉안한 예전의 부도에 신령스러운 영험이 많아,
마침내 수많은 사람을 착하게 변모시켰고 또 한 나라에 어짊
[仁]을 일으켰기에, 가히 세상의 존귀한 보배라 할 수 있다. 불
행히 만력 20년[1592] 일본 수군이 남쪽에 쳐들어와 불태우고
쑥대밭을 만들어 수많은 백성이 처참하게 살해되고 (석가세
존의 사리를 모신 통도사의) 부도에까지 재앙이 미쳐 보물이
흩어지고 없어질 뻔했다. 안타깝고 답답하던 바로 그때 승 대
장인 유정(1544-1610) 대사가 적시에 수천의 병사를 거느리
고 마음을 다해 (부도를) 지켜 완전하게 보존할 수 있었다.

② 그러나 유정 대사는 후환이 없을 수 없다고 여겨 부처님 유
골인 사리가 든 두 개의 상자를 금강산에 비밀스레 두는 것
이 좋겠다며 나[서산]에게 안장해 달라고 요청했다. 나는 감
격스럽게 받아 금강산에 봉안하려고 했다. 그러나 나[병든
늙은이]는 금강산은 물길과 가까워 뒤에 반드시 후환이 있을
것이므로 금강산에 사리 두 함을 봉안하는 것도 (사리를) 오
랫동안 모시는 좋은 계획[計]은 아니라고 생각했다. 앞서 일
본 수군이 부도를 파헤친 것은 전적으로 금과 보배를 취하
려는 의도에서이지 사리를 획득하려는 뜻은 아니었다. (그들
은) 보물을 찾은 다음 사리를 마치 흙처럼 취급했다. 그렇기
에 (금강산에 사리를 안치하는 것은) 사리를 모셨던 통도사
의 그 터를 수리해 (사리를) 봉안하는 것만 못하다고 운운하
며 곧 사리가 든 상자 하나를 유정 대사에게 돌려보냈다. 유
정 대사는 니의 생각이 맞다[然]고 여겨 사리 상사를 받아 옛
터에 모셨다.

③ 다른 한 상자는 내가 받아 지니고 조심스레 태백산에 들어가 부도를 건립해 모시려 했다. 나 혼자 힘으로는 어떻게 할 수 없어 문인인 지정 스님과 법란 스님에게 부도를 세우고 사리를 봉안하라고 말했다. 두 수행자는 지성으로 널리 인연을 모아 몇 개월이 지나지 않아 부도를 만들어 (사리를) 모셨다. 아름답도다, 그 공덕이여! (부도를 만들어 사리를 모신 공덕에 대해서는) 『묘법연화경』 「수량품」에 열거되어 있는데 내가 무엇을 더 덧붙이겠는가?

③ 한편 우리 동방에는 처음 군장이 없었고 제후의 반열에 있지도 않았다. 신령스러운 단군 시조께서 태백산 신단수 아래에서 나와 시조 왕이 되어 요 임금에 버금가는 인물이 되셨다. 그러한즉 태백산, 바로 태백산이 처음으로 한 나라의 왕을 낳아 조선의 백성이 영원히 '동쪽 오랑캐[東夷]'라는 이름에서 벗어날 수 있도록 했으며, 마지막으로 삼계의 스승을 모셔 역시 동방의 중생이 '깨달을 수 있는 인연[成佛之因]'을 잃어버리지 않도록 했는데, 이것이 바로 산의 신령스러움이 아니고 무엇이겠는가? 산도 위대하고 소중하며 나라도 위대하고 소중하다, 나라가 위대하고 소중하며 사람 역시 위대하고 소중하다! 등급을 논한다면 유정 대사는 자장 율사의 아래가 아니고 태백산은 영축산보다 못하지 않다.

[7] ① 翌日正、蘭二禪子, 開設浮圖落成大齋. 病老陞座法席, 謂諸人曰:"今日會中, 其有丈夫, 還知我世尊不入塔廟中者麼? 若知佛不在塔廟中[45], 則堪受人天供爾. 古人問堅固法身, 祖師荅[46]曰: '山花澗水.'[47] 今日病老咄擧筆[48]曰: '請大衆, 羍禮世尊! 若擧釋迦眞身, 則至寂至玅, 至大至小, 無爲無不爲. 百億聖衆之讚歎, 如量空[49]也; 八萬魔軍之毀謗, 如繫風[50]也. 雖然今日會中, 有益有損, 還知麼? 信者敬佛, 故決登樂岸; 不信者謗法, 故必落苦海. 如儒典所謂 '出乎爾者, 反乎爾.'[51] 咄! 各回光斷看! 昔孔夫子荅商太宰問曰: '西方大聖人, 不治不亂, 蕩蕩乎民無能名焉'[52]云, 則可謂唯聖能知聖也." ② 休靜今年八十四歲, 精

건너도록] 인도하시는 큰 스승'이라 부른다. 삼계는 중생이 왕래하고 거주하는 세 가지 세계[三界], 즉 욕계欲界・색계色界・무색계無色界를 말한다. 중생이 생사 유전生死流傳하는 미혹의 세계를 세 단계로 나눈 것이 삼계이다.

43) '품질品秩'은 '등급, 계급'이라는 의미이다.

44) 경남 밀양에서 태어난 스님의 법명은 유정(惟政, 1544-1610), 호는 사명四溟・송운松雲, 별호는 종봉鍾峯, 자는 이환離幻이다. 청허 휴정淸虛休靜 대사의 제자로 임진왜란 때 의승군을 이끌었다. 임진왜란 당시 강원도에서 의승군을 일으킨 후 도총섭으로 전투, 산성 수축, 군량 조달 등을 지휘했다. 임진왜란이 끝난 후 왕명으로 일본에 가 도쿠가와 이에야스(德川家康, 1543-1616)를 만나 전후 대책을 논의했다. 선과 교에 정통했으며 『사명당대사집四溟堂大師集』을 남겼다.

45) '불부재탑묘중佛不在塔廟中'과 관련해 『소석금강과의회요주해銷釋金剛科儀會要註解』권 제2에 "佛在靈山莫遠求, 靈山只在汝心頭. 人人有箇靈山塔, 好夫靈山塔下修[부처님은 영산에 계시므로 다른 먼 곳에서 찾지 말라, 영산은 다만 너의 마음에 있네. 사람마다 '신령스러운 탑[靈山塔]'을 갖고 있으니 영산탑 밑에 가 수

神恍惚, 眼昏手戰, 拘於外人之懇, 撰文書石, 文字俱荒, 不免
後譏, 惶愧惶愧. 惟通達君子, 幸垂恕. 萬曆三十一年⁵³⁾三月初
吉建.

[7] ① 다음날 지정 스님과 법란 스님이 부도의 완성을 경축하는 큰
법회를 열었다. '병든 늙은이[서산 대사]'가 법석에 올라 여러
사람에게 (다음과 같이) 말했다. "오늘 이 모임에 참석한 사
람 가운데 부처님이 부도에 들어가지 않음을 아는 대장부가
있는가? 만약 부처님이 부도에 있지 않음을 알면 사람과 하
늘 세계 신들의 공양을 받을 만하다. 옛사람이 '견고한 진리
의 몸'에 대해 질문하자 조사祖師께서 '산의 꽃과 계곡의 물'

행하라].”라는 게송이 있다. *“世尊不入塔廟中, 佛不在塔廟中”은 '직지인심直指人
心'을 강조한 구절이다.

46) '답荅'자는 '답答'자와 같은 글자이다.

47) '산화간수山花澗水'와 관련해 『벽암록』제82칙에 “僧問大龍: '色身敗壞, 如何是
堅固法身?' 龍云: '山花開似錦, 澗水湛如藍.'[스님이 대룡 선사에게 물었다. '육
신은 부서지는데 무엇이 견고한 진리의 몸입니까?' 대룡 선사가 대답했다. '산의
꽃은 피어 비단과 같고 계곡의 물은 맑아 쪽빛을 띠네.']”이라는 구절이 있다.

48) '筆'자는 '필筆'자의 속자俗字이다. '筆'자의 훈·음은 '명아줄 윤', '싹 날 순'
등 두 가지이다.

49) '양공量空'과 관련해 80권본 『화엄경』권 제80 「입법계품入法界品 제39지1第三十
九之二十一」에 “刹塵心念可數知, 大海中水可飲盡, 虛空可量風可繫, 無能盡說佛
功德[티끌처럼 많은 중생의 마음을 계산해 알 수 있고, 큰 바다의 엄청난 물을 모
두 마시고, 바람을 얽어매고 허공을 잴 수는 있어도, 부처님의 큰 공덕을 모두 말
할 수는 없다.]”이라는 게송이 있다.

이라 대답하셨다. 오늘 '병든 늙은이'가 붓을 들고 소리친다. '대중들이여 부처님께 참배하라! 만약 석가세존의 참다운 몸을 말하면 (그 몸은) 지극히 고요하고 지극히 미묘하며, 지극히 크고 지극히 작으며, 인위적으로 (무엇을) 하지 않으나 하지 못하는 일이 없으며, 백억의 성스러운 대중이 허공은 헤아릴 수 있어도 부처님의 몸은 헤아릴 수 없다고 찬탄했으며, 팔만의 마군이 (부처님을) 훼방해도 마치 바람을 묶으려는 것처럼 (부처님에게) 해를 입히지 못한다. 그렇다 해도 오늘의 이 법회에 유익함도 있고 해로움도 있다는 것을 아는가? 믿는 자는 부처님을 존경하기에 결정코 극락의 저 언덕에 오를 것이요, 믿지 않는 자는 진리를 비방하기에 반드시 고통의 바다에 떨어질 것이다. 『맹자』「양혜왕(하)」편에 나오는 '너

---

50) '계풍繫風'과 관련해 『종경록』권 제32에 "若欲以識心圖度, 句義詮量, 而求真實者, 如繫風捕影, 理可然乎[만약 분별하는 마음으로 도모하고 구절의 의미로 헤아리려는 것은 진실을 추구하는 사람에겐 마치 바람을 묶고 그림자를 잡으려는 것과 같은 것인데 이치가 그렇겠는가?]"라는 문장이 있다. *'계풍포영繫風捕影'은 '할 수 없는 일을 하려고 한다' 혹은 '풍문이나 표면적인 현상에 의지해 일을 처리하려고 한다'라는 의미이다. *'계풍포영'과 비슷한 말이 반고(班固, 32-92)가 편찬한 『한서漢書』「교사지郊祀誌」에 나온다. "聽其言, 洋洋滿耳, 若將可遇; 求之, 蕩蕩如繫風捕景, 終不可得[그 말을 들으면 귓속에 아름다운 풍경이 펼쳐져 마치 곧 신선을 만날 것 같다. (그러나 그곳에 가) 찾으면 그 무엇도 없어 마치 바람을 묶고 경치를 잡는 것 같아 결국 얻지 못한다]." *후한(後漢, 25-220)의 사학자 순열(荀悅, 148-209)이 『한서』를 요약해 펴낸 『한기漢紀』「성제기成帝紀 3三」에 "聽其辭, 洋洋滿耳, 若將可遇; 求之, 蕩蕩若繫風捕影, 終不可得."이라는 구절이 있다.
51) 『맹자』「양혜왕梁惠王(하下)」편에 나오는 구절이다.
52) '공자가 송나라 태재의 물음에 대답했다'라는 구절은 『열자』「중니仲尼」편과 관

에게서 나온 것이 너에게 되돌아간다'라는 말씀처럼 말이다. 아아! (마음의) 빛을 돌려 자신의 마음을 반드시 살펴라! 옛날 상태재의 물음에 공자가 '서방에 크나큰 성인이 있어 그분은 다스리지 않아도 혼란스럽지 않으며, 백성은 그분을 어떻게 불러야 하는지조차 알지 못했다'라고 운운하며 대답하셨는데 오직 성인이라야 성인을 알아본다고 말할 수 있다."

② 나 휴정은 올해 84세로 정신은 혼미하고 눈은 침침하며 손은 떨리는데, 다른 사람의 간청에 끌려 글을 짓고 돌에 (글자를) 쓰지만, 문자가 모두 거칠어 후세의 비난을 면하기 어려워, 황송하고 부끄럽고 황송하고 부끄럽다. 오직 마음을 통달한 군자만이 다행히 용서하리라. 만력 31년[선조 36년, 1603] 3월 초 좋은 날에 (비를) 세웠다.

련이 있다. 「중니」편의 원문은 다음과 같다. "商太宰問孔子曰: '丘圣者歟?' 孔子曰: '聖則丘何敢? 然則丘博學多識者也.' 商太宰問: '三王聖人歟?' 孔子曰: '三王善任智勇者, 聖則丘弗知.' 曰: '五帝圣者歟?' 孔子曰: '五帝善任仁義者, 聖則丘弗知.' 曰: '三皇聖人歟?' 孔子曰: '三皇善任因時者, 聖則丘弗知.' 商太宰大駭曰: '然則孰者爲聖?' 孔子動容有間曰: '西方之人有聖者焉, 不治而不亂, 不言而自信, 不化而自行, 荡荡乎民無能名焉. 丘疑其爲聖. 弗知眞爲聖歟? 眞不聖歟?' 商太宰嘿然心計曰: '孔丘欺我哉!'"＊『열자』의 이 구절이 『법원주림法苑珠林』권 제12 「감응연感應緣」에도 인용되어 있다. "故《列子》云: '昔吳太宰嚭問孔丘曰: "夫子聖人歟?" 孔子對曰: "丘博識强記, 非聖人也." 又問: "三皇聖人歟?" 對曰: "三皇善用智勇, 聖非丘所知." 又問: "五帝聖人歟?" 對曰: "五帝善用仁信, 聖亦非丘所知." 又問: "三王聖人歟?" 對曰: "三王善用時事, 聖亦非丘所知." 太宰大駭曰: "然則孰為聖人乎?" 夫子動容有間曰: "西方之人有聖者焉, 不治而不亂, 不言而自信, 不化而自行, 蕩蕩乎民無能名焉."' 若將三皇五帝必是大聖, 孔丘豈容隱而不說, 便有匿聖之愆? 以此校量, 推佛為大聖也. 又《老子西昇經》云: "吾師化游天竺善入泥洹." 量此

[8 · 追記 · 陰記]54)

① 世尊碑陰. 門人, 嘉善大夫、義僧都大將, 惟政謹再拜追
錄. ② 恭惟, 我金剛退隱、禪敎都摠攝、國一都大禪師, 大恩恩
師. 萬曆庚子歲年55), 八十有一, 在太白山中, 謹爲建浮圖, 立
碑文, 撰自書. 厥功未畢, 以南方諸龍象56)所邀, 入金剛報德
寺57), 設禪敎大會. ③ 曁壬寅58)冬十月日, 特賜 '扶宗樹敎, 登
階、魚帶59), 普濟尊者', 聖恩殊渥. 然師玉雪峰裏, 欲終爲意太
白山. 門人、德士60)數百乃爲大功落成61), 還邀太白62), 不獲已
還山焉. 萬曆三十一年癸卯, 六月日書, 普賢寺住持天緝.

而言優劣可知也." '서방의 성인은 바로 부처님을 가리킨다'라는, 『법원주림』
편찬자 도세道世 스님의 분석이 끝부분에 기재되어 있다. *당나라 도선(道宣,
596-667) 스님이 편찬한 『광홍명집』 권 제1 「귀정편歸正篇 제1지1第一之一 · 상
태재문공자성인商太宰問孔子聖人」에도 『열자』의 구절이 인용되어 있다. "太宰嚭
問孔子曰: '夫子聖人歟?' 對曰: '丘也博識強記, 非聖人也.' 又問: '三王聖人歟?'
對曰: '三王善用智勇, 聖非丘所知.' 又問: '五帝聖人歟?' 對曰: '五帝善用仁義, 聖
非丘所知.' 又問: '三皇聖人歟?' 對曰: '三皇善用時, 聖非丘所知.' 太宰大駭曰:
'然則孰爲聖人乎?' 夫子動容有間曰: '丘聞西方有聖者焉, 不治而不亂, 不言而自信,
不化而自行, 蕩蕩乎人無能名焉.' 據斯以言, 孔子深知佛爲大聖也. 時緣未升, 故默
而識之. 有機故舉, 然未得昌言其致矣." 역시 마지막에 도선 스님 자신의 의견인
"공자는 부처님이 위대한 성인임을 잘 알고 있었다."라는 문장을 붙여 놓았다.
『열자』의 문장과 『법원주림』 · 『광홍명집』의 내용은 비슷하나 마지막에 편찬자의
의견이 덧붙여 있는 점은 완전히 다르다. 서산 대사는 『법원주림』, 『광홍명집』 등
불교 문헌에 따라 비문을 썼을 가능성이 크다. *'상태재商太宰'는 상나라의 태재
[임금을 보좌하는 최고의 관직] 직책에 있는 사람을 말한다. 상나라는 송宋나라를
가리킨다. 송은 은殷나라의 후예이며 '상구商丘'를 도읍으로 했기에 '상'으로 지
칭했다.

[8 · 추기 · 음기]

① 세존 비의 음기. 가선대부이자 의승도대장이며 (휴정 대사의) 문인門人인 유정이 삼가 두 번 절하고 추가로 기록했다.

② 공손하게 생각해 보니 금강산에 주석하며, 호가 퇴은이고, 선교도총섭이자 국일도대선사인 휴정 대사는 크나큰 은혜를 베풀어 준 은사이시다. 만력 경자년[선조 33년, 1600] 당시 81세로 태백산에 머무르며 정성스레 부도를 건립하고, 비문을 새긴 비를 세웠으며, 스스로 비문을 짓고 비문의 글자를 쓰셨다. 그 공이 다하기도 전에 남방의 여러 대덕이 요청해 금강산 보덕사에 들어가 선교대회를 주관하셨다.

---

53) 만력 31년은 선조 36년, 즉 1603년이다.

54) '추기追記' 부분은 『조선금석총람』을 저본으로 역주했다.

55) 만력 경자년庚子年은 선조 33년, 즉 1600년이다.

56) '용상龍象'은 덕과 학식이 높은 스님을 용이나 코끼리의 위력에 비유해 이르는 말이다.

57) '금강산 보덕사金剛普德寺'와 관련해 통도사의 구하(九河, 1872-1965) 스님이 1932년에 지은 『금강산 관상록金剛山觀賞錄』에 "동쪽 절벽 위에 보덕암普德庵이 있다. 개울을 건너고 돌 비탈길을 부여잡고 돌아올라 암자에 이르러, 바로 밑 돌계단을 통해 전각에 들어가는데 겨우 한 사람만 허용된다. 머리를 숙이고 허리를 굽혀 앞으로 나아가니 서 계시는 백의관음이 불단 위에 모셔져 있다. … 밖에는 기둥 하나를 세워 암자를 떠받들고 있었다."라는 구절이 있다. 구하 스님 지음·최두헌 옮김(2022), 『금강산 관상록』, 서울: 지만지한국문학, p.47. *보덕암은 금강산에 현존한다.

58) 인년壬寅年은 선조 35년, 즉 1602년이다.

59) '어대魚帶'는 관복官服에 착용해 위계를 나타냈던 '어대魚袋'와 비슷한 물건이다. 단락[3]에 나오는 '사자賜紫[자색 가사를 하사받다]'라는 말과 함께 '어대魚帶'를 읽을 필요가 있다. 두 글자를 합하면 "사자어대賜紫魚帶"가 된다. '자어대

紫魚帶'는 두 가지 물건을 가리킨다. 하나는 '자색 가사紫色袈裟'이며 다른 하나는 '어대魚帶'이다. 조선 시대 국가에 큰 공을 세운 스님에게 조정朝廷이 하사하던 가사가 자색 가사이고 가사와 함께 착용했던 장신구가 '어대魚帶'이다. *임금이나 조정이 고승에게 주는 '자색 가사'를 '자복紫服', '자가사紫袈裟'라고도 한다. 당나라 재초載初 원년(690)에 측천무후가 『대운경』을 번역하는 데 공을 세운 법랑法朗 스님 등에게 준 것이 자색 가사를 하사한 효시이다. '자색 가사'나 '비색緋色 가사'는 교리상 허락되지 않는다. 당나라 당시 3품 이상의 고관들은 자색 관복을, 5품 이상은 비색 관복을 각각 입었는데 이를 모방해 자색 가사나 비색 가사를 만든 것이다. 오대·북송 이후 자색 가사를 하사하는 범위가 넓어졌다. 역경에 종사한 외국의 스님들이나 외교적 일을 수행하러 중국에 들어오는 스님들에게 자색 가사를 하사했다. 북송 개보開寶 3년부터 태평천국太平天國 4년 (969-979)까지 천자가 태어난 날 전국의 스님들을 궁중에 초청했다. 당시 경·률·논 삼장과 관련된 10가지 문제를 모두 맞힌 스님들에게 자색 가사를 하사했다. 천자가 태어난 날 자색 가사를 획득한 스님을 '수표승手表僧'이라 부른다. 이후 황제에게 표문表文을 올리고 윤허를 얻어 자색 가사를 하사하던 방식은 폐지됐으나 왕, 재상, 지방의 자사刺史 등이 추천한 사람 가운데 선발해 문하성門下省에서 자색 가사를 입어도 좋다는 증명서인 '자의첩紫衣牒'을 주었다. '자의첩'을 '염전자의帘前紫衣'라 부른다. *한편, 최치원이 찬술한 「봉암사 지증 대사 적조 탑비명鳳巖寺智證大師寂照塔碑銘」 첫머리에 나오는 "사자금대賜紫金袋"는 "사자금어대賜紫金魚袋"가 축약된 말이다. '자금어대紫金魚袋'는 두 가지 물건을 가리킨다. 하나는 '자색관복紫色官服·자포紫袍'이며 다른 하나는 '금어대金魚袋'이다. 당나라 시기 고위 관원, 즉 3품 이상의 관리들이 입었던 옷이 '자줏빛 관복[紫袍]'이고 그들이 착용해 위계·신분을 증명했던 것이 '금어대金魚袋'이다. 5품 이상의 관리들은 '붉은빛 관복[緋袍]'을 입었고 '은어대銀魚袋'를 착용했으며 6품 이하의 관리들은 '초록빛 관복[綠袍]'을 입었고 '어대'를 착용하지 못했다. 큰 공을 세운 3품 이하의 관리에게 황제가 '표창表彰'이나 '은총恩寵'의 표시로 '자금어대紫金魚袋'를 하사하기도 했는데 이를 "사자금어대賜紫金魚袋"라 한다. 당·송시기 관리들은 자신의 신분과 등급을 증명하기 위해 '어대魚袋'를 관복에 부착했다. '어대魚袋'는 자색의 수를 놓은 주머니로 물고기 형태의 신표[魚符]를 담는 직사각형의 주머니이다. '어대제도魚袋制度'는 당나라(618-907)에서 시작되어 송나라(960-1279)까지 이어졌으나 송대 이후 점차 준용되지 않다가 청나라 (1644-1911) 때 완전히 사라졌다. '자포紫袍' 역시 청나라 때 없어진다. 청나라 관리들은 남색藍色과 진홍색[絳色] 관복을 입었다.

③ 임인년[선조 35년, 1602] 겨울의 (음력) 10월 어느 날 '부종수
교 등계 어대 보제 존자선풍을 진작하고 교학 체계를 수립했
으며, 성인의 계위에 올랐고, 어대를 하사받았으며, 널리 중
생을 구제한 존귀한 스님]'라는 칭호를 특별히 하사받으셨는
데 성상의 은혜가 (이처럼) 매우 두터웠다. 대사는 옥설봉에
머무르며 끝내 태백산인太白山人이 되고자 하셨다. (그러나)
제자들과 수백 명의 대덕이 큰 공을 들여 (사리비舍利碑를) 완
공하고 태백산에서 (묘향산으로) 돌아오시라고 요청하자 부
득이 다시 (묘향산으로) 귀환하셨다. 만력 31년[선조 36년,
1603] 계묘년 6월 일에 보현사 주지 천집이 쓰다.

---

60) 덕사에는 두 가지 의미가 있다. ①인격과 식견이 뛰어난 사람, 유덕한 사람. ②스
님을 다르게 부르는 말. 여기서는 ②의 뜻으로 쓰였다. *도교를 좋아한 송나라 휘
종(徽宗, 1082-1100-1125-1135)은 도사道士 임영소林靈素의 건의를 받아 '불佛'
을 '대각금선大覺金仙'으로 '승僧'을 '덕사德士'로 바꾸어 불렀다. 1082년 출생
한 휘종은 1100년부터 1125년까지 재위했으며 1135년 붕어했다. *석전(石顚,
1870-1948) 스님은 『정주사산비명精註四山碑銘』「봉암사 지증 대사 적조 탑비명」
단락[10]의 ⑤에서 '금선金仙'에 대해 "唐武宗改佛號大覺金仙[당나라 무종(武宗,
814-840-846)은 '부처님'을 '대각금선'으로 바꾸어 불렀다.]"이라고 설명했다.
61) 묘향산 보현사의 사리비舍利碑, 즉 '사바교주 석가세존 금골 사리 부도비'가 완
성된 것을 가리킨다.
62) 서산 대사는 선조 35년[1602] 겨울인 음력 10월에 '부종수교 등계 어대 보제 존자
扶宗樹敎登階魚帶普濟尊者'라는 존호를 받았다. 보현사의 '사바교주 석가세존
금골 사리 부도비'가 건립된 선조 36년[1603]에 다시 묘향산 보현사로 돌아가 보
현사의 금강굴[금강암]에서 선조 37년[1604] (음력) 1월 23일 입적했다[H7, 735c9].

^{영축산}
^{통도사} # 사바교주 석가여래 영골 사리 부도비문

靈鷲山通度寺娑婆敎主釋迦如來靈骨舍利浮圖碑文

채팽윤蔡彭胤 찬술撰述
조선 숙종 32년[1706] 건립

* 탁본과 『통도사지』(아세아문화사, 1979) 수록본 등을 저본으로 삼아 채팽윤의 문집인 『희암집』 수록본과 교감한 뒤 역주했다.

사바교주 석가여래 영골 사리 부도비 앞면[양기]

사바교주 석가여래 영골 사리 부도비 뒷면[음기]

사바교주 석가여래 영골 사리 부도비문

사바교주 석가여래 영골 사리 부도비문

娑婆敎主釋迦如來靈骨舍利浮圖碑文

[1 · 陽記]1) ① 娑婆2)敎主, 釋迦如來, 靈骨舍利, 浮圖碑, 幷序3)

[1 · 양기] ① 사바교주 석가여래 영골 사리 부도비 병서[사바의 중
생을 진리의 세계로 인도하시는 부처님의 신령스러운
유골에 대해 기록한 부도비와 비문].

---

1) 「사바교주 석가여래 영골 사리 부도비문」은 『통도사지通度寺誌』(한국학문헌연구소
편, 서울: 아세아문화사, 1979, pp.289-318), 채팽윤의 문집인 『희암집希菴集』 등에
수록되어 있다. *「사바교주 석가여래 영골 사리 부도비문」은 조선 선조 36년[1603]
묘향산妙香山 보현사普賢寺(평안북도 향산군 향암리)에 건립된 「사바교주 석가세존
금골 사리 부도비문」과 내용상 연관성이 매우 깊어 두 비문을 같이 읽는 것이 좋다.
2) 산스크리트어 sahā의 음역어音譯語. 석가모니불이 교화하는 세계, 즉 괴로움이 많
은 인간세계를 사바세계 혹은 사바라 한다.
3) 비문은 일반적으로 산문과 운문으로 구성된다. 산문 부분을 '문文' 혹은 '서序',
운문 부분을 '명銘'이라 한다. '서序'는 '서술한다'라는 의미이다. 곧바로 산문이
시작되는 것도 있지만 대개는 운문이 짧게 먼저 나오고 산문이 이어지며, 산문이
끝나면 명銘이 등장하는 것이 비문의 일반적인 형식이다. 한편, 646년[신라 선덕여
왕 15] 자장 율사慈藏律師가 당나라에서 불사리佛舍利를 모셔 와 금강계단金剛戒
壇을 조성하고 불사리를 봉안하며 통도사를 창건했다. 금강계단은 이후 여러 번
중수되었고 단 위에는 부도가 세워졌다. 성능 대사性能大師는 숙종 30년[1704]에
금강계단을 중수하고, 숙종 32년[1706]에 불사리를 봉안한 일 등을 기록한 「사바교
주 석가여래 영골 사리비娑婆敎主釋迦如來靈骨舍利碑」를 세웠다. 비문은 채팽윤
(蔡彭胤, 1669-1731)이 지었다. 통도사 '세존비각'에 있는 비가 바로 이 비이다. 채

[2] ① 宣教郎、守⁴⁾司諫院、正言、知製敎, 蔡彭胤⁵⁾譔,

② 嘉義大夫、行⁶⁾承政院都承旨, 兼經筵參贊、官春秋館修撰官、
藝文館直提學、尙瑞院正, 李震休⁷⁾書,

③ 嘉善大夫、司憲府大司憲, 權珪⁸⁾篆.

[2] ① 선교랑 수 사간원 정언 지제교 채팽윤이 비문을 짓고,

② 가의대부 행 승정원 도승지 겸 경연참찬관 춘추관 수찬관
예문관 직제학 상서원정 이진휴가 비문의 글씨를 쓰고,

③ 가선대부 사헌부 대사헌 권규가 전자로 된 비신 상단부의 제
액題額을 쓰다.

팽윤의 문집인『희암집希菴集』권24에도「양산 통도사 석가 부도비梁山通度寺釋
迦浮圖碑」라는 제목으로 비문이 실려있다.

4) '수守'자는 관계官階가 낮은 사람이 높은 직위職位에 임명됐을 경우 관계官階와
관직官職 사이에 넣어 부르던 말. 가령 종이품從二品인 '가선대부'가 정이품正二
品직인 이조판서吏曹判書가 되면 '가선대부 수 이조판서嘉善大夫守吏曹判書'라
부르고 썼다.

5) 채팽윤의 자字는 중기仲耆, 호號는 희암希菴·은와恩窩. 어려서부터 신동이라 불
렸으며 시문과 글씨에 특히 뛰어났다. 해남의「두륜산 대화사 중창비頭輪山大花
寺重創碑」,「대흥사 사적비大興寺事蹟碑」의 비문을 짓고 썼다. 저서로『희암집』(전
29권)이 있다.

6) '행行'자는 조선 시대 관계官階는 높고 관직이 낮은 경우 벼슬 이름 앞에 붙여 부
르던 말이다.

7) 이진휴(李震休, 1657-1710)의 자는 백기伯起, 호는 성재省齋·성암省菴. 특히 서예
에 능했으며 그가 쓴 비문으로「통도사 사리탑비通度寺舍利塔碑」, 상주의「지추
김식 비知樞金湜碑」, 광주廣州의「예판 이증 비禮判李增碑」·「찬성 이상의 비贊成
李尙毅碑」, 양주의「호참 목장흠 비戶參睦長欽碑」·「영백 이명웅 갈嶺伯李命雄碣」
등이 유명하다.

[3] ① 佛氏之行于天下也久矣, 曰常現又曰不常現, 其尤靈之者曰常現
而不常現云⁹⁾. 嶺南之梁州¹⁰⁾通度寺, 舊有金剛戒壇, 安釋迦世尊
靈骨舍利浮圖. 我聖上¹¹⁾三十年甲申, 性能大師¹²⁾謀於衆曰: "有
而佛, 無而佛實. 顧今鐘渤而壇缺, 無顯刻, 非所以尊之也. 曰我
眞熙大師¹³⁾, 闔以先之, 其啓我矣." 僉曰: "惟師於吾師之門, 功
德多有. 嘗鑴《大華嚴經》矣, 嘗修方丈山丈六殿¹⁴⁾矣. 今日之事,
亦惟師." 於是早¹⁵⁾夜以圖, 易其渤而增治其缺, 且樹之碑.

[3] ① 부처님 가르침이 천하에 퍼져 실천·실행된 지 오래되었기
에 (가르침이) '항상 나타난다'라고 말하거나 '항상 나타나지
않는다'라고 말하기도 한다. 특히 신령스러움이 '항상 나타
난다'거나 '항상 나타나지 않는다'라고 운운한다. 영남의 양
주 통도사에 예부터 전해 내려온 금강계단이 있는데 (그 위
에) 석가세존의 신령스러운 유골을 모신 부도가 조성되어 있

---

8) 권규(權珪, 1648-1722)의 자는 국서國瑞·덕장德章, 호는 남록南麓. 전서篆書에 뛰
어났다.

9) '운云'은 '말한다'라는 의미보다는 '운운한다'라는 뜻인 '운운云云'으로 파악하는
것이 더 적절해 보인다.

10) 『세종실록』 권 제150 「지리지·양산군」에 다음과 같은 기록이 있다. "梁山郡, 新
羅文武王五年, 割上州·下州, 初置歃良州. 景德王改爲良州, 備九州之一. 高麗太
祖二十三年庚子改爲梁州, 顯宗戊午置防禦使. 本朝太宗十三年癸巳例改爲梁山郡,
別號宣春又號順正[신라 문무왕 5년에 상주上州와 하주下州에서 조금씩 떼어내
처음으로 삽량주를 설치했다. 경덕왕이 양주로 고쳤으며 (신라) 구주九州의 하나
가 되었다. 고려 태조 23년 경자년에 양주梁州로 고쳤으며 현종顯宗 무오년에 방
어사防禦使를 두었다. 조선 태종 13년 계사년에 예례에 따라 양신군으로 고쳤다.
의춘宜春 또는 순정順定이라 부르기도 한다]."

다. 우리 임금 30년[숙종 30년] 갑신년[1704]에 성능 대사가 대중들과 논의하며 말씀하셨다. "부처님은 계시나 불보佛寶는 계시지 않습니다. 돌아보면 지금 부도는 갈라지고 금강계단은 이지러졌으며 비석은 없습니다. 이것은 (불보를) 존숭하는 예법이 아닙니다. 지난날 우리 진희 대사께서 앞서 대웅전을 세우셨으니 이는 우리를 일깨우는 것입니다." (이에 대중들) 모두가 대답했다. "우리 스승님의 문하에 오직 스님만이 공덕을 많이 쌓으셨습니다. 일찍이 『대방광불화엄경』을 새기셨으며 지리산 화엄사의 각황전을 수리하셨습니다. 오늘의 이 일 역시 스님만이 하실 수 있습니다." 이리하여 아침저녁으로 계획해 갈라진 틈을 메우고 떨어져 없어진 부분을 증축·수리했으며 비석도 세웠다.

---

11) 조선 제19대 국왕 숙종(肅宗, 1661-1674-1720)을 가리킨다.

12) 법호는 계파桂坡. 경북 학가산鶴駕山에서 출가해 화엄사華嚴寺 벽암 각성(碧巖覺性, 1575-1660) 스님의 문하에서 3년 동안 수행해 큰 성취를 이루었다. 화엄사 각황전은 성능 스님의 원력願力에 의해 1699년[숙종 25]에 공사를 시작하여 3년 만에 완공을 보았다. 숙종은 1711년[숙종 37] 한양 수비의 요충인 북한산성 축성을 성능 스님에게 위임하고 팔도도총섭八道都總攝의 직위를 내렸는데 9개월 만에 축성을 완료했다. 다시 화엄사로 돌아온 성능 스님은 수행의 여가에 산성기사 山城紀事, 즉 『북한지北漢誌』를 완성하고 판각해 1745년[영조 21] 신임 도총섭인 서봉瑞鳳 스님에게 인계했다. 그 후 화엄사에서 『화엄경』을 판각하는 불사를 성취하고 통도사通度寺로 주석처를 옮겨 「석가여래 영골 사리비」를 세우고 금강계단을 중수했다.

13) 조선 중기의 스님으로 법호는 우운友雲, 법명은 진희眞熙. 임진왜란 때 불타고

[4] ① 丐余辭勤甚, 其言曰: "夫世尊之闍維16)於雙樹17)也. 得舍利八
斛四斗18), 當是時興兵而爭之者, 八萬四千國. 今處海之東19),
後世尊三千歲, 去身毒20)二千由旬21), 無興兵之勞, 並與其靈骨
而有之. 儻所謂一住海中22)者是耶? 嘗聞四衆23)之瞻禮者至, 輒
有異香應之. 其示變也, 或見或隱, 或大或小, 或爲金或爲玉, 或
金玉錯, 散而砂, 聚而粒, 捻之爲四, 而分之爲千百, 陰晴互易,
迅雷風雨驟至. 其放光也, 蜿蜿蜒蜒, 五色不定, 天地洞朗, 山谷
相盪, 慧曜智燄, 揮霍紛紜, 霓旗格澤24), 往來後先, 蓋有不生不
滅者存, 已發其簪."

훼손된 통도사 대웅전과 금강계단을 인조 23년[1645]에 중건했다.

14) 성능 대사는 1699-1702년 임진왜란 때 소실된 지리산 화엄사 각황전覺皇殿을 중
건했다.

15) 『회암집』에는 '조루' 자 대신 '조蚤' 자로 되어 있다. '루[zao3]' 자와 '蚤[zao3]' 자처
럼 발음이 같은 한자를 빌려[假] 사용하는 것[通用]을 '통가通假'라 하며 이런 글
자를 '통가자通假字'라 한다.

16) '사유闍維'는 팔리어 jhāpeti의 음역어. 사외闍毘, 사비闍毘, 야유耶維, 야순耶旬
등으로 음역하며 소연燒燃, 소신燒身, 분소焚燒 등으로 의역한다.

17) 부처님이 쿠시나가라의 히라냐바티강[Hiranyavatī, 희련하熙蓮河, 아시다발제하
阿恃多跋提河, 금하金河] 부근에서 열반에 들 때 사라沙羅 나무가 그 주위 사방에
각각 한 쌍씩 서 있었다고 한다. 하나의 뿌리에서 두 개의 줄기가 나와 한 쌍을
이루고 있었는데 부처님이 돌아가시자 한 그루는 무성하고 한 그루는 말라 죽었
으며 때아닌 흰 꽃이 피었다. 동서와 남북에 있던 두 쌍수雙樹는 각각 한 나무로
되어 숲을 덮고 나무 빛깔이 하얗게 변하며 말라 죽었다. 이를 '사고사영四枯四
榮' 혹은 '비고비영非枯非榮'이라 한다. 동쪽의 두 그루를 상常과 무상無常, 서쪽
의 두 그루를 아我와 무아無我, 남쪽의 두 그루를 낙樂과 무락無樂, 북쪽의 두 그
루를 정淨과 부정不淨에 각각 비유하기도 한다. '쌍수雙樹'는 부처님의 열반을

[4] ① (성능 대사가) 나에게 매우 돈독하게 글을 부탁하며 설명하
셨다. "부처님이 쿠시나가라의 히라냐바티강 부근에서 열반
에 들어 법구法軀를 다비하자 '8곡 4두'의 사리가 나왔습니다.
당시 군사를 일으켜 사리를 차지하려고 다툰 나라가 8만 4천
이나 되었습니다. 바다의 동쪽에 위치하고 부처님이 입적하
신 지 3천 년이나 지났으며, 인도에서 2천 유순이나 멀리 떨
어진 우리나라는 군사를 일으키는 고생도 없이 사리를 소유
하게 되었습니다. '한 명은 바다 가운데 머문다'라고 말하는
것이 바로 이것 아니겠습니까? 사부대중이 우러러 예배하려

의미한다. 학수鶴樹, 학림鶴林, 쌍림雙林, 곡수鵠樹라고도 말한다.

18) 10두斗=1곡斛.

19) 우리나라[조선]를 가리킨다.

20) 인도를 말한다. 신독身毒의 현재 중국어 발음은 [Shen1du2]인데 당나라 이전 발
음은 [Sindo]나 [Shindo]에 가깝다. 신독身毒은 인도를 지칭하는 산스크리트어
[Sindhu]를 음역音譯한 말이다. [Sindhu]가 고대 페르시아어 [Hindu]로, 고대 그리
스어 [Indus]로 각각 전화轉化된 것으로 추측된다. '신독身毒'이라는 말은 『사기
史記』권123 「대원전大宛傳」에 처음 등장했다. 원문은 다음과 같다. "大夏國人曰:
'吾賈人往市之身毒. 身毒在大夏東南可數千里.'[대하 사람들은 '우리 장사꾼들이
신독에 가서 사 온 것입니다. 신독은 대하의 동남쪽 수천 리 되는 곳에 있습니다'
라고 말했다.]"

21) 산스크리트어 yojana의 음역어. 고대 인도의 거리 단위로 실제 거리는 명확하지
않다. 소달구지가 하루에 갈 수 있는 거리로 80리[32km]인 대유순, 60리[24km]인
중유순, 40리[16km]인 소유순 등 세 가지가 있다. 보통 약 8km를 1 유순으로 파악
한다. '유선나踰繕那', '유연由延'으로 음역하기도 한다.

22) 『대장일람大藏一覽』권 제1 「입멸품入滅品」에 "一居天上, 一住海中, 汝收舍利, 各
還本處[한 명은 하늘에 거주하고 한 명은 바다 가운데 머무니 당신들은 사리를

(사리에) 이르면 곧바로 기이한 향기로 (예배에) 감응한다고 들었습니다. 사리가 변화를 보임에 때로는 (모습을) 나타내고 때로는 (모습을) 드러내지 않으며, 혹은 커지기도 하고 혹은 작아지기도 하며, 때로는 금이 되기도 하고 때로는 옥이 되기도 하며, 혹은 금과 옥이 섞이기도 하고, 흩어지면 모래가 되고, 모이면 알갱이가 되며, 묶으면 넷이 되고 나누면 수천수백이 되며, 흐림과 밝음이 교대로 나타나고, 번쩍이는 번개와 비바람을 갑자기 몰아치게끔 한다고 합니다. 사리가 빛을 내뿜으면 구불구불하거나 꿈틀거리는 듯하며, 다섯 가지 색이 일정하지 않게 발산되며, 하늘과 땅이 매우 밝아지고, 산골짜기가 서로 밀어 움직이듯 지혜가 빛나게 타올라 나타남과 사라짐이 분분하고, 무지개와 붉게 타오르는 별빛이 앞서거나 뒤서거니 오가는 듯하며, 태어나지도 않고 사라지지도 않는 것이 존재해 마치 삿갓[簦]을 펼친듯하다고 합니다."

받아 각자의 거처로 돌아가십시오!."라는 구절이 있다. 따라서 '일주해중一住海中'에서 '일一'은 우리나라를 은유적으로 표현한 것이다.

23) 비구, 비구니, 우바새, 우바이로 사부대중을 말한다.

24) '격택格澤'은 별 이름이다. '격택格宅' 혹은 '학탁鶴鐸'이라고도 한다. 『사기史記』「천관서天官書」에 "格澤星者, 如炎火之狀. 黃白, 起地而上. 下大, 上兌[격택성은 붉게 타오르는 모습과 같다. 황백색이며 땅에서 위로 올라간다. 아래가 크고 위는 뾰족하다.]."라는 구절이 있다.

25) 비석에는 '좌기왈左其曰'로 되어 있다. 그런데 『회암집希菴集』 권24에 실려 있는 「양산 통도사 석가 부도비梁山通度寺釋迦浮圖碑」에는 '수手'자가 있다. 문맥상 '수手'자가 있는 것이 더 적합해 보인다. '수手'자를 넣고 해석했다.

26) 휴정 대사는 조선 시대를 대표하는 스님 가운데 한 분이다. 아명은 운학雲鶴, 자

[5] ① 左其手25)曰, 通度之故籍也; 右其手曰, 淸虛大師休靜26)之文27)
也. 按之曰: "唐貞觀十年, 新羅律師慈藏28), 求法中國, 謁文殊
像於五臺山北臺. 一坐不起十日, 夢藏29)而授偈. 明朝化身30)來,
以佛頭骨、指節舍利子付之曰: '此世尊信具31)也, 今以傳汝,
羅之南偏有鷲棲之山, 其下神池毒龍所宅. 汝其歸, 壇而安之.'
是爲通度寺."

[5] ① (성능 대사가) 왼손에는 통도사의 옛 문헌을 들고 오른손에
는 휴정(1520-1604) 대사의 글을 들고 왔다. 그 글들에 다음
과 같은 기록이 있었다. "당나라 정관 10년[636] 신라의 자장
(580-658) 율사께서 진리를 찾아 중국으로 가 오대산 북대北
臺에 봉안되어 있던 문수상文殊像에 참배했다. 한 번 앉으면
열흘 동안 일어나지 않는데 꿈에 게송을 받았다. 다음 날
아침 (문수 보살의) 변화신變化身이 나타나 부처님의 머리 유
골[頭骨]과 손가락 마디 유골[指節]을 주며 말씀하셨다. '이것은

는 현응玄應, 호는 청허淸虛이며 별호는 서산 대사西山大師, 백화도인白華道人,
풍악산인楓岳山人, 두류산인頭流山人, 묘향산인妙香山人, 조계퇴은曹溪退隱, 병
로病老 등이고 휴정은 법명法名이다.
27) 1603년 묘향산妙香山 보현사普賢寺(평안북도 향산군 향암리)에 세워진 「사바교
주 석가세존 금골 사리 부도비娑婆教主釋迦世尊金骨舍利浮圖碑」의 비문을 가리
킨다.
28) 자장 율사는 신라의 대국통으로 황룡사 주지 등을 역임했다. 진골 출신으로 왕이
재상으로 기용하려 했으나 목숨을 걸고 응하지 않았다. 당나라에서 명성을 크게
떨쳤다. 선덕여왕의 요청으로 귀국 후 분황사에 머무르며 대국통이 되었다. 645년
황룡사에 9층 탑을 세웠다. 화엄 사상을 최초로 소개했으며 신라가 불교와 인연
이 깊은 터전이라는 불국토사상을 뿌리내리게 했다.

부처님이 진리를 전했음을 알리는 영험한 물건[信具]이다. 지금
그대에게 전해준다. 신라의 남쪽에 축서산[영축산]이 있고 그
아래 위치한 신령스러운 연못에 독룡이 살고 있다. 그대는 신
라로 돌아가 단을 세우고 봉안하도록 하라.' (당시 세운 사찰)
이것이 통도사가 되었다."

[6] ① 麗忠宣王十五年32), 指空大師33)浮海而來, 昇壇設法, 萬人咸集,
若聞鬼神. 皇明洪武十年丁巳, 海寇入梁州, 覘34)取舍利. 月松
大師35)窖之, 尋負而走, 追之急, 天且黑雨作, 乃得脫. 語具「牧
隱李先生記」36)中.

---

29) '몽장夢藏'의 문자적 의미는 '사람이 꾼 꿈을 십이지十二支에 맞추어 점을 치다'
이다. 점의 내용을 부적처럼 도형화한 것을 '몽부夢符'라 한다. 여기서는 '꿈에
계시를 받았다'라는 '감몽感夢'의 의미이다.

30) 산스크리트어 nirmāṇa-kāya를 의역한 말. 본래는 '중생을 구제하기 위해 변화해
나타나는 부처님' 혹은 '부처님이 중생을 구제하기 위해 범천梵天·제석帝釋·범
부凡夫·마왕魔王·축생畜生 등 갖가지 모습으로 변화하여 나타나는 것'을 말한
다. '응신應身'이라고도 한다. 여기서는 문수 보살이 변화해 나타났다는 뜻이다.

31) 본래는 '진리[法]'를 전해주었음을 표시하는 '의복과 발우[衣鉢]'를 말한다. '신표
信標'라고도 한다. 당나라 유종원(柳宗元, 773-819)이 쓴 「조계 제6조 사시 대감
선사 비曹溪第六祖賜諡大鑑禪師碑」에 "大鑒始以能勞苦服役, 一聽其言, 言希以究.
師用感動, 遂受信具. 循隱南海上, 人無聞知[대감 선사는 처음 홍인 선사 밑에서
온갖 고초와 잡일을 견디며 부처님의 말씀을 한 번 듣고 말을 많이 하지는 않았
으나 (부처님의 말씀을) 깊이 천착했다. 홍인 선사가 감동해 마침내 의발衣鉢을
전해주었다. 남해에 숨었기에 대감 선사의 소식을 듣거나 아는 사람이 없었다.]"
라는 구절이 있다. 대감은 당나라 혜능(慧能, 638-713) 선사의 시호諡號이다.

[6] ① 고려 충선왕 15년 지공 대사(?-1363)가 바다를 건너와 단壇에
올라 가르침을 펴자 수많은 사람이 구름처럼 모였는데 마치
귀신[신비한]의 가르침을 듣는 듯했다. 명나라 홍무 10년 정
사년[1377]에 왜구倭寇가 양주에 침입해 사리를 훔쳐 가려고
엿보았다. 월송 대사가 구덩이에 묻었다가 다시 찾아 짊어지
고 달려가는데 왜구가 급박하게 추적해 오자 하늘이 잠시 어
두워지며 비가 내려 (추적에서) 벗어날 수 있었다. 이런 이야
기는 목은 이색(1328-1396)이 쓴 「양주 통도사 석가여래 사리
기」에 자세하다.

<hr/>

통도사 영골 사리靈骨舍利 비문碑文의 '신구信具'는 '부처님의 사리舍利'를
말한다.
32) 충선왕은 1309년부터 1313년까지 재위했다. 따라서 '충선왕 15년'이라는 표현은
오기誤記로 보인다. 지공 대사는 '충숙왕 15년[1328]' 고려에 왔다.
33) 중인도 출신. 산스크리트 이름은 Dhyānabhadra이며 '제납박타提納薄陀'로 음역
되고 '선현禪賢'으로 의역된다. 마가다국 만왕滿王의 세 번째 왕자로 8세에 나란
타사의 율현(律賢, Vinaya-bhadra) 스님에게 출가했다. 19세에 남인도 능가국楞伽
國 길상산吉祥山의 보명(普明, Samanta-prabhāsa) 스님에게 참배해 의발을 전해
받고 여러 나라를 거쳐 원나라 태정 연간(泰定, 1324-1327) 중국에 도착했다.
1328년 고려에 와 금강산 법기 도량法起道場에 참배하고 설법했다. 원나라로 돌
아갔다가 다시 고려에 와 보봉산寶鳳山에 화장사華藏寺를 창건하고 인도에서 갖
고 온 조사상, 패엽경 등을 그곳에 안치했다. 천력 연간(天曆, 1328-1330) 원나라
로 돌아갔다가 지정 23년[1363] 연경에서 입적했다. 1368년 법구法軀가 화장되어
대사도大司徒 달예達叡가 유골을 받들어 고려에 왔으며 1372년 양주 회암사에
부도가 세워졌다.

[7] ① 越萬曆37)二十年, 我宣廟壬辰, 海寇大入, 嶺以南實先受兵、虎
劉38), 而焚刼之者, 雖戒壇不得免焉. 會39)惟政大師40)以義僧將
至力完之. 慮有後敗, 密盛以大小二函, 使遣休靜師于金剛
山. ② 靜策曰: "豈以南爲迫於賊耶? 兹山亦東並海, 非萬全之
所. 夫以鷲山之勝而文殊之所命也. 不幸而有不戒者, 彼觀其意,
所攫金珠, 非信寶. 則如仍舊壇而修之便." 遂以一函還政. 既而
41)曰: "葛盤太白山昭其靈也, 其忽諸42)!" 乃命二門人奉其一函
而西, 爲文而刻之. 由是有西南二浮圖焉.

[7] ① 만력 20년[1592]을 지나 우리 선조 임금 임진년에 왜적倭敵이
대량으로 침입해 영남 남부지방이 먼저 '전란[兵]'과 '모진 살
상[虎劉]'의 피해를 겪었으며 (건물은) 불타고 (재화財貨는) 도
둑맞았는데 금강계단도 그 화를 면하지 못했다. 때마침 유정
(1544-1610) 대사가 의승군의 대장으로 온 힘을 다해 사리를
완전하게 지켰다. 후일 (사리가 다시 왜적에) 손상될 것을 염

---

34) '규規'자는 '규規'자의 본래 글자이다. 비문의 '규規'자는 '규窺'의 의미, 즉 '몰
래 살피다, 엿보다'라는 뜻이다. '사리를 훔쳐 가려고 기회를 엿보았다'라는 것
이다.

35) 월송 대사에 관한 기록은 이색이 찬술한 「양주 통도사 석가여래 사리지기梁州通
度寺釋迦如來舍利之記」에 비교적 자세하다.

36) 1380년에 쓴 이 글의 제목은 「양주 통도사 석가여래 사리지기梁州通度寺釋迦如
來舍利之記」이며 『목은문고』 권3에 실려 있다. 고려 후기 대사성, 정당문학, 판삼
사사 등을 역임한 이색의 본관은 한산韓山, 자는 영숙穎叔, 호는 목은牧隱이다.
포은圃隱 정몽주(鄭夢周, 1337-1392), 야은冶隱 길재(吉再, 1353-1419)와 함께 삼
은三隱의 한 명이다.

려해 크고 작은 두 개의 상자에 사리를 봉안하고 세밀하게 포장해 휴정 대사가 있는 금강산에 보냈다.

② 휴정 대사가 대책을 생각한 후 "어찌 남쪽만 왜적의 핍박을 받겠는가? 금강산 역시 동쪽으로 바다와 나란히 있어 결코 온전한 장소가 되지 못한다. 무릇 (영)축산은 뛰어난 곳이고 문수 보살의 명을 받은 장소이다. 불행하게도 계율을 지키지 않은 자들이 있으나 저들의 의도를 살펴보니 빼앗고자 하는 것은 금과 보배이지 믿음의 보물을 강탈하려는 게 아니다. 옛날처럼 단壇에 봉안하고 수리하는 것이 더 좋겠다."라고 말했다. 마침내 함函 하나를 유정 대사에게 돌려보냈다. 곧이어 "태백산 갈반지[정암사淨嚴寺]는 신령스러움으로 빛나는 곳인데 어찌 소홀히 하겠는가?"라고 강조했다. 이에 제자 두 명에게 함 하나를 모시고 서쪽으로 가 글을 써서 새기게 했다. 이로 말미암아 남쪽과 서쪽 두 곳에 부도가 세워지게 되었다.

---

37) '만력萬曆'은 명나라 신종(神宗, 1563-1572-1620)의 연호로 1573년부터 1620년까지 사용됐다.

38) '호虎'자는 '사납다'라는 의미이고 '유劉'자는 '죽이다'라는 뜻이다.

39) '회會'자는 부사로 '때마침, 공교롭게도'라는 뜻이다.

40) 경남 밀양에서 태어난 스님의 법명은 유정惟政, 호는 사명四溟·송운松雲, 별호는 종봉鍾峯, 자는 이환離幻이다. 청허 휴정淸虛休靜 대사의 제자로 임진왜란 때 의승군을 이끌었다. 임진왜란 당시 강원도에서 의승군을 일으킨 후 도총섭으로 전투, 산성 수축, 군량 조달 등을 지휘했다. 임진왜란이 끝난 후 왕명으로 일본에 가 도쿠가와 이에야스(德川家康, 1543-1616)를 만나 전후 대책을 논의했다. 선과 교에 정통했으며 『사명당 대사집四溟堂大師集』을 남겼다.

[8] ① 余惟: 羅麗之際, 大興寺塔, 號爲由弭[43] 至以一千之祚, 統三之
業, 歸之於佛氏之陰功, 所傳靈聖威神之事赫如也. 而上下千百
年, 不能無廢興存亡者! 然惟是不爲漢之金人[44], 而爲魯之寶玉[45]
者, 無異乎其徒之大之也. 大之也, 大之斯存之矣, 則無以[46]其
存之也者, 存之者乎? 則不存者乎? 遂書之曰: "周昭王二十四年,
佛從兜率天降, 生淨飯王宮, 出家四十九年, 穆王五十三年入涅
槃."[47]

[8] ① 나는 (다음과 같이) 생각한다: 신라와 고려 때 사찰과 탑을
대단히 많이 세워 어떻게[무엇으로] 없앨까[줄일까]를 소리쳤
으며, 일천 년의 복덕과 삼국을 통일한 위업이 모두 보이지
않는 부처님의 덕 때문이라 여겨지고, 전해 내려온 신령스럽
고 성스러운 위엄있는 일들도 분명함이 이와 같았다[보이지

---

41) '기이既而'는 '곧이어' '얼마 지나지 않아'라는 의미이다.

42) '제諸' 자는 '지호之乎'의 줄임말로 '… 한가?'라는 뜻이다.

43) '미弭' 자는 '없애다·제거하다'라는 의미이다.

44) '한나라의 금인'은 부처님을 가리킨다. 관련 기록이 있다. ①『고승전』권 제1 「섭
마등전攝摩騰傳」과 ②『위서魏書』권114 「석로지釋老志 제20」의 기록이 그것이다.
①「섭마등전」: "攝摩騰, 本中天竺人. 善風儀, 解大小乘經, 常遊化爲任. … 漢永平
中, 明皇帝夜夢金人飛空而至, 乃大集群臣, 以占所夢. 通人傅毅奉答: '臣聞西域有
神, 其名曰佛, 陛下所夢將必是乎!' 帝以爲然, 即遣郎中蔡愔·博士弟子秦景等, 使
往天竺, 尋訪佛法. 愔等於彼遇見摩騰, 乃要還漢地. … [섭마등 스님은 본래 중천
축국 사람이다. 풍모와 행동이 훌륭하고 대승과 소승의 경전에 밝았다. 여기저기
다니며 부처님의 가르침을 펴는 것을 자신의 임무로 삼았다. … 한漢 나라 영평
永平 연간(58-75)에 명제明帝가 금빛 나는 사람[金人]이 날아오는 꿈을 꾸었다.
이에 여러 신하를 불러 꿈꾼 바를 풀이하게 했다. 학식이 깊은[通人] 부의傅毅가

않는 부처님의 덕이라 여겨졌다]. 그러나 위아래로 수많은 세월 동안 흥성하고 쇠퇴하고 남아있고 없어지는 일들이 없다는 것은 불가능하다! 한편으로 생각해 보니 한나라의 금인[부처님]을 위한 것이 아니라 노나라의 보배[공자]를 위한 것이며, 부처님이나 공자를 따른 사람들이 많아진 것과 다르지 않다[흥성하고 쇠퇴하고 남아있고 없어지는 일들은 결국 사람에 달렸다]. 따르는 사람이 많고 따르는 사람이 많아 이것이 존재한다면 존재함이 없는 것인데 (이는) 존재하는 것인가 존재하지 않는 것인가? 그래서 책에 "주나라 소왕 24년[BCE 1027] 부처님은 도솔천에서 내려와 정반왕의 궁전에서 태어났으며 출가 후 수행한 햇수는 49년이고 주나라 목왕 53년[BCE 949] 원적에 들었다."라는 기록이 있다.

'제가 듣기에 서역에 "부처님[佛]"이라는 신神이 있다고 합니다. 폐하께서 꿈꾸신 것은 반드시 이것일 겁니다!'라고 아뢰었다. 황제가 그렇게 생각하고 곧 낭중郎中 채음蔡愔과 박사 제자 진경秦景 등을 천축으로 보내 '불법佛法'을 찾도록 했다. 채음 등은 그곳에서 섭마등 스님을 우연히 만나 한漢 나라로 갈 것을 요청했다. …]." ②『위서』 권114 「석로지 제20」: "案漢武元狩中, 遣霍去病討匈奴, 至皋蘭, 過居延, 斬首大獲. 昆邪王殺休屠王, 將其衆五萬來降. 獲其金人, 帝以爲大神, 列於甘泉宮. 金人率長丈餘, 不祭祀, 但燒香禮拜而已. 此則佛道流通之漸也[그리하여 한 무제 원수 연간에 흉노를 토벌하도록 곽거병 장군을 파견했다. 고란 지역을 지나고 거연 지역에 머무르며 (흉노의) 머리를 자르고 포로를 많이 잡았다. (흉노의) 혼사왕이 휴도왕을 죽이고 그 무리 5만을 이끌고 항복했다. 금으로 만든 상을 획득했는데 무제는 큰 신으로 여기고 감천궁에 배열했다. 금인의 크기는 대략 1장 정도이며 제사를 지내지 않고 다만 향을 피우고 예배했다. 이로부터 부처님 가르침이 점차 퍼졌다]." 여기서는 ①에 나오는 '금인金人'을 말하는 것으로

[9] ① 壇, 縱百畝[48]、橫如之. 五分之, 以其一爲其崇者, 二層閣, 凡五
楹, 銅鐵瓦. 寺又有世尊毘羅金點袈裟、菩提樹葉珠字經[49], 亦
文殊所傳慈藏者云.

[9] ① 금강계단 옆 세로 부분의 면적은 100무가 되고 가로 부분의
면적도 이와 비슷하다. 금강계단은 다섯 부분으로 구분되며
그 가운데 하나는 높다. 2층의 전각으로 다섯 개의 기둥에 구
리와 철로 만든 기와를 얹었다. 통도사에는 또한 '밝은색의
부드러운 비단에 금으로 놓은 수繡가 점점이 있는 부처님의
가사世尊毘羅金點袈裟'와 '보리수 잎에 아름다운 글씨를 써놓
은 경전菩提樹葉珠字經'도 있는데 이것 역시 문수 보살이 자장
율사에게 전해준 것이라 한다.

보인다.

45) '노나라의 보배'는 노나라에서 생산되는 아름다운 옥인 '번여璠璵'을 말한다. 의
미가 전화되어 '아름다운 덕성을 간직한 현명하고 재주 있는 사람美德賢才'을
가리킨다. 문맥상 공자를 말하는 것 같다.

46) '무이無以'에는 ①부득이不得已, ②없다沒有] 등의 의미가 있다. 여기서는 ②의
뜻으로 사용됐다.

47) '이 기록은『광홍명집』권 제11에 있다. 원문은 다음과 같다. "案《周書異記》云:
'周昭王即位二十四年甲寅歲四月八日, 江河泉池忽然泛漲, 井水皆溢出, 宮殿人舍,
山川大地, 咸悉震動. 其夜五色光, 氣入貫太微, 遍於西方, 盡作靑紅色. 周昭王問
太史蘇由: '是何祥也?' 由曰: '有大聖人, 生於西方, 故現此瑞.' 昭王曰: '於天下
何如?' 由曰: '即時無他, 一千年外聲敎被及此土.' 昭王即遣鐫石記之, 埋在南郊天
祠前. 當此之時, 佛初生王宮也. 穆王即位三十二年, 見西方數有光氣, 先聞蘇由所
記, 知西方有聖人處世. 穆王不達其理, 恐非周道所宜, 即與相國呂侯, 西入會諸侯
於塗山, 以禳光變. 當此之時, 佛久已處世. 至穆王五十二年壬申歲二月十五日平旦,
暴風忽起, 發損人舍, 傷折樹木, 山川大地, 皆悉震動. 午後天陰雲黑, 西方有白虹十

[10] ① 銘[50]曰:　　　[10] ① 게송으로 읊는다:

釋氏有言[51],	부처님께서 말씀하셨듯
優曇鉢華,	우담화는
三千一現.	3천 년에 한 번 모습을 드러낸다[핀다].
我佛出世,	우리 부처님께서 세상에 나오신
其數如是,	햇수 역시 이와 같아
不後不先.	(3천 년 보다) 적지도 않고 많지도 않다.
厥生無生,	(부처님은) 태어났어도 태어난 것이 아니며
從久遠劫[52],	아득하게 멀고 오랜 옛적부터
無量之身.	헤아릴 수 없는 진리의 몸 그 자체 이셨다.
而滅無滅,	또한 부처님의 원적圓寂은 사라짐이 아니고
歷三法界[53],	(부처님이) 안 계신 곳은 없으며
常住之神.	항상 존재하는 신령스러운 존재이다.
其神伊[54]何?	(부처님의 유골인 사리는) 얼마나 영험한가?
欝然而香,	농밀한 향기와
煜然而光,	빛나는 광채는
怳惚連蜷,	눈부실 만큼 찬란하고 끊어질 듯 이어지며
若存若亡,	있는 것 같기도 하고 없는 것 같기도 하며
載陰載陽.	때로는 연하괴[어둡고] 때로는 진하다[밝다].
梁州之北,	양주의 북쪽
山有鷲棲,	축서산[영축산]에 있던
湫有龍伏,	용이 숨었던 연못을 메워
築壇其崇,	단을 쌓아 높게 만들고
其上浮圖,	그 위에 부도를 세운 것은

慈藏之力.	자장 율사의 원력이었다.
匪慈藏力,	자장 율사의 원력이 없었다면
文殊之命,	문수 보살의 수기[授記]를
靈龜乃食.	신령스런 거북이 차지했을 것이다.
邈矣文殊,	멀고 먼 옛날에 문수 보살은
受厥信器,	그 믿음의 표식인 '진리의 그릇[法器]'을
于彼迦葉[55].	가섭 부처님으로부터 받았다.
冥求妙契,	암암리에 뛰어난 깨달음을 추구하던 문수 보살이
爰得其人,	곧바로 그런 사람[자장 율사]을 얻으니
萬世朝暮[56].	(그 만남은) 시간을 초월한 만남이었다.
繄[57]東曰歸,	(자장 율사가) 다만 동쪽으로 돌아간다고 말하고
西杭白海,	흰 파도 치는 (신라의) 서쪽 바다를 건너니
誰之或[58]禦?	그 누가 막을 수 있었겠는가?
龍獻寶藏,	(서해의) 용왕이 자장 율사에게 진귀한 물건을 바치고
暨[59]來護法,	동시에 호법신장이 되어
一日三至.	하루에 세 번씩 호위했다.
內帑既傾,	왕실은 창고를 열고
巨室交輸,	귀족들은 번갈아 (보물을) 실어 오는 등
奔走遠邇.	멀리서 가까이서 분주하게 (조성된 금강계단에)
	왔다 갔다 했다.
西宿[60]來參,	사방의 고승들은 참배할 수 있었으나
南寇莫奪,	남쪽의 왜구들은 감히 침탈하지 못했으니
赫赫其靈!	(금강계단에 모셔진 사리의) 영험은 얼마나 대단한가!
惟虛惟溟,	오직 서산 대사와 사명 대사가
合志齊功,	뜻을 모아 나란히 공을 세워

二道, 南北通過連夜不滅. 穆王問太史扈多曰: '是何徵也?' 對曰: '西方有大聖人滅度, 衰相現耳.' 穆王大悅曰: '朕常懼於彼, 今已滅度朕何憂也.' 當此之時, 佛入涅槃『주서이기周書異記』에 다음과 같은 기록이 있다. "주나라 소왕昭王이 즉위한 지 24년째인 갑인년 4월 8일에 강물과 연못이 갑자기 불어나고 우물과 샘이 모두 넘쳐흘렀다. 궁전, 사람, 집, 산천, 대지가 모두 진동하고 밤중에는 오색 빛줄기가 태미성太微星을 꿰뚫고 서쪽으로 온통 퍼져 청홍색으로 물들였다. 주나라 소왕이 태사太史 소유蘇由에게 '이는 무슨 길조인가?'라고 물었다. 소유가 '위대한 성인이 서방에 태어나셨기에 이 같은 상서로운 일이 나타난 것입니다'라고 대답하였다. 소왕이 '앞으로 천하가 어찌 되겠는가?'라고 물었다. 소유가 '지금은 별다른 것이 없으나 천 년 후에 가르침[聲敎]이 이 땅에까지 미칠 것입니다'라고 답변했다. 이에 소왕이 바로 사람을 시켜 돌에다 새기고 남쪽 교외郊外의 하늘에 제사 지내는 사당 앞에 묻었다. 이때 부처님은 왕궁에서 태어나셨다. 목왕이 즉위한 지 32년째 되는 해에 서방에 몇 갈래 빛줄기가 비치는 것을 보았다. 예전에 소유가 한 말을 이미 들었기에 바로 서방에서 성인이 세상에 나신 것을 알았다. 그러나 목왕이 이치를 몰랐기에 주나라의 도道가 올바른 것이 아니라고 여기고, 상국相國 여후呂侯와 함께 서쪽으로 들어가 도산塗山에서 제후와 모여 빛 때문에 일어난 재액을 없애려 했다. 이때 부처님은 세상에 오랫동안 머무르고 계셨다. 목왕 52년 임신년 2월 15일 새벽에 폭풍이 휘몰아쳐 집을 무너뜨리고 나무를 부러뜨리며 산천 대지가 모두 진동했다. 오후가 되자 하늘에 검은 구름이 몰려들며 서쪽으로 흰 무지개 열두 갈래가 남북에 걸쳐 있었는데 밤이 되어도 없어지지 않았다. 목왕이 태사 호다扈多에게 '이는 무슨 징조인가?'라고 물었다. 호다가 '서방의 성인이 멸도하셨기에 이제 쇠미한 모습이 나타난 것입니다'라고 대답했다. 그러자 목왕이 크게 기뻐하며 '짐이 저 사람을 늘 두려워했는데 입적했다고 하니 무엇을 근심하겠는가?'라고 말했다. 이때 부처님은 열반에 드셨다." *『주서이기』는 불교와 도교 사이에 논쟁이 치열하던 수隋·당唐 시기 등장한 책으로 신빙성이 다소 떨어진다고 평가된다. 「영골 사리 부도비」에는 '목왕 53년'으로 쓰여져 있으나『광홍명집』권 제11에는 '목왕 52년'으로 기록되어 있다. 다만『석가방지釋迦方志』권하「석가방지유적편釋迦方志遺跡篇 제4지여第四之餘」와『법원주림』권 제12「감응연感應緣」등에는 "주 목왕 53년 임신년 2월 15일 동이 틀 무렵[周穆王五十三年壬申歲二月十五日平旦]"으로 기재되어 있다. *'목왕 52년'이라는『주서이기』의 기록도 올바르지 않은 것으로 보인다. 부처님이 열반에 든 뒤 우파리 존자가 율장 결집을 마무리한 그해, 그해의 안거를 마친 음력 7월 15일 율장에 향을 사르는 공양을 올리고 율장 끝에 '점點' 하나를 찍었다. 승가발타라僧伽

並代相繩.	대를 이어 업적을 이뤘도다.
雲師(61)之後,	동운 대사의 뒤를 이어
能師翼(62)之,	성능 대사가 (금강계단을) 수리하니
不弘其承!	그 계승이 어찌 넓고 크지 않겠는가!
休(63)我能師,	훌륭하도다! 우리 성능 대사여
翹心玄蹤,	마음을 움직여 현묘한 자취를 쫓고
集勝禪門,	뛰어난 선사들을 모아
乃增斯壇,	금강계단을 증축하고
乃新斯鐘,	종 모양의 부도를 새롭게 조성해
岳岳言言.	산처럼 높은 정신을 널리 전했네.
師謂大衆,	성능 대사가 대중에게
爾鏡爾心,	"그대의 거울 같은 마음은
無有不淨,	깨끗하지 않음이 없으니
罔曰不臨,	사리가 나타나지 않는다고 말하지 말라
寂然泯然,	(사리의 영험은) 고요해 소리조차 없는 것 같아도
赴感(64)如響.	중생의 요청인 감感에 분명하게 응한다."라고 말씀하셨다.
依彼大雲,	(사리의 영험은) 저 크나큰 구름처럼
不古不今,	옛날이나 지금이나 항상
遍覆大千.	삼천대천세계를 두루 덮고 있다.
師起和南,	성능 대사가 일어나 합장하며
鎭我邦國,	(금강계단의 사리가) 우리나라를 지킨다고 (말씀)하시니
聖人萬年!	부처님의 가르침과 그 유골인 사리는 언제나 (우리와) 함께하리라!

跋陀羅 스님이 제나라 영명永明 7년[489] 중국 광동성 광주廣州 죽림사竹林寺에서 『선견율비바사善見律毘婆沙』한역漢譯을 마무리하고, 그해 안거를 마친 뒤 앞 시대 스님들의 예에 따라 점 하나를 찍었다. 우파리 존자가 찍은 점을 기점으로 헤아리면 점의 숫자는 모두 975개였다. 이를 『중성점기衆聖點記』라 한다. 이 점의 숫자에 따르면 부처님은 BCE 565년에 태어나 BCE 485년 열반에 들었다. 『역대삼보기』권 제1과 『개원석교록開元釋敎錄』권 제6에 『중성점기』에 대한 자세한 설명이 있다.

48) '무畝'는 논·밭 넓이의 단위. 1무는 1단段의 10분의 1, 곧 30평으로 약 99.174㎡에 해당한다. '단段'은 땅 넓이의 단위로 한 단은 1정町의 10분의 1, 즉 1무의 열 배 곧 300평으로 약 991.74㎡에 해당한다. '정町'은 땅 넓이의 단위. 한 정은 1단의 10배인 3,000평으로 약 9,917.4㎡이다. 100무는 3,000평이다.

49) 이를 '패엽경貝葉經'이라 한다. '패엽貝葉'은 범어 패다라貝多羅, 즉 '나뭇잎'이라는 뜻에서 온 말. '패다貝多' 혹은 '패다라엽貝多羅葉'이라 한다. '패다라'는 산스크리트어 'Pattra'의 음역어. 특정한 식물을 가리키는 말이기도 하나 '일반 식물의 잎' 또는 '필사용 나뭇잎'이란 뜻으로 쓰인다. 옛날 인도 등지에서 종이 대신 사용됐으며 지금도 사용하고 있다. 가장 좋은 재료는 다라多羅[tala] 나무의 잎이다. 다라 나무의 잎에 경·율·논을 쓰거나 새겼다. 다라 나무는 종려나무와 비슷하며 잎은 바탕이 곱고 빽빽하고 길쭉하다. 말려 일정한 규격으로 자른 후 칼이나 송곳으로 자획을 만들고 먹을 새겨 넣거나 먹과 붓으로 글자를 쓰기도 한다. 너비 6.6 cm, 길이 66 cm 정도의 크기이며 2곳에 구멍을 뚫어 실로 몇십 장씩 꿰어 묶는다.

50) 춘추시대 이전부터 금석金石이나 기물器物 등에 글자를 새겼는데 이로부터 금석·기물 등에 새긴 글자를 '명銘' 혹은 '명문銘文'이라 불렀다. '명銘'으로 주로 자신을 경계하거나 (다른 사람의) 공덕功德을 기술했는데 이것이 후일 문체의 하나가 됐다. '명銘'은 '분명하게 기억해 영원히 잊지 않는다'라는 의미이다. 산문이 아니고 운문 형식의 글이므로 '게송'으로 옮겼다.

51) 산스크리트어 Udumbara를 음역音譯한 말. 3천 년에 한 번 핀다는 상상의 꽃. 부처님이나 전륜성왕이 세상에 나타날 때도 핀다고 한다. 『불국기佛國記』의 저자인 동진(東晉, 317-420)의 법현法顯 스님이 번역한 『대반열반경』권하卷下에 "我諸書論, 說佛出世, 極為難遇, 如優曇鉢花, 時一現耳[나는 여러 책과 논서에서 '부처님이 세상에 나타나는 것을 만나기 매우 어려워 마치 우담화가 때가 되어 한 번 피는 것과 같다'라는 말씀을 읽었다]."라는 문장이 있다. 굉장히 만나기 어렵다는 점을 비유적으로 표현할 때 주로 이 꽃을 예로 든다.

52) 『묘법연화경』 권 제1 「방편품」에 "從久遠劫來, 讚示涅槃法, 生死苦永盡, 我常如是說[아득하게 멀고 오래된 옛적부터 열반의 진리를 찬탄해 보였고 삶과 죽음이라는 고통이 영원히 없어진다는 가르침을 항상 펼쳐왔다.]"이라는 게송이 있다.

53) '삼법계'에는 두 가지가 있다. ①화엄종 특히 당나라의 현수 법장(賢首法藏, 643-712) 스님이 제창한 '법계관法界觀'에 나오는 '사(종)법계四(種)法界' 가운데 '사법계事法界'를 제외한 나머지 세 종류의 법계를 '삼법계三法界'라 한다. '법계法界'에서 '법法'은 일반적으로 자신의 특징을 유지하는 모든 사물 · 현상을 가리킨다. "임지자성任持自性, 궤생물해軌生物解", 즉 자신의 본성 · 특징[自性]을 갖고[任持] 다른 존재와 섞이지 않으며 자신의 규칙[軌]을 따르는 존재로 사람들이 그것을 보았을 때 이해할 수 있는 것[生物解]를 '법法'이라 한다. '계界'는 종족, 분류의 의미. 따라서 '법계'는 '종류가 다른 사물 · 현상들이 자신의 경계 · 한계를 지키며 존재하는 세계'를 말한다. 부파불교 시기 '법계'는 의식意識의 대상인 법경法境 · 법처法處와 같은 개념이었으나 대승불교에 이르러 사물의 근원이자 진리의 근원인 '진여眞如'와 같은 의미로 전화된다. 그래서 화엄종은 '현실 그대로의 세계'인 '사법계事法界'와 '현실을 그렇게 존재하게 하는 이치'인 '이법계理法界'를 융합한다. '사事'의 본성도 공空 하고 '이理'의 본성도 공空 하기에 '이사무애理事無礙'가 자연스레 이뤄지며 '이理'가 '사事'에 작용하므로 '사事'와 '사事'끼리도 연결이 이뤄져 '사사무애事事無碍'가 된다. ②사법계, 이법계, 무장애법계無障礙法界를 삼법계라 한다. 여기서는 ②의 의미로 사용된 것 같으며 모든 법계, 즉 '일체처一切處'를 가리킨다.

54) '이伊'자에는 대명사로 ①그 사람, 그녀; ②이, 그, 저; ③(고문古文) 발어사; ④(고문) 문장 중간에서 말뜻을 돕는 어조사 등의 의미가 있다. 여기서는 ④의 의미로 사용됐다. 예를 들어 "開幕伊始[막을 열자마자]"라는 문장에서 '이伊'는 어조사로 별다른 의미가 없다. 게송의 '이伊'자도 마찬가지이다.

55) 지난 세상에 출현했던 일곱 부처님인 '과거 7불' 가운데 여섯 번째인 가섭불을 말한다. 비바시불毘婆尸佛, 시기불尸棄佛, 비사부불毘舍浮佛, 구류손불拘留孫佛, 구나함모니불拘那含牟尼佛, 가섭불迦葉佛, 석가모니불釋迦牟尼佛 등 일곱 분을 과거 7불이라 한다. 앞의 네 분은 장엄겁莊嚴劫에 뒤의 세 분은 현겁賢劫에 나타나신 부처님들이다. 교리에 따르면 시간은 3대겁三大劫으로 나눠지며 과거의 대겁을 장엄겁, 현재의 대겁을 현겁, 미래의 대겁을 성수겁星宿劫이라 한다. 한편, 693년 당나라 수도 장안에 도착한 보리류지菩提流志 스님이 중국어로 번역한 『문수사리 소설 불사의 불 경계경文殊師利所說不思議佛境界經』 권상卷上에 "爾時, 世尊即告之言: '善哉! 善哉! … 汝等當知, 此諸比丘, 已於過去迦葉佛所, 從文殊師利

[1 · 陰記]⁶⁵⁾ ① 大功德主, 扶宗樹敎, 定慧圓妙, 慈悲普照, 辯才無碍,
　　　　　　　弘覺登階⁶⁶⁾, 大禪師性能撰. 東雲門人, 皓月子, 普允書.

[1 · 음기]　① 대 공덕주 부종수교 정혜원묘 자비보조 변재무애 홍
　　　　　　　각등계 대선사 성능 찬. 동운문인 호월자 보윤 서[크
　　　　　　　나큰 공덕을 쌓았으며, 선풍을 진작하고 교학 체계를
　　　　　　　수립했으며, 선정과 지혜를 불가사의하게 갖추었으며,
　　　　　　　자심과 비심을 (중생에게) 두루 비추며, 가르침을 설
　　　　　　　명할 때 걸림이 전혀 없으며, 큰 깨달음을 얻어 성인
　　　　　　　의 계위에 오른 대선사 성능이 지음. 동운의 문하생인
　　　　　　　호월자 보윤이 씀].

童子, 得聞如是甚深之法.'[이때 부처님이 바로 말씀하셨다. '좋도다! 좋도다! …
이 비구들은 과거 가섭 부처님이 계신 곳에서 문수사리 동자를 따라 이처럼 깊고
알기 어려운 가르침을 들었다는 점을 마땅히 알아라.']"라는 구절이 있다.

56) '만세조모萬世朝暮'는 몇 가지로 해석할 수 있다. ①'영원한 세월이 하루 같았
다'라고 본다면 '짧은 시간'을 가리킨다. '곧바로 만났다'라는 것이다. ②'둘의
만남은 시간의 깊과 짧음을 초월한 만남이었다'라는 의미로 봐도 된다. '시간을
초월한 만남'이라는 것이다. 여기서는 ②의 의미로 해석했다.

57) '예緊' 자에는 부사로 ①다만, 오로지; 형용사로 ②옳다, 그렇다; ③ … 이다; 의성
어로 ④아아(탄식하는 소리) 의미가 있다. 여기서는 ④의 의미로 사용됐다. 예를
들어 "緊我獨無[오직 나에게만 없다]"라는 문장에서 '예緊'는 부사로 쓰였다. 게
송의 '예緊' 자는 의성어로 보아도 되고, 부사로 보아도 의미가 통한다. 여기서는
'오직'이라는 부사로 번역했다.

58) '혹或' 자는 동사로 '있다'라는 뜻이다. '그 누가 (가는 것을) 막을 수 있었겠는
가?[=막을 수 없었다]'라는 의미이다.

59) '기曁'는 '함께, 동시에'라는 뜻이다.

60) '숙宿' 자는 '고승'이나 '학식이 뛰어나고 덕망이 높은 나이 많은 학자'를 가리킨

[2] ① 世尊從久遠劫, 修諸善根, 賢劫中值迦葉佛, 受教化之記. 住兜率天[67], 化諸菩薩已, 金團天子[68]曰: "下閻浮擇我生之處." 團曰: "天竺國, 淨飯王聖后, 諱摩耶, 即妙德城[69]中, 善覺長者, 第八女也. 可生彼宮." 乃象駕日輪[70], 始托於摩耶胎中, 右脇而誕於崑嵐苑[71], 即周昭王[72]甲寅四月八日也.

[2] ① 부처님[세존]은 아득하게 멀고 오래된 옛적부터 좋은 보답을 받을 많은 착한 행위들을 해 현재의 대겁大劫에서 가섭 부처님을 만나 미래에 중생을 교화할 것이라는 예언을 들었다. 도솔천에 머무르며 여러 보살을 모두 교화하고 금단 천자에

다. 일반적으로 '노숙老宿'으로 쓴다. '서숙西宿'을 글자 그대로 해석하면 '서쪽에서 온 고승'이라는 의미이지만 '사방에서 오는 고승'으로 보아도 된다.

61) 동운 혜운東雲慧遠 대사를 말한다. 간략한 내용을 담은 「동운당 혜원 대사 비」가 통도사 비림에 있다.

62) '익翼' 자는 동사로 '돕다, 보좌하다'라는 뜻이다.

63) '휴休' 자는 형용사로 '아름답다, 훌륭하다'라는 의미이다.

64) '감응感應'은 '느껴 응한다'라는 뜻으로 몇 가지 의미가 있다. ①중생의 신심信心·선근善根이 부처님·보살을 통해 나타나는 것, 즉 중생의 신심이 진실하고 절실하게 느껴져 부처님·보살이 답하는 것을 말한다. 중생이 보내는 '감感'에 부처님·보살이 '응應'한다. 이를 '감응도교感應道交'라 한다. 중생의 감과 부처님·보살의 응이 서로 교류해 하나 되어 융합하는 것이다. ②부처님과 수행자의 마음이 교류하는 것이다. ③정토교에 따르면 구원되도록 염불하는 중생의 마음과 그 중생을 구제하려는 아미타불의 자비심이 하나로 합쳐지는 것이다. 여기서는 ①의 의미로 쓰였다.

65) 여기서부터는 비의 뒷부분[음기]이다.

66) '등계登階'에는 대략 두 가지 의미가 있다. ①조선 시대 승과僧科를 통과한 스님에게 내린 '품계品階'와 관련이 있다. 조선 시대 시행된, '승직자僧職者'를 선발

게 "아래 염부제에서 내가 태어날 곳을 선택하십시오."라고
말했다. 금단 천자가 "인도의 정반왕에게 왕후가 있는데 이
름이 마야입니다. 바로 카필바스투 선각 장자의 여덟 번째
딸입니다. 그 궁전에 태어나실 만합니다."라고 아뢰었다. 코
끼리가 끄는 훌륭한 마차를 타고 마야 부인의 태에 들어가
룸비니에서 오른쪽 옆구리를 통해 탄생하셨다. 바로 주나라
소왕(재위 BCE 966-BCE 948) 갑인년 4월 8일이다.

하기 위한 과거시험을 선시選試, 시선試選, 승선僧選 등으로 불렀다. 출가하려는
사람은 먼저 선시의 '소과小科'에 해당하는 '시재행詩才行', 즉 『반야심경』, 『금
강경』, 『살달타薩怛陀』(진언眞言) 등의 송경誦經 시험에 통과해야 한다. 시험에
통과한 사람을 '중격자中格者'라 한다. 중격자가 '정전丁錢'을 납부하면 출가를
허락받고 '도첩度牒'을 발급받았다. 도첩을 받은 출가자가 '대과大科'에 해당하
는 '선시選試'에 합격하면 '입선入選'과 '대선大選'에 이른다. '선시選試'는 '초
시初試'와 '복시覆試'로 구분되며 '초시'에 합격한 사람을 '입선入選', 복시에 통
과한 사람을 '대선大選'이라 했다. '대선' 가운데 '전시殿試'나 '중시重試'를 통
과한 출가자는 '중덕中德' 품계를 받았다. 조선 시대 출가자의 품계는 선종의 경
우 무직無職 — 대선 — 중덕 — 선사禪師 — 대선사大禪師 — 판사(判事, 도대선
사都大禪師) 순으로 올라가며 교종의 경우 무직 — 대선 — 중덕 — 대덕大德 —
대사大師 — 판사(判事, 도승통都僧統, 도대사都大師) 순으로 높았다. '대선사大
禪師'는 동반東班·서반西班의 4품에 준하고, '선사禪師'는 5품에 해당하며, '중
덕中德'은 6품에 준하는 품계였다. 대략 '대선'과 '중덕' 이상의 품계를 받는 것
을 '등계登階'라 했다. 정각 지음(2024), 『조선의 승과僧科 연구』, 서울: 불광출판
사, pp.57-99. ②보살의 52위 가운데 십지十地 이상의 경지에 올랐다는 표현이
다. 십신十信, 십주十住, 십행十行, 십회향十回向, 십지十地, 등각等覺, 묘각妙覺

[3] ① 至庚申七歲, 通一切神妙. 至癸亥, 箭透金皷, 取箭起塔. 至壬申,
四門遊觀, 厭老死. 八夜踰城, 金刀斷髮, 栖身雪嶺, 六年苦行.
至穆王三年, 癸未臘月73)八夜74), 見星悟道. 摧魔軍示寶藏, 到
鹿苑初轉法. 至庚寅, 上天爲母說法, 闐王75)慕佛, 以旃檀刻像,
佛授記76), 至多子塔77)前半坐78). 至辛卯, 會靈山說《法華》, 示衆
化緣周畢. ② 至穆王五十二年二月十五日79), 雙樹下示雙趺. 自
三昧火闍維80), 得舍利八斛四斗81). 三王82)分諸國, 各安寶塔焉.
伊83)時尸羅王84), 作金櫃盛頂骨, 安于涅槃處矣.

[3] ① 경신년에 7세가 되자 신비롭고 오묘한 것에 다 통달했다. 계
해년에 화살을 쏘아 쇠로 만든 북을 꿰뚫었고 화살이 떨어진
그 자리에 탑을 세웠다. 임신년에 궁전의 네 문을 나가 유람
하다 늙음과 죽음을 싫어하게 되었다. (네 문을 나가 유람한
후) 팔 일째 되던 밤에 성을 넘어 금으로 만든 칼로 머리카락
을 잘랐으며 눈 덮인 산에 몸을 의탁해 6년 동안 철저히
수행했다. 주나라 목왕(재위 BCE 947-BCE 928) 3년 계미년
12월 8일 별을 보고 진리를 깨달으셨다. 마군을 물리치고
'귀중한 가르침들[寶藏]'을 보이셨으며 녹야원에 이르러 처음
으로 깨달은 진리를 설명하셨다. 경인년 하늘에 올라가 어머
니를 위해 가르침을 폈으며, 교상미국의 우전왕은 부처님이
그리워 전단 나무로 부처님 모습을 조각했고, (부처님은) 미
륵 보살에게 미래에 깨달을 것이라고 예언하셨으며, 다자탑
에서 가섭 존자에게 자리를 나눠주며 옆에 앉게 하셨다. 신
묘년 영취산에서 제자들을 모아 『법화경』을 설명하시고 교화
의 인연이 원만하게 마무리됐음을 대중에게 보이셨다.

② 주나라 목왕 52년 2월 15일 부처님은 쿠시나가라에서 열반에

들 때 두 발을 보이셨다. 삼매의 불로 스스로 다비하자 8곡 4두의 사리가 나왔다. 세 왕이 사리를 여러 나라에 나눠주었고 각 나라는 보배로운 탑을 세워 사리를 봉안했다. 시라왕은 당시 금궤를 만들어 정수리 유골을 담아 부처님이 열반하신 곳에 모셨다.

이 보살의 52계위이며 십신을 외범外凡, 십주·십행·십회향을 내범內凡·삼현三賢, 십지十地 이상을 성인聖人의 위위라 각각 부른다. *이 문장에서 '등계'의 의미는 ①과 ②에 모두 통하나 ②로 해석했다.

67) 도솔천은 산스크리트어 Tuṣita의 음역어. 욕계에 있는 '여섯 개의 하늘[六天]' 가운데 네 번째 하늘. 도솔천의 내원內院에 장래 부처님이 될 보살이 머문다. 석존[석가모니]도 이곳에 머물렀고 현재는 미륵 보살이 이곳에서 설법하고 있다고 한다.

68) '금단천자金團天子'와 관련해 『불본행집경』 권 제6 「상탁도솔품上託兜率品」(하下)에 "爾時, 兜率天眾之中, 有一天子, 名曰金團. 往昔已來, 數曾下到閻浮提地[이때 도솔천의 하늘 사람 가운데 천자가 한 명 있었는데 이름은 금단이었다. 그는 옛날부터 여러 번 염부제에 내려갔다]."라는 문장이 있다. 염부제는 인간 세상을 의미한다.

69) '묘덕성妙德城'은 '카필라바스투Kapilavastu'를 의역意譯한 말이다.

70) '상가일륜象駕日輪'에서 '상가象駕'는 코끼리가 끄는 수레, 즉 제왕이 타는 수레를 말한다. '일륜日輪' 역시 '제왕이 타는 수레'라는 뜻이다.

71) '곤람원崑嵐苑'은 '남비원嵐毘苑'의 오기로 보인다. 룸비니를 가리킨다.

72) 서주(西周, BCE 11세기-BCE 771)의 제4대 왕이다. 『광홍명집』 권 제11 「변혹편辯惑篇 제2지7第二之七」에 "案《周書異記》云: '周昭王即位二十四年甲寅歲四月八日, 江河泉池, 忽然泛漲, … 當此之時, 佛初生王宮也.' [『주서이기』에 '주나라 소왕 즉위 24년인 갑인년 4월 8일에 강물과 샘물이 갑자기 범람하고 넘쳐흘렀다. … 바로 이때 부처님이 왕궁에서 태어나셨다'라는 기록이 있다]"라는 구절이 있다. *『주서이기』는 신빙성이 다소 떨어지는 책으로 평가된다.

73) 음력으로 한 해의 맨 끝 달을 납월 혹은 섣달이라 한다.

[4] ① 至唐 貞觀時, 玄奘法師[85], 天竺求法表帝[86], 帝不許. 私自原
　　　州[87], 出玉門關[88]至高昌[89]. 其國王麴文泰, 奘資護送, 經諸.
　　　旺[90]至入滅處. 護奉頂骨、齒、指, 及大乘經, 而來本國, 表上[91]
　　　上迎. 佛骨諸具, 安于鳳翔縣法門寺[92], 移安于終南山雲際寺[93].
　　② 而鷄林慈藏法師, 入唐求法, 謁文殊, 仍佛骨及舍利百枚、諸
　　　具, 曰: "羅南鷲栖山下神池, 宜築壇以安之." 藏還舍利分布諸山,
　　　聖骨諸具, 一依文殊之囑, 卜地安焉. 千萬世永爲東國之大寶也,
　　　今通度寺是也.

[4] ① 당나라 정관 연간(627-649)에 현장(602-664) 스님이 진리를
　　　탐구하러 인도로 가게 해달라는 내용의 글을 황제에게 올렸
　　　으나 황제는 허락하지 않았다. (몇 년 뒤) 사사로이 옥문관을
　　　나서 고창국에 이르렀다. 고창국의 국문태(?-623-640) 왕은
　　　현장 스님을 도와 (타클라마칸 사막을 무사히 지나도록) 호
　　　송해 주었고 현장 스님은 (서역과 중앙아시아의) 여러 나라
　　　를 거쳐 부처님이 원적에 드셨던 쿠시나가라에 도착했다. 현
　　　장 스님은 정골 사리, 이 사리, 손가락 사리와 대승 경전을
　　　봉대하고 중국으로 돌아오다 황제에게 글을 올렸고 황제는
　　　환영했다. 부처님 사리와 여러 불구佛具를 봉상현 법문사에
　　　모셨다가 뒤에 종남산 운제사로 옮겼다.

　　② 그리고 신라의 자장 율사가 당나라에 들어가 (오대산에서)
　　　문수 보살을 친견했다. 문수 보살은 자장 율사에게 부처님
　　　유골과 사리 100매 그리고 여러 불구佛具를 주며 "신라의 남
　　　쪽 축서산[영축산] 아래에 신령스러운 못이 있는데 마땅히 그
　　　곳에 단을 세우고 봉안하라."라고 말씀하셨다. 신라로 돌아
　　　온 자장 율사는 사리를 여러 산에 나누어 모셨고 부처님 유

골과 여러 불구는 문수 보살의 가르침에 따라 땅을 가려 봉
안했다. 이것은 영원히 우리나라의 크나큰 보배이며 지금 통
도사에 모셔진 사리와 불구佛具가 바로 이것이다.

---

74) '팔야八夜'는 '팔일八日'의 뜻이다.

75) '전왕闐王'은 '우전왕優塡王'을 가리킨다. 산스크리트어로 Udayana. 오타연나왕
鄔陀衍那王, 우타연왕優陀延王 등으로 음역하기도 한다. 카우삼비국[憍賞彌]의
왕이었다. 『대당서역기』 권 제5에 관련 기록이 있다. "憍賞彌國, 周六千餘里. 國
大都城周三十餘里, … 城內故宮中有大精舍, 高六十餘尺. 有刻檀佛像, 上懸石蓋,
鄔陀衍那王(唐言出愛. 舊云優塡王, 訛也)之所作也. … 初如來成正覺已, 上昇天宮,
爲母說法, 三月不還. 其王思慕, 願圖形像. … 雕刻栴檀. 如來自天宮還也, 刻檀之
像, 起迎世尊[교상미국의 둘레는 6천여 리이다. 나라의 큰 도성의 둘레는 30여 리
이다. … 성안의 옛 궁에는 커다란 사찰이 있는데 높이는 60여 척에 이른다. (그
곳에) 전단 나무로 조각한 불상이 있는데 (불상) 위에는 돌로 만든 덮개[石蓋]가
걸려 있다. 오타연나왕鄔陀衍那王(당나라 말로는 출애出愛라고 한다. 이전에 우
전왕이라 불렀는데 이는 잘못이다)이 조성한 것이다. … 처음 부처님이 깨달음을
이루시고 하늘의 궁전에 올라가 어머니를 위해 가르침을 설명하셨는데 3개월 동
안 돌아오지 않으셨다. 오타연나왕이 부처님을 사모해 (부처님의) 형상을 그리고
싶어 했다. … (부처님의 형상을) 전단 나무에 새겼다. 부처님이 하늘의 궁전에서
돌아오시자 전단 나무에 새겨진 불상이 일어나 부처님을 맞이했다]."

76) 『미륵하생성불경』에 따르면 부처님은 미륵 보살에게 수기를 내린다.

77) 중인도 바이샬리 성[毘耶離城]의 서쪽에 있었던 탑 이름. 바이샬리에 있었던 4기
의 중요한 탑 가운데 하나라 한다. 탑과 관련된 기록이 『불국기』에 있다. "城西北
三里, 有塔名放弓仗, 以名此者. 恒水流有一國王, 王小夫人生一肉胎, 大夫人妬之
言:‘汝生不祥之徵.’即盛以木函, 擲恒水中. 下流有國王遊觀, 見水上木函. 開看見
千小兒, 端正殊特, 王即取養之. 遂便長大甚勇健, 所往征伐無不摧伏. 次伐父王本
國, 王大愁憂. 小夫人問王:‘何故愁憂?’王曰:‘彼國王有千子勇健無比, 欲來伐吾
國, 是以愁耳.’小夫人言:‘王勿愁憂. 但於城東作高樓, 賊來時置我樓上, 則我能却
之.’王如其言. 至賊來時, 小夫人於樓上語賊言:‘汝是我子. 何故作反逆事?’賊曰:

[5] ① 萬曆[94]壬辰兵亂[95]之餘, 松雲大師[96]誌事焉. 順治[97]淨仁師重
完, 而康熙乙酉[98]春, 性能不慧[99], 自方丈來, 百劫難遇之聖骨,
濫奉瞻禮, 修寶壇鐻[100]樹碑. 事已悲感, 泗淚謹跋[101]. 崇禎[102]
甲申後[103]六十三年丙戌[104]二月 日 立. 李同立[105]、梁千夏[106].

[5] ① 1592년 왜적의 침입으로 시작된 병란이 끝나고 사명 대사
(1544-1610)가 (금강계단과 관련된) 사실을 기록했다. 순치
연간(1644-1661)에 정인 스님이 (금강계단을) 새롭게 수리했

'汝是何人? 云是我母.' 小夫人曰: '汝等若不信者, 盡仰向張口.' 小夫人即以兩手
搆兩乳, 乳作五百道, 俱墮千子口中. 賊知是其母則放弓仗. 二父王於是思惟, 皆得
辟支佛. 二辟支佛塔猶在. 後世尊成道告諸弟子: '是吾昔時放弓仗處.' 後人得知於
此處立塔, 故以名焉. 千小兒者即賢劫千佛是也[비야리성의 서북쪽 3리 되는 곳에
'방궁장放弓仗'이라는 이름의 탑이 있다. 탑에 이런 이름이 붙은 것은 다음과 같
은 이야기 때문이다. 갠지스강[恒水] 상류에 한 국왕이 있었다. 왕의 작은 부인이
하나의 육태肉胎를 낳았다. 큰 부인은 이를 보고 질투하며 '그대가 낳은 어린아
이는 상서롭지 못한 징후가 보인다'라고 말했다. 그러고는 그 육태를 나무 상자
에 넣어 갠지스강에 던져 버렸다. 하류에 있는 나라의 왕이 유람하던 중 물 위에
있던 나무 상자를 발견하고 열었다. 단정하고 뛰어난 1천 명의 어린아이들이 그
안에 있어 데려다 키웠다. 이들이 성장하자 그들은 대단히 용감하고 강건해져 전
쟁에 나가면 반드시 상대를 굴복시켰다. 이들은 다음 차례로 부왕의 나라를 공격
하게 되었다. 왕이 크게 근심하고 있을 때 작은 부인이 물었다. '무엇 때문에 근
심하십니까?' 왕이 말했다. '저쪽 나라 왕에게 비할 데 없이 용감하고 강건한 1천
명의 아들이 있는데 그들이 우리나라를 치러 온다고 해서 근심하고 있소.' 작은
부인은 말했다. '왕께서는 근심하지 마십시오. 다만 성 동쪽에 높은 누대를 만들
고 적이 쳐들어오면 저를 누대 위에 올려 주십시오. 그러면 제가 적군을 물러나
게 하겠습니다.' 왕은 말대로 했다. 적이 오자 작은 부인은 누대에 올라 적군에게
말했다. '너희들은 나의 아들이다. 왜 반역을 하려 하는가?' 적들이 말했다. '당
신이 누구인데 우리들의 어머니라고 하십니까?' 작은 부인이 말했다. '만약 너희

436 봉암사 비명

으며 숙종 30년[1705] 봄에 지혜가 부족한 나 성능이 지리산에서 통도사에 와 수많은 시간을 지나도 만나기 어려운 부처님의 성스러운 유골을 외람되이 모시고 예를 올렸으며, 금강계단을 보수하고 (내력을 기록한) 비를 세웠다. 일을 마치니 비장한 생각이 들어 눈물을 흘리며 삼가 발문을 쓴다. 숭정 갑신 후 63년 병술년[1706] 2월 일에 세우다. 이동립, 양천하.

들이 믿지 못하겠거든 모두 위를 보고 입을 벌려라.' 작은 부인이 두 손으로 양쪽 젖을 짜자 젖에서 (각각) 5백 줄기가 흘러내려 1천 명 자식의 입에 들어갔다. 적들은 그 여인이 자기들의 어머니인 것을 알고 즉시 무기[弓伏]를 버렸다. 이리하여 두 부왕은 생각하다 모두 벽지불이 되었고 2기의 '벽지불 탑'은 지금도 있다. 그 뒤 부처님이 깨달으시고 제자들에게 '옛날 내가 무기를 버렸던 곳이 여기이다' 라고 말씀하셨다. 후세 사람들이 이 일을 알고 그곳에 탑을 세웠기에 '방궁장탑' 이라 한다. 1천 명의 어린이가 현겁賢劫의 천불千佛이다." *무기를 버린 곳에 세워진 '방궁장탑'이 천 명의 아이들과 관련된 탑, 즉 다자탑多子塔이라는 것이 『불국기』의 저자 법현法顯 스님의 설명이다. *'궁장弓伏'은 활, 창 등의 무기를 말한다.

78) '부처님이 다자탑 앞에서 자리를 반으로 나누어 가섭 존자에게 내주었다' 라는 이 야기는 『분양 무덕 선사 어록』, 『원오 불과 선사 어록』 등 주로 선어록에 많이 나온다.

79) 『광홍명집』 권 제11 「변혹편辨惑篇 제2지7第二之七」에 "案《周書異記》云: '… 至穆王五十二年壬申歲二月十五日平旦, 暴風忽起, 發損人舍, 傷折樹木. 山川大地, 皆悉震動. … 當此之時, 佛入涅槃.' 『주서이기』에 '목왕 52년 임신년 2월 15일 아침에 갑자기 폭풍이 휘몰아쳐 집을 무너뜨리고 나무를 부러뜨렸다. 산과 하천 그리고 땅이 모두 흔들렸다. … 바로 이때 부처님이 열반에 드셨다' 라는 구절이 있다" 이라는 구절이 있다.

80) '사유闍維'는 팔리어 jhāpeti의 음역어. 사외闍毘, 사비闍毘, 야유耶維, 야순耶旬 등으로 음역하며 소연燒燃, 소신燒身, 분소焚燒 등으로 의역한다.

81) 10斗=1斛.

82) '삼왕三王'이 누구인지 분명하지 않다.

83) '이伊' 자에는 대명사로 ①그 사람, 그녀; ②이, 그, 저; ③(고문古文) 발어사; ④(고문) 문장 중간에서 말뜻을 돕는 어조사 등의 의미가 있다. 여기서는 ②의 의미로 사용됐다.

84) '시라왕尸羅王'이 누구인지 분명하지 않다.『불본행집경』권 제4「229二二九 도 망본생담逃亡本生譚」에 '득차시라왕得叉尸羅王'이라는 이름이 보인다. *'득차시라得叉尸羅'는 산스크리트어 Takṣaśila, 팔리어 Takkasilā를 음역한 말이다. 지금이 파키스탄 탁실라를 가리킨다. 고대 간다라국[乾陀羅國]의 도읍지였다.

85) 정관 3년[629] 현장 스님의 나이 29세 때 인도로 떠나 정관 19년[645] 음력 정월 장 안에 도착했다.

86) 당나라 고조 이연(李淵, 566-618-626)이 집권할 때였다.

87) 지금의 중국 '영하회족자치구寧夏回族自治區'이다. 현장 스님은 장안에서 출발 했다는 것이 정설이다. 당나라 무덕 원년[武德元年, 618] 장안 지역을 '옹주雍州' 라 불렀으나 개원 원년[開元元年, 713] '경조부京兆府'로 바꾸었다.

88) 옥문관 유적지는 지금의 중국 감숙성 돈황시 서남 90km 지점에 있다.

89) 고창국(高昌國, 460-640)은 함씨 고창국(闞氏高昌國, 460-488), 장씨 고창국(張氏高昌國, 488-496), 마씨 고창국(馬氏高昌國, 497-501), 국씨 고창국(麴氏高昌國, 502-640) 등으로 구분된다. 현장 스님은 국씨 고창국 당시 머물렀다.

90) '旺' 자는 '국國' 자의 옛 글자이다.

91) 당나라 태종(太宗, 599-626-649) 이세민이 집권할 때였다.

92) 지금의 중국 섬서성陝西省 보계시寶鷄市 부풍현扶風縣 북쪽 10km 지점의 법문 진法門鎭에 있는 고찰. 후한 말기부터 건립되기 시작해 수나라 때 크게 일어나 당나라 때 전성기를 구가했다. 부처님의 손가락 사리[佛指舍利]를 모시기 위해 탑 을 세웠고, 탑으로 인해 사찰이 건립됐다. 처음 이름은 '아육왕사阿育王寺'였으 며 수나라 때 '성실 도량成實道場'으로 바뀌었다가 당나라 초기 '법문사'로 변경 됐다. 당나라 때는 '황가 사찰皇家寺刹'이라는 소리를 들었다. 현재도 법등法燈 이 이어지고 있다.

93) 지금의 중국 섬서성 서안시 서남쪽 35km 지점의 종남산 태평곡太平谷에 있는 사 찰. 조조(曹操, 155-210)가 권력을 잡고 있던 즈음에 창건되었으나 북주(北周, 557-581) 무제武帝의 폐불 당시 폐사되었다가 수나라 인수 원년[601]에 새롭게 창

건됐다. 자장 율사가 정관 연간에 이 사찰에 머물렀으며 원측 스님도 한때 이곳에서 수행했다. 운제사는 지금도 향화香火를 올리고 있다.

94) '만력萬曆'은 명나라 신종(神宗, 1563-1572-1620)의 연호이다. 1573-1620년 사용됐다.

95) 1592년 일본이 조선을 침략한 임진왜란을 말한다.

96) 사명 대사의 호가 송운이다.

97) 순치 연간은 1644-1661년이다.

98) 강희 연간은 1662-1722년이다. '강희 을유년'은 숙종 31년, 즉 1705년이다.

99) '불혜不慧'는 (성능 대사가 자신을) 겸손하게 표현한 것이다.

100) '전鐫'자는 '전鑴'자와 같은 글자이다.

101) 책의 끝부분에 본문 내용의 줄거리나 간행 경위 등에 대해 간략하게 적은 글이 발문이다. '발跋' 혹은 '발사跋辭'라고도 한다.

102) '근발謹跋'과 '숭정崇禎'이라는 글자 사이에는 불사에 참여한 시주자의 명단과 시주한 금액, 불사에 도움을 준 사찰 이름 등이 나열돼 있어 싣지 않았고 우리말로 번역하지 않았다.

103) '숭정崇禎'은 명나라 마지막 황제인 장렬제(莊烈帝=의종毅宗, 1610-1627-1644)의 연호로 1628년부터 1644년까지 사용됐다. 의종이 즉위한 1627년에는 '천계天啓'라는 연호를 사용했다. '숭정 연호' 사용에는 몇 가지 방식이 있다. ①무진년戊辰年인 1628년을 기준으로 '숭정 기원 후'로 사용하는 방식. '숭정 기원 후'는 '숭정 연간(1628-1644)'이 아닌 그 후대를 말한다. '숭정 기원 후 재신유崇禎紀元後再辛酉'는 1628년부터 시작해 두 번째 신유년인 1741년[영조 17]을 가리킨다. ②정축년丁丑年인 1637년을 기준으로 '숭정 정축 후崇禎丁丑後'로 사용하는 방식. 청나라가 두 번째로 조선에 침입한 병자호란(丙子胡亂, 1636.12-1637.1)을 잊지 않기 위해 1637년을 기준으로 연도를 환산한다. ③갑신년甲申年인 1644년을 기준으로 '숭정 갑신 후崇禎甲申後'로 사용하는 방식. 의종이 자살한 1644년을 기준으로 연도를 환산한다. *'숭정 기원' 사용은 조선 후기의 일부 지식인들이 지녔던 이른바 '명나라에 대한 의리'와 관련이 있다. 사대事大·모화慕華 사상에 빠진 조선 후기의 일부 지식인들은 청나라가 명나라를 물리친 뒤에도 청나라를 부정하고 여전히 명나라를 정통 왕조로 인식했고, 명나라를 존중한다는 의미에서 청나라의 연호 대신 '숭정 기원'을 사용했다. '숭정 기원'은 물론 조선의 공식적인 기록 문서에는 쓰이지 못했고 주로 비공식 문서에 사용됐다. '숭정 기원' 사용을 비판한 지식인들도 있었다. 박세당(朴世堂, 1629-1703) 등이 대표적이다.

104) 1706년이다.
105) 자세한 전기가 전하지 않는다.
106) 자세한 전기가 전하지 않는다.

양주 통도사 석가여래 사리지기

梁州通度寺釋迦如來舍利之記

이색李穡 찬술撰述
고려 우왕 5년[1380]

* 이색(李穡, 1328-1396)의 문집인『목은문고牧隱文藁』권3 수록본을 저본으로 삼아 서거정(徐居正, 1420-1488) 등이 1478년에 편찬·간행한『동문선東文選』권73,『조선불교통사』(하, p.1018) 수록본 등과 교감한 뒤 역주했다.

梁州通度寺釋迦如來舍利之記
洪武十二年己未秋八月廿又四日南山宗通度寺
住持圓通無礙辯智大師沙門臣月松奉其寺歷代
所藏慈藏入中國所得釋迦如來頂骨一舍利四毗
羅金點袈裟一菩提樹葉若干至京調門下評理李
得芬曰月松自庶乙卯蒙
上恩住是寺歲丁巳四月倭賊來其意欲得舍利也
窖之深又恐其擔發也負之而走今年閏五月十五
日賊又員之登寺之後回醫搽笨閧賊語曰住
持安在舍利安在搒涼寺奴輙之急會天黑而又不
止無追者踰山至彦陽明日遇寺奴持吾馬相持泣
欲還賊未退通新住持供盂无所安厝逐奉以來李
公有微愍魔客閣舍利至躍處起曰舍利至吾家乎
慶幸之極身己平復矣拵入白于
上前
讓臣洪永通忠于
太后謹妃皆致敬瞻禮而

卷三
五

太后又施銀盂寶珠命內侍糸官朴乙生奉安于松
林寺李公重修是寺詼滏成會故也國中檀越無間

貴賤智愚奔波搆舍利分身李公得三枚永昌君諭
得三枚尹侍中桓得十五枚黃棠之夫人趙
氏得三十餘枚天磨山諸柹子得三枚聖居山諸柹
子得四枚黃擔城親得一枚月松適出擅越來乞舍
刹而去月松不盡知也明年六月十九日李公來語
臣檀曰住者在江南宰嶽櫏楚問顲得生還覲禮本
國名山通度寺乞舍利謂之無緣不可也及歸
玄陵特佛者命得芬躬詣各廥竹檀至通度乞舍利
得六枚得芬於舍利謂之無緣不可也舍利之在通
度也自新羅善德大王朝八國家以來又將五百年
未嘗一至松京也
主上殿下臨御之初臣等備負之際月松師奉舍利
而至其非偶然也明矣得芬告于
上曰其令臣穫具書之得芬是以臣穫
袚月松師徵其事繼書李公語題其目曰通度寺釋
迦如來舍利之記是月廿一日記

『목은문고』 권3에 실려 있는 「양주 통도사 석가여래 사리지기」.

梁州通度寺釋迦如來舍利之記

洪武十二年己未秋八月廿又四日南山宗通度
寺住持圓通無礙辯智大師沙門臣月松奉其寺
歷代所藏金點窣婆一菩提樹葉若干至京詣門
利四顆羅金點窣婆一菩提樹葉若干至京詣門

藏丁巳四月倭賊來其意欲得舍利也窖之深尒
恐其攎發也之而今年閏五月十五日賊又
來又負之登寺之後同黟攗弇聞賊語曰舍利至
在於榜掠寺奴鞫之急天黑雨又不止
無迫者蹄山至彥陽明日遇寺奴持吾馬相從逢
欲還賊未退適新住持將至無所安厝遂奉以
李公有微急容聞舍利至躍然起曰舍利至吾
家守慶幸之極身已平復矣將入白于內會菩薩
之難作不果者一月贊成事臣睦仁吉商議臣決
求通啓于上前太后謹妃皆致敬瞻禮而太后又
施銀金寶珠命內侍姿官朴乙生奉安于松林寺
李公重修是寺設落成會故也國中檀越無問貴
賤智愚奔波禱舍利分身李公得三枚求昌君瑜
得三枚尹侍中桓得十五枚檜城君黃裳之夫人
趙氏得三十餘枚黃檜城親得一枚月松適出檀越
諸衲子得四枚

東支選十二

來乞舍利而去月松不盡知也明年六月十九日
李公來語臣攎曰徃者在江南牟嶽間願得
生還親禮本國名山通度寔至目中及歸玄陵特
降香命得芬於諸舍處行禮至通度乞舍利得六
枚得芬於舍利謂之無緣不可也舍利之在通度
也自新羅善德大王朝入國家以來又將五百年
未嘗一至松京也主上殿下臨御之初臣等備貞
之際月松師奉舍利而至其非偶然也明矣是以
告于上上曰其全領蓺文臣攎具書李公語題其目曰
求臣攎從月松師微其事繕書李公語題其目曰
通度寺釋迦如來舍利之記是月廿一月記

『동문선』 권73에 실려 있는 「양주 통도사 석가여래 사리지기」.

양주 통도사 석가여래 사리지기

양주 통도사 석가여래 사리지기
梁州通度寺釋迦如來舍利之記

[1] ① 洪武十二年¹⁾, 己未秋八月, 卄又四日, 南山宗²⁾通度寺住持、圓
通無礙辯智大師, 沙門臣月松³⁾, 奉其寺歷代所藏; 慈藏入中國,
所得釋迦如來頂骨一、舍利四、毗羅金點袈裟一、菩提樹葉若
干. 至京謁門下評理李得芬⁴⁾曰:"月松自歲乙卯, 蒙上恩住是寺.
歲丁巳四月, 倭賊⁵⁾來, 其意欲得舍利也. 窖之深, 又恐其掘發也,

---

1) 홍무는 명나라 태조 주원장(1328-1368-1398)의 연호이다. 1368년부터 1398년까지
   사용됐다. 홍무 12년은 1379년이다.
2) 계율을 연구하고, 지키며, 전하는 것을 중시하는 종파로 당나라의 도선(道宣, 596-
   667) 율사가 창시했다. '오부율五部律' 가운데 『사분율』에 의거 해 종파를 세웠기에
   '사분율종四分律宗', 도선 율사가 종남산에 주석했기에 '남산종' 혹은 '남산율종' 이
   라고도 한다. *부처님이 원적에 들고 백여 년이 지난 뒤 정법을 계승한 제5조 우파
   아다优婆毱多 존자에게 다섯 명의 제자가 있었다. 제자들은 부처님이 말씀하신 율
   장律藏에 대한 견해가 서로 달랐으며 이로부터 부파部派들이 중시한 '율전律典' 에
   도 차이가 생겼다. 『사분율』을 중시한 담무덕부曇無德部[법장부法藏部], 『십송율十誦
   律』을 중시한 살바다부薩婆多部[설일체유부說一切有部], 『오분율五分律』을 중시한
   미사색부彌沙塞部[화지부化地部], 『해탈율解脫律』(한역漢譯되지 않음)을 중시한 가
   섭유부迦葉遺部[음광부飮光部], 『마하승기율摩訶僧祇律』을 중시한 마하승기부摩訶
   僧祇部[대중부大衆部] 등이 그것이다. *『사분율』, 『십송율』, 『오분율』, 『마하승기율』에
   다 당나라 의정(義淨, 635-713) 스님이 한역한 『근본설일체유부비나야根本說一切有
   部毘奈耶』를 합쳐 '오부광율五部廣律' 이라 부른다. *여기서는 고려의 '율종律宗' 을
   지칭하는 것으로 보인다.
3) 월송 스님에 대한 자세한 전기가 전하지 않는다. 채팽윤(蔡彭胤, 1669-1731)이 찬

[2]　① 國中檀越[17], 無問貴賤、智愚, 奔波禱舍利分身[18]. 李公得三
枚, 永昌君瑜[19]得三枚, 尹侍中桓[20]得十五枚, 檜城君黃裳[21]之
夫人趙氏得三十餘枚, 天磨山諸衲子得三枚, 聖居山諸衲子得
四枚, 黃檜城[22]親[23]得一枚. 月松遍出, 檀越來乞舍利而去, 月
松不盡[24]知也. ② 明年[25]六月十九日, 李公來語臣穡[26]曰: "往
者在江南牢獄[27]捶楚[28]間, 願得生還, 親禮本國名山, 通度實在
目中. 及歸玄陵[29]特[30]降香, 得[31]芬躬詣各處行禮, 至[32]通度乞
舍利得六枚. 得芬於舍利, 謂之無緣不可也. 舍利之在通度也,
自新羅善德大王朝, 入國家以來, 又將五百年, 未嘗一至松京
也. 主上殿下, 臨御之初, 臣等備員之際, 月松師奉舍利而至,
其非偶然也明矣. 得芬告于上, 上曰: '其令領藝文臣穡, 具書
之.' 得芬是以來." ③ 臣穡從月松師, 徵其事, 繼書李公語, 題
其目曰「通度寺釋迦如來舍利之記」.[33] 是月[34]卄一日記.[35]

는 것입니다.' (오나라의) 손권이 말을 듣고 과장되고 허황하다며 강승회 스님에
게 말했다. '만약 사리를 얻는다면 마땅히 탑사를 세우겠다. 그것이 헛되고 망령
된 것이면 나라에서 정한 벌을 내리겠다.' …… (강승회 스님이 사리를 얻고자
기도한 지) 21일이 되는 날 저녁 무렵에도 (사리가) 보이지 않자 (강승회 스님이
벌을 받을까) 모든 사람이 두려워했다. 5경이 되자 문득 병 속에서 달그락거리는
소리가 들렸다. 강승회 스님이 살펴보니 과연 사리가 (병 속에) 있었다. 다음 날
아침 강승회 스님이 사리를 손권에게 보였다. 조정에 모인 신하들이 모두 바라보
았다. 오색의 찬란한 광채가 사리병 위로 뻗쳐 나왔다. 손권이 손으로 병을 잡고
구리 쟁반 위에 사리를 붓자 (사리가 구리 쟁반과) 부딪쳐 구리 쟁반이 깨졌다.
손권이 몹시 두려워하고 놀라 일어나며 '참으로 보기 드문 상서로움이로다' 라고
말했다. 강승회 스님이 앞으로 나아가 '사리의 신비로운 위엄이 어찌 다만 광채
를 발하는 일에만 그치겠습니까 ? 세상의 종말에 타오르는 불로도 (사리를) 태울
수 없고 금강金剛의 방망이로도 (사리를) 깨뜨릴 수 없습니다' 라고 말했다.]"

[2] ① 귀하거나 천하거나 지혜롭거나 어리석거나를 가리지 않고 나라 안의 불교 신자라면 다들 파도처럼 달려와 '사리가 나눠지기[分身]'를 기도했다. 이득분 공은 3매를 얻었고, 영창군 왕유는 3매를 가졌으며, 시중 윤환은 15매를 얻었고, 회성군 황상의 부인 조 씨는 30매를 가졌으며, 천마산의 여러 수행자는 3매를 얻었고, 성거산의 여러 수행자는 4매를 가졌으며, 황회성은 몸소 1매를 얻었다. 월송 스님은 마침 밖에 나가 있어 신도들이 몰려 와 사리가 분신하고 신도들이 (사리를) 얻어 간 사실을 다 알지 못했다.

② 다음 해[1380] 6월 19일에 이득분 공이 신[臣, 이색]을 찾아와 (다음과 같이) 말했다. "옛날 계림의 뇌옥에서 몽둥이로 맞는 등 고초를 당할 때 살아나기를 기원하며 우리나라의 유명한 산과 사찰에 예배하고 다녔는데 통도사도 실제로 참례할 명단에 있었습니다. (개경으로) 돌아온 뒤 공민왕릉에 향을 사르고, 제[이득분]가 몸소 여러 곳에 나아가 예배를 올렸으며, 통도사에 이르러 사리를 희구하는 기도를 올려 6매를 얻었습니다. 제가 사리와 인연이 없다고 말할 수 없을 것입니다. 사리가 통도사에 있게 된 것은 신라시대 선덕여왕 때부터이며, 고려가 개국 된 이래 오백 년이 된 지금에 이르기까지 개경에 사리가 온 적은 한 번도 없었습니다. 주상 전하께서 즉위하신 초기 여러 신하의 인원수가 다 갖춰진 지금 월송 스님이 사리를 모시고 도착한 것은 분명 우연한 일이 아닙니다. 제가 전하께 상황을 말씀드리니 주상께서 '예문藝文을 담당한 신하 이색에게 (전후 사정을) 갖추어 쓰게 하라'라고 명령하셨기에 찾아왔습니다."

③ 신 이색은 월송 스님에게 그 일을 확인하고 이득분 공의 말을 이어 쓴 뒤 「통도사 석가여래 사리지기通度寺釋迦如來舍利之記」라는 제목을 붙였다. 이달[6월] 21일에 기록했다.

---

19) 고려 후기의 종친. 보성군寶城君 왕희王熙의 아들. 1396년 4월 타계했다.
20) 윤환(尹桓, 1304-1396)은 고려 후기에 판삼사사, 좌정승, 문하시중, 평장사 등을 역임한 무신·공신功臣.
21) 회성군 황상의 자세한 전기가 전하지 않는다.
22) 황회성의 자세한 전기가 전하지 않는다.
23) '친親' 자에는 몇 가지 의미가 있다. ①[명사] 어버이, 부모, 친척; ②[부사] 친히, 몸소, 직접; ③[동사] 사랑하다, 즐기다, 좋아하다; ④[형용사] 친근하다, 사이가 좋다. 여기서는 ②의 뜻으로 사용됐다. '친득親得'은 '(사리를 본인이) 직접 얻었다' 라는 의미이다.
24) 『주역』 「계사전繫辭傳(상上)」에 "書不盡言, 言不盡意[글로 말을 다 표현하지 못하고 말로 의미를 다 전달하지 못한다]."라는 구절이 있다.
25) 1380년[우왕 6]이다.
26) 이색(李穡, 1328-1396)은 고려 말의 문신이자 학자. 자는 영숙穎叔, 호는 목은牧隱, 시호는 문정文靖이다. 이색의 문하에서 고려 왕조에 충절을 지킨 명사名士와 조선 창업에 공헌한 사대부들이 많이 배출됐다. 정몽주鄭夢周, 길재吉再, 이숭인李崇仁 등 제자들은 고려에 충절을 다했다. 정도전鄭道傳, 하륜河崙, 윤소종尹紹宗, 권근權近 등 제자들은 조선 창업에 큰 역할을 했다. 이색—정몽주·길재의 학문을 계승한 김종직金宗直, 변계량卞季良 등은 조선 초 성리학의 주류를 이루었다. 저서에 『목은문고牧隱文藁』와 『목은시고牧隱詩藁』 등이 있다.
27) 이득분이 계림[경주]으로 유배 갔던 일을 말한다.
28) '추초捶楚'는 '몽둥이나 채찍으로 때리다' 라는 의미이다.
29) 개성특별시 개풍군 해선리에 있는, 고려 제31대 공민왕의 능이 현릉이다.

30) 「양주 통도사 석가여래 사리(지)기梁州通度寺釋迦如來舍利(之)記」현판의 탁본에는 '지持'자로 되어 있으나『목은문고』에는 '특特'자로 기록되어 있다. 문맥상 '특特'자가 적절해『목은문고』를 따랐다. 한국학문헌연구소韓國學文獻研究所(1979),『통도사지通度寺誌』, 서울: 아세아문화사, p.604.

31) 『목은문고』나『동문선』에는 '득得'자 앞에 '명命'자가 있으나「양주 통도사 석가여래 사리(지)기梁州通度寺釋迦如來舍利(之)記」현판의 탁본에는 '명命'자가 없다. 문맥상 없는 것이 적절해 없애고 역주했다. 한국학문헌연구소(1979),『통도사지』, 서울: 아세아문화사, p.604.

32) 「양주 통도사 석가여래 사리(지)기梁州通度寺釋迦如來舍利(之)記」현판의 탁본에는 '지至'자가 없으나『목은문고』에는 '지至'자가 있다. 문맥상 '지至'자가 있는 것이 적절해『목은문고』를 따랐다. 한국학문헌연구소(1979),『통도사지』, 서울: 아세아문화사, p.604.

33) "題其目曰「通度寺釋迦如來舍利之記」."라는 문장 다음에 '함풍 8년[1858] 7월에 보충한 내용'이 있지만『목은문고』와『동문선』등에는 없기에 역주하지 않았다. 한국학문헌연구소(1979),『통도사지』, 서울: 아세아문화사, pp.606-608.

34) 1380년 6월이다.

35) "是月卄一日記."라는 구절은「양주 통도사 석가여래 사리(지)기梁州通度寺釋迦如來舍利(之)記」현판의 탁본에는 없다.『목은문고』와『동문선』에 따라 보충했다.

찾아보기

라

참고 문헌

[한국] 이능화 저著(1918), 『조선불교통사』(상·중, 하), 서울: 민속원(영인본).

[한국] 석전 스님 주해註解(1935), 『정주사산비명精註四山碑銘』, 통도사 성보박물관 소장.

[한국] 『문창공 사산비명文昌公四山碑銘』, 국립중앙도서관 소장.

[한국] 『해운 비명 주海雲碑銘註』, 국립중앙도서관 소장.

[한국] 정광淨光 편저編著(1992), 『지증대사비명소고智證大師碑銘小考』, 서울: 경서원.

[한국] 조선총독부 편編(1976), 『조선금석총람朝鮮金石總覽』(상·하), 서울: 아세아문화사

[한국] 유연정劉燕庭 저著(1976), 『해동금석원海東金石苑』(상·하), 서울: 아세아문화사.

[한국] 한국학문헌연구소 편(1979), 『통도사지通度寺誌』, 서울: 아세아문화사.

[한국] 이지관 역주譯註(1993), 『교감 역주 역대고승비문』(신라편), 서울: 가산문고.

[한국] 이지관 역주譯註(1994), 『교감 역주 역대고승비문』(고려편 1), 서울: 가산문고.

[한국] 이지관 편저編著(2000), 『한국고승비문총집』(조선조·근현대),
　　　　 서울: 가산불교문화연구원.

[한국] 김지견 저(1994), 『사산비명 집주를 위한 연구』, 성남: 한국정신문화연구원.

[한국] 허흥식 편저(1984), 『한국금석전문韓國金石全文』(고대, 중세 상·하),
　　　　 서울: 아세아문화사.

[한국] 김길상 편(2001), 『불교대사전』, 서울: 홍법원.

[한국] 최영성 주해註解(1987), 『주해 사산비명』, 서울: 아세아문화사.

[한국] 최영성 교주校註(2014), 『교주 사산비명』, 서울: 이른아침.

[한국] 곽승훈 지음(2005), 『최치원의 중국사 탐구와 사산비명 찬술』, 서울: 한국사학.

[한국] 이우성 교역校譯(2010), 『이우성 저작집 7 - 신라 사산비명 교역校譯』, 서울: (주)창비.

[한국] 이충구 등 역주(2004), 『이아주소爾雅注疏』(전 6권), 서울: 소명출판.

[한국] 임동석 역주(2009), 『논어』(1·2·3·4), 서울: 동서문화사.

[한국] 임동석 역주(2009), 『맹자』(1·2·3·4), 서울: 동서문화사.

[한국] 임동석 역주(2009), 『노자』, 서울: 동서문화사.

[한국] 임동석 역주(2009), 『열자』, 서울: 동서문화사.

[한국] 안병주·전호근 공역(2001), 『장자』(1·2·3·4), 서울: 전통문화연구회.

[한국] 김학주 옮김(2008), 『순자』, 서울: 을유문화사.

[한국] 김원중 옮김(2016), 『한비자』, 서울: 휴머니스트.

[한국] 이기동 역해(2007), 『주역강설』, 서울: 성균관대학교 출판부.

[한국] 정범진 등 옮김(1994-1996), 『사기』(전7권), 서울: 까치.

[한국] 유안劉安 지음·이석명 옮김(2010), 『회남자』(1·2), 서울: 소명출판.

[한국] 정이천程伊川 지음·심의용 옮김(2015), 『주역』, 서울: 글항아리.

[한국] 리링李零 지음·차영익 옮김(2016), 『리링의 주역강의』, 서울: 글항아리.

[한국] 후쿠나가 미츠지福永光司 지음·정우봉 등 옮김(2020), 『장자 내편』, 대전: 문진.

[한국] 정현鄭玄 지음·손홍철 등 옮김(2021), 『정현의 주역』, 서울: 예문서원.

[한국] 국립문화재연구소(2021), 『한국의 석비 — 고려(국보·보물)』, 대전: 국립문화재연구소.

[한국] 정각 지음(2024), 『조선의 승과僧科 연구』, 서울: 불광출판사.

[戰國] 韓非撰, (淸)王先愼撰·鍾哲點校(1998), 『韓非子集解』, 北京: 中華書局.

[前漢] 司馬遷撰·韓兆琦譯注(2010), 『史記』(全九册), 北京: 中華書局.

[前漢] 司馬遷撰(1999), 『簡體字本二十四史1·2·3 史記』, 北京: 中華書局.

[後漢] 班固撰(1999), 『簡體字本二十四史4·5·6 漢書』, 北京: 中華書局.

[南朝宋] 范曄撰(1999), 『簡體字本二十四史7·8·9 後漢書』, 北京: 中華書局.

[西晉] 陳壽撰(1999), 『簡體字本二十四史10 三國誌』, 北京: 中華書局.

[唐] 房玄齡撰(1999), 『簡體字本二十四史11·12·13 晉書』, 北京: 中華書局.

[北齊] 魏收撰(1999), 『簡體字本二十四史19·20 魏書』, 北京: 中華書局.

[後秦] 僧肇撰, 『肇論』, 嘉興大藏經 第20册.

[後秦] 僧肇撰, 『肇論』, 大正新脩大藏經 第45册.

[後秦] 僧肇等撰(2011), 『注維摩詰所說經』(佛學名著選刊), 上海: 上海古籍出版社.

[南朝宋] 劉義慶撰·張萬起等譯注(1998), 『世說新語譯注』, 北京: 中華書局.

[南朝梁] 慧皎撰·湯用彤校注(1992),『高僧傳』, 北京: 中華書局.

[南朝梁] 僧祐纂輯·蘇晉仁等點校(1995),『出三藏記集』, 北京: 中華書局.

[南朝陳] 惠達撰,『肇論疏』, 大藏新纂卍續藏經 第54册.

[唐] 元康撰,『肇論疏』, 大正新脩大藏經 第45册.

[唐] 神清撰·富世平校注(2014),『北山錄校注』(上·下), 北京: 中華書局.

[北宋] 遵式撰,『注肇論疏』, 大藏新纂卍續藏經 第54册.

[北宋] 淨源撰, 伊藤隆壽·林鳴宇校釋(2008),『肇論集解令模鈔校釋』,
　　　　上海: 上海古籍出版社.

[元] 文才撰,『肇論新疏』, 大藏新纂卍續藏經 第54册.

[元] 文才撰,『肇論新疏游刃』, 大藏新纂卍續藏經 第54册.

[明] 憨山撰,『肇論略注』, 大藏新纂卍續藏經 第54册.

[清] 郭慶藩撰·王孝魚點校(1961),『莊子集釋』(上·中·下), 北京: 中華書局.

[清] 許愼撰·段玉裁注(1988),『說文解字注』, 上海: 上海古籍出版社.

[清] 許愼撰·段玉裁注(2007),『說文解字注』(上·下), 南京: 鳳凰出版社.

[臺灣] 陳鼓應注譯(2007),『莊子今注今譯』(上·下), 北京: 商務印書館.

[臺灣] 陳鼓應注譯(2008),『老子今注今譯』, 北京: 商務印書館.

[中國] 樓宇烈校釋(1980),『王弼集校釋』(上·下), 北京: 中華書局.

[中國] 王卡點校(1993),『老子道德經河上公章句』, 北京: 中華書局.

[中國] 《十三經注疏》整理本委員會(2000),『十三經注疏整理本』(全26册),
　　　　北京: 北京大學出版社.

[中國] 金良年撰(2004),『十三經譯注 論語譯注』, 上海: 上海古籍出版社.

[中國] 李民·王健撰(2004),『十三經譯注 尙書譯注』, 上海: 上海古籍出版社.

[中國] 李夢生撰(2004),『十三經譯注 左傳譯注』(上·下), 上海: 上海古籍出版社.

[中國] 楊天宇撰(2004),『十三經譯注 禮記譯注』(上·下), 上海: 上海古籍出版社.

[中國] 胡奇光·方環海撰(2004),『十三經譯注 爾雅譯注』, 上海: 上海古籍出版社.

[中國] 黃壽祺 · 張善文撰(2004),『十三經譯注 周易譯注』, 上海: 上海古籍出版社.

[中國] 程俊英撰(2004),『十三經譯注 詩經譯注』, 上海: 上海古籍出版社.

[中國] 杜建民編著(2007),『中國歷代帝王世系年表』, 齊南: 齊魯書社.

[中國] 鄭天挺等主編(2010),『中國歷史大辭典』(全6册), 上海: 上海辭書出版社.

[中國] 張岱年主編(2014),『中國哲學大辭典』(修訂本), 上海: 上海辭書出版社.

[中國] 張春波校釋(2010),『肇論校釋』, 北京: 中華書局.

[中國] 楊伯俊譯注(2009),『論語譯注』, 北京: 中華書局.

[中國] 楊伯俊譯注(2010),『孟子譯注』, 北京: 中華書局.

역자 후기

1. '봉암사'라는 말만 많이 듣다가 1996년 가을 처음으로 그곳을 밟았다. 사진으로만 보고 글에서만 읽었던 봉암사에서 하룻밤 묵었다. 사찰을 샅샅이 훑어볼 수 있는 절호의 기회였다. 희양산문 발상지에서 1박 한다는 사실에 적잖이 흥분되었다. 보름이 며칠 전이라 달은 여전히 밝았다. 달밤에 경내를 다니며 낮에 본 유적들을 천천히 다시 감상했다. 선원으로 유명한 곳이지만 신라 시대에 세운 '지증 대사 적조 탑비', 고려 초에 세운 '정진 대사 원오 탑비', 조선 숙종 때 건립된 '상봉당 대사 정원 탑비' 등에 유난히 마음이 더 갔다. 비석 가까이에 다가가 보고 또 보아도 판독할 수 있는 한자는 몇 자 되지 않았다. '3기의 비명碑銘을 역주譯注할 수 있는 날이 오면 좋겠다'라고 당시 생각했다.

일에 끌려다니느라 '비문碑文'을 공부할 여유가 없었다. 고전 한문을 공부할 수 있는 곳도 마땅치 않았다. 고전 중국어에 능통하다고 비문을 해독할 수 있는 것은 아니다. 역사, 문학, 철학 등이 종합적으로 응축된 분야가 금석문이기 때문이다. 당대 최고의 국제적 지식인 최치원(崔致遠, 857-?), 고려 초의 대문장가 이몽유李夢游, 조선 숙종 때의 문신 이덕수(李德壽, 1673-1744) 등이 지은 '비명'을 생각처럼 쉽게 읽어낸다면 얼마나 좋겠는가?

27년의 세월이 흐른 뒤인 2023년 7월의 어느 날 '봉암사 비명'을 다시 만났다. 봉암사가 발행하는 소식지 『희양산문曦陽山門』에 '봉암사 비명'을 역주한 글을 실을 인연이 생겼다. 『조론 연구肇論研究』(1권), 『조론肇論』(1권), 『조론오가해肇論五家解』(5권) 등을 2023년 4월 도서출판 장경각에서 연구·역주·출간했고 '8세기 중후반의 티베트불교 역사'를 담고 있는 『바세』를 티베트어에서 우리말로 옮기고 연구한 『바세 연구』(1권. 2024년 1월 도서출판 어의운하에서 발행) 원고도 마무리한 뒤라 자신감도 조금 있었다.

2. 석전(石顚, 1870-1948) 스님이 1935년에 완성한 『정주사산비명精註四山碑銘』 영인본, 봉암사 비명의 '탁본拓本'들, 관련 자료들을 구해 검토한 뒤 몇 가지 '역주의 원칙'을 정했다.

첫째 상세한 주석을 달기로 했다. '고사古事'와 '성어成語'가 '비명'에 집약적으로 표현되어 있다. 게다가 불교, 유교, 도교, 제자백가, 음운학 등의 문헌들에 나오는 구절들도 종횡으로 인용되어 있다. 그래서 '인용문'을 반드시 '원문'과 대조해 보기로 했다. 이것이 두 번째 원칙이었다. 석전 스님이 찬술한 「지증 대사 적조 탑비명 주석」. (『정주사산비명』 수록)에도 많은 문헌의 글들이 인용되어 있는데 이것 역시 원문과 대조했다.

셋째 가급적 쉬운 말로 옮기려 노력했다. 같은 의미의 여러 단어 가운데 가장 쉬운 것을 골랐다. 넷째 '비명'과 '주석문'의 모든 한문 문장에 표점標點을 찍었다. 현토懸吐나 구결口訣이 아니고 '표점'을 택한 것은 국제적으로 통용되기 때문이다. 마지막으로 '주석이 있는 역주문'과 '주석이 없는 역주문'을 책에 함께 싣기로 했다. '주석이 있는 역주문[주석본注釋本]'을 읽은 뒤 '주석이 없는 역주문'을 보면 내용을 보다 더 명확하게 이해할 수 있다. 물론 반대로 읽어도 된다.

「지증 대사 적조 탑비명 역주문智證大師寂照塔碑銘譯注文」, 「정진 대사 원오 탑비명 역주문靜眞大師圓悟塔碑銘譯注文」, 「상봉당 대사 정원 탑비명 역주문霜峯堂大師淨源塔碑銘譯注文」 등은 네 가지 원칙에 따른 결과물들이다. 이와 함께 서산(西山, 1520-1604) 대사가 쓴 「사바교주 석가세존 금골 사리 부도비문 역주문娑婆敎主釋迦世尊金骨舍利浮圖碑文譯注文」, 조선 숙종 대를 대표하는 문장가 채팽윤(蔡彭胤, 1657-1710)이 찬술한 「사바교주 석가여래 영골 사리 부도비문 역주문娑婆敎主釋迦如來靈骨舍利浮圖碑銘譯注文」, 목은 이색(牧隱李穡, 1328-1396)이 지은 「양주 통도사 석가여래 사리지기梁州通度寺釋迦如來舍利之記」 등을 '부록' 으로 실었다. 「사바교주 석가세존 금골 사리 부도비」는 1603년 평안북도 묘향산 보현사에 세워지고 1706년에 건립된 「사바교주 석가여래 영골 사리 부도비」는 통도사 금강계단 옆에 현존하며 「양주 통도사 석가여래 사리지기」는 1380년에 쓴 글이다.

3. 매번 느끼는 것이지만 번역은 힘들다. 살, 피, 마음을 갉아먹는 괴물과 비슷하다. 면밀하게 살펴도 반드시 오류가 있다. 원문과 번역문을 같이 대조해 보면 아무래도 '맛' 이 다르다. 어쩔 수 없는 일이지만 아쉬운 생각이 항상 든다. 그래서일까? "(번역은) 밥을 씹어 남에게 주는 것과 같아 맛을 잃어버리게 할 뿐 아니라 그 밥을 먹는 사람에게 구역질을 일으키게 한다[有似嚼飯與人, 非徒失味, 乃令嘔噦也]."라고 구마라집 스님이 승예僧叡 스님에게 한 말씀의 의미를 이번에도 절감했다.

신라 경명왕 8년[924]에 건립된 「지증 대사 적조 탑비」의 '비명' 역주가 '3기의 비명', '2기의 비문', '1편의 기문記文' 가운데 가장 어려웠다. 완성에 8년이 걸린 이 '비명'은 종교, 문학, 역사, 철학 등 다양한 문헌에서 채집한 방대한 내용이 체계적으로 정리되어 있고 불교에 대한 고운孤雲 선생의 관점이 잘 표현된 뛰어난 글이다. '국제적으로 인정받는 지식인의 글이라 다르긴 다르구나!'라는 생각이 절로 들었다. 선진 시기先秦時期의 문헌에서 길어온 '고사古事', 위진 남북조 시대의 인물과 역사에서 뽑아온 '성어成語', 불가·유가·도가의 다양한 전적典籍에서 추출한 '내용', 이들을 융합해 고운 선생 특유의 문체로 표현한 '수사修辭' 등에 여러 번 자지러졌다. 『시경』, 『서경』, 『논어』, 『노자』, 『장자』, 『열자』, 『전국책』, 『사기』, 『한서漢書』, 『후한서後漢書』, 『고승전』, 『홍명집』, 『광홍명집』 등에서 가져온 내용들을 정교하게 엮은 표현들이 '비명'에 가득했다. 근세 최고의 석학 가운데 한 명으로 꼽히는 석전 스님이 붙인 '주석'을 번역하는 것 역시 쉽지는 않았다.

고려 광종 16년[965]에 세워진 「정진 대사 원오 탑비」의 '비명'에는 후삼국 당시의 정황, 정진 대사가 900-924년 중국의 강남·강북 지역에서 수행한 내용, 고려 초기의 정세, 정진 대사와 고려 태조·혜종·정종·광종과의 관계 등이 비교적 자세하게 언급되어 있다. 다양하게 해석할 수 있는 '구절句節', 문장의 멋인 '문채文彩', 표현 기법인 '사조辭藻' 등은 「적조 탑비명」에 뒤지지 않아 보였다. 「적조 탑비명」를 역주하며 단련된 덕분인지 그렇게 '심한 고통'을 겪지는 않았다. 조선 숙종 42년[1716]에 건립된 「상봉당 대사 정원 탑비」의 '비명'은 분량 면에서 앞의 두 비명에 미치지 못한다. 내용은 상대적으로 평이했으나 '문채文彩'나 '사조辭藻'는 앞의 두 비명에 견줄만하다고 생각한다.

조선 선조 36년[1603]에 세워진 「사바교주 석가세존 금골 사리 부도비」의 '비문'은 84세의 서산 대사가 혼을 기울여 쓴 명문이며 조선 숙종 32년[1706]에 건립된 「사바교주 석가여래 영골 사리 부도비」의 '비문'은 18세기를 대표하는 글 가운데 하나로 평가된다. 당연한 말이지만 '3기의 비명', '2기의 비문', '1기의 기문' 등에 대한 나의 역주가 완벽하다고 생각하지는 않는다. '비명', '비문', '기문'의 문맥을 올바르게 파악하지 못하고 번역한 오류에 대해서는 강호에 있는 현인賢人들의 가르침을 겸허하게 받아들여 고쳐나갈 생각이다. 다만 할 수 있는 최대한의 노력을 쏟았다는 점만은 밝혀두고 싶다.

4. 『봉암사 비명鳳巖寺碑銘』 출간은 여러 사람의 도움이 있었기에 가능했다. 탁본을 구해주고 틈틈이 격려도 해주신 봉암사 주지 진범 스님, 언제나 변함없이 교정을 봐주신 서임숙 선배님, 문장 표현에 대해 가끔 의견을 개진해 주신 박경희 선배님 등에게 인사드린다. 비명 역주를 권유하고 출판까지 맡아준 맑은소리맑은나라 김윤희 대표와 편집·교정에 도움을 준 편집부에 특히 감사드린다. 책 발간에 혹 작은 공덕이라도 있다면 딸, 아들 등 가족과 주변 사람들에게 먼저 회향 되었으면 좋겠다. 『봉암사 비명』 출간에 관심을 보여준

모든 분께 「정진 대사 원오 탑비명」과 「상봉당 대사 정원 탑비명」에
나오는 게송으로 '고마운 마음'을 전한다.

光明有赫,　빛나는 빛에 밝음을 더해
照耀無邊.　한량없는 세계를 비추네.
非動非靜,　움직이는 것도 아니고 움직이지 않는 것도 아닌데
何後何先?　무엇이 뒤이고 무엇이 앞인가?
幻質非真,　환영 같은 바탕은 참된 것이 아니고
去來皆空,　옴과 감은 모두 실체가 없으며
雪雲俱白,　눈과 구름은 다 하얗고
松露逾青.　이슬 맺힌 소나무는 더욱 푸르네.

불기 2568[2024]년 8월 17일
봉암사 휴휴암休休庵에서
조병활 근지謹識

482